LES GRANDS
MONUMENTS

LAROUSSE - 17, RUE DU MONTPARNASSE - 75298 PARIS CEDEX 06

LA MÉMOIRE DE L'HUMANITÉ

LES GRANDS MONUMENTS

sous la direction de

Nadeije Laneyrie-Dagen
maître de conférences à l'université de Lille-III

LAROUSSE

LES GRANDS MONUMENTS est une publication
du département « **Savoirs et Références** » de Larousse

Édition
Michel Guillemot
assisté de
Martine Criton

Rédaction
Denise Basdevent et Florence Maruéjol (Préhistoire et Antiquité)
Florence Maruéjol (Moyen Âge)
Denise Blum et Nadeije Laneyrie-Dagen (architecture orientale)
Alice Achille et Marie-Josèphe Lussien-Maisonneuve (époque moderne)
Marie Cerciello-Bachy, Hugues Fiblec,
Marie-Josèphe Lussien-Maisonneuve, Jean-Baptiste Minnaert (époque contemporaine)

Lecture-correction
Service de lecture-correction Larousse

Mise en page
dddp

Iconographie
Catherine Dumeu

Fabrication
Janine Mille

Couverture
Gérard Fritsch

ISBN 2-03-505303-X

AU LECTEUR

Comme les autres ouvrages de la collection "la Mémoire de l'Humanité", les Grands Monuments *sont présentés de façon chronologique, un monument ou un site architectural succédant à un autre en fonction de la date à laquelle il se situe.*

À la présentation de chaque édifice ou ensemble d'édifices remarquables est consacrée une double page, sauf dans quatre cas (Karnak, Angkor, les cathédrales médiévales et Versailles), pour lesquels l'importance du thème nécessitait un plus long traitement. La date est repérable immédiatement, inscrite dans une vignette placée dans le haut de la page de gauche, de couleur verte pour les monuments construits avant notre ère, rouge pour ceux qui datent de l'ère chrétienne.

Le texte principal de la double page s'attache à présenter le monument : il met en scène les architectes, expose les difficultés techniques du chantier, montre les innovations propres à chaque édifice et dresse le tableau de la vie dans le monument. Cette présentation s'enrichit d'informations supplémentaires, qui prennent place dans les encadrés. Lorsque des explications de caractère technique apparaissent indispensables (dans le cas de l'utilisation d'un matériau particulier, comme le béton armé, ou pour montrer les spécificités d'une forme – par exemple, le portail roman), les informations nécessaires sont ainsi données en marge du texte principal, dans un encadré inscrit entre deux filets, verts pour les dates situées avant notre ère, rouges pour celles appartenant à notre ère. Le cas échéant, un dessin accompagne cet encadré. Ce même encadré peut aussi servir à définir un style, ou bien une école architecturale...

Un autre encadré apparaît quelquefois : il rétablit le monument dans une perspective de long terme, met celui-ci en rapport avec des édifices comparables construits en d'autres temps – ou en des lieux différents. Ou bien il étudie plus précisément un aspect particulier propre au monument et que l'on retrouve dans d'autres édifices: par exemple, l'escalier, à la Renaissance. Enfin, lorsque l'architecte est un homme célèbre, un encadré peut être consacré à une courte biographie.

L'iconographie tient évidemment une place considérable dans cet ouvrage : il convenait de donner à voir les monuments, et non seulement de parler d'eux. Le choix des images a été fait de sorte à rendre sur les architectures considérées un témoignage aussi ample et diversifié que possible. Il s'est agi d'abord de montrer la beauté des édifices, par des photographies de leur état actuel ou, quelquefois, par des images anciennes. Mais nous avons aussi choisi de montrer, par des documents à caractère historique, quelle était l'existence dans les monuments au temps de leur splendeur ou quel fut, à un moment donné, l'état des chantiers de construction.

Toute architecture a son architecte et son commanditaire. Quelquefois, les noms des princes, des prélats qui furent à l'origine d'une construction ont été perdus pour l'histoire. Il en va de même pour les maîtres d'œuvre. Mais, le plus souvent, les noms de ces hommes ont traversé l'histoire : le lecteur trouvera, à la fin des Grands Monuments, *un index des noms de ces personnages, grâce auxquels les pierres se firent constructions.*

PRÉFACE

L'histoire des hommes passe par celle de leurs monuments. Imagine-t-on Louis XIV sans Versailles, l'empereur de Chine sans la Cité interdite, ou l'Égypte antique sans ses pyramides ? Que connaîtrions-nous de certaines civilisations, sans les vestiges des palais ou des temples qu'elles nous ont légués ? Les hommes de la préhistoire élevaient des menhirs : ceux qu'ils ont dressés à Carnac, à Stonehenge et en plusieurs endroits des côtes occidentales de l'Europe fournissent aujourd'hui le meilleur témoignage, énigmatique et fascinant, sur leur culture, leurs rites, leurs connaissances techniques et leurs croyances. La grandeur de certains pays est née en même temps que leurs premiers monuments : la Grande Muraille de Chine est l'œuvre des générations qui se sont succédé pendant des millénaires, mais elle fut commencée sous le règne du plus ancien empereur, Qin. Au Japon, les temples de Nara – les plus anciens monuments en bois du monde – ont été édifiés à l'époque où se constituait l'État nippon, passant de l'organisation clanique à un ordre politique centralisé.
L'ambition des *Grands Monuments de l'histoire du monde* est d'abord de rappeler ce lien étroit qui unit les civilisations aux constructions qu'elles ont engendrées. Les auteurs de ce livre ont fait revivre les peuples, les prêtres, les souverains, dans les murs qu'ils ont habités. Ce qui est aujourd'hui un site touristique, une ruine altière fut jadis un lieu hanté par des hommes et des femmes : le souvenir de la vie en ce temps, dans la construction telle qu'elle se présentait alors, voilà ce que ce livre entend recréer.

Mais une architecture est d'abord une œuvre de pierre, de bois, de béton, d'acier. Elle obéit nécessairement aux lois physiques, aux règles de l'équilibre et de la résistance des matériaux. Le projet de ce livre est ainsi de faire pénétrer dans les cabinets, où ces monuments ont été conçus et dessinés, et sur les chantiers, jusque sur les échafaudages où, de nos jours, des techniciens, spécialistes de l'aluminium, du verre ou... de la climatisation, ont succédé aux charpentiers munis d'une herminette et aux tailleurs maniant le ciseau et le maillet. Les innovations, tantôt modestes et presque imperceptibles, tantôt visibles et agressivement exhibées, les révolutions du béton et de l'architecture métallique, la mécanisation de la construction et de l'entretien, les exigences changeantes des usagers : autant de circonstances, autant de facteurs dont l'appréciation ne saurait être inutile. Ils ont modifié profondément les habitudes, suscité des formes nouvelles, jusqu'alors inimaginables. L'appréciation esthétique des formes ne peut faire l'économie des innovations formelles et techniques, trop souvent négligées par une histoire formaliste qui réduit le bâtiment à une beauté pétrifiée.

Les constructions des civilisations les plus diverses sont examinées dans l'ouvrage. De la première ville jamais édifiée – Jéricho – aux cités du XXIe siècle, tous les types de monuments sont présentés : édifices religieux (temples antiques, cathédrales médiévales ou modernes, sanctuaires exotiques), forteresses (le château japonais de Himeji ou le krak des Chevaliers) et palais de souverains (de celui de Cnossos aux constructions romantiques de Louis II de Bavière), ou lieux de plaisir et de culture (depuis les théâtres et les thermes romains jusqu'aux grands Opéras et aux stades contemporains). Au-delà des constructions isolées, les ensembles urbains tiennent une place importante : Pompéi, figée dans son devenir par une catastrophe, Carcassonne, remarquable par son système de fortification médiéval reconstitué au siècle dernier, Pienza ou Brasília, surgies du néant pour la gloire d'un prince ou d'un État, font, entre autres exemples, l'objet d'études particulières. Mais les « ouvrages d'art » – des réalisations d'ingénieurs autant que d'architectes – tunnels (du pont de Brooklyn au métro de Moscou) et les constructions industrielles (les usines Farben en Allemagne) ne sont pas non plus négligés.

Ce parti pris de diversité répond d'abord à une conviction : la connaissance, l'appréciation de l'architecture passent par une familiarité avec tous les types de construction que l'ingéniosité humaine a pu concevoir, dans le monde entier, aux diverses époques de l'histoire. *Les Grands Monuments de l'histoire du monde* reprennent l'idée – mise en avant par l'Unesco à des fins de sauvegarde des sites – d'un patrimoine qui ne se limite pas au type d'architecture qui nous est familier, à nous, habitants d'une Europe imprégnée de tradition antique puis classique, mais qui englobe les chefs-d'œuvre des civilisations autres : non seulement ceux de la plusieurs fois millénaire Asie, mais aussi les créations de l'Amérique précolombienne ou des civilisations arabes et africaines. Les admirables « gratte-ciel » de Sanaa, dans ce Yémen aujourd'hui de nouveau éprouvé par la guerre ; les églises rupestres de l'Éthiopie, cet autre pays malheureux riche de tant de merveilles ; les villages indiens creusés dans les falaises de Mesa Verde – ces sites, parmi d'autres également admirables et peu connus, comptent parmi les plus belles inventions du génie humain, au même titre que les cathédrales médiévales, les temples d'Angkor ou ceux de Borobudur.
La volonté de présenter des monuments d'époque et de situation géographique variées permet également de mieux comprendre la continuité de l'histoire architecturale ou, au contraire, de prendre la mesure des révolutions techniques ou esthétiques qui se sont accomplies, à l'échelle des siècles. L'histoire des sanctuaires chrétiens est, de ce point de vue, extrêmement révélatrice : de l'époque romane (Vézelay) aux plus récentes créations contemporaines (la cathédrale d'Évry), en passant par les grands monuments gothiques (Saint-Denis, Chartres ou Westminster), les églises de la Renaissance (Saint-Pierre de Rome ou la Salute à Venise), de la Contre-Réforme catholique (le Gesù) et de l'âge baroque (Saint-Charles-Borromée), évoluent plans et décors, en fonction, non seulement des modes ou de l'évolution du goût, mais, surtout, des transformations du rite et des exigences de la foi. À des millénaires de distance, la permanence de certaines formes permet aussi de prendre en compte le poids des traditions. Ainsi en va-t-il des thèmes et des motifs inspirés de l'Antiquité : de l'arc de triomphe d'Orange à l'arche de la Défense, à Paris, de la colonne Trajane à celle de la Bastille, de la pyramide de Khéops à celles construites par l'architecte Pei dans la cour du Louvre, certaines formes demeurent, impérissables symboles de la grandeur des hommes. Le Moyen Âge, aussi, a légué ses modèles : des tours des communes médiévales aux gratte-ciel hérissant les paysages des cités d'Amérique, la distance n'est pas si grande.
Le propos de ce livre est de révéler au lecteur la persistance de ces thèmes et de ces formes, de le convaincre de la richesse et de la variété des plans et des décors, de lui permettre, en bref, de lire à son tour l'architecture. S'il invite à regarder un paysage monumental qui, jusque-là, était traversé sans être vu, il aura accompli sa vocation.

Nadeije Laneyrie-Dagen

SOMMAIRE

La plus vieille ville du monde

JÉRICHO

La tour de Jéricho, qui dominait il y a dix mille ans la vallée du Jourdain, a été ensevelie par le temps sous un amas de terre et de pierres. Les archéologues l'ont retrouvée adossée aux vestiges des murailles qui défendaient la ville à laquelle elle appartenait.

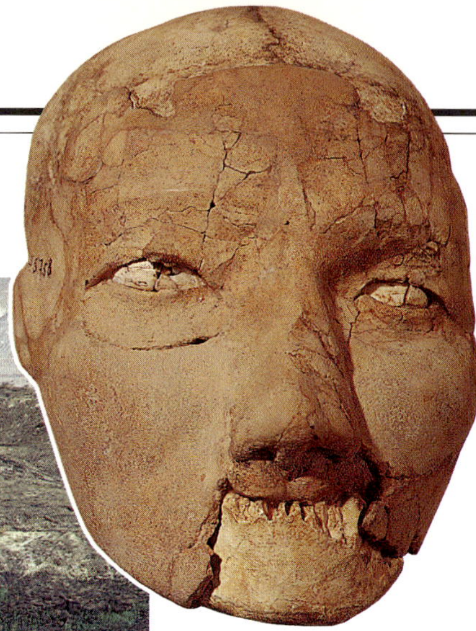

Un des crânes plâtrés, aux yeux incrustés de coquillages, trouvés dans les sépultures de Jéricho.

La vallée du Jourdain : le célèbre fleuve du Proche-Orient est depuis toujours un lieu stratégique et donc très convoité.

Les fouilles engagées à la veille de la Première Guerre mondiale sur le site de Jéricho ont permis d'approcher à 20 m sous terre les traces du plus ancien établissement humain que l'on connaisse, remontant à la première moitié du VIIIe millénaire. La fameuse tour et les murs sur lesquels elle s'appuie s'élèvent au-dessus de ce premier établissement, simple village de maisons rondes. Datant de la fin du VIIIe millénaire, elle appartient à une agglomération qui est désormais un gros bourg, voire même probablement une véritable ville, assez riche pour craindre des assauts extérieurs et songer à se prémunir contre eux.

Le site est abandonné au cours du VIe millénaire avant notre ère, sans qu'on puisse en saisir la cause. Puis, au IIIe millénaire, Jéricho ressuscite. Le précieux mobilier accumulé dans ses tombes témoigne de sa fortune renouvelée. Les nouveaux remparts construits à cette époque sont bientôt détruits par l'attaque des tribus de nomades qui continuent de hanter la vallée. Jéricho les reconstruit : ils résistent jusqu'au jour où les Hébreux, en route vers la « Terre Promise » – la Palestine –, se saisissent de la cité.

La première construction de pierre

La tour de Jéricho, telle qu'elle a été dégagée au fond de son excavation, est le seul vestige encore debout des longs millénaires au cours desquels les hommes ont appris, au Proche-Orient, à vivre en sédentaires. Haute de 8,50 m, large à la base de 13 m et de 10 m au sommet, elle s'appuie sur une muraille épaisse de 1,65 m et qui atteint encore aujourd'hui 4 m de haut. L'une et l'autre sont faites de pierres plates grossièrement taillées et assemblées sans mortier. Vingt-deux marches d'un seul bloc, larges de 0,75 m, mènent à l'intérieur de la tour jusqu'à la plate-forme supérieure, d'où les habitants de Jéricho guettaient vraisemblablement les dangers à l'horizon.

Combien ces habitants – les premiers sédentaires – pouvaient-ils être ? Guère plus de 3 000 selon les meilleurs spécialistes. Pour protéger leur tour, ils ont complété l'enceinte qui ceinture la cité d'un fossé énorme de 8 m de large et de 3 m de profondeur. Ce gigantesque appareil de défense, dont on retrouve aujourd'hui quelques vestiges, témoigne à travers le temps de la crainte permanente qu'ins-

Les tells

On ne saurait rien des hommes qui, entre le VIIIe et le milieu du IVe millénaire, se sont établis à demeure dans les vallées du Proche-Orient et y ont ouvert la voie à la civilisation, s'ils n'avaient, eux-mêmes, sans le savoir, accumulé leurs archives dans la profondeur du sol.

Elles s'annoncent aujourd'hui aux yeux des spécialistes, dans le paysage, par de petites éminences – les tells – qui ne doivent rien à la nature. Les tells ont en effet été constitués au cours de ces millénaires par les hommes eux-mêmes lorsqu'ils ont reconstruit leurs maisons sur les débris de celles qui venaient de s'écrouler et sur ce qu'elles contenaient, ou lorsqu'ils ont bâti de nouveaux remparts, de nouveaux sanctuaires sur les ruines de ceux qui ne remplissaient plus leur office. Les déblais des anciennes constructions servant de soubassement aux suivantes, le sol est monté d'âge en âge, et les archéologues se trouvent aujourd'hui face à une succession de «niveaux», qui recèlent les secrets du passé et qu'ils peuvent dater grâce aux procédés scientifiques modernes.

La découverte de murs, de plans de maisons ou de villages, de sanctuaires est riche pour eux de signification, car elle permet de saisir les étapes du développement des premières communautés humaines, de leur « culture ».

piraient aux citadins les convoitises des nomades. Il laisse imaginer l'importance des richesses accumulées à l'intérieur des murs.

Un carrefour ?

D'où pouvait venir la fortune de Jéricho ? Il semble que seul le commerce puisse l'expliquer. On ne décèle, en effet, dans le sol aucune trace qui permette d'envisager une activité agricole ou pastorale à l'époque où s'élève la fameuse tour. Il est certain, en revanche, que des courants d'échanges animent déjà, à cette époque, le Proche-Orient. Située sur le Jourdain, près d'une source d'eau claire, au carrefour de pistes du désert, proche aussi de la mer Morte qui fournit le sel nécessaire à la conservation des aliments, Jéricho est un lieu de passage privilégié des caravanes. Cette situation, qui explique à elle seule la fortune de ses habitants, permet aussi de comprendre pourquoi ces derniers durent relever sans cesse au cours des âges leurs murailles pour se protéger contre ceux qui voulaient prendre leur place.

Les trompettes de Jéricho

Le siège aussi cruel que célèbre qui fit tomber à jamais les murs de Jéricho n'appartient pas à l'histoire, mais à la Bible. Le livre de Josué, dans l'Ancien Testament, rapporte comment Yahvé, le Dieu des Hébreux, livra Jéricho à son peuple, en route vers la Terre promise – la Palestine.

« Jéricho avait soigneusement fermé ses portes devant les enfants d'Israël », y est-il écrit. « Personne n'en sortait, personne n'y entrait. Et l'Éternel dit à Josué... Vous tous donc, les hommes de guerre, faites le tour de la ville en marchant une fois autour d'elle... Tu feras ainsi pendant six jours et sept prêtres porteront devant l'Arche sept trompettes retentissantes. Mais le septième jour vous ferez le tour de la ville sept fois et les prêtres sonneront de la trompette. Quand ils donneront de la corne retentissante... tout le peuple poussera de grands cris. Alors la muraille de la ville s'écroulera et le peuple montera chacun devant soi. »

Et la Bible ajoute : « Au septième jour, les murailles de Jéricho tombèrent, le peuple monta dans la ville et passa au fil de l'épée hommes et femmes, enfants et vieillards, jusqu'aux bœufs, aux brebis et aux ânes. »

Les murs de Jéricho ne furent plus relevés.

La tour de Jéricho, retrouvée sous plusieurs mètres de terre, date de la fin du VIIIe millénaire. Elle devait probablement servir aux habitants de la cité à surveiller les environs pour se protéger d'éventuels agresseurs.

Le tombeau d'un fils du Soleil

LA PYRAMIDE DE KHÉOPS

Forme symbolique qui lie la Terre et le ciel, la pyramide en Égypte consacre l'ascendance divine du pharaon. Elle doit permettre à celui-ci, la mort venue, de rejoindre le roi des dieux, le Soleil, dont il se sait le fils. Celle de Khéops monte plus haut qu'aucune autre.

La première pyramide connue date de 2850 avant notre ère. Les tombeaux des rois, comme ceux des nobles, étaient jusqu'alors recouverts d'une banquette faite de briques crues mêlées de paille, le mastaba. Pour permettre à son maître, le pharaon Djoser, d'escalader le ciel, Imhotep, son architecte, fait alors découper dans des carrières proches du Nil de beaux blocs de calcaire et pose au-dessus de l'immense tombeau royal six marches géantes qui montent à 61 m. En choisissant pour cet escalier céleste un matériau d'éternité, Imhotep donne naissance à un nouvel art de bâtir – l'art de la pierre taillée –, le premier que l'on connaisse, et il marque aussi toute la distance qui sépare le pharaon du reste des hommes. Il sera par la suite divinisé. Sur la crête désertique qui longe le Nil à l'occident, du côté où, pense-t-on, le soleil entre le soir dans le royaume des morts; les pyramides vont, dès lors, se succéder d'un pharaon à l'autre. Elles réservent très vite au cœur de leur masse de pierre une chambre sépulcrale qui sera fermée à jamais le lendemain des funérailles, lorsque la momie royale aura rejoint le sarcophage qui l'y attend. De l'une à l'autre, les maçons se perfectionnent, les tailleurs de pierre aussi : la forme de la pyramide s'épure.
Il faudra plus de deux siècles et demi cependant pour passer de l'escalier de Djoser à la géométrie parfaite du tombeau de Khéops.

La première merveille du monde

La pyramide de Khéops occupe la première place dans la liste des sept merveilles du monde dressée par les Grecs. La plupart des autres ont disparu. Elle regarde toujours, du haut de la crête désertique qui surplombe la banlieue sud du Caire, de ses quatre faces, les quatre horizons. Elle a perdu son pyramidion d'or qui étincelait au soleil et le beau revêtement de calcaire poli qui faisait la pureté de son profil. Large à la base de 230 m, elle reste impressionnante avec ses 203 assises de pierres géantes qui montent deux fois plus haut que les tours de Notre-Dame de Paris. L'étroit boyau qu'utilisèrent les ouvriers de la pyramide pour la quitter, au lendemain des funérailles du roi, est aujourd'hui dégagé des blocs énormes qui l'obstruaient. On y accède par une étroite ouverture, à 16,50 m du sol. Ce passage permet, par un cheminement difficile à travers une grande galerie où se voit encore la trace des herses de granite qui la fermaient, d'atteindre la salle où repose le lourd sarcophage de pierre de Khéops. La momie a disparu, mais on distingue encore l'ouverture des deux étroits conduits qui mènent à l'air libre et qui permirent, dit-on, à l'âme du pharaon de s'envoler, tel un oiseau, vers les espaces célestes et de revenir, à son gré, au cœur de son tombeau.

Aux limites de l'impossible

La construction de la pyramide de Khéops confond d'admiration les bâtisseurs d'aujourd'hui. Les Égyptiens ne connaissent, à l'époque, ni le bronze, ni le fer, ni la roue, encore moins les appareils de levage. Pour découper dans les carrières les blocs dont ils ont besoin, ils enfoncent dans la pierre des coins de bois qui, arrosés d'eau, gonflent et la font éclater. Pour la polir et l'égaliser, ils se servent d'outils de silex ou de cuivre. Pour hisser à pied d'œuvre les dalles de granite qui arrivent d'Assouan par le fleuve ou celles, de calcaire, qui viennent de la rive arabique, ils utilisent essentiellement des rouleaux et des cordes. La pyramide monte alors – du moins les spécialistes s'accordent à le penser – assise par assise grâce à des rampes de briques crues que l'on détruit ensuite, mais qui permettent de haler les pierres à la hauteur voulue. Les premières sont posées au centre, les dernières à la périphérie. Les dalles polies qui habillaient la pyramide se suivaient en descendant du sommet vers la base.
Pour élever à la hauteur qu'exige son orgueil de roi-dieu cette demeure éternelle, Khéops n'hésite pas à soumettre au travail forcé pendant trente ans, le temps de trois campagnes de construction, 100 000 hommes tous les trois mois. Comme ses sujets n'y suffisent pas, il renouvelle les raids en Libye et en Nubie pour en ramener des esclaves par milliers. Il lui faut des bras, beaucoup de bras. Il laissera le

Les blocs de pierre géants qui ont servi à la construction étaient acheminés par bateau sur le Nil tout proche, au moment de la crue, puis tirés sur des rondins et des traîneaux. Des milliers d'ouvriers travaillèrent pendant une dizaine d'années sur ce chantier sans précédent.

Le site funéraire de Gizeh avec les trois grandes pyramides de Mykerinus, de Khèphren et de Khéops (au dernier plan). À l'origine, elles étaient recouvertes d'un parement de calcaire fin et de granite qui dissimulait leurs degrés de pierre.

Un grand ensemble

Les pyramides qui se détachent aujourd'hui, isolées, à l'horizon appartenaient, en leur temps, à de grands ensembles funéraires. Des pyramides plus petites les accompagnaient, destinées à la reine et aux enfants royaux. Certaines d'entre-elles sont encore là.

Des excavations étaient creusées dans le roc, au pied du tombeau royal ; là étaient ensevelies sous des dalles cyclopéennes les barques solaires sans lesquelles le pharaon n'aurait pas pu naviguer dans l'océan céleste. L'une d'elles a été reconstituée.

Les deux temples qu'exigeait le déroulement des rites funéraires ont presque partout disparu. Le premier, consacré à la momification, était situé sur un canal dérivé tout exprès du Nil pour permettre à la dépouille royale de l'atteindre. Le second, où se célébraient les funérailles, s'élevait à la hauteur du tombeau. Protégée par de magnifiques cercueils, la momie royale empruntait pour s'y rendre une chaussée dallée, construite pour la circonstance. On ignore tout des cérémonies qui accompagnaient le pharaon au long de cet ultime voyage terrestre.

souvenir d'un abominable tyran, mais il aura réussi, au prix de vies humaines, une œuvre de géant. Les blocs qui composent sa pyramide sont les plus importants que l'on connaisse. Leur ajustement est si parfait, bien qu'aucun ciment ne les lie, qu'on ne peut glisser entre eux une aiguille. Quant à la chambre sépulcrale, habillée de granite, couverte de cinq dalles de granite de 5 m de portée, surplombée de quatre compartiments vides coiffés de dalles identiques, puis d'un cinquième surmonté d'un toit de granite à double pente qui assure l'équilibre de l'ensemble, elle constitue, cachée au cœur de cette extraordinaire masse de pierre, l'une des œuvres les plus audacieuses de l'architecture humaine. Elle confirme la vocation divine de la pyramide.

Première des sept merveilles du monde, la pyramide de Khéops est haute de 143,5 mètres ; dans leur quête de l'immortalité, les souverains de l'Ancien Empire ont fait élever des monuments grandioses, remarquables aussi bien du point de vue de l'esthétique que de la prouesse technique.

2100

Une tour pour rejoindre le ciel

LA ZIGGOURAT D'OUR

Grand bâtisseur, le roi Our-Nammou, qui gouverne un très prospère royaume dans le sud de la Mésopotamie, édifie vers 2100 avant notre ère les premières ziggourats, ou tours à étages, de l'histoire. L'une d'elles dresse sa masse imposante au-dessus de la capitale de l'actuel Iraq, l'antique cité d'Our.

Aujourd'hui, la ziggourat d'Our est l'une des tours à étages la mieux conservée. Édifiés en briques de terre crue, ces monuments ont le plus souvent très mal résisté à l'érosion. Dans une région où la pierre est rare, c'est tout naturellement la terre qui a fourni aux hommes le matériau de construction, aussi bien pour les édifices religieux et les palais que pour les humbles demeures.

Une tour de brique

À Our, vingt et un siècles avant notre ère, une multitude d'ouvriers pétrit la terre et confectionne les briques de terre crue séchées au soleil et les briques de terre cuite que le chantier de la ziggourat consomme en grandes quantités.
Les briques crues sont destinées au noyau de la tour. Elles sont donc fabriquées en premier lieu. Dès qu'elles sont livrées, les maçons les disposent en couches, alternant le sens de pose pour rendre la structure plus solide. Ils utilisent de la boue en guise de mortier.
Les briques cuites, souvent estampillées au nom d'Our-Nammou, servent ensuite à construire autour de ce noyau un mur de parement, épais de 2,50 m environ, et dont les éléments sont liés cette fois avec du bitume. Le dallage est également réalisé en briques cuites insérées dans du bitume. Ces techniques assurent au bâtiment une étanchéité parfaite.
La tour, de forme rectangulaire, est constituée aujourd'hui de deux étages. Mais les archéologues pensent qu'elle en possédait trois à l'origine. Les trois plates-formes étaient en retrait les unes par rapport aux autres et de hauteur décroissante. Le premier étage, haut de 11 m, mesure 62,50 m sur 43 m à la base. La hauteur totale de la tour a été estimée à 21 m. Le mur de parement de la première plate-forme, renforcé par des contreforts qui font saillie, est fortement incliné vers l'intérieur. Il est également incurvé. La combinaison de ces différentes lignes donne à l'édifice un aspect plus léger.
Les accès à la tour ont été aménagés sur l'une des faces du monument. Deux escaliers latéraux et un escalier central s'appuient sur un solide bastion et se rejoignent sous un large portail. De là, quelques marches conduisent à un palier intermédiaire entre le premier et le deuxième étage. Un escalier central dessert les plates-formes supérieures ainsi que le petit temple, aujourd'hui disparu, qui couronnait la troisième plate-forme.

L'escalier central de la ziggourat conduisait au petit temple, disparu.

Une fonction incertaine

La ziggourat n'est pas un monument indépendant mais fait toujours partie du complexe religieux du dieu principal de la ville. À Our, elle se dresse à l'intérieur d'une vaste enceinte sacrée comprenant édifices religieux et palais royaux, et elle est associée au temple de Nanna, le dieu-lune. Le sanctuaire lui-même jouxte l'une des faces de la tour.
La fonction que remplissaient la ziggourat d'Our et les autres tours à étages dans les ensembles religieux n'a pas encore été complètement élucidée. Le nom de ziggourat, qui dérive d'un verbe signifiant «bâtir en hauteur, élever», n'apporte guère d'éclaircissement à ce sujet. Cependant, les suppositions n'ont pas manqué. On a fait de la tour un autel colossal ou un observatoire astronomique. Accessoirement, elle a pu avoir ces destinations, mais cela n'a pas été le but premier de sa construction. L'hypothèse du tombeau royal, inspirée des pyramides d'Égypte, est dénuée

de fondement puisqu'aucune salle funéraire n'a été retrouvée. On a aussi suggéré que la ziggourat abritait le mariage sacré du dieu et d'une prêtresse. Mais cette opinion ne repose que sur le témoignage d'Hérodote, historien grec du Vᵉ siècle avant notre ère. Aucun texte mésopotamien n'y fait allusion.

Vue aérienne de la ziggourat d'Our, dans l'actuel Iraq. Les ziggourats, construites en briques d'argile, étaient surmontées d'un temple, mis en valeur par sa position élevée.

Un lieu de rencontre entre le ciel et la Terre

D'après les noms donnés aux ziggourats par leurs constructeurs, tels que « Maison du haut lieu entre le ciel et la Terre », et d'après les textes religieux, il apparaît que la ziggourat illustre la conception de l'Univers des anciens Mésopotamiens. Elle est le point de rencontre entre les divinités qui ont créé la Terre, et qui habitent en dessous, et les dieux qui ont créé le ciel, et qui y résident. Elle est en même temps le symbole de la création du monde par les dieux. Peut-être établit-elle aussi un lien entre les divinités et les hommes. On ignore tout des rites et des cérémonies qui se déroulaient dans le temple érigé au sommet de la ziggourat. Sans doute étaient-ils en rapport avec la création du monde et son maintien.

Les ziggourats de Mésopotamie

Les ziggourats, caractéristiques de l'architecture de la Mésopotamie, sont au nombre d'une trentaine. Certaines de ces tours, qui dominaient les plus grandes cités de la région, sont aujourd'hui presque réduites à néant.

L'origine des ziggourats. Les archéologues considèrent que les tours à étages se sont développées à partir des plates-formes sur lesquelles étaient installés les premiers temples mésopotamiens. Les fouilles ont montré en effet que certaines ziggourats avaient recouvert ces anciennes structures.

Une même famille. Quelles que soient les variantes, plan carré ou plan rectangulaire, nombre d'étages allant de trois à sept hauteurs comprises en général entre 15 et 50 m, les ziggourats possèdent une forme semblable. Elle ne sont jamais isolées mais toujours édifiées dans l'enceinte du temple du dieu de la cité.

La tour de Babel. La plus connue des ziggourats est celle de Babylone, la fameuse tour de Babel. Elle doit sa célébrité à la Bible et plus précisément au livre de la Genèse, qui décrit l'aspect sacrilège de la construction d'une tour s'élevant jusqu'au ciel et la punition des hommes par Dieu. La tour a été restaurée et embellie au VIIᵉ siècle avant notre ère. Totalement détruite aujourd'hui, elle comptait sept étages et s'élevait à 90 m de hauteur. D'après les calculs, sa construction aurait exigé pas moins de 30 millions de briques. Le dernier étage supportait les installations cultuelles ornées de splendides briques bleues émaillées.

La fameuse tour de Babel, à Babylone, représentée ici par une œuvre du peintre Lucas Van Valckenborch (1594, Paris, musée du Louvre).

Un sanctuaire de pierres dressées

STONEHENGE

L'ensemble de pierres géantes qui se dresse au sud de la Grande-Bretagne, à Stonehenge, marque l'apogée de la civilisation des mégalithes, laquelle se propage le long des rivages de l'Europe occidentale au IIIe millénaire et disparaît sans lendemain, vers 1500 avant notre ère.

Pourquoi des hommes ont-ils l'idée, à cette époque, de ficher en terre des blocs de pierre mal dégrossis, de plusieurs mètres de haut – ce que l'on appelle des « menhirs » ? Selon quelles règles impénétrables pour nous orientent-ils leurs alignements en longues allées dans le paysage ? Pourquoi, ailleurs, les disposent-ils en cercle – les cromlechs – autour de tumulus funéraires ? Enfin, à quels rites mortuaires obéissent-ils lorsqu'ils posent sur leurs tombes collectives les dalles immenses des dolmens ? Autant de questions sans réponse. Pourtant, il est difficile, en approchant Stonehenge, en s'aventurant parmi ses pierres, de ne pas ressentir la grandeur sacrée, cosmique du monde auquel elles ont jadis appartenu. Stonehenge fut, de toute évidence, un sanctuaire.

Un culte solaire ?

Dès la fin du IIIe millénaire, semble-t-il, un cercle de trous rituels entouré d'un fossé et d'un talus circulaire sacralise le lieu à l'intérieur duquel sont, par la suite et en plusieurs temps, dressés les menhirs de Stonehenge. Une quarantaine d'entre eux sont encore aujourd'hui debout. Hauts, pour la plupart, de 4,15 m, ils sont reliés deux à deux par des linteaux monolithiques – de lourdes traverses horizontales – d'un seul bloc. Ils dessinaient à l'origine un cercle de 31 m de diamètre, que l'on devine facilement.
À l'intérieur de ce premier cercle, des menhirs plus petits décrivent un second cercle, visible quant à lui encore aujourd'hui. Faits chacun de trois blocs, les cinq menhirs du centre atteignent 6,70 m de haut et sont disposés en fer à cheval. Des blocs brisés gisent à terre. Ils concourent à la grandeur du site, à sa mesure plus qu'humaine.
Les raisons qui ont dicté le plan géométrique de Stonehenge et les hauteurs différentes de ses pierres restent mystérieuses. On sait cependant que la voie bordée de menhirs,

Les mégalithes dans le monde

Les préhistoriens estiment à 100 000 le nombre des mégalithes que l'on rencontre hors d'Europe.
Leur répartition n'obéit à aucune loi économique ou géologique. On note des concentrations impressionnantes et d'immenses espaces vides. L'Afrique du Nord, la Palestine en sont riches, comme le Caucase ou la Crimée. La Corée compte plus de 300 dolmens. Ceux de l'Inde peuvent se comparer à ceux d'Europe.
Tous ces mégalithes n'ont pas le même âge. Ils remontent, au Proche-Orient, au IIIe millénaire avant notre ère, mais datent seulement du IIe siècle de notre ère en Inde. On dresse encore aujourd'hui des pierres géantes au Tibet.

Maquette, complétée, d'un temple mégalithique, Musée La Valette.

L'ensemble cultuel de Stonehenge : le diamètre du cercle de monolithes dépasse 400 mètres.

Le cromlech de Stonehenge, édifié en Grande-Bretagne au début de l'âge du bronze, est certainement un sanctuaire. La disposition très particulière de ces pierres obéit à des règles mystérieuses, liées, suppose-t-on, à un culte solaire.

aujourd'hui disparus, qui menait au sanctuaire était orientée dans l'axe du soleil levant au solstice d'été. Or, les alignements des menhirs de Carnac, en Bretagne, les plus célèbres du monde, sont quant à eux dictés par la course du soleil aux différentes périodes de l'année. Aussi est-il tentant de conclure que Stonehenge, comme tous les grands sites mégalithiques de l'Europe à cette époque, répondait à un culte solaire. Mais lequel ? Et ce culte était-il lié à celui de la lune comme on le suppose parfois ? On ne sait. Ses rites apparaissent en tout cas assez contraignants pour que, 2 000 ans avant notre ère, des hommes se surpassent en des œuvres de géants.

À bras d'hommes

On estime que le site de Stonehenge comptait à l'origine 125 menhirs. Ses pierres les plus lourdes pèsent une cinquantaine de tonnes. Elles ont été taillées dans des carrières distantes d'une trentaine de kilomètres. Les autres proviennent des monts Prescilly, situés à 217 km à vol d'oiseau. Comment furent-elles transportées à pied d'œuvre ? Par voie d'eau, en traîneau, sur des rouleaux ou des rondins de bois disposés sur une chaussée aplanie tout exprès ? Les trois systèmes se conjuguèrent vraisemblablement.

La mise en place des menhirs pose elle aussi un certain nombre de questions sans réponse. Comment, à une époque où n'existe aucun appareil de levage, les hommes réussissent-ils à dresser exactement à la verticale des blocs enterrés pour un quart et dont la hauteur visible varie généralement, comme à Stonehenge, de 4 à 6 m, quand ils ne montent pas beaucoup plus haut ? Le menhir de Locmariaquer, en Bretagne, s'il n'était aujourd'hui brisé en quatre morceaux pourrait, dit-on, rivaliser avec l'obélisque de la place de la Concorde, à Paris !

On admet en général que les pierres de Stonehenge, comme toutes celles des sites mégalithiques de l'époque, furent amenées sur des rondins au bord de la fosse creusée tout exprès pour les recevoir. Elles y furent ensuite basculées grâce à un remblai, puis calées par de la terre et des cailloux pour assurer à jamais leur stabilité. Quoi qu'il en soit, il s'agit là d'un travail qui ne peut s'imaginer que grâce à la mobilisation, sous l'autorité de chefs implacables, de bras innombrables et de spécialistes expérimentés.

Quels étaient ces hommes, ces chefs ? On l'ignorera vraisemblablement toujours et l'on est bien tenté de croire, comme les gens du Moyen Âge, que Stonehenge est l'œuvre de l'enchanteur Merlin et de ses géants.

L'Europe des mégalithes

L'Europe est encore, entre 3000 et 1500 avant notre ère, **un monde tribal sur lequel on sait très peu de choses.**

Dans le courant du IIIe millénaire cependant, **des marins de l'Égée touchent ses côtes et entraînent leurs habitants dans « l'âge du bronze » :** curieusement, les routes le long desquelles se diffusent alors les techniques de la métallurgie correspondent à peu près exactement à celles qu'emprunte la civilisation mégalithique.

Les plus anciens menhirs que l'on connaisse se dressent dans **la péninsule Ibérique et notamment au Portugal.** L'art des mégalithes suit ensuite le littoral atlantique. Il pénètre parfois profondément dans les terres. Il trouve en Bretagne une patrie d'élection, conquiert l'Irlande, l'Angleterre et atteint le Jutland et la Scandinavie vers 1500 avant notre ère. Il laisse, en outre, dans le golfe du Lion comme en Corse, en Sardaigne et surtout à Malte, d'impressionnants ensembles que l'on date du début du IIe millénaire.

Statue-menhir de Filitosa en Corse.

1750

Un art de vivre méditerranéen

LE PALAIS DE CNOSSOS

Cnossos, le palais du roi Minos, est resté un lieu de légende jusqu'à ce qu'en 1900 ses vestiges soient exhumés. Les archéologues qui l'ont reconstitué n'ont pas retrouvé le Labyrinthe de la mythologie, mais la demeure merveilleuse d'un roi méditerranéen.

Fresque de la tauromachie, provenant du palais de Cnossos (musée d'Héraklion). Les murs des chambres royales étaient crépis et décorés de fresques.

Les fouilles, entreprises au début du XXe siècle par l'Anglais sir Arthur Evans et qui se poursuivent encore aujourd'hui, ont révélé au monde la brillante civilisation qui s'est développée en Crète pendant la première moitié du IIe millénaire avant notre ère. Après ceux de Cnossos, les vestiges des palais de Phaistos, Mallia, Zarko, Hadja Triana ont été découverts dans les petites plaines côtières, où se sont développés, à l'époque, de minuscules royaumes. La Crète connaît alors la fortune. Ses marins et ses marchands prennent une part active aux courants d'échanges qui sillonnent la Méditerranée. Ils vont jusqu'en Espagne, cependant que les princes de l'île construisent des palais. Les premiers, élevés vers 2000 avant notre ère, disparaissent vers 1750 avant notre ère, victimes vraisemblablement d'un tremblement de terre. Ils sont

Reconstitution du palais de Cnossos.

La Crète et la légende

La Crète est liée à la mythologie grecque. Zeus y serait né. Métamorphosé en taureau, il y aurait conduit la nymphe Europe. De leur union serait né Minos, roi de Cnossos, l'un des trois juges des Enfers. Minos, époux de Pasiphaé, a d'elle deux filles, Ariane et Phèdre. Mais Pasiphaé conçoit aussi avec le dieu de la Mer Poséidon, déguisé en taureau, le Minotaure, un monstre gigantesque qui se nourrit de chair humaine. Minos, alors, charge l'architecte Dédale de construire un labyrinthe pour y enfermer la bête. Mais, chaque année, le roi doit donner en pâture au monstre sept garçons et sept filles d'Athènes.

Thésée, fils d'Égée, le roi d'Athènes, décide de mettre fin à ce drame. Il part pour Cnossos avec les futures victimes. À son arrivée sur le rivage, Ariane, la fille de Minos, le remarque. Éperdue d'amour, elle lui donne un fil qu'il devra dérouler dans le Labyrinthe afin de retrouver son chemin et de s'échapper. Ariane en garde l'extrémité entre ses doigts. Thésée abat le monstre. Il quitte la Crète avec Ariane, mais oublie dans l'île de Naxos la princesse endormie. Dans sa hâte de rentrer, il va oublier aussi de changer les voiles noires de son navire – voiles de deuil – pour des voiles blanches de victoire. Égée, qui attend sur le rivage le retour de son fils, s'y trompe. Il se jette de désespoir dans la mer, à laquelle il donne son nom.

Palais de Cnossos : le grand escalier avec les vérandas et le puits de lumière. L'architecte Dédale et son Labyrinthe mythique restent associés à ce palais aux multiples chambres, escaliers, patios.

remis en chantier, plus grands, plus beaux. Ce sont eux qui, aujourd'hui reconstitués, témoignent de l'originalité profonde de la civilisation crétoise.

Un prince parmi ses sujets

Tous les palais de Crète sont marqués par le même art de vivre. Dominée au centre par des montagnes aux cimes neigeuses, protégée des dangers extérieurs par sa flotte, la Crète vit dans une sécurité exceptionnelle pour l'époque ; ses villes et ses palais ne s'embarrassent pas de murailles superflues.

La demeure du prince ressemble à celle de ses sujets. Ses dimensions cependant l'en distinguent. Le palais de Cnossos monte ainsi dans le paysage, comme toutes les maisons bourgeoises, par ses toits en terrasses, mais il atteint à certains endroits cinq étages. Aucun portail monumental, rien, sinon la vaste esplanade qui se développe devant sa façade occidentale, n'en annonce l'entrée. L'enceinte au tracé irrégulier qui délimite le domaine royal passerait elle-même inaperçue, avec ses modestes murs de maçonnerie, si elle ne semblait sans fin. Cnossos, en effet, comme tous les palais de l'époque, constitue à lui seul une ville miniature, où sont réunis tous ceux qui doivent assurer l'heureux déroulement de la vie du prince et de ses proches.

Une architecture méditerranéenne

Le palais de Minos comptait vraisemblablement 1 300 chambres. Les archéologues en dénombrent aujourd'hui 800. Elles sont réparties en quartiers nettement différenciés, de part et d'autre de la belle cour dallée qui constitue le centre noble de l'ensemble : à l'ouest, les appartements d'apparat du roi, la salle du trône, celle du culte ; à l'est, les appartements de la reine et le quartier des domestiques ; au nord, le quartier d'habitation...

Aujourd'hui, Cnossos est loin d'avoir retrouvé son intégrité. Déjà, cependant, le palais frappe par son extraordinaire élégance. Les portiques et les galeries à colonnes (péristyles) qui s'enchaînent d'un bâtiment à l'autre mettent de l'ombre le long du chemin. Et le jeu des colonnes s'étend à tous les éléments de la construction. Réalisées à l'origine à partir d'un tronc d'arbre renversé et peint, ces colonnes ont été reconstituées en pierre et portent aussi bien les plafonds des salles dites « hypostyles » que les larges baies qui ouvrent les pièces à la lumière ou les volées d'escalier lancées d'une terrasse à l'autre et auxquelles le palais doit son ampleur royale.

Vivre à Cnossos

Lieux de culte, boudoir ou salle de bains de la reine, couloirs, le palais tout entier est marqué par le souci raffiné du confort. Des puits de lumière, disposés sur les terrasses, dispensent une lumière diffuse à la périphérie des pièces et leur épargnent l'ardeur du soleil. Prises dans des murs épais, les pièces sont, grâce à leurs ouvertures disposées en chicane, préservées des courants d'air froids l'hiver, de la chaleur l'été.

Mais leur charme tient d'abord au décor aux tons vifs et gais qui habille entièrement leurs murs. Les objets et les animaux familiers, ceux dont on rêve dans la nature, les hommes s'y animent dans la pénombre. Le sens sacré de certaines scènes échappe aux hommes d'aujourd'hui, mais l'action reste toujours vivante et les personnages, attachants. D'autres œuvres, hantées par des dames aux riches parures, aux gestes élégants, aux jeunes visages enjolivés d'un sourire, font régner dans le palais une atmosphère de fête. La plus célèbre de ces dames, à l'œil vif, au nez retroussé, à la chevelure libre, a été baptisée « la Parisienne », tant son allure est coquette. On oublie en la regardant qu'elle a quatre mille ans et que la Crète, si proche qu'elle paraisse, reste un monde mystérieux.

1600

Un site habité par la légende

MYCÈNES

Debout sur l'acropole où s'élevait Mycènes, la porte des Lionnes qui commandait l'entrée de la citadelle, les murs cyclopéens qui la ceinturaient et les fabuleux tombeaux de ses rois, ouverts dans la colline, gardent la sombre grandeur des temps homériques.

La porte des Lionnes, qui marque l'entrée du palais royal des Atrides, à Mycènes.

Au XIXe siècle, Mycènes, dans le Péloponnèse, est un site qui n'a jamais été fouillé. En 1876, un archéologue allemand, Schliemann, entreprend d'en forcer le secret. Fasciné par *l'Iliade* et *l'Odyssée* d'Homère, il veut prouver que la légende contient une vérité historique. Il vient de fouiller en Anatolie le site d'Hissarlik où s'est, selon lui, déroulée la guerre de Troie ; il pense trouver à Mycènes le tombeau d'Agamemnon, le roi prestigieux qui, à la tête des Grecs coalisés, a fait tomber, à l'issue d'un long siège, la cité légendaire.
Schliemann trouve à Mycènes d'extraordinaires trésors, des tombeaux sur lesquels nul ne peut, aujourd'hui encore, mettre un nom, mais dont la découverte ouvre la voie à d'exceptionnelles trouvailles. On sait à présent que les ancêtres d'Agamemnon – les ancêtres des Grecs – sont originaires des régions danubiennes. Au début du IIe millénaire avant notre ère, leurs tribus, qui avaient progressé jusqu'alors au rythme de leurs troupeaux, deviennent sédentaires. Elles se fixent en Grèce et fondent des acropoles – villes perchées – d'où elle contrôlent aux alentours de minuscules royaumes. Mycènes est du nombre : Homère, en chantant le destin tragique de ses rois, lui assurera une gloire qui a traversé les siècles.

Mycènes et la légende

Homère a immortalisé en lui donnant des dimensions surnaturelles la guerre qui, au début du XIIIe siècle avant notre ère, a opposé au roi de Troie les Grecs coalisés entraînés par le roi Agamemnon. Comme Troie domine du haut de son piton les Dardanelles, les historiens voient dans cet affrontement la volonté des Grecs de se rendre maîtres de la route de la mer Noire et de ses richesses. Homère lui donne une tout autre raison. À en croire l'Iliade, *il s'agirait pour Agamemnon, souverain de Mycènes, de venger Ménélas, son frère, roi de Sparte, à qui le prince troyen Pâris vient de ravir son épouse, la belle Hélène.*
Dès le début de la guerre, l'intervention des dieux vient influencer le sort des armes. La déesse Artémis, maîtresse des vents, bloque la flotte grecque dans les ports. Pour apaiser sa colère, Agamemnon doit sacrifier sa fille Iphigénie. Clytemnestre, sa femme, ne lui pardonne pas cet acte et quand, dix ans plus tard, Agamemnon vainqueur de Troie rentre à Mycènes, elle l'assassine avec l'aide d'Égisthe, son amant. Oreste, à son tour, pour venger son père assassine sa mère, et les rois de Mycènes disparaissent dans le drame et le sang.

Masque en or.

La porte des Lionnes

La porte des Lionnes se dresse au haut d'une rude côte protégée par un bastion puissant fait de blocs de calcaire mal équarris, calés par des pierres plus petites. La porte elle-même, large de 4,50 m, est encadrée de blocs énormes. Elle doit son nom à l'impressionnant relief qui la domine, où deux fauves se font face de part et d'autre d'un pilier symbolique. Quel est ce symbole ? On ne sait. Les deux têtes des lionnes, sculptées séparément, ont disparu. Leur absence ajoute au mystère. Ce monde gigantesque de pierre semble d'ailleurs plus proche de la sombre nature environnante que des hommes. Les murailles de 8 m de large qui ceinturent encore par endroits les ruines participent à cette démesure. Les blocs dont elles sont faites atteignent de telles dimensions que la légende s'en est mêlée. Elle veut que les murs de Mycènes aient été élevés par des demi-dieux, les Cyclopes, géants dotés d'une force énorme et n'ayant qu'un seul œil, au milieu du front.

L'acropole et ses trésors

Accrochées au rocher, les ruines de Mycènes montent au sommet d'un étroit monticule triangulaire, où le palais est disposé sur une large terrasse. Son plan reste lisible. La salle de réception du roi, le mégaron, conserve la trace des colonnes qui supportaient, au centre, un petit édicule de couverture à demi ouvert (lanternon) au-dessus d'un foyer. Large salle rectangulaire précédée d'un porche et d'une antichambre, ce mégaron contenait peut-être un autel. Authentique création de l'architecture mycé-

nienne, il préfigure, par sa forme, le temple grec. On ne saurait cependant pas grand-chose des rois de Mycènes si Schliemann n'avait orienté ses recherches vers le cimetière situé en contrebas, à l'entrée de la citadelle.

Les tombeaux

Deux rangées de dalles s'y dressent au-dessus des tombes à fosses de princes du XVIe et du XVe siècle avant notre ère. Les trésors qui en furent exhumés et que l'on peut admirer aujourd'hui au musée d'Athènes scintillent d'or. Les masques qui ont fixé, dans la dureté et la détermination, les traits des rois morts sont eux-mêmes en or. Une telle splendeur ne peut venir que d'ailleurs. Elle tient en effet à la place que les Mycéniens ont alors réussi à se tailler dans les échanges qui animent la mer Égée de la Crète à Troie, aux razzias, aux rapines qu'ils y multiplient.

Les plus beaux tombeaux sont cependant plus tardifs. Ils datent de la fin du XIVe siècle, d'une époque où la ville étend son empire sur le Péloponnèse et où ses marins, ses marchands jouent un rôle prépondérant au Levant et se risquent en Occident. Les sépultures des rois de Mycènes sont alors à la mesure de cette puissance. On les appelle *tholoi,* du mot grec *tholos* qui signifie « construction circulaire ». Il s'agit en effet de chambres rondes, creusées à flanc de coteau et coiffées d'une coupole de pierre conique telle qu'on n'en a encore jamais vue. Les *tholoi* s'annoncent par une tranchée à ciel ouvert qui mène vers une porte richement décorée. La plus célèbre de ces sépultures a été baptisée « trésor d'Atrée » ou « tombeau d'Agamemnon », sans que rien de précis ne justifie ce nom, sinon son importance. Le corridor qui y mène est si vaste qu'il a fallu l'encadrer de deux murs de maçonnerie. La porte monumentale qui le ferme est dominée par deux blocs de pierre, dont l'un pèse plus de 100 tonnes. La salle en forme de ruche où l'on pénètre a plus de 14 m de large. Sa coupole, intacte, formée de 33 assises de pierres qui se surplombent l'une l'autre, pose à 13 m au-dessus du sol la dalle ronde qui la ferme. L'ensemble atteint dans l'ombre une telle dimension qu'on ne peut douter que la tombe ait été celle d'un héros.

Gravure reconstituant l'intérieur de la tombe d'Agamemnon après sa découverte.

La demeure d'Amon, roi des dieux...

LE TEMPLE DE KARNAK

Situé à la limite du désert, sur la rive droite du Nil, Karnak est un monde de pierre gigantesque, où l'on distingue de très grands ensembles dans un chaos millénaire de colonnes, de colosses ou d'obélisques, brisés ou non, de pans de mur en forme de trapèze et de blocs magnifiques gravés de hiéroglyphes ou de personnages mystérieux.

Pour comprendre Karnak, il faut se reporter aux temps anciens de l'Égypte, où plus exactement au Nouvel Empire (1580-1085 avant notre ère), la dernière période de sa prestigieuse histoire en tant que puissance indépendante dans l'Antiquité. En ce temps-là, Thèbes, dans le sud du pays, est devenue capitale ; tout naturellement, le dieu de la ville, Amon, alors identifié à Rê, a été promu roi des dieux. Le roi d'Égypte, appelé pharaon, est censé être son fils, délégué sur terre pour y maintenir l'équilibre du monde. Les temples, qui se multiplient alors, comme autant de demeures terrestres que les rois offrent à leur père, manifestent l'intime communion existant entre la loi céleste et celle de la terre. Mais ils témoignent aussi que l'ordre règne sur les rives du Nil, et symbolisent la richesse et la puissance de ceux qui les élèvent.
Karnak, tel qu'on le découvre aujourd'hui, est lié à la puissance des pharaons qui l'ont construit et qui sont les plus prestigieux que l'Égypte ait connus : Thoutmosis III (1505/1484-1450 avant notre ère), Aménophis III (1408-1372 avant notre ère) et Ramsès II (1301-1235 avant notre ère), entre autres souverains. Rois conquérants qui lancent leurs armées jusqu'à l'Euphrate, jusqu'à l'Arménie, ces pharaons offrent, au retour de leurs campagnes victorieuses, l'essentiel de leur butin, ainsi que les tributs que leur versent les princes soumis, au dieu qui leur a donné le triomphe. Et ils enrichissent ainsi sans cesse Karnak de constructions nouvelles.

À la mesure des temps pharaoniques

L'histoire de Karnak est difficile à déchiffrer, car elle est faite d'autant de destructions que de constructions. Pour faire place aux œuvres qui doivent éterniser leur propre gloire, les pharaons n'hésitent en effet jamais à sacrifier celles de leurs devanciers. Parfois même, animés d'un esprit de vengeance posthume, ils font disparaître les traces du passage sur terre d'un prédécesseur abhorré, fermant ainsi à celui-ci, pensent-ils, le chemin de l'éternité.

Ruines du temple de Karnak.

Une telle vengeance est ainsi exercée – à Karnak même, comme en d'autres lieux – par ses successeurs Semenkharê, Toutankhamon puis Horemheb à l'encontre d'Aménophis IV Akhenaton, pharaon schismatique coupable d'avoir tenté de substituer au culte d'Amon celui d'Aton, le disque solaire.

Fort heureusement, les pierres qui ont une fois appartenu aux dieux ne peuvent quitter l'enceinte sacrée ; aussi les débris des monuments détruits sont-ils réutilisés, à Karnak même, dans les remblais, les fondations, les murs des monuments nouveaux. Ils resurgissent aujourd'hui au fur et à mesure que se poursuivent les fouilles. Karnak n'est donc pas seulement un temple, mais un immense puzzle millénaire, où les archéologues, de surprise en surprise, retrouvent les bribes d'un passé qu'ils s'efforcent de reconstituer.

Plan caractéristique d'un temple égyptien, d'après l'un des sanctuaires de Karnak.

L'allée des sphinx à tête de bélier sacré, (Thèbes, Louqsor).

Des formes magiques

Les pylônes, les obélisques, les colosses, les colonnes qui se dressent aujourd'hui encore vers le ciel donnent la mesure des ambitions constructrices des pharaons du Nouvel Empire : ces éléments ne sont pas les parties fonctionnellement nécessaires d'un bâtiment, mais ils ont un signification symbolique. Ils relient le temple aux forces de l'Univers, et particulièrement au soleil.

Les pylônes, ces deux massifs en forme de trapèze, séparés par une porte étroite qui marque l'entrée du domaine sacré, évoquent les deux montagnes d'où la mythologie égyptienne veut que surgisse le soleil, chaque matin. On retrouve à Karnak les ruines de dix pylônes. Ils portent les noms des pharaons qui entreprirent d'élever, à l'intérieur de l'enceinte sacrée, un temple personnel, témoin de leur règne.

Les obélisques, coiffés d'un pyramidion, ou petite pyramide d'or, se dressent par couple devant les pylônes. Ils sont censés capter les premiers rayons du soleil, cette lumière qui, dans la croyance égyptienne, assure à l'aube le renouvellement de l'énergie vitale sur terre. De tout temps, ces longues aiguilles monolithiques taillées dans les carrières de granite d'Assouan et entièrement gravées de hiéroglyphes ont fasciné les étrangers, au point qu'ils s'en sont parfois saisis. Le temps, par ailleurs, a eu raison de certains autres obélisques. De sorte qu'un seul, fait de granite rose, reste aujourd'hui debout à Karnak. Son jumeau brisé gît à ses pieds.

On découvre aussi, à l'intérieur du temple, quelques-uns de ces colosses, des statues géantes où s'incarnait le génie divin du pharaon, si grands que le peuple égyptien, les apercevant de loin, pouvait à tout moment l'adorer.

Karnak, un monde en soi

Un site cosmique. Karnak a grandi avec la prestigieuse capitale des plus grands pharaons de l'histoire, Thèbes, dont la ville de Louqsor occupe aujourd'hui l'emplacement. Situé à la limite du désert, à 500 m du Nil, auquel le reliait un canal, le temple s'est développé selon les deux axes du monde : celui que dessine dans le ciel, d'est en ouest, la course du soleil, et celui que trace dans sa descente, du sud au nord, le fleuve. Karnak s'inscrit donc manifestement dans l'ordre cosmique. Ses fondations s'enfoncent d'ailleurs jusqu'à la nappe phréatique, où les anciens Égyptiens voyaient une résurgence de l'Océan primordial d'où, un jour, le monde avait surgi.

Le domaine des prêtres. Karnak, à son apogée, occupe, avec ses annexes, un domaine de 130 hectares et s'entoure d'une enceinte de briques crues, à peu près carrée, de 8 m d'épaisseur et de 2 400 m de long. Seuls peuvent franchir cette enceinte les prêtres – et d'abord le premier d'entre eux, le pharaon. La vie qui anime le temple échappe donc totalement au peuple.

Un immense district religieux. Karnak n'en est pas pour autant un monde clos. Bien au contraire, il est relié par des routes à un certain nombre d'autres temples consacrés pour la plupart aussi à Amon-Rê. Ces routes *(dromos)*, dont on retrouve la trace aujourd'hui, étaient bordées de sculptures représentant des béliers sacrés. Les processions les empruntaient pour transporter l'effigie du dieu vers d'autres demeures sacrées, notamment vers Louqsor, le plus célèbre des temples ainsi associés à Karnak. Les archéologues ont retrouvé sur la rive gauche du Nil les restes de seulement quatre autres temples, consacrés aussi à Amon-Rê, vers lesquels des chemins sacrés partaient depuis Karnak. Mais on sait que de nombreux autres temples étaient liés à Karnak de la même façon. Le temple, ainsi, dominait un immense district religieux.

... La demeure d'Amon, roi des dieux

La salle hypostyle

La gloire de Karnak tient cependant essentiellement à la grandiose « salle hypostyle » (du grec *hupostulus, hupo,* littéralement « au-dessous », et *stuloi,* « des colonnes ») construite par les pharaons Séti Ier (1312-1298 avant notre ère) et Ramsès II, à partir d'un noyau (la nef centrale) commencé sous Aménophis III.
Cette salle, longue de 102 m, profonde de 53, atteint des proportions colossales. Lieu sacré où se préparent les offrandes, station sur le chemin des processions de prêtres, qui portent la barque d'Amon lorsque le dieu, ou plutôt son effigie, part en visite dans un temple voisin, elle constitue la plus extraordinaire forêt de colonnes qui se puisse imaginer. Au centre, la nef principale – celle d'Aménophis –, plus élevée, est formée par douze colonnes de 23 m de haut. Sur les chapiteaux de ces colonnes, en forme d'ombelles ou de parasol inversé, cinquante personnes, dit-on, pourraient se tenir. Le plafond, en partie disparu aujourd'hui, était soutenu par des blocs horizontaux – des architraves – posés sur ces colonnes, de 70 tonnes chacun.
De chaque côté de cette allée monumentale, sept autres nefs sont formées par 122 colonnes, dont les fûts sont en forme de papyrus. Leurs fûts s'élèvent à 13 m du sol. Des fenêtres pourvues de grilles de pierre, agencées dans le haut de la nef centrale, reliaient les deux niveaux de plafonds. Elles permettaient à un peu de lumière de pénétrer dans cette salle, où régnait autrement une pénombre qui devait ajouter à son mystère.

Colosse de Ramsès II.

Scène de reconstitution grandiose de l'Égypte antique (œuvre de sir Edward J. Poynter, 1867, Londres, Guildhall Art Gallery).

Construire Karnak

Les temples élevés par les Égyptiens au IIe millénaire avant notre ère sont des constructions gigantesques, à la mesure des dieux eux-mêmes. Or, les ouvriers qui les élèvent ne disposent alors que d'outils fragiles, en cuivre martelé ; ils ne connaissent pas encore la roue et ne peuvent utiliser aucun appareil de levage.
Leurs techniques, telles qu'on peut les reconstituer aujourd'hui, sont si simples qu'on en est émerveillé. Les Égyptiens puisent les moyens de leurs entreprises dans la nature qui les entoure. Pour découper dans les carrières les blocs énormes dont ils ont besoin, ils en font éclater les bords en y enfonçant à coup de maillet des coins de bois qui, aspergés d'eau, gonflent. Pour transporter ces pierres préalablement équarries, ils les font d'abord glisser sur du limon humide jusqu'aux approches du fleuve, et les installent sur des radeaux. La crue du fleuve, le moment venu, entraîne à destination les précaires embarcations. Pour monter les blocs du débarcadère à l'endroit voulu, les ouvriers les halent, de nouveau sur du limon, jusqu'à des rampes de briques crues préparées tout exprès, le long desquelles ils sont tirés par des manœuvres attelés à des cordes, jusqu'à la colonne, le mur ou le plafond, où leur place est fixée. Le sable du désert joue lui aussi son rôle. Il remplit les vastes silos dans lesquels les obélisques, qui arrivent couchés de la carrière, sont placés ; puis, en s'écoulant de ces silos, il permet aux obélisques de se relever.

Les colonnes, chefs-d'œuvre de l'architecture égyptienne

Un sens cosmique. Les colonnes jouent un rôle essentiel dans le temple égyptien : gravées souvent de scènes rituelles et de hiéroglyphes, alignées en profondeur dans l'ombre pour porter des plafonds peints de scènes astrologiques, elles font de la salle hypostyle la création la plus mystérieuse de l'art égyptien, une œuvre dont le sens cosmique se devine plus qu'il ne se comprend, et qui dote le temple d'une vie qui n'appartient plus au monde des hommes.

La nature et les dieux. Par les variations de leur forme et de leur hauteur, par leur décor, les colonnes fascinent ceux qui les observent. Elles s'élèvent ici comme un faisceau de papyrus, ailleurs comme le tronc renflé d'un palmier ou comme un fût lisse. Elles transposent partout dans la pierre, en leur donnant des dimensions d'éternité, les plantes du Nil. Les chapiteaux, par exemple, s'inspirent des boutons de lotus ou de papyrus. Dans quelques cas cependant, les fleurs sont remplacées par un visage divin.

Les colonnes de la grande salle hypostyle du temple évoquent les formes végétales des plantes qui poussent au bord du Nil. Couverte d'un très haut plafond, cette salle n'était éclairée que par de petites fenêtres.

Au plus profond de la Vallée des Rois

LA TOMBE DE SÉTI Ier

Dès son accession au trône, le roi d'Égypte Séti Ier (1312-1298) ordonne que l'on procède au creusement de sa tombe dans un site connu aujourd'hui sous le nom de Vallée des Rois. Pour un souverain qui, à l'instar de ses sujets, croit en une vie après la mort, il importe en effet de préparer au plus tôt sa demeure d'éternité.

Buste de Séti Ier, (musée du Caire).

La Vallée des Rois se situe sur la rive ouest de Thèbes, alors capitale religieuse du pays. Elle se dissimule dans les falaises désertiques de la montagne thébaine, à l'écart du Nil et des terres cultivées. Lorsque Séti Ier rejoint son tombeau en 1290 avant notre ère, voilà déjà deux siècles que les pharaons sont enterrés dans ce lieu aride. Ils ont renoncé à se faire inhumer dans les pyramides, trop facilement repérables et systématiquement pillées lors de périodes de troubles. Désormais, les tombes royales ne s'élèvent plus vers le ciel, mais s'enfoncent dans la terre.

Sous la montagne

La tombe de Séti Ier est entièrement creusée dans la roche. Elle se compose de couloirs en pente et de salles à piliers qui se succèdent en ligne droite sur une centaine de mètres de long. Plusieurs escaliers contribuent à abaisser le niveau de la sépulture. Des encadrements de porte séparent les corridors les uns des autres. À quelque distance de l'entrée, la succession des couloirs est brutalement interrompue par un puits large et profond. Celui-ci était jadis dominé par une cloison qui dissimulait le reste des installations funéraires au regard des voleurs éventuels. Mais les pilleurs ne se sont pas laissé duper par cette ruse. Ils sont parvenus à franchir la cavité et à pratiquer une ouverture dans la paroi protectrice.
Le puits servait aussi à recueillir les eaux des pluies, rares mais torrentielles, et à éviter qu'elles n'inondent le fond de la tombe et n'endommagent son précieux contenu. Sans doute jouait-il aussi un rôle symbolique, concrétisant le passage du roi du monde terrestre à celui de l'au-delà.
Les corridors débouchent sur la chambre funéraire. C'est là qu'est déposé, du vivant du souverain ou au moment des funérailles, le sarcophage en albâtre destiné à renfermer son corps momifié. Ce sarcophage est aujourd'hui conservé dans un musée de Londres. Tout autour était disposé le riche matériel qui accompagnait le pharaon défunt.
Dans la tombe, rien n'est prévu pour le culte royal. En effet, celui-ci est rendu dans le temple funéraire du souverain, construit à la limite des terres cultivées et du désert, toujours sur la rive ouest de Thèbes.

Un voyage périlleux

Les murs, les piliers et les plafonds du tombeau de Séti Ier sont entièrement décorés. Les représentations en relief peint, d'une qualité exceptionnelle, font de la tombe de ce pharaon l'un des plus beaux monuments de l'Égypte antique. Toutes ont trait à la résurrection et au séjour du roi dans l'au-delà.
Pour renaître, le roi d'Égypte s'identifie aux deux grandes divinités du monde des morts, le dieu Osiris et le dieu Rê, incarnation du Soleil. Comme Osiris, assassiné traîtreusement par son frère et ranimé par son épouse, le pharaon revient à la vie après avoir été momifié. Assimilé à Rê, il traverse le monde souterrain au cours de la nuit et renaît chaque matin à l'horizon du ciel. Cette dernière croyance, développée dans trois grands livres, constitue la partie essentielle de la décoration. Le premier livre, appelé les *Litanies du Soleil,* présente les diverses formes empruntées par le dieu Rê. Le roi doit absolument les connaître pour parvenir à s'absorber dans cette divinité. Les autres compositions, *le Livre de la Demeure secrète* et *le Livre des Portes,* décrivent le voyage nocturne du soleil dans l'au-delà. Installé dans une barque, Rê navigue sur le fleuve qui traverse le monde souterrain. Celui-ci est conçu comme une succession de cavernes correspondant aux douze heures de la nuit. Ces différentes régions sont fermées par des portes surveillées par de redoutables gardiens. Rê, qui possède les formules apaisant les vigiles, réussit à passer d'une porte à l'autre sans encombre. Pendant son périple, il échappe à de nombreux périls et évite les monstres qui peuplent les zones ténébreuses de l'au-delà. Son ennemi le plus dangereux est le serpent Apophis, qui cherche sans relâche à l'avaler. À la fin de la nuit, dans la douzième heure, le soleil triomphe, et se lève à l'horizon. Rê franchit la limite entre

La Vallée des Rois, près de Thèbes. Les tombes des pharaons sont désormais enfouies sous terre pour échapper aux pilleurs.

La chambre funéraire de la tombe de Ramsès IV, avec son sarcophage, dans la Vallée des Rois.

le domaine des morts et celui des vivants sous l'aspect d'un scarabée, symbole de renaissance. Le roi, assimilé au soleil, renaît ainsi chaque matin.

Une soixantaine de tombes

La tombe de Séti Ier est l'une des soixante et une sépultures retrouvées jusqu'à ce jour dans la Vallée des Rois. Aux pharaons se mêlent quelques particuliers qui ont reçu l'insigne privilège de se faire creuser un modeste tombeau dans ce lieu sacré.

Le site a été sévèrement gardé jusqu'à la fin du XIIe siècle avant notre ère. À cette date, la royauté, ébranlée par une crise grave, ne réussit plus à empêcher le pillage des tombes et de leurs richesses. Devant la multiplication de ces crimes, les souverains s'efforcent de sauver au moins les momies de leurs prédécesseurs de la profanation et de la destruction. Ils les transfèrent dans des cachettes, où elles seront retrouvées à la fin du XIXe siècle. La dépouille de Séti Ier était du nombre.

Une seule sépulture a échappé au pillage de la Vallée des Rois : la célèbre tombe de Toutankhamon (1347-1338). Elle a été épargnée parce que son entrée n'était plus visible à l'époque où les voleurs sont entrés en action. Trois mille ans plus tard, en 1922 exactement, elle a été mise au jour par l'archéologue anglais Howard Carter. La momie du pharaon portait un masque en or massif, reposait dans un sarcophage du même métal et était parée d'innombrables bijoux en or. À cela s'ajoutaient notamment des meubles en bois sculpté et doré, des chars, de la vaisselle en albâtre, des statues de divinités. Le fabuleux trésor déposé dans la sépulture de ce jeune roi, qui a peu marqué l'histoire de l'Égypte, laisse imaginer ce que dut être l'équipement funéraire de rois aussi puissants que Séti Ier ou son fils Ramsès II.

Un temple creusé dans la roche

ABOU-SIMBEL

Grand bâtisseur, le pharaon Ramsès II (1279-1213 avant notre ère) couvre l'Égypte et la Nubie de monuments. Vers 1255, il inaugure deux temples grandioses creusés dans les falaises de grès rose qui surplombent le Nil à Ibchek, site de Nubie plus connu sous son nom actuel d'Abou-Simbel

Pour les cérémonies d'inauguration, le pharaon et son épouse, la reine Néfertari, n'hésitent pas à parcourir les 1 700 km qui séparent Abou-Simbel de la capitale située dans l'extrême nord de l'Égypte. Ils sont accompagnés de nombreux courtisans et serviteurs. Tous ont dû oublier instantanément les fatigues du voyage en voyant pour la première fois le soleil se lever sur les imposants monuments. Pour la suite du souverain, il ne fait aucun doute que ces temples entièrement taillés dans la montagne, et non construits, se rangent parmi les plus belles réalisations architecturales de l'Égypte.

Quand colossal rime avec splendeur

De tous les monuments creusés dans la roche, ce sont de loin les plus majestueux. Le plus petit est consacré à Hathor, déesse de l'Amour et de la Joie, et dédié à la reine Néfertari. Sa façade est ornée de six énormes statues, quatre du souverain, deux de la reine. Le plus grand des deux temples est voué à Ramsès II lui-même, sous forme de dieu, et aux principales divinités de l'Égypte. Son orgueilleuse façade se dresse au fond d'une cour délimitée sur deux côtés par des murs de briques crues. Haute de 33 m, cette façade imite la forme de la porte monumentale donnant accès aux temples traditionnels et elle s'achève par une frise de vingt-deux babouins adorant le soleil. Elle est en partie cachée par quatre formidables colosses de 20 m de hauteur, dressés sur une terrasse et qui ont été taillés dans la roche.

D'un modelé remarquable, malgré leurs proportions gigantesques, ces statues représentent Ramsès II assis. Trois d'entre elles seulement sont bien conservées. La quatrième a été victime d'un terrible tremblement de terre survenu moins de dix ans après l'achèvement du temple. Sous le choc, son torse a basculé et s'est fracassé sur la terrasse. Les ouvriers dépêchés par Ramsès II ont dégagé les petits blocs et abandonné les plus volumineux sur place.

Dans le saint des saints

Lors des fêtes d'inauguration, le pharaon et quelques rares privilégiés franchissent la porte d'entrée, surmontée d'une représentation du grand dieu solaire Rê-Horakhty. Puis le souverain s'avance seul dans l'enfilade de salles qui conduit au sanctuaire, ou saint des saints. Le décor des parois lui est familier puisqu'il s'agit des tableaux d'offrandes communs à tous les temples égyptiens. Ils sont complétés par des scènes de guerre évoquant la bataille de Qadesh qu'il a livrée contre le puissant empire hittite.

Dans le fond du sanctuaire, à une soixantaine de mètres de l'entrée, trônent les statues taillées dans la roche de Rê-Horakhty, le grand dieu solaire de l'Égypte, de Ramsès II divinisé, d'Amon, le dieu d'empire adoré dans le temple de Karnak, et de Ptah, le dieu de l'antique cité de Memphis.À l'heure où Ramsès pénètre dans le saint des saints, en ce mois de février 1255, le soleil levant frappe de ses rayons les statues de Rê-Horakhty, de Ramsès et d'Amon. La statue de Ptah, dieu associé au royaume des morts, reste en grande partie dans l'ombre. Ce curieux phénomène se produit deux fois par an, le 20 février et le 20 octobre. Le temple a été très précisément orienté de façon à ce que les statues, irradiées par la lumière solaire, se rechargent en énergie divine.

Le souverain présente ensuite aux dieux du sanctuaire des offrandes de nourriture et de

Intérieur du temple. Une enfilade de salles conduit au cœur du sanctuaire.

boissons bien plus abondantes que celles du culte quotidien, et il célèbre en leur faveur des rites beaucoup plus développés. Lorsqu'il regagnera sa capitale, les prêtres continueront à officier. Ils assureront la pérennité du culte de Ramsès dieu, de son vivant et après sa mort.

Sauver Abou-Simbel

Lorsque la civilisation pharaonique s'éteint, aux premiers siècles de notre ère, toute activité cesse dans les temples, qui tombent dans l'oubli. Il faut attendre le début du XIXe siècle pour que les premiers voyageurs européens découvrent les temples d'Abou-Simbel. Pendant longtemps, le site, difficilement accessible, reste peu connu. Il est projeté au premier plan de l'actualité lorsque l'Égypte décide d'édifier, à Assouan, dans le sud du pays, l'un des plus grands barrages du monde. Celui-ci doit entraîner la formation d'un lac de retenue long de 500 km, qui noiera sous les eaux l'ensemble de la basse Nubie. Le 8 mars 1960, l'Unesco, à la demande des gouvernements égyptien et soudanais, lance un appel à l'aide internationale pour déplacer les temples menacés de la basse Nubie.

Le sauvetage des sanctuaires d'Abou-Simbel commence en 1964. L'opération consiste à

Le grand temple de Ramsès II. De part et d'autre de la petite porte d'entrée, deux colosses en grès rose d'environ 20 mètres de haut représentent le pharaon.

découper les temples en 1 036 blocs pesant entre 7 et 30 tonnes et à les remonter au-dessus de leur site d'origine en observant la même orientation. Cela nécessite l'aménagement de montagnes artificielles, semblables aux falaises d'origine, supportées par d'immenses voûtes de béton. Dès 1968, les gros travaux prennent fin et les temples sont livrés à l'admiration d'un public toujours plus nombreux.

Le déplacement du temple d'Abou-Simbel. Pour sauver les temples menacés par la construction du barrage d'Assouan, l'Unesco les fit déplacer et réinstaller sur un autre site.

Ramsès le Grand

Avec une durée de 66 ans, le règne de Ramsès II (1279-1213 avant notre ère) est **l'un des plus longs de l'histoire de l'Égypte** antique.

Après quelques années passées à guerroyer sans succès notable pour rétablir l'hégémonie de l'Égypte sur des régions de la Syrie-Palestine passées sous le contrôle de l'Empire hittite, le règne de Ramsès II se déroule dans le calme. **La paix signée avec les Hittites,** installés en Anatolie, est scellée par le mariage du pharaon avec deux princesses hittites Elle assure une **longue période de stabilité** au Proche-Orient. Le pays, bien gouverné, est très prospère. Cela permet à Ramsès II d'élever de **nombreux monuments.**

Le souverain est le chef d'une nombreuse famille. Il a une **centaine de fils et filles** de ses nombreuses épouses et concubines. **Sa première épouse, Néfertari,** morte sans doute peu de temps après l'inauguration des temples d'Abou-Simbel, est la plus célèbre de ses femmes.

Une demeure pour l'Arche d'alliance

LE TEMPLE DE JÉRUSALEM

Fidèles priant devant le mur. ▷

Le temple de Salomon, reconstitution d'après la Bible gravée d'Arias Montanus (XVIe siècle, Gray, musée Baron-Martin,).

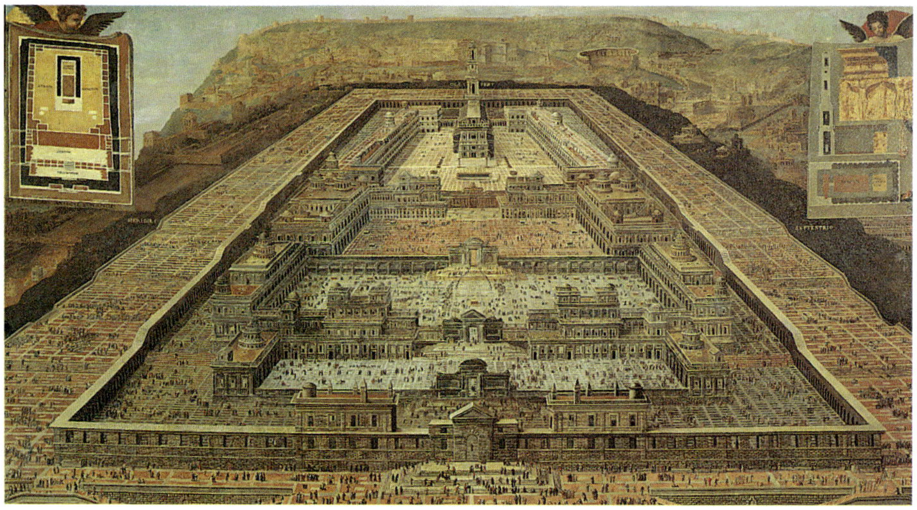

Vers 967 avant notre ère, le roi d'Israël Salomon (972-933) érige à Jérusalem un temple pour abriter l'Arche d'alliance, symbole de la révélation divine. Ce précieux coffre contient les deux tables de pierre sur lesquelles Yahvé, le Dieu des Juifs, a inscrit la charte de l'alliance conclue avec son peuple par l'intermédiaire de Moïse. Le document est évoqué dans la Bible principalement par les Dix Commandements.

En 587, ce premier Temple de Jérusalem est détruit par les armées du roi babylonien. Soixante-dix ans plus tard, il est remplacé par un deuxième Temple. C'est cet édifice, étroit et vieilli, que le roi Hérode (37-4 avant notre ère) agrandit et embellit à partir de 19. En 70 de notre ère, quelques années à peine après son achèvement, le Temple est incendié par les Romains. Après le drame, seul subsiste un mur de la terrasse, le mur occidental, ou mur des Lamentations.

Le premier Temple

En 967 avant notre ère, Salomon choisit d'installer la demeure de l'Arche d'alliance sur le mont Moriah. Il y élève un monument qui, pour être de petites dimensions, n'en est pas moins d'une grande magnificence. Son beau-père, le roi de Tyr, en Phénicie, lui procure des matériaux de construction, cèdres et cyprès, des architectes, des artisans et des ouvriers qui complètent la main-d'œuvre juive.

Le Temple, bâti en pierre, se divise en trois parties. Il comprend un porche, ou vestibule, qui fait la transition entre l'espace profane de l'extérieur et l'espace sacré du sanctuaire. Derrière le porche s'étend la salle principale du monument, ou lieu saint, plongée dans la pénombre, qui est réservée au culte. Au fond, dans l'obscurité la plus complète, se dresse le saint des saints, qui renferme l'Arche d'alliance. Le décor intérieur est somptueux. Il mêle les revêtements en bois de cèdre et de cyprès sculptés de délicats reliefs avec des placages d'or et des sculptures en bois doré.

L'édifice est précédé d'une vaste cour, ceinte d'un mur, accessible au peuple. Devant le porche se dresse l'autel des sacrifices. Non loin de là se trouve la « Mer de bronze », étonnant récipient contenant l'eau des purifications, d'un diamètre de 5 m. La cour est entourée de nombreuses salles annexes, servant de magasins pour le matériel du culte et le trésor.

Le deuxième Temple

Mais, en 587, les troupes du roi de Babylone, Nabuchodonosor (604-562 avant notre ère), détruisent Jérusalem, pillent et incendient son Temple. Soixante-dix ans plus tard, les Juifs achèvent le deuxième Temple, modeste copie du premier. Cinq cents ans s'écoulent avant que le roi Hérode décide de reconstruire le monument sur une vaste échelle. Il élargit la colline du Temple et aménage sur le nouvel espace une cour bordée de portiques, le Parvis des gentils (« gentil » signifie non-Juif), ouvert à tous, Juifs et non-Juifs. C'est là que se tiennent les marchands de colombes et autres produits nécessaires aux sacrifices et les changeurs que Jésus – d'après le récit des Évangiles – s'efforcera de chasser, jugeant qu'ils déshonorent les abords du lieu saint où l'on honore son Père.

Au fond, la cour est isolée de l'espace sacré par un muret avertissant les non-Juifs de ne pas franchir cette limite sous peine de mort. Au-delà s'élève le mur qui entoure l'ensemble du Temple. Il est percé d'une porte qui débouche dans la cour principale ou Parvis des femmes, seule partie du monument où sont admises ces dernières. Une nouvelle porte permet de pénétrer dans un espace long et étroit, le Parvis des hommes, d'où ceux-ci assistent au culte. Ce lieu n'est qu'une partie

de la cour qui cerne le sanctuaire et qui se nomme Parvis des prêtres.
Le sanctuaire conserve le même plan que l'édifice de Salomon, avec un porche, une salle principale, ou « saint », et la partie la plus sacrée de l'édifice, le « saint des saints ». Celui-ci ne contient plus rien depuis la disparition de l'Arche d'alliance lors de la destruction du premier Temple. Le grand prêtre n'y pénètre qu'une fois par an pour brûler de l'encens.

Le temple, lieu de culte

Le service divin est célébré chaque jour sur le Parvis des prêtres et dans la salle principale du sanctuaire, meublée d'un autel des parfums, d'une table en or pour les pains d'offrande et d'un chandelier à sept branches. L'essentiel du service réside dans l'holocauste, ou sacrifice par le feu, de deux agneaux, l'un le matin et l'autre en fin d'après-midi. Le sacrifice se pratique sur l'autel du Parvis des prêtres, élevé face au temple. Dans la salle principale, le service consiste à brûler de l'encens sur l'autel des parfums, à entretenir et à allumer le chandelier et à renouveler les pains le jour du sabbat. Après avoir déposé l'encens sur les charbons de l'autel des parfums, les officiants quittent le lieu saint et bénissent le peuple. Entre les sacrifices des deux agneaux, les prêtres présentent à Dieu les victimes animales offertes par les particuliers pour le pardon d'un péché, en guise de remerciement, etc. Le culte s'accompagne de chants et de prières.
Demeure de l'Arche d'alliance et unique sanctuaire national, le Temple est aussi un lieu de prière privilégié. Malgré sa destruction, il est toujours vivant dans la mémoire des hommes.

Le mur des Lamentations : seul vestige du temple de Salomon.

Le Mur occidental

Un lieu saint. Le Mur occidental, appelé mur des Lamentations par les chrétiens, témoin des pleurs versés par les Juifs devant la muraille à cause de la destruction du Temple et de leur exil, est une fraction du mur de soutènement de la terrasse construite par Hérode pour agrandir la colline du Temple. Il constitue le seul vestige du Temple de Jérusalem. Après sa destruction, le Mur devient le principal lieu saint du judaïsme en tant qu'élément du complexe religieux encore proche du sanctuaire où Dieu était et est encore présent.

Une histoire mouvementée. Sous la domination romaine et jusqu'au VIIe siècle, les Juifs achètent à prix d'or l'autorisation de pénétrer une fois l'an dans Jérusalem pour commémorer la destruction du Temple devant le Mur. Par la suite, ils obtiennent des Arabes puis des Turcs, maîtres de la Palestine, de faire des pèlerinages et de prier face au Mur. En 1949, les Israéliens se rendent maîtres de la nouvelle ville de Jérusalem tandis que les Jordaniens annexent la vieille ville et privent les Juifs de l'accès aux lieux saints. Celui-ci est à nouveau libre après la réunification de la ville effectuée par les Israéliens en 1967.

Un lieu de culte. Le Mur occidental s'élève à 18 m de hauteur et s'étend sur 488 m – seule une petite partie, de nos jours, en est dégagée. Chaque jour, il accueille la prière commune et la lecture de la Loi. Un règlement sépare les hommes et les femmes. Entre les blocs de pierre apparaissent les morceaux de papier sur lesquels certains fidèles adressent leurs souhaits à Dieu.

Une cité grecque de l'Italie du Sud

PAESTUM

À 80 km au sud de Naples, à moins de 1 km de la côte, l'antique cité de Paestum conserve quelques-uns des plus beaux témoignages de l'art grec. Trois temples, dont le premier a été construit vers 550, dressent encore leur imposante silhouette au-dessus des ruines de la ville.

Paestum fait partie des colonies que les Grecs, poussés par la disette, ont établies à partir du VIIIe siècle avant notre ère sur les côtes de l'Italie du Sud et de la Sicile. Fondée au VIIe siècle, la ville se rattache à la « Grande-Grèce », un ensemble formé par les établissements de l'Italie du Sud. Elle s'appelle alors *Poseidônia,* en l'honneur de Poséidon, le dieu grec de la Mer. Ce sont les Romains qui, au IIIe siècle, changent son nom en Paestum. Les splendides monuments que ses habitants édifient dès le VIe siècle témoignent de sa prospérité, due à un commerce florissant.

Une architecture importée de Grèce

Les colons de Paestum conservent les croyances et les pratiques religieuses de leur pays d'origine et copient ses édifices religieux. En Grèce comme à Paestum, le temple est considéré comme la demeure du dieu censé résider là sous la forme d'une statue, et non comme un simple lieu de rassemblement des fidèles. De cette conception découle l'organisation simple du monument. Celui-ci se compose d'une salle pour la statue divine (*naos* en grec, et *cella* en latin), d'un vestibule *(pronaos)* et d'une salle placée derrière la chambre de la statue, sans communication avec elle *(opisthodome).* L'ensemble, qui repose sur un soubassement, est généralement entouré d'une colonnade. Le rite principal du culte n'est pas célébré dans le temple, mais sur un grand autel placé devant la façade. Les prêtres y font cuire les animaux sacrifiés offerts au dieu du temple.

Plusieurs styles architecturaux président à la réalisation de ce plan. Le premier et le plus simple de tous, inventé en Grèce même, est l'ordre dorique. Ce système architectural se distingue par la forme des colonnes, bien plus larges dans leur partie inférieure qu'au sommet et dépourvues de base, par l'aspect des chapiteaux, mi-circulaire, mi-carré, et par la composition très sobre de la façade. C'est celui que les citoyens de Paestum adoptent pour leurs temples.

Peinture murale de la tombe du plongeur.

Des temples pour Héra et Athéna

Vers 550 avant notre ère, les Grecs de Paestum édifient le premier temple et le consacrent à la déesse Héra, l'épouse de Zeus, maître des dieux grecs. La façade est orientée vers l'est, comme c'est le cas dans tous les temples grecs. Le plan général du temple dorique est respecté, avec quelques variantes. La principale est l'introduction d'une rangée de colonnes dans la salle de la statue, qui la sépare en deux.

Une cinquantaine d'années après la construction de cet édifice, les habitants de Paestum élèvent un autre temple, qu'ils dédient à Athéna, la fille de Zeus, déesse guerrière protectrice de la cité.

Le temple grec et son vocabulaire

Architrave : *ce sont les blocs de pierre rectangulaires, posés sur les chapiteaux, qui relient les colonnes entre elles.*

Cannelure : *rainure verticale.*

Cella : *salle principale du temple, qui abrite la statue du dieu.*

Chapiteau : *placé au sommet de la colonne, il compte deux éléments superposés, l'échine et l'abaque. Le chapiteau dorique a une échine circulaire et une abaque carrée.*

Entablement : *partie de l'édifice située entre les colonnes et le toit. Elle comprend l'architrave, la frise ainsi que la corniche.*

Frise : *bandeau placé au-dessus de l'architrave. La frise de l'ordre dorique est décorée de métopes, plaques de pierre ornées ou non de relief, qui alternent avec des triglyphes, c'est-à-dire trois cannelures.*

Fronton : *ornement triangulaire qui couronne l'entablement de la façade.*

Fût : *tige de la colonne. Le fût de la colonne dorique, orné de cannelures, est plus large à la base qu'au sommet.*

Opisthodome : *salle placée à l'arrière du temple, sans communication avec la chambre centrale, qui sert parfois de dépôt pour les objets de culte ou pour les offrandes.*

Puis, entre 460 et 450, ils construisent en l'honneur d'Héra un second temple jouxtant le premier. Ce temple-là est le plus beau des trois temples de Paestum et le mieux préservé. Il mesure près de 60 m de longueur et un peu plus de 24 m de largeur. Les petits côtés comptent six colonnes, les grands, quatorze. Aucune sculpture n'anime la façade. Derrière la colonnade, deux salles encadrent la chambre centrale réservée à la statue. Leur entrée est marquée par deux colonnes. La salle principale est partagée en trois par deux rangées de colonnes, comportant chacune deux étages, qui maintenaient le plafond, disparu. Toutes les colonnes du temple étaient recouvertes d'un enduit imitant le marbre. Devant le monument se dresse l'autel des sacrifices.

Plan du temple grec, d'après le Parthénon d'Athènes. L'entrée dans le temple se fait par un vestibule (pronaos). *Le sanctuaire* (naos) *où se trouvait une statue d'Athéna est au centre du temple.*

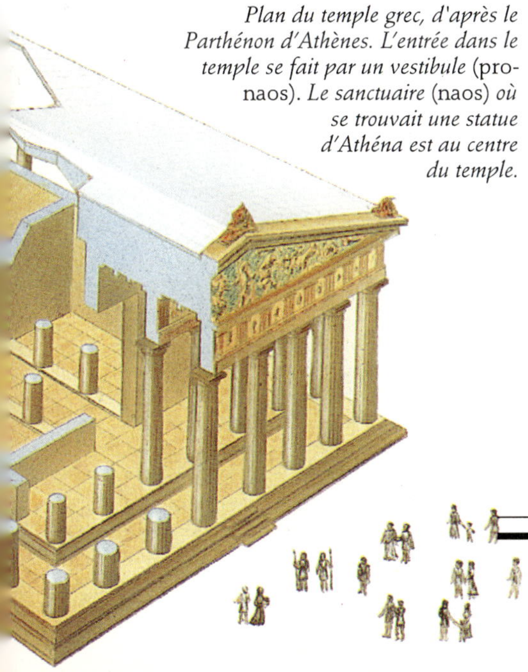

Les proportions, harmonieusement calculées, et la simplicité du décor donnent à l'édifice une unité et un équilibre remarquables qui permettent de le ranger parmi les réalisations majeures du Ve siècle avant notre ère, période d'apogée de l'art grec.

Des peintures uniques

À Paestum, cependant, l'architecture n'est pas le seul domaine de l'art à s'être brillamment développé : c'est ce qu'a révélé la découverte, en 1968, d'une petite tombe peinte datant de 480 avant notre ère. La sépulture, creusée dans le rocher, présente la forme d'un cercueil rectangulaire. Quatre dalles recouvrent les parois latérales, une cinquième sert de couvercle. Toutes sont peintes. Ces fresques – les seules peintures murales grecques connues pour cette époque – sont d'une très grande qualité. Celle qui a donné son nom à la tombe orne le couvercle. La composition, dépouillée, figure un jeune homme nu qui plonge dans un bassin, symbole possible du saut de la vie vers la mort. D'autres peintures représentent le banquet funéraire auquel participent quatre couples d'amants mâles et deux hommes seuls, tous allongés sur des lits. Ils boivent, jouent de la musique ou se caressent tendrement, tout en tenant compagnie au défunt.
Le grand élan artistique de Paestum se termine avec la conquête de la cité par des populations italiques, à la fin du Ve siècle. Mais l'architecture et le décor de cette ville grecque exerceront en retour une grande influence sur les conquérants.

Le temple d'Héra II, dit « de Poséidon ».

Quand Darius reçoit l'Empire

PERSÉPOLIS

Des colonnes sans fin sur des terrasses immenses auxquelles mènent de longs escaliers que continuent de gravir, sculptées dans leurs rampes de pierre, d'impressionnantes processions, témoignent à Persépolis de ce que fut la splendeur de l'Empire perse à l'apogée de sa puissance.

Persépolis est mis en chantier en 516 avant notre ère par Darius, Roi des Rois, pour y recevoir, sous l'égide d'Ahoura Mazda, le dieu « créateur de tout », les hommages et les offrandes des peuples sur lesquels il règne. Dans sa splendeur, Persépolis doit les lier, si différents qu'ils soient, par l'orgueil d'appartenir à l'Empire.

L'œuvre de Darius est poursuivie par son fils Xerxès et son petit-fils Artaxerxès. Persépolis disparaît en 331 avant notre ère dans le gigantesque incendie qu'allume Alexandre le Grand lorsqu'à son tour il se rend maître de la Perse.

Mais, sur le site où s'élevèrent les plus beaux monuments qu'ait connus l'Asie, sous les ruines et le Temps, la grandeur demeure.

Au-delà des ruines

L'esplanade immense où furent disposés sur des socles-terrasses les grands ensembles de Persépolis est toujours là. Longue de 500 m, profonde de 300, elle s'avance à 13 m au-dessus du plateau comme une scène géante et s'adosse à l'opposé contre la montagne sauvage qui lui sert de toile de fond... Les quelques colonnes qui se détachent encore sur le ciel évoquent les monuments disparus tandis que les larges escaliers qui y menaient, restés en place, les situent. Le portail magistral enrichi de lions ailés qui marquait dès l'entrée la grandeur de l'Empire se devine encore. L'Apadana, la salle d'apparat où le roi recevait les délégations, se reconnaît facilement aux bases des 36 colonnes disposées en carré qui soutenaient son toit. Large de 60 m, bordée de portiques sur trois côtés, elle pouvait contenir 10 000 personnes. La salle aux cent colonnes, la salle du Trône, large de 65 m est plus impressionnante encore. Harem, salle du Trésor, quartier d'habitation et autres, les ensembles de Persépolis ne sont pas tous identifiés avec certitude. Les vestiges les plus émouvants restent les quelques encadrements

Chapiteau orné d'une tête de Griffon. Les chapiteaux du palais symbolisent les victoires de Darius sur d'autres peuples représentés par des figures animales.

L'Empire perse

Darius a fait inscrire sur les murs de Persépolis l'étendue de son pouvoir : « Mon empire va de la Scythie (la mer d'Aral) qui est au-delà de la Sogdiane (Ouzbékistan) jusqu'au Kouch (Soudan), de l'Inde à Sarde (Anatolie). C'est le royaume qu'Ahoura Mazda, le plus grand de tous les dieux, m'a confié. » Pour la première fois dans l'histoire, **toutes les terres où jusqu'alors s'est joué l'avenir de la civilisation au Proche-Orient** se trouvent réunies sous la même autorité. Or, trente ans auparavant, les tribus perses vivaient encore en nomades sur le plateau iranien.

L'aventure a commencé lorsque leur roi, **Cyrus**, réussit à se saisir du trône du roi des Mèdes, un peuple tribal comme le sien. Il se lance alors à la conquête de l'Afghanistan et du Turkestan puis, dans une épopée fantastique, atteint la Méditerranée. Il a soumis toutes les terres qui l'en séparent lorsque son fils monte sur le trône. **Cambyse**, quant à lui, étend son pouvoir sur l'Égypte et la Cyrénaïque.

Darius renforce la cohésion de l'Empire par son autorité et son génie, mais il **se heurte en Occident à des forces qui le dépassent.** L'expédition qu'il lance en 499 contre les Grecs se termine par le coup de tonnerre de Marathon, où les Athéniens arrêtent une armée perse deux fois supérieure à la leur. Enfin, l'expédition navale montée par son fils **Xerxès** en 480 connaît à **Salamine** une défaite spectaculaire. **Alexandre le Grand**, un siècle et demi plus tard, à la tête des Grecs coalisés, conquiert l'Empire perse.

Les escaliers de l'Apadana. Pour accéder au palais de Darius, le visiteur doit passer entre les haies de gardes sculptés.

Vue générale de Persépolis, aujourd'hui en Iran.

de pierre qui se dressent au fond du site et évoquent les portes et les fenêtres du palais où Darius recevait lors d'un banquet ses invités. Seuls dans cette immensité ils rappellent l'échelle humaine.

Le Nouvel An à Persépolis

Les cérémonies qui étaient la raison d'être de Persépolis avaient lieu à l'« éveil du Printemps », le Nouvel An de la religion mazdéenne. Elles sont restées inscrites sur ses fabuleux escaliers en une suite ininterrompue de bas-reliefs qui illustrent le rôle particulier dévolu à chacun d'eux.

Les escaliers de l'Apadana, les plus célèbres de tous, donnent au site son sens. Sur leurs rampes intérieures, des gardes perses forment, de marche en marche, la haie devant laquelle doivent passer le roi et sa suite pour atteindre la terrasse. Sur le mur du fond qui soutient cette terrasse se déroule la longue procession des nations sujettes et des gens de la cour, chacun présentant ses offrandes. Certaines scènes sont énigmatiques, telle celle de l'escalier de la salle du conseil, où le roi s'avance entre son « porte-parasol » et son « porte-émouchoir ». Mais les détails sont minutieusement traités, qu'il s'agisse des plats destinés au banquet, que portent sur les marches du palais les serviteurs de Darius, ou des trésors qui s'amoncellent, à la fin de la fête, dans la salle du Trône.

À la frontière du mystère

Il ne faut pas s'y tromper cependant, si précises qu'elles soient, les scènes auxquelles on assiste à Persépolis dépassent la réalité. Les visages, d'ailleurs, s'y ressemblent presque tous. Les gestes sont conventionnels. Ils appartiennent les uns et les autres à un monde qui échappe à l'homme d'aujourd'hui et que seuls peuvent permettre les animaux fabuleux dont les têtes immenses gisent çà et là sur le sol. Encore faut-il se reporter 2 500 ans en arrière. Ces lions cornus, ces taureaux à tête d'homme ou ces griffons mythiques, ces taureaux ailés couronnent alors, deux par deux, les colonnes que Persépolis multiplie dans ses salles, ses allées, ses portiques, et qui en soutiennent les toitures. Posés parfois sur un piédestal vertical enrichi de volutes qui prolonge l'élan de la colonne, ils montent aussi haut qu'ils peuvent et, se répondant l'un à l'autre de l'Apadana à la salle du Trésor ou à la salle du Trône, ils entraînent le site tout entier à la frontière du Mystère.

Athènes réaménage la citadelle des dieux

L'ACROPOLE

Caryatide du porche sud de l'Érechthéion, temple qui abrite les plus vieux cultes de la cité.

À la fin du IIe millénaire avant notre ère, l'Acropole, plate-forme rocheuse surplombant Athènes, abrite le palais royal et les lieux de culte de la ville. Au Ve siècle, dans la cité démocratique, elle ne possède plus qu'une fonction religieuse. C'est désormais un sanctuaire consacré à Athéna, déesse qui présente de nombreux aspects, parmi lesquels ceux de protectrice de la ville et de déesse de la Victoire.

En 447 commence, dans ce sanctuaire, la construction du Parthénon, le plus célèbre de tous les monuments grecs. Il ouvre la voie aux grands travaux qui vont redonner vie à l'Acropole. Le site a en effet été détruit et incendié quelque trente ans plus tôt par les Perses, qui avaient envahi la Grèce.

Le projet de Périclès

L'aménagement de l'Acropole est l'œuvre de Périclès, chef régulièrement réélu de la démocratie athénienne. Cet homme de génie s'entoure des plus grands esprits et des meilleurs artistes de son temps. Il anime la vie culturelle de la cité et encourage la création artistique, qui se montre dès lors particulièrement féconde. Pour proclamer la grandeur d'Athènes et de sa civilisation, Périclès décide d'élever au sommet de l'Acropole un superbe temple, visible de la ville toute entière. Le sculpteur Phidias est chargé de la direction du chantier de cette œuvre de prestige. L'artiste collabore avec les architectes Ictinos et Callicratès, concepteurs du monument, qui élaborent les plans en fonction des sculptures prévues par lui. C'est une lourde contrainte pour les deux hommes, obligés par ailleurs de tenir compte de l'existence d'un premier temple, abandonné alors qu'il était en cours de construction.

En 437, quatre à cinq ans avant l'achèvement du Parthénon, Périclès entreprend de donner à l'Acropole un accès digne du nouveau monument. Il commande à l'architecte Mnésiclès, qui a certainement aussi travaillé sur le chantier du Parthénon, une entrée monumentale, les Propylées. La réalisation de cet édifice majestueux entraîne la reconstruction, très remarquable, du petit temple voisin d'Athéna Nikê, déesse de la Victoire.

Une très grande cohérence

La réorganisation de l'Acropole se poursuit après la mort de Périclès avec la construction de l'Érechthéion. Ce temple, le plus sacré de la citadelle, regroupe les plus anciens cultes de la cité, parmi lesquels celui d'Athéna, protectrice d'Athènes. L'édifice, dont le style diffère des monuments précédents, est l'œuvre d'un architecte inconnu.

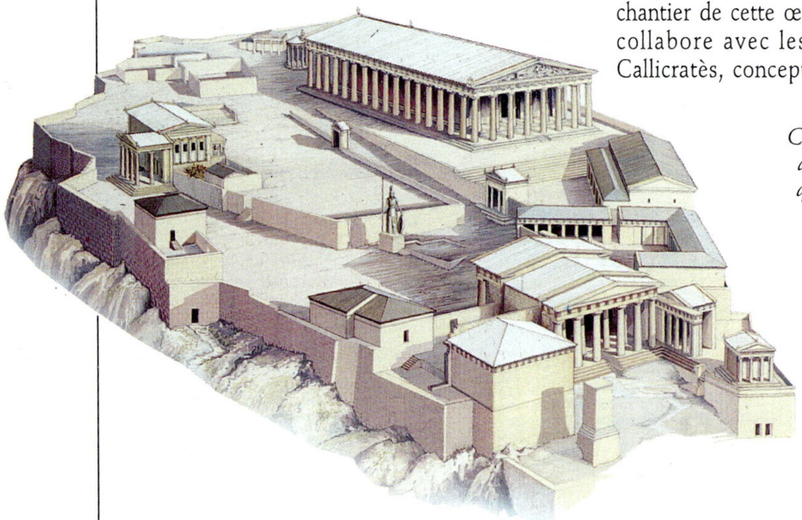

Reconstitution de l'Acropole d'Athènes avec, au premier plan, les Propylées, puis la plate-forme et enfin l'Érechthéion et le Parthénon.

Les ordres architecturaux

Les anciens Grecs ont créé trois ordres architecturaux, systèmes de formes et de proportions appliqués aux constructions. Les colonnes y jouent le rôle le plus important, car c'est le demi-diamètre de leur partie inférieure qui sert de module, c'est-à-dire d'unité de mesure déterminant les proportions du monument. Les trois genres se reconnaissent aisément à la forme et aux ornements des chapiteaux qui coiffent les colonnes.

L'ordre dorique, le plus ancien, est caractérisé par un chapiteau de forme circulaire, une colonne sans base, posée directement sur le sol, et par la frise de l'entablement (partie comprise entre les colonnes et le toit) constituée d'une alternance de métopes, plaques de pierre décorées ou non, et de triglyphes, séries de trois rainures verticales.

L'ordre ionique, ensuite, comprend un chapiteau, orné de volutes et de palmettes, une base de colonne constituée de moulures et une frise continue, ornée de reliefs.

L'ordre corinthien, enfin, se reconnaît à son chapiteau qui imite les feuilles d'acanthe, très découpées. La base et la frise de l'entablement sont empruntées à l'ordre ionique.

Vue générale de l'Acropole.

Le complexe religieux de l'Acropole ne résulte pas de ce que notre époque appellerait un « plan d'urbanisme » – un programme général prenant en considération les monuments les uns par rapport aux autres. Au contraire, chaque édifice est conçu indépendamment. Pourtant, l'ensemble produit une impression d'unité très forte : cela est dû à l'utilisation des mêmes ordres architecturaux et au respect des mêmes canons de proportions.

Le joyau de l'Acropole

Dans cet ensemble si puissamment harmonieux, le Parthénon reste toutefois le chef-d'œuvre capable de procurer l'admiration de tous. L'histoire a pourtant bien malmené ce monument. Au XVIIe siècle, les Turcs avaient installé à l'intérieur une réserve de poudre, qui provoqua une gigantesque explosion en 1687 : dans l'accident disparurent la plus grande partie du *naos* (la salle centrale où trône l'image divine), le toit et un certain nombre des colonnes extérieures. Deux siècles plus tard, le bâtiment fut privé de l'essentiel de la partie de son décor subsistant encore : des bas-reliefs, enlevés du site et transportés à Londres pour être exposés au British Museum. Tel quel, le Parthénon laisse encore deviner sa splendeur ancienne. Large de 30,88 m et long de 69,50 m, l'édifice, en beau marbre blanc, est accessible par des marches qui s'étendent sur toute la longueur de la façade. Il est entouré d'une colonnade de style dorique (à chapiteaux circulaires) comportant huit colonnes en façade et dix-sept sur les longs côtés. Derrière les deux façades, à l'avant et à l'arrière du monument, s'élève un portique, qui précède le naos. L'espace intérieur est divisé en deux salles. La première, carrée, contient quatre élégantes colonnes de style ionique (à chapiteaux à volutes), qui supportent le toit. La deuxième est entourée sur trois côtés d'une colonnade dorique, constituée de deux rangées superposées de colonnes. L'espace ainsi délimité servait d'écrin à l'effigie d'Athéna, réalisée par Phidias : une statue chryséléphantine (c'est-à-dire en or et en ivoire) atteignait 12 m de hauteur !
Les architectes ont corrigé habilement les effets d'optique qui pouvaient donner une impression d'écrasement, en remplaçant les lignes droites du soubassement et de l'entablement (l'espace compris entre le toit et les colonnes) par de légères courbes ou encore en inclinant les faces des colonnes vers l'intérieur.

Les sculptures de Phidias

Phidias et son atelier ont réalisé les bas-reliefs, jadis peints, qui couraient en frise en haut du monument, sur l'entablement, et ornaient la terminaison triangulaire des façades (frontons). Les 92 panneaux, ou métopes, de la frise figurent des combats mythologiques ; sur les frontons sont évoqués la naissance d'Athéna et son combat contre Poséidon, dieu de la Mer, pour la possession d'Athènes.
À ce décor traditionnel, Phidias a osé ajouter pour la première fois dans l'espace sacré du temple des représentations profanes. Il a fait courir une autre frise, de 176 m de long, sur le mur extérieur du naos, derrière la colonnade. Celle-ci retrace la procession des grandes Panathénées, fête célébrée tous les quatre ans en l'honneur d'Athéna. La parfaite collaboration entre Phidias et les architectes du monument fait du Parthénon le chef-d'œuvre incontesté de l'art de la Grèce antique.

350

Un monument pour l'art dramatique

LE THÉÂTRE D'ÉPIDAURE

Au IVe siècle avant notre ère, le théâtre grec parvient, après bien des tâtonnements, à définir sa forme architecturale. Les édifices de pierre, qui remplacent les structures de bois, se composent d'un auditorium en arc de cercle, d'un orchestre et de la scène. Vers 350, la ville d'Épidaure édifie un théâtre qui porte la formule à sa perfection.

Le théâtre d'Épidaure, situé à quelque distance de la ville, se dresse dans le sanctuaire d'Asclépios, dieu guérisseur et médecin, qui attire un grand nombre de malades. Avec des bains, un sanatorium, le temple du dieu et un stade, le théâtre fait partie de l'ensemble de monuments qui reçoit les visiteurs.

Des gradins pour les spectateurs

C'est dans un très beau cadre naturel à la végétation méditerranéenne que l'architecte Polyclète, chargé du projet de construction, bâtit le théâtre. Il adosse le monument à une haute colline. Des travaux de terrassement sont nécessaires pour adapter celle-ci à la forme de l'auditorium – l'endroit où s'installent les spectateurs – qui est la partie la plus importante de l'édifice : le terme d'auditorium, qui se dit *theatron* en grec, est d'ailleurs à l'origine du mot français « théâtre ».

Cette salle, qui dessine un demi-cercle légèrement prolongé, compte trente-quatre gradins, divisés en douze sections par treize escaliers d'accès. Entre la fin du IVe siècle et la fin du IIIe siècle avant notre ère sont ajoutés vingt et un gradins. La capacité d'accueil, ainsi doublée, passe à 14 000 personnes. Les nouvelles rangées sont divisées en vingt-deux compartiments par vingt-trois escaliers. Un promenoir *(diazoma)* sépare les deux séries de gradins. De puissants murs de soutènement bordent l'auditorium sur les côtés. Entre ces parois et la scène se trouvent les couloirs d'accès *(paradoi)* destinés à la fois au public et aux acteurs.

Le théâtre, exécuté d'après des calculs mathématiques très précis, offre à tous les spectateurs, quelle que soit leur place, une excellente vue sur l'orchestre et la scène. Il possède aussi une acoustique exceptionnelle. Les bruits les plus infimes sont très clairement perçus au sommet de l'auditorium. À l'image des cités grecques, le théâtre est un lieu démocratique qui permet à tous d'assister au spectacle dans de très bonnes conditions. À l'exception du premier et du dernier rang de la zone inférieure et du premier rang de la zone supérieure, équipés de fauteuils de pierre pour les prêtres, les dignitaires, les citoyens méritants et les hôtes de marque, les différences sociales sont d'ailleurs peu marquées dans la répartition des places.

L'orchestre et la scène pour le spectacle

L'auditorium enserre une partie de l'orchestre. Cet espace circulaire en terre battue, délimité par une bordure de pierre, est destiné au chœur, c'est-à-dire à l'ensemble des chanteurs, qui dialogue avec les acteurs ou commente l'action, aux musiciens et aux danseurs. Au centre de l'orchestre s'élève un autel dédié à Dionysos, dieu du Vin et de l'Ivresse, dont le culte est à l'origine du théâtre.

Derrière l'orchestre s'étendent les vestiges de la scène. Elle se composait d'un bâtiment en longueur abritant les coulisses et les loges. Cette construction était précédée d'une estrade soutenue par un haut mur, orné de colonnes et percé d'une porte centrale, sur lequel étaient fixés les décors. Les acteurs évoluaient sur cette plate-forme.

L'orchestre et la scène s'animaient particulièrement chaque année, plusieurs jours durant, à l'occasion des fêtes célébrées en l'honneur du dieu Asclépios, maître du sanctuaire d'Épidaure. Les pièces représentées alors appartenaient surtout au répertoire classique, c'est-à-dire aux œuvres du Ve siècle avant notre ère, dues à Sophocle, Eschyle, Euripide et Aristophane. C'étaient soit des pièces tragiques, inspirées par la mythologie, soit des comédies, qui trouvaient leurs sujets dans la

vie réelle, soit un genre intermédiaire, le drame satyrique. Tous les personnages, masculins et féminins, étaient joués par des hommes cachés derrière des masques. Chaque acteur interprétait plusieurs rôles dans une même pièce, changeant de masque et modifiant sa voix au gré des circonstances. C'est donc avec tout leur corps, non avec leur seul visage, que les participants d'une pièce exprimaient sentiments et passions.
On ne sait pas exactement comment se déroulait le spectacle à Épidaure. Mais il est vraisemblable que plusieurs pièces étaient jouées à la suite et que le spectateur restait assis de longues heures sur les gradins à savourer les tragédies et les comédies de ses plus grands poètes.

Reconstitution du théâtre d'Épidaure dans son site.

Edifié par Polyclète le Jeune au IVe siècle avant notre ère, le théâtre d'Épidaure, à la forme parfaite, est le théâtre le mieux conservé de la Grèce antique.

Le théâtre romain

Les théâtres romains montrent une évolution importante par rapport aux théâtres grecs dont ils s'inspirent.

Un auditorium indépendant du relief. En général, l'auditorium romain (*cavea* en latin) est une structure avec une façade extérieure construite qui n'a pas besoin, comme les monuments grecs, de l'appui d'une colline. Le théâtre de Sabratha, en Libye, fournit un très bel exemple de ce type de façade. Le relief ne détermine donc plus systématiquement la situation du théâtre dans la ville. Cependant, il existe encore des théâtres en partie adossés à une colline, tels ceux d'Orange, en France, et d'Aspendos, en Turquie, très bien conservés. Des couloirs et des escaliers sont désormais aménagés sous les gradins, supportés par des voûtes. L'auditorium se termine en haut par une galerie couverte qui dessert l'ensemble des gradins. Vers 78 avant notre ère apparaît le *velum,* grand voile fixé à des mâts plantés au sommet du théâtre. Il protège les spectateurs du soleil.

L'unité architecturale du théâtre. Les bâtisseurs romains réalisent l'unité des différentes composantes du théâtre, auditorium, orchestre et scène, inexistante chez les Grecs. Le bâtiment de scène s'élève désormais à la même hauteur que l'auditorium. Le passage existant de chaque côté entre la scène et l'auditorium est transformé en couloir voûté. L'orchestre ne décrit plus un cercle complet, mais se réduit à un demi-cercle. Il est réservé à un public distingué et non plus aux chœurs.

Le bâtiment de scène. La scène domine l'orchestre d'un peu plus de un mètre. Dans le fond, elle est limitée par un mur de scène richement décoré de colonnes, niches, portiques et statues. La scène est couverte d'un toit qui évite la dispersion du son et protège des intempéries. De part et d'autre de la scène, les ailes abritent les coulisses.

À Aspendos en Turquie, les gradins du théâtre sont couronnés par une galerie couverte.

Un sanctuaire qui rassemble tous les Grecs

DELPHES

Le sanctuaire de Delphes, en Grèce, est accroché à une pente très raide et est surplombé par les rochers du massif du mont Parnasse. À ses pieds s'étale une vaste plaine tandis qu'au loin miroitent les eaux bleues de la Méditerranée. En ce lieu est célébré le dieu Apollon, censé résider là, et dont la dernière demeure est inaugurée en 330 avant notre ère.

Selon la légende, quelques jours après sa naissance, Apollon décide de s'emparer du sanctuaire de Delphes, consacré à Gaia, déesse de la Terre. Il parvient à ses fins en tuant le serpent Python, fils de Gaia et gardien du site sacré. Cette victoire lui assure le surnom d'« Apollon pythien » ; elle lui permet surtout de détourner à son profit la tradition oraculaire dont la déesse de la Terre faisait bénéficier les humains venus solliciter son avis.

Entre le VIe et le IIIe siècle avant notre ère, le sanctuaire – un vaste complexe de monuments – connaît un immense rayonnement. Les pèlerins qui le visitent viennent de l'ensemble du monde grec, c'est-à-dire de la Grèce proprement dite, mais aussi de la Sicile et de l'Italie (« Grande-Grèce ») ainsi que de l'Ionie (l'actuelle Turquie). L'autorité qui administre le lieu, et dont la mission est de veiller à l'indépendance du sanctuaire ainsi qu'au bon déroulement du culte, rend faiblement l'image de cette diversité : elle est constituée de notables de la ville de Delphes, mais aussi de représentants d'une confédération de douze peuples du nord de la Grèce.

Dans l'enceinte du sanctuaire

Quelle que soit leur origine, les visiteurs, venus pour honorer ou pour interroger Apollon, suivent tous, à Delphes, le même parcours.

Après avoir franchi la porte principale percée dans le mur d'enceinte du sanctuaire, ils débouchent sur la « Voie sacrée ». Large de 4 à 5 m, ce chemin sinueux parcourt tout le sanctuaire et mène au temple du dieu. Il est bordé sur les deux côtés de multiples statues, effigies de généraux grecs célèbres ou de divinités, et surtout de petits édifices qualifiés de « trésors ». Élevés par les cités, ces édifices sont des entrepôts où sont conservées les offrandes qu'elles-mêmes ou leurs citoyens présentent à

La pythie de Delphes et un consultant (céramique grecque). Des foules immenses se rendaient à Delphes pour consulter l'oracle.

Apollon. Après une victoire militaire, la réussite d'une entreprise publique ou privée, ou l'éloignement d'un danger, villes et particuliers ont en effet coutume de remercier le dieu en lui élevant de magnifiques statues ou en lui faisant don d'objets précieux. Les trésors, symboles de la puissance des cités, rivalisent de magnificence par leurs matériaux et leurs sculptures. Seul entre tous, le trésor des Athéniens, restauré, demeure encore debout.

Le pèlerin qui suit la Voie sacrée arrive sur une place où est joué le drame du combat du dieu contre le serpent Python. Au fond de cette place se dresse l'autel, principal monument du culte : sur cette table de marbre blanc et noir, on sacrifie des animaux en l'honneur du dieu. Le temple s'élève derrière l'autel ; en arrière de lui, un escalier mène à un théâtre de 5 000 places.

Au cœur du temple

Du temple lui-même, centre du sanctuaire, il ne reste aujourd'hui que des vestiges de colonnes et de statues. Les ruines laissent cependant visible le plan d'origine : trois salles, un vestibule *(pronaos)*, une pièce principale *(cella)*, où était peut-être conservée la statue en or d'Apollon, et la dernière salle, située derrière la chambre centrale *(opisthodome)*. Des installations souterraines complétaient cet ensemble.

Le temple était censé s'élever exactement au centre du monde, concrétisé par une pierre conique *(omphalos)* érigée en son sein. Cette situation et l'oracle qui y était rendu faisaient sa réputation, attirant des foules immenses de pèlerins vers lui.

L'oracle, dans l'Antiquité, se déroule une fois par mois, sauf pendant les trois mois d'hiver. Il est ouvert à tous, cités et particuliers, mais il est interdit aux femmes. Avant de questionner l'oracle, le consultant acquitte une taxe et demande à sacrifier au dieu un animal, une chèvre le plus souvent. Avant le sacrifice, la bête est aspergée d'eau froide. Si elle tremble, comme il convient, le sacrifice est accepté et la consultation autorisée.

Les prêtres emmènent l'intéressé dans la partie souterraine du temple. Il attend dans une chambre voisine de celle où officie la pythie. Jeune femme ou femme âgée d'au moins cinquante ans, selon les époques, la pythie est l'intermédiaire à travers lequel s'exprime le dieu. Elle boit d'abord un peu d'eau et mâche des feuilles de laurier, arbre sacré d'Apollon, puis, calme et recueillie, elle s'apprête à remplir son rôle. Celui-ci se borne à tirer au sort les réponses qu'on lui propose : elle choisit entre deux vases, deux coupes ou encore deux tablettes, contenant un oui ou un non. Les cités demandent, par exemple, si elles doivent introduire une nouvelle divinité. Un particulier interroge l'oracle pour savoir si tel mariage lui sera favorable. Les réponses sont transmises par les prêtres.

Des fêtes pour Apollon

Tous les quatre ans, Delphes organise en l'honneur d'Apollon de grandes fêtes, qui réunissent l'ensemble du peuple grec. Ces cérémonies célèbrent la lutte victorieuse du maître de Delphes contre le serpent Python. Au drame sacré qui reproduit le fameux combat et aux multiples sacrifices offerts au dieu s'ajoutent des compétitions sportives, des courses hippiques et des concours musicaux, dédiés à Apollon, célébré alors comme dieu de la Musique et de la Poésie.

Les concours gymniques, qui comportent des épreuves de course à pied, de lutte, de boxe et de saut, se déroulent dans le stade. La piste en est située au-dessus du sanctuaire d'Apollon. Elle est entourée de gradins qui comptent 7 000 places. Le stade accueille aussi des représentations dramatiques et lyriques. Les courses de chevaux ou de char, elles, ont lieu dans la plaine. Les vainqueurs, récompensés par des couronnes de laurier, se couvrent de gloire et immortalisent leurs exploits par une ode ou par une statue. La plus belle sculpture retrouvée sur le site, connue sous le nom

d'« Aurige de Delphes », figure un cocher qui a remporté la course de chars.
Dans le théâtre, les musiciens – l'aulète, jouant d'une sorte de hautbois, et le cithariste – ainsi que les chanteurs interprètent avec virtuosité les difficiles morceaux du concours. Là encore, la victoire assure au gagnant célébrité et richesse.
L'affluence des visiteurs, le nombre et la valeur des dons faits au sanctuaire, le succès de la collecte internationale de fonds pour la construction du temple inauguré en 330, la splendeur des fêtes, tout témoigne de l'importance de Delphes dans le monde grec et de la confiance placée dans son oracle.

Le site de Delphes s'étage sur un versant abrupt.

La rampe d'accès, les colonnes doriques et le vestibule (pronaos) *du temple d'Apollon.*

Les sanctuaires bouddhiques du nord de l'Inde

LES STUPAS DE SANCI

Dès avant l'apparition du bouddhisme, les habitants de l'Inde rendent un culte aux morts. Aux croisées des chemins, ils érigent des buttes de terre pour honorer les chefs et les héros. À partir du Ve siècle avant notre ère, sous l'inspiration du bouddhisme, ces buttes deviennent de véritables monuments, les stupas. Les plus grands et les mieux conservés se trouvent à Gaya, Amaravati et surtout Sanci.

L'Illuminé avait recommandé à ses disciples d'édifier aux croisées des chemins des tumuli, appelés « stupas », destinés à abriter les reliques des grands rois et des sages. Cette coutume se propagea rapidement. À la mort de Bouddha, huit des princes les plus puissants se disputèrent les cendres et les os de sa dépouille, sur lesquels chacun voulait construire un grand stupa. Les reliques furent divisées en huit parties égales. Mais les constructions étant réalisées en matériaux périssables, aucun vestige n'en est parvenu jusqu'à nous.

Les premiers stupas maçonnés

Les premiers stupas édifiés en matériaux durables datent, semble-t-il, du règne d'Asoka (269-232 avant notre ère). Premier empereur de la dynastie maurya, ce souverain est un grand bâtisseur en même temps qu'un conquérant et l'organisateur d'un État.

Bouddha

Gautama Siddharta – autrement dit Bouddha – serait né entre 563 et 480 avant notre ère à Kapilavastu, sur les pentes de l'Himalaya, précisément dans le sud-est de l'actuel Népal.
Fils de roi, marié et père d'un enfant, il se trouve un jour bouleversé par la vue de la souffrance humaine. Il renonce alors à tous les honneurs pour suivre le chemin des ascètes. Après diverses épreuves et un long temps de méditation sous l'arbre sacré (bodhi), il reçoit l'Illumination.
Par sa vie et par son enseignement, désormais, il ne cessera de prêcher, à travers l'Inde du Nord, que le moyen d'échapper à la douleur inhérente au monde est la recherche de la pureté absolue.

Converti au bouddhisme, il fait de cette foi la religion nationale. Les préceptes de la philosophie bouddhiste sont gravés sur des parois rocheuses ou sur des colonnes commémoratives spécialement érigées à cet effet, les « piliers d'Asoka ». La ferveur religieuse du souverain indien l'amène aussi à faire construire, si l'on en croit la tradition, près de 80 000 stupas.
Ces stupas primitifs sont construits en briques crues pour les fondations, en briques recouvertes de plâtre pour le revêtement extérieur. Sur une terrasse carrée ou ronde (le *mehdi*) s'élève un dôme en maçonnerie pleine, symbolisant l'œuf hémisphérique – l'*anda.* Le monument est entouré d'une enceinte de bois suffisamment écartée pour laisser le passage aux processions rituelles, qui se déroulent dans le sens des aiguilles d'une montre. Ces processions font partie du culte que l'on rend aux reliques conservées à l'intérieur. Sur l'édifice lui-même, autour de l'anda, est aménagé un deuxième chemin pour la déambulation des fidèles : le *pradaksina patha,* auquel on accède par un escalier de bois. Enfin, au sommet de l'anda, surmonté d'un mât, ou au centre de celui-ci, un réceptacle de brique, l'*harmika,* abrite les reliques.

À Sanci, le Grand Stupa

En 250 avant notre ère, la ville de Vidisa, près de Bhopal, dans l'État de Madhya Pradesh, située au carrefour de deux routes et au

Détail sculpté de la torana est.

Le stupa de Sanci, avec la torana (portique) est. Le complexe religieux est entouré d'une clôture avec quatre toranas situées aux points cardinaux.

confluent de deux fleuves navigables, est choisie par les moines pour y construire, à proximité, le sanctuaire de Sanci. Tenus de mendier pour obtenir leur subsistance, les serviteurs de Bouddha sont par conséquent forcés d'établir leur sanctuaire non loin d'une agglomération.

Dès lors s'élève en ce lieu un ensemble monastique important : des stupas de petite taille entourant un vaste monument de même type, au centre – le « Grand Stupa ». Mais les matériaux de construction employés, fragiles, se dégradent rapidement. Dès le milieu du Ier siècle avant notre ère, il faut intervenir pour restaurer le site. C'est l'occasion de transformations et d'embellissements : le stupa principal est agrandi, et la pierre y remplace le bois primitivement employé. La forme, qui répond à une tradition sacrée, reste quant à elle inchangée. Un dôme important, de près de 40 m de diamètre, est substitué à l'anda originel. Pour consolider l'ensemble, l'intérieur est rempli de pierres. Le soubassement *(mehdi)* est également reconstruit en pierre. Enfin, des balustrades du même matériau se substituent aux palissades de bois qui entourent le chemin processionnel.

Pour approcher du Grand Stupa, on pénètre à l'intérieur du complexe religieux par quatre majestueux portiques (les *toranas*), situés aux quatre points cardinaux. La clôture ne comporte aucune décoration ; c'est sur les toranas que l'on peut admirer des sculptures et des bas-reliefs de toute beauté, étagés sur toute la hauteur des importants montants carrés et sur toutes les surfaces planes des linteaux qu'ils supportent – les architraves. On y trouve des illustrations du *Djataka* (la « légende dorée » bouddhiste), des défilés de guerriers, des éléphants conduits par des cornacs, des guirlandes et des décorations florales. Sur l'architrave inférieure de la porte orientale, la « Fée à l'arbre », une nymphe pleine de grâce et de sensualité, semble s'élancer vers le ciel. Sur la porte nord, au sommet d'un montant, la « Roue de la Loi » symbolise le premier sermon de Bouddha. Même si certains motifs sont inspirés de sculptures perses ou mésopotamiennes, les œuvres, par leur réalisme, leurs mouvements empreints d'une extraordinaire vitalité, par leur exubérance même, sont profondément indiennes.

Nulle part, dans le complexe de Sanci, on ne trouve de représentation du fondateur du bouddhisme : Bouddha étant celui qui a dépassé le monde des apparences, il a semblé aux artistes impossible de l'évoquer sous une forme humaine.

Détail sculpté de la torana nord. Sur ces portiques sont représentées les scènes de la vie du Bouddha.

Les plus célèbres stupas

En Inde, outre le stupa de Sanci, deux célèbres stupas sont construits à Sarnath et à Nelanda entre le IIIe et le Xe siècle de notre ère. Il ne reste malheureusement que l'intérieur du stupa de Sarnath, situé près de Varanasi, où Bouddha prononça son premier sermon. Jadis, des statues représentant Bouddha se trouvaient sur des pignons situés aux quatre points cardinaux de l'édifice.

À Ceylan, dans la capitale des premiers rois, Anuradhapura, le stupa d'Abhayagiri, qui atteint près de 100 mètres de diamètre, est plus grand que certaines pyramides d'Égypte.

En Birmanie et en Thaïlande, les stupas, baptisés pagodes, prennent la forme de pyramides à degrés. Le couronnement du stupa, s'élevant de plus en plus, peut se comparer à une flèche.

Le long mur de l'empereur Qin

LA GRANDE MURAILLE

En 221 avant notre ère, Shi Huangdi, premier empereur Qin, réalise l'unification du pays chinois morcelé en plusieurs royaumes. Il prolonge les tronçons d'ouvrages construits par chacun de ces royaumes pour se défendre de ses voisins en une ligne de défense continue, qui s'étend sur plus de 6 000 kilomètres.

Ainsi naît le symbole de l'immensité de la Chine, la « Grande Muraille », que devait reconstruire, en partie, plus tard, la dynastie Ming.

L'œuvre du « Premier Empereur »

Yong-Cheng, le prince qui accède au pouvoir en 238 avant notre ère dans le royaume Qin, entreprend la conquête de tous les pays chinois. Entre 230 et 221 avant notre ère, il se rend maître d'une région allant de la Mongolie au bassin du Yangzijiang (le fleuve Bleu). Après avoir réussi la réunification des territoires conquis, il prend le titre de Shi Huangdi, « Premier Auguste Empereur ».

Shi Huangdi le bâtisseur

Les travaux colossaux entrepris par Shi Huangdi ne concernent pas uniquement la Grande Muraille. Sur les conseils de son ministre Li-Si et avec l'aide de son général Meng T'ien, il ordonne la construction d'un canal entre une rivière du Nord et une rivière du Sud, rendant possible la navigation du centre de la Chine jusqu'à Canton.
Mais les réalisations les plus inouïes de l'empereur sont les constructions de son palais et de son tombeau. Un million de travailleurs auraient été employés en même temps à la réalisation de ces ouvrages. Les abords du tombeau – une crypte construite sous un énorme tumulus, aux environs de Xiangyang – étaient illuminés jour et nuit par des lampes à huile et l'on dit que son entrée était protégée par des arcs automatiques. Des fouilles récentes ont permis de mettre au jour, dans une fosse proche du tumulus, une armée de soldats composée de quelque 6 000 figures. Toutes ces statues, en terre cuite grandeur nature, étaient polies et peintes ; des pigments de couleur – jaune, rouge, vert, noir, blanc ou violet – restituaient les teintes des brocarts des uniformes.

Suivant les conseils de son ministre Li-Si, il abolit le système féodal et divise le pays en trente-six provinces administrées par des responsables soigneusement choisis et dépendant directement du gouvernement central.
Les institutions en usage dans le royaume Qin s'étendent au fur et à mesure des annexions : les unités de mesure, la monnaie de bronze, dont les débuts datent du Vᵉ siècle avant notre ère, l'écriture, l'écartement des essieux des voitures, tout est unifié dans l'ensemble du pays. Un réseau de routes et un système de relais de poste assurent les communications nécessaires à l'administration de l'Empire.
Enfin, un vaste travail de défense militaire est accompli. Si les murailles édifiées entre les anciens royaumes, vestiges de leur défunte autonomie, sont détruites, Shi Huangdi choisit, en revanche, de conserver et de développer les tronçons construits sur les confins septentrionaux du nouvel État, pour mettre celui-ci à l'abri du risque d'une invasion de la part des tribus de cavaliers nomades vivant plus au nord.

Un ouvrage gigantesque

En quelques années, sous la direction d'architectes, un million de travailleurs forcés édifient ainsi, souvent au prix de leur vie, le *Wan Li Ch'angch'eng* – le « mur de 10 000 lis » (soit 6 000 km) –, une ligne de défense continue qui s'étend depuis le sud du Gansu jusqu'à la presqu'île du Liadong.
Constituée, en cette première époque, par des murs de pierres et de cailloux renforcés de place en place par de gros blocs de pierre, la muraille s'élève à 6 ou 8 m de hauteur pour une épaisseur de 8 à 10 m. À son sommet, un large chemin de ronde permet à des chars de circuler avec parfois un attelage de cinq chevaux de front. Tous les 200 m environ s'élèvent des tours de garde à deux étages où des feux sont allumés en cas d'alerte.
La Grande Muraille, ainsi conçue, remplit tout à la fois un rôle de défense, de communication et une fonction économique. Des villes se créent aux points de jonction du mur avec les routes commerciales ; elles deviennent des centres de transit et d'échange du royaume chinois avec les civilisations des steppes.
Au XIIIᵉ siècle, cependant, la Grande Muraille ne parvient pas à arrêter l'invasion des terribles Mongols. Ceux-ci, qui dominent la Chine jusqu'en 1368, laissent s'effondrer les fortifications. Puis la dynastie Ming relève la muraille et la renforce. Le sommet bordant le parapet est pavé de plusieurs couches de briques, afin d'éviter les infiltrations d'eau, le chemin de ronde, bordé de créneaux, pouvant atteindre un mètre cinquante de haut. À certains endroits stratégiques, le mur est démultiplié : il arrive qu'on trouve jusqu'à dix enceintes successives. Cependant, selon les régions, l'aspect du mur varie sensiblement en fonction des matériaux de construction locaux (la pierre dans les montagnes, la terre dans les déserts, le bois dans les régions forestières) et épouse toujours la morphologie du lieu traversé.
Visitée aujourd'hui par des millions de touristes, tant chinois qu'internationaux, la Grande Muraille demeure un ouvrage unique au monde, par sa conception comme par sa réalisation.

Sur le sommet du mur, un chemin de ronde, qui relie les tours de garde, permet de circuler en char.

La Chine à l'avènement de Shi Huangdi

Les deux siècles et demi qui précèdent l'unification des pays chinois par la dynastie Qin, en 221 avant notre ère, sont connus sous le nom de « **période des Royaumes combattants** ». Quatre royaumes (Jin au Chan-si, Zhao au nord, Wei au centre, Han au sud) se livrent à cette époque à des luttes incessantes.

Malgré ces guerres, le monde chinois est dès ce moment le théâtre de **grands travaux d'irrigation :** construction de canaux, réservoirs, digues et barrages.

En même temps, chaque royaume construit des **remparts urbains et des murailles de défense.** Vers l'an 300 avant notre ère, les royaumes du Nord en édifient notamment pour se défendre contre la menace d'invasions nomades : ces appareils défensifs constituent le noyau de la future Grande Muraille.

La Grande Muraille de Chine, frontière et ligne de défense de plusieurs milliers de kilomètres.

Statue funéraire en argile d'un des milliers de guerriers enterrés dans la tombe de l'empereur Qin Shi Huangdi, pour l'escorter vers l'au-delà.

Quelques murs célèbres

Bien des civilisations, outre la Chine, ont songé à se protéger d'éventuels envahisseurs par un mur. L'Égypte, en Afrique, et surtout Rome, en Occident, ont élevé les remparts les plus célèbres.

Le mur de Sésostris. Construit en 1850 avant notre ère, s'étendant d'Héliopolis à Péluse, il était destiné à protéger l'Égypte des incessantes incursions arabes.

Rome. Pour défendre ses territoires contre les Barbares, les Romains entreprirent de construire un mur de défense continu (limes), constitué de fortins reliés par des routes stratégiques, cernant les contours de l'Empire. Le limes germanique s'étendait en Europe continentale, le limes africain bordait le Maghreb et, enfin, le mur d'Hadrien, dit aussi «limes britannique», construit entre 122 et 127 de notre ère, défendait la Grande-Bretagne contre les assauts des tribus écossaises. Ces défenses s'avérèrent efficaces jusqu'au IVe siècle.

197

Une nouvelle Athènes en Asie Mineure

PERGAME

À partir de 197 avant notre ère, le roi Eumène II entreprend de remodeler l'acropole, ou ville haute, de Pergame, cité grecque installée au nord-ouest de l'Asie Mineure, l'actuelle Turquie. Les grandioses transformations qu'il effectue valent à Pergame d'être qualifiée de « seconde Athènes ».

Reconstitution de l'acropole de Pergame (Berlin, Pergamon Museum).

Eumène II (197-159) appartient à la dynastie attalide, fondée au IIIe siècle, qui a fait de Pergame la capitale d'un puissant royaume s'étendant sur une grande partie de l'Asie Mineure. Le souverain utilise ses richesses pour édifier, sur la colline de Pergame, de splendides monuments. Certes, au fil des siècles, le site a subi de nombreuses destructions, mais ses vestiges permettent d'imaginer le magnifique aspect qu'il présentait autrefois.

Un plan de ville audacieux

Les architectes sollicités par le roi rejettent l'idée d'un plan géométrique avec des voies se coupant à angle droit, adopté par de nombreuses cités grecques. Ils font preuve d'un esprit novateur en choisissant pour les monuments des emplacements adaptés au relief – une butte – au lieu de contredire la géographie du lieu en imposant un plan adapté pour la plaine. Ces experts exploitent toutes les possibilités qu'offre la colline, avec ses terrasses successives et ses décrochements, et ils incorporent savamment les constructions déjà existantes dans le nouveau tracé.

Aucune difficulté technique ne fait reculer ces audacieux bâtissseurs. Sur une pente très escarpée, ils accrochent un théâtre formé de 78 gradins, qui peut recevoir 10 000 personnes. La scène, en bois, démontable, n'est installée que pour les représentations. Audessus du théâtre, ils déploient en éventail les édifices, sur des niveaux différents. Au sommet, leur plan intègre intelligemment un temple, réédifié à l'époque romaine et dédié à l'empereur Trajan (98-117 de notre ère). Au-dessous, le temple d'Athéna, qui remonte aux IVe et IIIe siècles avant notre ère, est entouré d'une cour bordée de portiques sur trois côtés. Derrière le monument de la déesse s'élève la grande et belle bibliothèque. À un niveau inférieur, une terrasse accueille un grand autel de sacrifices, qui est dédié à Zeus, le principal dieu grec, et à Athéna, la déesse de la ville. Plus bas encore s'étend une place publique *(agora)* bordée de boutiques. Un quartier d'habitation relie ce groupe d'édifices à la ville moyenne étagée sur d'autres terrasses. Celles-ci supportent une deuxième place publique et trois gymnases, parmi lesquels figure le plus grand du monde antique. Ces établissements sont destinés à la fois aux exercices physiques et à l'éducation intellectuelle.

Un haut lieu de l'art

Sur l'ordre du roi, l'œuvre des architectes est complétée par des sculptures. Eumène mobilise les plus grands artistes de son temps, originaires de Grèce ou recrutés en Asie Mineure, et il leur confie en particulier la tâche d'orner de reliefs l'autel de Zeus et d'Athéna.

L'autel – un monument considérable – est constitué d'un soubassement de 37 m de long, de 34 m de large et de 12 m de haut, qui supporte des portiques sur trois côtés. Sur la quatrième face est aménagé un immense escalier, encadré par deux ailes latérales. Il donne accès à la cour où se trouve l'autel proprement dit – c'est-à-dire la table des sacrifices. Autour du soubassement et sur les ailes de l'escalier se développe une frise de reliefs, qui atteint 120 m de longueur et 2,30 m de hauteur. Retrouvés au XIXe siècle par les archéologues allemands, les éléments de cette frise ont été emportés en Europe et remontés à Berlin, dans le musée de Pergame, avec l'accord du gouvernement ottoman – les autorités de la Turquie d'alors.

Le décor glorifie les exploits militaires de la dynastie attalide et rend grâce aux dieux pour les victoires qu'ils ont accordées. Le thème principal, inspiré par un épisode de la mythologie, est la lutte des géants et des dieux. Le modelé vigoureux des figures colossales, qui traduit à merveille le mouvement et l'intensité dramatique du combat, donne à la frise sa place parmi les chefs-d'œuvre de l'art grec.

Un foyer de culture

Grand amateur d'art, Pergame est aussi très attachée aux lettres. La cité est particulièrement fière de sa bibliothèque. Après celle d'Alexandrie en Égypte, c'est la deuxième du monde en importance. Le roi Eumène ne cesse de l'embellir et d'enrichir ses collections. En concurrence avec les souverains alexandrins, il achète des manuscrits partout, à des particu-

---

Le plan de ville géométrique

Les anciens Grecs ont attribué l'invention du plan de ville géométrique, caractéristique de beaucoup de cités grecques, au théoricien et architecte Hippodamos de Milet, qui vécut au Ve siècle avant notre ère.

En réalité, Hippodamos n'a fait que donner un contenu théorique à un type de plan qui existait au moins depuis le VIIe siècle. Peut-être a-t-il participé à la reconstruction de Milet, sa ville d'origine située en Asie Mineure, qui offre un des meilleurs exemples du tracé géométrique urbain.

Milet est quadrillée par des rues rectilignes qui se coupent à angle droit et forment des îlots de mêmes dimensions. Les îlots, occupés par les maisons, forment deux grands quartiers, séparés par la place et les édifices publics. À Priène, en Asie Mineure, le tracé, qui intègre les monuments publics dans la surface régulière des îlots, est encore plus uniforme malgré un relief très accidenté.

liers ou à des villes. Pergame comptera jusqu'à 200 000 volumes, contre 700 000 pour Alexandrie. Confronté au problème de l'approvisionnement en papyrus, support privilégié de l'écriture, fabriqué en Égypte, Pergame invente le parchemin (*pergamênê*, en grec) pour copier ses précieux ouvrages. Il s'agit de peau de chèvre ou de mouton, longuement travaillée, qui présente l'avantage d'être utilisée des deux côtés et non d'un seul comme le papyrus.

Hormis une grande et belle salle de lecture, le bâtiment de la bibliothèque comprend des salles de musée qui abritent de multiples œuvres d'art. Avec les excellentes conditions de travail qu'elle propose, Pergame attire les savants, les hommes de lettres et les artistes de toute l'Asie Mineure et rayonne sur l'ensemble de la région.

Passée sous la domination romaine en 133, Pergame continue à prospérer. La ville basse, située sous l'acropole, s'étend considérablement. À l'exception de quelques rares édifices, elle est enfouie sous l'actuelle Bergama.

Le grand autel de Zeus (Berlin, Pergamon Museum). Les éléments de la frise sculptée retrouvés par les archéologues ont été remontés à Berlin dans une reconstitution du monument.

L'acropole de Pergame, en Turquie.

La première métropole d'Amérique
TEOTIHUACÁN

Première ville d'Amérique à présenter des dimensions aussi colossales, Teotihuacán, située à une cinquantaine de kilomètres au nord-est de l'actuelle Mexico, n'est pas à l'échelle des hommes, mais à celle des dieux. Ce sentiment est partagé par tous les visiteurs du site, pèlerins d'hier comme touristes d'aujourd'hui.

Au XVIe siècle, cette impression de grandeur incite les Aztèques, qui résident près du site et l'ont adopté comme lieu de culte, à appeler la ville Teotihuacán ou « le lieu où les dieux sont créés ». Teotihuacán n'est en effet pas le nom d'origine de la ville, qui est inconnu. On ignore également comment s'appelait le peuple qui l'édifia.

Des monuments dignes des dieux

Une centaine d'années avant notre ère, le peuple de Teotihuacán adopte pour la première fois au Mexique un plan de ville géométrique. Deux grands axes, nord-sud et est-ouest, se coupent à angle droit et divisent la ville en quatre secteurs. L'axe nord-sud, baptisé « chaussée des Morts » par les Aztèques, est une avenue monumentale qui ne mesure pas moins de 4 km de long et 50 à 60 m de large. Elle dessert de nombreux édifices religieux et civils, élevés sur des plates-formes, ainsi que les pyramides consacrées au Soleil et à la Lune. Sa taille lui permet d'accueillir sans difficulté les cohortes de pèlerins, venus de différentes régions du Mexique, qui se pressent au pied des pyramides pour assister à la célébration des grands rituels.

Les deux pyramides sont formées d'un noyau de briques de terre séchée, de petites pierres et de terre. Cette structure est recouverte de pierres liées par un mortier. Une fois achevé, le revêtement est enduit d'une fine couche de chaux et peint, sans doute en rouge. La pyramide du Soleil, installée au-dessus d'un très ancien sanctuaire aménagé dans une grotte naturelle, comporte cinq étages. Avec une base de 225 m de côté et une hauteur de 65 m, elle représente une masse formidable. L'escalier d'accès au sommet est accolé à la façade principale. Autrefois, un temple en bois couronnait la pyramide. Les prêtres y rendaient le culte, loin des foules. La pyramide de la Lune ferme la chaussée des Morts au nord. Avec ses quatre étages, incomplets aujourd'hui, elle culmine à 46 mètres.

À l'intersection des deux grandes avenues, à l'intérieur de la Citadelle – nom donné à tort au complexe par les Espagnols et toujours utilisé –, s'élève le temple de Quetzalcóatl, « serpent à plumes de quetzal » (ce dernier mot désignant un très bel oiseau exotique). Le monument est peut-être également dédié à Tlaloc, dieu de la Pluie et principale divinité du site.

Pyramides et temples, qui ont mobilisé pour leur construction des milliers d'ouvriers, montrent bien l'importance de la religion et des dieux à Teotihuacán.

Une population très dense

Cependant Teotihuacán n'est pas qu'un centre de cérémonies, vivant uniquement par et pour la religion. C'est une vraie ville, avec une population très diversifiée. Durant sa période d'apogée, entre 300 et 600 de notre ère, Teotihuacán, alors l'une des plus grandes villes du monde, a peut-être compté jusqu'à 200 000 habitants. Les maisons sont construites en pierre et en terre comme les bâtiments religieux et sont serrées les unes contre les autres. Modestes demeures et luxueux palais de l'élite dirigeante et des prêtres sont conçus sur le même modèle. Ce sont de vastes ensembles d'un étage qui se déploient autour d'une cour intérieure. Ils comprennent plusieurs groupes de salles qui forment des appartements privés ne commu-

Le talud-tablero

Le talud-tablero est une technique caractéristique utilisée par les bâtisseurs de Teotihuacán pour construire les plates-formes.

Cette technique consiste à placer au-dessus d'un talus ou plan incliné de faible hauteur un panneau vertical en saillie encadré de moulures verticales et horizontales.

Ce mode de construction original est ensuite repris, avec des variantes, par les civilisations mexicaines d'El Tajín, de Monte Albán, de Chichén Itzá ou encore par les Mayas de Tikal ou de Kaminaljuyu au Guatemala.

Détail d'une fresque (reconstituée) du palais de Tepantitla à Teotihuacán, représentant un prêtre, (Mexico, musée national d'Anthropologie).

La chaussée des morts à Teotihuacán (Mexique), gigantesque avenue de 4 km de long qui sépare la ville selon l'axe nord-sud. Au fond, à gauche, la pyramide du Soleil.

Cour intérieure du temple de Quetzal-Papillon, Teotihuacán.

Un grand rayonnement

Petite bourgade, Teotihuacán se hisse au rang de **grande ville entre 100 avant notre ère et 150 de notre ère.** Elle dispose alors des **ressources économiques suffisantes** pour employer une partie de la population dans ses travaux de construction. Elle se dote **aussi d'un système politique autoritaire à la tête duquel est placé un souverain,** seul capable d'organiser les énormes chantiers.

Dès le début de notre ère, Teotihuacán accroît sa prospérité en ajoutant aux revenus de l'agriculture et du commerce **les tributs de peuples soumis.** Entre 300 et 600, **son influence,** très grande **sur les civilisations du plateau central mexicain,** pénètre **jusqu'en pays maya.**

niquant pas entre eux. Les toits, plats, sont couverts de poutres de bois et de mortier. Les portes sont fermées par une tenture. Indice d'un confort certain, les demeures de pierre sont équipées de canalisations souterraines pour l'évacuation des eaux usées.

Les palais se distinguent des autres maisons par leurs magnifiques peintures et reliefs inspirés par la religion.

Une activité permanente

Les occupations professionnelles déterminent la répartition des habitants dans la ville, sauf pour les étrangers, qui ont leurs propres zones de résidence. Dans un quartier, on taille l'obsidienne, pierre volcanique, dans un autre on fabrique les céramiques rituelles, ailleurs des artisans travaillent la nacre et l'ardoise.

Le cœur administratif et commercial de la ville, lieu très animé, se situe autour de la Citadelle et à l'intérieur. Dans cet ensemble se trouvent les bâtiments où s'affairent les scribes qui gèrent la cité. Face à la Citadelle, un immense marché assure l'approvisionnement des citadins en produits agricoles. Des échoppes bien fournies proposent aux milliers de pèlerins les objets rituels qu'ils rapporteront chez eux.

Après 600, Teotihuacán ne connaît plus la même prospérité. Sa population décroît. Certainement affaiblie par des dissensions internes, la ville ne résiste pas à des envahisseurs, inconnus, qui l'incendient vers 650-700. Mais son prestige religieux est tel que, sept siècles plus tard, les souverains aztèques s'y rendent toujours en pèlerinage depuis leur capitale, Tenochtitlán, maintenant ensevelie sous l'actuelle Mexico.

29

Une place publique au cœur de Rome

LE FORUM ROMAIN

Première place publique de Rome, le Forum romain, né en même temps que la ville au VIIe siècle avant notre ère, ne prend son aspect à peu près définitif qu'en 29 avant notre ère. Cœur historique de la cité, cette vaste place demeure le centre des affaires publiques et privées jusqu'à la fondation de nouveaux forums peu de temps avant notre ère.

Pendant plusieurs siècles, sous le régime de la royauté (VIIe-VIe siècle) et sous la République (509-27 avant notre ère), le Forum concentre les activités politiques, judiciaires, religieuses et économiques de la cité. Il est également un lieu de rencontre très populaire. La place, en forme de quadrilatère, a été aménagée dans une vallée marécageuse asséchée située près du Tibre et dominée par les collines du Capitole, du Palatin et de l'Esquilin.

Les affaires officielles

Le Forum romain est le siège des principaux organes politiques de la cité. Sur un espace rectangulaire dallé jouxtant la place, le *Comitium,* se tiennent, dès l'origine de la ville, les assemblées populaires (comices). Le côté de cette place est bordé par la tribune aux harangues, une plate-forme d'où les orateurs, durant toute la République, s'adressent à la foule, qui participe activement à la vie politique et est toujours prompte à manifester son mécontentement. Avec le temps, l'endroit devient trop exigu. Les réunions se déplacent alors au milieu du Forum. Au Ier siècle avant notre ère, César réorganise le Forum et empiète sur le Comitium, devenu inutile, pour construire un nouvel édifice pour le Sénat. Il démolit aussi la tribune aux harangues et il la reconstruit sur l'un des petits côtés du Forum. Le nouveau monument est vite appelé « Rostres », à cause des proues de navire *(rostra)* prises aux bateaux ennemis qui le décorent.

Au fond du Comitium se dresse à l'origine la Curie, siège du Sénat, l'assemblée de notables qui assiste d'abord le roi de Rome dans son gouvernement puis qui préside aux destinées de la République. Au Ier siècle avant notre ère, ce bâtiment est détruit par le feu. César commence à en édifier un autre. Il est consacré en 29 par Auguste, qui instaure le régime impérial deux ans plus tard : dans la nouvelle Curie s'installe un Sénat qui a perdu la plus grande partie de son autorité.

Au IIe siècle avant notre ère, le *Tabularium,* édifice qui conserve les archives de la ville, est érigé sur les pentes du Capitole. Il domine la place et ferme la perspective de ce côté. Le bâtiment fait partie des premières réalisations grandioses qui voient le jour sur le Forum, à partir du IIe siècle. Il commence à donner à la

Peinture de Giovanni Paolo Pannini (1691 ou 1692-1765) représentant des ruines d'architecture antique.

Le Forum romain.

place une unité qu'elle n'avait pas jusque-là. Les affaires judiciaires se traitent en plein air. Les juges, installés sur une estrade, conduisent des procès devant un public bruyant, qui donne sans cesse son avis.

Un centre religieux

La place abrite certains des plus vieux sanctuaires de Rome, aussi anciens que le Forum lui-même. Sur l'un de ses petits côtés se dresse en effet la *Regia,* sanctuaire où l'on adore Mars, le dieu de la Guerre, et Ops, la déesse de l'Abondance des produits de la terre. À côté de la Regia s'élève un temple circulaire entouré de colonnes de marbre. Il est dédié à Vesta, la déesse du Foyer. À l'intérieur du monument brûle nuit et jour le feu sacré de la cité, garant de la sauvegarde du peuple romain. Le foyer est entretenu par des prêtresses, les vestales, dont la vaste et belle maison agrémentée d'un jardin est accolée au temple. Celui-ci conserve aussi de mystérieux fétiches, les pénates, protecteurs de Rome, sur lesquels veillent également les vestales.

Le temple de Saturne, dieu des Semailles, et celui des jumeaux Castor et Pollux (qui a également servi de lieu de réunion au sénat), plus récents, remontent au début du Vᵉ siècle. Fils de Jupiter, le principal dieu de Rome, Castor et Pollux ont aidé les Romains à gagner une importante bataille, puis ils sont apparus sur le Forum pour annoncer la victoire. Afin de les remercier, Rome leur a érigé un temple.

À ces édifices sacrés s'ajoute, au IVᵉ siècle, le temple de la Concorde : il célèbre la réconciliation des nobles et du peuple, qui a lutté longtemps pour obtenir une part du pouvoir et la reconnaissance du droit à l'égalité de tous les citoyens de Rome. Enfin, en 29 avant notre ère, Auguste inaugure un temple dédié à César divinisé, qui ferme le Forum sur le côté opposé à la Regia et au temple de Vesta. Le monument est édifié à l'endroit où fut incinéré, conformément à la coutume romaine, le dictateur assassiné. Il est la dernière divinité à avoir été installée sur le Forum.

L'activité économique

Bordé par de doubles rangées de boutiques sur ses longs côtés, le Forum est aussi un centre commercial. Les locaux, loués par l'État, abritent divers commerces parmi lesquels figurent la boucherie et le change. Les bouchers cèdent peu à peu la place aux seuls changeurs. Un grand marché alimentaire couvert est installé juste à côté du Forum. En outre, les rues menant à la place, empruntées par une foule dense, sont couvertes d'étalages. Devant le temple de Castor et Pollux ont lieu les ventes d'esclaves.

Un lieu de rencontre et de distractions

Pour le confort de tous ceux qui fréquentent le Forum, pour affaires ou par plaisir, les Romains élèvent, dès le IIᵉ siècle avant notre ère, d'immenses halles rectangulaires qui offrent une protection contre le soleil et la pluie. Ce sont les basiliques, des bâtiments qui n'ont aucun caractère religieux. Elles donnent un tracé plus régulier à la place. L'alignement est définitivement réalisé par César, qui restaure et embellit l'une des basiliques et en met une autre en chantier. Celle-ci est achevée par Auguste, son fils adoptif et successeur.

Les basiliques, qui n'ont à l'origine pas d'autre vocation que de servir d'abri, accueillent petit à petit diverses activités qui prenaient place sur le Forum. Les tribunaux viennent y siéger, les hommes d'affaires s'y retrouvent. Le peuple romain se plaît à flâner sur le Forum. Par les rencontres qu'il fait en ce lieu, il est au courant de ce qui se passe dans la ville.

Grâce aux réalisations de César et d'Auguste, le Forum romain, hérissé de splendides monuments, prend un aspect ordonné. Mais, dès avant d'avoir reçu sa forme définitive, il a servi de modèle aux places publiques de toutes les autres cités romaines, dont il est l'élément principal.

La basilique de Maxence, dans le Forum, Rome.

La cité rose du désert
PÉTRA

Le Khazné, le plus remarquable parmi les nombreux mausolées dissimulés dans les falaises de Pétra, aujourd'hui en Jordanie.

Dissimulée dans un massif montagneux du désert de Jordanie, l'envoûtante cité de Pétra est une création commune de la nature et des hommes. D'abord dessinées par les déformations de l'écorce terrestre et par l'érosion, ses falaises de grès rose ont ensuite été sculptées par des artistes très talentueux.

Peuplée par la tribu arabe des Nabatéens, Pétra est une cité caravanière fort prospère qui assure le commerce entre l'Arabie et la Méditerranée. Elle atteint son apogée entre la fin du Ier siècle avant notre ère et le début du IIe siècle de notre ère. C'est à cette époque qu'elle creuse dans la roche ses plus beaux monuments.

Au détour du chemin, le Khazné

La ville n'est accessible que par une gorge étroite et sinueuse, appelée le Sîq, qui s'étend sur plus d'un kilomètre et ne dépasse pas deux mètres de large par endroits. Elle s'enfonce entre deux impressionnantes falaises qui atteignent jusqu'à cent mètres de hauteur. Après un dernier coude, la masse resserrée du Sîq offre soudain au visiteur une vision des plus étonnantes. Dans une mince fente se découpe une partie de la façade du plus beau monument du site, le Khazné.

Au débouché de la gorge, sur une place étroite, cernée par les montagnes, le Khazné apparaît dans sa totalité. L'édifice doit son nom, qui signifie « trésor », aux Bédouins, longtemps persuadés que l'urne du sommet renfermait les richesses d'un pharaon égyptien. Taillé dans la roche abrupte, dans laquelle il s'enfonce légèrement, le Khazné s'élève à 39,50 m de hauteur et mesure 28 m de large. Il comporte deux niveaux. L'étage inférieur est formé d'un portique à six colonnes. Les quatre colonnes centrales supportent un fronton, orné de reliefs. L'étage supérieur se compose d'une rotonde avec quatre colonnes soutenant sa toiture. Cette rotonde est couronnée par un chapiteau et par l'urne convoitée par les Bédouins du désert, et elle est décorée d'un bas-relief représentant la déesse gréco-égyptienne Isis, gardienne des morts. Enfin, de chaque côté, la rotonde est encadrée par deux structures à colonnes sur lesquelles repose un demi-fronton.

Inspiré de l'architecture et de la sculpture grecques, le Khazné est une très grande réussite. D'autres édifices du site l'ont pris pour modèle, mais aucun n'est parvenu à retrouver l'équilibre parfait des volumes et le décor raffiné qui le caractérise.

Des falaises regorgeant de tombeaux

Le Khazné est l'un des quelque cinq cents tombeaux creusés dans les montagnes de Pétra. Comme la plupart d'entre eux, il ne contient aucune inscription identifiant le propriétaire et précisant la date de sa réalisation.

Habitation creusée dans le grès rose des falaises (Pétra).

Vue d'ensemble des falaises de grès rose (Pétra).

Cependant, les constructeurs de sépultures aussi prestigieuses ne peuvent avoir été que des membres de l'élite : des princes ou de très riches marchands. Aux tombes ornées d'une façade inspirée de l'art grec, tel le célèbre Khazné, s'ajoutent les nombreux tombeaux de tradition orientale dont la façade imite une tour crénelée.

Quel que soit leur aspect extérieur, les sépultures respectent le même type d'organisation intérieure. En général, elles sont formées d'une seule salle, la chambre funéraire. Dans les parois sont creusées les niches où reposent les défunts. Parfois, des fosses funéraires sont excavées dans le sol.

Près des tombes, il existe d'autres monuments taillés dans la roche. Ils ont pour vocation d'accueillir les banquets célébrés en l'honneur des morts. À l'intérieur, trois longues banquettes, creusées le long des parois, reçoivent les convives. Mais, le plus souvent, les repas funéraires se déroulent en plein air, sur des banquettes taillées devant la sépulture.

Une ville pour les vivants

Contrairement à ce que pourrait laisser supposer la présence de multiples tombeaux, Pétra n'est pas une nécropole. C'est une ville à part entière avec des maisons, le plus souvent creusées dans la roche, dont les façades ne sont pas décorées. Elle possède ses boutiques, et ses édifices publics – théâtre, bains, fontaines, arc monumental – construits dans un large cirque. Un système de canalisations perfectionné et des citernes pourvoient à son approvisionnement en eau .

Pétra est le centre d'une intense vie religieuse. Les prêtres y honorent les dieux dans des temples. Le sanctuaire principal est consacré à Dûshara, le dieu dynastique et national, adoré sous la forme d'un bétyle, ou pierre sacrée non décorée, constituant l'habitacle du dieu. Les rites consistent à lui présenter des sacrifices d'animaux et à l'asperger de sang. Les Nabatéens – comme on appelle les habitants de Pétra et du royaume dont elle est la capitale – rendent également le culte dans des sanctuaires à ciel ouvert, situés sur de hauts lieux et dont l'existence est très ancienne. Ils sont équipés d'un autel pour le sacrifice des victimes animales et d'un socle qui supporte le bétyle rectangulaire abritant la présence divine. Trois banquettes ménagées dans la roche sont destinées aux personnages qui assistent aux sacrifices et partagent le repas de communion avec le dieu.

En mêlant savamment la culture orientale et les traditions artistiques grecques et en utilisant toutes les possibilités du cadre naturel, les Nabatéens ont réalisé des monuments originaux qui font de Pétra un site unique.

Pétra, capitale des Nabatéens

Dès 312 avant notre ère, **Pétra est occupée par la tribu arabe des Nabatéens, pasteurs et caravaniers.** Elle réussit à conserver son indépendance dans un Proche-Orient dominé par les Grecs, de la fin du IVe siècle au milieu du Ier siècle avant notre ère. Mais elle subit fortement **l'influence de leur culture et de leur art.**

Au IIe siècle avant notre ère est fondée **la monarchie nabatéenne,** qui s'impose bientôt à la tête d'un royaume s'étendant vers le Sinaï et la péninsule arabique. Mais, en 64 avant notre ère, **les Romains** prennent le contrôle de la Syrie-Palestine. Ils **imposent leur protectorat à la riche cité** commerçante un demi-siècle plus tard, puis, **en 106 de notre ère, annexent purement et simplement le royaume nabatéen.** Au même moment, **le déplacement du commerce de l'Orient** vers une autre route que celle passant par Pétra **amorce le déclin de la cité.**

Après le XIIe siècle, la cité sombre dans l'oubli. **Pétra la rose n'est retrouvée qu'en 1812** par l'explorateur suisse Johann Ludwig Burckhardt.

Un temple romain intact en Provence

LA MAISON CARRÉE DE NÎMES

La Maison carrée, seul édifice conservé du forum de Nîmes.

Commencée dans les toutes dernières années du Ier siècle avant notre ère, la Maison carrée de Nîmes a sans doute été achevée vers 2 de notre ère et a été dédiée entre l'an 2 et l'an 5. C'est un temple consacré au culte de l'empereur de Rome et des membres de sa famille, surtout de ses deux petits-fils, bénéficiaires de la dédicace.

La Maison carrée doit son nom, sans rapport avec sa fonction religieuse, à l'ancienne expression française de « carré long », qui désignait un rectangle. Le monument, restauré au cours des âges, est l'un des temples romains les mieux conservés. À l'époque antique, la Maison carrée n'était pas isolée, mais elle s'intégrait à la grande place publique de Nîmes, le Forum, dont elle fermait le côté sud. Les trois autres côtés étaient bordés de portiques et d'édifices publics, aujourd'hui entièrement détruits.

Un temple corinthien

La Maison carrée, avec ses proportions très harmonieuses, est tout à fait représentative du temple romain classique qui se rattache à l'ordre corinthien. Ce système d'architecture, né en Grèce au Ve siècle avant notre ère, a reçu des Romains sa forme définitive. Il est caractérisé par la base des colonnes, formée d'une moulure circulaire en creux comprise entre deux moulures rondes saillantes, par les chapiteaux ornés de feuilles d'acanthe – plante aux feuilles très découpées – coiffant les colonnes, et par une corniche, sorte d'auvent, que supportent de petites consoles.

Le temple est élevé sur un haut soubassement rectangulaire, le *podium,* d'une hauteur de près de 3 m. Le monument, long de 25 m et large de 12 m, est constitué de deux parties, la salle où se trouvent les statues et où l'on rend le culte, la *cella* en latin, et un vestibule, le *pronaos.* Accessible par quinze marches, le vestibule forme un porche précédé par six colonnes et flanqué de chaque côté par trois colonnes. La cella est entourée par vingt demi-colonnes plaquées contre le mur extérieur. On pénètre à l'intérieur par une grande porte, richement décorée.

Les trente colonnes du temple soutiennent l'entablement, composé de l'architrave, ensemble des pierres reposant sur les chapiteaux, d'une frise et de la corniche. Sur les

Le carré d'art de Nîmes

Le nouvel aménagement de la place, avec, au second plan, le Carré d'art (1993) de l'architecte américain Norman Foster, médiathèque et musée d'art contemporain.

La médiathèque. Au printemps de 1993 a été inauguré à Nîmes, sur un côté de la place où se trouve la Maison carrée, un édifice neuf, de style délibérément contemporain. Il s'agit d'un bâtiment mixte, une « médiathèque » abritant le nouveau musée d'art contemporain de Nîmes, une bibliothèque, une vidéothèque et un auditorium.

Combat pour une colonnade. La construction de l'édifice, œuvre de l'Américain Norman Foster, célèbre pour avoir construit l'immeuble de la Lloyds, à Londres, et celui de la Bank of China, à Hongkong, a d'abord soulevé bien des passions. Cependant, ce n'était pas la proximité de la Maison carrée qui gênait les détracteurs du projet, mais le fait que l'immeuble devait s'élever sur la colonnade restant de l'ancien théâtre de la ville, détruit dans un incendie.

Transparences et reflets. Aujourd'hui, le Carré d'art est bien accepté par la population nîmoise. Il revêt la forme d'un cube de verre soutenu par une structure métallique. Ce cube est évidé au centre par un vaste puits, puits de jour et patio autour duquel s'organisent les différents niveaux, reliés entre eux par un grand escalier de verre et par des ascenseurs. Dans ce quartier fortement urbanisé de Nîmes, l'intégration de ce bâtiment moderne à l'architecure ambiante est réalisée sur le mode du reflet, c'est-à-dire que les bâtiments environnant le Carré d'art se reflètent dans ses murs.

petits côtés du temple, l'entablement est surmonté par un fronton triangulaire. Le toit est couvert de tuiles plates.

Les Gallo-Romains célébraient le culte de l'empereur dans la Maison carrée (détail d'une frise de l'Ara Pacis, Rome).

Un décor exubérant

Le temple ne comporte pas de scènes figurées. Son décor, inspiré par certains temples de Rome, est surtout végétal et géométrique. Les colonnes cannelées, c'est-à-dire creusées de rainures verticales, sont surmontées de chapiteaux à feuilles d'acanthe. Au-dessus de celles-ci s'ouvre, sur les différentes faces, une fleur. Les chapiteaux ont été exécutés par trois ateliers de sculpteurs, d'origine locale, qui n'étaient pas tous d'égale habileté. Alors que le travail d'un des ateliers est fin et soigné, celui des deux autres révèle de nombreuses maladresses.

L'architrave, décorée de trois rangs de perles, est dominée par la frise sur laquelle se développent des rinceaux d'acanthes. Entre les feuilles se nichent quelques oiseaux qui picorent. Cette décoration a été remplacée par la dédicace sur la façade correspondant à l'entrée du temple. Au-dessus de la frise sont placées les petites consoles de la corniche. Celle-ci est décorée de rangées de rosettes, de lignes brisées à angle droit (grecques) et de masques de lions.

Le culte impérial

La Maison carrée, vouée au culte impérial, abrite dans la *cella* les statues de l'empereur et des membres de sa famille. Le souverain n'est pas adoré en tant que dieu, car il n'est divinisé qu'après sa mort, mais pour la fonction qu'il représente. Dans les provinces de l'Empire, comme le sud de la Gaule, le culte impérial joue un rôle très important puisqu'il contribue à maintenir la fidélité des peuples conquis envers le pouvoir central de Rome. Le culte est rendu par un prêtre municipal et par des *sevirs* – littéralement, six prêtres –, dont les attributions exactes ne sont pas connues. Ces fonctions sacerdotales facilitent l'ascension sociale des intéressés et sont entourées d'honneurs, port d'un costume spécial, escorte, places réservées dans les édifices de spectacles. En contrepartie, les prêtres assument les lourdes charges financières que représentent l'organisation de combats de gladiateurs dans l'amphithéâtre ou celle de banquets. Cela implique une certaine richesse de la part des candidats à la prêtrise.

Le culte est célébré sur l'autel, aujourd'hui détruit, qui précède le temple. Les sacrifices d'animaux sont sans doute réservés aux grandes cérémonies, telles que l'anniversaire de l'empereur. Plus couramment, les prêtres présentent de l'encens et du vin. Lors de certaines fêtes, il est possible que les statues de la famille impériale aient été emmenées en procession.

Un monument à la gloire des soldats romains

L'ARC DE TRIOMPHE D'ORANGE

Aux abords d'Orange, sur la route antique dite « d'Agrippa », reliant Arles à Lyon, est élevé entre 20 et 25 de notre ère un imposant arc de triomphe. Cette forme architecturale, inventée par les Romains, célèbre habituellement les exploits militaires des généraux. Le monument d'Orange rappelle, quant à lui, les combats victorieux des soldats de Rome en Gaule.

La cité antique d'Orange est une ancienne bourgade gauloise, transformée en 35 avant notre ère en colonie romaine. Son territoire a été donné à cette époque aux soldats vétérans d'un des corps de l'armée romaine, la deuxième légion. Les colons ont commémoré les luttes menées contre les Gaulois en érigeant un arc de triomphe qu'ils ont dédié à l'empereur Tibère (14-37). Il fait partie aujourd'hui des arcs romains les mieux conservés.

À l'entrée de la ville

Comme tous les arcs de triomphe, celui d'Orange est une porte monumentale. Alors que les édifices de ce genre sont, traditionnellement, pourvus d'une seule ouverture, lui est, pour la première fois, percé de trois baies. Sur les faces nord et sud, qui mesurent près de 19,60 m de longueur, se découpe une grande arche, encadrée par deux arches plus basses et plus étroites. Les faces est et ouest, longues de 8,40 m, sont constituées par un mur plein. La face ouest, gravement endommagée, a été restaurée au XIXe siècle.

Les quatre côtés du monument sont ornés chacun de quatre colonnes, plaquées contre les parois de l'édifice. Comme celles des angles sont à cheval sur deux faces, il n'y en a que douze. Les colonnes sont couronnées de chapiteaux à feuilles d'acanthe, caractéristiques de l'ordre corinthien, système décoratif et structural commun aux architectures grecque et romaine antiques. Ils supportent l'entablement, formé par les bandes de pierre horizontales comprises entre les colonnes et les étages supérieurs de la façade.

L'entablement est surmonté de deux étages, les attiques, qui masquent le toit. L'arc de triomphe d'Orange est le seul arc romain connu possédant deux attiques. À la base, ceux-ci sont ornés de frontons triangulaires. Ceux des grands côtés ne dépassent pas la largeur de la grande arche tandis que ceux des petits côtés s'étendent sur toute la longueur de la paroi. Au sommet de l'édifice trônait une statue figurant sans doute l'empereur Tibère dans un char tiré par des chevaux. La hauteur du monument est de 19,20 mètres.

L'arc a été bâti avec de grosses pierres en calcaire qui ne sont pas jointes avec un mortier, mais liées par des crampons de fer scellés avec du plomb.

Un décor guerrier

L'arc d'Orange est décoré de nombreux reliefs qui laissent peu d'espaces vides. Les petites arcades, entourées, comme la grande arche, de motifs végétaux, sont dominées par les représentations des armes enlevées aux Gaulois : javelots, casques, enseignes et boucliers sur lesquels se lisent des noms.

Sur l'une des bandes de pierre de l'entablement était gravée, en lettres de bronze, la dédicace du monument à l'empereur Tibère, datée de 26-27 de notre ère. Sur une autre bande se déroule une frise de bas-reliefs montrant des Romains et des Gaulois qui s'affrontent deux par deux. Les Romains sortent toujours vainqueurs de ces luttes. Les panneaux qui encadrent les frontons des grandes façades figurent des éléments de navires, proues, ancres, tridents, cordages, rames et gouvernails. La partie supérieure de ces façades porte d'autres scènes de bataille : cavaliers romains et Gaulois, engagés dans une mêlée confuse, se battent furieusement. Là aussi les Romains l'emportent sur leurs adversaires.

Entre les colonnes, les petits côtés de l'arc sont occupés par des Gaulois enchaînés de part et d'autre de trophées. Ces derniers sont des monuments commémoratifs en forme de croix qui servent d'appui à une tunique et à un manteau et sont flanqués de boucliers. Ils sont couronnés par un casque.

Les bas-reliefs, qui représentent des combats plus symboliques que réels, célèbrent peut-être la victoire de la deuxième légion sur les Gaulois, qui s'étaient révoltés en 21 de notre ère.

Un monument bien romain

À l'époque où le monument d'Orange est édifié, l'arc de triomphe est une forme architecturale encore récente. En effet, le premier arc,

Un monument plein d'avenir

L'arc de triomphe retrouvé. Ce sont les architectes de la Renaissance italienne qui redonnent vie à l'arc de triomphe. En 1446, à Rimini, l'architecte italien Leon Battista Alberti dote la façade de l'église Saint-François, plus connue sous le nom de « temple des Malatesta », d'une façade en forme d'arc de triomphe.

À la gloire des princes et des armées. Aux XVIIIe et XIXe siècles, l'arc de triomphe retrouve sa fonction de glorification des princes et des armées. En 1739, pour honorer le grand-duc de Toscane, François II, Florence, en Italie, fait élever l'arc de San Gallo par l'architecte lorrain J.N. Jadot de Ville-Issey. Puis, en 1806, l'empereur Napoléon entreprend à Paris la construction de deux arcs de triomphe : celui de l'Étoile, confié à l'architecte J.-F. Chalgrin et achevé en 1836, et celui du Carrousel, dessiné par C. Percier et P. Fontaine et terminé en 1808. Le premier, orné d'un très bel ensemble de sculptures, rappelle les batailles de la République et de l'Empire. Le second évoque les succès militaires de Napoléon en 1805.

Un arc moderne commandé par Napoléon : l'arc de triomphe de l'Étoile, édifié par l'architecte Chalgrin à Paris, entre 1806 et 1836.

aujourd'hui détruit, a été élevé à Rome en l'an 29 avant notre ère par Auguste, le fondateur de l'Empire romain. Il s'inspirait de petits arcs, dépourvus de colonnes, apparus dans la capitale romaine à la fin du IIe siècle avant notre ère pour immortaliser le souvenir des victoires remportées par de grands généraux. Les arcs de triomphe se comptent par centaines. Il n'y a guère de ville romaine qui ne possède son ou ses arcs. Du Proche-Orient, avec les arcs de Palmyre, en Syrie, ou de Jerash, en Jordanie, à l'Afrique du Nord, avec celui de Volubilis, au Maroc, ou de Tingad, en Algérie, en passant par Rome et ses 36 arcs de triomphe, ce type de monument glorifie les conquérants romains à travers tout l'Empire.

Décoré de nombreux bas-reliefs, l'arc est illustré de trophées et de nombreuses scènes de combats favorables aux Romains (détail de l'arc de triomphe d'Orange).

L'arc de triomphe d'Orange, érigé sous l'empereur Tibère, commémore les luttes contre les Gaulois.

Un ouvrage d'art pour acheminer l'eau

LE PONT DU GARD

Le pont du Gard, dont les arches enjambent gracieusement la vallée du Gardon, est le monument le plus célèbre de l'aqueduc qui alimentait en eau la ville antique de Nîmes. Magnifique témoignage du génie bâtisseur des Romains, cet ouvrage d'art a été érigé au milieu du Ier siècle de notre ère.

Nîmes, grande consommatrice d'eau, ne peut alors se satisfaire des sources locales ou de la nappe phréatique. Pour être suffisamment approvisionnée, elle capte une source située près d'Uzès et conduit l'eau jusqu'à elle par un aqueduc de 50 km de long. Le pont du Gard est l'un des ponts qu'emprunte le canal sur son parcours accidenté.

Un record de hauteur

Avec ses 48,77 m, le pont du Gard est le plus haut de tous les ponts-aqueducs romains. Sa taille a été déterminée par la pente que doit respecter la canalisation d'eau qu'il supporte. Pour desservir le château d'eau de Nîmes, situé à 59 m d'altitude, les ingénieurs et techniciens romains sont partis d'une source qui s'élève à 71,20 m. Ainsi, l'eau s'écoule du point d'origine vers celui d'arrivée en suivant une pente douce qui est en moyenne de 24,8 cm par kilomètre. Pour que le canal de l'aqueduc relie les deux rives du Gardon en maintenant la pente voulue, il a fallu construire un pont d'une hauteur de près de 50 m qui culmine à 65 m d'altitude.

Le pont du Gard compte trois étages, chacun en retrait sur l'autre. Les premier et deuxième étages, formés respectivement de six et onze grandes arches, s'étendent sur 142 et sur 242 m de long et mesurent 6 et 4 m de large. Ils s'élèvent chacun à une vingtaine de mètres de hauteur. Tous deux ont été édifiés avec de gros blocs de pierre soigneusement taillés, extraits d'une carrière voisine et assemblés sans mortier. Les pierres qui dépassent de la

L'eau est acheminée vers Nîmes par une canalisation située au sommet du pont.

façade ont servi de point d'appui aux échafaudages, tandis que celles qui font saillie sous les arches ont supporté les cintres de bois nécessaires à la construction des voûtes.

Le troisième étage est plus petit que les autres. Il compte 35 arches dans son état actuel. À l'origine, il en possédait 47 et couvrait 360 m de longueur. Le canal, bâti au-dessus des arches, est couvert par de lourdes dalles de pierre. Après la mise en service de l'aqueduc, les constructeurs ont constaté que le canal était d'une hauteur insuffisante et ils l'ont surélevé.

Les bienfaits de l'eau

Après s'être glissé dans des tranchées, avoir franchi le pont du Gard et autres ouvrages d'art, et avoir traversé des tunnels, l'aqueduc déverse son eau dans le château d'eau de Nîmes – en latin, *castellum*. Il s'agit d'un bassin circulaire dans lequel l'eau pénètre par une ouverture carrée. L'eau est ensuite distribuée dans la ville par un réseau de tuyaux en plomb logés dans les dix trous creusés dans les parois du bassin.

L'eau de l'aqueduc est destinée à la fois à un usage privé et à une utilisation publique. Les citadins sont alimentés par les nombreuses fontaines installées dans les divers quartiers de la ville. C'est là qu'ils puisent l'eau nécessaire à la préparation de leurs repas, aux ablutions, au ménage. Les résidences des riches sont directement connectées aux canalisations de la ville et disposent de l'eau courante. Cela leur permet d'installer des bains privés.

Les installations publiques telles que les thermes nécessitent d'énormes quantités d'eau. Très attachés à l'hygiène, les Romains, qui communiquent leurs habitudes aux peuples des régions qu'ils ont conquises, équipent les cités de bains publics. À Nîmes, on a retrouvé la trace d'au moins quatre thermes. Ce sont des lieux très fréquentés, pour des raisons aussi bien hygiéniques que sociales. L'eau qui coule à profusion permet aussi l'implantation de nombreuses latrines, pourvues de conduits lavés en permanence.

L'aqueduc contribue également au bon fonctionnement des égouts, mode d'assainissement des villes diffusé par les Romains dans le monde antique. L'eau propre chasse les eaux usées et nettoie les canalisations. L'aqueduc est un élément fondamental de la civilisation urbaine, développée et exportée par les Romains, qui accordent une très grande importance à l'hygiène individuelle et collective.

Le pont du Gard, pont-aqueduc romain, à trois étages, qui enjambe le Gardon.

Détail de l'appareillage des arches : les pierres qui dépassent ont servi à supporter les échafaudages lors de la construction.

Construire un aqueduc

Pour se procurer les grandes quantités d'eau indispensables à la vie urbaine, besoin notamment lié au développement des thermes, les Romains n'ont pas hésité à entreprendre des constructions fort audacieuses.

Le financement. Ouvrage extrêmement coûteux, l'aqueduc est bien souvent commandité par l'empereur de Rome. Cependant, à Nîmes, il semble avoir été plutôt financé par une municipalité très prospère à l'époque et par de riches particuliers.

Les bâtisseurs. L'entrepreneur est sélectionné sur place pour sa connaissance des carrières, des tailleurs de pierre et des équipes d'ouvriers. Les ingénieurs, l'architecte, véritables experts en matière d'aqueducs, sont en revanche recrutés à Rome. La durée de construction dépend des difficultés techniques rencontrées au cours de la réalisation. À Nîmes, on a estimé que l'aqueduc a mobilisé un millier d'ouvriers pendant deux à trois ans.

Les techniques. L'aqueduc romain est considérablement plus évolué que l'aqueduc grec, simple canal implanté dans le sol ou sous terre. Les perfectionnements sont dus à l'emploi généralisé de la voûte pour le canal et les ponts, et du «blocage», un mode de construction consistant à élever un noyau avec des petites pierres et du ciment et à le revêtir d'un parement de blocs de pierre ou encore de briques. Des regards, aménagés à intervalles réguliers, donnent accès au canal et facilitent son entretien.

De Carthage à Rome. Les aqueducs, qui rendent les villes indépendantes des sources d'eau locales, se multiplient dans le monde romain. Parmi les aqueducs les plus impressionnants figurent celui de Carthage, en Tunisie (long de 132 km et pourvu d'un pont de 38 m de haut) ; l'Aqua Marcia, un des onze aqueducs desservant Rome (il mesure 91 km) ; enfin celui de Ségovie, en Espagne, remarquable par son pont de 119 arches, d'une hauteur de 31 mètres.

Une vie de bien-être et de luxe s'interrompt

LES MAISONS DE POMPÉI

Reconstitution de la Maison du poète tragique à Pompéi.

Le 24 août 79 de notre ère, l'éruption du Vésuve ensevelit la ville romaine de Pompéi sous un amas de pierres ponces et de cendres. Les cadavres des habitants, surpris par la brutalité du phénomène, et leur cadre de vie sont retrouvés presque intacts, à la fin du XVIIIe siècle.

Commencées en 1748, les fouilles du site font en effet peu à peu reparaître la ville antique avec ses édifices publics, ses temples, son théâtre et ses bâtiments privés, maisons et boutiques. Elles révèlent une ville encore en cours de reconstruction, pour réparer les énormes dégâts causés par le tremblement de terre survenu dix-sept ans plus tôt. Certaines grandes maisons, fraîchement restaurées au moment de la catastrophe de 79, reflètent la douceur de vivre des riches Pompéiens.

Des variantes autour d'un plan de base

Les plus luxueuses de ces habitations, d'une superficie comprise entre 450 et 3 000 m^2, appartenaient à des propriétaires terriens et à des commerçants très fortunés. Toutes présentent la même structure : un axe central formé par des salles et des espaces aux fonctions identiques d'une demeure à l'autre, autour duquel s'organisent d'autres pièces, chambres à coucher, salles à manger, bains, cuisine, au nombre et à l'emplacement variables.

L'accès à la maison se fait par un couloir étroit coupé en deux par la porte d'entrée. Derrière s'étend l'*atrium,* noyau le plus ancien de la maison romaine, et le lieu de la vie commune de la famille jusqu'à la création du jardin et des pièces qui l'entourent. Une ouverture, pratiquée dans le toit de cette pièce, permet de recueillir les eaux de pluie dans un bassin.

L'atrium communique sur toute sa largeur avec une salle, nommée *tablinum,* qui est isolée par des rideaux et parfois par des portes. C'est une pièce de réception, où sont accueillis les visiteurs et notamment les « clients », c'est-à-dire la foule de petites gens qui sont les obligés du maître de maison et viennent le saluer tous les matins.

Le tablinum s'ouvre sur un jardin entouré de portiques, le *péristyle.* Ce lieu est, dans la maison pompéienne du Ier siècle de notre ère, le véritable carrefour des parties de la demeure et, dès lors, le cœur de la vie familiale. Autour du péristyle sont en effet disposées les chambres à coucher, avec l'alcôve pour le lit, et les salles à manger. Au fond, dans l'axe de la maison, le portique ouvre sur le salon, pièce régulièrement vaste et superbement décorée, siège des réceptions données par les maîtres ou du délassement entre intimes. Le jardin, orné de fontaines, de bassins et de statues, invite à la détente. Il abrite, sous des tonnelles, les salles à manger d'été.

Les salles annexes

Les maisons présentent tout le confort du temps. Des bains privés – équipés d'un vestiaire où l'on se déshabille, d'une salle chaude

Cour intérieure de la Maison de Vénus à Pompéi.

et d'une salle tiède avec des bains chauds et des bains froids – sont situés à l'écart des pièces principales. La salle chaude, comme les thermes publics, bénéficie d'un système de chauffage par le sol. La maisonnée dispose aussi de latrines, reliées aux canalisations évacuant les eaux usées. C'est une commodité dont seuls jouissent les gens riches.

La cuisine est souvent près des latrines. Elle n'est ni spacieuse ni bien aménagée. Elle comprend un évier et un four en brique, alimenté avec du charbon de bois, sur lequel sont posées les marmites. Parfois, un second four, plus petit, est prévu pour la préparation des gâteaux. Le conduit de cheminée étant alors ignoré, la fumée s'échappe de la pièce comme elle peut, par une fenêtre ou par un trou fait dans le toit.

Si certaines résidences destinent à la domesticité servile un quartier avec chambres et latrines, la plupart du temps, les maisons seigneuriales de Pompéi ignorent ce genre d'arrangement. Servantes et serviteurs dorment donc où ils peuvent, et, le plus souvent, se contentent d'un matelas qu'ils étendent devant la chambre à coucher de leurs maîtres.

Le faste du décor

Toutes ces vastes demeures sont ornées intérieurement de peintures murales exécutées avec soin et, souvent, avec un talent admirable. Vers l'époque qui précède la catastrophe, le genre à la mode est la peinture en trompe-l'œil, qui donne l'illusion de la réalité en représentant de frais jardins, des paysages peuplés d'architectures, des rideaux, des portes ou encore des animaux – un chien qui bondit du mur pour attaquer le visiteur importun. Dans le détail, les sujets abordés varient : dans une maison, on trouve des scènes tirées de la vie dans les marais du Nil, où nagent les hippopotames ; dans une autre, l'artiste a décrit l'activité des petits commerçants et artisans de la ville ; ailleurs, les peintures racontent des épisodes extraits de *l'Iliade* et de *l'Odyssée* du poète Homère...

Des objets d'art nombreux complètent encore le décor de ces riches demeures. À côté d'une vaisselle ordinaire en terre cuite utilisée tous les jours, les archéologues ont retrouvé maintes pièces d'argenterie de valeur et de la vaisselle en bronze de belle qualité.

Avec ses grands espaces, ses jardins, son équipement, son décor, la maison de Pompéi est représentative du bien-être et du luxe dont s'entourent tous les riches citoyens de l'Empire romain.

Le plan d'urbanisme de Pompéi, témoignage exceptionnel préservé à travers les siècles sous une couche de cendres volcaniques déposées par la célèbre éruption du Vésuve.

Le temple d'Isis à Pompéi (Besançon, musée des Beaux-Arts et d'Archéologie) exécuté en 1779 par le peintre français Jean-Louis Desprez (1743-1804).

À la mode de Pompéi

L'Antiquité au goût du jour. Au milieu du XVIIIe siècle, les fouilles de Pompéi font connaître aux Européens les peintures et les objets qui peuplent les édifices de la ville. Cette révélation suscite un grand enthousiasme et alimente le vaste mouvement de redécouverte et d'imitation de l'Antiquité, appelé néo classicisme, qui se développe à partir de cette époque.

Pompéi et les intérieurs européens. Les peintures des maisons pompéiennes inspirent en particulier un style décoratif nouveau, le style pompéien, appelé à durer jusque vers le milieu du XIXe siècle. Ce style se caractérise par l'abondance des motifs architecturaux empruntés aux scènes de cette ville, et par l'utilisation fréquente d'un rouge foncé, baptisé rouge pompéien. Le style pompéien apparaît surtout sur les décorations murales, sur les papiers peints, les tissus d'ameublement, les meubles peints et les céramiques issues de manufactures comme celle de Wedgwood en Angleterre.

Une villa pompéienne à Paris. La mode pompéienne perdure au point que, en 1860 encore, le prince Napoléon fait construire sur l'avenue Montaigne une villa qui se veut l'exacte réplique d'une demeure type de la ville martyre. Il ne reste malheureusement aujourd'hui que des dessins de cette maison.

Un amphithéâtre pour les jeux romains

LE COLISÉE

Pollice Verso, *1872 (peinture de Gérôme, Phœnix Art Museum).*

Pour abriter les combats de gladiateurs auxquels assiste un public de plus en plus nombreux, la Campanie, région du sud de l'Italie, invente, entre la fin du IIe siècle et le début du Ier siècle avant notre ère, un nouveau type d'édifice, l'amphithéâtre. Curieusement, Rome, très friande de ces spectacles, n'inaugure son premier amphithéâtre de pierre qu'en 80 de notre ère.

En fait, Rome se méfie des théâtres et des amphithéâtres, qu'elle considère comme d'éventuels foyers d'agitation. Pendant longtemps, elle n'autorise que des édifices en bois, démontables. Enfin, en 72 de notre ère, l'empereur Vespasien décide de bâtir un amphithéâtre de pierre, digne de la glorieuse ville impériale. Au Moyen Âge, le voisinage de la statue colossale de l'empereur Néron lui vaut le surnom de « Colisée » *(Colosseum).*

Un édifice pour les spectacles de masse

Dressé en plein cœur de Rome, le Colisée se distingue par sa forme ovale, spécifique de ce genre de monument, et par sa masse imposante. Avec une hauteur de 48,50 m et des axes de 156 et 188 m, il possède une capacité de 50 000 personnes.

L'aspect fonctionnel de l'édifice, qui doit accueillir des foules considérables et assurer aux spectateurs, quelle que soit leur place, une bonne vision du spectacle, ne nuit pas à sa beauté comme le montre son élégante façade. Elle se compose de quatre étages. Les trois premiers, à arcades, sont ornés de colonnes couronnées de chapiteaux plats (ordre dorique romain), de chapiteaux à volutes (ordre ionique) et de chapiteaux à feuilles d'acanthe (ordre corinthien), qui évoquent à chaque étage un système de l'architecture antique. Entre les arcades des deuxième et troisième étages s'élevaient des statues. Le quatrième étage, le plus haut, est percé de fenêtres rectangulaires et entouré d'une rangée de consoles de pierre. Celles-ci soutenaient les mâts en bois, glissés dans les trous de la corniche, auxquels était fixé le *velum,* toile filtrant le soleil.

À l'intérieur, l'amphithéâtre est constitué par une arène ovale où se déroule le spectacle et par des gradins qui forment la *cavea,* où s'assied le public.

Sur les gradins

Au pied de la cavea se déploie le *podium,* formé de sept larges gradins réservés aux dignitaires de l'Empire et qui supporte la loge de l'empereur. Au-dessus, les gradins sont partagés en trois zones bien distinctes par des couloirs de circulation. Chaque zone est subdivisée en secteurs de 500 places *(cunei).* Les hommes du peuple s'installent dans la partie qui surmonte le podium. Les femmes sont reléguées sur les gradins les plus élevés. Au sommet de la cavea, une galerie couverte abrite ceux et celles qui, pour une raison ou une autre, préfèrent rester debout.

Pour accéder à l'amphithéâtre, le spectateur se dirige vers la porte dont le numéro est indiqué sur son jeton d'accès. Il franchit une série de galeries et d'escaliers et débouche sur les gradins par une vaste ouverture, le « vomitoire » *(vomitorium).*

Le public s'installe pour la journée. Aussi les empereurs veillent-ils à son confort. Comme les ardeurs du soleil, ou le déplaisir de la pluie, seraient insupportables des heures durant, ils font tendre un velum pour le protéger du

Le vocabulaire de l'amphithéâtre

Cavea : *partie de l'amphithéâtre constituée par les gradins et par la structure qui les supporte.*

Cuneus *(au pluriel cunei) : section de 500 places environ découpée dans chacune des trois zones de la cavea.*

Munus *(au pluriel munera) : combat de gladiateurs. À l'origine, c'est uniquement un rite funéraire qui vise à apaiser l'esprit du défunt en versant le sang humain. Il devient rapidement très populaire et évolue petit à petit vers un spectacle extrêmement prisé.*

Naumachie : *spectacle nautique donné parfois dans l'arène remplie d'eau de l'amphithéâtre.*

Podium : *partie la plus basse de la cavea, qui forme une sorte de loge réservée aux dignitaires.*

Pollice verso : *désigne le geste du spectateur qui renverse son pouce vers le sol pour refuser la grâce du vaincu.*

Velum : *toiles de lin tendues au-dessus des gradins pour protéger le public du soleil.*

Venatio *(au pluriel venationes) : la chasse, lutte entre hommes et animaux ou entre animaux sauvages.*

Vomitorium : *large ouverture pratiquée dans les gradins donnant accès à ces derniers à partir des galeries qui soutiennent la cavea.*

soleil. L'opération, extrêmement complexe, est confiée à une équipe de marins. Parfois, les souverains font généreusement distribuer des vivres. Quand ce n'est pas le cas, les spectateurs emportent de quoi se sustenter.
Les gradins sont peuplés d'une foule bruyante, passionnée par les combats cruels qui se déroulent dans l'arène.
À Rome, les spectacles, désignés du nom de « jeux », s'étendent sur plusieurs jours. Gratuits, ils sont offerts au peuple par l'empereur. Ils coûtent des sommes considérables, d'autant qu'à chaque fois des attractions inédites cherchent à étonner les foules par quelque nouveauté.

Vue aérienne du Colisée au centre de Rome.

La façade extérieure du Colisée comprend 4 étages. Les trois premiers sont ornés de chapiteaux qui reprennent les ordres architecturaux antiques (dorique, ionique, corinthien).

Dans l'arène

Les jeux donnés pour l'inauguration du Colisée, en 80 de notre ère, comptent parmi les plus grandioses que Rome ait connus. Étendus sur cent jours, ils causent la mort de 5 000 bêtes sauvages et de 2 000 gladiateurs. Grâce aux trappes et à la machinerie installée sous le plancher de l'arène, des forêts et des vallées sont reconstituées. Des spectacles nautiques *(naumachies)* sont interprétés par des nageuses dans l'arène remplie d'eau.
Le matin est consacré à des chasses *(venationes)* magnifiques, qui mettent aux prises hommes et bêtes ou animaux seulement. Des chasseurs professionnels, dont certains sont des vedettes de l'arène, affrontent tigres, lions, sangliers. À midi, le spectacle ne s'interrompt pas. Des condamnés à mort jouent le rôle de personnages promis à une fin tragique, dévorés par les bêtes ou crucifiés.
L'après-midi est voué aux combats de gladiateurs, professionnels de la lutte dans l'arène, recrutés parmi les esclaves et plus souvent parmi les hommes libres. Le public, surexcité, vibre au rythme des coups et des contre-attaques, dont il sait apprécier l'habileté. À la fin du combat, le vaincu demande sa grâce aux spectateurs. S'ils n'ont pas aimé sa prestation, ils renversent le pouce *(pollice verso)* et hurlent « égorge » à l'adresse du vainqueur.
Le Colisée cesse d'être le théâtre de ces terribles et cruels spectacles au IVe siècle, avec la conversion des empereurs au christianisme. Au Moyen Âge, le monument, endommagé, sert de carrière. Il perd ses gradins, son plancher et une partie de sa façade.

La perle du désert à son apogée

PALMYRE

Le principal temple de la ville était dédié à Bêl.

En plein cœur du désert syrien, à la lisière d'une fraîche oasis, l'antique Palmyre offre une vision très romantique. Sur l'immense site abandonné, des centaines de colonnes de pierre miroitent dans la lumière dorée du soleil et dévoilent ici et là les ruines des édifices élevés au temps de sa splendeur.

Peuplée de tribus sémites sédentarisées, la ville est passée sous le contrôle de Rome en 64 avant notre ère. Au Ier siècle de notre ère, grâce à sa situation privilégiée sur les routes reliant la Mésopotamie, la Perse et l'Inde à la Méditerranée, elle est devenue un centre commercial important. Rome exerce sur Palmyre une autorité administrative et fiscale, mais n'intervient guère dans son commerce international. Le IIe siècle constitue la période la plus florissante de la cité caravanière, qui élève à cette période la plus grande partie de ses monuments.

Une cité débordante de vie

À l'architecture des Grecs et des Romains, qui s'est imposée au Proche-Orient à la suite des conquêtes réalisées par ces peuples, les Palmyréniens empruntent de nombreux éléments, colonnes, édifices, voies de communication...

Palmyre est traversée d'est en ouest par la Grande Colonnade, majestueuse avenue principale bordée par une multitude de hautes colonnes. Du centre de l'artère se détache une petite rue qui mène à la grand-place, centre des affaires publiques, l'équivalent de l'*agora* grecque. Cette place est formée d'une cour carrée entourée de portiques ; au IIe siècle de notre ère, elle était décorée par 200 statues de bronze de personnalités romaines et de commerçants palmyréniens, qui ont aujourd'hui disparu. Sous les portiques, le marché attirait une foule dense. Une vaste cour fermée, accolée à la place, servait d'entrepôt pour les marchandises. C'est là qu'étaient fixées les taxes prélevées sur les produits entrant dans la cité et en sortant. Non loin de l'agora se dressent le théâtre et les bains.

Vers l'ouest, le grand axe de la ville débouche sur une rue courte et large, la Colonnade transversale, autrefois encombrée par des chameaux lourdement chargés et par les clients des échoppes situées sous les portiques. Au bout de la voie commence la piste menant vers la Méditerranée. Vers 300, l'empereur Dioclétien érigea un camp militaire le long de l'avenue. Il fit ausi construire l'ultime enceinte de la ville. Dans cette même partie ouest de Palmyre sont regroupées la plupart des habitations : copiées sur les demeures grecques, elles se composent d'une cour desservant les différentes pièces.

Le grandiose temple de Bêl

Vers l'est, la Grande Colonnade forme un coude marqué par une porte monumentale et conduit au temple de Bêl.

Ce temple, achevé au IIe siècle, est dédié à la principale divinité de la ville, Bêl, ou Baal, maître du ciel et de tout l'univers.

Reflet de la splendeur du dieu auquel il est dédié, ce sanctuaire constitue le monument le plus grandiose de la cité. Après avoir franchi l'entrée monumentale (cachée depuis le Moyen Âge par un bastion arabe), les fidèles arrivent dans une vaste cour carrée, de 200 m environ de côté, et découvrent émerveillés les majestueuses rangées de colonnes qui l'encadrent. En avançant dans la cour, ils parviennent à la hauteur de la salle des banquets rituels, célébrés par les prêtres de Bêl. Puis ils croisent l'autel où sont immolées les victimes animales, ainsi que le bassin destiné aux purifications. Au-delà s'élève la demeure du dieu (*cella* en latin) : mais celle-ci est interdite au commun des mortels, qui restent cantonnés dans la cour.

Consacrée en 32 de notre ère, cette cella est la partie la plus ancienne du temple. Élevée sur un soubassement, la maison du dieu est entourée d'une rangée de colonnes. Celle-ci est interrompue sur l'un des grands côtés par un large portail, placé dans l'axe de l'entrée du temple. Les prêtres accèdent au monument par une rampe puis disparaissent dans son unique salle. Les officiants sont en présence de deux niches surélevées, ménagées sur les petits côtés de la chambre. L'une d'elles conserve l'image de culte du dieu Bêl, sculptée en relief, c'est-à-dire adhérant au mur. Cette représentation remplace la traditionnelle statue des cultes orientaux, effigie entièrement détachée de la paroi, et elle supprime en conséquence les rites d'entretien matériel de l'idole, tels que l'habillement et la toilette... L'autre niche abrite une image ou un symbole du dieu, emmené en procession, à certaines époques de l'année, sous la protection d'un voile épais. Le décor de la salle, en relief, s'inspire de la mythologie et du culte. Les rites exécutés par les prêtres en l'honneur de Bêl consistent essentiellement à brûler de l'encens et à sacrifier des animaux qu'ils consomment ensuite rituellement au cours d'un banquet auquel assiste le dieu.

Les demeures d'éternité

D'innombrables tombes, qui font de Palmyre la plus vaste nécropole du Proche-Orient pour la période gréco-romaine, montrent que les croyances funéraires revêtent autant d'importance pour les Palmyréniens que le culte divin. Ils croient en une vie après la mort concernant aussi bien le corps, auquel ils assurent une momification grossière, que l'âme. Certains défunts sont enterrés dans des sépultures individuelles, à peine plus grandes que la dépouille, qui sont signalées par une stèle. Sur celle-ci est gravé le portrait du défunt, accompagné d'un symbole d'éternité ou encore du mot « hélas ».

Les autres morts sont inhumés dans des sépultures familiales, ouvertes aux étrangers contre paiement, qui présentent trois aspects différents. Le tombeau-tour, typique de Palmyre, comporte plusieurs étages équipés de cases funéraires. Le tombeau-temple, au très beau décor architectural et aux sculptures raffinées, est adopté par les riches citadins à partir du IIe siècle. Extérieurement, il imite la demeure d'un dieu. À l'intérieur, il est équipé de cellules pour recevoir les corps et est parfois conçu pour célébrer confortablement le banquet funéraire. Le tombeau creusé dans le sol, ou hypogée, offre enfin aux Palmyréniens une troisième variété de sépulture. Les loges funéraires sont taillées dans les parois d'un couloir souterrain. Quelle que soit leur forme, les tombes ont livré de très nombreux reliefs, témoins de la culture et de l'art palmyréniens. À la fin du IIIe siècle, Palmyre se croit assez puissante pour défier Rome en lui enlevant des territoires. Soumise par l'empereur, elle se rebelle peu après. Elle est alors livrée au pillage et en partie détruite. Du rang d'opulente cité commerçante, Palmyre est ensuite ravalée à celui de ville de garnison.

Arc de triomphe dressé sur une rue à colonnade de Palmyre.

La ville de Palmyre, au cœur du désert en Syrie, fut une cité florissante dans l'Antiquité.

L'urbanisme géométrique strictement appliqué

TIMGAD

En l'an 100, l'empereur Trajan ordonne la fondation de la colonie romaine de Timgad, aux confins du massif de l'Aurès, en Algérie. La ville, dont la construction est confiée à des architectes militaires et à des soldats, se distingue par la rigueur de son plan géométrique.

Timgad est destinée aux soldats de la troisième légion, stationnée dans le camp voisin de Lambèse, qui se retirent de l'armée. Ils s'y installent avec leurs familles et vivent de la culture des lopins de terre qui leur sont concédés. Leur présence contribue à maintenir la paix romaine dans la province de Numidie, qui correspond à l'actuel département algérien de Constantine.

Un plan en damier

La ville forme un carré de 355 m de côté, couvrant une superficie de 12 hectares. Ce quadrilatère est divisé en quatre carrés par deux voies qui se croisent au centre de la cité. Ces espaces sont à leur tour découpés en 36 îlots carrés, *insulae* en latin, par une série de rues secondaires. Leur disposition évoque celle d'un damier. C'est la configuration habituelle des villes romaines au plan géométrique. Celui de Timgad est celui qui se rapproche le plus de la perfection.

Le *cardo maximus,* orienté nord-sud, et le *decumanus maximus,* orienté est-ouest, sont les deux grandes artères, bordées de portiques, qui partagent Timgad. À leur intersection se dresse le forum, grande place qui couvre plusieurs îlots. Centre de la vie de la cité, le forum abrite la curie, siège du conseil municipal, une basilique civile, où l'on rend la justice, un temple, une tribune pour les discours et des édifices dont la fonction n'a pu être déterminée. Une trentaine de statues décoraient jadis la place. À proximité s'élève un théâtre, prévu pour un public de 3 500 à 4 000 places. Le cardo, interrompu par le forum et le théâtre, est reporté plus à l'ouest. Du même côté, le decumanus est fermé par l'arc dit « de Trajan ». Il s'agit en fait d'une porte monumentale à trois baies, érigée au début du IIIe siècle.

Dès la seconde moitié du IIe siècle, des faubourgs se développent à l'extérieur du carré d'origine, devenu trop étroit pour une population qui atteindra jusqu'à 15 000 personnes. Après les maisons modestes des simples colons, Timgad bâtit, hors des limites de la colonie de Trajan, de luxueuses demeures, équipées de bains privés et ornées de mosaïques, pour les riches notables. La ville comprend aussi des temples, de nombreux établissements de bains, des teintureries, des huileries et, loin de la cité des vivants, le cimetière.

L'évergétisme embellit Timgad

Quelques-uns des plus beaux monuments de Timgad sont dus à l'initiative privée, en vertu d'une pratique appelée « évergétisme ». Empruntée par Rome à la Grèce, cette coutume consiste à faire financer par de riches particuliers la construction ou la restauration de monuments publics – amphithéâtre, arc de triomphe, bibliothèque – ou l'érection de statues dédiées aux dieux ou à l'empereur. En faisant ces dons à leur cité, les personnages fortunés favorisent leur carrière civile et leur promotion sociale.

À Timgad, Quintianus Flavius Rogatianus, par exemple, dépense la somme énorme de 400 000 sesterces – monnaie romaine – pour doter sa cité d'une somptueuse bibliothèque, revêtue de marbre blanc et vert. L'édifice satisfait les besoins intellectuels des habitants de Timgad. Plus modestement, P. Julius Liberalis offre à la ville une superbe fontaine, qui lui coûte quelque 32 000 sesterces. Le marché de Sertius, élégant bâtiment aux diverses boutiques, porte le nom du personnage qui l'a érigé. En équipant généreusement

Timgad, colonie romaine en Afrique, célèbre pour la perfection géométrique de son plan.

L'arc de triomphe de l'empereur Trajan, fondateur de la cité.

Mosaïque romaine évoquant le déchargement de la cargaison d'un navire (musée du Bardo, en Tunisie).

leur ville, ces citoyens fortunés espèrent se faire élire comme magistrats, responsables de l'administration de la municipalité, ou comme représentants de la communauté au conseil regroupant les cités de la province. Un autre personnage attend, quant à lui, d'avoir obtenu la charge de prêtre qu'il convoitait pour faire à Timgad son somptueux cadeau. Il débourse 35 000 sesterces pour élever deux statues, l'une de Mars, dieu de la Guerre, l'autre de la Concorde, incarnation de la paix.

Au IVe siècle, les habitants de Timgad se détournent des fonctions municipales, qui, dans un empire en plein déclin, sont devenues très onéreuses et ne présentent plus de contreparties intéressantes. L'État romain en est réduit à obliger les individus les plus riches de Timgad à les exercer contre leur gré.

Villes romaines d'Afrique du Nord

Cités de Mauritanie. Volubilis et Césarée (Cherchell) sont les capitales des provinces romaines de Mauritanie Tingitane et de Mauritanie Césarienne, qui recouvrent le Maroc et une partie de l'Algérie. Volubilis se distingue par l'arc élevé en l'honneur de l'empereur Caracalla et par les somptueuses demeures de ses riches commerçants et artisans, décorées de très belles mosaïques. Césarée, qui présente comme Timgad un plan en damier, comporte tous les éléments caractéristiques d'une ville romaine: forum, théâtre, amphithéâtre, cirque, thermes et temples. Elle est célèbre pour ses multiples statues, copies de superbes statues grecques, et pour ses magnifiques mosaïques.

Villes de la province d'Afrique. Cette province correspond à la Tunisie et à une partie de la Libye. Carthage, détruite puis reconstruite par les Romains, est l'une des plus grandes villes antiques d'Afrique. Elle compte parmi ses vestiges, en grande partie enfouis sous la ville tunisienne actuelle, des thermes imposants. Dans l'arrière-pays tunisien s'élèvent Thugga (Dougga), au plan bien adapté au relief, et Thysdrus (El Jem), qui possède le plus grand amphithéâtre d'Afrique après celui de Carthage. L'édifice est aujourd'hui beaucoup mieux conservé que celui de la grande métropole. En Libye, Leptis Magna, vaste cité de la région de Tripolitaine et important comptoir commercial, doit beaucoup de ses monuments à l'empereur Septime Sévère (193-211), natif de la ville.

La Cyrénaïque. Cette région de Libye forme une province de l'Empire romain avec la Crète. Elle a pour capitale Cyrène, cité fondée par les Grecs. Les Romains ajoutent à la ville leurs propres monuments, gymnase, thermes, et modifient certains édifices grecs, comme le théâtre ou des temples.

Un symbole de victoire au centre de Rome

LA COLONNE TRAJANE

À la suite de ses victoires en Dacie, l'actuelle Roumanie, qui lui procurent un énorme butin, l'empereur Trajan (98-117) entreprend d'importantes constructions dans Rome. Il bâtit une nouvelle place publique (forum) et y dresse une colonne d'un genre inconnu jusque-là, la colonne Trajane.

Trajan a confié l'établissement des plans et la direction des travaux du nouveau forum à un brillant architecte nommé Apollodore de Damas. La vaste place, bordée de portiques, est accessible par un arc de triomphe qui fait face à une basilique, vaste construction rectangulaire de caractère civil et non religieux. Cet édifice occupe toute la largeur du forum et le coupe en deux. Par derrière, sur la seconde partie de la place, il sert d'appui à deux bibliothèques. C'est entre ces deux bâtiments que se dresse la colonne Trajane. La place est fermée par un portique, qui s'incurve de manière à enserrer le temple de Trajan divinisé. Il a été bâti par son successeur, mais a certainement été prévu par l'architecte dès l'origine.

Un monument original

C'est la première fois dans l'histoire de l'architecture qu'apparaît une colonne dont l'intérieur, creux, abrite un escalier et dont l'extérieur est entièrement décoré de bas-reliefs. Le monument, exécuté en marbre extrait des fameuses carrières de Carrare, en Italie, célèbre le triomphe de l'empereur Trajan sur la Dacie et lui sert en même temps de tombeau.

La colonne domine la place de ses 40 m de hauteur, piédestal compris. Son fût, c'est-à-dire la partie située entre la base et le couronnement, est constitué de 18 tambours, gros cylindres de pierre superposés. Leur diamètre est de 3,50 m environ. Quarante-cinq ouvertures, pratiquées dans les blocs, éclairent les 185 marches de l'escalier intérieur, en colimaçon. La base circulaire imite une couronne de lauriers. Au sommet, une statue de saint Pierre a succédé au XVIe siècle à celle de Trajan.

La colonne repose sur un piédestal haut de 10 m, qui possède la forme rectangulaire d'un autel funéraire. Il est décoré d'armes et d'aigles soutenant des guirlandes. Sur l'un des côtés, une porte donne accès à l'escalier et à la petite salle où était déposée l'urne d'or, aujourd'hui disparue, qui contenait les cendres de Trajan, incinéré selon la coutume romaine.

Un décor étonnant

Le décor est formé d'une frise sculptée qui s'enroule en spirale autour de la colonne. Elle se développe sur 200 m de longueur et passe de 90 cm de hauteur à la base à 1,25 m au

Détail des sculptures de la colonne Trajane. Disposées en continu sur une bande qui s'enroule en spirale autour de la colonne, elles illustrent les victoires de Trajan.

La colonne Trajane, érigée dans le forum romain : à la fois commémoration du triomphe en Dacie et tombeau de l'empereur Trajan.

sommet. Cette différence est due à la nécessité de compenser les effets de la perspective - il faut agrandir la taille des sculptures placées haut, afin que ce qu'elles représentent soit perceptible du sol. Les représentations sont réparties en 155 scènes. L'empereur apparaît dans 60 d'entre elles. Au total, quelque 2 500 figures ont été sculptées sur le fût de la colonne.

Les reliefs, qu'on ne peut quand même pas parfaitement bien voir aujourd'hui à partir d'une certaine hauteur, étaient admirés autrefois sans difficulté à partir des bibliothèques, de la basilique et du temple, érigés sur le forum. La tour est blanche à présent : elle était entièrement polychrome à l'origine. Les couleurs, qui rehaussaient les scènes, rendaient la lecture encore plus aisée.

La frise présente un récit suivi des campagnes menées par Trajan en Dacie, en 101-102 et en 105-107. Une image de la Victoire, divinité féminine, qui écrit les exploits de l'empereur sur un bouclier, sépare les deux séries d'événements. D'abord est représenté le franchissement du Danube par les armées romaines. Puis viennent les divers épisodes de la guerre, tels que les discours de l'empereur qui galvanise ses troupes, la construction de fortifications en territoire ennemi, les rudes batailles livrées contre les Daces et l'incendie de leurs villages. La première campagne s'achève par la défaite et la soumission des Daces. Mais ceux-ci se rebellent et obligent Trajan à organiser une seconde campagne qui aboutit à la prise de la capitale dace et au suicide collectif d'une partie de ses habitants. Les opérations militaires prennent fin avec la mort du roi dace qui se tranche lui-même la gorge. Les scènes, détaillées et vivantes, décrivent la Dacie avec ses forêts et ses montagnes, ses maisons, ses habitants, son armement et montrent les différents aspects de la vie et de la civilisation romaines.

La frise exalte à jamais la valeur du souverain, qui n'apparaît pas seulement comme un grand général et un habile stratège, mais aussi comme un homme aux grandes qualités humaines, juste et clément.

La fortune historique de la colonne

Dès l'Antiquité, le monument de Trajan inspire d'autres colonnes commémoratives. Délaissé pendant de longs siècles, le modèle est repris aux temps modernes par de grandes villes d'Europe et des États-Unis.

Dans l'Antiquité. Vers 180 est élevée à Rome la colonne de Marc Aurèle, réplique du monument de Trajan, dont les reliefs célèbrent les victoires de l'empereur sur les Germains. La colonne gagne d'autres villes de l'Empire romain. Alexandrie d'Égypte, par exemple, en élève une de 30 m de hauteur, taillée dans un seul bloc de granite, à la gloire de l'empereur Dioclétien (284-305).

Dans l'Europe moderne. La colonne retrouve son rôle commémoratif à Londres avec le monument, achevé en 1677, qui rappelle le terrible incendie de Londres de 1666. Une flamme brûle en permanence au sommet de cette colonne. À Vienne, en Autriche, l'église Saint-Charles-Borromée, inaugurée en 1737, est encadrée par deux colonnes de 33 m de hauteur, décorées d'une longue frise en spirale qui relate la vie de saint Charles. À Paris, en 1806, Napoléon dédie aux soldats d'Austerlitz la colonne Vendôme, œuvre tout en bronze, réalisée avec le métal fondu des canons pris à l'ennemi. Les reliefs en spirale évoquent la fameuse bataille. Place de la Bastille, une colonne, également en bronze, haute de 47 m, dominée par le « Génie de la Liberté », honore depuis 1840 les morts de la révolution de juillet 1830, qui a porté au pouvoir le roi Louis-Philippe.

En Amérique, en Russie. Baltimore, aux États-Unis, élève en 1829 le premier monument du pays dédié à un président. Le *Washington Monument* est une colonne de marbre blanc haute de 54 m. Cinq ans plus tard, Saint-Pétersbourg, en Russie, érige la colonne Alexandre, en granite rose, qui orne la place du palais. Haute de 30 m, elle est dominée par la statue d'un ange.

Une colonne contemporaine érigée au centre d'un ensemble architectural conçu par l'architecte Ricardo Bofill.

Un temple circulaire à la coupole admirable

LE PANTHÉON DE ROME

Le temple du Panthéon était consacré à toutes les divinités, comme l'indique son nom, emprunté au grec, qui signifie « tous les dieux ». Remarquablement bien conservé, cet édifice, qui a été édifié entre 118 et 125 de notre ère par l'empereur Hadrien, est l'un des monuments les plus importants de toute l'histoire de l'architecture.

Réalisé à l'aide de techniques très évoluées, le Panthéon apparaît comme le témoignage le plus grandiose du génie bâtisseur des Romains. Il est couvert d'une vaste coupole qui a détenu pendant plus de dix-huit siècles le record mondial de portée des voûtes. Elle n'a été dépassée qu'en 1959 par la coupole (bâtie en béton armé!) du Centre national des industries et des techniques(C.N.I.T.), installé à la Défense près de Paris.

Un plan novateur

Le monument a remplacé un premier Panthéon édifié en 27 avant notre ère. En communication directe avec la rue aujourd'hui, il était autrefois situé au fond d'une vaste cour bordée d'un portique et pourvue d'une entrée monumentale. De même, le Panthéon, maintenant en contrebas à cause de l'exhaussement du sol au cours des âges, dominait jadis son site à partir du soubassement sur lequel il est érigé.

Le Panthéon ne suit pas le plan rectangulaire traditionnel, mais obéit à un plan circulaire plus rare. S'il adopte cette forme, il omet la colonnade qui entoure traditionnellement les temples ronds. Cela n'est pas la seule particularité du monument. Il innove aussi avec la juxtaposition de trois éléments géométriques différents : un porche surmonté par un fronton triangulaire, une structure rectangulaire et un cylindre couronné d'une coupole.

Le porche, large de 33 m et profond de 15,50 m, était autrefois précédé de cinq marches. Il est supporté par une rangée de huit colonnes en façade et par deux rangées de quatre colonnes au-delà. Taillées dans un seul bloc de granite gris, les colonnes, hautes de plus de 14 m, proviennent d'Égypte. Leurs bases et leurs chapiteaux ont été exécutés dans un beau marbre blanc qui contraste heureusement avec le gris.

Une grande porte de bronze, antique, donne accès à la structure rectangulaire, aussi large que le porche et aussi haute que la salle cylindrique, qui sert d'intermédiaire entre ces deux éléments. Au milieu, une porte voûtée ouvre sur la rotonde, la partie la plus spectaculaire de l'édifice.

Vue aérienne du Panthéon, le plus grand des temples romains, construit par l'empereur Hadrien.

La façade du Panthéon, avec son portique traditionnel, masque la rotonde qui supporte la coupole.

La coupole, un chef-d'œuvre

De l'extérieur, rien ne laisse présumer l'existence d'une salle au volume aussi colossal et aux proportions parfaites. La surprise et l'émotion ressenties par le visiteur qui pénètre dans la rotonde cèdent bientôt la place à l'émerveillement. La rotonde est un vaste cylindre, délimité par un mur de 6 m d'épais-

La coupole du Panthéon et son oculus central. Pendant des siècles, cette coupole fut la plus vaste jamais construite.

Un brillant avenir pour la coupole

Une création romaine. Les Romains sont les premiers à avoir réalisé de très vastes coupoles. La première qui soit connue avec certitude couvre la salle des thermes de Baïes, à côté de Naples, et mesure 21,50 m de diamètre à la base. Elle a été construite entre la fin du Ier siècle avant notre ère et le début de notre ère.

Des églises à coupole. La coupole romaine inspire l'architecture sacrée de l'Occident. En **548,** une coupole de 31 m de diamètre couronne la basilique Sainte-Sophie à Constantinople, l'actuelle Istanbul. La cathédrale de Florence, achevée en 1434, et la basilique Saint-Pierre de Rome, terminée en 1564, possèdent respectivement de vastes coupoles de 42,20 m et 42 m de diamètre, dimensions très proches de celles du Panthéon. Entre 1757 et 1792, Paris élève l'église Sainte-Geneviève, dotée d'une coupole de 21 m de diamètre, qui deviendra un Panthéon dédié aux grands hommes.

Un exploit technique. Enfin, érigé en France, à la Défense, dans la banlieue parisienne, entre 1957 et 1959, le C.N.I.T. (Centre national des industries et des techniques) pulvérise le record du Panthéon avec sa voûte en béton armé d'une portée de 230 mètres.

seur. Son décor a subi peu de modifications depuis l'Antiquité. Le sol, restauré au siècle dernier, est revêtu de dalles de diverses couleurs qui dessinent des carrés et des cercles. Au niveau inférieur, la paroi est percée de huit niches, alternativement rectangulaires et arrondies, qui renfermaient les statues des dieux. Elles sont dominées par une corniche. À l'étage supérieur, de petites niches, surmontées de frontons triangulaires ou arrondis, ont remplacé, en 1747, les fenêtres grillagées et les piliers, sculptés en relief, du décor d'origine. Celui-ci a été reconstitué en 1930, sur une courte section.

Au-dessus de ce niveau s'élance l'immense coupole, qui décrit une demi-sphère et couvre l'ensemble de la rotonde. Elle culmine à 43,30 m et possède, à la base, un diamètre égal à sa hauteur. La coupole est décorée de cinq rangées de « caissons » – des compartiments creux qui vont en rétrécissant vers le faîte. Au centre de la coupole est ménagée une ouverture circulaire *(oculus)* de 9 m de diamètre, entourée de bronze. Elle laisse pénétrer le soleil qui donne vie au temple.

La coupole, dont l'épaisseur diminue progressivement vers le sommet, a été bâtie avec un matériau léger, de la pierre volcanique liée à l'aide d'un mortier d'excellente qualité. L'extérieur était couvert de tuiles de bronze doré, qui ont été enlevées au IVe siècle.

Le temple de tous les dieux

La rotonde correspond à la salle, appelée *cella* en latin, qui abrite la statue de culte dans les temples traditionnels, voués à une divinité. Le Panthéon, qui est dédié à tous les dieux, renferme tout naturellement les statues d'un grand nombre de divinités. Il accueille également les statues des empereurs vénérés par Rome.

Mais le Panthéon n'est pas simplement un sanctuaire où l'on adore les dieux. C'est aussi un temple voué à l'Empire romain triomphant. La coupole, reflet de la voûte céleste, est à la fois le lieu où résident les dieux et l'image de l'univers placé sous le contrôle de Rome. À la domination des dieux au ciel correspond sur terre le règne de l'État romain, représenté par les empereurs.

Une résidence impériale à la campagne

LA VILLA HADRIANA

Dès son accession au pouvoir, l'empereur Hadrien choisit d'installer sa résidence à 28 km au nord-est de Rome, près de la cité de Tivoli, l'ancienne Tibur, qui est un lieu de villégiature très prisé de l'aristocratie romaine. Commencée en 117 de notre ère, la construction de la demeure impériale s'achève en 133.

La résidence, appelée jadis villa Tibur ou Tiburtina et connue aujourd'hui sous le nom de villa Hadriana, est constituée par plusieurs groupes d'édifices. Ceux-ci sont disposés dans un parc qui ne couvre pas moins de 120 hectares. Mais la villa ne se distingue pas uniquement par sa taille considérable. Dès l'Antiquité, elle a émerveillé les Romains par son architecture originale et par son magnifique décor.

L'empereur architecte

Poète, musicien, peintre, sculpteur, Hadrien est un homme aux multiples talents. Il possède aussi un savoir encyclopédique qui s'étend à tous les domaines de la connaissance : littérature, philosophie, astrologie, médecine. Selon ses biographes, il est également expert en arithmétique et en géométrie et il construit des palais.

Cette activité d'architecte est confirmée par l'historien ancien Dion Cassius. D'après celui-ci, Hadrien a soumis les plans d'un temple qu'il a lui-même dressés au jugement du plus grand architecte de l'époque, Apollodore de Damas. Il a ensuite fort mal accepté la critique sans complaisance que ce spécialiste en a faite. Sans doute parce qu'il n'en était pas à ses premiers essais. En effet, avant le temple en question, l'empereur avait déjà dessiné une partie de la villa Hadriana, en cours de réalisation au moment où se déroulent les faits rapportés par l'historien.

La villa elle-même porte témoignage d'un certain manque de professionnalisme, mis en évidence par Apollodore. Les traces de correction et de reprise sur ses monuments révèlent les erreurs de conception. Les plans ont dû inévitablement être corrigés au cours de la construction, avec l'accord de l'empereur. Il a fallu surélever certains édifices ou encore consolider des voûtes qui ne tenaient pas. Ailleurs, des fondations se dérobent sous les salles. Ces défauts n'enlèvent rien au caractère remarquable du projet d'Hadrien, formidable d'audace et de fantaisie.

Des ensembles de monuments

Hadrien érige la résidence impériale autour d'une villa déjà existante. Il lui adjoint d'un côté une vaste cour qui donne accès à deux salles à manger, à des chambres pour les

Maquette de la villa d'Hadrien à Tivoli avec le théâtre maritime et le Canope.

Le Canope : pièce d'eau entourée d'une colonnade ornée de statues inspirées de celles des grands sculpteurs grecs.

Mosaïque de la villa d'Hadrien montrant des masques d'acteurs de théâtre (musée du Capitole, Rome).

hôtes avec des alcôves et un décor de mosaïques, et à une entrée, en ruine aujourd'hui. De l'autre côté, la villa est encadrée par une grande salle à trois rangées de colonnes, ornée de très belles mosaïques, qui est sans doute la salle du Conseil, puis par une cour bordée de colonnes. Celle-ci est fermée par une vaste pièce rectangulaire, appelée « salle des Piliers doriques », d'après la forme des piliers qui subsistent. De là, on pénètre dans la vaste salle du Trône, arrondie à une extrémité.

Au-delà de ce premier complexe s'élève un groupe de monuments qui doit son nom de place d'Or aux riches couleurs de ses marbres. Très détruit, il fut autrefois un des joyaux de la résidence. Une cour, entourée de portiques et agrémentée de jardins, conduit à une salle plantée de colonnes et de piliers qui dessinent des courbes en creux et en saillie et supportent une élégante coupole.

Parmi les autres ensembles de la villa se rangent une grandiose salle à manger pour les banquets, des établissements de bains luxueux, un splendide petit palais, ruiné, et le *Pœcile.* C'est à l'époque de la Renaissance que ce monument a reçu son nom de « pœcile », qui évoque une célèbre construction à portique d'Athènes. Le rapprochement avec l'édifice athénien est dû à un texte antique affirmant qu'Hadrien a attribué à diverses installations de la villa le nom d'endroits célèbres de la Grèce et de l'Égypte. Ces désignations évoquent des sites avec lesquels les édifices de la villa ont peut-être un caractère commun. Elles ne signifient pas que les monuments ainsi nommés soient, comme on le dit parfois, des reproductions fidèles de lieux visités par l'empereur constituant des souvenirs de voyages. Le Pœcile est un long rectangle limité par des arcades au centre duquel se trouve un bassin. Peut-être servait-il de gymnase. Sur deux côtés, il est soutenu par des édifices à étages. Leurs petites chambres abritaient sans doute les logements des serviteurs et des gardes impériaux.

Des édifices étonnants

Tous ces monuments présentent une grande variété architecturale. Les plans des salles jouent de toutes les formes géométriques, le cercle, le demi-cercle, le carré, le rectangle, les courbes concaves et convexes alternant avec des lignes droites qui donnent aux murs un tracé inattendu. Des coupoles, parfois curieusement découpées, couronnent ici et là les constructions.

Mais, parmi les ouvrages qui évoquent aujourd'hui le plus l'esprit d'invention de l'empereur Hadrien, figurent surtout le théâtre maritime et le Canope.

Ce que l'on appelle le théâtre maritime est en fait un charmant pavillon dans lequel Hadrien se retranchait probablement pour écrire, peindre ou sculpter. La petite retraite est isolée sur une île, baignée par l'eau d'un canal. Celui-ci est entouré d'un gracieux portique. La maison est accessible par des ponts en bois mobiles. À l'intérieur, tout est prévu pour le confort de l'empereur : bains, bibliothèques grecque et latine et salle à manger.

Le Canope, lui, est un bassin situé dans l'une des vallées du parc. Long de 120 m, il emprunte son nom à un faubourg de la ville égyptienne d'Alexandrie. À une de ses extrémités s'élève une grotte artificielle qui rappelle le Serapeum, un temple dédié, en Égypte, au dieu Sérapis. Le bassin est orné d'une ravissante colonnade et de superbes statues. Copies pour la plupart d'originaux dus aux plus grands sculpteurs de la Grèce antique, ces œuvres ont été commandées par Hadrien, grand admirateur de la culture et de l'art grecs. L'ornementation du bassin, composée de mosaïques, de marbres et de sculptures, est à l'image du décor fastueux et raffiné qui rehausse les divers monuments de la résidence impériale de Tivoli.

Le théâtre maritime : confortable retraite isolée sur une île.

Des bains pour le peuple de Rome

LES THERMES DE CARACALLA

Les thermes sont aussi caractéristiques de la civilisation romaine que les édifices de spectacle, amphithéâtres ou cirques destinés aux courses hippiques. Toutes les villes de l'Empire sont équipées de ces établissements de bains publics. Rome, la capitale, possède naturellement les plus somptueux.

Avec une capacité d'accueil de 1 600 baigneurs, les thermes, inaugurés en 217 de notre ère par l'empereur Caracalla (211-217), ont été pendant un temps les plus vastes et les plus beaux de Rome. Ils ont été surpassés au siècle suivant par les bains de l'empereur Dioclétien, qui pouvaient recevoir jusqu'à 3 000 personnes. De nos jours, les importants vestiges des thermes de Caracalla sont les seuls qui évoquent encore bien les dimensions de ces immenses édifices.

Les sols et les murs des thermes étaient décorés de mosaïques représentant des athlètes et des juges-arbitres (musée Gregoriano Profano, Vatican).

Un vaste ensemble

En approchant des thermes, le baigneur romain aperçoit d'abord une haute enceinte, achevée par les successeurs de Caracalla, longue de 337 m et large de 328 m. L'un des côtés est constitué par une longue construction à deux étages. Son rez-de-chaussée, bordé de portiques, abrite des échoppes : les baigneurs peuvent y faire leurs emplettes. La destination du niveau supérieur est moins certaine : là se trouvaient peut-être les logements du personnel des bains.

L'édifice déborde sur les faces adjacentes et s'arrête avant une structure semi-circulaire servant d'entrée. Un des côtés est occupé par une immense citerne, reliée aux bains par un réseau de tuyaux de plomb. Elle est encadrée par deux bâtisses qui sont peut-être des bibliothèques. Après avoir franchi l'enceinte, le client pénètre dans un vaste jardin, orné de fontaines, qui entoure les thermes proprement dits. Il hume les senteurs délicates des bosquets et se dirige lentement vers l'une des entrées de l'édifice contenant les bains.

Une civilisation de la brique

Les ruines de Rome, et notamment celles des thermes de Caracalla, laissent apparaître partout des murs, des structures de brique. Ces vestiges montrent le rôle essentiel que joue ce matériau dans l'architecture romaine.

Son emploi se généralise dès la seconde moitié du Ier siècle de notre ère et remplace en partie celui de la pierre. La brique cuite, fabriquée sur une échelle industrielle, revient moins cher que cette dernière. Grâce à ses dimensions régulières, elle est plus facile à utiliser et raccourcit de ce fait la durée de la construction.

Les briques, qui recouvrent souvent un noyau fait de petits blocs de pierre et de mortier, sont plaquées de dalles de marbre ou enduites et peintes. En général, elles ne sont donc pas apparentes. Seule la disparition du décor explique qu'elles soient visibles désormais.

Il existe cependant des parois qui ont été revêtues dès l'origine d'un parement de brique. Le décor était alors obtenu en jouant savamment sur les rythmes avec la disposition des briques ou avec les nuances de couleur.

Le froid et le chaud

Cet édifice lui-même comporte de nombreuses salles, distribuées symétriquement et en fonction de leur température, par rapport à un axe principal formé, successivement, par : une piscine froide à ciel ouvert *(natatio)* ; une salle froide *(frigidarium)* équipée de bassins d'eau froide ; une salle tiède *(tepidarium)* ; et une salle très chaude *(caldarium)*. Les pièces chaudes sont chauffées par le sous-sol et par des gaines aménagées dans les murs. De chaque côté de la salle froide se trouve une palestre, sorte de gymnase réservé aux exercices physiques.

Toutes les pièces de l'édifice sont marquées par un luxe inouï. Les murs sont plaqués de panneaux de marbres de diverses couleurs ou revêtus d'enduits ornés de belles peintures. Les sols sont décorés de tapis de mosaïques. De larges miroirs, de lourdes colonnes de granite ou de porphyre, des statues magnifiques complètent le décor, aujourd'hui disparu, offert par l'empereur au peuple de Rome.

Un rituel parfaitement réglé

Les plaisirs du bain sont accessibles à tous. L'entrée des thermes est en effet très modique ou même gratuite. Selon les époques et les lieux, hommes et femmes fréquentent les bains en même temps ou à des heures différentes – les femmes le matin, les hommes l'après-midi – ou encore bénéficient d'installations séparées. Les établissements de bains sont animés et bruyants.

Le baigneur se dénude dans les vestiaires *(apodyterium)*, proches de l'entrée. Pour éviter les vols, il confie ses vêtements à la garde d'un de ses esclaves, si c'est un personnage riche, ou à un employé des thermes, s'il est pauvre. S'il aime pratiquer le sport, il se rend d'abord à la palestre pour jouer à la balle avec des partenaires ou s'exercer à la lutte. Le client procède ensuite à sa toilette tout en bavardant avec ses compagnons. Il s'est muni

des objets nécessaires : le strigile, lame recourbée qui sert à gratter la peau et à ôter la sueur et les impuretés, une coupe, un flacon d'huile, des pinces à épiler et un linge en lin pour s'essuyer.
Il entre dans la salle froide ; puis dans la salle tiède, où il s'habitue doucement à la chaleur ; pénètre dans les étuves qui jouxtent le tepidarium ; et enfin séjourne dans la salle très chaude. Des vasques remplies d'eau lui permettent alors de s'asperger régulièrement le corps à l'aide d'une coupe. Le baigneur, qui transpire abondamment, se frotte avec de l'huile puis se nettoie avec le strigile. Il peut finalement recourir aux services d'un masseur, qui l'enduit d'une huile parfumée. Les soins du corps terminés, le Romain se baigne dans un bassin de la salle froide ou va nager dans la piscine froide. Il juge excellent pour sa santé ce contraste entre le chaud et le froid. À la fin, il se détend en dorant son corps au soleil, en lisant dans les bibliothèques si c'est un lettré, en se promenant dans les jardins ou en écoutant de la musique. Des marchands ambulants apaisent sa faim et sa soif.
Institution essentielle de la vie sociale romaine, les thermes sont investis d'un rôle qui dépasse largement la simple satisfaction de l'hygiène corporelle. Ce sont des lieux de rencontre privilégiés, des endroits de détente et de culture où se retrouvent tous les citoyens de Rome, riches ou pauvres.

Reconstitution de la Rome antique : les thermes de Caracalla.

Vestiges des thermes de Caracalla.

Des grottes sacrées creusées dans les montagnes

AJANTA

« Sur les frontières orientales du royaume, il y a une grande montagne qui offre des sommets entassés les uns sur les autres, des chaînes de rochers, des pics à double étage et des crêtes escarpées. Anciennement, il y avait un couvent qui avait été construit dans une sombre vallée. Ses bâtiments élevés et ses salles profondes occupaient les larges ouvertures des rochers et s'appuyaient sur les pics ; ses pavillons et ses tours à double étage étaient adossés aux cavernes et regardaient vers la vallée... »

C'est en ces termes que le pèlerin chinois Xuan Zang décrit les sanctuaires rupestres d'Ajanta, qu'il visite entre 629 et 645 de notre ère, lors d'un long voyage entrepris dans les « contrées occidentales » – l'Inde actuelle. Le site, qui s'élève à une centaine de kilomètres au nord d'Aurengabad, dans l'État du Maharashtra, au cœur de la chaîne des monts Indhyadri, commence alors à être déserté par ses occupants, les moines bouddhistes. Lors des siècles suivants, il tombe progressivement dans l'oubli. Il n'est redécouvert qu'en 1819, de manière tout à fait fortuite, par des soldats britanniques qui, à l'occasion d'une partie de chasse, exploraient des tanières de tigres…

Des huttes aux sanctuaires construits

Creusées dans une falaise en forme de fer à cheval surplombant un méandre de la rivière Waghora, les grottes artificielles, au nombre de 28, s'enfoncent parfois de plus de 30 mètres dans la roche. Les plus anciennes ont été excavées entre le IIe siècle avant notre ère et le Ier siècle de notre ère, les plus récentes – également les plus remarquables et les mieux conservées – entre le Ve et le début du VIIe siècle de notre ère, notamment sous le règne du pieux souverain Harishena.
Entre ces deux époques, le site semble avoir connu une éclipse, mais, au début et à la fin de son histoire, il constitue un centre religieux extrêmement actif, en même temps qu'un haut lieu de la création artistique indienne. Né au Ve siècle avant notre ère, le bouddhisme exige de ses moines la pauvreté et l'errance, ceux-ci mendiant au cours de leurs voyages le peu qu'il leur faut pour subsister. En réalité, les rigueurs du climat – en l'occurrence les

Vue générale des grottes d'Ajanta. Cet ensemble extraordinaire fut redécouvert par les Britanniques lors d'un chasse au tigre.

Comment ont-ils creusé?

Il n'existe pas de documents concernant les méthodes utilisées par les constructeurs de temples rupestres. C'est en étudiant un sanctuaire inachevé d'Ajanta que les spécialistes ont pu avancer certaines hypothèses.
Les outils employés sont bien identifiés : le ciseau en pointe et la masse de fer, des burins de différentes largeurs pour le polissage de la pierre, la pioche, enfin, pour la pierre tendre.
Le polissage de la paroi extérieure de la falaise devait constituer le premier travail, ce qui permettait aux sculpteurs d'intervenir sur la façade du sanctuaire dès le début du chantier. Dans le cœur du rocher, le travail commençait par le haut. Un tunnel était creusé, que l'on élargissait progressivement par le bas. Là encore, les parois, à peine dégagées, étaient rapidement équarries et polies afin de permettre aux sculpteurs ou aux peintres de commencer leur œuvre de décoration.

Vue intérieur de la grotte 2. S'inspirant des techniques architecturales occidentales, les constructeurs indiens développèrent des formes originales de colonnes et de chapiteaux.

Cette peinture murale de la grotte 1 d'Ajanta représente une belle courtisane.

pluies de la mousson sévissant plusieurs mois chaque année –, combinées avec la générosité des fidèles, soucieux d'honorer le Bouddha en le célébrant en des lieux magnifiques, amènent les moines à abandonner leur mode de vie initial. Ils se fixent donc, quelque temps chaque année, dans de véritables monastères, qui deviennent des centres de pèlerinage d'une magnificence extraordinaire, grâce aux dons des pèlerins. Ainsi, Ajanta est l'un des premiers sites bouddhistes où des lieux de prière et de vie remplacent les huttes des premiers temps de cette religion.

Sanctuaires et monastères

À Ajanta, la configuration des lieux ne permettait pas d'édifier de vastes ensembles religieux. C'est donc en creusant la falaise, et non en construisant sur le plateau, que les moines ont entrepris de constituer l'ensemble qu'on peut voir aujourd'hui. Le parti de creuser, plutôt que d'édifier, dut aussi être pris pour d'autres raisons : pratiques, peut-être – les sanctuaires, enterrés, seraient plus durables et plus abrités que des édifices exposés aux intempéries ; religieuses aussi, l'héritage d'une tradition antérieure au bouddhisme – un culte de fécondité relié à la vie souterraine – ayant pu également jouer .

Deux types de cavernes se distinguent clairement, pour qui regarde le plan du site ou a la chance de le visiter. Une partie des cavités est constituée par les sanctuaires *(caityas),* salles rectangulaires terminées par un espace arrondi (abside) et flanquées sur les côtés d'une colonnade. Au centre de l'abside se dresse le monument le plus caractéristique du culte bouddhique : le stupa – aussi appelé *dagoba,* en Inde. C'est un édicule plein (à l'exception d'un espace réservé contenant de précieuses reliques), formé d'un cylindre supportant un dôme couvert lui-même d'un élément en forme de lanterne. Dans les temples bouddhiques construits, le stupa est constitué par un assemblage de pierres maçonnées. À Ajanta, il résulte d'un fragment de la falaise, que les ouvriers ont épargné au moment où ils excavaient la caverne.

Un autre type de caverne offre des salles plus amples, de forme quadrangulaire, ouvertes sur l'extérieur par une véranda et percées sur les trois autres côtés par des accès donnant sur de petites chambres, ou cellules, réservées aux moines. Ces pièces sont les *viharas* : les lieux de vie des moines.

Les plus belles peintures du bouddhisme

Caityas et viharas sont ornés d'admirables sculptures. Des colonnes aux chapiteaux et aux fûts ouvragés avec une extraordinaire profusion, des reliefs profondément creusés dans le roc ornent les façades et l'intérieur des salles. Mais la célébrité du site tient d'abord à ses peintures, et principalement à celles qui furent exécutées dans la dernière période d'activité du site, à partir du Ve siècle de notre ère.

À cette époque, sous l'influence de la puissante dynastie gupta, dont la région d'Ajanta est vassale, une civilisation extrêmement raffinée se développe en Inde. La littérature, la philosophie, les arts s'épanouissent et semblent dialoguer entre eux. Le rayonnement de cet âge béni s'exprime dans les cavernes les plus récentes. Sous leurs plafonds peints de couleurs claires, afin de refléter le peu de lumière qui pénètre dans les salles, les parois s'ornent de fresques aux motifs et aux teintes infiniment délicats. La vie du Bouddha historique est racontée là : celle de Gautama Siddhartha, prince du Ve siècle avant notre ère, qui renonça à toutes les vanités du monde pour trouver l'apaisement définitif. Les peintres ont aussi représenté les existences des bouddhas légendaires : celles de tous les personnages qui sont censés avoir été les incarnations antérieures du fondateur du bouddhisme et celles des hommes qui, après la mort de Gautama, sont destinés à devenir les bouddhas du futur. De ces derniers, des contes délicieux, les *jataka,* fixés à cette époque, narrent les aventures, poétiques et truculentes. Ils inspirent les artistes d'Ajanta, qui transforment ainsi en un immense poème historié l'un des centres les plus sacrés des anciens temps bouddhiques.

Des architectures à étages dans l'Arabie Heureuse

LES GRATTE-CIEL DU YÉMEN

L'art et l'architecture en Afrique n'ont pas d'histoire. C'est-à-dire qu'il est impossible, même aux spécialistes, de dater exactement tel style d'objet et, plus encore, de l'attribuer à un maître précis. Les œuvres – masques, statues, mobilier ou édifices –, deviennent au cours des âges le bien de chaque génération et elles se perpétuent ainsi au prix d'adaptations progressives.

Il en va de même, également, dans la partie de l'Arabie qui, de l'autre côté de la mer Rouge, fait face à l'Afrique. Sur le territoire de l'actuel Yémen, État situé dans ce qu'il est convenu d'appeler l'« Arabie Heureuse », des architectures singulières, de véritables « buildings » sans rien de comparable avec des édifices modernes, surprennent le visiteur, qui se croit transporté dans un conservatoire monumental qu'il ne saurait pourtant en aucun cas dater.

Sur les façades, les ouvertures sont soulignées par des décors de frises blanches en plâtre ou en albâtre.

Des architectures sans âge

Le Yémen est ce pays fabuleux dont on entend parler dès l'Antiquité. De là est originaire la reine de Saba reçue par le roi Salomon ; de là viennent la myrrhe et l'encens que les mages orientaux portent à l'Enfant Jésus... Christianisé au début du VIe siècle par les Éthiopiens débarqués de force dans la région, le pays se convertit tôt à l'islam, dès le VIIe siècle. Est-ce alors que naissent les architectures qui nous fascinent tant aujourd'hui, ou bien faut-il les dater de plus tard, de la fin du XIIe ou du début du XIIIe siècle, par exemple, à l'époque où la dynastie ayyubide ceint de murs l'actuelle capitale, Sanaa? Ou de plus tard encore, du XVIe siècle par exemple, lorsqu'une autre dynastie, les Zaydites, édifie la grande mosquée de la même ville? Une seule chose est sûre : la tradition de construire de hautes maisons aux façades extrêmement ornées, tradition qui concerne l'essentiel du Yémen à l'exception de sa plaine côtière, remonte à des temps extrêmement lointains. Les familles, à mesure qu'elles essaiment, construisent de nouvelles demeures ou décorent à neuf les anciennes à chaque événement notable – une naissance, un mariage... –, mais le style adopté répète des modes d'édification et de décor très anciens.

Des architectures en hauteur

À Sanaa, sur les hauts plateaux situés à l'intérieur du pays mais aussi sur les montagnes de l'Ouest ou dans les zones arides de l'Orient yéménite, les demeures, étranglées et hautes, se serrent les unes contre les autres et semblent s'élancer vers le ciel, fortes de trois, quatre ou même six ou sept étages. Jamais cette élévation, sans rapport avec l'étroitesse générale des bâtiments, ne s'explique par la densité de la population ou par la nécessité de tirer profit d'un terrain rare. Cernée par la campagne, la capitale pourrait, si tel était le choix de ses habitants, s'étendre indéfiniment à l'horizon. Il en va de même, a fortiori, dans les cités provinciales. Or, même dans les bourgs modestes, même dans les plus étroits villages, perchés sur un piton rocheux ou accrochés au flanc d'un mont, l'habitat reste identique, dans sa forme générale : des maisons démesurément hautes, étranges et uniques dans le monde arabe et islamique.

Une hiérarchie correspondant aux étages

Une telle bizarrerie s'explique par un mode de vie resté presque inchangé pendant des millénaires et sujet à une hiérarchie subtilement fixée. La maison yéménite est la demeure d'une famille qui, dans 80% des cas, aujourd'hui encore, est une famille de paysans. Bêtes et gens vivent dans le bâtiment, entreprise agricole et dépôt en même temps que foyer, qui comporte pour l'essentiel une

Le village de Hadjara : au milieu des hauts plateaux déserts, les villages se dressent tout en hauteur.

Sauver un patrimoine

Des siècles d'isolement. Pendant toute une partie du XXe siècle, le Yémen du Nord est demeuré à l'écart du reste du monde. Indépendant depuis 1918, il a choisi l'isolement pour se prémunir contre les convoitises des puissances occidentales. Puis, en 1962, une guerre civile, qui a duré huit ans, a prolongé encore cet isolement.

L'apport de la vie moderne. Depuis 1970, cependant, il n'en va plus de même. Le Yémen, progressivement, s'ouvre au reste du monde. Ses hommes s'exilent périodiquement, pour aller travailler dans les pays arabes producteurs de pétrole. Avec les devises entre la vie moderne. À Sanaa, une artère commerçante a été percée dans le cœur de la vieille ville, commençant à la défigurer.

Patrimoine mondial. Certes, il n'est pas question d'entretenir une nostalgie du passé dont le prix serait l'impossible développement du pays. Mais il faut préserver le cœur historique des cités yéménites, concentrer l'extension urbaine dans des quartiers situés à leur pourtour, plutôt que de mêler le neuf à l'ancien. Depuis 1984, l'Unesco a lancé une campagne internationale pour la sauvegarde du vieux Sanaa ; puis, en 1986, la ville a été inscrite sur la liste du patrimoine culturel mondial.

pièce par étage. Le cheptel est abrité au rez-de-chaussée de la demeure, les réserves de vivres, au-dessus. Le ou les niveaux supérieurs sont réservés, par ordre hiérarchique, aux enfants et aux femmes. L'homme de la maison – le mari et père de la famille – a sa résidence dans la salle située encore au-dessus. Enfin, le dernier niveau couvert de la maison – qui porte à son sommet une terrasse – est réservé à la salle de réception, nommée *mouffredge.* Un escalier, qui peut occuper la moitié de la surface habitable, relie entre elles les différentes pièces.

Un décor foisonnant, des matériaux pauvres

Outre leur élévation singulière, les demeures yéménites ont pour caractéristique remarquable le décor foisonnant de leurs façades.
Les bâtiments sont construits avec les matériaux du pays. Selon la richesse du propriétaire et les disponibilités locales, il s'agit de pierres (utilisées surtout dans les étages inférieurs, qui doivent être les plus solides puisqu'ils supportent le reste de la maison), de briques crues ou cuites. Le bois, rare, est employé de façon modérée : il sert à la construction des battants des portes et des fenêtres, et il est alors délicatement sculpté.
La manière dont sont choisies et ajustées pierres ou briques constitue le premier moyen décoratif. L'arrangement de pierres de teintes différentes – lave noire sur calcaire blanc ou ocré –, la disposition des briques, en retrait ou en saillie les unes par rapport aux autres, déterminent de véritables marqueteries. Les ouvertures sont généralement peu nombreuses et étroites – réduites souvent à de simples meurtrières – dans les étages inférieurs, alors qu'elles se multiplient et augmentent de taille dans le haut de la demeure. Les plus vastes, situées à partir du troisième étage, se composent de trois parties : un vitrail (ou une plaque d'albâtre, dans les maisons les plus anciennes), en haut, laissant pénétrer dans la pièce une douce lumière colorée ; une partie réservée à l'aération, faite de vitres protégées par des volets de bois sculpté, au centre ; un *moucharabieh,* ou volet à ouverture réticulée, permettant de voir la rue, dans le bas.
Mais le matériau le plus caractéristique du décor est le plâtre, remplacé dans les parties du bâtiment qui nécessitent une parfaite étanchéité par un enduit blanc très dur et parfaitement imperméable, le *qadad* – sorte de ciment. Plâtre et qadad soulignent de leur lumineuse blancheur les différentes lignes de l'architecture, sur la façade, comme ils envahissent, à l'intérieur des pièces, les murs et les plafonds toujours parfaitement blancs. Autour des fenêtres, soulignant leur base, leurs montants, courant à la surface du mur pour l'orner de formes géométriques, plâtre et qadad enjolivent les murs des villes d'un réseau de lignes délicates, à peu près unique au monde.

537

Une église unique pour Constantinople

SAINTE-SOPHIE

« L'église est un spectacle d'une merveilleuse beauté, qui stupéfie ceux qui le voient, et paraît incroyable à ceux qui en entendent parler. [...] Lorsque l'on pénètre dans l'église pour prier, on réalise aussitôt que cette œuvre n'est pas due à la puissance ou à l'habileté humaines, mais à l'intervention de Dieu. »

C'est en ces termes admiratifs qu'au VIe siècle l'historien Procope de Césarée décrit Sainte-Sophie, principale église de Constantinople, capitale de l'Empire byzantin et future Istanbul. Le nom du monument ne doit pas induire en erreur : celui-ci est dédié non à une sainte appelée Sophie, mais au Fils de Dieu, désigné du nom de Divine Sagesse (*Sophia* en grec). Inaugurée en 537, l'église remplace un sanctuaire plus ancien détruit par le feu cinq ans plus tôt. Mille cinq cents ans après sa construction, Sainte-Sophie, transformée en mosquée en 1453, après la conquête turque, puis en musée depuis 1934, étonne et ravit toujours les visiteurs.

Un empereur comblé

Sainte-Sophie est l'œuvre de l'empereur de Byzance, Justinien (527-565). Pour mener à bien la construction du monument dont il rêve, celui-ci choisit deux architectes, Anthémios de Tralles et Isidore de Milet, également mathématiciens et ingénieurs. L'empereur investit des moyens colossaux. Il fait venir des matériaux de tout l'empire et mobilise 10 000 ouvriers dirigés par 100 contremaîtres. Lui-même se rend fréquemment sur le chantier, donnant son avis aux architectes, encourageant les ouvriers.

Un tel effort porte ses fruits : lorsque les échafaudages de bois sont retirés, l'église que contemple Justinien dépasse toutes ses espérances. Très ému, l'empereur rend grâce à Dieu de l'avoir jugé digne de mener à bien cet ouvrage.

Une architecture unique

À l'extérieur, l'église apparaît aujourd'hui défigurée par rapport à son aspect ancien car, pour éviter son effondrement, elle a été renforcée au cours des siècles par de puissants contreforts. La forme massive et trapue de l'édifice que le visiteur aperçoit à présent de l'extérieur ne laisse pas présager de la légèreté de l'immense espace intérieur.

Jadis Sainte-Sophie était précédée d'une cour, entourée de portiques, qui a disparu. On pénètre désormais directement dans deux vestibules *(narthex)*, placés l'un à la suite de l'autre. Le second vestibule est percé de neuf portes qui ouvrent sur l'église. La porte centrale, appelée porte Royale, est celle que franchissaient l'empereur et le patriarche de Constantinople, chef de l'église byzantine.

L'église a la forme d'un rectangle long de 77 m et large de 71,70 m. Elle est divisée en trois parties dans le sens de la longueur, une nef (allée) centrale et deux ailes latérales. Au milieu de la nef, quatre piliers massifs supportent un énorme dôme. Ce n'est pas celui d'origine, qui s'est écroulé en 558 à la suite d'un tremblement de terre. Le dôme actuel, inauguré quatre ans plus tard, culmine à 56 m de hauteur ; avec un diamètre oscillant entre 30,90 m et 31,80 m.

Au fond de la nef, un enfoncement arrondi (abside) abrite le sanctuaire. Sur les côtés de la grande allée s'élèvent de superbes colonnes qui supportent deux étages de galeries. Au temps de Justinien, ces galeries sont surtout occupées par les « catéchumènes » – ceux des adeptes du christianisme qui n'ont pas encore reçu le baptême. Elles reçoivent également l'impératrice et sa suite. Les autres femmes se tiennent dans une aile du rez-de-chaussée.

Un splendide décor pour la liturgie

La décoration, grandiose, est à la mesure de l'architecture. Des reliefs semblables à une fine dentelle ornent les chapiteaux des colonnes et les arcades. Les couleurs très variées des matériaux de construction et de décoration, les marbres, granites, porphyres, jaspes et serpentines des colonnes, des panneaux muraux et des dalles du sol produisent un très bel effet. Celui-ci est encore rehaussé par l'éclat étincelant des mosaïques à fond bleu ou or. Au VIe siècle, ce cadre somptueux

Vue intérieure de Sainte-Sophie, aujourd'hui transformée en musée.

abrite un mobilier liturgique, aujourd'hui disparu, d'une fabuleuse richesse. L'ambon, c'est-à-dire la chaire située vers le centre de la nef, d'où le diacre lisait l'Évangile, était en marbre, en ivoire, en argent et en pierres précieuses. Il était coiffé d'un dôme revêtu d'or. La clôture, qui séparait la nef du sanctuaire et les fidèles du clergé, était exécutée en argent ciselé. L'autel, surmonté d'un baldaquin aux colonnes d'argent doré, éblouissait d'or et de pierreries. Au fond du sanctuaire s'élevait le trône du patriarche, également en argent doré. Partout brillaient des lampes et des candélabres en or et en argent.

Les cérémonies liturgiques

Il faut imaginer Sainte-Sophie brillant de tout l'éclat du culte orthodoxe, tel qu'il est célébré pendant l'époque byzantine.

La cérémonie, présidée par le patriarche, comprend alors deux parties. Elle commence par la petite entrée, procession solennelle du patriarche et du clergé, précédés de porteurs de cierges et d'encensoirs et du diacre chargé du saint Évangile. Celle-ci pénètre dans l'église par la porte Royale et traverse la nef en direction du sanctuaire. Si l'empereur Justinien assiste à l'office, il franchit le seuil aux côtés du patriarche. La foule des fidèles entre à leur suite. Chacun s'assied : le patriarche sur son trône, le clergé sur des gradins aménagés au fond du sanctuaire, et les fidèles au-delà de la clôture. La lecture des saintes écritures commence alors. Elle est entrecoupée par le chant de psaumes. Après l'Ancien Testament, puis les Actes ou les Épîtres des Apôtres, dont des lecteurs spécialisés font entendre des extraits, le diacre lit l'Évangile. C'est la lecture la plus importante. Elle est suivie du sermon, prononcé par le patriarche, qui met un terme à la première partie de la cérémonie. Les catéchumènes sont alors priés de sortir, la seconde partie de la célébration étant réservée aux chrétiens baptisés.

Elle s'ouvre par la seconde entrée, ou grande entrée. La procession conduit cette fois le pain et le vin, représentant le corps et le sang du Christ, du lieu, hors de l'église, où ils ont été préparés, jusqu'à l'autel. Après cette entrée, les fidèles se donnent le baiser de paix, qui préfigure l'harmonie du royaume de Dieu. Les fidèles assistent ensuite au mystère de l'Eucharistie, qui transforme le pain et le vin en sang et en corps du Christ. La communion, sacrement qui doit réaliser, par la consommation du pain et du vin, l'union du Christ et des fidèles, intervient ensuite et conclut le culte byzantin.

Mosaïque byzantine de Sainte-Sophie : l'intérieur de la coupole était décoré de mosaïques à fond d'or.

L'immense église Sainte-Sophie à Constantinople, construite par l'empereur Justinien, fut transformée ultérieurement en mosquée comme l'indique l'adjonction de quatre minarets.

Une cité du golfe du Mexique à son apogée

EL TAJÍN

Blottie au sein de collines à la végétation luxuriante, El Tajín, dans l'État de Veracruz au Mexique, fait partie des plus beaux vestiges laissés par les anciennes civilisations de la Méso-Amérique. Le site s'étend sur près de 1 000 hectares dont 60 seulement ont été défrichés et explorés.

Malgré les fouilles entreprises à El Tajín, le site reste enveloppé de mystère. Ainsi, il n'a pas livré le nom du peuple qui a résidé en ces lieux. On l'a qualifié arbitrairement de totonaque par référence au nom des occupants actuels de la région. Mais rien ne prouve, en fait, que les maîtres d'El Tajín soient les ancêtres des Totonaques. De même, les informations historiques recueillies par les archéologues sont très minces. On suppose que c'est vers 200 de notre ère que la métropole de Teotihuacán, près de l'actuelle Mexico, a fondé un comptoir commercial à El Tajín. Vers 600, celui-ci semble se détacher de la puissante cité qui amorce son déclin. Il élabore dès lors une culture bien à lui.

Le site archéologique de El Tajín, au cœur de la forêt, autrefois siège de la culture totonaque.

Une architecture originale

Monuments et reliefs conservent le souvenir de cette brillante culture. Pyramides, plates-formes, palais se glissent entre les collines d'El Tajín ou s'appuient dessus. Ces édifices se rassemblent autour de cours étroites de manière très dense. Leur implantation n'obéit à aucun plan d'urbanisme, mais il semble plutôt le fait du hasard.

Parmi ces constructions, la plus remarquable est la pyramide des Niches. Formant à la base un carré de 36 m de côté et s'élevant à 25 m de hauteur, elle se compose de six gradins, disposés très en retrait les uns par rapport aux autres, qui supportent un temple. L'entrée du sanctuaire se situe à l'est, c'est-à-dire face au soleil levant. À l'intérieur, des reliefs figurent le ciel, des divinités et des animaux à caractère sacré. Sur la face est de la pyramide, un escalier permet d'accéder au sommet. Il est encadré de rampes ornées de serpents stylisés en pierre. Chaque gradin de la pyramide est constitué d'un mur oblique en talus, surmonté de niches carrées et d'une corniche. Les niches se poursuivent sous l'escalier, qui est lui-même décoré de cinq ensembles de trois niches. Au total, on en compte 365 – autant que les jours de l'année solaire. Autrefois, l'intérieur des niches était peint en rouge sombre et les moulures qui les encadrent en bleu. Les niches, qui favorisent à tous les moments de la journée des jeux d'ombre et de lumière intensifiés par les couleurs, composent un splendide décor architectural qui n'appartient qu'à El Tajín. Il a été repris avec le même succès dans d'autres édifices du site.

Un jeu mortel

Parmi les nombreux monuments de la ville, il en existe un qui se distingue non par son décor architectural, mais par sa fréquence.

La pyramide des Niches, avec ses 6 étages, s'élève à plus de 25 m . La destination des multiples niches reste inconnue.

Bas-relief totonaque d'El Tajín montrant la pratique rituelle des sacrifices humains.

C'est le terrain de jeu de balle. Jusqu'à présent, onze terrains ont été découverts. De forme rectangulaire, ils sont délimités sur les grands côtés par des murs obliques, revêtus de dalles sculptées en relief. L'un des terrains a conservé certains de ces reliefs qui évoquent les rites associés au jeu de balle.

Le jeu de balle, commun à toute l'Amérique centrale et au Mexique, existe au moins depuis 1000 avant notre ère. Mais nulle part il n'a été pratiqué avec autant de ferveur qu'à El Tajín. Les joueurs, répartis en deux équipes, portaient une épaisse ceinture sur les hanches, des bandes de coton sur les cuisses et des genouillères en guise de protection. Leur tête était coiffée d'une superbe parure. Pour jouer, ils utilisaient une balle de caoutchouc qui pesait 3 kg. Ils se la renvoyaient à l'aide des avant-bras ou des hanches. Il y avait sans doute des buts comme le laissent penser des poteaux surmontés de disques. Par la suite, des anneaux de pierre, destinés à faire passer la balle, furent fixés sur les murs. Les règles du jeu ne sont pas précisément connues.

Le jeu n'est pas un simple délassement. Il est chargé de symbolisme religieux. Le trajet de la balle représente la course du Soleil à travers le ciel. Or, pour perpétuer ce mouvement, il faut nourrir le Soleil de cœurs humains. C'est pourquoi le jeu se termine par le sacrifice d'un joueur de l'équipe perdante. Cette sanglante cérémonie est peut-être également liée à des rites de fertilité garantissant une bonne récolte. Les reliefs d'El Tajín figurent l'immolation. Le joueur, assis sur une pierre, est maintenu par un prêtre tandis qu'un personnage plante le couteau qui arrachera le cœur de la victime.

Malgré la pratique intensive du jeu de balle et l'accomplissement régulier des rites religieux, le Soleil ralentit sa course à El Tajín, qui entre irrémédiablement en décadence vers 950.

Les grandes civilisations du Mexique

Les Olmèques. La civilisation olmèque, la première du Mexique, s'est épanouie sur la côte est, dans les centres de La Venta et de San Lorenzo, entre 1200 et 400 avant notre ère. Son art et sa religion ont fortement marqué les civilisations qui lui ont succédé.

Teotihuacán. Teotihuacán, la première métropole de Méso-Amérique, se développe entre 100 avant notre ère et 650-700 après notre ère, près de l'actuelle Mexico.

Les Mayas. Entre les années 250 et 900 de notre ère, les Mayas bâtissent une grande civilisation sur les sites de Chichén Itzá, Uxmal et Palenque dans le sud du Mexique, de Tikal au Guatemala et de Copan au Honduras.

Zapotèques et Mixtèques. La civilisation zapotèque parvient à son plein épanouissement sur le site de Monte Albán et dans la vallée de Oaxaca, sur le haut plateau central du Mexique, entre 550 et 800. À partir de 900 environ, les Mixtèques, descendus du nord, s'infiltrent dans la région et en prennent progressivement le contrôle.

Les Totonaques. Ils rayonnent sur la région du centre de l'État de Veracruz sur la côte du golfe à partir d'El Tajín. Leur civilisation atteint son apogée entre les années 600 et 900 de notre ère.

Les Toltèques. Ils ont pour capitale Tula, au nord de Mexico, et atteignent leur pleine puissance entre le IXe et le XIIe siècle.

Les Aztèques. En 1325, les Aztèques fondent leur capitale, Tenochtitlán, ensevelie sous l'actuelle Mexico. Ils se rendent maîtres d'un puissant empire, détruit en 1521 par les Espagnols.

La plus ancienne construction en bois du monde

LE TEMPLE HORYU-JI

Malgré le risque que lui font courir le feu, les typhons et les tremblements de terre, l'architecture japonaise a presque toujours utilisé comme matériau principal, le bois. Fondé par le prince Shotoku-Taishi en 607, à 10 km de Nara, qui constitua la première capitale du Japon de 701 à 794, le Horyu-ji est un des plus anciens temples bouddhistes japonais qui nous soient parvenus ; c'est également la plus ancienne construction en bois existant en Extrême-Orient.

À l'époque de la création du temple, le Japon a adopté depuis peu le bouddhisme comme religion officielle. Demeuré longtemps refermé sur lui-même, il s'ouvre désormais au reste du monde – ou plutôt de l'Asie. Connu dans l'histoire sous son nom posthume de Shotoku-Taishi, le prince Umayado gouverne l'archipel, comme régent, entre 600 et 622. Il fait venir de Corée des artisans qui diffusent dans le pays des techniques nouvelles en matière de poterie, de tissage ou de construction ; il dépêche des ambassades en Chine, et introduit au Japon l'écriture chinoise. Il rédige en outre une « constitution en dix-sept articles », qui définit les principes d'un gouvernement sain. Enfin, il se préoccupe de bâtir de nombreux temples pour asseoir la foi bouddhiste – le plus remarquable de ces temples, aujourd'hui, demeure le Horyu-ji.

Un temple d'inspiration coréenne et chinoise

Le temple consiste en un ensemble de bâtiments englobés dans une enceinte rectangulaire ouverte sur l'un de ses deux côtés les plus longs par une porte monumentale *(châmon)*. Parmi ces bâtiments, deux sont particulièrement importants : la pagode, haute de 35 m – une tour aux multiples étages (en l'occurrence, 5) et aux toits progressivement plus petits, version évoluée du *stupa,* ou tertre

La triade Shatka : le Bouddha Sakyamuni et deux bodhisattvas, Horyu-ji, Nara, Japon.

Le célèbre Daibutsuden ou salle du grand Bouddha du Todai-ji à Nara, Japon.

Construire en bois

Le bois, matériau privilégié de la construction. Longtemps, le Japon a été recouvert de très vastes forêts – couvrant jusqu'à 90 % de la surface de l'archipel. Le bois a donc été le matériau de construction principal des Japonais, de préférence à la pierre.

Des ouvriers organisés. Les charpentiers et les menuisiers constituaient donc les principaux intervenants des chantiers. Organisés en puissantes corporations, habitant des quartiers indépendants, ils se transmettaient les secrets de leur art de père en fils.

Un travail considérable. Jusqu'au XVIe siècle, les outils étaient relativement sommaires : la scie de long étant inconnue, ainsi que le rabot, les arbres étaient abattus à la hache et les planches débitées à la plane ou à l'herminette. Dans ces conditions, il fallut – à en croire une ancienne chronique nipponne – 50 000 bûcherons et charpentiers pour construire, par exemple, le Todai-ji.

hémisphérique indien ; et un édifice plus bas et plus vaste servant à la célébration du culte, le *kondo,* appelé ici du beau nom de Pavillon d'or. Ces deux constructions sont placées l'une à côté de l'autre par rapport à la porte principale, au lieu d'être disposées l'une derrière l'autre, suivant un arrangement axial : cette particularité est empruntée au plan des temples coréens, et distingue le Horyu-ji des complexes religieux chinois. En revanche, les charpentes complexes des édifices, leurs toits de tuiles légèrement incurvés, et les piliers en bois de cèdre ou d'autres essences reposant sur un socle quadrangulaire en pierre auquel on accède par un escalier révèlent une influence chinoise.

De délicates sculptures

Si l'architecture générale du temple est ce qui retient principalement l'attention, les sculptures que celui-ci abrite sont également remarquables. Au centre de la pièce principale du Pavillon d'or, une statue en bronze aussi vieille que le temple lui-même reçoit les offrandes de tous les pèlerins venus en cet endroit. Elle représente les trois personnages les plus vénérés du bouddhisme (la triade Shatka) : le Bouddha Sakyamuni assis sur un socle représentant le mont sacré Séméru et, l'entourant, deux *bodhisattvas* ou saints hommes promis à l'Éveil, debout, chacun, sur une fleur de lotus et portant une coiffe d'apparat. Les vêtements des trois figures retombent en formant des plis délicats ; leurs visages sourient, pleins de sérénité. D'autres sculptures ornent les autres monuments : des statues en argile, datant du début du VIIIe siècle, sont vénérées dans les chapelles de la pagode ; une statue en bois représentant un *bodhisattva,* haute de plus de 2 m, est conservée dans la Maison du Trésor *(daihozoden),* ainsi que des tabernacles précieux.

Une décoration peinte

L'Horyu-ji contient également des exemples extrêmement importants de l'ancienne peinture japonaise. Dans le meilleur des cas, il s'agit d'originaux absolus – comme les peintures à l'huile et au blanc de céruse, un carbonate de plomb extrêmement résistant –, datant de la première moitié du VIIe siècle, qui décorent le tabernacle Tamamushi – un reliquaire en bois orné de scènes représentant la vie du prince Mahasattva et de nombreux animaux, parmi lesquels de merveilleux scarabées d'or. Dans d'autres cas, comme cela se produit sur les parois intérieures du Pavillon d'or, les œuvres, constamment repeintes au cours des âges afin de préserver leur fraîcheur, ont respecté les modèles d'origine, et, tout en étant beaucoup plus récentes par leur exécution, nous donnent ainsi une idée précise de l'aspect de la décoration initiale du temple.

Le Todai-ji : le plus grand temple de bois du monde

Le plus grand monument en bois du monde. Près de Nara également, un très ancien souverain nippon, le pieux empereur Shomu-Tenno, inaugura solennellement en 752 ce qui demeure aujourd'hui la plus grande structure en bois du monde, le Todai-ji.

Un complexe inscrit dans un enclos. Le temple, créé pour devenir le sanctuaire central de la nation, est composé, comme le Horyu-ji, de plusieurs monuments contenus dans une enceinte. La porte de cette enceinte *(nandaimon)* est gardée par deux monstres grimaçants, les *kongo-rikishi,* chargés de repousser les démons malfaisants.

Un autre chef-d'œuvre : le Daibutsuden. Le complexe monumental est centré sur le Daibutsuden – équivalent du Pavillon d'or *(kondo)* –, un monument rectangulaire à deux toits recouverts de tuiles bleu-gris rayonnant dans le soleil. L'édifice a été conçu pour abriter une statue colossale de 16 m de haut de Rushana, le Bouddha de l'absolu. Les dimensions de sa grande salle, détruite par le feu à plusieurs reprises mais toujours reconstruite à l'identique, ont donc été calculées en proportion de cette œuvre : 86 m de long, 66 m de large et près de 60 m de haut.

Le Pavillon d'or et la pagode d'Horyu-ji, Nara, Japon.

Le premier chef-d'œuvre architectural de l'islam

LE DÔME DU ROCHER

Achevée en 691, la mosquée du Dôme du Rocher, qui domine Jérusalem, a été bâtie sur l'ordre du calife Abd el-Malik, chef religieux et politique de toute la communauté islamique. Elle remplace le sanctuaire rudimentaire élevé une cinquantaine d'années auparavant par les musulmans, à la suite de la conquête de la Ville sainte.

Le site choisi par les nouveaux maîtres de Jérusalem pour installer leur lieu de prière est particulièrement sacré puisqu'il s'agit de l'endroit où se dressait le Temple des Juifs, réduit alors à un amas de ruines. La mosquée, qui occupe le sommet du mont Moriah, a été construite autour d'un affleurement rocheux auquel elle doit son nom.

Une mosquée pour Jérusalem

Le Dôme du Rocher occupe une place privilégiée dans l'art de l'islam puisqu'il est à la fois le premier chef-d'œuvre de son architecture et le plus ancien grand sanctuaire conservé. À l'extérieur, la mosquée présente la forme d'un octogone, ses huit côtés mesurant chacun 20,60 m de long environ. Le mur qui fait face au sud indique la *kibla*, la direction de La Mecque, vers laquelle se tournent les croyants pour faire leur prière. Quatre portes précédées de porches donnent accès au monument.

À l'intérieur, deux déambulatoires entourent un espace circulaire, occupé en grande partie par une masse rocheuse de 18 m de long, 13 m de large et 1,50 m de haut. Le premier déambulatoire est délimité par le mur extérieur de l'édifice et par une rangée de piliers qui dessinent un second octogone et supportent une arcade maintenant le plafond. Le second déambulatoire est compris entre ces piliers et une colonnade ronde. Les colonnes, auxquelles s'ajoutent quatre lourds piliers, sont surmontées par des arches. Celles-ci soutiennent le cylindre à partir duquel s'élance le dôme de la mosquée. Cette coupole en bois, qui surplombe le rocher, possède un diamètre de plus de 20 m et s'élève à 30,30 m de hauteur. L'harmonie parfaite de la mosquée est due aux rapports très équilibrés établis entre les différentes parties du monument.

La mosquée actuelle présente un aspect proche de celui qu'elle avait jadis. Les transformations ont surtout affecté la partie supérieure de la façade, dont les mosaïques d'origine ont été remplacées par des carreaux de faïence.

Des marbres et des mosaïques

La lumière, qui pénètre dans la mosquée par 56 fenêtres, fait chatoyer les chapiteaux dorés, les colonnes de marbre et les panneaux du même matériau qui revêtent les murs et les piliers. Sur les parties hautes, elle fait miroiter des mosaïques de verre de couleurs variées.

Les mosaïques du Dôme du Rocher forment le plus ancien décor de l'art islamique se rattachant au domaine de la peinture. Elles figurent des motifs végétaux et géométriques auxquels se mêlent des représentations de bijoux, colliers, pendentifs, épingles portés habituellement par les souverains de Byzance, – empire qui a succédé à celui de Rome en Orient – et une couronne iranienne. Ces joyaux jouent le rôle de trophées et symbolisent la victoire des musulmans sur les grandes civilisations voisines. Les mosaïques comprennent aussi des inscriptions. La plus longue, dessinée au-dessus des arches du premier déambulatoire, se déroule sur 240 m. Extrait en majeure partie du Coran, le livre saint des musulmans, son texte vise à démontrer aux juifs et aux chrétiens que l'islam, victorieux, prend la succession de leurs religions au sein même de Jérusalem, la ville qui en est le berceau.

Une inspiration chrétienne

L'architecture du monument diffère du plan des premières mosquées, composées d'une cour et d'une salle à colonnes inscrites dans

Les obligations religieuses des musulmans

En se fondant sur le Coran et sur la Tradition, qui s'appuie sur les faits et les gestes du Prophète (hadiths), *l'islam exige de ses fidèles le respect de cinq obligations fondamentales.*

La première est la profession de foi (shahada), *qui déclare : « Il n'est pas d'autre Dieu qu'Allah et Mahomet est l'envoyé de Dieu ». Il suffit de prononcer cette formule, avec sincérité, pour devenir musulman.*

La deuxième est la prière, qui doit être faite cinq fois par jour dans n'importe quel lieu, avec une préférence toutefois pour la mosquée.

La troisième est l'aumône légale. Versée par ceux qui en ont les moyens, elle est considérée comme un acte de culte visant à remercier Dieu des faveurs qu'il a accordées.

La quatrième obligation est le jeûne du ramadan. Pendant ce mois lunaire, il dure du lever au coucher du soleil. Des prières spéciales sont récitées le soir à la mosquée durant tout le mois.

La cinquième est le pèlerinage à la ville sainte de La Mecque.

Le Dôme du Rocher, un des plus importants lieux saints de l'islam, au cœur de Jérusalem.

Vue intérieure du Dôme.

Un des deux déambulatoires (le second) au centre desquels est enchâssé le Rocher.

un quadrilatère. Le plan du Dôme du Rocher s'inspire de monuments chrétiens renfermant la tombe d'un martyr qui sont de forme ronde et à déambulatoire. L'exemple le plus proche est fourni à Jérusalem par le Saint-Sépulcre construit par l'empereur Constantin (aujourd'hui remplacé par une église romane), qui abrite le tombeau du Christ depuis le IVe siècle. Par l'architecture et le décor, le calife qui construisit le Dôme chercha à égaler la splendeur du monument du Christ, peut-être pour éviter à ses coreligionnaires la honte d'avoir à admirer un édifice construit par les vaincus davantage qu'aucun monument appartenant à leur propre religion.

Mais le Dôme du Rocher est avant tout le support d'un message pour le peuple conquis. Dans un langage architectural et décoratif emprunté aux chrétiens, il proclame la supériorité de l'islam. En s'installant sur l'emplacement du Temple, lieu saint chargé d'histoire et de symboles, il affirme sa prise de possession définitive de Jérusalem et le triomphe de la foi musulmane.

Au cours des siècles suivants, le Dôme du Rocher devient l'un des trois grands sanctuaires musulmans avec celui de La Mecque, ville où est né l'islam, et celui de Médine, résidence du prophète Mahomet. Le Rocher prend alors une signification nouvelle. Il est désormais identifié au lieu où s'est produite l'ascension de Mahomet au ciel. Pour les musulmans, une trace concrète de l'événement est imprimée dans le Rocher sous la forme de l'empreinte du pied du Prophète.

Un temple-tombeau pour le roi Pacal

PALENQUE

En 692, la cité maya de Palenque, située dans l'État actuel de Chiapas au Mexique, achève la construction du temple-mausolée de son souverain, le roi Pacal. Adossé à une colline, le monument se détache sur le fond vert de la luxuriante forêt tropicale et surplombe la ville qui s'étale à ses pieds.

Pacal, le personnage auquel est dédié le temple (appelé aussi « temple des Inscriptions » à cause des nombreux textes qui y sont gravés) a exercé, comme tous les rois mayas, la fonction d'un prêtre autant que d'un chef politique. Comme tous les souverains mayas également, il a été divinisé après sa mort. Mais la construction du mausolée a été menée du vivant du souverain.

La fabuleuse tombe de Pacal

C'est donc dans l'architecture conçue par lui que Pacal est enseveli, en 692. Lors des funérailles, sa dépouille est transportée dans le temple à peine achevé, bâti au sommet d'une pyramide à neuf degrés, haute de 21 m, et couronné alors d'une crête de pierre qui a disparu aujourd'hui. La civière, en grande pompe, devant tout le peuple réuni, a été hissée par un escalier situé sur le devant de la pyramide.
Après l'effondrement de Palenque au Xe siècle, la cité et ses monuments tombent dans l'oubli et gardent le secret sur la tombe du roi. Il faut attendre 1949 pour que l'archéologue mexicain Alberto Ruz Lhuillier découvre, dans le temple des Inscriptions, un passage menant à un escalier obstrué par une masse compacte de pierres et d'argile. Entre 1949 et 1952, quatre saisons de fouilles sont nécessaires pour ôter les déblais et descendre jusqu'à un couloir fermé par une dalle de pierre triangulaire. Derrière cette porte s'étend une crypte, placée à 25 m environ au-dessous du sol du temple, qui n'est autre que la chambre funéraire du roi Pacal.
Cette stupéfiante découverte projette l'archéologue et son équipe treize siècles en arrière. Avec une grande émotion, ils réalisent qu'ils sont les premiers êtres humains à fouler le sol de cette salle depuis que les prêtres ont scellé le tombeau. Leurs yeux émerveillés contemplent les délicats reliefs en stuc de la crypte et surtout l'immense sarcophage. Le cercueil de pierre est recouvert d'une dalle ornée d'un très beau relief qui illustre la descente de Pacal sous terre, dans le monde des morts. À l'intérieur se trouve le squelette du roi, âgé d'une quarantaine d'années, ainsi qu'un extraordinaire trésor de bijoux de jade et un superbe masque composé de 200 plaquettes du même matériau.

Un palais au décor admirable

La tombe de Pacal et son trésor ne sont pas les seuls témoignages laissés par le roi Pacal à Palenque. C'est très certainement lui qui a édifié le vaste palais proche du temple des Inscriptions. Le bâtiment, long de 100 m et large de 80, se dresse sur une plate-forme de 10 m de hauteur précédée de larges escaliers. Véritable dédale de chambres, de galeries, de portiques, de patios et de salles souterraines, antérieures à l'œuvre de Pacal, le palais comporte un seul étage. Il est dominé par une tour carrée, qui a servi d'observatoire astronomique ou de tour de guet. Des commodités, telles que lieux d'aisance et bain de vapeur, semblent indiquer que l'édifice était plus fonctionnel que bien des palais mayas.
Le monument est célèbre pour les reliefs en stuc de sa toiture, de ses piliers et de ses parois. Malheureusement fort abîmés par l'humidité du site, les reliefs, finement sculptés, représentent des masques, des nobles en costume d'apparat, des dirigeants, des membres de la famille royale et des cérémonies religieuses. Les inscriptions qui les accompagnent commémorent des dates importantes de la vie des souverains, naissance, accession au trône… Le palais est aussi connu pour certaines particularités architecturales telles que arcs ou voûtes ayant la forme d'un trèfle à trois feuilles.

Des prouesses architecturales

Hormis ces particularités, les architectes de Palenque se sont conformés aux grandes orientations de l'architecture maya. Ils ont largement employé les plates-formes, les pyramides et les escaliers, la crête de pierre ajourée ou décorée de reliefs, plantée au sommet des édifices, et, pour couvrir les salles, le système d'une « fausse voûte », une couverture de pierre tenant grâce à la force de cohésion assurée par le ciment, au lieu de reporter son poids sur les murs au-dessous.
Pour extraire les blocs dans les carrières et tailler les pierres de monuments aussi considérables que le temple des Inscriptions et le palais de Palenque, les Mayas ne disposent que d'outils de pierre, haches et marteaux en pierre très dure comme le basalte ou la diorite, et d'outils d'obsidienne. Pour la construction, ils utilisent le béton, ou mélange de pierres broyées et de chaux ou d'argile, qui rend les bâtiments très solides. L'acheminement des matériaux sur les chantiers se fait sans l'aide d'animaux de trait et sans celle de la roue. Les ouvriers portent les charges les moins pesantes sur leur dos et tractent les masses les plus lourdes.
Ces faibles moyens techniques n'ont nullement empêché les Mayas de porter leurs réalisations architecturales au plus haut niveau.

Le Monstre de la Terre, Palenque.

Le temple des Inscriptions, temple-pyramide et tombeau du roi maya Pacal, Palenque.

Les Mayas

La **civilisation maya** s'est pleinement **épanouie entre 250 et 900 de notre ère**, c'est-à-dire au cours de la période classique, divisée en classique ancien (250-600) et en classique récent (600-900). Elle s'est étendue sur une aire géographique qui englobe la péninsule du Yucatán et l'État de Chiapas au Mexique, le Guatemala et une partie du Honduras.

Les Mayas sont organisés en **cités-États indépendantes, gouvernées par des familles nobles** dominant les diverses classes sociales. Au gré des alliances, les cités sont tour à tour amies ou ennemies. Elles **n'ont jamais été regroupées sous une autorité politique unique,** mais elles ont toujours été **liées par une culture commune.** Les Mayas partagent la même écriture hiéroglyphique, les mêmes calendriers et les mêmes techniques architecturales ainsi que les mêmes croyances et pratiques religieuses, dont celles des sacrifices humains. Leurs plus glorieuses cités sont **Copán, Tikal, Palenque, Edzna et Uxmal.**

Vers 900, la civilisation maya **s'est brusquement effondrée** pour des raisons toujours débattues par les spécialistes.

Le palais royal de Palenque, vaste ensemble architectural avec une tour centrale.

Les temples rupestres de l'Inde
LE KAILASA D' ELLORA

Entre le ve et le VIIIe siècle de notre ère, 34 sanctuaires sont taillés dans le roc sur le site d'Ellora, à 25 km environ au nord-est d'Aurangabad, dans l'État fédéral du Maharashtra (ouest de l'Inde). Ces temples rupestres sont construits par des moines bouddhistes, hindouistes ou jaïna, car le site est un lieu de pèlerinage commun à ces trois religions. L'empereur Krishna Ier (756-773) est responsable de la construction du plus important : le Kailasa.

Ce temple est dédié à Siva et porte le nom de la montagne mythique – l'équivalent de l'Olympe grec – sur laquelle le dieu hindouiste est censé résider. Le terme « rupestre » donne une faible idée de l'apparence de l'édifice, qui n'est pas simplement une grotte aménagée – comme le sont les merveilleux sanctuaires d'Ajanta –, mais une véritable cathédrale, entièrement excavée du rocher, et sculptée aussi bien sur la totalité de ses faces extérieures qu'à l'intérieur.

Un monument entièrement excavé

Dans l'état des techniques architecturales, durant les premiers siècles de notre ère en Inde, les matériaux disponibles pour la construction – le bois, la pierre et le stuc – ne permettent pas d'édifier des temples extraordinairement grands ou massifs. Les architectes du temple, que l'empereur a fait venir directement de Corée – du royaume de Calukya – pour réaliser le nouveau temple de Siva, jugent donc que, pour dédier à la divinité un sanctuaire qui soit véritablement à sa mesure, une seule solution est envisageable : il faut non pas construire, mais creuser – creuser dans le roc, un monument aussi vaste et impressionnant qu'il le faudra.

Ils entreprennent alors ce qui demeure aujourd'hui le plus vaste ensemble monolithique du monde. Attaquant la falaise à son flanc, et procédant par avancées progressives, les ouvriers ont retiré 65 000 ou même 80 000 m^3 de pierre. Ils ont ainsi créé une fosse rectangulaire longue de 76 m, large de 46, et qui atteint, au maximum, 83 m de profondeur. Dans cette fosse, ils ont laissé subsister un bloc monolithique de dimensions un peu moindres, qu'ils ont de nouveau taillé, puis soigneusement sculpté, à l'extérieur comme à l'intérieur, de manière à obtenir l'exceptionnel monument que nous avons sous les yeux aujourd'hui : le Kailasa.

Une structure complexe

Des sanctuaires, des chapelles, un cloître ont été dégagés, selon un plan inspiré de sanctuaires sivaïtes antérieurs, et qui survivra par la suite, des siècles durant, dans l'Inde méridionale.

Tout d'abord, une haute porte d'entrée *(gopoura)* isole de l'extérieur une enceinte sacrée. Juste devant cette porte, dans l'enceinte, se trouve un pavillon dédié à la monture sacrée de Siva, le taureau Nandi. Au-delà de ce sanctuaire se dressent les deux dernières parties de l'édifice – ses composantes

Bas-relief sculpté représentant Siva et son épouse Parvati jouant aux dés sur le mont Kailasa, la montagne des dieux (Ellora, grotte 14).

La cour aux éléphants (Ellora, grotte 16).

Le linga

On appelle linga *ou* lingam *une pierre dressée représentant de façon plus ou moins réaliste un phallus, symbole des forces créatrices dans la religion hindouiste, et, plus spécifiquement, attribut du dieu Siva. Selon les cas, le linga peut se dresser seul, ou être engagé sur un plateau en forme de disque, appelé* yoni, *qui symbolise quant à lui le sexe féminin. Les linga font l'objet d'offrandes de la part des fidèles. Parfois situés en plein air, ils reçoivent la pluie, qui s'écoule du linga vers la* yoni *comme un signe de fécondité.*

Le Kailasa, temple monolithique excavé dans le rocher, consacré au dieu hindou Siva. Sur le toit du temple veillent quatre lions de pierre.

les plus importantes : la salle de réunion et la cellule sacrée. La première salle est hypostyle, c'est-à-dire rythmée par des rangées de colonnes. Sur son toit, trois disques qui symbolisent l'univers supportent quatre lions de pierre tournés vers les quatre points cardinaux. La partie la plus sainte du temple – la cellule sacrée, que l'on peut appeler « cella » par assimilation avec les sanctuaires romains – est abritée à l'intérieur du volume le plus élevé du Kailora, une tour en forme d'épi, ou *cikhara*, qui surmonte de 29 m le sol excavé de la cour. C'est une pièce très sombre, qui abrite une pierre dressée, le *linga* symbole phallique de Siva.

Cette disposition s'accompagne d'un autre arrangement, extrêmement théâtral, en hauteur. Toutes les parties du temple, en effet, ne sont pas au même niveau. La cour est l'endroit le plus enfoncé. Puis un premier niveau est constitué par le socle du temple, qui constitue le sol du sanctuaire de Nandi, celui de la salle de réunion et celui d'une galerie, ou déambulatoire, qui entoure la cellule sacrée. Les laïcs ont accès à ce seul socle. Mais, de part et d'autre de la porte d'entrée dans la salle de réunion, deux escaliers permettent d'accéder à un étage supérieur – correspondant au niveau de la cellule sacrée, supportée en hauteur par d'impressionnants éléphants sculptés : seuls les prêtres et le roi ont le droit d'emprunter ces escaliers, ce qui contribue à parer de mystère le lieu le plus sacré du temple.

D'admirables sculptures

Sur le pourtour extérieur du temple, les façades rocheuses sont sculptées d'innombrables reliefs. Partout, des sculptures représentent des divinités ou illustrent des scènes tirées de la légende de Siva et des autres grands textes de l'hindouisme – le *Ramayana* et le *Mahabharata*. Toutes ces sculptures, naturellement, sont anonymes ; elles manifestent, à un degré égal, l'exceptionnelle force de grâce et de vitalité de l'art indien. Toutes, enfin, se découvrent de façon progressive, telle une révélation : il est en effet impossible au visiteur ou au pèlerin d'obtenir une vue d'ensemble du temple, car les parois verticales du rocher ne sont qu'à quelques mètres de la cour de circumambulation. La sculpture la plus importante orne la face sud du temple : c'est un panneau très profondément sculpté qui montre le démon Ravana, emprisonné sous la montagne sacrée (le mont Kailasa), tâchant, grâce à ses multiples bras, de la faire écrouler. Mais la puissance de Siva est immense : les efforts du terrible démon sont finalement vains – l'artiste a représenté au-dessus de l'antre où celui-ci se tient une scène de cour pleine de paix et de majesté, où figurent, aux côtés de Siva, Parvati, son épouse, et les dames de la cour.

Le plus grand sanctuaire de l'Occident musulman

LA MOSQUÉE DE CORDOUE

Abd al-Rahman, prince régnant sur le puissant État musulman de Cordoue, en Espagne, entreprend en 785 la construction d'une mosquée. Agrandie à trois reprises par ses successeurs, celle-ci atteint son état définitif à la fin du Xe siècle. Elle devient alors la troisième mosquée du monde par sa taille.

Après la reconquête de Cordoue par les chrétiens en 1236, la mosquée est dédiée à la Vierge Marie et au culte catholique. Aux XVe et XVIe siècles, l'intérieur de l'édifice subit d'importantes destructions afin d'installer une chapelle puis une imposante cathédrale au centre même du précieux monument.

Une forêt de colonnes

La mosquée de Cordoue se conforme au plan habituel des mosquées arabes : c'est un quadrilatère divisé en deux parties, une cour et une salle couverte. L'édifice, tel qu'il se présente depuis la fin du Xe siècle, occupe un rectangle de 125 m sur 178. Ce dernier est entouré par un haut mur d'enceinte, percé de portes magnifiquement décorées.
La cour *(sahn)*, dite aujourd'hui « *patio de los Naranjos* » (cour des Oranges), entourée de portiques sur trois côtés, s'étend sur toute la largeur du rectangle. Sur l'un des petits côtés s'élève le minaret, haute tour d'où était lancé l'appel à la prière, et qui date, dans sa forme actuelle, des XVIe et XVIIe siècles. En face du minaret s'ouvrent les 17 baies de la salle couverte, murées pour la plupart par les chrétiens. Cette salle – une immense pièce réservée à la prière – est coupée en certains endroits par des chapelles construites depuis la Reconquête chrétienne. Telle quelle, par la profusion de ses piliers, elle produit encore une impression saisissante sur ceux qui la visitent : 514 colonnes divisent en effet l'espace en 19 nefs dans le sens de la longueur tandis que 34 autres définissent 36 travées dans le sens de la largeur ! Arrachées dans bien des cas à des monuments romains, ces colonnes offrent une remarquable variété de formes et de couleurs.
Il en va de même pour leurs chapiteaux. Les colonnes des nefs situées dans l'axe du monument supportent deux séries d'arcades superposées ; leurs arcs, en forme de fer à cheval, sont bâtis avec des pierres blanches et des briques rouges, posées en alternance. Ils soutiennent un superbe plafond en bois orné de motifs géométriques et végétaux.

Au bout de l'allée

Une allée plus large que les autres, qui constituait la nef centrale jusqu'au troisième et dernier agrandissement de la mosquée, mène à la niche du *mihrab*. Cette niche est aménagée contre la paroi du fond de la mosquée, le mur de la *kibla,* qui indique la direction de La Mecque, vers laquelle se tournent les croyants pour faire leur prière. Le mihrab est l'espace le plus sacré de la mosquée, celui où se tient l'officiant pendant la durée de la prière. Avec le vestibule qui le précède, c'est aussi le lieu qui est le plus richement décoré.
À Cordoue, le vestibule, ou espace ouvrant sur le mihrab, est surmonté d'une coupole nervurée ornée de mosaïques d'une splendeur exceptionnelle : des dessins de fleurs d'une extrême délicatesse se détachant sur un fond d'or. Pour les réaliser, le souverain de Cordoue a fait appel aux meilleurs artistes de Byzance : c'est le basileus lui-même – l'empereur, orthodoxe, de Byzance – qui a envoyé au souverain musulman un de ses mosaïstes,

Les musulmans en Espagne

Après avoir soumis l'ensemble du Maghreb entre 670 et 700, **les armées musulmanes débarquent en Espagne en 711**, à la faveur des luttes qui déchirent le royaume espagnol. Elles s'emparent de la plus grande partie du pays. Les territoires de la péninsule Ibérique placés sous leur domination, dont l'extension varie selon les époques, prennent alors le nom d'**al-Andalus.**

Cette nouvelle terre musulmane est administrée par un **gouverneur, représentant des califes omeyyades** qui règnent sur un vaste empire à partir de Damas, en Syrie.

Les Omeyyades, chefs spirituels et politiques, forment la première dynastie de l'islam. En 750, ils sont renversés et massacrés par les Abbassides, qui établissent une nouvelle dynastie à Bagdad, en Iraq. Cinq ans plus tard, **Abd al-Rahman Ier**, unique survivant de la famille omeyyade, arrive en Espagne. L'année suivante, avec le soutien de ses partisans, il se rend maître de Cordoue, capitale d'al-Andalus, puis il étend son autorité à l'ensemble de l'Espagne musulmane. Après sa mort, ses descendants dirigent cet **État indépendant** jusqu'à sa disparition en 1031.

Pendant toute l'époque de la domination musulmane, **Cordoue fut le centre d'une civilisation très brillante,** qui se distingua particulièrement dans le domaine des arts, des sciences, des lettres et de la philosophie.

La salle de prière est rythmée par des centaines de colonnes, pour la plupart d'origine romaine.

L'intérieur de la coupole, entièrement décorée de mosaïques à fond d'or.

Détail de la décoration d'une des portes de la mosquée.

riche d'un savoir-faire hérité de plusieurs siècles de tradition dans cet art. Entre le vestibule et la niche, l'arc qui surmonte la porte d'accès au mihrab est également décoré de très belles mosaïques à motifs végétaux. La niche elle-même est revêtue de panneaux de marbre, et couronnée par une coquille servant de plafond.

Prier dans la mosquée

Les fidèles qui, jusqu'au XVe siècle, fréquentaient la mosquée de Cordoue, respectaient des règles de conduite élaborées progressivement dans les premiers siècles de l'islam.

Ces règles, toujours en vigueur dans les pays musulmans, concernent l'état de pureté des individus s'apprêtant à pénétrer dans le sanctuaire. Des fontaines, situées dans les premiers temps hors de la mosquée, puis dans la cour, permettaient aux croyants de faire leurs ablutions rituelles.

Celles-ci consistent à s'immerger complètement dans l'eau ou plus simplement à se laver le visage, les mains, les pieds et à se frotter la tête. Bientôt s'établit aussi la coutume de quitter ses souliers avant d'entrer dans la mosquée, cela afin de ne pas la souiller avec les impuretés venues de l'extérieur.

Ces préparatifs achevés, les fidèles s'avançaient dans le sanctuaire pour remplir leurs devoirs religieux. Certains venaient y faire les cinq prières quotidiennes exigées de tout musulman, car ces prières ont plus de valeur lorsqu'elles sont accomplies à la mosquée plutôt qu'à la maison ou sur le lieu de travail. Le vendredi, quoi qu'il en fût, les croyants se rendaient obligatoirement dans la mosquée pour la prière de midi.

Ce jour-là, toute la communauté musulmane de Cordoue se trouvait réunie dans l'immense bâtiment. Elle priait en présence du souverain, son chef politique et spirituel, qui s'installait avec sa cour dans un espace clos situé en avant du mihrab. La cérémonie du vendredi comprenait un sermon, en plus des prières habituelles consistant en une série de gestes accompagnés de la récitation de versets du Coran, le livre saint.

797

Charlemagne glorifie Dieu dans sa capitale

LA CHAPELLE PALATINE

L'empereur Charlemagne choisit Aix-la-Chapelle pour y installer sa cour (vitrail de la fin du XIIe siècle, conservé au musée de l'Œuvre Notre-Dame, Strasbourg).

À la fin du VIIIe siècle, le roi des Francs Charlemagne établit sa capitale à Aix-la-Chapelle, ancienne station thermale romaine. Désireux de rivaliser avec le faste des empereurs de Byzance, héritiers de l'Empire romain d'Orient, le souverain érige un vaste palais que, en fervent chrétien, il dote d'une chapelle dédiée à la Vierge.

Chef-d'œuvre de l'architecte Eudes de Metz, responsable à la fois de la conception et de la direction du chantier, l'église constitue aussi un des plus grands accomplissements de l'architecture carolingienne. En 797, les murs et la toiture, commencés à une date inconnue, sont achevés. Huit ans plus tard, l'édifice est consacré par le pape en personne.

Une construction chargée de symboles

Pour honorer Dieu, Charlemagne ne ménage pas ses efforts. Il fait venir à grands frais de Rome et de Ravenne des colonnes et des chapiteaux prélevés dans les monuments antiques, dignes de l'église qu'il entreprend. Monument grandiose dédié au culte divin, la chapelle est conçue symboliquement à l'image de la Jérusalem céleste. L'architecte fonde ses calculs sur la coudée, unité de mesure utilisée par saint Jean dans le livre de l'Apocalypse pour exprimer les dimensions de la ville nouvelle, le royaume de Dieu, qui surgira à la fin du monde…

Au-delà de son rôle religieux, l'église entend aussi être le signe de la puissance de Charlemagne, qui règne sur le royaume franc et, à partir de 800, sur un Empire romain d'Occident reconstitué.

La chapelle, haut lieu du palais

Une partie du palais de Charlemagne est réservée aux bâtiments religieux. Ces édifices sont disposés en forme de croix latine, c'est-à-dire avec des branches inférieures en taille à l'axe principal, autour de la chapelle.

La branche la plus longue de la croix est représentée par une cour rectangulaire et par le porche de l'église. Le porche, qui s'élève sur trois étages, est encadré par deux tourelles. À l'intérieur de celles-ci se trouvent les escaliers qui mènent au premier étage de la chapelle. Les branches transversales de la croix sont formées par deux grandes salles réservées au clergé. L'une d'elles accueille les assemblées d'évêques appelées conciles.

La chapelle est constituée par un polygone à seize côtés d'un diamètre de 33 m. Ce dernier entoure un octogone de 16,54 m de diamètre, dessiné par huit piliers massifs reliés par des arcades. Entre les deux figures géométriques s'étend une vaste galerie – un déambulatoire. Les arcades du rez-de-chaussée sont surmontées par les huit immenses baies du premier étage. Celles-ci sont divisées dans le sens de la hauteur par deux rangées superposées de deux colonnes. En marbre, en granite ou en porphyre, les colonnes, rapportées d'Italie où elles ont été retirées à des sites antiques, sont coiffées d'élégants chapiteaux à feuilles d'acanthe (chapiteaux corinthiens) de même provenance. Ce niveau est occupé par des salles largement ouvertes (tribunes), destinées à Charlemagne et aux hauts personnages de sa cour, alors que les serviteurs se trouvaient cantonnés au rez-de-chaussée. Au IXe siècle, le trône en marbre du souverain faisait face aux deux sanctuaires, celui de la Vierge au rez-de-chaussée, celui du Christ au niveau supérieur – mais, au XIVe siècle, ces deux sanctuaires ont été transformés en un unique et vaste chœur gothique.

Une coupole, à pans coupés, qui repose sur un tambour percé de huit fenêtres, domine l'octogone.

La méfiance envers les images

À la suite de l'Empire byzantin qui, un temps, lutte contre l'existence des images, facteur d'idolâtrie chez les fidèles, le clergé franc se méfie des représentations. À Aix-la-Chapelle, mosaïques et peintures trouvent encore leur place dans l'église, car elles éduquent les fidèles. En revanche, les statues de pierre, trop

Germigny-des-Prés

La France possède à Germigny-des-Prés, dans le département du Loiret, une chapelle qui constitue l'un des rares vestiges de l'architecture carolingienne.

La chapelle de Théodulfe. Le monument, restauré de façon importante au siècle dernier, est l'œuvre de Théodulfe, conseiller de Charlemagne, qui exerçait les fonctions d'évêque d'Orléans et d'abbé de Fleury. Théodulphe a élevé cet oratoire dans l'enceinte de sa propriété campagnarde – sa « villa ». La chapelle adopte la forme d'un carré. De chaque côté s'ouvre un enfoncement arrondi – une abside. Au milieu du carré se dressent quatre piliers, qui dessinent un second carré et divisent la petite église en neuf parties. La partie centrale est coiffée d'une coupole. Une tour surmonte la construction.

Un décor carolingien. De son décor d'origine, la chapelle a conservé, dans l'une de ses absides, une précieuse mosaïque. Celle-ci figure l'arche d'alliance encadrée de chérubins et d'archanges. Ici et là subsistent des compositions de plâtre sculpté ou moulé, nommées stucs, d'origine.

facilement assimilables à des idoles, sont rejetées de l'espace sacré. La coupole de la chapelle Palatine était jadis décorée d'une mosaïque figurant le Christ acclamé par les vingt-quatre vieillards de l'Apocalypse, évocation, sans doute, de l'ensemble du peuple de Dieu. La mosaïque visible actuellement est une réplique, exécutée au XIXe siècle.

Les murs intérieurs de l'église sont revêtus de marbre. Parmi les éléments de décor se détachent les huit élégantes grilles de bronze qui ferment les baies de l'étage et les lourds vantaux de bronze de la porte d'entrée. Coulés d'une seule pièce, ceux-ci pèsent chacun deux tonnes. À l'extérieur, la chapelle est recouverte d'un crépi rouge.

La résidence carolingienne

Cernée par une muraille, la chapelle, destinée au culte, n'est qu'un des nombreux édifices du palais, qui couvre une surface de 20 hectares. Ces bâtiments remplissent des fonctions très diverses.

À la chapelle répond, à l'autre extrémité du palais, une immense salle de réception (47 m sur 20 m). Là, durant tout le règne de Charlemagne, se tiennent les assemblées des grands ; là encore sont reçus les ambassadeurs étrangers. Entre ces deux ensembles s'élève l'entrée monumentale du palais, qui est aussi le siège de la justice. L'ensemble palatin abrite également les appartements du roi, de sa famille et des hauts dignitaires, les bureaux de l'administration de l'Empire carolingien et de celle du palais, une école et une garnison militaire. La résidence royale était en outre équipée de bains, pourvus de plusieurs piscines.

Vue intérieure de la chapelle Palatine de Charlemagne, édifiée par l'architecte Eudes de Metz.

Eudes de Metz : un architecte avant la lettre

Le nom d'**Eudes de Metz** est l'un des premiers noms d'individus connus, dans le domaine de l'architecture, au Moyen Âge. Aucun architecte n'est aussi célèbre en Occident jusqu'au XIIIe siècle ou au XIVe siècle : jusqu'à **Villard de Honnecourt,** l'un des réalisateurs probables de la cathédrale de Cambray, au début du XIIIe siècle, et l'auteur d'un remarquable album de croquis ; ou jusqu'à **Pierre de Montreuil,** architecte de Saint Louis, mort en 1289, auteur d'églises gothiques parisiennes malheureusement disparues et responsable, en Palestine, des fortifications de Jaffa.

Le Moyen Âge, en effet, ne favorise pas l'émergence des noms d'artistes : pas plus ceux des architectes que ceux des peintres ou des sculpteurs, par exemple. Il n'en est pas moins vrai que le chantier – comme l'atelier du peintre – est effectivement dirigé par **un maître d'œuvre,** qui, quoiqu'il soit souvent désigné par le terme modeste de « maître maçon », joue le rôle de nos architectes actuels, concevant les plans et dirigeant les travaux du bâtiment.

Le mot même d'architecte n'apparaît cependant en France qu'au début du XVIe siècle. Dans la pratique, c'est bien après l'âge carolingien, c'est-à-dire **au XIIIe et au XIVe siècle,** au moment où se bâtissent les grandes cathédrales gothiques, que s'effectue, du point de vue de la reconnaissance sociale, **la différenciation des rôles entre le concepteur d'un édifice et la hiérarchie des exécutants :** « Il est coutume, lit-on dans un texte du XIIIe siècle, qu'il y ait un seul maître qui ordonne seulement par la parole et n'y met jamais la main. Il reçoit pourtant des salaires plus considérables que les autres. Les maîtres des maçons, ayant une baguette en main, ordonnent et ne travaillent pas. »

IXe siècle

Un ensemble religieux de Cappadoce

GÖREME

Avec son extraordinaire paysage lunaire, aux couleurs fantastiques et aux formes étranges sculptées dans la roche par l'érosion, la région de la Cappadoce, en Turquie, avait tout pour séduire moines et ermites en quête de tranquillité. Les religieux y ont installé plusieurs centres monastiques, dont le plus beau occupe le site de Göreme.

Dès ses débuts, le christianisme fait des adeptes en Cappadoce. Puis, lors de l'apparition du mouvement monastique dans cette partie du monde, la région suscite de nombreuses vocations d'ermites et de moines. Ceux-ci trouvent facilement à se loger dans des cavités qui existaient déjà ou qu'ils taillent eux-mêmes dans le tuf, la pierre volcanique très tendre de la région. Ils installent aussi dans la roche leurs chapelles et églises. À Göreme, cette architecture « rupestre », c'est-à-dire creusée dans le roc, connaît sa pleine floraison entre les IXe et XIe siècles.

Des monastères bien défendus

Pour des raisons de commodité, mais aussi de sécurité – la région ayant à souffrir d'attaques extérieures –, les religieux installent monas-

La Karanlik Kilise (l'église Sombre), Göreme, Turquie.

◁ Göreme, site célèbre de la Cappadoce en Turquie, pour ses nombreuses églises rupestres.

Fresque représentant la Cène, Karanlik Kilise, Göreme, Turquie.

tères et églises dans les hauteurs. Des échelles mobiles, faciles à retirer en cas de menace, permettent d'y accéder.

Pour la même raison, les entrées des monastères sont bloquées par de lourds blocs de pierre. La circulation dans le monument, disposé sur plusieurs niveaux, est fort complexe. Des puits et des escaliers, des tunnels, qui peuvent être bouchés par des pierres, relient les étages et les pièces. Les pièces, innombrables, devaient avoir chacune une fonction spécifique : nous ignorons laquelle, aujourd'hui, en l'absence d'inscriptions ou de meubles capables de nous renseigner. Le réfectoire et l'église, seuls, restent aisément identifiables dans chaque complexe monastique. Dans celui de la Karanlik Kilise (« l'église Sombre »), à Göreme, la première de ces pièces se reconnaît à la table et aux bancs, taillés dans la roche. À une extrémité du réfectoire, un siège d'honneur est réservé au supérieur du monastère.

Des églises richement peintes

À Göreme, comme dans les autres centres monastiques de Cappadoce, la forme des églises creusées dans le rocher ne diffère pas de celle des sanctuaires construits en maçonnerie. Les plans les plus répandus, répétés pendant plusieurs siècles, dessinent l'un une croix et l'autre une nef – c'est-à-dire une allée entre des colonnes ou des murs – unique. Dans quelques cas seulement (et c'est une particularité propre à la région de Göreme), l'église est formée d'une salle rectangulaire dominée par une voûte transversale, c'est-à-dire dont l'axe n'est pas aligné sur la direction la plus longue du sanctuaire, mais au contraire sur celle des petits côtés. Ce plan original est celui qu'ont adopté, notamment, les constructeurs de la très belle Tokali Kilise (« l'église à la Boucle »), dont l'exécution fut menée en deux temps. La façade et une partie du vestibule du monument ont malheureusement disparu, sous l'action de l'érosion. Au-delà de ce qui n'est plus, dès lors, qu'une ouverture sans forme, le visiteur de la Tokali Kilise pénètre dans une salle en forme de trapèze, à quoi se limitait l'église primitive. À cette première salle a été ajoutée par la suite une pièce rectangulaire prolongée sur chacun de ses côtés par une chapelle et ouvrant au fond sur trois absides, ou niches arrondies, toutes pourvues d'un autel. L'église, de forme ainsi relativement complexe, est entièrement recouverte de peintures. Les fresques qui demeurent visibles dans le vestibule et celles de la première salle remontent au Xe siècle : elles évoquent la vie de Jésus, de la manière la plus complète qui soit en Cappadoce, de l'Annonciation faite à Marie à l'Ascension du Christ au ciel. Dans la nef, les artistes ont représenté, de nouveau, des scènes de la vie de Jésus, mais aussi des épisodes de celle de saint Basile, le fondateur d'une communauté monastique en Cappadoce, au IVe siècle.

À Göreme, les architectes ont aussi expérimenté, pour leurs églises taillées dans le rocher, une forme nouvelle en Cappadoce au début du IXe siècle, mais dont on trouve des exemples contemporains dans des sanctuaires constuits en maçonnerie : celle d'une croix aux quatre bras égaux, surmontée en son centre d'une coupole posée sur quatre colonnes. L'église de la Karanlik Kilise – un ensemble dont nous avons parlé – adopte en particulier ce plan. De nouveau, le monument est couvert de peintures extrêmement habiles : sous l'image du Christ trônant dans le dôme, elles racontent la vie de Jésus et figurent des apôtres et des prophètes.

La construction des églises et leur décoration par des peintres talentueux durent nécessiter des sommes considérables : les chantiers ont pu être menés à bien grâce aux dons de généreux donateurs. Qui étaient ces donateurs ? Le plus souvent des moines. Mais des militaires et des paysans enrichis, dont le portrait figure dans les monuments, ont aussi participé au financement de ces chefs-d'œuvre.

Un bon voisinage

Les moines qui s'installèrent à Göreme au début du IXe siècle étaient ce qu'on appelle des cénobites, c'est-à-dire des religieux décidés à mettre tout en commun : le logement, la prière et le travail. Ils vécurent là jusqu'au XIe siècle, c'est-à-dire jusqu'à ce que la conquête musulmane les chasse de la région. Loin de vivre retranchés du monde, ils étaient proches, au contraire, des communautés rurales qui les environnaient. Ils aidaient celles-ci en portant secours aux pauvres et aux malades, en prenant en charge les orphelins et en éduquant les enfants des campagnes. Leurs sanctuaires, ouverts aux villageois, faisaient office d'églises paroissiales. Les moines rencontraient aussi les paysans sur les marchés locaux, où ils venaient vendre les produits de leur labeur. Installés à proximité de vallons fertiles, ils pratiquaient en effet l'agriculture, et exerçaient aussi des activités artisanales.

Ces nombreuses activités n'empêchaient ni la récitation des prières, qui se poursuivait pendant le travail, ni la présence aux offices et aux prières communes. Le soir, les pieux hommes consommaient leur unique repas quotidien avant de reprendre les prières.

Le plus grand monument bouddhique du monde

LE TEMPLE DE BOROBUDUR

Au centre de l'île de Java en Indonésie, à 42 km au nord-ouest de Jogjakarta, est érigé aux environs de l'an 800 le plus grand monument dédié à Bouddha qui existe sur terre. Treize millions de blocs de pierre, 1 300 bas-reliefs sculptés, 504 statues grandeur nature du Bouddha assis, 432 niches contenant des statues de Bouddha font de Borobudur le site le plus important et le plus somptueux du bouddhisme.

Vue aérienne de l'ensemble bouddhique de Borobudur, au centre de l'île de Java.

Outre sa taille, inégalée, le monument surprend par sa forme particulière et la splendeur de ses sculptures. Pour le pèlerin ou pour le touriste attentif, il s'impose comme un des hauts lieux de l'art mais aussi de la pensée et de la spiritualité humaines.
Comment les princes de la région de Java trouvèrent-ils les moyens techniques et financiers pour construire un monument de l'importance de Borobudur ? Une dynastie bouddhiste, les Sailendra, gouvernait alors le centre de l'île, peuplée peut-être de un million de personnes. Aux périodes de l'année où la culture du riz, principale source de subsistance, était le moins exigeante, les rois de cette dynastie pouvaient réquisitionner une abondante main-d'œuvre. Plus au nord, sur la côte et dans les montagnes, régnaient des souverains hindouistes. Vassaux des Sailendra, ils devaient également fournir à ceux-ci les matériaux de construction et la force de travail.
Or, les Sailendra étaient de très grands bâtisseurs. Influencés par l'art de l'Inde et de Sri Lanka, ils surent élaborer un art très original : Borobudur, édifié par l'un d'eux, le roi Samaratunga (792-825), en constitue l'exemple le plus parfait.

Un parcours hautement symbolique

Borobudur (dont le nom signifie peut-être « monastère de Bouddha sur la colline ») est construit sur un plateau d'une quinzaine de mètres de hauteur entouré par la plaine du Kédu, appelée « le jardin de Java » à cause de sa beauté et de sa fertilité. Palmeraies, rizières et chaînes de montagnes l'entourent, constituant un décor magnifique. Le monument se présente comme une immense pyramide à degrés, constituée par neuf terrasses superposées dont la taille diminue à chaque étage. Au sommet de la pyramide se trouve un stupa, ou construction en forme de cloche. La hauteur totale de l'édifice est de 35 mètres.
La pyramide de Borobudur est pleine, c'est-à-dire qu'elle ne contient aucune pièce, et donc aucune entrée véritable. Le monument est conçu de sorte que le pèlerin déambule sur ses terrasses, s'élevant d'un degré à l'autre : la visite est purement extérieure. Aussi, sur les quatre côtés de l'édifice, des escaliers permettent de monter jusqu'au sommet. Celui que les pèlerins empruntent en premier lieu est celui de l'est, avec lequel commence la série des bas-reliefs. À chaque degré, aidé par les scènes sculptées et par la structure même des gradins, le visiteur mène une réflexion qui le conduit à un progrès spirituel : au fur et à mesure de son ascension, des formes plus pures symbolisent son accession vers la perfection absolue.

Les terrasses carrées

L'escalier lui fait d'abord gravir la plate-forme qui recouvre la base originelle du monument et qui, avec ses 12 000 m^3 de pierre, abrite 160 panneaux sculptés représentant la loi du *karma* (principe d'enchaînement du désir et de la douleur). Ce rebord, conçu sans doute pour renforcer la base de l'édifice, a aussi la fonction symbolique de dissimuler la partie la moins pure de l'univers : ce que la philosophie bouddhiste nomme le *kamadhatu,* domaine où l'homme est prisonnier de ses désirs. L'escalier conduit ensuite le visiteur, successivement, à cinq terrasses de forme carrée. Le carré, dans le bouddhisme, symbolise la terre, le cercle étant réservé à la représentation du ciel. Ces terrasses sont le lieu du *rupadhatu,* domaine où l'homme a renoncé à ses désirs sans échapper totalement au pou-

Les galeries des quatre étages du monument, décorées de bas-reliefs et portant les petits stupas.

Chaque petit stupa renferme une statue de Bouddha.

voir des apparences. En cet endroit du monument, les murs de l'édifice et les faces intérieures des balustrades limitant les terrasses sont couverts de scènes sculptées évoquant des récits sacrés. Sur 2 500 m^2 environ, les sculpteurs de Java ont ainsi représenté, avec un art d'une délicatesse et d'une inventivité extrêmes, tous les épisodes de la vie du Bouddha, depuis les événements qui ont environné sa conception jusqu'à son illumination, ou révélation de la vraie sagesse. Sur un des panneaux, on peut voir le rêve de sa mère, la reine Maya, qui aperçut en songe un éléphant blanc à six défenses pénétrant dans son ventre ; sur un autre, Bouddha – qui n'est encore que le prince Siddharta – vit entouré de luxe et de plaisir. Les artistes ont naturellement représenté aussi les quatre rencontres décisives qui dessillèrent les yeux du jeune homme : un vieillard, un malade, un mort et un moine, qui lui firent connaître les douleurs de la vie et lui découvrirent la voie du salut. Sur la partie haute des murs internes de ces terrasses, les scènes sculptées alternent avec 432 niches contenant chacune une statue grandeur nature du Bouddha assis, taillée dans un seul bloc. Au-dessus des balustrades s'échelonnent 1 472 stupas, avec lesquels alternent 504 statues de Bouddha, taillées chacune dans un unique bloc de pierre, d'une majesté et d'une sérénité extraordinaires.

Les terrasses circulaires

L'escalier mène le visiteur qui a fait le tour des terrasses carrées à trois nouvelles terrasses, de forme circulaire cette fois. Ces terrasses symbolisent l'*arupadhatu,* le lieu idéal où l'homme est libéré du monde des apparences. Cette libération est évoquée d'une façon éloquente : désormais, toute décoration, tout ornement a disparu. Les statues de Bouddha, visibles sur les terrasses inférieures, sont maintenant à demi dissimulées dans des stupas ajourés. La première terrasse circulaire possède 32 stupas, la deuxième 24 et la troisième n'en comporte que 16. Depuis ces terrasses dépouillées, le visiteur jouit d'une vue admirable : au-delà de la plaine du Kédu, le regard porte sur les chaînes de montagnes, le volcan Mérapi, les monts Menoreh. Cette beauté du paysage, ce calme, ces longues étendues de verdure à perte de vue contribuent à faire ressentir encore plus l'impression de méditation et d'élévation qui se dégage du lieu.

L'ultime terrasse circulaire est surmontée d'un grand stupa. Là, celui ou celle qui a accompli avec la gravité et le recueillement nécessaires la longue déambulation des gradins successifs accède enfin au lieu de l'ultime vérité, de la sérénité parfaite. Le grand stupa, étape finale de la montée vers l'absolu, est vide, car ici plus rien n'est censé exister : l'homme, à ce stade, se trouve confronté à la désintégration de l'être dans le vide éternel.

Une capitale en plein essor
CHANCHÁN

Masque en or chimu (musée de l'Or du Pérou, Lima).

Près de la ville de Trujillo, sur la côte nord du Pérou, s'étend l'immense cité de terre crue de Chanchán. Abandonnée depuis la fin du XIVe siècle, elle a subi toutes sortes de dégradations. Elle a été érodée par le vent, balayée par le sable, endommagée par les pluies torrentielles et bouleversée par les chercheurs de trésors.

Malgré l'acharnement avec lequel les éléments naturels et les hommes ont tenté de la détruire, la capitale de l'Empire chimú, fondée vers 850-900 de notre ère, qui fut aussi la plus grande cité des Andes précolombiennes, étale encore d'impressionnants vestiges dans un site retourné entièrement au désert.

Une cité planifiée

Les architectes responsables du plan de Chanchán, pour la première fois en Amérique du Sud, ont adopté un tracé géométrique avec des rues se coupant à angle droit (en Amérique centrale, un tel plan était connu depuis la fondation de Teotihuacán, un millier d'années environ auparavant).

Le cœur de la cité présente la particularité d'être occupé par de grands complexes monumentaux, de forme rectangulaire, appelés aujourd'hui citadelles ou palais. En 1470, lors de la chute de Chanchán, ces ensembles sont au nombre de dix et peut-être même de douze. Indépendants les uns des autres, ils occupent 6 km² sur une surface totale de 20 km².

Ils sont construits en briques d'argile crue mêlée de paille hachée, séchées au soleil, et liées par un mortier d'argile. De très hauts murs de 9 ou 15 m, percés d'une seule entrée, entourent les ensembles. À l'intérieur, ceux-ci sont le plus souvent divisés en trois parties. La première, avec ses salles d'audience, sa grande place et ses entrepôts, est destinée aux affaires publiques. La deuxième accueille la vie privée et une plate-forme funéraire et la troisième renferme surtout des sources d'eau et des terrains.

Les édifices les plus importants sont décorés de superbes frises de poissons, d'oiseaux, d'animaux mythiques ou de motifs géométriques évoquant les filets de pêcheur, les vagues, réalisées par moulage directement sur l'argile fraîche. Au-delà s'élèvent trente-cinq structures apparentées architecturalement aux palais, mais de moindres dimensions, ainsi que quatre quartiers populaires composés d'habitations en galets et en joncs.

À chacun selon son rang

Résidences des souverains et des grands dignitaires chimús, les palais forment aussi le siège du pouvoir politique, administratif et économique. Au fur et à mesure de l'accroissement de l'empire, la part prise dans le palais par l'administration augmente, en même temps que la taille des dépôts où séjournent les richesses avant d'être redistribuées par le souverain.

Les premiers complexes, utilisés par plusieurs souverains successifs, font l'objet d'agrandissements périodiques. À partir de 1300, ils ne

servent qu'à un seul roi. Après sa mort, les lieux se vident de leurs habitants et se transforment en mausolée pour le roi et les nombreuses jeunes femmes qui l'accompagnent dans la mort. Ils ne s'animent plus par la suite que pour la célébration du culte funéraire. Sur place, on retrouve aujourd'hui des squelettes féminins, quelques éléments de parures en or et en cuivre, des poteries, des offrandes alimentaires ; mais les cadavres des souverains ont disparu, enlevés par les pilleurs de tombes avec les richesses qui les couvraient.

Les trente-cinq ensembles imitant les palais sont destinés à la classe intermédiaire entre l'élite et le peuple, c'est-à-dire à tout l'ensemble des fonctionnaires de moindre rang, chargés de faire appliquer la politique de l'élite. La grande majorité de la population, estimée à 30 000 âmes à l'apogée de Chanchán, se compose d'artisans, d'ouvriers mobilisés sur les chantiers de construction de la ville, de serviteurs, de marchands qui résident dans les quartiers populaires. Les ateliers des artisans, sculpteurs, orfèvres, fileuses et tisserandes, sont installés dans les maisons ou à proximité.

Des flots d'or et des cadavres

Quand les gens du petit peuple passent de vie à trépas, ils sont inhumés dans leurs propres cimetières, parfois très étendus. Leurs modestes sépultures ont été depuis longtemps victimes des voleurs comme celles des souverains, enterrés soit sur les plates-formes des palais, soit dans des pyramides, élevées à l'est et au nord de la ville. Celles-ci renferment également les dépouilles de hauts dignitaires. Le pillage des tombes a commencé dès le XVIe siècle. Peu après la conquête du Pérou par les Espagnols, le dernier représentant de la dynastie chimú emmène un jeune Espagnol dans l'une des pyramides et le met en présence d'un amoncellement d'or : vases, plats, figurines, colliers, bracelets, ceintures, diadèmes, feuilles et lanières pour orner les vêtements, et un poisson aux écailles d'or et aux yeux d'émeraude. Le cupide jeune homme ne se contente pas de ce butin et revient fréquemment fouiller la pyramide. Il repart régulièrement avec un chargement d'or pour lequel il acquitte un impôt à la Couronne espagnole, noté sur des registres. Ceux-ci ont permis de calculer qu'il avait rapporté de ses visites, si l'on ne compte que le poids du métal, quelque 500 kg d'or ! À sa suite, des générations de pillards ont continué à ravager le site pour en extraire des trésors.

Ruines des palais, des maisons et des tombes parfois majestueuses ne parviennent à donner aujourd'hui qu'une faible idée des fastes inouïs de l'ancienne Chanchán.

Le palais Tschudi : vue des temples, Chanchán, Pérou.

Le site de Chanchán, capitale du royaume chimú, au pied des montagnes andines, au Pérou.

Le royaume chimú

La légende veut qu'un certain Tacaynamo, venu de la mer sur un radeau, ait fondé la cité de Chanchán et l'État chimú.

Les témoignages archéologiques montrent que **les débuts de la ville ont été modestes.** Elle ne contrôle alors qu'un petit domaine et vit de son agriculture. Après **1100, les Chimús,** dirigés par un souverain assimilé à un dieu, **se lancent dans la conquête** de territoires sur la côte nord du Pérou. Ils installent leur administration dans toutes les vallées soumises, y font des travaux d'irrigation et **drainent les richesses vers leur capitale,** de plus en plus prospère.

Au XIVe et au XVe siècle, **les Chimús poursuivent leur expansion** et se rendent **maîtres d'une zone immense** qui s'étend jusqu'à Tumbes vers le nord et Paramonga vers le sud.

C'est dans la seconde moitié du XVe siècle, que **les Incas,** originaires du sud du Pérou, entreprennent à leur tour **de conquérir le royaume chimú.** En 1470, après une guerre très dure, les **Chimús sont vaincus.** Chanchán est en partie abandonnée. Le dernier souverain chimú est emmené à Cuzco, capitale de l'Empire inca.

Un sanctuaire musulman s'embellit

LA GRANDE MOSQUÉE DE KAIROUAN

La Grande Mosquée est aussi ancienne que la ville tunisienne de Kairouan, fondée, en 670, au début de la conquête du Maghreb par les armées arabes. Deux siècles plus tard, le sanctuaire, qui a déjà été démoli et reconstruit deux fois, voit ses éléments les plus sacrés se parer d'un superbe décor.

La mosquée : architecture et mobilier

La cour (sahn) : *précédant la salle de prière, elle est entourée de portiques et quelquefois plantée d'arbres.*
L'estrade (dakka) : *du haut de cette plate-forme, supportée par des piliers et placée près du minbar dans les mosquées importantes, le muezzin répète l'appel à la prière lors du service du vendredi.*
La fontaine aux ablutions : *dans les premiers temps de l'islam, les ablutions rituelles se font plutôt à l'extérieur de la mosquée. Par la suite, une fontaine est prévue pour cet usage dans la cour.*
Le mihrab : *c'est une niche située au fond de la mosquée, au centre du mur indiquant la direction de La Mecque, la kibla. Elle rappelle peut-être la place du prophète Mahomet lors de la prière commune à Médine.*
Le minaret : *haute tour dominant la mosquée, d'où le muezzin lance cinq fois par jour l'appel à la prière. Les mosquées peuvent en posséder plusieurs.*
Le minbar : *chaire, pourvue d'un escalier, sur laquelle monte l'imam qui est l'homme conduisant la prière et prononçant le sermon. Elle existe depuis les débuts de l'islam.*
Le mur de la kibla : *le mur du fond de la mosquée, qui indique la direction de La Mecque, c'est-à-dire la kibla.*
Le pupitre : *les mosquées possèdent en règle générale un pupitre en bois sur lequel est posé le Coran. Il est accompagné d'un siège pour la personne préposée à la lecture du livre saint.*
La maqsura : *espace clos situé dans le fond de la mosquée, près du mihrab, qui est réservé au prince, comme dans les mosquées de Cordoue et de Kairouan. Il n'existe pas dans toutes les mosquées.*

Dans son dernier état, la mosquée est l'œuvre des souverains aghlabides qui règnent sur l'Ifriqiya, un royaume comprenant la Tunisie et une partie de l'Algérie, et ayant Kairouan pour capitale. Les Aghlabides, libérés de l'autorité des califes qui, depuis Bagdad, en Iraq, contrôlaient le vaste empire conquis par les musulmans, ont établi leur propre dynastie, restée en place entre 800 et 909. À Kairouan, la Grande Mosquée, ou mosquée de Sidi Okba, du nom de son fondateur, témoigne de l'essor artistique qu'a connu leur époque.

Sous la haute tour du minaret

La mosquée, ceinte d'un mur haut de 8 à 10 m, épouse la forme d'un vaste rectangle déformé. Ses longs côtés atteignent près de 121 m tandis que les petits côtés mesurent environ 65 et 70 m respectivement. Le quadrilatère, accessible par huit portes, abrite une cour (*sahn* en arabe) prolongée par une salle couverte.
Sur l'un des côtés de la cour s'élève une tour, qui domine l'ensemble de la mosquée du haut de ses 31,50 m. Cette tour, constituée de trois étages carrés et couronnée par une coupole, est l'un des plus vieux minarets encore debout du monde islamique. De son sommet, un fonctionnaire, nommé muezzin, appelle les fidèles à la prière cinq fois dans la journée. Dans les premiers temps de l'islam, cet appel était simplement lancé d'un toit de la mosquée ou d'une maison. Puis, petit à petit, les mosquées – celle de Kairouan parmi les premières – se dotèrent d'un édifice approprié à cette fonction : la forme carrée de ces premiers minarets, copiée des tours carrées qui flanquaient les églises de Syrie, est comme une réponse des musulmans aux chrétiens, afin que les mosquées s'élèvent dans le ciel aussi fièrement que les clochers ou les campaniles des « infidèles ».
La cour de la mosquée de Kairouan est entièrement pavée de marbre. Sur trois côtés, elle est entourée de portiques, qui abritent sous leurs arcades les installations destinées aux ablutions rituelles, obligatoires avant la prière.

Dans la salle de prière

La salle de prière fait face au minaret. Elle est hérissée de 414 colonnes. En marbre de couleurs variées, en granite ou en porphyre, ces colonnes, ainsi que les chapiteaux qui les couronnent, ont été arrachées à des monuments romains ou chrétiens d'Afrique du Nord. En Espagne, plus tard, à Cordoue, et dans tous les autres sites du bassin méditerranéen où la domination musulmane a succédé lointainement à la domination romaine, il n'en est pas allé autrement : les bâtisseurs des mosquées,

Salle des prières de la Grande Mosquée de Kairouan, Tunisie.

Vue extérieure de la Grande Mosquée de Kairouan, avec son minaret, en Tunisie.

Gravure du XIXe siècle représentant le minbar et le mihrab dans une mosquée du Caïre, en Égypte.

plutôt que d'extraire eux-mêmes et de tailler les pierres des carrières, ont récupéré des éléments prêts à l'emploi sur les sites antiques.

Les colonnes sont réunies par des arcs en forme de fer à cheval qui composent une série de 16 arcades. Celles-ci supportent un plafond qui était peint à l'origine. Les rangées de colonnes divisent la vaste salle de prière en 17 nefs, perpendiculaires au mur du fond de la mosquée. L'allée centrale conduit au *mihrab*, niche considérée comme l'un des éléments les plus sacrés du sanctuaire.

Au fond de la mosquée

Le mihrab occupe le centre du mur du fond de la mosquée, toujours orienté vers La Mecque. Tout en indiquant, comme l'ensemble du mur, la direction de cette ville sainte de l'islam, la niche du mihrab symbolise peut-être aussi l'emplacement choisi par le prophète Mahomet (571-632) pour diriger la prière dans sa maison de Médine, ancêtre des sanctuaires de l'islam. La richesse de sa décoration souligne l'importance religieuse du mihrab. Elle est particulièrement somptueuse à Kairouan.

La niche, large de près de 2 m et profonde de 1,60 m environ, est encadrée par deux superbes colonnes de marbre rouge-orange. Sa façade est surmontée par un arc dans lequel sont incrustées de belles faïences jaunes lustrées, importées de Bagdad. À l'intérieur, la niche est revêtue de quatre rangées de panneaux de marbre sculptés dont certains sont ajourés. Le plafond, voûté, est peint de motifs végétaux. Une large coupole domine l'espace qui précède le mihrab.

À côté de celui-ci s'élève une haute chaire (*minbar* en arabe), qui s'appuie également contre le mur du fond de la mosquée. C'est sur cette tribune, de caractère sacré, que se tient l'imam, le personnage qui conduit la prière et prononce le sermon. Réalisé en 862-863, le minbar de Kairouan est sans doute le plus ancien meuble de ce genre que l'on ait conservé. Ce chef-d'œuvre de la menuiserie islamique est entièrement sculpté de motifs végétaux et géométriques.

C'est également près du mihrab que se trouve l'espace réservé au souverain *(maqsura)*, ceint de grilles de bois ajourées de très belle qualité.

Un ensemble monastique unique

LE MONT ATHOS

Le mont Athos, qui culmine à un peu plus de 2 000 m, a donné son nom à l'ensemble de la presqu'île du nord de la Grèce sur laquelle il s'élève. Ce lieu, à la nature sauvage et au relief accidenté, a attiré, sans doute dès le VIIe siècle, des ermites, désireux de s'isoler du monde. Mais ce n'est que trois siècles plus tard qu'il a accueilli les premiers monastères.

La presqu'île est consacrée à la Vierge. Selon une ancienne légende, Marie et l'apôtre Jean voguaient vers Chypre lorsqu'ils furent surpris par une violente tempête qui les poussa à chercher refuge sur les rivages du mont Athos. La Vierge fut tellement enchantée par le paysage qu'elle demanda à son fils de lui offrir cet endroit, ce que Jésus lui accorda. C'est pourquoi le mont Athos est qualifié de « Jardin de la Vierge ».

Illustration étonnante de la solitude de la vie monastique, ce monastère de la Sainte-Trinité, dans les Météores, en Grèce.

La Grande Lavra

La Grande Lavra, ou Grande Laure, nom donné à quelques importants établissements monastiques chrétiens orthodoxes, est le premier monastère du mont Athos. Il est aussi le plus grand et le plus beau de la presqu'île. Fondé en 963 par saint Athanase, il a servi de modèle aux autres monastères.
La Grande Lavra s'abrite derrière un haut mur d'enceinte délimitant un quadrilatère. La muraille, crénelée, est dominée par une haute et puissante tour carrée. Cette fortification visait à protéger les moines contre les violentes incursions des pirates. Une entrée unique, précédée d'un élégant portique, donne accès à une vaste cour rectangulaire entourée d'édifices à plusieurs étages.

La cour, élément central

Au centre de la cour de la Grande Lavra s'élève, peinte en rouge, la principale église du monastère, le *katholikon*. Bâtie au Xe siècle, elle présente un plan dit en croix grecque – c'est-à-dire avec des branches d'égales dimensions. Le centre de la croix est surmonté par une grande coupole. La croix elle-même est précédée de deux vestibules dont l'un, plus développé, reçoit les moines lors de certains offices. Le bras de la croix situé dans l'axe des vestibules constitue l'allée principale, ou nef, de l'église ; il est séparé par l'iconostase – une cloison percée de trois portes et décorée d'icônes – de la partie la plus sacrée de l'église, ou sanctuaire, située dans l'abside – l'enfoncement arrondi par lequel s'achève la nef. Deux petites salles entourent cette abside : l'une sert de vestiaire pour le clergé, tandis que, dans l'autre, on prépare le vin et le pain. Les branches latérales de la croix se terminent elles aussi chacune par une abside, où prennent place les chœurs. L'église tout entière est ornée de très belles peintures.
En face du katholikon se trouve le réfectoire, décoré lui aussi par de superbes fresques qui figurent des scènes inspirées de l'Évangile, de l'histoire des saints et, fait exceptionnel, de celle de philosophes grecs païens tels que Socrate ou Platon. Dans la cour se dresse également un bénitier, ainsi qu'un édifice abritant le trésor du monastère, constitué d'habits sacerdotaux, d'icônes, de reliquaires, et de la plus riche bibliothèque du mont Athos.

Les hauts bâtiments, adossés aux murailles qui entourent la cour, abritent les cellules des moines, les bureaux de l'administration, l'hôtellerie pour les pèlerins, l'infirmerie et l'asile où les moines les plus âgés terminent leur vie.

Sous la dépendance des monastères

Sur le mont Athos, aujourd'hui, vingt monastères sont établis. Il est désormais interdit d'en ajouter aucun autre. Mais, en dehors des monastères proprement dits, existent de nombreux complexes plus petits, qui dépendent de ces établissements mais en sont physiquement distincts.
Ces complexes sont de plusieurs types. Les uns, appelés *skites,* se composent de maisons

Le monastère de la Grande Lavra, sur le mont Athos, en Grèce.

Une république de moines

Le mont Athos, entité autonome qui fait partie de la Grèce, est régi par **une charte inscrite, en 1927, dans la Constitution grecque.** L'État grec y est représenté par un gouverneur, qui veille sur l'ordre public.

Le pouvoir législatif est exercé par **la sainte assemblée,** formée des vingt abbés ou supérieurs des monastères. Celle-ci se réunit deux fois par an, dans la petite ville de Karyès, siège du gouvernement, pour édicter les règlements. L'administration est assurée par **la sainte communauté,** assemblée de vingt délégués, élus pour un an par les monastères. Le pouvoir exécutif appartient à **une commission de quatre membres, également élus par les monastères,** qui est présidée par l'un d'entre eux. Cette commission gère notamment les finances de la péninsule. Ces organes n'interviennent pas dans les affaires des vingt monastères, souverains.

Depuis 1060, l'accès du mont Athos est **interdit aux femmes et aux enfants.**

Fresque décorant le plafond d'une des salles du monastère de la Grande Lavra, sur le mont Athos, en Grèce.

groupées autour d'une église. Leurs habitants y observent exactement les mêmes règles de vie que les moines des monastères. Dans d'autres cas, les hôtes du mont Athos ont choisi de continuer à exercer une activité économique tout en vivant leur foi en communauté : ils habitent les *kellia,* de grandes fermes dans lesquelles ils se consacrent à l'agriculture, ou les *kalyves,* de plus petites maisons où ils travaillent comme artisans. Enfin, certains moines ont préféré l'isolement à la vie cénobitique (c'est-à-dire communautaire) : ermites, ils vivent dans de simples cabanes, les *kathismata,* situées dans le voisinage des monastères d'où leur vient la nourriture dont ils ont besoin, ou même plus loin, dans des maisons rudimentaires ou des grottes difficilement accessibles. Là, ils vouent entièrement leur existence à la prière.

Le mode de vie

Les monastères et les fondations qui dépendent d'eux, à l'exception de celles qui abritent des ermites, se répartissent en deux groupes selon leur mode de vie.

Dans les établissements cénobitiques, les plus anciens et les plus nombreux, les moines partagent tout, le toit, les repas, la prière et le travail. Ils ne possèdent pas de biens personnels. Dans les autres fondations, dites « idiorrythmes », les religieux n'ont en commun que le toit et la prière. Pour le reste, ils suivent leur rythme et disposent de leurs propres ressources. Ils sont soumis à un régime moins sévère que les cénobites. Dans tous les monastères, la journée est consacrée au travail, à la prière individuelle et collective et au repos.

Les moines remplissent les tâches que leur confient leurs établissements. Certains exercent les fonctions de portier, cuisinier, bibliothécaire, sonneur de cloches ou gardien des reliques montrées aux pèlerins. D'autres sont préposés à l'hôtellerie – l'espace d'accueil et de logement des pèlerins – ou préparent l'église pour les offices. Les idiorrythmes complètent le faible salaire que leur verse le monastère par des travaux annexes.

Les moines se rassemblent pour les offices religieux qui, pour la plupart, sont célébrés la nuit et entrecoupent le sommeil. La prière individuelle se fait, quant à elle, dans la cellule, à l'extérieur ou encore est dite pendant le travail.

Des monuments ensevelis sous la jungle

TIKAL

Vers 900 de notre ère, la vaste agglomération de Tikal, dans la région du Petén, au nord du Guatemala, est désertée par ses habitants. Peu à peu la jungle s'empare du terrain cédé aux Mayas pendant de longs siècles. Fromagers, sapotiers, acajous, grands arbres qui culminent parfois à 45 m de hauteur, palmiers, lianes prennent d'assaut les monuments.

L'édifice le plus étonnant de Tikal, le temple « I ».

Indifférents à la beauté des édifices, les végétaux plantent leurs puissantes racines dans les pyramides, les escaliers et les plates-formes. Ils n'épargnent pas même la crête élevée des temples. Ils compensent cependant les dommages qu'ils font subir au site de Tikal en l'enveloppant d'un charme envoûtant.

Le cœur de Tikal

Les principaux monuments de Tikal se déploient autour d'une grande place. D'un côté se dresse une vaste plate-forme haute de 12 m, appelée acropole nord, qui est occupée par une étonnante concentration de bâtiments. Les seize derniers temples bâtis sur l'acropole, encore visibles aujourd'hui, ont recouvert une centaine de constructions antérieures, temples et tombes.

En face de l'acropole nord s'élève une autre plate-forme. Elle soutient un ensemble de longs bâtiments, formés de cours et de multiples salles disposées sur un ou plusieurs étages. On débat encore du rôle de ces édifices, appelés palais pour les différencier des temples. Pour certains spécialistes, ce sont les demeures des dirigeants de Tikal et de leur famille. D'autres considèrent que les salles étroites, humides et sombres sont trop inconfortables pour une résidence. Les archéologues proposent aussi d'y voir des habitations temporaires pour les prêtres, des bureaux réservés aux scribes ou des édifices à la fois résidentiels et administratifs.

Sur ses deux autres côtés, la place est fermée par les temples dits « I » et « II », bâtis vers 700. Le premier, d'une hauteur de 45 m, est sans doute l'édifice le plus grandiose de Tikal. Une pyramide formée de neuf gradins supporte les trois petites salles du sanctuaire. Sur le mur du fond de celui-ci s'appuie la haute crête de pierre sculptée qui coiffe le monument et lui donne toute son élégance. Parmi les cérémonies accomplies dans le temple par les dirigeants mayas, celles qui nous paraissent les plus atroces et les plus cruelles sont les rites d'automutilation et les sacrifices humains au cours desquels le prêtre, avec un long couteau d'obsidienne, ouvre la poitrine d'hommes vivants et en extirpe le cœur. Le temple fait aussi fonction de mausolée. Il conserve la dépouille d'un grand personnage, inhumé sous la surface du sol.

Tikal compte trois autres temples, cachés par la végétation mais conservés jusqu'au sommet. Avec ses 64 m de hauteur, le « temple IV » est l'un des édifices les plus élevés de toute l'Amérique précolombienne.

Vue aérienne du site de Tikal au cœur de la forêt vierge, Guatemala.

Ville ou centre religieux ?

Les archéologues continuent à s'interroger sur la fonction de Tikal, le plus grand de tous les sites mayas. Sur les 16 km^2 explorés et cartographiés, ils ont relevé quelque 3 000 structures, temples, palais, petites et grandes habitations, terrains de jeu de balle, voies, un bain de vapeur... et deux cents stèles et autels. Ils estiment qu'entre 600 et 900 la population de Tikal était comprise entre 10 000 et 40 000 personnes.

Pour certains historiens, qui font remarquer l'absence de plan d'ensemble du site – pas d'avenues principales se croisant à angle droit, pas même de véritables rues présentant des alignements de maisons – ,Tikal fut moins une véritable cité qu'un centre de pèlerinage ; un ensemble spécialisé de prêtres, gestionnaires, artisans y aurait constitué la seule population fixe, dédiant toutes ses activités à la satisfaction des besoins des dieux. Mais la plupart des spécialistes pensent que Tikal était une véritable cité, occupée par des habitants extrêmement divers et nombreux, artisans, fonctionnaires, prêtres, mais aussi commerçants et agriculteurs.

Une fin énigmatique

Vers 900, le peuple de Tikal se volatilise. Cette disparition n'est pas un cas unique. À la même époque, l'effondrement des cités mayas de Palenque au Mexique ou Copán au Honduras sonne la débâcle de la civilisation maya. Les guerres incessantes entre cités sont certainement en partie responsables de ce drame. Mais elles n'en sont pas la seule cause. La croissance de la population, coïncidant avec un épuisement des sols et une réduction de la production agricole, a sans doute joué également un rôle, en contraignant les Mayas à l'exil. À ces facteurs se sont peut-être ajoutées des catastrophes naturelles, des invasions étrangères, des révoltes de la paysannerie contre une élite dirigeante de plus en plus exigeante.

Après l'abandon de Tikal par les Mayas, qui vivaient là depuis six cent cinquante ans, d'autres peuples occupent les lieux jusqu'au XIIIe siècle. Ils se contentent de piller les tombes et de simplement réutiliser des monuments sans s'opposer à la progression dramatique de la jungle.

La religion des Mayas

La conception du monde. Les Mayas se représentent l'univers comme un cube. La terre, située au centre du cube, est surmontée par treize ciels et soutenue par un alligator. Sous la terre se trouvent neuf mondes souterrains sur lesquels règnent les dieux des Enfers. Dans le plus profond réside le dieu de la Mort, Ah Puch. Les Mayas croient en une création et une destruction cycliques du monde. Celui dans lequel ils ont vécu a commencé en 3113 avant notre ère et doit s'achever en 2011 de notre ère.

Les grandes divinités. Les Mayas ont pour dieu suprême Itzamna, ou « Maison du lézard », représenté sous les traits d'un homme âgé. Ils lui attribuent l'invention de l'écriture et le considèrent comme le patron des connaissances. Son épouse Ix Chel, la déesse de la Lune, préside au tissage, à la médecine et protège les accouchées. Le couple formé par Itzamna et Ix Chel a donné naissance à la plupart des dieux du panthéon maya comme Chac, le dieu de la Pluie, ou Yum Kax, le dieu du Maïs.

L'acropole nord de Tikal est une accumulation de temples et de tombes d'époques différentes.

Des colosses égarés dans le Pacifique

L'ÎLE DE PÂQUES

« Il est, au milieu du Grand Océan, dans une région où l'on ne passe jamais, une île mystérieuse et isolée ; aucune autre terre ne gît en son voisinage [...] Elle est plantée de hautes statues monstrueuses, œuvres d'on ne sait quelle race aujourd'hui dégénérée ou disparue, et son passé demeure une énigme. »

Ces quelques lignes de l'écrivain français Pierre Loti permettent de comprendre la stupéfaction du voyageur qui découvre des statues géantes sur une île perdue du Pacifique, coupée des autres civilisations pendant des siècles. L'île, située à 3 800 km du Chili, 4 000 km de Tahiti et à 1 800 km de l'île habitable la plus proche, a été repérée en 1722 par l'amiral hollandais Roggeveen. Ce dernier l'a appelée Pâques, par référence à la fête pascale célébrée le jour de sa découverte.

Les « moai » ou statues géantes

Les archéologues estiment que les 165 km² de l'île abritent un millier de statues colossales, ou *moai,* selon le terme utilisé par les Pascuans – les habitants de l'île de Pâques. Les premières ont sans doute été taillées vers 900 de notre ère et les dernières, peu après 1500. Avec le temps, les statues sont devenues de plus en plus grandes et stylisées, tout en restant cependant fidèles au modèle d'origine. Elles figurent un personnage masculin, dépourvu de membres inférieurs. Les bras sont plaqués le long du corps, les mains sont tournées l'une vers l'autre. La poitrine, bien dessinée, surmonte un ventre légèrement rebondi. La tête, puissante, de forme rectangulaire, possède un nez avec une arête en creux et des narines larges ainsi que des lèvres minces et saillantes. Les lobes d'oreille encadrent le visage. Le dos est parfois orné de dessins rappelant des tatouages. Une lourde coiffure, exécutée avec la roche rouge d'une carrière secondaire, couronne certaines statues. Les yeux ne sont exécutés qu'une fois les statues parvenues à destination. Certains moai portent des traces de couleurs rouge et blanche ajoutées.

Les statues ont été façonnées dans le tuf, une pierre tendre et relativement légère, qui provient du petit volcan Rano-Raraku. Quelque 300 statues à divers stades d'achèvement se trouvent encore dans la carrière, qui servait en même temps d'atelier de sculpture. Elles ont une taille moyenne de 5 à 7 m. La plus grande, qui mesure 20 m, n'a pas été détachée de la roche. Sans doute n'était-elle pas destinée à quitter la carrière.

La technique des sculpteurs est aisée à reconstituer. Pour exécuter les statues, ils ont utilisé des pics, des hachettes et des ciseaux de pierre. Ils progressent de la tête vers les flancs. Pour travailler les côtés, ils creusent des tranchées. Puis ils détachent le dos, calé au fur et à mesure par des pierres. Celui-ci est ensuite terminé sur la statue redressée au pied du volcan. Certains archéologues pensent qu'il fallait environ un an pour réaliser une œuvre de 5 m de hauteur.

La destination des statues

Soixante-dix moai achevés n'ont jamais quitté le volcan. Ils ont été élevés au pied du Rano-Raraku où ils sont aujourd'hui en partie enfouis. Investis de puissance divine, ils protègent la carrière et les sculpteurs.

Les autres statues ont été emmenées vers les sanctuaires familiaux. La question du trans-

L'Akivi est un des plus grands ahu de l'île.

Les Pascuans

L'origine du peuple de l'île de Pâques, demeurée longtemps mystérieuse, ne fait plus de doute aujourd'hui. **Les Pascuans sont des Polynésiens qui se sont installés dans l'île vers 500 de notre ère.** Ces remarquables marins ont traversé le vaste océan à la recherche d'une nouvelle terre. Comme tous les Polynésiens dans leurs expéditions, ils ont emporté avec eux des plantes et des animaux, rats et poules, qu'ils ont acclimatés dans leur île d'accueil.

La société de l'île de Pâques, divisée en clans, est fortement hiérarchisée. À son sommet est placé **un roi,** descendant du premier Polynésien à avoir débarqué dans l'île. À l'intérieur des groupes familiaux, les Pascuans se répartissent entre **nobles, prêtres, artisans et pêcheurs, puis paysans.** Au bas de l'échelle se trouvent les esclaves, capturés au cours de combats.

Ce sont les familles les plus puissantes qui bâtissent des sanctuaires familiaux, ou ahu, très soignés et les ornent de statues.

Les moai, plus ou moins enfouis, sont visibles par centaines sur les flancs du volcan Rano-Raraku.

Les derniers moai encore debout au XIXe siècle furent abattus par les expéditions occidentales.

port, effectué parfois sur des kilomètres, est longtemps restée énigmatique. Le manque de bois constaté sur l'île laissait penser que les Pascuans n'avaient pu fabriquer le matériel, traîneaux, cordages, rondins de bois et leviers nécessaires au déplacement des colosses et à leur érection. Récemment, les scientifiques ont résolu le problème en démontrant que l'île de Pâques était autrefois boisée.

Les Pascuans ont élevé les statues sur les *ahu,* ou sanctuaires des divers clans de l'île et sépultures des ancêtres. Construits pour la plupart sur la côte, les ahu sont de vastes plates-formes, au soubassement constitué d'énormes blocs de pierre bien ajustés. Ils comportent souvent des ailes latérales et sont accessibles par une rampe pavée. Devant le sanctuaire, une vaste cour sert de lieu de réunion à la famille pour les cérémonies sociales et religieuses. Les 300 ahu de l'île ne sont pas tous surmontés de statues. Cent seulement en possèdent.

Ces statues colossales représentent sans doute les dieux du groupe familial et ses ancêtres, ses chefs divinisés. Leur nombre varie entre un et quinze selon les ahu. Les sanctuaires moyens en possèdent cinq. Leur taille est comprise le plus souvent entre 3,50 m et 5,50 m. La plus haute mesure 9,80 m et 11,50 m avec sa coiffure et pèse environ 80 tonnes.

Les statues tournent toujours le dos à la mer et dirigent leur regard protecteur vers les maisons du clan, au premier rang desquelles se trouvent les demeures des dignitaires. Jusqu'en 1978, on croyait que les orbites de ces géants avaient toujours été vides. Cette année-là, cependant, un archéologue pascuan retrouva le corail blanc et le tuf rouge représentant la cornée et l'iris, et certains « yeux » polychromes ont ainsi été remis en place.

Les témoignages des visiteurs de l'île nous apprennent que, dès la fin du XIXe siècle, plus une seule statue ne demeurait debout sur les ahu. D'après les Pascuans, le renversement des colosses et l'abandon des sanctuaires sont liés aux guerres qui ont opposé les tribus de l'île au XVIIIe et au XIXe siècle. Grâce aux travaux de restauration entrepris de nos jours, certaines statues ont retrouvé leur position d'origine.

Le sanctuaire de l'amour sacré en Inde

KHAJURAHO

Pendant longtemps, la cité sainte de Khajuraho, dans l'État de Madhya Pradesh, en Inde, a été déconseillée par les guides aux visiteurs occidentaux. La décence était la seule cause de cet avis : en rangs serrés sur les murs des temples, des nymphes célestes aux formes sensuelles, les *apsaras,* s'unissent aux divinités mâles. Leurs accouplements extatiques déconcertent les regards des Occidentaux et troublent leur puritanisme.

Les scènes érotiques qui décorent le temple symbolisent l'union des dieux et des forces vitales, temple de Kandarya Mahadeo, Khajuraho.

Khajuraho – dont le nom signifie « la Cité aux palmiers dattiers » – s'élève sur un plateau rocailleux, à environ 300 m d'altitude. C'est un endroit reculé, très pauvre : les visiteurs ne s'y rendent que pour voir les temples. Le soir, le lieu retrouve sa tranquillité, la paix n'est plus troublée que par les habitants du lieu, paysans et petits commerçants, qui, dans la journée, vendent des souvenirs aux touristes.

Une cité déchue

Jadis, au Xe et au XIe siècle de notre ère, Khajuraho est pourtant une cité importante et prospère. Une dynastie puissante – celle des Candella – règne alors sur les lieux. Les rois de cette lignée prétendent descendre des accouplements d'une mortelle, la fille d'un brahmane, et du fils de la Lune… Défenseurs de l'hindouisme face à l'expansion de l'islam, ils construisent, notamment entre 950 et 1050, une cité entière consacrée aux plus grandes divinités de leur religion, Visnu et Siva, ainsi qu'aux dieux de l'autre religion traditionnelle de l'Inde, le jaïnisme. De cette ville sainte, ils font leur capitale : l'expansion économique est assurée par une agriculture prospère, rendue possible par des aménagements du réseau hydraulique, et par l'aménagement et l'entretien de lacs. À cette époque, les temples de Khajuraho se reflètent donc à la surface des eaux. Aujourd'hui, la seule période fertile suit la saison des pluies. Le reste de l'année, l'eau est rare et les paysans vivent de l'élevage extensif.

Le déclin de la cité commence à partir du XIIIe siècle, lorsque les Candella sont vaincus par leurs voisins musulmans. Les temples de Khajuraho sont mis au pillage. Les souverains, ruinés, privés de tout pouvoir politique, ne peuvent les relever. Dans un premier temps, la végétation, luxuriante, recouvre les temples, les mettant à l'abri de nouveaux pillages. Puis, par manque d'entretien, les lacs, peu à peu, s'assèchent. Les édifices reparaissent, mais ruinés et privés de leur admirable écrin d'eau et de végétation. Les premiers à s'émerveiller de nouveau devant eux, après des siècles d'oubli ou d'indifférence, sont des colons britanniques, qui redécouvrent le site en 1819.

Un ensemble de sanctuaires

La ville, créée de toutes pièces, dut être fondée et organisée en suivant les règles religieuses rappelées par les traités d'architecture du temps, comme le *Mayamata* : « […] le site sera piétiné par les vaches, sanctifié par leur haleine, purifié par les meuglements heureux des taureaux et consacré par l'écume coulant à flots de la bouche des veaux ; il sera baigné par les jets d'urine des vaches, rendu fertile par la bave que ces vaches rejettent en ruminant et par leur piétinement ; il sera ensuite pénétré par leur odeur et, enfin, consacré par les aspersions rituelles.» Aujourd'hui, les ruines ne permettent plus de se faire qu'une faible idée de la somptuosité initiale des lieux. La plupart des temples présentent de nombreux éléments communs. Construits chacun sur une haute terrasse – fait exceptionnel en Inde –, ils sont de dimensions modestes (le

La sculpture érotique hindoue

Les forces de la vie. La sculpture érotique hindoue évoque l'acte sexuel pour symboliser les forces de la fécondité. L'union de Siva et de Parvati est celle du principe mâle et du principe femelle, c'est-à-dire le secret de la vie.

L'influence des doctrines tantriques. Au sein de l'hindouisme, à l'époque où est édifié l'ensemble de Khajuraho, un courant particulier, le tantrisme, insiste particulièrement sur le rôle de l'acte sexuel. Par le moyen d'un long accouplement, les adeptes du tantrisme sont censés éveiller en eux, successivement, des parties de leurs corps qui dorment en temps ordinaire. Ils peuvent ainsi accéder à une union parfaite, entièrement spirituelle, avec la divinité.

La littérature du *Kama-sutra.* En dehors même du tantrisme, la tradition érotique de l'art indien repose sur un fondement littéraire, le *Traité des règles de l'amour,* ou *Kama* («désir»)*-sutra* («préceptes»). Ce texte, écrit en sanskrit par un brahmane, ou prêtre hindouiste, nommé Vatsyayana, date sans doute du IVe ou du Ve siècle de notre ère. Il décrit dans un de ses chapitres les multiples jeux amoureux et toutes les manières qu'a l'homme de s'accoupler avec la femme afin de mettre en branle les forces qui régissent la création.

plus vaste ne dépasse pas 30 m en longueur et en hauteur), érigés avec des blocs de grès beige et rosé à grain très fin venu de carrières proches. Tous, également, s'organisent autour d'une structure caractéristique : une tour évidée aux murs curvilignes, appelée *sikhara*. Les lignes de force de cette tour, évidemment verticales, s'opposent visuellement aux directions des autres parties du sanctuaire, salles de réunion des pèlerins *(maha-mandapa)*, vestibule ou entrée monumentale *(mandapa)* et corridor du temple *(ardha-mandapa)*, dont les murs, moins hauts, sont sculptés de bandes horizontales.

Les accouplements des dieux

Mais, plus que l'architecture, c'est la sculpture des temples qui fait l'extrême célébrité du site de Khajuraho. Sur toutes les parois des sanctuaires, sur les chapiteaux des colonnes, avec des statues auprès des escaliers, des artistes, à jamais anonymes, ont imaginé le plus foisonnant décor. Des milliers de divinités, d'animaux ornent chaque parcelle, ou presque, de la surface des temples, sans nuire à la clarté des lignes de leur architecture. Le décor en est d'inspiration religieuse surtout, mais également profane. Les faits d'armes de la dynastie qui commandita le site voisinent avec des représentations de danses, de luttes d'animaux ou d'activités quotidiennes.

Mais le thème le plus fréquemment traité – celui qui surprit si fort les premiers voyageurs occidentaux – est celui du désir charnel : l'union de l'homme et de la femme, la célébration de l'amour physique et, d'abord, de la sensualité du corps féminin.

Ce thème est particulièrement illustré dans les sanctuaires consacrés à Visnu, et plus encore dans ceux dédiés à Siva. Siva a pour amante Parvati, la Grande Déesse ou « Mère » : dans les salles intérieures et sur le pourtour extérieur des temples, le corps de Parvati, avec ses formes souples, est décrit sous tous ses aspects et dans toutes les poses, même les plus osées. Ici, elle se mire dans son miroir ; là, elle rattache sa boucle de sandale, ôte son sari, défait sa ceinture. Nue, elle s'offre aux caresses de Siva. Les enlacements du couple sont étudiés de toutes les manières possibles ; tous les baisers, les attouchements les plus charnels, les poses les plus acrobatiques, entre ces deux partenaires, sont figurés. La jouissance ignore la censure, et le plaisir des amants n'a d'autre limite que la souplesse presque infinie de leurs corps. La multiplicité des poses fait écho à l'extrême variété des formes de la vie : elle transforme le sanctuaire entier en hymne aux forces de la création.

L'extérieur du temple de Kandarya Mahadeo, à Khajuraho est remarquable par l'exubérance de sa décoration.

Temple de Kandarya Mahadeo à Khajuraho, en Inde.

Une mosquée au grand rayonnement

AL-AZHAR

Après s'être emparés de l'Égypte, les souverains fatimides (909-1171), maîtres de l'Afrique du Nord, s'installent dans ce pays. À côté de l'antique capitale égyptienne, Alexandrie, ils fondent la nouvelle ville d'al-Qahira, « la Victorieuse », devenue Le Caire en français. Ils la dotent d'un sanctuaire principal, la mosquée al-Azhar.

La mosquée est achevée en 972, deux ans après le début des travaux et trois ans après la conquête de l'Égypte. Elle doit peut-être son nom d'al-Azhar au qualificatif d'al-Zahra, la « Brillante », attribué à Fatima, la fille du prophète Mahomet, dont prétendent descendre les Fatimides. Au cours de son histoire, la mosquée a développé des activités d'enseignement qui l'ont rendue célèbre dans le monde entier.

Un monument souvent remanié

Le sanctuaire bâti par les Fatimides est beaucoup plus petit que la mosquée actuelle, dans laquelle il est englobé. En effet, al-Azhar a subi de nombreuses transformations et restaurations au cours des siècles, à commencer par celles, très importantes, qui ont suivi le terrible tremblement de terre de 1309.

L'édifice d'origine se conforme au plan habituel des mosquées arabes : il comporte une cour à portiques et une salle de prière hérissée d'une multitude de colonnes, prélevées sur des édifices antiques.

Sa cour, de 48 sur 34 m, est entourée, sur trois côtés, de portiques à plusieurs rangées de colonnes. Le quatrième, formé d'une aile unique, ne sera ajouté qu'au XIIe siècle. C'est le plus long et le plus profond des portiques qui constitue la salle de prière. Il est divisé en cinq travées par quatre rangées de colonnes supportant des arcades. Ces allées sont parallèles au mur du fond de la mosquée, qui indique la direction de La Mecque *(kibla)*, vers laquelle s'orientent les fidèles pour prier. La salle est traversée par une nef centrale, au plafond surélevé, qui mène de la cour au *mihrab*, niche ménagée dans le mur du fond. Du côté de la cour, la baie qui correspond à cette large allée est surmontée d'un mur écran masquant une coupole. La niche du mihrab est décorée d'inscriptions et d'arabesques.

Au XVIIIe siècle, la mosquée a été agrandie du côté du mur de la kibla, qui fut démoli. L'ancien mihrab a cependant été épargné. Quatre travées et un nouveau mihrab furent ajoutés à la salle de prière. Trois minarets, aujourd'hui, dominent la mosquée.

De la prière à l'enseignement

Dès la fin du Xe siècle, la mosquée al-Azhar combine les fonctions de lieu de prière avec celles de collège. Trente-cinq maîtres, logés dans une maison bâtie près de la mosquée, y étudient avec leurs élèves le droit musulman et les textes sacrés : le Coran, qui contient la révélation faite par Dieu à Mahomet, et les *hadiths*, actes et paroles du Prophète, qui constituent la Tradition. L'enseignement de ces maîtres vise en fait à propager les doctrines religieuses de la nouvelle dynastie régnante, distinctes de celles des musulmans

À la base de l'enseignement : les fondations pieuses

Dès le VIIe siècle, la pratique des fondations pieuses, appelée wakf *en arabe, est légalement établie dans le monde islamique. Pour plaire à Dieu, souverains et particuliers cèdent à la communauté islamique des biens, maisons d'habitations, magasins, propriétés agricoles, dont les revenus financent des édifices religieux ou d'utilité publique.*

Les fondations les plus importantes assurent le fonctionnement de mosquées, d'écoles, d'hôpitaux et l'entretien de ponts, de fontaines. Elles prévoient encore le salaire du personnel des diverses institutions ou la fourniture de repas aux étudiants et aux pauvres qui habitent les mosquées. Les fondations peuvent être de nature plus modeste et consister simplement à faire brûler constamment une bougie sur le tombeau d'un saint homme.

Les biens des fondations, cédés à perpétuité et inaliénables, sont gérés par un administrateur, rétribué pour ses services. La donation, faite généralement par écrit, précise dans quelles conditions et dans quel but le donateur veut que les revenus soient utilisés.

d'Égypte. Quand les Fatimides sont renversés au XIIe siècle, les souverains qui leur succèdent rétablissent les anciennes croyances : al-Azhar, en conséquence, se trouve alors dépouillée de son rôle culturel, confié à d'autres institutions.
Puis, deux siècles plus tard – dans les années 1300 –, la mosquée retrouve son rang parmi les sanctuaires et les écoles. Trois collèges spécialisés dans l'enseignement du droit musulman *(madrasas)* sont alors édifiés contre le monument. À l'époque suivante, celle de la domination turque, entre 1517 et 1914, l'effacement progressif de la majorité des écoles et des collèges du Caire profite encore davantage à al-Azhar, qui concentre les activités d'enseignement de la capitale avant de s'affirmer comme la plus grande université du monde musulman.

Professeurs et étudiants

Pour dispenser leurs cours, les maîtres s'installent dans la salle de prière ou sous l'un des portiques de la mosquée. Ils s'appuient généralement contre une colonne et rassemblent autour d'eux les élèves, assis en arc de cercle, à même le sol. La leçon s'ouvre par la récitation du Coran et de formules de bénédiction.
Au Moyen Âge, al-Azhar se consacre surtout à l'étude du Coran et des hadiths, à celle du droit qui découle des textes sacrés et des recueils de jurisprudence, ainsi qu'à la connaissance de la langue et de la grammaire arabes. Il importe, en effet, de très bien connaître ces dernières pour comprendre et interpréter les écrits saints. La mosquée accueille cependant d'autres disciplines telles que la médecine.
Les méthodes d'enseignement consistent principalement en un apprentissage par cœur. Les élèves assimilent ainsi le Coran et un grand nombre de hadiths. Dans le domaine du droit, ils mémorisent les questions et les réponses faites par les différents juristes de l'islam. Après quoi, les étudiants les plus avancés exercent leur intelligence et leur esprit d'analyse en s'entraînant à la prédication ou en s'engageant dans des débats juridiques. Au bout de quatre ans, le maître délivre à l'étudiant une autorisation d'enseigner qui conclut la formation de base.
Les élèves ne sont pas uniquement des jeunes gens. Certains sont étudiants dans une matière alors qu'ils sont enseignants depuis longtemps dans une autre. Les professeurs sont payés grâce au système des fondations pieuses, qui assure en même temps la gratuité des études.

La cour de la mosquée al-Azhar.

Deux des trois minarets de la mosquée al-Azhar, au Caire, en Égypte.

L'enseignement du Coran : al-Azhar fut le plus grand centre d'enseignement du monde musulman.

La brillante renaissance d'un site maya

CHICHÉN ITZÁ

Au Xᵉ siècle, Chichén Itzá, cité maya implantée au nord de la péninsule du Yucatán, au Mexique, périclite. Entre la fin du Xᵉ siècle et la fin du XIIᵉ siècle, elle est envahie et occupée par un peuple qui lui redonne vie. De nouveaux édifices, d'une ampleur inconnue jusque-là sur le site, surgissent de terre.

L'origine des envahisseurs n'est pas encore fermement établie. Ce sont des Toltèques originaires de Tula, dans la région de Mexico, ou des Itzás, groupe maya venu du sud-ouest du Yucatán et fortement imprégné de culture toltèque. D'après certaines versions des chroniques mayas, les Itzás, qui ont donné leur nom à Chichén, ne se seraient installés dans la ville qu'au XIIIᵉ siècle, après son abandon par les Toltèques.

Des monuments témoins de la conquête

Quand les envahisseurs pénètrent dans Chichén Itzá, ils découvrent les monuments élevés par les Mayas au cours des quatre siècles précédents, dans un style très décoratif. Ils épargnent certains d'entre eux et en retouchent d'autres, comme l'observatoire astronomique, pour les adapter à leurs besoins. Puis ils commencent à construire leurs propres édifices, dans lesquels ils glorifient leurs guerriers et commémorent leurs victoires.

Les sculptures (bas-reliefs) qui ornent les murs de ces nouveaux monuments montrent en effet les phases de la conquête de la région par le nouveau peuple. Dans le temple des Guerriers ou dans celui des Tigres, par exemple, les artistes ont représenté de féroces guerriers en tenue de combat.

Le premier de ces temples, l'un des plus harmonieux de Chichén Itzá, se dresse au sommet d'une pyramide à quatre gradins. Celle-ci est flanquée sur deux côtés par 200 élégants piliers et colonnes. Piliers et parois sont couverts de figures de guerriers en relief et de scènes de guerre qui se terminent par la défaite des Mayas. Le même thème est évoqué dans le temple des Tigres, qui borde le terrain de jeu de balle. Les reliefs décrivent un combat entre conquérants, munis de lances et de boucliers, et Mayas défendant un de leurs villages reconnaissable à ses huttes au toit de palme.

Une fusion réussie entre cultures

Les conquérants ont importé leurs croyances religieuses et leur style artistique. Confrontés à la culture maya de Chichén Itzá, ils ont su habilement l'intégrer à leurs œuvres. Le temple des Guerriers présente des éléments purement toltèques : ainsi le chac-mool, statue d'une divinité non identifiée sur laquelle étaient peut-être versé, en guise d'offrande, du sang humain ; les atlantes, statues en forme d'hommes servant de support de support ; et les colonnes en forme de serpents à plumes. Mais les bâtisseurs ont su mêler à ces éléments des techniques et des décors empruntés à leurs prédécesseurs mayas : la forme de la voûte, ou les masques de Chac, dieu de la Pluie des Mayas.

Des emprunts similaires, voûte, masques, se retrouvent dans l'édifice le plus imposant de Chichén Itzá, le temple de Kukulcan ou Quetzalcóatl, « serpent à plumes de quetzal [un précieux oiseau local] », le dieu créateur commun à de nombreux peuples du Mexique. La pyramide à neuf gradins, qui a recouvert une pyramide maya-toltèque plus ancienne, entièrement conservée, mesure 24 m de hauteur. Elle est construite selon le procédé du talud-tablero, ou mur oblique surmonté d'un panneau vertical, emprunté à la ville de Teotihuacán. Au centre de chacune des quatre faces, un escalier conduit au sommet. Les rampes de l'un des escaliers se terminent en bas par des têtes de serpent. L'orientation de la pyramide a été calculée de façon que, lors des équinoxes de mars et de septembre, les rayons du soleil couchant dessinent le corps du serpent sur les rampes. Ce phénomène rappelle la venue sur terre du dieu Kukulcan et son retour au ciel. En haut, au centre de la pyramide, s'élève le temple orné de jaguars, de serpents et à nouveau de guerriers.

Sous le signe de la mort

À la présence obsédante des guerriers s'ajoute, à Chichén Itzá, l'évocation constante de la mort. Ainsi, sur la vaste esplanade de la cité se trouve une plate-forme appelée mur des Crânes. Le décor du monument rappelle les rites qu'on y pratiquait : on plantait là, au bout de perches, les têtes de prisonniers sacrifiés aux dieux.

Au-delà, sur un côté de l'esplanade, s'étend le jeu de balle le plus vaste de toute l'Amérique centrale. De nouveau, les représentations qui ornent la construction évoquent la mort violente. Sur le terrain, à l'issue de la partie qui oppose deux équipes, le capitaine des joueurs vaincus est sacrifié, peut-être uniquement de manière symbolique. Les reliefs montrent un joueur de l'équipe gagnante qui brandit la tête de son malheureux adversaire.

Parallèlement à leurs propres pratiques, les nouveaux occupants de Chichén Itzá ont continué à observer une funeste coutume de leurs prédécesseurs mayas. Au cours de périodes de famine ou de sécheresse, des victimes humaines étaient jetées dans un énorme et profond puits naturel de caractère sacré afin d'implorer le dieu Chac. En deux siècles, ce sont au total une cinquantaine d'hommes, de femmes et d'enfants qui ont été sacrifiés par les Mayas et par les Toltèques. En dehors de ces moments difficiles, on offrait à la divinité des objets en cuivre, en jade et en bois, des disques d'or, des poteries.

À la fin du XIIᵉ siècle, la période de renouveau s'achève brutalement avec l'attaque de Chichén Itzá par une puissante cité voisine. Grâce à son puits sacré, le site ne tombe pas dans l'oubli. Il survit en tant que lieu de pèlerinage des populations mayas jusqu'à l'arrivée des Espagnols au XVIᵉ siècle.

Ces atlantes soutenaient le plafond aujourd'hui disparu du temple de l'Etoile du matin, Tula, Mexique.

Le temple des Guerriers, Chichén Itzá, Mexique.

Le Castillo (temple-pyramide) et le chac-mool (statue d'une divinité non identifiée) vus du temple des Guerriers, Chichén Itzá, Mexique.

Tula, capitale toltèque

Des liens de parenté très étroits unissent Chichén Itzá et Tula, capitale toltèque située à près d'une centaine de kilomètres de Mexico.

Le problème de l'antériorité. Selon les anciennes chroniques mayas, Tula serait plus ancienne que Chichén Itzá, qui aurait été envahie en 987 par un roi-prêtre banni de Tula. Tous les spécialistes ne sont pas d'accord avec ce récit. Ils font aussi remarquer que le style architectural de Chichén Itzá est beaucoup plus abouti que celui de Tula, qui offre un aspect provincial à côté de celui de la grande cité du Yucatán. Seules de nouvelles recherches trancheront la question.

Des monuments semblables. Le temple de Tula est très proche du temple des Guerriers de Chichén Itzá. Sa pyramide est précédée comme à Chichén Itzá d'un portique aux multiples piliers. Du temple lui-même, il ne subsiste plus aujourd'hui que les gigantesques atlantes, statues d'hommes supportant la toiture. À Tula comme à Chichén Itzá, on relève la présence du chac-mool, statue d'homme assis penché en arrière, de colonnes en forme de serpents à plume, d'atlantes...

Une cité sainte de l'hindouisme

BHUBANESWAR

À quelque 400 km au sud-ouest de Calcutta, Bhubaneswar, aujourd'hui capitale de l'État de l'Orissa, comprend vers l'an mille des milliers de temples. Il en reste à présent une centaine, dont beaucoup sont toujours en activité.

Érigés autour du lac Sarovar, alimenté, selon la légende, par tous les fleuves sacrés de l'Inde, ces sanctuaires sont dédiés à différentes divinités. Le plus impressionnant d'entre eux, le Lingaraja, est élevé en 1014 à la gloire de Siva.

Le temple de Siva

Haut de plus de 60 m, le Lingaraja – que seuls les hindous ont le droit de visiter – est le type le plus parfait de ce qu'on appelle, en Inde, un *sikhara.* Le sikhara est une tour qui, au tiers environ de sa hauteur, commence à diminuer de volume jusqu'au sommet arrondi que surmonte un disque de pierre aplati *(amalaka)* et un épi de faîte *(kalaça)*. C'est une structure creuse : elle est divisée en quatre grandes salles, comme la plupart des temples de cette région. Ces quatre salles abritent les différentes étapes du rituel : il y a la salle des offrandes *(Bogha-Mandapa)* ; la salle de danse *(Nata-Mandir)* ; la salle de réunion *(Jagamohan)* ; et le sanctuaire. La tour principale s'élève au-dessus

Siva, le dieu du Lingaraja

Émanation de Brahman, esprit rayonnant incréé et principe supérieur à la base de toutes choses, Siva est un dieu redoutable, détenteur de pouvoirs immenses selon les hindouistes - de pouvoirs absolus, selon les sivaïtes.
Essentiellement destructeur, il exerce une action ambivalente. Dieu maléfique, il est présent sur des lieux terrifiants comme les champs de bataille, les bûchers crématoires ou les croisements de route ; mais il est aussi celui qui détruit le vice, l'illusion et l'ignorance.
Les représentations de Siva sont conformes à ces deux orientations : entouré de spectres et de génies malfaisants dans de nombreuses images, Siva est aussi montré sous la forme d'un ascète : assis sur une peau de tigre, au sommet du mont Kaïlasa, dans l'Himalaya, il médite et sa méditation assure la conservation du monde. Sur sa tête repose le croissant lunaire ; son chignon est la source du Gange, le fleuve sacré ; un troisième œil, au milieu de son front, symbolise sa sagesse absolue. Au moment du barattage de l'Océan cosmique, c'est lui qui sauva les autres dieux en absorbant un poison mortel : aussi des serpents s'enroulent-ils autour de ses bras tandis que son trident reste à sa portée.
Enfin, Siva est toujours représenté avec à ses côtés Maha Davi, son épouse ; déesse mère, celle-ci est, comme Siva, tour à tour protectrice (Parvati), terrifiante (Kali) ou illusion (Maya). Près de Siva, également, les artistes figurent sa monture, le taureau Nandi.

Fresque représentant Siva monté sur Nandi.

Le temple de Siva, Bhubaneswar, Inde.

du sanctuaire, les trois autres salles du temple sont surmontées de tours moins élevées.

Mais le Lingaraja n'est que l'élément principal d'un complexe religieux plus vaste entièrement dédié à Siva. Entourés par un épais mur d'enceinte, des sanctuaires de moindre importance l'environnent en effet. Les surfaces extérieures de ces bâtiments s'ornent de magnifiques sculptures, montrant des divinités, des couples dans des positions volontiers érotiques. Les intérieurs, en revanche, sont dépourvus de tout ornement. Les salles, vastes, sont dépourvues de piliers : de fortes colonnes appliquées aux murs (pilastres) soutiennent seules les plafonds.

Les autres temples

Ville sacrée de l'hindouisme, Bhubaneshwar compte, outre le Lingaraja, bien d'autres sanctuaires consacrés aux divinités de cette religion. Ainsi, à l'est du lac, le plus ancien temple, le Parasuramesvara, qui date du VIIe siècle, est orné d'une statue du dieu de la Sagesse, Ganesa, représenté sous la forme d'un éléphant à quatre bras, et d'une autre de Kartikeya, monté sur un paon et s'attaquant à un serpent.

Dans un autre temple, le Sisiresvara, on retrouve à nouveau ces représentations de Ganesa et de Kartikeya ; mais, par un syncrétisme dont rend compte l'histoire particulière de la région où se trouve le temple, les artistes ont sculpté aussi une statue de Bouddha entouré d'un cerf et d'un serpent (le *naga)* .

Un des plus beaux temples de l'Orissa est le Muktesvara, dont les murs et le portique sont ornés de sculptures représentant des femmes agenouillées devant des lingas, des éléphants, des singes, un ensemble d'images érotiques. De très jolies fenêtres à losanges s'ouvrent sur la façade du jagamohan. C'est un des rares temples dont l'intérieur est richement décoré.

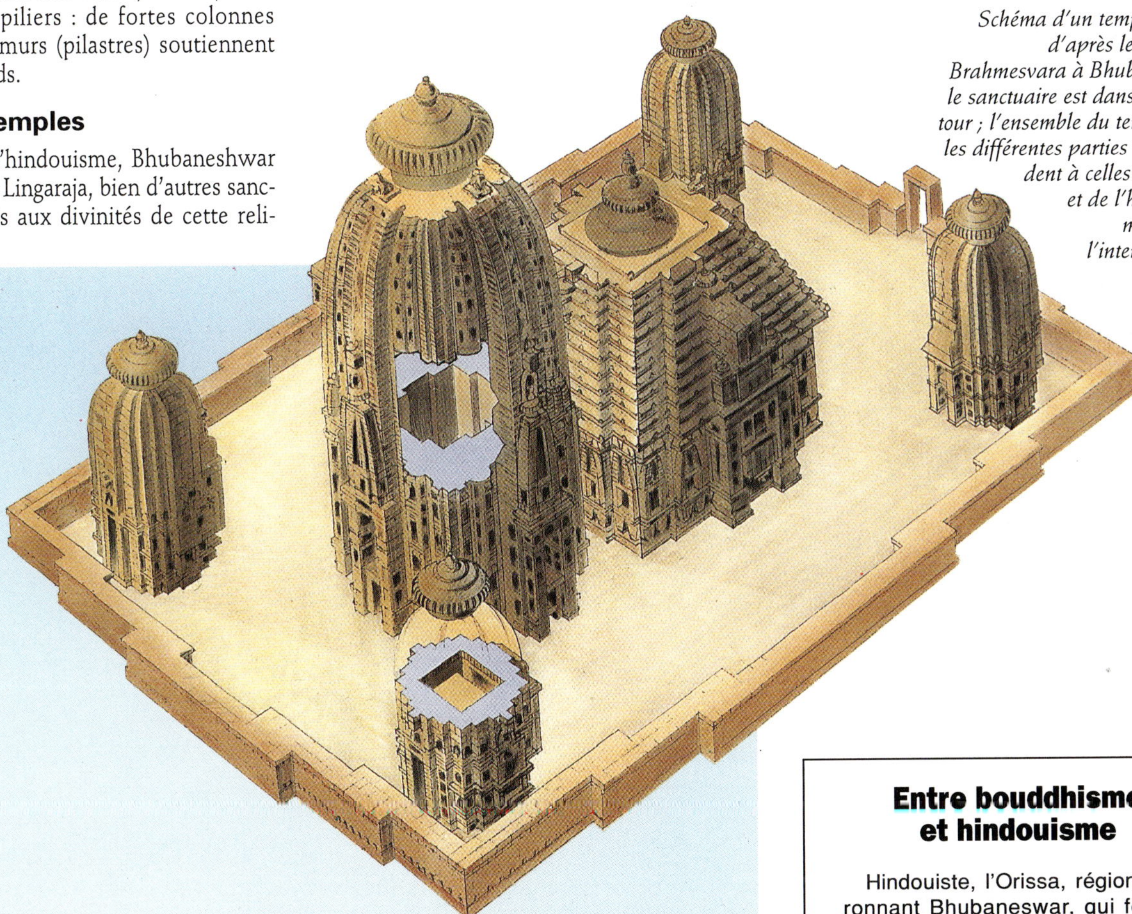

Schéma d'un temple hindou d'après le temple de Brahmesvara à Bhubaneswar : le sanctuaire est dans la grande tour ; l'ensemble du temple, dont les différentes parties correspondent à celles du cosmos et de l'homme lui-même, est à l'interieur d'une enceinte.

Entre bouddhisme et hindouisme

Hindouiste, l'Orissa, région environnant Bhubaneswar, qui formait autrefois le royaume de Kalinga, fut convertie au **bouddhisme** par son conquérant l'empereur maurya Ashoka, au cours du IIIe siècle avant notre ère.

Puis, entre le IIe et le XIIe siècle de notre ère, après la chute de l'Empire maurya, **les Kesari, nouveaux maîtres du pays, entreprirent de restaurer l'hindouisme.**

Entre le VIIIe et le XIIIe siècle, ces efforts culminèrent dans la construction de nombreux et superbes temples. C'est de cette époque que datent les principaux monuments de **Bhubaneswar.**

Une église de pierre pour Novgorod

LA CATHÉDRALE SAINTE-SOPHIE

Entre 1045 et 1052, le prince chargé de l'administration de la ville de Novgorod érige la cathédrale Sainte-Sophie. Le monument, encore inspiré par l'architecture locale en bois, est l'une des premières églises de pierre de la Russie, dont la conversion au christianisme est alors fort récente, puisqu'elle ne date que de la fin du Xe siècle.

Tout comme celle de Kiev avant elle, la cathédrale de Novgorod emprunte son nom à la plus prestigieuse des églises de la chrétienté orientale, Sainte-Sophie de Constantinople, l'actuelle Istanbul. Ce nom, qui signifie « Sagesse divine », n'est pas celui d'une sainte, mais une désignation du Fils de Dieu.

Une nouvelle manière de construire

L'adoption de la religion chrétienne ouvre rapidement de nouvelles perspectives aux Russes, dont l'architecture ne connaît jusqu'alors pour matériaux que le bois parfois associé à la terre. Sous l'influence de l'empire chrétien de Byzance, dont le centre correspond à la Turquie actuelle, les convertis découvrent l'architecture de pierre et de brique. C'est ainsi qu'en 1037 le prince de Kiev édifie, dans sa cité, une magnifique cathédrale en pierre. Huit ans plus tard, son fils, le prince de Novgorod, fait remplacer la première cathédrale de sa ville, construite en bois à la fin du Xe siècle, par Sainte-Sophie, une œuvre réalisée en pierre et en brique.

La cathédrale de Novgorod est édifiée avec des pierres calcaires, d'origine locale, d'assez médiocre qualité. Les blocs, grossièrement taillés, sont fixés à l'aide d'un mortier fait à base de briques rouges pilées et de chaux. Ce dernier donne à la façade d'origine, non peinte, une teinte rose – aujourd'hui la façade

Vue intérieure de la cathédrale Sainte-Sophie de Novgorod.

est badigeonnée de blanc. Les appareillages de briques décorent les arcs et les voûtes des fenêtres et des portes.

Une architecture verticale

La cathédrale Sainte-Sophie, située au cœur de la ville médiévale, se dresse à l'intérieur de la citadelle de la cité. Sa haute silhouette dépasse les fortifications et domine le fleuve Volkhov, qui coule à proximité.

Au cours des siècles, l'édifice a été souvent remanié ; son noyau central, cependant, reste identifiable. Le plan, rectangulaire, présente cinq nefs – cinq grandes allées allant de la façade à la partie terminale du bâtiment, le chœur. Outre ces allées, de chaque côté, une galerie ouvrait à l'origine sur l'extérieur. Par la suite, ces galeries, fermées, ont été intégrées à la cathédrale, qui depuis compte sept nefs.

Les allées sont séparées par de hauts piliers en forme de croix. Les trois nefs situées le plus au centre de l'église se terminent par des enfoncements arrondis (absides) et les deux nefs extérieures par des murs à la surface plane. La nef centrale et le transept (l'allée transversale séparant cette partie de l'église du chœur) se croisent perpendiculairement, de sorte que l'église rappelle la forme du crucifix. Le point d'intersection est surmonté d'une vaste coupole, la seule à être dorée à l'extérieur. Cette coupole est entourée de quatre formes semblables, plus petites. Une sixième coupole surmonte la tour qui donne accès aux tribunes. L'ensemble ainsi conçu se distingue par ses formes simples et l'austère beauté de ses lignes verticales, accentuées par ses hautes coupoles en forme de bulbe.

◁ *La cathédrale Sainte-Sophie à Novgorod, en Russie.*

La simplicité du décor primitif

Contrairement à la cathédrale de Kiev, ornée de nombreuses mosaïques, Sainte-Sophie possède une seule œuvre réalisée dans cette technique, dans l'abside centrale. Elle ne se pare pas non plus de luxueux panneaux de marbre ou de frises sculptées. En revanche, au début du XIIe siècle, et peut-être même dès le XIe siècle, ses parois et ses coupoles sont ornées de délicates peintures par des artistes russes ou byzantins. Fort peu d'entre elles subsistent aujourd'hui. Les œuvres qui demeurent visibles remontent, pour la plupart, au XIXe siècle.

Au cours des âges, des trésors divers enrichissent le décor et le mobilier. Le plus beau de tous est la porte de Sigtuna, arrachée en 1187 à la forteresse de cette ville suédoise au cours d'une expédition menée par l'armée de Novgorod et rapportée à Sainte-Sophie. Exécutés à Magdebourg au milieu du XIIe siècle par des artistes allemands, les vantaux de la porte en bronze sont constitués de cinquante et un petits panneaux décorés de très beaux reliefs. À côté des scènes inspirées de la Bible figurent les fondeurs qui ont réalisé la porte et les évêques qui l'ont commandée.

L'église de la république

Au XIIe siècle, après la proclamation de la république de Novgorod, l'église perd son rôle de chapelle princière. Mais elle devient l'église de l'État, dirigée par l'archevêque et par une élite de marchands. Son importance ressort clairement de la chronique de la ville, qui déclare : « Là où se trouve Sainte-Sophie se trouve aussi Novgorod. » Désormais, Sainte-Sophie veille sur le trésor de la prospère république et sert de lieu de proclamation pour les mesures les plus importantes édictées par le gouvernement. La cathédrale est aussi le point de ralliement des hommes de Novgorod qui partent pour la guerre en proclamant leur intention de donner leur vie pour Sainte-Sophie, assimilée à Novgorod. L'église est aussi un important foyer culturel. Elle s'entoure de chroniqueurs et abrite des ateliers de copistes, de peintres d'icônes et d'orfèvres, qui lui assurent un grand rayonnement.

Le premier État russe

Le terme « russe » est fort probablement **d'origine scandinave.** Aux IXe et Xe siècles, il désigne les Scandinaves qui s'infiltrent dans les territoires des Slaves orientaux. À la fois commerçants et guerriers, les Russes, aussi appelés Varègues, fournissent aux Slaves, peu agressifs, **les combattants et les chefs militaires** qui les défendent contre les menaces extérieures. **Les Russes imposent rapidement leur autorité aux diverses tribus slaves,** avec lesquelles ils finiront par fusionner.

Au IXe siècle, les Russes fondent la cité de Novgorod, qui devient le centre d'une principauté. À la fin de ce même siècle, les maîtres de cette ville conquièrent Kiev, s'y établissent et **fondent le premier État russe.** Novgorod est annexée au nouveau royaume et gouvernée par le fils aîné du grand-prince de Kiev.

En 989, sous l'influence de l'Empire byzantin, **le prince de Kiev, Vladimir Ier, se convertit au christianisme qu'il érige en religion d'État.** Les églises sont construites sur le modèle des églises byzantines. De même que la liturgie, les fêtes religieuses sont importées de Byzance.

Saint Constantin, sainte Hélène et sainte Agathe (icône de l'école de Novgorod, 1500, Recklinghausen, musée des Icônes).

La capitale birmane aux 13 000 temples

PAGAN

Un des quatre grands bouddhas debout du temple d'Ananda, Pagan, Birmanie.

Aucune cité au monde ne peut s'enorgueillir d'une quantité de temples aussi importante que Pagan, capitale du premier Empire birman, fondée en 1057. Pendant la période de gloire de la ville, des milliers de pagodes et de temples, de tailles et de formes différentes, sont construits sur la rive aride de l'Irrawaddy, le fleuve qui la traverse. Nul ne peut alors, dit-on, bouger un pied ou une main sans toucher un objet sacré.

D'un ensemble aussi gigantesque beaucoup de monuments ont disparu, emportés par les crues du fleuve ou réduits à l'état de ruines. Mais plus de 2 000 édifices demeurent encore debout – 2 217 exactement. Restaurés de manière remarquable entre 1975 – date à laquelle un tremblement de terre causa de nombreux dégâts – et 1981, ils font de Pagan un site unique au monde.

Le temple Ananda

Construit aux environs de 1090, le temple Ananda est l'un des premiers monuments que rencontre le visiteur en pénétrant dans les lieux depuis le nord. Entièrement blanc et d'une forme très simple (une croix aux bras de même taille), il est considéré comme le chef-d'œuvre de l'architecture « môn » – celle du peuple qui a habité le pays avant la conquête birmane. Au centre de la croix se trouve une vaste salle, dans laquelle on pénètre par l'un, indifféremment, des vestibules situés dans les bras. Cette salle est creusée de quatre vastes niches placées aux points cardinaux, qui abritent chacune une statue en bois de teck du Bouddha. Faiblement éclairées par des fentes situées dans le toit du sanctuaire, ces statues donnent l'impression de flotter dans les airs.

Elles sont complétées dans la salle même par une riche série de bas-reliefs racontant l'histoire du fondateur du bouddhisme, ainsi que, dans les vestibules, par d'autres statues de Bouddha, qui atteignent parfois des dimensions considérables.

La couverture du temple est constituée par cinq terrasses superposées et de taille progressivement réduite. Les bords de ces terrasses sont ornés de 389 tuiles en terre cuite émaillée, sur lesquelles sont illustrés les derniers faits de la vie de Bouddha. La dernière terrasse supporte en son centre un sikhara, ou tour au diamètre plus réduit au sommet qu'à la base, surmonté lui-même d'une structure pyramidale – stupa – dorée, qui hausse le monument à 51 m du sol. Des stupas plus petits, également dorés, sont implantés aux quatre coins du toit.

L'Empire birman

Apparus dans la région au XIe siècle de notre ère, **les Birmans,** un peuple venu de la région frontalière entre l'actuelle Chine et le Tibet, soumettent par la force la population autochtone des Môns.

Faisant de Pagan, une cité fortifiée, leur capitale militaire et politique, ils y font venir toute l'élite des Môns – la famille royale, de nombreux moines bouddhistes, des artisans et des architectes. Ils agissent comme, jadis en Occident, les Romains par rapport aux Grecs : tout en imposant leur domination au pays, ils en assimilent la culture. **Le langage môn** devient le langage officiel birman, attesté dans les inscriptions royales ; **le bouddhisme theravada** (la « doctrine des anciens »), importé de Ceylan avec laquelle les Môns entretenaient des relations étroites, est adopté comme religion du royaume de Birmanie et, progressivement, à mesure que l'influence de cet État s'étend, par l'ensemble du Sud-Est asiatique.

Dans ce contexte, en un peu plus de deux siècles, depuis les règnes du fondateur du royaume, Anoratha (1044-1077), et de son successeur Kyanzittha (1077-1113) jusqu'à la prise de Pagan par les forces du Mongol Kubilay Khan, en 1287, quelque **13 000 temples,** pagodes ou autres édifices religieux sont construits sur le site de Pagan.

Le temple de l'Omniscience

À 500 m à peine du temple Ananda, un autre temple en forme de croix occupe le centre de Pagan : le Thatbyinniu, ou temple de

l'Omniscience, haut de 60 m. Inspiré du précédent monument, mais bâti au siècle suivant, une fois la mainmise sur le pays assurée, il présente par rapport à son modèle des variations qui suggèrent la naissance d'un style neuf, propre aux conquérants.

Le site de Pagan avec ses milliers d'édifices religieux, en Birmanie.

Le Thatbyinniu, ou temple de l'Omniscience, Pagan.

Ainsi, la croix formée par le temple n'est plus symétrique ; mais le bras oriental du Thatbyinniu, qui abrite l'un des quatre vestibules menant à la salle centrale, est plus allongé que les autres.

Par ailleurs, alors que le temple Ananda comporte un seul étage, comme tous les sanctuaires de la région antérieurs à l'invasion birmane, le Thatbyinniu présente plusieurs niveaux. À la jonction des quatre bras, en effet, la salle principale est interrompue en son centre par un cube de maçonnerie qui supporte, à l'étage supérieur, une structure creuse de même taille et de même forme. Il en va de même à ce niveau, dont le centre, massif, supporte une structure de même taille placée au-dessus d'elle. De cette manière, l'ensemble s'élève en tout à sept étages.

Deux séries de fenêtres, à chacun de ces étages, ainsi que de grandes arches incrustées de frontons au riche décor, permettent à la lumière d'entrer largement à l'intérieur du temple. Le premier et le deuxième étage servaient jadis de résidence de moines. Le troisième étage abritait des représentations de divinités. Une bibliothèque se trouvait au quatrième étage. Le cinquième niveau, ou temple supérieur, abritait une statue de Bouddha, ainsi qu'un escalier intérieur menant aux trois terrasses supérieures.

Au-dessus de la dernière de ces terrasses s'élève un sikhara, comme c'est le cas pour le temple Ananda. Au-dessus encore, un stupa contient de saintes reliques. Nul ne peut y accéder, mais, déjà, de la dernière plate-forme, on aperçoit la vaste plaine où, huit siècles plus tôt, vécurent 500 000 habitants.

La pagode Shwesanda

À quelques centaines de mètres au sud-est de Pagan se trouve la pagode Shwesanda, un des trois monuments religieux construits par Anoratha, en 1057, après la victoire qu'il remporta contre le royaume môn de Thaton. Cette pagode – la forme locale du stupa indien – contient une relique extrêmement précieuse : quelques cheveux de Bouddha envoyés à Anoratha par le roi de Pegu. Symbole du syncrétisme de la religion birmane, ce temple est aussi appelé temple de Ganesh, car l'image de ce dieu hindou à tête d'éléphant est sculptée aux quatre coins des cinq terrasses superposées et dont la taille diminue étage par étage. Au-dessus de ces terrasses, une plate-forme octogonale supporte un stupa.

La pagode est entourée d'un vaste mur d'enceinte, qui détermine un enclos où sont édifiés d'autres monuments. L'un d'eux, construit tout exprès en longueur, contient la statue d'un bouddha couché de 18 m de long, sculpté au XIe siècle. Ce bouddha est étendu la face tournée vers le sud, ce qui signifie : le Bouddha dormant.

1063

Venise se pare d'une église d'or

LA BASILIQUE SAINT-MARC

En 1063, le doge, chef de la République de Venise, décide de reconstruire entièrement la basilique Saint-Marc, chapelle du palais ducal et sanctuaire officiel de l'État. Constamment embelli au cours des siècles, le monument – le troisième dédicacé à saint Marc – proclame et symbolise la réussite triomphale de la cité vénitienne.

Des deux églises qui l'ont précédée, la nouvelle basilique hérite les restes de l'apôtre – premier évangélisateur de la lagune et patron de Venise – auquel elle est consacrée. Ces reliques ont été volées, au IXe siècle, par deux marchands vénitiens, à Alexandrie, en Égypte.

Un modèle byzantin

En 1063, la population vénitienne veut un monument neuf, à la mesure de la destinée qu'elle ambitionne pour elle-même, mais elle veut aussi rattacher ce sanctuaire à une tradition architecturale sacrée qui lui confère un caractère vénérable : les architectes du nouveau Saint-Marc décident donc de copier le plan d'une église célèbre et ancienne. À Constantinople, capitale de l'Empire byzantin héritier de l'Empire romain d'Orient, ils choisissent la prestigieuse église des Saints-Apôtres, monument vieux alors de cinq cents ans, et qui renferme les ossements des apôtres Luc et André, ainsi peut-être que ceux de Matthieu.

Cet emprunt s'explique par les liens étroits qui unissent Venise à l'Empire byzantin. Dans le domaine économique, Byzance, dans les vastes territoires qu'elle contrôle, favorise les entreprises de la jeune République vénitienne et l'aide à devenir une puissante cité commerçante. Sur le plan artistique, elle exerce une grande influence sur la ville italienne qui s'inspire de son architecture, de ses arts picturaux et de son orfèvrerie. La basilique Saint-Marc est le témoignage le plus beau et le plus complet de l'attrait que Venise a éprouvé pendant de longs siècles pour l'art byzantin. Les maîtres d'œuvre de Saint-Marc ne se sont pas contentés de s'inspirer très étroitement des productions artistiques byzantines ; ils ont souvent fait venir directement des œuvres, pour les insérer dans l'architecture et la décoration de la nouvelle église.

En forme de croix

Le plan, qui est donc copié sur celui de l'église des Saints-Apôtres, adopte la forme d'une croix grecque, c'est-à-dire dotée de branches

La basilique Saint-Marc, une église d'inspiration byzantine à Venise.

Procession sur la place Saint-Marc *(peinture de Gentile Bellini, Venise, Accademia).*

Somptueuse décoration des voûtes de la basilique Saint-Marc : les mosaïques à fond d'or.

d'égales dimensions, avec une coupole centrale. Quatre autres coupoles dominent les branches de la croix. Toutes ont été rehaussées au XIIIe siècle.
La façade principale de la basilique est percée de cinq porches profonds, qui donnent accès à l'église. Ceux-ci sont encadrés par deux rangées superposées de colonnes importées de Byzance, coiffées de superbes chapiteaux. À l'étage supérieur s'étend la vaste terrasse où s'installaient les dignitaires de Venise pour assister aux fêtes qui se déroulaient sur la place précédant l'église. Au centre de la terrasse, surmontant le portail central, se dressent, depuis 1204, quatre magnifiques chevaux de bronze doré, que les Vénitiens, devenus entre-temps extrêmement puissants, ont enlevé de force à Constantinople à cette date. Derrière la terrasse, la façade se compose de cinq grands arcs – depuis le XVIIe siècle, quatre de ces arcs sont ornés de mosaïques.
Les portes de l'église ouvrent sur un vestibule (narthex), refait au XIIIe siècle, qui borde le devant et le côté gauche de l'église. Il a pour parallèle, sur le côté droit, une chapelle et un baptistère – lieu réservé à la célébration des baptêmes. Sur ce côté s'alignent aussi les trois salles du trésor.
L'intérieur de la basilique comprend trois nefs, c'est-à-dire trois allées comprises entre des alignements de colonnes ou des murs, situées dans l'axe du sanctuaire. Elles sont rythmées par de larges piliers carrés qui supportent les coupoles. Aux trois nefs correspondent trois enfoncements arrondis (absides) qui forment le chœur de l'église, partie la plus sainte de celle-ci, réservée au clergé. L'abside centrale abrite le maître-autel, ou autel principal.

Le scintillement de l'or

Le visiteur qui pénètre dans la basilique est saisi aussitôt par l'incroyable richesse de sa décoration. Au-dessus des murs revêtus de somptueux panneaux de marbre se déploie un exceptionnel ensemble de mosaïques : sur un fond uniformément d'or, des petits morceaux de verre vivement colorés illustrent des scènes de l'histoire sainte, sur une surface totale de quelque 5 000 m^2 ! La réalisation des mosaïques, commencée avant 1100, s'est étendue sur sept siècles. Artistes byzantins et mosaïstes vénitiens ont collaboré pour mener à bien ce programme décoratif grandiose et très coûteux. De grands peintres, tels que Titien ou le Tintoret, ont aussi apporté leur contribution à ce chef-d'œuvre.
Au Moyen Âge, la plupart des gens, à Venise comme ailleurs, ne savent pas lire : les mosaïques, comme les peintures ou les vitraux en d'autres lieux, tout en exprimant par leur beauté et leur richesse la magnificence de Venise, ont pour ambition d'apprendre à ces illettrés l'histoire sainte. Ainsi, le vestibule est décoré de scènes tirées de l'Ancien Testament, et plus précisément du livre de la Genèse, qui s'ouvre par la création du monde et se termine avec la sortie des Hébreux hors d'Égypte. À l'intérieur de la basilique, le décor met en scène le Nouveau Testament : il figure des épisodes de la vie de la Vierge ainsi que de celle de Jésus, et représente les grandes fêtes de l'Église, l'Ascension et la Pentecôte. Les portraits de saints, de Pères de l'Église complètent les représentations.
Au chatoiement des mosaïques répond, au fond du chœur, l'éclat de la *Pala d'oro,* un panneau de bois entièrement recouvert d'or, d'émaux, de perles et de pierres précieuses (émeraudes, saphirs, diamants...), large de 3,50 m et haut de 1,40 m. Cette extraordinaire pièce d'orfèvrerie fut commencée à la fin du Xe siècle et achevée en 1345 seulement. Sa richesse, combinée avec celle des mosaïques à fond d'or, symbolise le faste de l'ancienne Venise, en même temps qu'elle permet d'imaginer la splendeur des cérémonies qui s'y déroulaient.

Venise, spoliatrice de Byzance

La croisade détournée. En 1202, le doge de Venise passe un marché avec les organisateurs de la 4e croisade, qui attendent avec leurs troupes d'embarquer pour la Terre sainte. Comme ceux-ci ne disposent pas des sommes suffisantes pour payer leur passage, ils aideront Venise à satisfaire ses ambitions extérieures. Les croisés s'en vont ainsi attaquer Constantinople, où Venise a pris fait et cause pour un membre de la famille impériale évincé du trône.

Des prises de guerre précieuses. Le 12 avril 1204, la ville, qui regorge de trésors, est prise. Elle est aussitôt mise à sac. Les Vénitiens font le plus gros butin. Dans l'hippodrome, ils enlèvent quatre statues de chevaux, œuvre romaine du IIe ou du IIIe siècle de notre ère : ce superbe trophée sera installé sur la basilique Saint-Marc. Colonnes, chapiteaux, sculptures, vaisselle sacrée, émaux – dérobés aux églises byzantines – prennent également le chemin de Venise et seront utilisés pour le même édifice.

Un ensemble admirable dans la ville de Pise

LA PLACE DES MIRACLES

« Depuis longtemps les Pisans projetaient d'aménager un cimetière pour tous les habitants de la ville, nobles et plébéiens, pour ne pas remplir la cathédrale de tombes, ou pour toute autre raison. Ils en confièrent à Giovanni [Pisano] la construction. Situé sur la place de la cathédrale, du côté des remparts, il fut judicieusement conçu dans les dimensions qu'il a toujours et décoré de marbres. On ne regarda pas à la dépense et la couverture fut faite en plomb. »

C'est en ces termes que l'historien de l'art Giorgio Vasari décrit, dans ses *Vies des meilleurs peintres, sculpteurs et architectes,* publiées au milieu du XVIe siècle, les conditions d'exécution d'un des quatre monuments qui, réunis sur une vaste pelouse, en marge du cœur ancien de la cité de Pise, forment l'exceptionnel ensemble architectural de la place des Miracles, bâti entièrement entre 1064 et 1277.

Le récit de Vasari est en réalité incorrect. Ainsi, ce n'est pas le sculpteur Giovanni Pisano qui est l'architecte du cimetière de Pise, mais un homme beaucoup moins célèbre – un certain Giovanni di Simone. Du moins le compte-rendu traduit-il l'extrême souci qu'eut la population pisane, à la fin du XIIIe siècle, d'édifier un cimetière qui serve de lieu de sépulture à tous les citoyens.

Un cimetière à la terre miraculeuse

La raison de ce souci tient à une particularité de l'histoire pisane. Jusqu'au début du XIVe siècle, Pise, cité aujourd'hui endormie, est un port actif – une des villes les plus dynamiques de la péninsule italienne. Comme les autres ports italiens, par exemple Venise ou Gênes, elle participe au transport des soldats chrétiens vers la Terre sainte, à l'époque des croisades. Or, ses bateaux ne reviennent pas à vide : extrêmement pieux, les marins qui pilotent les bateaux ont l'idée de rapporter de Palestine un peu de la terre qu'a foulée le Christ. Cette terre, installée dans un rectangle solennellement délimité, acquiert rapidement la réputation d'être miraculeuse. Les cadavres qui y sont ensevelis, dit-on, sont consumés en moins de trois journées. Pour les hommes du Moyen Âge, qui redoutent terriblement les

Fresque du Triomphe de la mort, Camposanto de Pise.

épreuves d'une lente décomposition du corps, c'est une immense chance. Les Pisans, dès lors, se préoccupent de fournir au « champ saint » (Camposanto) un écrin digne de lui. À partir de 1277, ils construisent sur son pourtour une galerie d'arcades gothiques délicatement dentelées et sculptées dans le plus éclatant des matériaux – un marbre immaculé – et ils entreprennent d'en orner les parois intérieures. Des fresques splendides sont réalisées par des artistes pisans, mais aussi par d'autres venus de toute la Toscane, et même d'autres lieux d'Italie comme Benozzo Gozzoli – le dernier à intervenir, au milieu du XVe siècle.

La terre miraculeuse du Camposanto n'a pas suffi à protéger le superbe bâtiment : le 27 juillet 1944, au milieu des préparatifs du débarquement américain en Italie, une bombe, qui eût dû tomber sur l'arsenal proche, détruisit entièrement le Camposanto. Celui-ci est reconstruit aujourd'hui à l'identique, mais les fresques, à l'intérieur, sont réduites à l'état de ruines...

La cathédrale et le baptistère

Le Camposanto de Pise est le plus récent des quatre bâtiments de la place des Miracles.

Le plus grand de ces bâtiments, et le plus ancien, est la cathédrale. Construite à partir de 1064, d'abord par un architecte nommé Buscheto, cette architecture en forme de croix couverte d'un dôme terminé par un bulbe, est également revêtue de plaques de marbre. Mais une subtile polychromie, que l'on retrouve sur de nombreux édifices médiévaux italiens et qui est une des particularités de l'architecture de la péninsule, anime ce décor de surface : des rectangles plus foncés, sur le bas de la façade, des assises de pierre plus sombre, sur le reste de l'édifice, alternent avec le marbre clair, créant une grille de lignes blanches et grises sur l'ensemble de l'édifice. À ce réseau essentiellement horizontal se superpose un décor aux directions verticales : sur la façade, des arches, aveugles dans la partie inférieure de l'édifice – c'est-à-dire plaquées contre le mur – et formant quatre galeries superposées dans le haut, créent un écran d'une arachnéenne finesse .

À quelques mètres de la façade, dans l'axe de la nef – ou bras le plus long – de l'édifice, se trouve une construction circulaire couverte d'un dôme, commencée presque un siècle plus tard : le baptistère. Il s'agit encore d'une caractéristique des églises italiennes : les nouveaux chrétiens, en Italie, au Moyen Âge, sont baptisés non pas à l'intérieur de l'église, mais dans un sanctuaire spécial, dédié à saint Jean-Baptiste. Le baptistère de Pise est, comme les autres édifices, entièrement couvert de marbres clairs. Il porte une décoration d'une extrême finesse, de style gothique.

La place des Miracles, à Pise : le baptistère, la cathédrale et la célèbre tour penchée.

Pourquoi penche-t-elle et comment la soutenir ?

La tour de Pise n'est pas le seul édifice de ce genre à s'incliner. À Pise même, deux constructions associées à une église – les campaniles de saint Nicolas et de saint Michel, penchent d'une façon à peine moins spectaculaire. Il en va de même pour certaines tours de Bologne, par exemple.

C'est le défaut de stabilité du sol qui explique cette inclinaison. Placée sous haute surveillance, depuis une époque très ancienne – des travaux de soutènement ont été entrepris, par exemple, au XVIe et au XIXe siècle –, la tour s'incline selon un rythme moyen de 6" par an. En 1990, une accélération de ce rythme, constatée pour la période récente, a inquiété les spécialistes. Ceux-ci ont calculé que, si on la laissait atteindre une inclinaison de 5,56 degrés avec le sol, la tour risquait de s'effondrer. Or, la pente actuelle se rapproche dangereusement de cette mesure.

D'importants travaux ont donc été entrepris sur le campanile. Cerclé de fer, interdit d'accès aux trop nombreux visiteurs, il a fait l'objet d'une étude attentive, et du béton a été coulé sous son socle. Tel quel, sa stabilité semble de nouveau assurée, pour un délai de... 1000 ans.

La fameuse « tour penchée »

Mais le monument le plus célèbre de l'ensemble, celui qui est devenu le symbole de Pise, voire de l'Italie, c'est la fameuse Tour penchée.

Cette tour est ce qu'on appelle un « campanile » : l'équivalent des clochers de l'Europe septentrionale, mais formant un bâtiment séparé de la cathédrale. Construit à partir de 1173, sous la direction d'un architecte nommé Bonanno de Pise, le campanile, circulaire pour rappeler la forme du baptistère, est, comme les autres édifices de la place, couvert de plaques rectangulaires de marbre blanc entre lesquelles alternent quelques assises de pierre plus foncée. Comme la façade de la cathédrale, il porte un décor d'arcades aveugles ou aménagées en galeries.

Sa particularité tient à l'angle qu'il détermine avec le sol. Au lieu de s'élever tout droit vers le ciel, la tour monte en formant un angle de 84,70 degrés avec le sol : c'est-à-dire 5,30 degrés de moins qu'elle ne devrait si elle se dressait à la perpendiculaire. Cette inclinaison est extrêmement sensible à l'œil, et ses conséquences sont mesurables en termes de hauteur : du côté sud, la balustrade qui couronne le sommet de l'édifice est située à 55,65 m du sol ; elle est, du côté nord, à 54,80 m seulement de la pelouse.

Cette caractéristique n'a certes pas été voulue par l'architecte. Mais le sol de Pise est instable : formé de sables et autres alluvions, il s'est avéré rapidement trop meuble pour procurer à la tour, extrêmement lourde, un fondement stable. Dès 1174, alors que les travaux avaient atteint le niveau du troisième étage, l'édifice commença à s'incliner. Les travaux furent interrompus quelques mois, le sol consolidé autour de la tour, puis on reprit le chantier et on le porta à bien. Depuis, la tour continue à s'incliner, très doucement, très lentement, et sûrement... Pour le plus grand amusement des visiteurs.

Le triomphe de l'art roman

L'ABBATIALE DE CLUNY

Entre 1088 et 1130, les moines de Cluny, en Bourgogne, érigent une nouvelle église pour leur abbaye et la nomment Saint-Pierre-et-Saint-Paul. Cette église – cette « abbatiale » – est demeurée le plus vaste sanctuaire de la chrétienté jusqu'à l'édification de la nouvelle basilique Saint-Pierre de Rome, au XVIe siècle. Du monument, malheureusement dépecé au début du XIXe siècle, il ne reste aujourd'hui que le bras droit du grand transept.

Le vocabulaire de l'église romane

Abside : *cette extrémité arrondie de la nef centrale abrite le chœur et le sanctuaire où se dresse le maître-autel.*
Arc : *ce mot désigne l'élément architectural en forme de courbe qui relie deux supports séparés par un vide. À l'âge roman, cet arc décrit un demi-cercle : il est dit « en plein cintre ».*
Bas-côtés, ou collatéraux : *les allées latérales qui encadrent la nef centrale.*
Chœur : *partie de l'église réservée au clergé.*
Contreforts : *ces blocs de maçonnerie étayent les murs qui supportent la poussée des voûtes.*
Croisée du transept : *c'est l'espace (travée) où se rencontrent la nef et le transept.*
Déambulatoire : *couloir situé dans le prolongement des bas-côtés. Il passe derrière le chœur et dessert les chapelles rayonnantes.*
Doubleau : *se dit d'un arc perpendiculaire à l'axe de la nef, qui double la voûte à intervalles réguliers afin de la renforcer.*
Nef : *allée centrale débouchant sur le chœur.*
Transept : *allée transversale qui croise la nef centrale en faisant un angle droit avec elle. Ses bras sont aussi appelés « croisillons ».*
Travée : *chaque espace de la nef compris entre deux rangées parallèles de deux piliers.*
Voûte en berceau : *voûte constituée par une série d'arcs continus.*
Voûte d'arêtes : *voûte formée par le croisement de deux voûtes en berceau qui se coupent à angle droit.*

L'immense église, tout en exprimant la puissance de l'ordre de Cluny, alors à son apogée, célébrait le triomphe de l'art roman. Cet art, essentiellement religieux, s'est développé entre la fin du Xe et le milieu du XIIe siècle. Né dans le nord de l'Italie, dans le sud de la France et en Catalogne, il remonte ensuite vers le nord de la France et vers le reste de l'Europe.
Son innovation technique majeure consiste dans l'emploi systématique de la voûte de pierre en guise de couverture. Cette voûte prend la forme d'un demi-cercle et elle est soutenue par des arcs eux-mêmes en demi-cercles (plein cintre) – telle est la caractéristique formelle essentielle de l'art roman.

La plus grande église de la chrétienté

Les maigres, mais non moins majestueux, vestiges de l'abbatiale de Cluny donnent une idée de la splendeur de l'église disparue.
L'église romane traditionnelle adopte un plan en forme de croix latine, c'est-à-dire qu'elle est constituée d'un axe longitudinal principal (nef) coupé par un axe transversal plus court (transept). L'extrémité arrondie de la nef (l'abside) abrite le chœur, réservé au clergé et aux chantres, et le sanctuaire, où se dresse l'autel. Derrière l'abside se trouve une galerie, ou déambulatoire, qui dessert de petites chapelles rayonnantes. Souvent, le plan se trouve un peu compliqué par rapport à ce modèle de base : la nef est flanquée de deux allées, ou nefs latérales, appelées bas-côtés. Toujours, le porche se situe à l'ouest et le chœur à l'est, dans la direction du soleil levant, associée à la renaissance et à la résurrection.
Dans le cas de Cluny, cette disposition d'ensemble est respectée, mais elle est considérablement développée : afin de faciliter les importantes processions symbolisant la marche de la vie vers la mort et la résurrection, et pour accueillir les foules attirées par les reliques des saints, l'église ne comprenait pas moins de cinq nefs et de deux transepts ! La nef centrale s'élevait sur trois étages : un rez-de-chaussée aux hautes arcades ; une galerie (triforium) située au-dessus des arcades, et plus décorative que réelle (elle était trop étroite pour qu'on pût s'y déplacer) ; enfin, une rangée de hautes fenêtres. Elle était recouverte d'une voûte en plein cintre (demi-cercle) qui culminait à 30 m de hauteur. D'une audace architecturale sans doute excessive, cette voûte s'écroula malheureusement en sa partie centrale en 1125… Les bras du grand transept étaient surmontés par une voûte identique – qui résista, quant à elle, jusqu'à ce qu'elle tombe finalement sous les coups des démolisseurs au XIXe siècle. Le bras droit, enfin, seul conservé, comporte une coupole, surmontée du clocher dit « de l'Eau-Bénite ». Les nefs latérales étaient dominées par des voûtes d'arêtes. À l'extérieur, les transepts étaient dominés par quatre hauts clochers.

Les chapiteaux du chœur de l'abbatiale qui ont échappé à la destruction témoignent de la finesse de la sculpture décorative de cette église.

L'abbatiale était précédée par un très vaste vestibule (narthex), achevé au XIIIe siècle, qui lui donnait une longueur totale de 187 mètres.

La renaissance de la sculpture

Quelques œuvres sculptées ont échappé à la destruction : des chapiteaux du chœur et du vestibule ainsi que des fragments de reliefs du portail de la nef figurant l'Ascension du Christ. Toutes ces pièces, d'une remarquable finesse, montrent que la sculpture clunisienne était à la mesure de l'architecture. Il s'agit là d'une innovation fondamentale, car les architectes de l'époque précédente – carolingienne – avaient à peu près exclu la sculpture du décor de leurs églises. Grâce à Cluny, monument célèbre et admiré, la sculpture monumentale entame ainsi sa renaissance en Occident. Sur les voûtes, des peintures complétaient le décor de l'église. Des dons nombreux permettaient à l'abbatiale d'enrichir son trésor. Cluny formait ainsi un cadre somptueux où se trouvaient célébrées des cérémonies d'un faste extraordinaire – pour la plus grande gloire de Dieu.

L'église abbatiale de Cluny, en Saône-et-Loire.

Chapiteau de la musique, église abbatiale de Cluny.

Succès et influence de Cluny

À la fin du XIe siècle, Cluny est à la tête d'**un véritable empire monastique,** qui comprend quelque 1 200 monastères et plus de 10 000 moines, et étend ainsi profondément son influence à travers un monde alors essentiellement rural.

L'abbaye doit son développement à une succession de grands abbés et au fait qu'elle s'est **parfaitement adaptée à la société de son temps,** privée d'un pouvoir royal efficace et déchirée par les luttes des seigneurs féodaux.

Dans le climat de violence propre au XIe siècle, les moines clunisiens ont compris que leurs contemporains étaient hantés par **la peur de la fin du monde,** la crainte du Jugement dernier et de l'Enfer. Ils ont répondu à ces craintes en se donnant une mission : **la quête du salut éternel pour leurs frères laïques.**

Les moines de l'ordre de Cluny consacrent l'essentiel de leur temps à **prier pour le salut de tous ;** ils célèbrent aussi avec un faste particulier le culte des morts – ils sont à l'origine, par exemple, de la consécration d'une journée entière aux défunts, le 2 novembre.

Lieu et étape de pèlerinage, qui reçoit d'innombrables fidèles le plus souvent généreux, l'abbaye bourguignonne joue **un rôle essentiel dans la diffusion de l'art roman.** En effet, Cluny emploie les énormes ressources que lui procurent les dons à bâtir **de nouveaux monastères et églises.** Comme ces édifices sont implantés le long des routes de pèlerinage qui mènent aux tombeaux très fréquentés de saint Jacques, à Compostelle, et de saint Pierre, à Rome, ils introduisent l'art roman dans les régions les plus diverses.

Des villages rupestres disséminés dans le Colorado

LA MESA VERDE

Pétroglyphes indiens à Mesa Verde, Colorado, États-Unis.

La Mesa Verde, la « Table verte » en français, est un plateau entaillé de profonds canyons qui se trouve dans le Colorado, aux États-Unis. Elle doit son nom aux Espagnols qui ont parcouru le site au XVIIIe siècle et qui ont été frappés par le vert intense de son épais tapis végétal de cèdres, de pins et de yuccas.

Pourtant, la végétation ne fait pas le seul intérêt de la Mesa Verde. Entre 1100 et 1300, les Indiens Anasazi, qui habitaient cette région, hérissèrent d'étonnants ensembles architecturaux, tout d'abord le plateau lui-même puis des cavités de ses falaises. Aujourd'hui, les vestiges de ces agglomérations forment le témoignage le plus célèbre et le plus impressionnant de l'architecture précolombienne en Amérique du Nord - la seule architecture élaborée, en fait, laissée par les Indiens de cette partie du continent.

Une culture durable et remarquable

La culture des Indiens Anasazi s'est développée dans l'extrême sud-est des États-Unis, sur un vaste territoire recouvrant les États actuels du Colorado, de l'Utah, du Nouveau-Mexique et de l'Arizona. Ses racines sont extrêmement anciennes. Peu avant le début de notre ère, les premiers Anasazi dont l'histoire ait conservé le souvenir construisent dans la région des maisons-fosses circulaires, en partie creusées dans le sol. 700 ans plus tard, leurs descendants commencent à bâtir, au-dessus du sol, des habitations de pierre. Mais les premiers édifices importants de la Mesa Verde ne sont construits qu'à partir de 1100, au début de la période d'apogée de cette civilisation.

Environ 30 000 Anasazi vivent alors sur le plateau, bien que, avec son altitude variant de 2 200 à 2 500 m, ses hivers rudes et ses étés brûlants, il constitue pourtant un milieu relativement hostile. Cette population se réunit en agglomérations, petites, certes, mais nombreuses et prospères, où sont édifiés de vastes complexes architecturaux. À cette époque, par exemple, le site connu sous le nom moderne de Far View regroupe une population de 500 personnes environ, groupées en 18 petits centres d'habitation *(pueblos)*, proches les uns des autres. La communauté se retrouve dans un bâtiment collectif (Far View House) qui s'élève sur trois étages et comprend, outre cinq vastes salles cérémonielles nommées *kivas*, une cinquantaine d'autres salles de beaucoup plus petites dimensions, aux fonctions exactes encore mal connues.

Les abris troglodytes du XIIIe siècle

Cent ans plus tard – aux environs de l'an 1200, donc –, Far View et les autres agglomérations du plateau sont désertés pour des raisons inconnues. Les Indiens de la Mesa Verde se regroupent alors dans des abris-sous-roche. Ce que les Américains d'aujourd'hui nomment Cliff Palace, le « Palais de la Falaise », est la plus vaste et la plus connue des installations de ce type.

Il s'agit d'une structure bâtie à l'intérieur même d'une cavité de la roche, une anfractuosité longue de 100 m, large de 27 m et haute de 18 m, située sur le versant très abrupt d'une falaise. D'accès difficile, la grotte rebute les éventuels ennemis. Elle offre aussi une protection efficace contre les intempéries : l'hiver, le soleil, qui est bas dans le ciel, pénètre au fond de l'abri et réchauffe ses habitants ; l'été, ses rayons sont trop hauts pour gêner les occupants. Les jeux d'ombre et de lumière donnent tout son relief au site.

L'aménagement de Cliff Palace, entre ciel et terre, est un véritable défi lancé par les Indiens à la nature. Ces bâtisseurs ont exploité toute l'étendue du terrain pour implanter une structure à la fois unique et démultipliée, adaptée à la vie communautaire de 250 personnes environ. Les différents bâtiments – ou, plutôt, les parties de ce palais collectif – sont répartis sur des terrasses. Ils sont de plusieurs types : des immeubles de plusieurs étages (quatre au maximum), de forme principalement quadrangulaire, abritant en tout 220 pièces, dont certaines très petites (moins de 6 m^2) ; des tours carrées ou circulaires, au rôle probablement plus cérémoniel que défensif ; des aires de rassemblement à la géométrie circulaire, souvent décorées de peintures et pourvues de bassins et de foyers – les nouvelles kivas. Les portes des édifices, rectangulaires ou en forme de « T », étaient jadis fermées par des nattes, d'épais tissus ou des peaux de bête. De petites ouvertures éclairaient et aéraient les étages.

Cliff Palace a été construit avec des blocs de grès très soigneusement taillés à l'aide d'outils de pierre, les seuls connus des Anasazi. Les blocs, qui ressemblent à de grosses briques, sont liés entre eux par de l'adobe, ciment à base de boue et de paille. Les parois sont recouvertes d'un enduit, mélange d'argile, de plâtre et de torchis. Certaines salles sont ornées de peintures monochromes aux motifs géométriques. La voûte de la grotte sert de toit aux structures les plus élevées. Ailleurs, les toitures sont formées par des poutres et des lattes de bois.

La vie au village

La plupart des salles de Cliff Palace, ainsi que celles des autres villages rupestres qui subsistent dans le Colorado, ne sont pas des pièces d'habitation, mais plutôt des entrepôts pour le maïs, les haricots et les courges, aliments de base de la population. Dans quelques-unes de ces salles, des mortiers et des pilons pour le maïs ont été mis au jour. La vie commune se déroulait à l'extérieur – plus exactement dans l'abri rocheux, mais en-dehors des architectures, dans ce qui correspondrait à des rues et à des places mais qui faisait office, surtout, d'aires de travail. Là, les archéologues ont découvert des foyers utilisés pour la cuisine. Là aussi, sans doute, on fabriquait les superbes poteries, aux dessins souvent géométriques, qui caractérisent la civilisation Anasazi. Là, enfin, on tissait vêtements et étoffes de coton – une plante dont les Anasazi avaient importé la culture du Mexique – ou bien on exécutait, avec beaucoup d'habileté, paniers et sandales en vannerie. Les cultivateurs, quant à eux, quittaient l'abri, au prix de périlleux exercices, pour aller s'occuper des champs situés sur le plateau. Les chasseurs faisaient de même, pour rapporter les animaux qui complétaient l'alimentation.

Vers 1300, Cliff Palace, ainsi que tous les autres abris-sous-roche de la Mesa Verde, est abandonné par sa population. Des envahisseurs, une sécheresse prolongée, un accroissement démographique rendent-ils impossible la survie en ces lieux exigus ? Nul ne connaît vraiment les raisons de ce départ. Mais c'est la fin d'une époque qui correspond à l'épanouissement des Indiens du Colorado. Demeurés presque tels qu'ils étaient au moment de leur abandon, ces villages rupestres constituent aujourd'hui un précieux témoignage de l'étonnante civilisation Anasazi.

Le Cliff Palace, la plus grande des constructions sous roche de Mesa Verde, tient à la fois de l'habitat, de la forteresse et du sanctuaire, Colorado, États-Unis.

La Mesa Verde, plateau couvert d'une végétation dense, avec au premier plan l'habitat troglodyte, Colorado, États-Unis

Un formidable donjon pour les seigneurs féodaux

LOCHES

À Loches, dans le département de l'Indre-et-Loire, en Touraine, se dresse le plus impressionnant de tous les donjons qui subsistent en France. Cette masse de pierres, solidement bâtie entre la fin du XIe siècle et le début du XIIe siècle, apparaît comme un grandiose symbole de l'époque féodale.

Le donjon est l'œuvre des puissants comtes d'Anjou. Ceux-ci comptent parmi les grands seigneurs féodaux qui se sont partagé le pouvoir dès la seconde moitié du IXe siècle, à la suite de l'affaiblissement dramatique des rois – en l'occurrence les descendants de Charlemagne. Les comtes d'Anjou ont agrandi leur territoire, puis ont protégé leurs conquêtes de la convoitise de leurs pairs, en s'appuyant sur toute une série de châteaux forts, dont celui de Loches.

Une position dominante

Le château de Loches occupe le point le plus faible d'un promontoire qui surplombe l'Indre. Il assure la défense du côté, facilement accessible, où l'escarpement rejoint un plateau. Au cœur d'un ensemble monumental datant du XIIe siècle, formé de défenses avec fossé et murailles, l'édifice d'origine, construit avec des blocs liés par un mortier dur et revêtu de belles pierres calcaires, adopte le plan d'une tour rectangulaire : ce que, au sens propre, on nomme un donjon. À Loches, le donjon mesure 25,30 m sur 13,40 m. Ses murs s'élèvent, rigoureusement à la verticale,

Le château fort est le centre de la vie médiévale (reconstitution du château de Coucy, XIIIe-XVe siècle, dans l'Aisne. Ce château, qui possédait le plus grand donjon jamais construit, a été détruit lors de la retraite allemande de 1917).

Le château fort et la société féodale

Les premiers châteaux forts, création du Moyen Âge, apparaissent **à la fin du IXe** siècle, dans une époque dominée par la guerre. Ils sont formés d'**une tour en bois isolée – le donjon – dressée sur une motte de terre artificielle entourée d'une palissade.** Progressivement, le bois est remplacé par la pierre, qui résiste mieux à l'incendie, et la motte de terre par une éminence naturelle.

Le château fort, au Moyen Âge, ne joue pas simplement un rôle militaire. Au temps où la réalité du pouvoir appartient aux seigneurs (féodaux) plutôt qu'aux souverains, il est **la résidence consentie par un haut seigneur (suzerain) à un plus modeste chevalier (son vassal),** qui lui a juré fidélité et service. Depuis le château, le chevalier administre les terres environnantes, son bien. La forteresse constitue ainsi **un centre politique, économique et social essentiel** sur le plan local. En cas de danger extérieur, il sert aussi de refuge à la population environnante.

À la fin du Moyen Âge, quand la société féodale s'éteint, le château fort n'a plus de raison d'être. Il disparaît ou alors se transforme.

jusqu'à 37 m de hauteur. Ils ont perdu aujourd'hui le parapet percé de créneaux (ouvertures permettant de tirer sur l'ennemi) qui les couronnait. À l'extérieur, les hautes murailles sont consolidées par des contreforts arrondis. Seules ces longues lignes et des ouvertures, peu nombreuses, animent les façades sévères du monument.
La partie inférieure de l'édifice est aveugle, à l'exception de trois meurtrières qui éclairent le rez-de-chaussée d'une faible lumière : c'était l'endroit le plus sensible, en cas d'agression, et les constructeurs de Loches se sont souciés de ne pas nuire à sa solidité. L'intérieur, aujourd'hui vide de tout compartiment, se composait du rez-de-chaussée, partagé en deux par un mur, et de trois étages. Ces derniers étaient séparés par des planchers et chauffés par une grande cheminée dont les murs conservent la trace. Les différents niveaux étaient reliés par des escaliers, logés dans l'épaisseur des murs.
Au monument que nous avons décrit s'adosse une seconde tour, beaucoup plus modeste, mais haute quand même de 25 m. Cette tour, parfois qualifiée à tort de « petit donjon », n'est autre que la voie d'accès à la forteresse. Elle contient un escalier menant à l'entrée du donjon, placée au niveau du premier étage.
Des trous carrés sont visibles à l'extérieur et à l'intérieur des deux constructions : ces trous, appelés « trous de boulin » par les spécialistes, servaient de support aux poutres en bois des échafaudages.

Une défense passive

Au rez-de-chaussée étaient entreposées les énormes quantités de vivres nécessaires, le cas échéant, pour soutenir un siège. Un puits, creusé dans le sol de la salle, assurait l'approvisionnement en eau. Nourriture et boisson représentaient les principaux éléments de la résistance. En effet, les assiégés, enfermés dans leur puissante tour, alimentés et abreuvés, pouvaient tenir très longtemps. Ils comptaient sur la lassitude de l'adversaire pour lui faire lever le siège !
Les meurtrières, ménagées dans les murs épais et les créneaux, couronnant le donjon, permettaient néanmoins d'écarter l'ennemi de la base des murs et d'éviter ainsi qu'il ne travaille à saper ceux-ci et à faire s'écrouler le château. En revanche, à partir de ces ouvertures, il était impossible de soumettre l'adversaire à un tir nourri de flèches et autres projectiles, dont la portée était encore limitée. Il faut attendre la fin du XIIe siècle pour que les progrès réalisés dans le domaine de l'architecture militaire et dans celui de la balistique entraînent un changement de tactique et fassent passer les assiégés à l'attaque. À cette époque, le château de Loches, désormais pourvu de murailles de fortification autour du donjon, est la possession du roi d'Angleterre, qui est aussi comte d'Anjou ; mais il est convoité par le roi de France, qui l'assiège à plusieurs reprises. C'est au souverain français qu'il revient finalement.

◁ *À partir du roi Charles VII, le château devient résidence royale (*Entrée de Jeanne d'Arc au château de Loches. Rencontre avec Charles VII en 1429, *peinture de A. Millin du Perreux, Loches, château).*

Vue aérienne du donjon et de l'enceinte de la forteresse médiévale de Loches, en Indre-et-Loire.

Les ruines des cités khmères au milieu de la jungle...

ANGKOR

Au XIIe siècle de notre ère, la civilisation khmère atteint son apogée ; sous le règne du plus glorieux roi angkorien, Suryavarman II (1113-1150), est construit l'admirable temple-pyramide d'Angkor Vat ; sous celui de son successeur, Jayavarman VII (1181-v. 1218), surgit la cité cruciforme d'Angkor Thom, abritée par une enceinte formant un carré presque parfait.

Ces lieux seront occupés sans discontinuer jusqu'en 1431, puis abandonnés à la forêt, sous la pression militaire d'un royaume rival, celui d'Ayuthia. Au XVIe siècle seulement, le site fut un moment occupé par un prince qui, à l'occasion d'une partie de chasse, redécouvrit les monuments à peu près entièrement ensevelis sous la végétation. Réhabilitation éphémère, suivie d'un oubli qui dura jusqu'après le milieu du XIXe siècle.

Un site vaste et complexe

Le site d'Angkor est formé par un ensemble complexe de bâtiments disséminés dans ce qui constitue aujourd'hui un parc immense et luxuriant, vaste de quelque 300 km^2.

Deux ensembles se dégagent particulièrement : en arrière d'une grande pièce d'eau carrée désignée typologiquement par le terme *baray* et qui porte en son centre, sur une île, le temple du Mébon, se trouvent les restes de ce qui fut jadis une fastueuse capitale, Angkor Thom. Un peu plus au sud – à moins d'un km de l'enceinte d'Angkor Thom se dresse le temple d'Angkor Vat. « Temple » et « capitale » sont d'ailleurs des termes qui conviennent assez peu : le mot même Angkor, en cambodgien, signifie « ville-capitale », et Angkor Thom veut dire « la grande ville », tandis qu'Angkor Vat signifie « la ville qui est un temple ». Il reste, des deux cités, essentiellement les murs d'enceinte et les temples : les demeures, tant princières que populaires, étaient faites dans un matériau périssable, le bois, et il n'en subsiste rien aujourd'hui. Au nord-est d'Angkor Thom, on trouve un autre baray, plus petit, celui du temple de Preah Khan. Plus loin dans la forêt, de part et d'autre de l'ancienne chaussée qui menait vers les régions de l'ouest, d'autres vestiges émergent de la forêt comme autant de somptueuses surprises.

Des travaux hydrauliques considérables

La grande époque de construction du site correspond à celle des grands barays et à l'aménagement du réseau hydraulique. Ces immenses réservoirs, réalisés à l'aide de digues surélevées, sont destinés à corriger les effets d'un climat au régime de précipitations irrégulier dicté par la mousson, en permettant un écoulement régulier de l'eau pendant les huit mois de sécheresse. Le début de l'aménagement de ces barays date du XIe siècle. Le roi Indravarman Ier (877-889) inaugura les travaux en faisant construire un gigantesque ouvrage dans la région d'Angkor : le barrage de Loei, à Roulos – œuvre colossale qui permettait d'emmagasiner près de 6 millions de m^3 d'eau. Cette eau vint alimenter le plus ancien bassin d'Angkor, l'Indrataka, long de 3 800 m et large de 800 m. Le souverain entreprit parallèlement la construction de deux temples dont les restes comptent aujourd'hui parmi les plus remarquables d'Angkor : le temple de Preah Kô, un groupe de six tours-sanctuaires situées dans une enceinte qui contenait sans doute le palais royal ; et le Bakong, une magnifique pyramide en grès à cinq niveaux, qui se dresse à l'intérieur de deux douves concentriques.

Le successeur d'Indravarman, Yaçovarman Ier, fit construire un baray encore plus grand, long de 7 km environ et large de 2,50 km, qui contenait environ 30 millions de m^3 d'eau. Autour de ce nouveau réservoir, qui permit l'aménagement de milliers d'hectares de rizières, le nouveau souverain établit sa propre capitale, dont il reste aujourd'hui, notamment, le temple pyramidal de Phnom Bakheng.

Au cœur de la forêt tropicale, Angkor Vat, au Cambodge.

Au cours du siècle suivant, les rois qui se succèdent déplacent de nouveau la capitale : d'autres bassins sont construits, d'autres monuments sortent du sol – autant de ruines magnifiques offertes à l'admiration du spectateur aujourd'hui. Le plus formidable de ces bassins, le Baray occidental, est édifié en 1050 par le souverain Udayardityavarman II : ce vaste lac artificiel, capable de contenir 400 millions de m³ d'eau, est le garant de la prospérité de la région au XIIe siècle, par l'immense ensemble de terres qu'il permet de cultiver. Il s'ensuit une densité de population jamais atteinte jusque-là, qui permet de multiplier encore les constructions.

Angkor Vat, le premier temple

Le plus équilibré, le plus harmonieux, le plus parfait des temples du site – celui que visitent en tout premier lieu les touristes –, Angkor Vat, date de cette époque. Construit par le puissant souverain Suryavarman II (1113-après 1144), il est établi à l'intérieur d'une vaste enceinte quadrangulaire qui devait contenir les diverses constructions d'une capitale et un palais dont il ne reste rien aujourd'hui.

Le temple est entouré de deux douves de 250 m de large. On franchit la première par une chaussée édifiée sur une digue large de 12 m et bordée par une balustrade sculptée de nagas – des serpents mythiques. Après quoi, une seconde digue, longue de 350 m et dallée entièrement de grès, conduit jusqu'au pied du temple ou, plus exactement, jusqu'au mur de sa première enceinte.

Les nagas, serpents mythiques qui ornent ces balustrades d'Angkor Vat.

Relevé d'architecture, datant du XIXe siècle, de la Pagode royale d'Angkor Vat, vue ici en coupe nord-sud (Paris, E.N.S.B.A.).

Le Cambodge jusqu'à l'époque d'Angkor

Le premier royaume historique à se développer dans l'actuel Cambodge est le **Funan,** un puissant État établi dans la région du moyen Mékong et de son delta, du Ier au Ve siècle de notre ère, et qui entretient des rapports tant avec la Chine qu'avec l'Inde.

Au milieu du VIe siècle, un nouveau royaume se développe aux dépens du Funan, qu'il finit par absorber : le **Tchen-la.** Cet État se scinde en deux royaumes pendant le VIIIe siècle. Ces deux parties sont réunies dans la première moitié du IXe siècle par le **roi Jayavarman II** (802-850), premier souverain à établir sa capitale sur le plateau du Phnom Kûlen, près du Grand Lac (Tonlé Sap), proche du site futur d'Angkor cette vaste zone, où les monarques successifs établiront leur capitale, est déplacée et reconstruite à chaque règne ou presque, jusqu'à **l'abandon définitif de la région au profit de l'actuelle capitale, Phnom Penh, en 1434.**

... Les ruines des cités khmères au milieu de la jungle

Les ruines du temple du Bayon à Angkor Thom, dessin du XIXe siècle (Atlas de voyage et d'exploration en Indochine, Paris, Bibliothèque nationale).

Comme tous les temples du site, Angkor Vat est, en effet, construit selon un plan strict, qui est censé refléter l'ordre de l'univers.

Pour les Khmers, venus au bouddhisme à la fin du XIIe siècle seulement, comme pour les Indiens brahmanistes, le monde est centré sur le mont Meru, butte sacrée sur laquelle vivent les dieux. Les tours au sommet aigu qui forment le centre de chaque temple, et celle, en particulier, qui se trouve au cœur d'Angkor Vat, sont le symbole de cette montagne. Mais le Meru est situé lui-même au centre d'un continent, le Jambudvipa, qui est entouré de six autres continents et de sept océans disposés en anneaux concentriques. Le dernier anneau est considéré comme borné à l'extérieur par une grande muraille rocheuse.

Cette conception inspire le plan d'Angkor Vat comme elle influence la forme des autres temples du site. La forme générale du temple – un haut massif dominé par une tour dans un ensemble édifié sur une terrasse haute de 13 m – évoque la forme de cette montagne mythique. La tour elle-même est située à l'intérieur d'un espace clos par une enceinte quadrangulaire, dont les quatre murs sont percés en leur centre d'une porte marquant un point cardinal. Des galeries conduisent de ces portes à l'édifice, déterminant en cette partie du temple un plan cruciforme. Mais cette première enceinte est contenue dans un second mur beaucoup plus vaste, de forme quadrangulaire également, dont les parois sont, elles aussi, percées de portes monumentales en leur centre.

Il faut imaginer tout cet ensemble admirablement sculpté de reliefs représentant des scènes du *Ramayana* et du *Mahabarata,* les grandes épopées sanskrites importées d'Inde au

Cambodge, ainsi que de gracieuses silhouettes féminines, celles des *Apsaras* et des *Devatas,* des déesses d'une grâce infinie, coiffées de diadèmes d'orfèvrerie et dansant en prenant des poses délicates qui mettent en valeur la nudité de leur lourde poitrine. Il faut imaginer également la beauté de cette structure à la fois simple et complexe, faite d'une longue galerie horizontale – l'enceinte extérieure –, construite sur un socle élevé, au-dessus de laquelle surgit, à l'intérieur, un haut massif de pierres hérissé de cinq tours aux formes compliquées : une au centre et quatre, plus modestes, aux angles.

Une cité au plan cruciforme, Angkor Thom

L'autre complexe extrêmement célèbre du site d'Angkor est constitué par les restes de la capitale fondée, un demi-siècle après la mort de Suryavarman II, par le roi Jayavarman VII : Angkor Thom, la dernière des capitales royales élevées sur le site.

La ville revêt un aspect bien différent de ce que l'on peut voir à Angkor Vat. Le roi qui la conçoit est un esprit brillant, et le plus brillant des rois, peut-être, du royaume angkorien : un conquérant aux triomphes remarquables, en même temps que le constructeur le plus prolixe et le plus original du site. La ville qui voit le jour sous son règne est une cité fortifiée entourée d'un mur quadrangulaire de 3 km de côté, percé de cinq portes monumentales, doublé à l'intérieur d'une levée de terre formant chemin de ronde et bordé à l'extérieur d'une douve large de 100 m.

Ce carré est centré sur un temple-montagne d'une extrême originalité, le Bayon. Il s'agit d'un édifice œcuménique dédié à la fois – probablement – à Çiva, à Brahma et à Bouddha. Élevé à même le sol et non plus sur une terrasse, le monument présente une structure quadrangulaire vers l'extérieur, où se succèdent deux enceintes adoptant la forme d'une galerie, ouvertes au milieu de chacun de leur côté par une porte monumentale (« gopura »). À l'intérieur, des tours de plus en plus élevées sont disposées en anneaux concentriques autour d'un massif circulaire, plus haut encore et d'un diamètre beaucoup plus considérable – une nouvelle symbolisation du mont Meru. La particularité de ces tours, qui se présentent au visiteur comme une véritable forêt de pierres, est qu'elles portent chacune, sculptées, quatre énormes têtes orientées vers les quatre points cardinaux. Ces visages immenses et sereins représentent le roi-dieu, Bouddha, auquel est identifié Jayavarman. En tout, 216 visages, les yeux ouverts, sont le symbole de la protection du dieu étendue à toute l'humanité.

À l'intérieur de l'enceinte urbaine, entourant le Bayon, se dressent les restes de terrasses admirablement décorées de sculptures – des éléphants, des lions ou des oiseaux fabuleux (« garuda ») qui, tels des atlantes, semblent soutenir le poids de ces structures. Dans l'axe de l'une des portes de l'enceinte s'étire une allée monumentale qui mène vers la place et le palais du roi – ce dernier résultant du réaménagement d'un bâtiment antérieur. Cette allée est appelée la Chaussée des Géants, parce que, installée sur une digue surmontant de plusieurs mètres le niveau du sol, elle est protégée sur les côtés par de hautes balustrades constituées par 54 sculptures représentant des géants qui portent dans leurs bras d'énormes nagas. Ces géants figurent les génies du monde souterrain et les génies du ciel.

Les temples d'Angkor sont ornés d'une multitude de gracieuses silhouettes de danseuses, les Apsaras.

Angkor et la guerre

Un pays en expansion. En 1970, le Cambodge est un pays prospère. Le tourisme s'y développe depuis quelques années à une allure extraordinaire, et le site d'Angkor, visité par de nombeux touristes, fait l'ojet de campagnes de restauration soigneuses.

Le cataclysme de Pol Pot. C'est alors que, le 18 mars 1970, le prince Sihanouk est renversé. Une guerre civile commence, atroce. En 1975 s'établit le régime des Khmers rouges, symbolisé par le nom de Pol Pot. C'est le pire des cataclysmes qui se puissent imaginer pour le pays. Le Cambodge vit quatre années durant entièrement replié sur lui-même, voué à la violence et à la haine contre la culture. Depuis 1979, un nouveau gouvernement, instauré par les Vietnamiens « libérateurs », tente de relever les ruines de la nation martyre. Elle se heurte à la résistance persistante de fanatiques armés – parmi lesquels les Khmers rouges demeurent les plus virulents –, de sorte que ce n'est que très lentement, au fil des ans, et plus particulièrement depuis ces toutes dernières années, que le Cambodge revient à une situation normale et rouvre ses sites aux équipes de conservateurs et aux touristes.

Les effets sur le site. Dans tout le pays, entre 1970 et 1979, le vandalisme a sévi. D'admirables monuments, des musées entiers avec leurs chefs-d'œuvre (celui de Battambang, riche d'admirables statues), ont été détruits délibérément, pour expurger du Cambodge les souvenirs d'un passé de culture et de foi bouddhistes. À Angkor, les Khmers rouges se sont montrés, paradoxalement, plus modérés. Le vandalisme a été surtout économique : des statues ont été arrachées au site pour être revendues. Angkor a souffert, également, d'être située près d'une piste d'aviation importante, et des combats ont eu lieu à l'intérieur même des ruines, ce qui a contribué à les endommager encore. Mais surtout, les monuments sont restés à l'abandon une dizaine d'années, ce qui a permis à la luxuriante végétation tropicale de s'y accrocher, d'y ramper et de les recouvrir. Il faut à présent, de toute urgence, détruire, avant que les racines ne descellent irrémédiablement les pierres.

Sous le régime des Khmers rouges, la jungle a commencé de recouvrir le site d'Angkor, abandonné à lui-même.

Une église dédiée à Marie-Madeleine

VÉZELAY

Le 21 juillet 1120, l'église de Vézelay, qui s'apprête à célébrer la fête de sainte Madeleine, est la proie d'un violent incendie. Le feu fait un millier de victimes parmi les pèlerins venus assister aux festivités, et il détruit la nef. Les moines s'efforcent d'effacer les traces de la tragédie en mettant en chantier une nouvelle nef.

Depuis le début du siècle précédent, l'abbaye de Vézelay est célèbre dans toute la chrétienté, parce qu'elle conserve le corps de Marie-Madeleine, rapporté alors de Provence en Bourgogne et installé dans son église. La sainte, pécheresse repentie et pardonnée, première personne à qui le Christ est apparu après sa résurrection, est l'objet d'une immense dévotion. Tout au long des XIe et XIIe siècles, les pèlerins, désireux d'approcher la dépouille sacrée, affluent à Vézelay, rendant nécessaires les agrandissements de l'église, indépendamment même des dégâts déterminés par l'incendie.

Du roman au gothique

L'abbatiale de la Madeleine est précédée d'une façade (très restaurée au XIXe siècle) encadrée par deux tours, dont l'une inache-

Le portail intérieur et la nef, basilique Sainte-Madeleine, Vézelay.

Un restaurateur à Vézelay : Emmanuel Viollet-le-Duc

Le coup d'éclat d'un jeune homme. C'est en 1840 qu'Eugène Emmanuel Viollet-le-Duc (1814-1879) est chargé par son ami l'écrivain Prosper Mérimée, inspecteur général des Monuments historiques, de restaurer l'église de Vézelay, proche alors de l'effondrement. Cet architecte de 26 ans, autodidacte (il s'est formé sur les chantiers d'architecture, en France et en Italie, mais il n'est passé par aucune école), inaugure ainsi par un coup d'éclat sa carrière de restaurateur.

Le chantier de Vézelay. À Vézelay, Mérimée a demandé à Viollet-le-Duc de « respecter toutes les dispositions anciennes de l'église ». Le travail, conduit durant dix-neuf années, respecte en effet la structure d'origine de l'église, qu'il faut néanmoins consolider de toute part : des troncs d'arbres poussaient entre les pierres, provoquant des fissures profondes qui menaçaient l'équilibre entier de l'édifice, lorsque le chantier est entrepris! Le tympan extérieur de l'édifice est la seule partie entièrement refaite : entièrement martelé pendant la Révolution, il est remplacé par une sculpture nouvelle, inspirée du tympan roman d'une autre église bourguignonne.

Une œuvre utile et contestée. Par la suite, Viollet-le-Duc est le restaurateur privilégié d'autres nombreux grands monuments médiévaux : ainsi la Sainte-Chapelle et Notre-Dame de Paris, Saint-Denis, les cathédrales de Chartres et de Reims ou encore la cité de Carcassonne. Ses méthodes, inspirées de son expérience de Vézelay, inspirent à ses détracteurs toujours les mêmes reproches : son intervention est moins celle d'un restaurateur, respectueux du passé, que celle d'un reconstructeur, qui n'hésite pas à substituer des copies neuves à des sculptures anciennes abîmées, par exemple, ou encore à remplacer des sculptures presque complètement détruites par des imitations inspirées d'œuvres voisines – ce qui est le cas du portail central de la façade de Vézelay. Un siècle et demi plus tard, toute polémique retombée, il faut reconnaître à Viollet-le-Duc, outre une remarquable connaissance du Moyen Âge, le mérite d'avoir véritablement sauvé des monuments qui, autrement, seraient purement et simplement tombés en ruine.

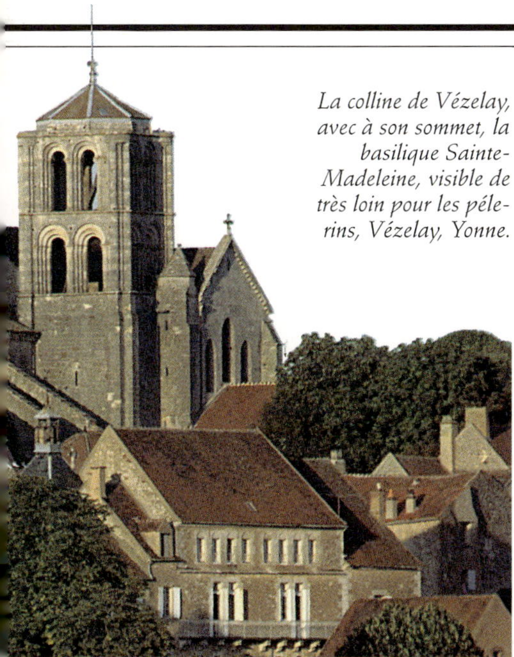

La colline de Vézelay, avec à son sommet, la basilique Sainte-Madeleine, visible de très loin pour les pèlerins, Vézelay, Yonne.

Le pèlerinage de Vézelay

Pénitence du corps et de l'âme, le pèlerinage vers les tombeaux des saints lance de nombreux fidèles, riches et pauvres, sur les routes.

L'église de Vézelay - d'où saint Bernard prêcha la 2e croisade, le 31 mars 1146, est **un lieu de pèlerinage très recherché. Il est aussi l'un des points de départ pour le pèlerinage au tombeau de saint Jacques, à Compostelle,** en Espagne. Les foules qui fréquentent Vézelay versent aumônes et dons à l'abbaye. Elles lui procurent ainsi les moyens de construire ses édifices et d'entretenir les moines qui prient pour le salut de tous.

Les fidèles viennent demander à Marie-Madeleine d'intercéder auprès de Dieu pour obtenir le pardon de leurs fautes. Les malades, quant à eux, attendent la guérison des reliques de la sainte, qui sont investies de pouvoirs miraculeux.

Au XIIIe siècle, cependant, les pèlerinages connaissent **une singulière désaffection.** Cette évolution porte un coup sévère à Vézelay, malgré la prédilection que manifeste pour l'abbaye le roi Saint-Louis, qui s'y rend en 1267 puis en 1270. Au cours des siècles suivants, l'abbaye ne cesse de décliner. **Au XIXe, très abîmée, elle menace de s'écrouler. La restauration de l'architecte Viollet-le-Duc lui redonne alors vie.** En 1920, les pèlerinages reprennent.

La construction de la Madeleine de Vézelay sous la direction de Berthe, femme de Girart de Roussillon (miniature du XVe siècle, Histoire de Charles Martel et de ses successeurs, Bruxelles, Bibliothèque royale Albert Ier).

vée. Trois portails donnent accès à un vaste vestibule, ou narthex, consacré en 1150 et pourvu de trois portails de style roman, c'est-à-dire surmontés par des arcs en plein cintre – ou semi-circulaires – ouvrant sur la nef. C'est du seuil de ces portes que pèlerins et visiteurs découvrent, émerveillés, le magnifique ensemble que constituent la grande allée centrale (nef), de style également roman, et l'espace, au fond, où se tiennent les clercs pendant la liturgie (chœur), achevé plus récemment et, par conséquent, dans un style neuf (gothique). L'ensemble, resplendissant de lumière, présente une harmonie chromatique nouvelle et insolite en terre de France : des pierres roses parsemées de pierres blanches, dans la nef ; du calcaire blanc, dans le chœur ; des arcs bicolores, blancs et roses, soutenant la voûte de la nef et assurant l'harmonie colorée des deux ensembles.

La nef, érigée entre 1120 et 1140, s'élève sur deux étages, un rez-de-chaussée formé des hautes arcades ouvrant sur deux allées latérales (bas-côtés) et un étage constitué par une série de fenêtres hautes. Les deux niveaux sont séparés par un élégant ruban de pierre, décoré de rosaces.

L'église adopte le plan traditionnel d'une croix : la nef est donc coupée par une allée transversale (transept), mais celle-ci dépasse à peine la largeur de l'édifice. Derrière le transept s'étend – de façon également traditionnelle – une galerie semi-circulaire : le déambulatoire. Cette galerie entoure l'abside (terminaison arrondie de la nef) qui renferme le chœur, et elle dessert une série de chapelles. Le chœur, construit entre 1165 et la fin du XIIe siècle, comporte trois étages : un rez-de-chaussée aux grandes arcades gothiques, une petite galerie située au-dessus (triforium), surmontée de hautes fenêtres. Sous le chœur se trouve la crypte qui abritait la dépouille de sainte Madeleine.

Dans l'univers roman

À Vézelay, les colonnes de la nef se terminent par des chapiteaux qui comptent parmi les plus beaux qu'aient sculptés les artistes romans. Alors qu'auparavant, à l'époque antique, et par la suite, dès l'âge gothique, les artistes chargés de sculpter ces terminaisons sommitales des colonnes choisissent des motifs purement abstraits ou extrêmement stylisés (par exemple en forme de feuillage), les sculpteurs romans n'hésitent pas à représenter des scènes entières sur les chapiteaux. Ceux de Vézelay ont choisi des thèmes variés : ils ont illustré des épisodes de l'Ancien Testament, des vies de saints, évoqué la punition de pécheurs et traité, même, d'épisodes de la mythologie antique. Seuls les Évangiles leur ont peu servi de source d'inspiration. C'est que les chrétiens de l'époque romane, préoccupés avant tout par le salut éternel et la résurrection, ne s'intéressent à la vie de Jésus que dans la mesure où elle ouvre la voie vers la résurrection. Le Christ est pour eux le Dieu du Jugement dernier : c'est ainsi qu'ils le figurent, à Vézelay, sur le portail central de la façade. Le narthex renferme aussi un important décor sculpté. Outre une nouvelle série de chapiteaux illustrés de scènes narratives, il comprend trois portails sculptés. Celui du centre compte parmi les chefs-d'œuvre de l'art roman. Il figure un Christ, de grande taille, à l'air grave, qui donne mission aux apôtres d'évangéliser les hommes. Ce Christ n'est plus le Christ juge de la façade, mais il est déjà le Fils de l'homme. Il préfigure le Christ gothique, l'incarnation de l'homme.

L'abbé Suger invente l'art gothique

SAINT-DENIS

Catulla fait construire une église sur les tombeaux des martyrs saint Denis, saint Rustique et saint Éleuthère (miniature de la Vie de saint Denis, *1317, Paris, Bibliothèque nationale).*

En 1135, Suger, abbé de Saint-Denis, près de Paris, estime le moment venu de remplacer l'église de son abbaye, devenue trop petite. L'édifice, qui résulte des conceptions religieuses de l'abbé et de l'habile synthèse qu'il a su opérer entre les diverses innovations architecturales et artistiques de son temps, inaugure un style : l'art gothique.

À la différence des moines de l'époque romane (fin X^e -milieu XIIe siècle), qui ont placé au centre de leur art le Christ juge de l'Apocalypse et le Seigneur vengeur de l'Ancien Testament, Suger fait de son église un hymne à la gloire du Christ des Évangiles, l'incarnation humaine de Dieu.

Son Dieu est un Dieu de lumière qui chasse l'obscurité de l'église. Les nouvelles techniques de construction, qui autorisent de plus larges ouvertures dans les bâtiments, permettent à l'abbé de traduire ses idées religieuses dans l'architecture.

Une façade d'un genre nouveau

L'abbé Suger commence la reconstruction de l'église de Saint-Denis par la façade. Il élève un porche qu'enserrent deux tours crénelées, c'est-à-dire dotées d'un parapet aux ouvertures rectangulaires, et que percent de hautes fenêtres. Ces ouvertures rendent le mur plus fragile ? Quatre puissants contreforts viennent soutenir la construction et la rythment, en encadrant les trois portails qui donnent accès à l'église. Ces portails sont le lieu d'une innovation considérable : alors que les sculpteurs romans se contentaient d'orner la partie du mur en forme d'arc de cercle située au-dessus de la porte (tympan), Suger imagine en outre d'appliquer contre les jambages des portes (piédroits) de hautes et fines statues faisant écho à leur forme (statues-colonnes). L'abbé libère ainsi le ciseau du sculpteur dont les créations ne se limitent plus à des compositions en relief, c'est-à-dire appliquées au mur, mais peuvent embrasser de véritables statues, reliées seulement lâchement à l'ossature de l'église. Il ouvre en même temps à la sculpture un domaine beaucoup plus vaste : des programmes complets et ambitieux, et non plus quelques éléments isolés, peuvent constituer désormais le décor sculpté de l'édifice sacré. Les statues-colonnes de Saint-Denis, éparpillées aujourd'hui dans divers musées, représentent les rois de l'Ancien Testament qui forment la parenté du Christ – celui-ci étant figuré sur le tympan du portail central.

Suger innove encore en perçant la façade d'une vaste ouverture circulaire parsemée de vitraux, une « rose », la première à être placée sur la façade principale d'une église. Ce grand cercle de verre laisse pénétrer une pâle lumière, qui éclaire les parties hautes de l'édifice.

Cette façade, symbole de la Trinité divine avec ses trois portails et image de l'autorité royale avec son aspect de forteresse, servira de modèle aux cathédrales ultérieures – celles de l'âge gothique.

Un chœur très lumineux

De la première partie de la nef, encore sombre, Suger fait progresser les fidèles vers un chœur (la partie réservée au clergé, à l'extrémité de l'édifice) très clair, qu'il réalise dans un deuxième temps, entre 1140 et 1144. Pour obtenir cet effet lumineux, Suger utilise la voûte d'ogives,

Une technique nouvelle : la voûte d'ogives

Ce système de couverture consiste à renforcer la voûte par deux arcs qui se croisent en diagonale.
Tout le poids de la voûte (sa « poussée ») est alors supporté par ces arcs, qui eux-mêmes reposent sur de forts piliers d'angle au lieu de s'appuyer sur les murs.
Les parois de l'édifice se trouvent ainsi épargnées : leur épaisseur diminue, il n'est plus nécessaire de les consolider par de lourds contreforts, enfin de larges ouvertures peuvent être pratiquées en leur sein.

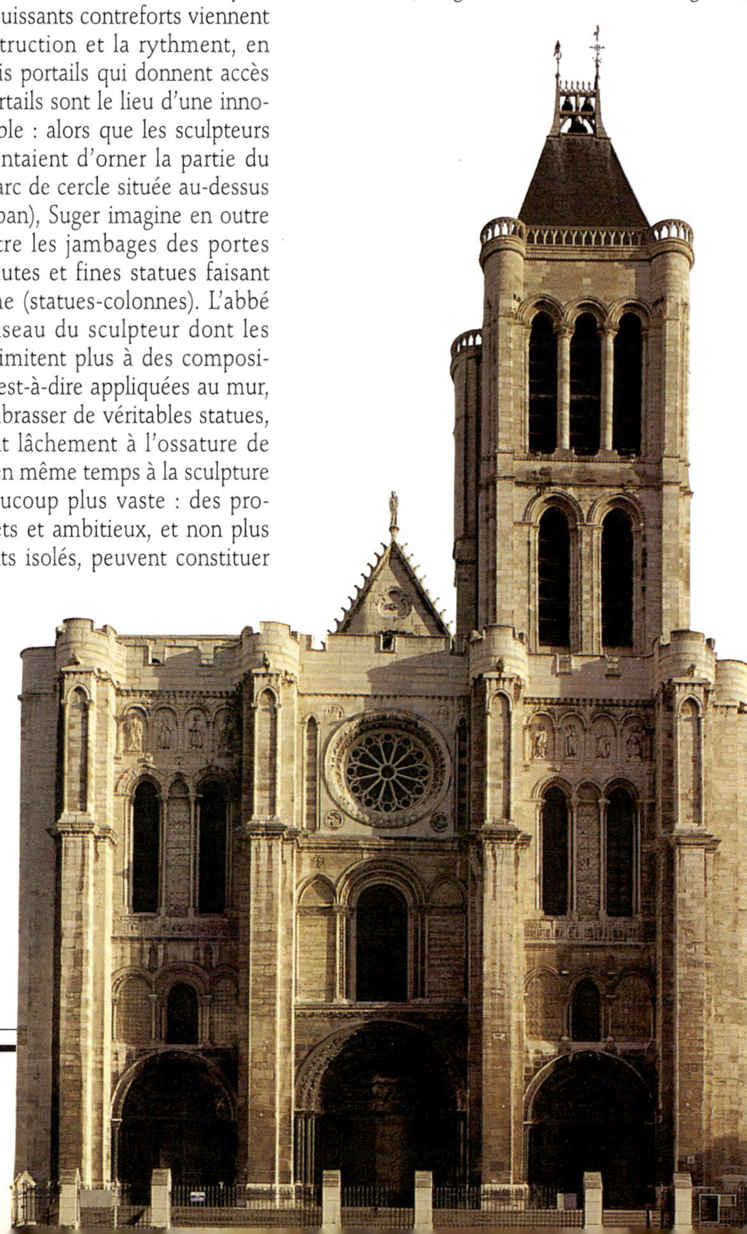

Façade ouest de la cathédrale Saint-Denis, Seine-Saint-Denis.

La voûte sur croisée d'ogives, caractéristique de l'architecture gothique, avec ses arcs croisés et ses immenses piliers qui permettent de pratiquer de larges ouvertures où prennent place les verrières multicolores, cathédrale Saint-Denis.

employée pour la première fois dans la cathédrale anglaise de Durham à la fin du XIe siècle. Dans ce type de voûte, le poids de la couverture se trouve dirigé par des arcs vers des piliers, au lieu d'être supporté par les murs. Ceux-ci peuvent donc être allégés, évidés, sans que la solidité de l'ensemble se trouve compromise. L'abbé de Saint-Denis ouvre ainsi de larges baies dans les murs, laissant la lumière inonder le chœur. Après Saint-Denis, la voûte d'ogives sera systématiquement employée par l'art gothique dont elle deviendra une caractéristique.

Le chœur, de forme arrondie, est fermé par une série de grandes arcades. Ces arcs, de nouveau, ont une forme neuve : ils sont constitués non plus par des arcs en demi-cercle (les arcs « en plein cintre » de l'âge roman), mais par des arcs brisés, ou « ogivaux », c'est-à-dire formés par des segments de cercle qui se coupent en formant un angle. Cela, encore, constituera une caractéristique majeure des édifices ultérieurs, gothiques.

Autour du chœur, Suger a fait édifier une double galerie, ou double déambulatoire, délimitée par une colonnade également double. Le couloir extérieur distribue des chapelles, qui sont au nombre de sept. Cette organisation n'a rien d'exceptionnel, mais le fait nouveau est la forme adoptée par les chapelles, qui sont de véritables niches largement ouvertes sur le déambulatoire, alors qu'elles se trouvent en large partie masquées par des murs, dans les sanctuaires plus anciens. Cette innovation, de nouveau, est rendue possible par l'adoption de la voûte d'ogives, qui permet la suppression des murs et leur remplacement par des piliers. L'église y gagne en unité et en clarté, car les chapelles sont elles-mêmes percées de larges fenêtres décorées de vitraux, dont certains existent encore aujourd'hui.

Lorsque Suger meurt, en 1151, la façade et le chœur sont les seules parties de l'édifice entièrement achevées. Entre ces parties - les deux extrémités de l'église - subsistent les morceaux de l'ancienne abbatiale, que l'abbé, peu soucieux d'interrompre des années durant le culte à Saint-Denis, a laissés debout. L'édifice est donc alors profondément hétéroclite. Il le demeurera plus de cinquante années. C'est seulement au siècle suivant, en effet, que le chantier interrompu de Saint-Denis sera rouvert, et finalement mené à terme avec l'exécution ou l'achèvement d'une nouvelle nef et d'un nouveau transept.

→ **Voir aussi :** p. 146-149 (L'âge d'or des cathédrales).

Suger et Saint-Denis

Issu d'une famille pauvre, **Suger (1081-1151)** est offert, à l'âge de dix ans, à l'abbaye de Saint-Denis, qui l'éduque. Une dizaine d'années plus tard, il revêt l'habit monastique. **En 1121, il est élu abbé.**

Le sanctuaire qui lui est confié est installé – selon la tradition – **sur la sépulture de saint Denis,** le premier évêque de Paris, décapité au IIIe siècle. Depuis le roi mérovingien Dagobert, mort en 639, il est **le lieu de sépulture des rois de France** – une sorte de sanctuaire dynastique.

Cette situation fait de l'abbé de Saint-Denis le conseiller naturel de la royauté. Suger joue ce rôle avec aisance, à une époque où l'affaiblissement considérable du pouvoir royal rend cette tâche à la fois difficile et importante : il devient le conseiller, **l'ami et l'historien du roi de France Louis VI le Gros,** et exerce la régence du royaume, deux années durant, pendant la minorité du successeur de Louis VI, Louis VII.

Mais **le rôle politique de Suger ne l'empêche pas de s'occuper de près de son abbaye** qu'en gestionnaire avisé il contribue à enrichir, en même temps qu'il s'occupe de l'embellir. **Concepteur de l'église de Saint-Denis, il suit de près sa réalisation,** en recherchant notamment les matériaux de construction. Dans la forêt des Yvelines, il trouve les arbres qui conviennent à la charpente. Près de Pontoise, il découvre les carrières qui fourniront les pierres des colonnes du chœur.

Une forteresse pour défendre la Terre sainte

LE KRAK DES CHEVALIERS

Puissante forteresse perchée sur le flanc d'une montagne, le krak des Chevaliers, en Syrie, évoque encore, par sa masse imposante et par sa situation stratégique, l'aventure des croisades et la conquête de la Terre sainte par des chrétiens d'Europe, désignés alors par le terme générique de « Francs ».

En 1095 – la 1re croisade est en cours depuis quatre ans – Raimond de Saint-Gilles, puissant chevalier franc, s'empare d'un petit château de montagne alors qu'il fait route vers Jérusalem. Le krad, ou karat – mot qui signifie « fortin » en arabe –, repris par les musulmans, est de nouveau conquis par les chrétiens menés par le roi Tancrède, en 1110. Cinq ans plus tard, il est confié au comte de Tripoli, souverain d'un des quatre éphémères États chrétiens nés de la conquête de la Syrie-Palestine. Mais le comte n'a pas les moyens de mettre à profit le don qui lui est fait. En 1142, Raimond II, comte de Tripoli, cède la place aux chevaliers de l'Hôpital, ou hospitaliers de Saint-Jean-de-Jérusalem. Cet ordre de moines-soldats dispose de ressources considérables et de troupes bien disciplinées. Il entreprend aussitôt de transformer le vieux château en une redoutable forteresse, le krak des Chevaliers. Les travaux s'étalent sur un siècle environ. La parfaite adaptation au relief, la qualité de la construction, la taille imposante ainsi que l'excellent état de conservation concourent à faire du monument le plus remarquable de tous les châteaux forts.

L'œuvre des Hospitaliers

L'emplacement du château est éminemment stratégique. Situé non loin de la partie de la Syrie dominée par les Arabes, il contrôle le passage entre la vallée de l'Oronte et la Méditerranée. Il s'appuie sur une contrée fertile qui lui fournit les produits de la terre et le bétail dont ses hommes ont besoin.

La forteresse, réalisée par des architectes francs, forme un ensemble très compact. Elle épouse grossièrement la forme d'un trapèze. Ses installations sont isolées par deux enceintes, proches l'une de l'autre et construites sur deux niveaux différents qui sont utilisés conjointement pour combattre l'ennemi. Les murailles sont jalonnées de tours. La seconde enceinte comporte un chemin de ronde. Les défenses les plus importantes se trouvent du côté qui ne bénéficie pas de la protection naturelle de l'escarpement montagneux. Dans cette direction, trois tours massives, englobées dans l'enceinte intérieure, font face à l'ennemi. Elles sont protégées des projectiles, de la sape et des mines visant à provoquer la chute des murs, par de hauts talus en pierre. Ceux-ci se poursuivent sur l'un des longs côtés de la muraille. Dans ces tours, qui servent d'ultime refuge aux défenseurs en cas de siège, résident les chevaliers de l'Hôpital ainsi que le commandant de la forteresse, qui ne se mêlent pas à la troupe.

L'entrée du chateau, accessible par un pont-levis, est constituée par une longue rampe. Herses, portes, meurtrières ménagées dans les murs, assommoirs (ouvertures pratiquées dans le plafond pour pilonner l'assaillant), tout est prévu, le long du chemin, pour repousser l'ennemi.

La prise de Damiette par Saint Louis (miniature de la Vie de Saint Louis, *de Joinville, vers 1330-1340, Paris, Bibliothèque nationale).*

La vie s'organise

En temps de paix, le krak héberge 2 000 hommes, recrutés pour la plupart parmi les chrétiens de Syrie-Palestine. Mais les Hospitaliers enrôlent aussi des musulmans, habiles cavaliers. Ces soldats sont dirigés par les moines-chevaliers de l'Hôpital, au nombre de 50 ou de 60.

Le krak est capable de satisfaire les besoins des troupes, aussi bien en période de paix que lors de sièges prolongés. Sur ses différents niveaux, dont certains sont souterrains, la forteresse est équipée de casernements pour les hommes, d'écuries pour les chevaux et d'étables pour le bétail sur pied. Les magasins de vivres, les celliers pour le vin et l'huile et les silos à grains sont d'une très grande capacité. Les céréales sont broyées sur place, dans un moulin à vent installé sur l'une des tours de l'enceinte extérieure. L'approvisionnement en eau est assuré par des citernes qui recueillent l'eau de pluie, par un puits et par un long bassin (le berquil), alimenté par un aqueduc. Cette vaste pièce d'eau, aménagée entre les deux murailles, invite les hommes à

Le krak des Chevaliers, une des nombreuses forteresses chrétiennes en Terre sainte, Syrie.

Vue intérieure du krak des Chevaliers, Syrie.

se baigner et les bêtes à s'abreuver ; elle forme en même temps un obstacle supplémentaire pour les assaillants.
Sur la cour, enclose dans l'enceinte intérieure, ouvrent une chapelle romane, où les moines-soldats remplissent leurs devoirs religieux, et une salle, longue de 120 m, bordée par une galerie aux gracieuses baies gothiques. La grande salle accueille les débats des chevaliers de l'Hôpital et prête son cadre aux réceptions organisées en l'honneur de grands personnages de passage.

Une forteresse parmi d'autres

Le krak des Chevaliers n'est qu'une des nombreuses forteresses sur lesquelles repose la survie des États de Terre sainte. La 1re croisade achevée, les Francs repartent en Europe et laissent la défense des terres conquises en Orient à un petit nombre de chevaliers et à leurs souverains. Ces chevaliers prennent possession de terres qui pourvoient à leur entretien et bâtissent des châteaux forts pour les protéger et les administrer.
Les forteresses, qui sont plus d'une centaine si l'on compte les châteaux et les villes fortifiées, ne sont pas implantées selon un plan précis déterminé à l'avance par une autorité supérieure, mais dépendent bien souvent des choix personnels des chevaliers. Elles n'en constituent pas moins un système de défense cohérent, dans la mesure où les châteaux sont établis selon des lignes nord-sud qui s'imposent d'elles-mêmes. Les places fortes se succèdent, en effet, le long de la côte et de la zone montagneuse, qui borde le désert à l'est, et contrôlent les passages entre ces deux régions. Malgré l'intervention des ordres militaires, tels les Hospitaliers et les Templiers, qui héritent progressivement de la protection de la Terre sainte et des forteresses, et malgré le soutien de quelques troupes locales, les Francs jouent une partie perdue d'avance. Le rapport des forces est par trop déséquilibré. Les chrétiens, venus d'Europe, forcément peu nombreux, s'opposent à une population entière, musulmane.
Ils se voient infliger de cuisantes défaites lors des rares rencontres à terrain découvert et perdent leurs châteaux les uns après les autres. Le krak des Chevaliers, s'il résiste à plusieurs sièges, tombe finalement en 1271, vingt ans exactement avant la disparition définitive des États latins de Terre sainte. Son aventure militaire aura duré deux siècles.

Des églises éthiopiennes taillées dans le rocher

LALIBELA

« À une journée de marche [de Yemhrehana-Krestos, dans le nord de l'Éthiopie] sont des édifices dont on ne peut, me semble-t-il, trouver le pareil et en tel nombre dans le monde. Ce sont des églises entièrement excavées dans la roche et très bien taillées. Les noms de ces églises sont : Emmanuel, Saint-Sauveur, Sainte-Marie, Sainte-Croix, Saint-Georges, Golgotha, Bethlehem, Marcoreos, les Martyrs. La principale est Lalibela. Ce Lalibela, disent-ils [les Éthiopiens], fut le roi du pays pendant quatre-vingts années. »

Par ce compte rendu enthousiaste, le dominicain Francisco Álvares commence, au XVIe siècle, la plus ancienne description connue en Occident d'un ensemble de dix églises taillées à même le rocher, à 2 630 m d'altitude, en Éthiopie.

De la légende à la réalité

Ces églises, comme l'indique Álvares, ont été édifiées sur l'ordre d'un roi d'Éthiopie très pieux, Lalibela. Les historiens estiment que ce souverain régna entre 1190 et 1200, approximativement. Mais sa biographie officielle, rédigée environ deux siècles après sa mort et largement empreinte de merveilleux, affirme qu'il vécut beaucoup plus longtemps. À sa naissance, dans une riche famille du pays, un essaim d'abeilles apparut - présage faste rappelé par son nom, qui signifie en langage agaw (l'un des dialectes éthiopiens) : « Les abeilles proclament sa royauté. » Un miracle, survenu alors qu'il était adulte, aurait orienté de façon décisive l'histoire de son règne : transporté à Jérusalem sur les ailes de l'ange Gabriel, il aurait décidé, à son retour, de bâtir dans toute l'Éthiopie des églises chrétiennes.
La fable traduit poétiquement une réalité. Au XIIe siècle, l'emprise de l'islam sur l'Afrique du Nord et celle de la piraterie sur l'ensemble de la mer Rouge compliquent pour les habitants de l'enclave chrétienne d'Éthiopie le pèlerinage en Terre sainte.
Faute de pouvoir se rendre à Jérusalem, le roi dut décider de transporter symboliquement en Afrique la ville où le Christ subit sa Passion. Il fit donc édifier sur place des monuments commémorant les lieux saints. Telle est la signification de l'ensemble monumental complexe de Lalibela, construit dans la région de Lasta, d'où la dynastie de Lalibela était originaire.

L'église Emmanuel, la seule de l'ensemble de Lalibela qui soit entièrement monolithique, Lalibela, Éthiopie.

Des églises entièrement excavées

Deux ensembles, respectivement formés de six et de quatre églises, auxquels il faut ajouter un onzième sanctuaire, Saint-Georges, placé un peu à l'écart, constituent le complexe chrétien de Lalibela. Ces ensembles, distincts de 400 à 500 m les uns des autres, sont situés de part et d'autre d'une rivière au nom chargé de sens – le Jourdain. Abrités dans des fosses creusées exprès et dont ils ne dépassent pratiquement pas, les monuments sont à peu près invisibles, pour qui se promène sur le plateau : le visiteur ou le pèlerin ne les découvre qu'au dernier moment, lorsqu'il atteint le bord de l'excavation.
La forme des monuments, la manière qu'ils ont de se détacher ou non du rocher varient d'un cas à l'autre. Appartenant au groupe d'églises situé le plus au nord, la maison du Sauveur du monde, ou *Beta Madhane Alan* (ce qu'Álvares nomme le Saint-Sauveur), est le plus grand des édifices. Elle atteint 33,50 m de long, pour 23,50 m de large et 11 m de haut. C'est une église à cinq nefs, ou cinq allées déterminées par quatre alignements de chaque fois sept colonnes – un plan qu'on

Richesses chrétiennes d'Éthiopie

D'autres églises excavées... Les sanctuaires de Lalibela sont loin de constituer un cas unique en Éthiopie. Les spécialistes recensent aujourd'hui une centaine d'églises creusées par la main de l'homme dans le roc de ce pays, entre le VIIIe et le XVe siècle. Certaines sont entièrement souterraines – ce sont des cavernes parfois entièrement architecturées et sculptées ; d'autres sont en partie ou totalement excavées. La plupart se concentrent dans la partie nord de l'Éthiopie, le Tigray. Des considérations métaphysiques mal connues – tel un possible lien avec la terre – ont sans doute présidé au choix de creuser les sanctuaires plutôt que de les édifier.

Sous la hutte, un chef-d'œuvre. Mais des églises construites, fort anciennes et remarquables par leur architecture comme par leur décor peint ou sculpté, existent aussi en Éthiopie. Certaines sont connues depuis fort peu de temps. Le sanctuaire de Zarema-Giyorgis, par exemple, qui date du IXe siècle, a été découvert en 1973 seulement. En effet, il était entièrement dissimulé à l'intérieur d'une structure plus vaste et d'apparence plus modeste, une église de pierres grossièrement taillées couverte d'un toit de chaume.

L'église Saint-Georges, en plan cruciforme, excavée directement dans la roche, Lalibela, Éthiopie.

Le royaume de Jean le Prêtre

En 1165, un faux, fabriqué sans doute dans l'actuelle Allemagne, ébranle la chrétienté : une lettre de Jean le Prêtre, un souverain chrétien de l'autre bout du monde, qui se dit fabuleusement riche et propose son alliance aux souverains d'Occident.

Pendant les derniers siècles du Moyen Âge, l'Europe spécule sur la localisation exacte de ce royaume chrétien. On le cherche en Asie, puis on croit le trouver dans quelque région d'Amérique. Au XIVe siècle, l'Abyssinie – comme on appelle alors l'Éthiopie – est pour bien des gens **le royaume de Jean le Prêtre :** le pays n'est-il pas lointain et gouverné par un prince chrétien?

Convertis au christianisme au Ve siècle par « neuf saints » légendaires ou, plus probablement, par des moines venus de l'Empire byzantin, les souverains éthiopiens sont effectivement chrétiens. Contre la progression de l'islam en Afrique du Nord et dans les zones sud de leur État ils mènent, à partir du VIIe siècle, un combat sans relâche. **En 1529, la lutte se termine à leur désavantage :** la défaite contre l'émir du Harar à Shimbera-Koré, non loin de l'actuelle capitale, prélude au déclin définitif du royaume d'Éthiopie.

sait avoir été celui de la cathédrale, détruite, de l'antique capitale éthiopienne, Aksoum, dont la maison du Sauveur semble ainsi réaliser la réplique. Dans le second groupe, situé plus au sud, l'église la plus remarquable est celle de l'Emmanuel *(Beta A-manu'el).* À la différence de la précédente, elle est entièrement monolithique, c'est-à-dire que pas une pierre n'a été rapportée pour servir à sa construction, mais que le bâtiment entier – un parallélépipède de 17 m de long sur 11 m de large, haut de quelque 11 m et divisé en trois nefs, procède entièrement du creusement de la roche en place. Enfin, la maison de Saint-Georges *(Beta Gyorgis),* le seul monument isolé, lui aussi presque entièrement monolithique, retient l'attention par son plan en forme de croix grecque (c'est-à-dire avec des bras de taille égale), qui lui donne l'aspect d'une tour cherchant à s'arracher de la fosse profonde de 12 m dans laquelle il est taillé.

Une décoration remarquable

Si l'intérêt premier qui s'attache au site de Lalibela provient de son caractère rupestre, tellement insolite dans le monde chrétien, le décor, sculpté ou peint, de certains monuments, est également remarquable. L'église du Golgotha *(Beta Golgota),* en particulier, qui appartient au groupe septentrional, entièrement aménagée à l'intérieur de la roche – c'est-à-dire, donc, sans parois extérieures – porte sur les parois de sa pièce unique, rectangulaire, un relief composé de sept personnages grandeur nature : des hommes d'église, de face, la tête entourée d'un nimbe ou coiffée d'une volumineuse pièce d'étoffe.
Mais, surtout, l'église de la Vierge Marie *(Beta Maryam)* est ornée de peintures – les seules fresques de Lalibela – tout à fait exceptionnelles. Elles représentent des scènes de la vie de Jésus, dans une gamme de couleurs unissant le noir au vert et le rouge au brun. Outre les personnages, quelques édifices apparaissent à l'intérieur des peintures, ainsi que des animaux et des palmiers. Les scènes sont encadrées d'un décor géométrique à la signification symbolique, fait de rosettes, de croix, etc. Cette ornementation compte parmi les peintures les plus anciennes subsistant en Éthiopie – les exemples antérieurs, à Aksoum notamment, ayant été détruits par les musulmans au cours du XVIe siècle.

Vierge à l'Enfant, fragment de fresque de Lalibela, Éthiopie.

Les villes luttent pour construire la plus belle église

L'ÂGE D'OR DES CATHÉDRALES

Né en France, en 1135, à Saint-Denis, sous l'impulsion de l'abbé Suger, l'art gothique séduit rapidement les évêques du domaine royal, qui a pour noyau l'Île-de-France. Grâce au soutien financier de villes qui, à partir du début du XIIe siècle, connaissent une prospérité nouvelle, les évêques français, saisis d'une véritable fièvre de bâtir, érigent de grandes cathédrales, à la fois église du diocèse épiscopal et sanctuaire de la cité.

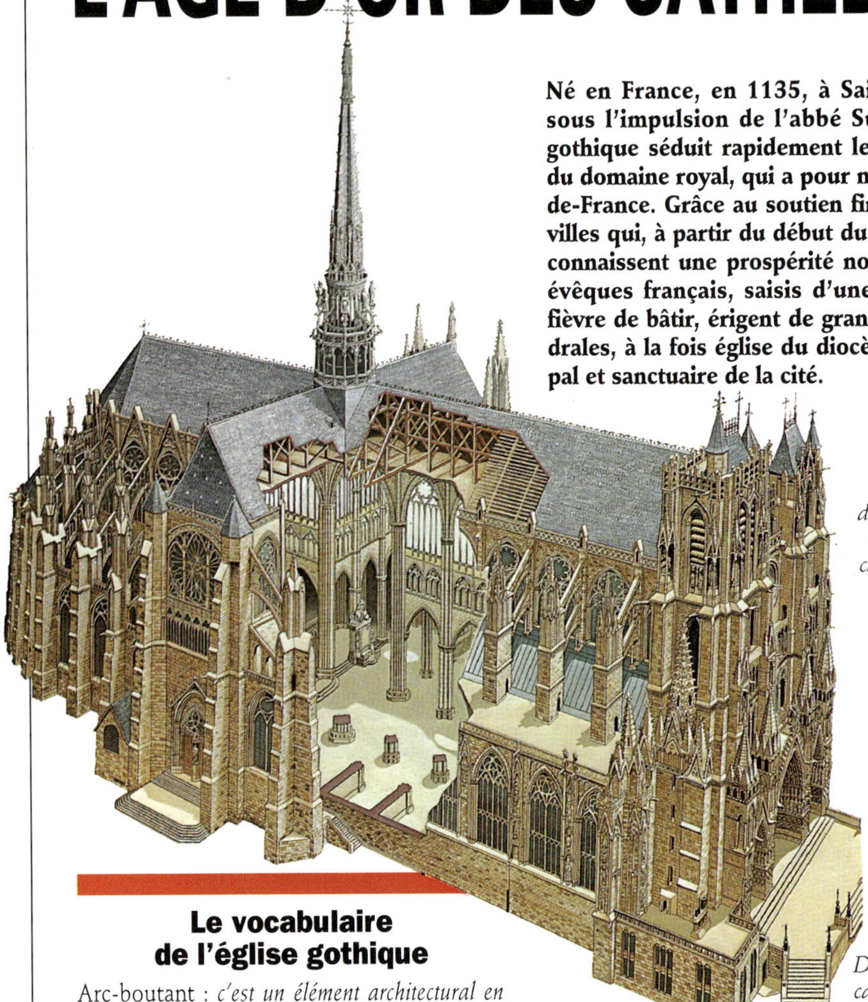

Dessin de la cathédrale d'Amiens.

L'immense nef de la cathédrale d'Amiens : la plus grande cathédrale de France.

Le vocabulaire de l'église gothique

Arc-boutant : *c'est un élément architectural en forme de quart de cercle qui prend appui sur un massif de maçonnerie extérieur (culée) pour soutenir la voûte de l'église.*
Clef de voûte : *cette pierre taillée en forme de coin et placée au centre d'un arc ou d'une voûte permet de faire tenir ensemble les différentes articulations.*
Jubé : *il s'agit d'une clôture de pierre sculptée séparant la nef et le transept, et isolant l'espace le plus sacré de l'édifice (chœur). Elle est surmontée d'une galerie où se faisait la lecture de l'Évangile.*
Ogive : *arcade formée de deux arcs qui se croisent et forment à leur sommet un angle aigu.*
Rose : *grande ouverture circulaire fermée par des vitraux insérés dans un réseau de pierre, disposé autour d'un petit cercle central.*
Volée : *espace enjambé par l'arc-boutant.*
Voûte sur croisée d'ogives : *voûte soutenue par deux arcs ogivaux qui se croisent en diagonale.*

Fierté de l'évêque et des bourgeois désireux de proclamer leur réussite tout en exprimant leur profonde piété, la cathédrale devient rapidement l'enjeu d'une compétition entre cités. C'est à qui édifiera l'église la plus imposante, la plus haute et la plus digne d'admiration. Après l'Île-de-France, cœur traditionnel du royaume, les cathédrales investissent les régions nouvellement passées sous le contrôle du souverain – Normandie, Picardie, Artois et Anjou – et celles qui subissent son influence – Champagne, Bourgogne et Flandre. Au commencement du XIIIe siècle, l'élan constructeur atteint son apogée. Période faste mais éphémère : dès la seconde moitié de ce siècle, l'art des cathédrales n'innove plus. Il se maintient cependant jusqu'au début du XVIe siècle.

Des prouesses architecturales

La cathédrale gothique conserve le plan de l'église romane : une vaste allée centrale (nef), flanquée de plus petits vaisseaux (bas-côtés), qui rencontre une allée transversale (transept). La nef possède la même terminaison arrondie où se loge le chœur. Celui-ci est entouré par une galerie, ou déambulatoire, qui ouvre sur une série de chapelles orientées vers l'est. Seule différence de plan, minime : le transept est moins saillant qu'à l'époque romane.
Les transformations architecturales concernent surtout les volumes et la structure des murs. La voûte sur croisée d'ogives, que l'Île-de-France a employée pour la première fois à Saint-Denis, et les arcs-boutants, inventés à Notre-Dame de Paris en 1180, engendrent des monuments de plus en plus audacieux. Les arcs-boutants, en forme de quart de cercle, reposent sur des massifs de maçonnerie construits à l'extérieur. Ils enjambent les bas-côtés et s'appuient contre le monument afin de neutraliser la poussée de la voûte. Croisée d'ogives et arcs-boutants permettent d'augmenter la hauteur des voûtes tout en multipliant les ouvertures dans les murs. Comme les murs ne supportent plus seuls tout le poids du bâtiment, il devient possible de les alléger –

notamment de les percer de fenêtres – sans compromettre la solidité de l'édifice. Au cours des années, par ailleurs, la voûte ne cesse de s'élever. À Notre-Dame de Paris, elle atteint 35 m de hauteur ; à Chartres, 36,55 m ; à Reims, 38 m ; à Amiens, la plus vaste cathédrale de France, 42,30 m ; et au chœur de Beauvais (où elle s'écroulera), 48 m. Les lignes verticales sont ainsi de plus en plus accentuées. Au XIIIe siècle, la voûte sur croisée d'ogives est perfectionnée, les supports intérieurs s'allègent, l'espace s'unifie. L'élévation intérieure comporte le plus souvent trois étages, de grandes arcades, une petite galerie située au-dessus de ces arcades (triforium) et de hautes fenêtres.

Un programme cohérent

Pour la décoration des cathédrales, les hommes d'église établissent un programme d'ensemble qui rompt avec les figures isolées des églises romanes. La sculpture est chassée de l'intérieur de l'église (sauf pour la clôture du chœur, appelée jubé, et à l'exception de la cathédrale de Reims, où les sculptures envahissent tout). Elle est reportée sur les façades. Aux sculptures liées aux murs (reliefs) s'ajoutent désormais les statues libres de toute attache à une paroi (en ronde bosse), qu'ignoraient entièrement les églises romanes. Toutes ces œuvres, qui nous apparaissent aujourd'hui dans la sobre beauté de leur pierre claire, étaient jadis peintes de couleurs éclatantes et variées.

La peinture, et surtout la peinture sur verre, est néanmoins le principal ornement de la cathédrale : à travers les baies lancéolées (verticales) et les grandes fenêtres rondes imitant des roses (rosaces), les vitraux aux vives couleurs font pénétrer une lumière transfigurée, symbole de la puissance divine. Le décor grandiose change au fil des heures. Chartres et Bourges conservent aujourd'hui les plus beaux ensembles de vitraux de cette époque.

Sculpture et vitrail forment, dans ces églises, de véritables précis d'histoire religieuse. À une époque où le livre n'est accessible qu'à une toute petite élite, les images de la cathédrale enseignent à tous les histoires de l'Ancien et du Nouveau Testament, racontent la vie édifiante des saints et inculquent les principes de la religion chrétienne aux fidèles. Les peintres de cette époque ne se contentent plus d'esquisser des formes belles mais symboliques ; ils détaillent avec amour les composantes entières du monde, dessinent sa faune, sa flore, tâchent de rendre toute la beauté des saisons, n'hésitent pas à traiter de sujets apparemment triviaux, comme les travaux des mois et des jours. Pour faciliter la lecture, les saints personnages sont figurés, dans chaque bâtiment, avec un vêtement, une caractéristique physique ou un objet qui leur sont spécifiques : saint Paul, par exemple, se reconnaît à son crâne dégarni et à l'épée qu'il tient dans sa main ; saint Pierre possède une barbe et porte les clés du paradis....

Un hymne à l'Incarnation

Les portails de la façade principale, généralement au nombre de trois, sont abondamment décorés. Le portail central est consacré au Christ – sauf à Reims où il glorifie la Vierge. Sur le tympan, c'est-à-dire dans l'espace compris à l'intérieur de l'arc sumontant la porte, la représentation du Fils de Dieu domine la scène du Jugement dernier. Les sculpteurs gothiques ont à cœur de montrer, en lui, non un juge au visage impénétrable comme le faisaient les artistes romans, mais un Dieu incarné, vivant – un homme venu annoncer aux autres hommes le rachat de leurs fautes et la résurrection.

L'un des portails latéraux est consacré à Marie, la Mère du Christ : c'est là une autre différence, considérable, avec les églises romanes. Personnage secondaire de l'Église, dans l'époque précédente, Marie est, pour les chrétiens de l'âge gothique, une figure essentielle, l'intercesseur privilégié des pécheurs auprès de Dieu. Aussi, au XIIe et au XIIIe siècle, de nombreuses cathédrales lui sont-elles dédiées, comme l'indique le nom de « Notre-Dame », à Paris, Chartres, Reims, Amiens, Rouen ou encore Strasbourg. Les thèmes que les artistes choisissent d'illustrer, au-dessus de ce portail, sont plus variés que dans le cas de la porte centrale : il peut s'agir de la Dormition, ou dernier sommeil de Marie (qui est censée s'être endormie pour l'éternité – et non pas être morte), de l'Assomption, ou montée du corps de la Vierge aux cieux, et du Couronnement de Marie par son fils. L'autre portail latéral est consacré, en général, à un saint ou à une sainte.

Façade ouest de la cathédrale Notre-Dame, l'île de la Cité, Paris.

... Les villes luttent pour construire la plus belle église

Un des plus beaux ensembles de vitraux gothiques, celui de la cathédrale de Chartres.

Mais comment construit-on une cathédrale ? Qui décide de bâtir ou de rebâtir l'édifice ? Où trouve-t-on l'argent nécessaire aux travaux ? Qui élabore le plan de l'église, qui mène le chantier et comment s'organise-t-il ? Les rôles, au XIIe et au XIIIe siècle, apparaissent strictement partagés, pour aboutir à un maximum d'efficacité.

Le rôle de la fabrique

Tout ce qui concerne l'administration du chantier est du ressort du « chapitre ». Par « chapitre », il faut comprendre la réunion des « chanoines », c'est-à-dire les prêtres affectés à la cathédrale. Cette assemblée veille sur l'« œuvre » ou la « fabrique » de la cathédrale (termes qui désignent tout ce qui concerne la construction et l'entretien du monument), et assure la continuité du chantier, par-delà la succession des différents maîtres maçons.

C'est le chapitre qui prend par exemple les mesures d'expropriation nécessaires au dégagement du terrain, c'est lui qui approvisionne le chantier en matières premières, pierre, bois et métal. Il lui revient aussi de verser les salaires des ouvriers. La personnalité la plus importante du chapitre est le proviseur, responsable des comptes et de la direction administrative du chantier.

Les ressources proviennent des donations faites par les marchands enrichis et par les membres des corporations installées dans la ville. La générosité de ceux-ci s'explique par le fait qu'ils recherchent le pardon divin, pour l'argent que leur ont permis de gagner des activités souvent lucratives, mais regardées d'un mauvais œil par l'Église. La fierté civique entre également en compte : les donateurs sont heureux de participer à la construction des cathédrales, symboles des villes en pleine renaissance, tout juste libérées, au XIIe siècle, du joug des seigneurs féodaux. Quand l'argent vient à manquer, le chantier s'arrête. Les ouvriers se font embaucher ailleurs. L'évêque, ou le chapitre, se démène pour trouver de nouveaux fonds et reprendre les travaux.

L'évêque et son architecte

À l'évêque reviennent les décisions de fond : le choix même d'entreprendre le chantier, la désignation de l'architecte et la définition des grandes lignes du projet. Parce que le chef religieux de la ville entend exercer un droit de contrôle très strict, le dessin que lui présente l'architecte, avant que soit posée la première pierre, est extrêmement élaboré. Il indique jusqu'à la position des sculptures, rehaussées de couleurs. À partir d'une certaine époque, des maquettes (nous en conservons des exemples datant des XIVe et XVe siècles), en bois, en pierre ou en plâtre, donnent aux ecclésiastiques peu doués d'imagination une idée parfaite du résultat final.

À l'adresse des hommes du chantier, l'architecte prépare des dessins beaucoup plus détaillés, accompagnés de chiffres et de lettres, qui fournissent les précisions indispensables. Ce travail préliminaire est considérable : pour le mener à bien, pour veiller à la parfaite exécution des ordres sur l'ensemble du chantier, l'architecte s'entoure, très rapidement, de techniciens très compétents.

Sur le chantier

La construction d'une cathédrale mobilise un grand nombre d'ouvriers qui se rangent du simple manœuvre aux maîtres charpentiers

Un exemple italien : les cathédrales de Sienne et de Florence

Au XIIIe et au XIVe siècle, les cités européennes projettent leurs rivalités politiques dans les chantiers de leurs églises. Ce qui se produit en France advient également, par exemple, en Italie. En Toscane en particulier, deux cités, au XIIIe siècle, sont rivales : Florence et Sienne.

Florence : un chantier laissé inachevé. La première de ces villes troque son ancienne cathédrale, Santa Reparata, contre un édifice qui porte la dédicace nouvelle et plus poétique de Santa Maria del Fiore, dont les dimensions sont beaucoup plus grandes et la forme, le décor, infiniment plus modernes et ambitieux. Le nouvel édifice est construit autour et au-dessus de l'ancienne église, qu'il enveloppe comme une noix sa coquille, jusqu'à ce que les travaux soient suffisamment avancés pour que le culte puisse être célébré dans l'édifice neuf. Le chantier, ouvert en 1296, se clôt au milieu du XVe siècle seulement, avec les dernières interventions sur la coupole ; mais la façade reste inachevée – celle que l'on voit aujourd'hui date du XIXe siècle.

La cathédrale siennoise : une nouvelle tour de Babel ? Sienne cultive un projet plus ambitieux encore que l'autre ville. La construction d'un nouveau baptistère, au pied de la colline sur laquelle est bâtie la première cathédrale, doit fournir les substructures pour élever un bâtiment beaucoup plus considérable : une gigantesque et neuve cathédrale, qui réutilisera l'ancienne pour en faire simplement son transept. Le chantier est conduit selon ce plan entre 1316 et 1339. À cette date, il s'avère que la structure conçue est sans commune mesure avec les moyens techniques dont disposent les constructeurs au XIVe siècle : l'édifice achevé, selon toutes prévisions, risque fort de s'effondrer. Ce constat désolant interrompt cette année-là un chantier déjà bien engagé. Pendant presque une décennie, les responsables de l'« Œuvre du Dôme »(c'est-à-dire de la cathédrale) cherchent fébrilement l'architecte génial qui apportera la solution à leurs problèmes. Finalement, la Peste noire, en 1348, met un terme au projet, en déterminant un déclin définitif pour la cité. Aujourd'hui, des pans dressés d'une hauteur considérable demeurent en place, perpendiculairement à la cathédrale : ils sont l'unique témoignage du fol orgueil des anciens Siennois, dont le projet ne put jamais aboutir.

ou maçons. Les manœuvres creusent les fondations, jusqu'à une profondeur qui peut atteindre 10 m, et transportent les matériaux d'un bout à l'autre du chantier. Des ouvriers sont spécialisés dans la construction des échafaudages, d'autres dans la fabrication du plâtre et du mortier. Les forgerons préparent les outils.

Les tailleurs de pierre interviennent d'abord dans la carrière, après que les carriers en ont extrait les blocs. Ils dégrossissent ou taillent sur place les pierres de chaque partie de l'édifice à venir afin de réduire les coûts du transport, exorbitants. Des gabarits leur donnent le modèle exact des éléments complexes, comme les ogives ou les moulures. Lorsqu'ils sont rémunérés à la pièce, ces ouvriers gravent sur la pierre des marques de tâcheron qui permettent d'identifier leur travail. Les décorations plus complexes – reliefs et statues – sont exécutées généralement dans un atelier commun attenant à la cathédrale : les sculpteurs qui travaillent à ces pièces demeurent le plus souvent anonymes, comme leurs compagnons tailleurs de pierre.

Les maçons, pourvus de niveaux et de fils à plomb, montent les murs. Les charpentiers bâtissent la charpente du toit, qui est ensuite recouverte de plomb. Lorsque la toiture est achevée, les maçons commencent à construire les voûtes de pierre qui surmontent le chœur et la nef. Les matériaux sont hissés jusqu'à eux grâce à une grue associée à un treuil et à une roue, l'écureuil. La roue, actionnée par deux hommes qui marchent à l'intérieur, soulève les lourdes charges attachées à une corde. L'hiver, les travaux s'arrêtent à cause du gel. Avant de quitter le chantier pour la saison, les bâtisseurs isolent les murs à l'aide de paille et de fumier.

Dès la fin du XIIIe siècle, l'enthousiasme pour ces grandes réalisations retombe. Le XIVe siècle, temps de malheurs, laisse beaucoup de cathédrales inachevées.

Dessin médiéval de la partie centrale de la façade de la cathédrale de Strasbourg (musée de l'Œuvre-Notre-Dame, Strasbourg).

Les artisans des différents corps de métiers (tailleurs de pierre, maçons, plâtriers, sculpteurs) travaillent parfois pendant toute leur vie à l'édification d'une cathédrale (miniature du Moyen Âge, Paris, Bibliothèque nationale).

L'architecte, une célébrité

À partir du XIIIe siècle, l'architecte des cathédrales est **un personnage très important.** Parce qu'il est capable de mener à bien une œuvre jugée colossale, il est entouré d'un immense respect. À la différence de ce qui se produit à l'époque précédente, **il signe son œuvre,** sur les pierres de l'édifice puis dans les labyrinthes dessinés sur le dallage des cathédrales, au même titre que l'évêque qui a lancé l'entreprise.

Après sa mort, **il est enterré dans la cathédrale qu'il a édifiée :** une dalle funéraire immortalise son souvenir, en associant à son épitaphe la représentation de ses instruments de travail, le compas, l'équerre et la baguette. Mais sa gloire n'est pas seulement posthume : de son vivant, **il reçoit une forte rétribution,** et **il est honoré de titres prestigieux** comme celui de « docteur ès pierres » décerné à Pierre de Montreuil – qui a participé notamment à l'érection de Notre-Dame de Paris.

Les architectes les plus renommés sont réclamés par plusieurs chantiers en même temps. Pour limiter les abus de ces directions multiples, évêques et chapitres lient les architectes par **un contrat qui fixe la durée des absences** et soumet à leur approbation préalable les visites rendues à d'autres chantiers.

Une abbaye normande établie dans une baie

LE MONT-SAINT-MICHEL

Très isolé, le Mont-Saint-Michel abrita une des plus célèbres communautés monastiques. Dans le ciel de cette miniature, l'archange saint Michel terrasse le dragon (miniature du XVIe siècle).

Rocher perdu au milieu des sables, baigné par la mer et battu par les vents, le « Mont Tombe », dans les premiers temps de l'ère chrétienne, a de quoi séduire les mystiques assoiffés de solitude. Dès le VIIIe siècle, il est voué au culte de l'archange Michel et accueille une petite communauté de religieux.

Deux cents ans plus tard environ, à l'instigation du duc de Normandie, la communauté primitive est remplacée par des moines bénédictins. Bientôt des miracles, accomplis, paraît-il, par une relique de l'ange que conservent les moines, attirent des pèlerins de plus en plus nombreux. Leur générosité, ainsi que celle des ducs successifs et des nobles locaux, assure à l'abbaye, désignée désormais sous le nom de « Mont-Saint-Michel », une immense prospérité. Cependant, la communauté suit les vicissitudes de l'histoire régionale. En 1066, quand les ducs de Normandie, après avoir passé la Manche, s'imposent sur le trône d'Angleterre, elle devient anglaise ; elle fait retour dans le royaume de France, en même temps que la Normandie, au début du XIIIe siècle. Mais ses monuments, incendiés aux cours de combats, sont alors réduits à quelques murs en ruine. Aussi, en 1212, sont entrepris de très considérables travaux : la reconstruction partielle de l'église, dont il reste une partie, et l'édification d'un magnifique édifice gothique qu'on n'appelle bientôt plus que « la Merveille ».

Autour de l'église abbatiale

La nouvelle abbaye se conforme à l'ordonnance des monastères bénédictins. C'est-à-dire qu'elle est entièrement centrée sur l'église, l'édifice le plus important de la vie des moines. Mais, au Mont-Saint-Michel, à cause du site escarpé, l'architecte a dû renoncer au plan traditionnel des ensembles bénédictins, dessiné pour un sol plat. Au lieu de se déployer autour de l'église, les salles s'étagent sur plusieurs niveaux et encadrent l'abbatiale – ou église de l'abbaye – qui trône au sommet du rocher.

Cette église, amputée au XVIIIe siècle de sa partie antérieure, hérite du précédent édifice, datant du XIe siècle, sa nef et son transept, de style roman. Au centre de ce transept, c'est-à-

La règle de saint Benoît

Les moines établis au Mont-Saint-Michel étaient des bénédictins. C'est-à-dire qu'ils suivaient la règle établie par Benoît de Nursie vers 540.

Celle-ci fait reposer la vie des moines sur quelques principes fondamentaux : la recherche de Dieu, le respect mutuel, la charité, l'humilité, la patience, l'amour et, de façon plus spécifique en réfère à l'ordre, au silence et à l'obéissance.

La règle précise aussi de quelle manière s'organise la vie de la communauté monastique. Les moines sont placés sous l'autorité d'un abbé, qu'ils élisent à vie et à qui ils doivent obéir. Ils partagent leurs biens et ne possèdent rien en propre. L'emploi du temps, tel que le prévoit Benoît de Nursie, divise la journée, de façon équilibrée, entre prière, travail, sommeil et repas. Puis, au début du IXe siècle, la prière devient l'activité privilégiée sinon exclusive des moines, sous l'influence de la réforme initiée par l'un d'eux, Benoît d'Aniane.

Vue aérienne du Mont-Saint-Michel, au large des côtes de la Bretagne et de la Normandie.

Le cloître de l'abbaye bénédictine du Mont-Saint-Michel.

dire à l'endroit où se croisent l'axe longitudinal et l'axe transversal de l'église, bâtie en forme de croix, le maître d'œuvre du XIIIe siècle dresse une tour surmontée d'une haute aiguille – une « flèche » – monument gothique qui domine l'ensemble du Mont. Le chœur, ou partie réservée au clergé à l'extrémité de la nef, est aussi de style gothique, mais il est plus tardif. Extrêmement élégant, il remplace, entre le milieu du XVe et le début du XVIe siècle, l'ancien chœur roman, rescapé de l'incendie ayant eu lieu en 1204 mais qui s'écroule à ce moment.

Pour les moines et les pèlerins

Au nord de l'église, entre 1212 et 1228, l'abbaye élève la « Merveille », un complexe fait de deux bâtiments accolés qui abritent les salles réservées aux moines et les logements des pèlerins. Cette construction, réalisée sur un terrain très accidenté, soutenue par de puissants contreforts, est une véritable prouesse architecturale.

Au niveau inférieur se trouvent le cellier, salle froide et obscure, qui renferme les abondantes réserves de provisions du monastère, et l'aumônerie, une vaste pièce où sont abrités les pèlerins pauvres. Le local, qui a pour but de satisfaire les principes de charité et d'hospitalité posés par la règle de saint Benoît, ne désemplit pas.

Au niveau intermédiaire se situe la salle des Hôtes, qui reçoit les visiteurs de haut rang. La pièce, partagée en deux par de fines et élégantes colonnes, était jadis très richement décorée de tapisseries, de vitraux et de peintures. Elle est équipée de deux grandes cheminées où mijotaient les repas des hôtes. Au même étage s'étend la salle des Chevaliers – en fait le scriptorium, ou atelier d'écriture, et en même temps chauffoir des moines. C'est une pièce au plafond supporté par de lourdes colonnes et équipée d'imposantes cheminées : les moines y passaient une partie importante de la journée, occupés à lire, à recopier des manuscrits et à les enluminer, à écrire l'histoire de l'abbaye ou à travailler dans différentes disciplines manuelles.

Au niveau supérieur, le cloître et le réfectoire sont réservés aux moines. Le très beau cloître est formé d'une galerie, munie d'une double rangée de colonnettes délicates disposées en quinconce, qui entoure un jardin. Dans le plan initial de l'architecte, ce cloître aurait dû être contigu à la salle de réunion des moines, appelée salle du Chapitre. Les baies devaient communiquer avec la salle du Chapitre (où se tenaient les assemblées des moines), projetée mais jamais construite. Le réfectoire, quant à lui, est une superbe salle couverte d'une lourde charpente en bois soutenue par des murs percés de fenêtres étroites et hautes, reliées par des arcades.

Le dortoir, accolé à l'église pour faciliter les dévotions nocturnes, a été construit à l'époque romane.

La journée des moines

Du XIIIe au XIXe siècle – époque du départ des moines –, des générations de bénédictins ont mené dans l'abbaye une existence à peu près inchangée. Huit fois dans la journée, les moines se réunissaient dans l'église, pour l'office, c'est-à-dire pour prier ensemble, pendant une heure à une heure et demie ; ils s'y retrouvaient une neuvième fois, pour la célébration de la messe. Le premier office, dit des vigiles, ouvrait la journée à 1 h 30 du matin. Deux autres lui succédaient, les matines, puis l'office de prime. Après quoi, à 6 h 30, les moines se regroupaient dans le cloître ou dans une pièce fermée. Là, leur abbé leur communiquait les annonces propres à la vie de la communauté, lisait et commentait des extraits de la règle, entendait la confession – publique – des moines et infligeait des pénitences aux pécheurs.

La matinée se poursuivait dans le scriptorium, par des travaux intellectuels ou manuels. Avant le déjeuner, fixé entre 11 h et 13 h selon les saisons, se déroulaient l'office de tierce et la messe. L'après-midi était occupé par les offices de sexte et de none ,à nouveau par un court temps de travail, et par les vêpres. Elle s'achevait par le repas du soir, frugal, puis par le dernier office, appelé « complies ». Le moine rejoignait alors son dortoir – il était environ 18 heures.

1220-1438

Le berceau de la civilisation thaïe

SUKHOTHAI

Au XIII

Statue de Bouddha de la tour centrale, avec, en bas-relief, une frise représentant ses premiers disciples, Sukhothai.

Le royaume que ce peuple fonde aux alentours de Sukhothai entre 1220 et 1240 devient pour quelques décennies, à partir du dernier quart du XIIIe siècle, un État extrêmement puissant, qui tient sous son joug des régions dépassant les limites de la Thaïlande contemporaine. Dans la jeune capitale naît et s'épanouit une civilisation marquée par une importante culture. L'alphabet, les arts, les lois de l'ancienne Thaïlande sont issus de la région de Sukhothai. Cet âge heureux dure jusqu'en 1438, date à laquelle un royaume situé plus au sud, Ayuthia, triomphe militairement de Sukhothai, qui connaît alors un déclin rapide et tombe finalement en ruine.

Une architecture insolite

Inscrite dans un plan rectangulaire, la ville était protégée par trois levées de terre séparées par deux douves. À l'intérieur de ces remparts, les ruines de quelque vingt temples *(wat)* et monastères demeurent encore aujourd'hui en place.

Le plus grand temple, situé au centre précis de la cité, est le Wat Mahathat. Construit par Indraditya, le premier roi de la dynastie de Sukhothai (1220-1250), il doit sa forme actuelle au roi Lo Thai (1345). C'est un ensemble de tours et de stupas (ou monuments-reliquaires en forme de cloche) construits en latérite – le matériau local – au-dessus d'une plate-forme édifiée dans la même pierre. La tour centrale, portée par un très haut soubassement quadrangulaire, est couronnée par un bulbe s'étirant en pointe, dit « en bouton de lotus », qu'on ne trouve qu'à Sukhothai. Les tours périphériques, plus petites, sont décorées de reliefs réalisés en poudre de marbre (stuc), matériau qui a également été utilisé pour le grand bas-relief (frise) qui, sur la base de la tour centrale, représente

La deuxième capitale : Ayuthia

L'apogée de l'histoire thaïe. Si le site de Sukhothai est associé aux débuts historiques de la Thaïlande, celui d'Ayuthia correspond à l'apogée du destin de cette nation. Fondé en 1350 par un prince venu d'U Thong, l'empire constitué autour de cette cité établie aux confluents de trois rivières, à proximité de la mer et dans une plaine fertile de rizière, soumet rapidement plusieurs principautés thaïes, vainc le royaume de Sukhothai au nord et entre en lutte contre les Khmers (ou Cambodgiens), saccageant Angkor en 1431 et provoquant ainsi le déplacement de la capitale cambodgienne.

« Prangs » et « chedis ». Ayuthia fut habitée de sa fondation, en 1350, à sa destruction, en 1767, par des Birmans. Mise au jour en 1956 après des siècles d'oubli, l'ancienne capitale n'est plus constituée que des ruines d'une grande quantité de temples et de palais. Le style des monuments est très influencé par l'art de Sukhothai et par celui des Khmers. Il se singularise toutefois par la construction des prangs, tours cylindriques surmontant les sanctuaires, et par celle des chedis, édifices en forme de cloche extrêmement pointus, adaptation locale du stupa indien.

Les plus beaux temples. L'un des plus anciens temples du site est le Wat (« temple ») Pra Ram, commencé en 1369 ; des éléphants sculptés sur les portes des anciens murs sont encore debout et la terrasse centrale est dominée par un prang entouré d'une galerie sur laquelle on peut voir des serpents sacrés *(nagas)* et des statues de Bouddha. Le Pra Si Sanpet – « Bouddha recouvert de feuilles d'or » – a donné son nom au temple qui l'abrite (le Wat Pra Si Sanpet), un monument du XVe siècle. C'était le temple royal, dont les trois chedis abritaient les cendres des souverains en même temps que des reliques bouddhiques. Le Wat Rajapurana, édifié en 1424, sépulture de deux membres de la famille royale, contenait dans des salles funéraires souterraines un admirable mobilier, aujourd'hui au musée d'Ayuthia.

Le plus grand temple de Sukhothai, le Wat Mahathat, avec ses stupas en forme dite « en bouton de lotus », Sukhothai, Thaïlande.

Les « chedis », édifices en forme de cloche, d'Ayuthia sont une adaptation des stupas indiens, Ayuthia.

des personnages debout et marchant, supposés constituer le tout premier groupe de disciples de Bouddha.

Des sculptures d'une exceptionnelle nouveauté

L'originalité des artistes de Sukhothai s'exprime d'ailleurs dans cette forme sculptée tout à fait nouvelle : le Bouddha marchant. Ce style, qui a donné lieu à de fort belles statues en ronde bosse (c'est-à-dire détachées de tout support mural), est considéré comme la plus belle innovation des sculpteurs de cet empire. Aujourd'hui, ces statues en bronze ou en pierre, qui sont généralement à l'échelle humaine et parfois plus grandes, ont, le plus souvent, été transportées dans les musées : les sculptures conservées par le musée de Bangkok, par exemple, montrent des personnages saisis en pleine marche, un pied en arrière, légèrement décollé, l'autre en avant, posé bien à plat sur le socle, tout le corps exprimant par un léger déhanchement le gracieux déséquilibre d'une personne en train d'avancer. À Sukhothai, on peut encore voir devant le temple une grande statue de Bouddha assis encastrée entre des piliers. L'œuvre se reflète à la surface d' un étang, ce qui ajoute une dimension très poétique à la perspective du grand temple.

Les premiers royaumes thaïs

Région anciennement et densément peuplée, convertie au bouddhisme au IIIe siècle avant notre ère, **l'actuelle Thaïlande est d'abord occupée par une population autochtone, les Môns.**

À partir de la fin du XIe et surtout au XIIe siècle, l'immigration d'**une population non chinoise venue de Chine du Sud, les Thaïs, ou Syam** (que les Occidentaux nommeront communément Siamois), modifie profondément les caractéristiques ethniques de la région.

Groupe dominant à partir du deuxième quart du XIIIe siècle, cette population est à l'origine de royaumes qui deviennent bientôt extrêmement puissants. Deux de ces royaumes, celui de **Sukhothai, dans le nord du pays (1250-1438),** et celui d'**Ayuthia, qui a sa capitale plus au sud (1350-1767),** sont les plus brillants du point de vue de la civilisation.

Une ville fortifiée du sud de la France

CARCASSONNE

Établie sur un escarpement rocheux, au-dessus d'une vaste plaine où coule l'Aude, la cité fortifiée de Carcassonne occupe une position stratégique très importante. En effet, elle contrôle les voies de passage entre l'Atlantique et la Méditerranée, d'une part, et entre la France et l'Espagne, d'autre part.

En 1226, la cité entre dans le domaine des rois de France à la suite de la guerre menée contre les cathares, membres d'une secte prônant la plus rigoureuse ascèse morale et physique. Bien implantés dans le midi de la France, les adeptes du catharisme sont considérés comme hérétiques par l'Église catholique et pourchassés. Une armée, formée de seigneurs du nord du pays, s'empare de leurs villes et de leurs terres. Carcassonne, d'abord sous la tutelle de l'un de ces seigneurs, échoit bientôt aux rois de France, qui seuls disposent des moyens nécessaires pour conserver cette conquête dans une région hostile.

Les hourds, galeries en bois fixées au sommet des remparts pour protéger les défenseurs durant les sièges, Carcassonne.

Une solide défense

Les souverains capétiens entreprennent aussitôt de modifier les anciennes fortifications et d'en construire d'autres. Ces travaux, qui s'échelonnent tout au long du XIIIe siècle, confèrent à la cité l'aspect qu'elle a conservé jusqu'à aujourd'hui et font d'elle un ensemble unique.
Depuis la fin du IIIe ou le début du IVe siècle de notre ère, en effet, Carcassonne est entourée d'une enceinte qui donne à la ville, très tôt, son tracé à peu près définitif. Un millénaire plus tard, les rois de France exhaussent les murailles et les tours de cette ancienne fortification, mais ils en reconstruisent aussi une partie. Parmi les nouveaux éléments figurent la tour du Trésau et la magnifique porte Narbonnaise, encadrée de deux tours.
Cette première ligne de défense est doublée d'une enceinte extérieure – élément neuf de la fortification – érigée en contrebas. La muraille, qui couvre ici un kilomètre et demi environ, mesure entre 7 et 10 m de hauteur. Elle comporte une quinzaine de tours, des échauguettes et des barbacanes, ouvrages protégeant les portes. La tour la plus puissante est celle de la Vade. Parfaitement autonome avec son four à pain, son puits et ses latrines, elle peut continuer à résister à l'ennemi, même si elle est coupée du reste de la cité.
Les deux murailles – l'ancienne, modifiée, et la nouvelle, à l'extérieur, sont couronnées d'un parapet pourvu d'échancrures rectangulaires, les créneaux. Contre ce parapet, du côté regardant vers la campagne, sont plaqués les hourds, des galeries de bois au plancher percé, d'où les défenseurs attaquent les assaillants, parvenus au pied des murailles. Entre les deux enceintes s'étendent les lices, un espace soigneusement nivelé pour faciliter la circulation des hommes, des chevaux et des engins de guerre.

L'architecture militaire médiévale

L'archère, ou la meurtrière : *une fente verticale longue et étroite percée dans les murailles pour permettre le tir à l'arc.*
La barbacane : *une construction disposée devant une porte pour en défendre l'accès.*
Le chemin de ronde : *un passage situé au sommet des courtines, protégé par un parapet.*
La courtine : *le mur de fortification dans son ensemble, mais aussi, plus précisément, la section du mur comprise entre deux tours.*
Le créneau et le merlon : *respectivement, la partie échancrée en forme de rectangle et la partie pleine du parapet couronnant les murailles.*
L'échauguette : *une tourelle en saillie sur un mur ou un angle de mur, qui en surveille les abords.*
La herse : *une grille de fer ou de bois défendant l'accès d'une porte, abaissée et relevée à partir d'une salle aménagée à l'étage.*
Le hourd : *une galerie en bois fixée au sommet de la muraille extérieure, surplombant la base des murs. À travers les ouvertures du plancher, les assiégés jettent des projectiles sur leurs adversaires. Par la suite, les hourds seront remplacés par des galeries de pierre, les mâchicoulis.*
Les lices : *l'espace compris entre les deux enceintes, intérieure et extérieure.*

Vue aérienne de la cité de Carcassonne, avec sa double ligne de fortifications.

La porte Narbonnaise et les lices (voie de circulation entre les deux lignes de fortifications), Carcassonne.

Enfin, les Capétiens, qui se méfient de la population de Carcassonne, dotent le château des anciens maîtres de la cité d'un puissant système de défense, tourné non pas vers l'extérieur, mais vers la ville elle-même. Son entrée est fermée par une barbacane, plusieurs portes et des herses.

La cité assiégée

En 1240, l'héritier des anciens vicomtes de Carcassonne rassemble les seigneurs mécontents de la région et met le siège devant la cité afin de la reprendre. Il se heurte à la farouche résistance de l'officier du roi, en charge de la place, et de ses hommes, pourtant peu nombreux. Les troupes des deux camps sont formées de chevaliers – l'élite de l'armée – et de sergents – soldats qui combattent comme arbalétriers, archers, piquiers.

Après avoir encerclé les murailles et disposé par endroits des palissades et des fossés pour empêcher les sorties des adversaires, les assaillants lancent leurs attaques. À l'aide d'un mangonneau, un engin de jet fonctionnant grâce à un système de balancier, ils lancent de grosses pierres contre les courtines et les barbacanes. La riposte vient d'une machine du même type, qui bombarde les hommes actionnant l'appareil. Ailleurs, les assaillants creusent des mines, galeries qui passent sous les murailles extérieures de Carcassonne. Elles s'enfoncent discrètement dans le sol à partir de maisons situées près des murailles. Si les défenseurs ne parviennent pas à localiser la mine à temps, les assaillants, qui l'ont étayée avec du bois, y mettent le feu. La muraille, qui n'est plus soutenue, s'effondre. Il ne reste plus alors à la défense qu'à ériger en toute hâte des palissades pour remplacer le mur défaillant ! En revanche, si les défenseurs repèrent la galerie, ils réalisent une contre-mine pour chasser l'ennemi.

Les attaquants soumettent en outre la ville au tir serré de leurs arbalètes, des arcs puissants actionnés par un mécanisme, qui lancent des flèches appelées carreaux, capables d'endommager les murailles. Les défenseurs leur répondent à partir des multiples meurtrières ménagées dans les murs. Durant tout le siège, les défenseurs, postés sur les hourds et derrière les meurtrières, empêchent leurs adversaires d'approcher des murs afin d'éviter l'échelade, escalade des murs à l'aide d'échelles, et la sape, cavité creusée à la base des murs pour les faire tomber.

Après un mois de combats acharnés, les assaillants lèvent le siège à l'annonce de la venue d'une armée de secours envoyée par le roi. Ainsi se finit le dernier assaut important subi par Carcassonne, dont les fortifications suffisent par la suite à décourager les volontés les plus ambitieuses.

Le gothique s'impose en Angleterre

L'ABBAYE DE WESTMINSTER

Cadre des cérémonies du sacre, du mariage et des funérailles des rois d'Angleterre depuis le XIe siècle, nécropole des souverains et des célébrités nationales, l'abbaye de Westminster, à Londres, est le symbole de l'histoire britannique. Elle est aussi l'une des plus belles manifestations de l'art gothique.

Le gothique anglais

Le style primitif se développe entre la fin du XIIe et le milieu du XIIIe siècle. Les églises et cathédrales, très vastes, comprennent deux transepts et se terminent non par un arrondi mais par un carré. Les voûtes d'ogives ont des arcs très aigus.

Le style décoré, ou curvilinéaire, règne entre le milieu du XIIIe et le milieu du XIVe siècle. Il se reconnaît aisément au dessin compliqué des fenêtres, qui fait un grand usage de la courbe, et aux nervures qui recouvrent les voûtes. Sur le plan architectural, les supports s'allègent afin de créer davantage d'ouvertures.

Le style perpendiculaire s'épanouit entre 1360 et 1550. Sur les façades et les fenêtres, il est dominé par les lignes droites. Les longues lignes verticales sont coupées par les lignes horizontales qui déterminent l'élévation. Cet art, d'une remarquable technicité, met au point les voûtes en éventail, représentées notamment par la chapelle d'Henri VII à Westminster.

L'Angleterre, inventrice de la voûte sur croisée d'ogives, technique architecturale qui deviendra caractéristique de l'art gothique, ne bâtit sa première cathédrale gothique que dans le dernier quart du XIIe siècle, c'est-à-dire près d'un demi-siècle après la naissance de cet art en Île-de-France. Mais la conjugaison de l'art français avec les traditions locales donne naissance à des œuvres remarquablement originales – comme en témoigne l'abbaye de Westminster.

Une longue histoire

L'abbaye bénédictine de Westminster, dont le nom signifie littéralement « monastère de l'Ouest », a été bâtie au XIe siècle par le roi Édouard le Confesseur sur l'emplacement d'une ancienne église dédiée à saint Pierre, pour servir d'église dynastique aux souverains anglais. Elle ne doit pas être confondue avec la cathédrale de Westminster, église catholique érigée non loin d'elle, à la fin du XIXe siècle...
Après la canonisation du roi, sa dépouille, inhumée dans l'édifice, attire des foules de pèlerins : elle assure la prospérité du monastère, dont les bâtiments deviennent progressivement trop petits. Aussi, en 1245, le roi Henri III décide-t-il la reconstruction de l'abbaye et de son église, afin que soient honorées dignement les reliques de saint Édouard, et pour aménager un espace digne des fastueuses cérémonies du couronnement et des prestigieuses tombes royales. Le souverain règne assez longtemps (1216-1272) pour voir achevés le grand cloître et la superbe salle où se tient l'assemblée des moines (chapitre). Dans l'église, les travaux commencent par l'extrémité est de l'église, le côté du sanctuaire : avant la mort d'Henri sont achevées l'abside (terminaison arrondie de l'église), l'allée transversale (transept) et les quatre premières travées de l'axe principal (la nef). Après 1272, le

L'exceptionnelle nef de l'abbaye de Westminster, avec ses voûtes sur croisée d'ogives qui mêlent gothique français et gothique anglais, Londres.

chantier continue : au XVIe siècle, la réforme anglicane fait seulement changer le statut du sanctuaire. Si elle continue à être nommée, par habitude, « abbatiale », l'église ne dépend désormais plus d'une abbaye – les moines bénédictins sont alors chassés ; elle devient la « collégiale » (un titre essentiellement honorifique) Saint-Pierre de Westminster et relève directement de la Couronne. Jusqu'au XVIIIe siècle, date à laquelle sont achevées les deux tours de la façade principale, l'édifice s'enrichit de nouveaux éléments.

Une église immense

Conçue par Henry de Reynes, architecte insulaire connaissant très bien les cathédrales françaises, l'église mêle habilement les apports français et les caractères anglais. Elle emprunte aux sanctuaires gothiques de France leur plan habituel en forme de croix latine : elle se compose d'une nef et d'un transept. La nef, bordée par deux bas-côtés, s'achève par une abside. Celle-ci comprend un couloir de circulation, ou déambulatoire, qui, d'un côté, entoure le sanctuaire et la chapelle de saint Édouard et qui, de l'autre côté, ouvre sur des chapelles rayonnantes. Ce plan, dans sa partie terminale, est insolite en Angleterre, où la majeure partie des grandes églises possèdent alors une extrémité carrée.

La nef, étroite, est couverte d'une voûte sur croisée d'ogives – c'est-à-dire dont le poids est entièrement reporté sur des arcs reposant sur des piliers – qui culmine à 31 m de hauteur. Les piliers sont en marbre polychrome – décor d'inspiration anglaise et non continentale. L'élévation des murs s'échelonne sur trois étages : les arcades au rez-de-chaussée, une large galerie, ou « tribune », avec un éclairage extérieur, et de hautes fenêtres. L'élan des puissantes lignes verticales et les proportions des étages évoquent le gothique français, mais les arcs très aigus des arcades et leurs moulures appartiennent en revanche au gothique anglais. La nef, achevée aux XIVe et XVe siècles, atteint la longueur exceptionnelle de 156 mètres.

À Westminster, le chœur de l'église, c'est-à-dire la partie réservée au clergé et aux chantres, précède le transept. Il est séparé de la nef par une clôture datant du XIXe siècle et par les orgues. De l'autre côté du transept, le sanctuaire et la chapelle d'Édouard le Confesseur se situent dans l'alignement du chœur. Le sanctuaire, où se dresse le maître-autel, accueille la cérémonie du sacre des rois. Il est séparé de la chapelle et du tombeau de saint Édouard par une clôture de pierre, sculptée quant à elle au XVe siècle.

Partout dans l'église s'élèvent des tombeaux et des monuments commémoratifs qui offrent un vaste panorama de la sculpture anglaise.

Le chœur de l'église, réservé au clergé, décor des cérémonies royales de la Couronne d'Angleterre, abbaye de Westminster, Londres.

→ **Voir aussi :** p. 140-141 (Saint-Denis) ; p. 146-149 (L'âge d'or des cathédrales).

La chapelle d'Henri VII

Le « style perpendiculaire ». Au tout début du XVIe siècle, Henri VII (roi de 1485 à 1509) remplace la chapelle de la Vierge, qui prolongeait l'église du côté est, par une nouvelle chapelle qui porte son nom. L'édifice, admirable de finesse et de légèreté, se range parmi les plus grands chefs-d'œuvre du « style perpendiculaire » – le dernier style de l'art gothique anglais.

Une voûte admirable. La vaste chapelle comprend une nef encadrée par deux bas-côtés et une abside. Elle est couverte par une magnifique voûte en éventail, formée de demi-cônes et de cônes, plus faiblement courbée que la voûte sur croisée d'ogives. Un décor exubérant décore l'ensemble et dissimule la structure.

Des sculptures de toute beauté. Le deuxième étage de l'élévation, entre les arcades du rez-de-chaussée et les hautes et larges baies du dernier niveau, est formé d'une série de niches couronnées de dais délicatement sculptés. Les niches contiennent des statues. Au centre de la chapelle s'élève le tombeau d'Henri VII, œuvre d'un artiste italien.

1248

Le couronnement de l'art gothique

LA SAINTE-CHAPELLE

Pour abriter la Couronne d'épines et un grand fragment de la « Vraie Croix », reliques de la Passion du Christ, le roi de France Louis IX, plus connu sous le nom de Saint Louis, fait élever au sein de son palais une splendide châsse : la Sainte-Chapelle. Avec cet édifice, l'art gothique trouve son aboutissement.

Les reliques étaient auparavant la possession de Constantinople (aujourd'hui Istanbul), l'ancienne cité puissante de l'Orient méditerranéen, capitale de l'Empire byzantin en pleine décadence depuis le XIIe siècle. Attaquée et conquise par les croisés en 1204, la ville devient à ce moment le centre d'un Empire latin qui dure un demi-siècle – jusqu'au retour des Byzantins. Le souverain de cet empire, Baudouin II, a bien du mal à se maintenir sur le trône. Pour se procurer des ressources financières, il met en gage et vend de saintes reliques. En 1239, Louis IX a ainsi l'occasion d'acheter la Couronne d'épines, engagée auprès des Vénitiens, pour un montant de 135 000 livres ! La somme est colossale, surtout si on la compare avec le coût de la construction de la Sainte-Chapelle qui s'élève à 40 000 livres. Deux ans plus tard, le roi acquiert un fragment de la Croix. Il entreprend alors de bâtir la chapelle destinée aux précieux objets. L'édifice est achevé en 1248, deux ans après le début des travaux.

Une des statues polychromes des apôtres de la chapelle haute de la Sainte-Chapelle, Paris.

Une architecture sobre

La Sainte-Chapelle, vestige le plus ancien du palais royal capétien de l'île de la Cité, se dissimule aujourd'hui à l'intérieur du Palais de Justice – une construction essentiellement due au XIXe siècle. Comme responsables de sa construction, on avance les noms des deux grands architectes parisiens de l'époque : Pierre de Montreuil ou Jean de Chelles.
Le monument s'élève sur deux niveaux, un étage inférieur destiné aux serviteurs et un étage supérieur, directement accessible depuis le palais, réservé au roi, à sa famille et aux grands dignitaires. C'est dans la chapelle haute qu'étaient conservées les reliques de la Passion. La façade est précédée d'un porche à deux niveaux dans lequel se logent les portails de chaque étage. Elle est encadrée par deux tourelles terminées chacune par un cône orné de couronnes d'épines, qui renferment des escaliers. Au-dessus du porche flamboie un splendide vitrail circulaire – une « rose » – refait au XVe siècle. La rose est surmontée d'un couronnement triangulaire (pignon) qui porte une fleur de lis, emblème des rois de France. Sur les côtés, la chapelle est soutenue par de discrets contreforts. Au-dessus des fenêtres, une balustrade entoure tout le monument. Un ange de 3 m de hauteur, qui brandit une croix, et une superbe flèche en bois de cèdre haute de 33 m dominent la construction. À l'extérieur, l'édifice se distingue par des lignes simples et une ornementation délicate, qui se limite aux parties hautes.

La chapelle basse

Consacrée à la Vierge, la chapelle basse atteint une hauteur sous voûte de 6,60 m. La voûte sur croisée d'ogives, c'est-à-dire dont le

L'ensemble remarquable de vitraux de la chapelle haute de la Sainte-Chapelle, qui, par leur transparence, font oublier la structure du monument, Paris, Sainte-Chapelle.

Le culte des reliques

Après avoir réussi à s'imposer à la fin du IVe siècle, le christianisme a rendu hommage à ses martyrs en leur édifiant des tombeaux. Les corps des saints, investis de pouvoirs miraculeux, sont devenus aussitôt des objets de culte. Les fidèles s'adressent à ceux-ci pour obtenir leur intercession ou la guérison de leurs maladies.

La quête des reliques. Vraies ou fausses, les reliques, ossements ou parties du corps des saints, ou encore objets leur ayant appartenu ou ayant servi à leur martyre, occupent une grande place dans la piété des hommes et des femmes du Moyen Âge. Elles surgissent de terre miraculeusement et engendrent parfois de sérieuses querelles lorsque différentes abbayes ou églises prétendent posséder le corps du même saint! Les reliques des saints les plus célèbres attirent des foules nombreuses de pèlerins et font la fortune des sanctuaires qui les possèdent.

Les reliques de la Sainte-Chapelle. À Paris, après 1248, une fois par an, le vendredi saint, les fidèles sont autorisés à approcher les reliques de la Passion. Les malades ont même le droit de les toucher. Durant l'année, elles demeurent enfermées dans leur châsse, riche ouvrage d'orfèvrerie, et protègent le royaume.

poids est reporté sur des arcs se croisant en diagonale, est supportée par des colonnettes qui divisent l'espace en une nef, ou galerie centrale, et deux bas-côtés, ou allées latérales, plus étroits. La poussée de la voûte (ou sa charge) est supportée par des arcs-boutants intérieurs, équivalents des contreforts soutenant l'édifice à l'extérieur, doublés par des tirants, ou barres, de métal. D'autres tirants consolident les arcs de l'abside (la terminaison arrondie de la chapelle). L'architecte a ainsi joué de toutes les possibilités techniques existant en son temps pour renforcer le monument à ce niveau.

Les vitraux de la chapelle basse, détruits par une crue exceptionnelle de la Seine à la fin du XVIIe siècle, ont été refaits deux siècles plus tard. Les peintures des niveaux bas et haut de la chapelle ont été restaurées à la même époque, d'après les traces laissées par les fresques originales.

Le triomphe du vide sur le plein

La chapelle haute, qui apparaît comme une immense verrière, couronne les recherches menées pendant un siècle par les architectes gothiques pour unifier l'espace et ouvrir davantage les murs, pour faire pénétrer la lumière, tout en ayant des supports suffisamment solides pour soutenir les voûtes.

Le sanctuaire, qui atteint 20,50 m de hauteur sous voûte, repose sur un soubassement de pierre décoré d'arcatures. Il est surmonté de larges baies, hautes de 15,40 m, couvertes de vitraux. Les vides, c'est-à-dire les fenêtres, l'emportent très largement sur les pleins ou les murs. L'architecte a accompli cette prouesse en utilisant les contreforts extérieurs et en recourant à nouveau au métal. Deux bandes de métal entourent la chapelle haute sur toute sa circonférence et renforcent en effet celle-ci. Des tirants métalliques situés dans la charpente relient les contreforts entre eux et compensent les poussées de la voûte.

Les splendides vitraux qui ornent la chapelle sont, pour les deux tiers, d'origine. L'une des baies relate l'histoire des reliques, depuis leur découverte en Terre sainte, au IVe siècle, par l'impératrice byzantine Hélène jusqu'à leur arrivée à Paris et à la construction de la Sainte-Chapelle. De belles statues des apôtres, dont la moitié seulement sont d'époque, s'appuient aux colonnes qui séparent les baies. Dans le chœur se trouve une réplique du baldaquin sous lequel étaient conservées les reliques.

La Sainte-Chapelle s'élève dans la cour du palais de la Cité (enluminure du Moyen Âge, Chantilly, musée Condé).

1333-1391

L'ultime floraison artistique des Arabes d'Espagne

L'ALHAMBRA DE GRENADE

Résidence des souverains de Grenade, l'Alhambra s'inscrit dans un splendide cadre naturel. Elle déploie ses édifices, ses pièces d'eau et ses jardins sur une éminence aux pentes verdoyantes, qui domine la ville et la plaine avoisinante. Sa silhouette, haut perchée, se découpe sur le fond grandiose des montagnes aux sommets enneigés de la sierra Nevada.

Le mot *alhambra* signifie en arabe « citadelle rouge », et l'ensemble architectural grenadin est désigné sous ce terme à cause de la couleur des murailles qui le ceignent. Ses premières pierres sont posées dans le courant du XIIIe siècle par les souverains musulmans d'un des royaumes nés de l'éclatement de l'ancien royaume de Cordoue, décidés à édifier une forteresse pour en faire leur résidence. Mais l'essentiel de l'Alhambra date du XIVe siècle, des règnes des princes Yusuf Ier (1333-1354) et Muhammad V (1354-1359 et 1362-1391) qui y édifient deux magnifiques palais. Derniers chefs-d'œuvre de l'art musulman d'Espagne, ces constructions sont les seuls palais arabes du Moyen Âge parfaitement préservés.

Une ville au-dessus de la ville

Citadelle et résidence royale, l'Alhambra est aussi une véritable cité, qui surplombe la ville basse de Grenade. La forteresse comporte, outre des casernes, des magasins pour les vivres et des citernes, destinés à faire face à d'éventuels sièges. Elle englobe aussi un édifice religieux, la Grande Mosquée, où, chaque vendredi, les croyants se rassemblaient pour la prière obligatoire, effectuée en présence du souverain. À l'origine, des bains publics, des logements, des bureaux pour l'administration, des boutiques, des ateliers d'artisans complétaient l'ensemble – beaucoup de ces édifices ont disparu au cours des siècles.

De la cour des Myrtes...

Les palais royaux, quant à eux, sont toujours là pour évoquer l'art de vivre de la cité. Extrêmement dépouillés à l'extérieur, ils mon-

La cour des Myrtes avec, au second plan, la tour de Comares, l'Alhambra, Grenade.

La cour des Lions : dans les palais musulmans, l'eau et les jardins sont indissociables de l'architecture, l'Alhambra, Grenade.

trent à l'intérieur un décor exubérant. Les salles y sont distribuées autour de cours rectangulaires, bordées de gracieux portiques et de bâtiments. Tandis que le rez-de-chaussée est destiné aux salles de réception, les étages sont réservés aux appartements privés du roi et au harem, où vivent les femmes. L'eau et les jardins, indissociables de l'architecture, contribuent au charme envoûtant des deux résidences musulmanes.

Le plus ancien des palais, œuvre de Yusuf Ier, est bâti autour de la cour des Myrtes. Il est précédé par le vestibule du Méchouar, qui abrite la salle où les souverains tenaient leur conseil et où ils rendaient la justice. Un passage relie cet ensemble à la cour des Myrtes. Cette cour est occupée par un grand bassin bordé par des haies de myrtes, dans lequel se reflètent deux portiques supportés par de fines colonnes. La cour est dominée par le bâtiment le plus élevé de l'Alhambra, la tour de Comares, haute de 45 m. La bâtisse, reliée à la cour par un vestibule, renferme la splendide salle des Ambassadeurs, la plus vaste du palais. Cette pièce, de forme carrée, est haute de 18 m. Ses murs comportent neuf niches profondes percées chacune d'une baie. Dans la niche centrale, qui fait face à la porte, le souverain s'installait pour recevoir les envoyés des nations étrangères. Le plafond est orné d'une remarquable coupole en bois de cèdre, sculpté de muqarnas, des éléments décoratifs en forme de stalactites, et d'entrelacs. Les parois sont revêtues de carreaux de faïence, ainsi que de stucs, c'est-à-dire de légers reliefs en plâtre, façonnés et peints avec délicatesse – les uns et les autres reproduisant des inscriptions arabes et de nouveaux entrelacs.

...à la cour des Lions

Le second palais, celui de Muhammad V, s'ordonne aussi autour d'une cour : la cour des Lions, une des plus belles œuvres de l'Espagne islamique, par l'harmonie de ses lignes et la rigueur de son arrangement symétrique. Au milieu de la cour, douze lions de marbre portent une vasque d'où jaillit un jet d'eau. De cette fontaine partent quatre allées qui divisent le sol en autant de petits jardins. Alentour s'élèvent de splendides portiques, formés d'élégantes colonnes et d'arcatures où foisonnent des stucs d'une très grande finesse. Sur les petits côtés se détachent deux pavillons, soutenus par de minces colonnes de marbre, et décorés de stalactites.

Portiques et pavillons donnent accès à un ensemble de pièces qui constituaient peut-être les appartements des sultanes, et dont le décor n'a rien à envier à celui de la cour. La salle des Abencérages se distingue par sa coupole en forme d'étoile, de nouveau ornée de stalactites, et la salle des Rois par ses peintures. Celles-ci, exécutées sans doute par des artistes chrétiens de la fin du XIVe siècle, constituent l'une des rares réalisations picturales islamiques qui représentent des individus – en l'occurrence, sans doute, les souverains nasrides de Grenade. La salle des Deux Sœurs, qui doit son nom à deux dalles de marbre jumelles, est, quant à elle, une des merveilles de l'Alhambra. Sa décoration de stalactites, d'arcs ciselés, de stucs et de carreaux de faïence est d'un raffinement extrême. La pièce mène à un mirador d'où l'on jouit d'une belle vue sur un jardin intérieur. Dans les palais de l'Alhambra, ainsi, tout invite le roi et sa cour à la détente et au plaisir.

D'un extrême raffinement, la coupole en forme d'étoile de la salle des Abencérages, l'Alhambra, Grenade.

La fin de l'Espagne musulmane

Après la disparition de l'État arabe de Cordoue en 1031, les territoires espagnols contrôlés par les musulmans **éclatent en une série de petits États.** Parmi ceux-ci se détachent les royaumes de Séville, de Grenade, de Murcie, de Valence, de Saragosse.

Au même moment, les **États chrétiens du nord** de l'Espagne s'organisent et **entreprennent la Reconquête *(Reconquista)*** de leur pays. En 1212, **la victoire des armées** chrétiennes sur les troupes musulmanes à **Las Navas de Tolosa sonne le glas de la plupart des royaumes arabes.** Ceux-ci sont soumis aux chrétiens les uns après les autres au cours des trente années suivantes.

Seul subsiste encore **pendant deux siècles et demi le petit royaume de Grenade,** qui prospère grâce à son agriculture et à son commerce. Depuis 1238, il est gouverné par la dynastie nasride. Dans la cité de Grenade où ils résident, les princes élèvent les superbes palais de l'Alhambra. Protecteurs des arts, des lettres et des sciences, ils font de leur capitale un important centre culturel.

Mais, en 1492, les Rois Catholiques, résolus à achever la Reconquête, **s'emparent de Grenade et mettent un terme à huit siècles de présence musulmane** en Espagne.

1347

Une place en coquille dans une ville médiévale

LA PLACE DU CAMPO

Au cœur de la ville de Sienne, en Toscane, la Piazza del Campo (littéralement, place du Champ) offre au touriste ou à l'amoureux de l'Italie un des cadres les plus saisissants qu'il puisse trouver dans toute la péninsule.

Le spectacle qu'on y contemple ne s'est que peu modifié depuis presque six siècles et demi – depuis que la place a pris son aspect définitif, en 1348, au moment précisément où l'histoire de Sienne, brillante et prospère République (« commune ») indépendante, allait se trouver tragiquement troublée par le surgissement d'une épidémie épouvantable, la Peste noire.

L'époque des communes

Au XIIIe siècle et dans la première moitié du XIVe siècle, Sienne connaît, comme de nombreuses autres cités italiennes, un remarquable épanouissement. Libérée depuis peu de la tutelle de son premier chef direct, l'évêque, modérément gênée, en temps ordinaire, par sa lutte contre son souverain théorique, l'empereur du Saint Empire romain germanique, la

Le Palais public, avec le « Mangia », tour de près de 200 m de hauteur, Sienne.

La fête du Palio, course de chevaux sur la Piazza del Campo (peinture de G. Zocchi, Sienne, collection particulière).

La fête du Palio

Deux fois l'an, le 2 juillet et le 16 août, conformément à une tradition fixée depuis le XVIe siècle au moins, des milliers de spectateurs se pressent sur la place du Campo pour assister à une des courses les plus folles du monde, le Palio. Pour l'occasion, la place est aménagée en une piste en anneau de 300 m, recouverte de sable.

Les héros de la course sont les chevaux, au nombre de dix et montés à cru. Chacun représente un quartier (contrada) de la ville, portant un nom allégorique (aigle, louve, dragon, etc.) et symbolisant une vertu. Les chevaux doivent effectuer trois tours de piste. Les virages sont délicats et dangereux, celui nommé San Martino forme un angle droit. Avec ou sans cavalier, le cheval qui passe le premier la ligne d'arrivée est le vainqueur. En l'absence de règlement, tout est permis : les chutes sont nombreuses et les accidents, graves.

Une fois la course terminée, le quartier vainqueur brandit à travers toute la ville le prix de la course, le fameux Palio, un drap de soie peint, représentant l'image de la Vierge.

ville s'est constituée en une commune, c'est-à-dire qu'elle s'est dotée d'un gouvernement républicain dominé par une élite économique, en même temps qu'elle constituait un territoire d'influence – une petite province, en quelque sorte, appelée *contado*.
Tout cela a pu se produire à la faveur d'un développement économique sans précédent. En un temps où les régions d'Europe, après avoir longtemps vécu en autarcie, redécouvrent les bienfaits des échanges, les Siennois se découvrent une vocation de négociants, de prêteurs – de « marchands-banquiers », comme disent les historiens. Ils vendent les draps produits et teints dans la cité jusque dans des régions lointaines et, surtout, ils consentent aux grands de toute l'Europe – jusqu'au roi de France, jusqu'au pape – des prêts financiers.

Éclipser Florence

Cette euphorie connaît des limites : après une ultime victoire militaire contre Florence, la ville voisine, à Montaperti en 1260, Sienne, progressivement, commence à croître moins vite. Petit à petit, elle comprend que sa puissance politique et militaire sera moindre que celle de sa rivale, et qu'elle ne pourra, en particulier, jamais constituer autour d'elle un vaste État. C'est une raison de plus pour embellir la ville : si les Siennois ne peuvent lutter avec Florence sur le plan militaire, du moins peuvent-ils prétendre à l'édification de la plus magnifique cité, un véritable joyau artistique…

Dès lors, Sienne commence à bâtir. Une fastueuse cathédrale, d'abord – tellement fastueuse que son chantier ne verra jamais le jour tel qu'il fut d'abord conçu ; le Palais public, ensuite, siège du conseil des Neuf qui gouverne la ville et lieu d'élection pour les manifestations civiques prestigieuses. De même qu'il faut que la cathédrale siennoise soit la plus vaste et la plus somptueuse possible, de même le Palais public doit éclipser celui de Florence. Le bâtiment, construit entre 1297 et 1310, est admirable avec ses étages percés de fenêtres gothiques et sa façade légèrement incurvée, haute de trois étages au centre et flanquée d'ailes plus basses. Surtout, il est dominé par l'une des tours les plus élevées de Toscane : le « Mangia », haut de 200 m, véritable emblème de l'orgueil siennois.

Le Campo : une préoccupation nouvelle d'urbanisme

Fait plus original que cette confrontation par monuments interposés, les hommes qui gouvernent Sienne conçoivent le projet d'une ville remodelée selon un principe directeur qui établit un ordre et une hygiène inconnus dans les villes médiévales. Ils ordonnent que soient pavées les rues de la cité (ce qui permet de les mieux entretenir), et ils luttent par des édits répétés contre les éléments en encorbellement qui, aux façades des maisons, assombrissent les rues et favorisent l'extansion des incendies. Surtout, ils portent toute leur attention à la création d'une place vaste et bien modelée – celle sur laquelle sera construit le Palais public. Dès 1169, la ville se porte acquéreur d'une partie du terrain qui constituera, plus tard, la place du Campo. 25 ans après, la construction d'un mur détermine à peu près le tracé définitif de l'espace, comparé par les uns à une conque, par les autres à une coquille Saint-Jacques. Les citadins affectionnent très vite cette grande et lumineuse esplanade, qui contraste avec les rues étroites et encombrées du reste de la ville. Les constructions, autour d'elle, remplacent le mur initial. Le gouvernement s'attache avec constance à contrôler ce qui est édifié : de véritables règlements d'urbanisme définissent le type des façades – celles-ci, par souci d'unité, doivent toutes comporter des fenêtres à colonnes ; les auvents, qui détruiraient en avançant la belle régularité du pourtour de la place, sont strictement interdits. Enfin, en 1347, le sol du Campo est recouvert de briques puis découpé en un éventail de neuf bandes blanches, qui évoque les neufs consuls qui gouvernent la ville. Le Campo acquiert alors son aspect à peu près définitif (on ajoutera en son centre une fontaine, au XVe siècle). À travers les siècles, par la suite, il demeurera le centre fonctionnel et symbolique de la cité, et l'un des éléments de son renom international.

La Piazza del Campo, au cœur de la cité de Sienne.

La demeure sacrée des Fils du Ciel

LA CITÉ INTERDITE

En Chine, le palais servant de résidence à l'empereur a toujours eu l'importance d'une véritable cité à l'intérieur de la capitale. L'empereur y vivait retiré, entouré de ses femmes, des eunuques les gardant et des quelques hauts personnages qui avaient le droit de l'approcher.

Le palais impérial n'est donc pas un bâtiment isolé, c'est un ensemble d'édifices réunis dans une vaste enceinte ou plutôt dans une série d'enceintes qui en interdisent l'accès au commun des mortels : une « Cité interdite ».

Un des principes de l'architecture de la Chine ancienne est que tout édifice ou ensemble d'édifices, qu'il soit religieux ou profane, doit refléter l'harmonie de l'Univers. Or, la cosmogonie chinoise conçoit le Ciel comme un cercle, et la Terre comme un carré au milieu de chaque côté duquel s'ouvre une porte. Ces quatre portes correspondent à nos quatre points cardinaux ; un cinquième point cardinal existe pour les Chinois, le centre, qui est pour eux le plus important. Autour de la capitale, d'autres carrés sont censés exister, qui donnent une image géométrique du monde. Un autre symbolisme, de type chronologique, intervient aussi dans la définition du plan. Finalement, la capitale idéale est ainsi définie : c'est un quadrilatère ceint de murs avec 12 portes correspondant aux 12 mois de l'année ; en son centre s'élève la résidence royale, elle aussi carrée, enfermée dans son enceinte et formant une cité à elle seule.

La Colline de la Contemplation

D'autres considérations de type philosophique ou religieux président à la conception d'un projet architectural. Avant de commencer un chantier, les anciens Chinois veillent à

L'édifice le plus grand de la Cité interdite, le Taihedian, ou temple de l'Harmonie suprême, Pékin.

s'assurer si la nature du terrain, la configuration du sol et jusqu'aux emplacements des arbres et des rochers sont de nature à attirer les esprits fastes et à repousser les esprits néfastes. Si tel n'est pas le cas, il convient soit de choisir un autre lieu, soit de modifier la situation du futur bâtiment par des travaux de rectification. Ce fut le cas pour la Cité interdite, avec l'édification d'une butte artificielle, appelée Colline du Charbon, ou Colline de la Contemplation, destinée à protéger le palais contre les vents septentrionaux et les mauvais esprits. La situation de cette colline, en arrière du complexe, c'est-à-dire au nord, n'est en aucun cas fortuite : en Chine, les dangers sont censés venir du nord, qu'il s'agisse du froid, des intempéries et, surtout, du risque des invasions barbares. C'est aussi pourquoi la Cité impériale, comme toutes les villes de Chine, est construite sur un axe nord-sud, c'est-à-dire avec sa porte principale ouverte vers les régions méridionales, et tous les bâtiments construits à l'intérieur orientés selon cette même disposition. Comme le centre, ainsi que nous l'avons dit, a une valeur positive, les édifices les plus importants de la Cité sont disposés selon l'arrangement le plus favorable, c'est-à-dire qu'ils s'échelonnent sur l'axe central du quadrilatère, en regardant vers le sud. Les bâtiments secondaires, quant à eux, sont regroupés à l'est et à l'ouest. Tous, ou presque, ont une direction générale horizontale – ici et là, cependant, émergent quelques pagodes ; ils sont disposés à l'intérieur de cours plus ou moins vastes – qui transforment la cité, pour le visiteur pressé, en un véritable labyrinthe ; enfin, ils sont bâtis sur une terrasse, à revêtement de brique ou de marbre, suivant de cette façon l'importance de l'édifice.

La Cité interdite vue de la Colline de la Contemplation, Pékin.

La Cité, au sein de cette ville

Tel quel, cet ensemble paradoxalement à la fois complexe et répétitif a été construit, une première fois, entre 1407 et 1424 (avec prolongation des travaux jusqu'en 1441), par l'empereur Yongle (ou Chenzu) de la dynastie Ming, qui avait décidé de transférer sa capitale de Nankin à Pékin. Probablement saccagée à la chute des Ming en 1644, la Cité fut restaurée et réoccupée par la lignée impériale suivante, celle des Qing, et dès lors occupée sans discontinuité jusqu'en 1924, date du retrait du dernier empereur, Puyi.

Des milliers de travailleurs et artisans de toute sorte ont uni leur peine et leurs efforts pour construire et ordonner cet immense rectangle de près de 1 km de long sur 760 m de large, ceint d'une muraille de couleur pourpre de 10 m de haut. Le visiteur qui pénètre dans la Cité doit arriver du sud. Il franchit successivement trois portes monumentales séparées les unes des autres par de vastes jardins ou des cours, et traverse par deux fois le cours d'une rivière – la Rivière aux Eaux d'or – avant d'arriver dans l'espace le plus sacré de la Cité, celui que fréquentait en permanence l'empereur. Aujourd'hui, ce visiteur peut passer par la voie même qu'empruntait jadis le Fils du Ciel : les trois portes sont percées chacune de trois ouvertures, les ponts de marbre blanc ornés de balustrades qui enjambent le cours d'eau sont à chaque fois au nombre de cinq - la porte ou le pont du centre étant évidemment réservés jadis au seul usage impérial.

Au-delà de la troisième porte, au fond d'une cour profonde de 180 m, apparaît le premier des trois grands bâtiments d'honneur de la partie officielle. Cet édifice, le plus beau et le plus grand de la Cité, est le Taihedian, ou pavillon de l'Harmonie suprême. À l'intérieur se déroulaient les cérémonies d'intronisation de l'empereur, celles de son anniversaire, ainsi que les célébrations du nouvel an lunaire et du solstice d'été. La double toiture de l'édifice est supportée par 24 colonnes en bois de camphrier. Le trône impérial est entouré de 6 colonnes dorées, décorées de dragons. L'empereur y présidait les différentes cérémonies, entouré de ses courtisans, respirant l'odeur des bois précieux brûlant dans des brûle-parfums.

Les deux bâtiments suivants sont le Zhonghedian et le Baohedian – respectivement le palais de l'Harmonie parfaite et le palais de l'Harmonie préservée. Le premier servait de salle de réflexion et de repos à l'empereur. Le second, plus vaste encore que la salle du trône (Taihedian), était utilisé pour les grands banquets offerts aux représentants des pays étrangers.

La multiplication des enceintes, des portes et des cours fait ressembler la Cité interdite à un véritable labyrinthe, Pékin.

Au-delà de ces trois palais, toujours sur l'axe central de la Cité, commence la partie du complexe réservée aux bâtiments privés. On y pénètre après avoir passé un nouveau portail monumental. Trois palais, répliques en plus petit des précédents, s'échelonnent du sud au nord : le Qianqinggong, palais de la Pureté céleste, résidence personnelle de l'empereur et salle d'audience pour les fonctionnaires et les envoyés des pays tributaires ; puis le Jiaotaidian, ou pavillon de l'Union, et le Kunninggong, ou palais de la Tranquillité terrestre, réservés à l'impératrice.

Tout autour s'étendent des jardins et des pavillons qui, tel celui de la Tranquillité impériale, étaient les résidences des veuves impériales. Tout un système de canalisations était installé à l'intérieur du palais pour évacuer les eaux de pluie. La plupart des salles, à partir des Ming, eurent des canalisations de chauffage.

Brunelleschi réinvente la coupole

LE DÔME DE FLORENCE

En 1420, deux des plus célèbres artistes de Florence, l'architecte Brunelleschi et le sculpteur Ghiberti, sont nommés experts pour la construction de la coupole de la cathédrale de la ville, Sainte-Marie-de-la-Fleur (Santa Maria del Fiore). Le chantier de ce monument, symbole de la Renaissance, commence la même année ; il faudra toutefois plus de cinquante ans pour le mener entièrement à bien.

Vue aérienne de la cathédrale Santa Maria del Fiore, Florence.

Le dôme, de 40 m de diamètre, édifié au-dessus du vide, est à plus de 100 m du sol ! Impressionnés par l'ampleur de cette réalisation, les contemporains insistent exagérément sur ses ressemblances avec le Panthéon : au IIe siècle de notre ère, à Rome, ce temple avait été coiffé d'une coupole de 43 m de diamètre dont le poids était supporté par d'épais murs. Puis les techniques de construction de cet ouvrage avaient été oubliées. Brunelleschi, renouant avec les prouesses de l'Antiquité sans renier les principes constructifs du Moyen Âge, crée la première grande coupole moderne. Elle servira de source d'inspiration aux architectes ultérieurs, qui ne reproduiront cependant jamais exactement sa forme.

Un monument exceptionnel

Comment couvrir le vaste octogone conçu au XIVe siècle par l'architecte Francesco Talenti à la tête de la cathédrale ? Le poids d'une coupole, construite selon les modes traditionnels, ne saurait être supporté par les murs trop minces qui se trouvent au-dessous. La solution mise en œuvre consiste à construire en même temps deux fines coques emboîtées, maintenues solidaires par des barres et des traverses de maçonnerie mais séparées par un vide mesurant 2,40 m à la base et seulement 0,80 m au sommet. Comme au Panthéon, la construction s'opère selon la méthode des couches horizontales successives disposées en saillie les unes par rapport aux autres. De plus, un matériau léger, la brique, est utilisé pour monter l'ensemble.

Ainsi conçue, la coupole ne peut recevoir de charge supplémentaire : or, un édicule – le lanternon – doit forcément venir couvrir l'ouverture du sommet de la coupole. Au fur et à mesure de l'édification des deux coques, Brunelleschi prévoit donc huit nervures de pierre blanche, sur lesquelles doit peser l'essentiel du poids ajouté.

Si, techniquement, cette coupole est une grande nouveauté, plastiquement, elle couvre harmonieusement l'espace. Le marbre blanc du lanternon couronne le monument. Il mêle intimement les sources : le décor emprunte au vocabulaire antique les pilastres, les chapiteaux et les niches ; ses contreforts s'inspirent, quant à eux, des arcs-boutants gothiques. Sous la coupole, les fresques représentent l'espace céleste. Brunelleschi avait projeté une mosaïque azurée immatérielle et constellée d'étoiles d'or.

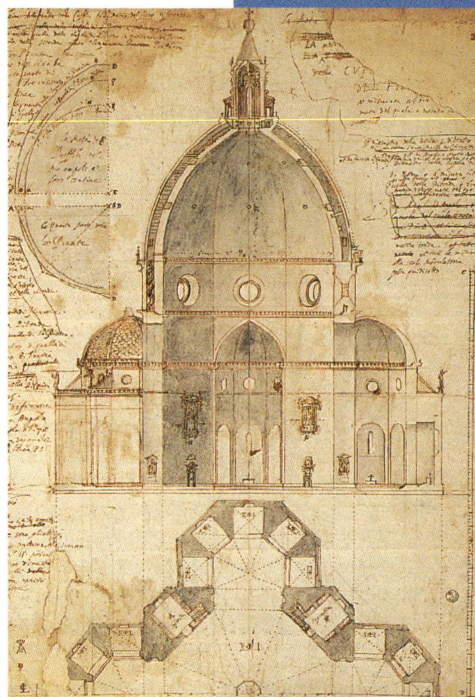

Sur ce dessin en coupe de la cathédrale de Florence apparaissent les deux coques superposées de la coupole (Florence, Offices, cabinet des Dessins).

Le dôme de la cathédrale de Florence est, par ses dimensions et sa conception nouvelle, une prouesse technique sans précédent.

Un chantier difficile

Les conflits qui opposent régulièrement Brunelleschi à ses compagnons sur le chantier sont révélateurs d'un nouveau climat social. Les maîtrises, qui jusqu'à présent participaient de près à l'élaboration des projets artistiques, sont désormais écartées de tout le travail de conception de la coupole, que Brunelleschi se réserve jalousement. Réduites au rôle d'exécutants, elles réagissent violemment, et participent aux tentatives de marginalisation engagées contre l'architecte par son concurrent Ghiberti, finalement évincé. Durant toute la durée du chantier, des campagnes de revendications et des grèves éclatent, rapidement et rudement brisées. Fait plus grave encore, le savoir-faire médiéval

s'avère, très vite, inadapté à un chantier qui relève de l'exploit : construire sans échafaudages. Car monter un échafaudage est ici impossible : le vide créé par l'octogone est trop ample, la coupole trop haute pour la longueur des bois de charpente. Le parti que Brunelleschi adopte consiste à appuyer les planches sur lesquelles montent les ouvriers non pas sur des traverses posées sur des montants fichés dans le sol, mais successivement sur les couches de briques superposées : sur le chantier du dôme, l'architecte invente, en quelque sorte, l'échafaudage volant. L'ingéniosité de Brunelleschi le pousse aussi à mettre au point un ascenseur actionné par des bœufs et des chevaux, une grande grue de 20 m de hauteur et même des catapultes permettant d'expédier sur les échafaudages les matériaux de construction ! Toutes inventions qui accélèrent la poursuite de ce chantier insolite.

Un architecte moderne

Filippo Brunelleschi (1377-1446) est une personnalité artistique complexe.

Né à Florence, il reçoit **une formation de sculpteur et d'orfèvre** et exerce son activité, enregistré à la corporation des métiers de luxe, dite « Art de la Soie ». Tardivement, après 40 ans, il s'intéresse à l'architecture et effectue **de fréquents voyages à Rome** pour étudier sur le terrain les ruines antiques, en démonter les mécanismes constructifs afin d'élaborer ses propres conceptions.

Son tempérament et ses méthodes de travail contribuent à la rupture des habitudes de construction médiévales. Avec lui, **l'architecte devient l'unique décideur de l'œuvre** face aux exigences du commanditaire. C'est l'homme seul, qui analyse, détermine puis dessine les plans en mettant à profit les connaissances de la géométrie et des mathématiques, acquises par l'étude des traités anciens. Il n'arrête plus ses choix collégialement.

Par ses liens avec les cercles érudits qui discutent les idées nouvelles, Brunelleschi révolutionne l'art de bâtir. Signe de l'évolution des mentalités, en humaniste, **il donne à l'homme une place essentielle dans l'espace monumental,** conçu désormais pour solliciter l'intelligence et la sensibilité. Il s'établit ainsi un dialogue subtil entre l'homme et l'architecture, à travers l'équilibre des murs et des ouvertures et les jeux de perspective.

Le palais gothique connaît son apogée à Venise

LA CA' D'ORO

En 1421, Marino Contarini, directeur des travaux de la cité de Venise, fait construire un luxueux palais sur le Grand Canal, artère principale de cette prestigieuse capitale maritime bâtie sur la lagune. L'événement est à la mesure de la richesse et de l'ancienneté d'une famille qui a fait sa fortune dans le négoce avec les pays du Levant.

Sur le chantier, pendant vingt ans, collaborent les artistes les plus illustres de la République de Venise, tels Bartolomeo Bon, dit l'Ancien, et son fils Giovanni, ainsi que des sculpteurs remarquables originaires de Lombardie, comme Matteo Raverti. En plein XVe siècle, alors que le reste de l'Italie vit à l'heure de la Renaissance – l'architecte Brunelleschi élabore en ces années le projet de sa coupole pour la cathédrale de Florence –, ils élèvent le chef-d'œuvre le plus éclatant du gothique tardif, appelé « flamboyant ». Venise, qui deviendra bientôt un des hauts lieux de la création artistique, montre de cette façon qu'elle entend conserver ses traditions originales, en apparent retard sur celles du reste de la péninsule.

Une ville conçue comme un théâtre

Ce choix s'explique par des raisons historiques. À Venise, les façades des palais servent de fond de scène aux cérémonies à demi politiques et à demi religieuses qui se déroulent en gondoles sur les eaux du Grand Canal. Elles doivent s'harmoniser avec les deux monuments les plus notables de la ville, la basilique Saint-Marc, cœur religieux de Venise, et le palais des Doges, son centre politique, qui constituent le cadre principal de ces manifestations.

Or, au XVe siècle, les enrichissements apportés à ces prestigieux édifices, remaniés constamment depuis le début du Moyen Âge, restent fidèles à l'esprit du gothique, et assurent ainsi la pérennité d'un style en train de disparaître dans tout le reste de l'Europe. Ainsi, en 1419, un incendie ravage les toitures et les parties

Vue intérieure du palais : la cour, Venise.

Façade de la Ca' d'Oro, chef-d'œuvre du gothique tardif, sur le Grand Canal, Venise.

hautes de Saint-Marc. Au cours de la restauration, des artisans originaires de Lombardie et de Toscane installent une profusion d'éléments décoratifs gothiques : des terminaisons dentelées (gâbles) et de petits édicules (tabernacles) peuplés de statues, qui sont très vite imités dans toutes les architectures religieuses ou civiles. De même, vers la même époque, la façade du palais des Doges donnant sur le Grand Canal est remodelée et reçoit une structure originale : le rez-de-chaussée prend la forme d'un portique ; il est surmonté, au deuxième niveau, d'une galerie aux arcades découpées en dentelle, dans un goût encore médiéval ; enfin, le troisième niveau est un mur percé de maigres baies. C'est un véritable paradoxe de placer la surface pleine du mur sur le vide constitué par la galerie ; or, ce schéma, en même temps que les ornements de la façade, s'impose rapidement à l'architecture civile vénitienne du temps, et on les retrouve particulièrement à la Ca' d'Oro.

Un modèle pour les patriciens

Pour la façade de sa nouvelle demeure, en effet, Marino Contarini recherche le déploiement de la magnificence en même temps qu'une animation spécifique. Entre deux parties latérales massives et plus fermées, il fait installer trois étages de portiques et de galeries, ou *loggias*. Les jours ainsi creusés dans la partie centrale du bâtiment laissent pénétrer la lumière en profondeur dans les lieux d'habitation.

Ces derniers, pour la première fois avec la Ca' d'Oro, migrent du rez-de-chaussée insalubre vers le premier étage. Réserves, marchandises et gondoles sont ainsi reléguées en arrière du portique ouvert au ras du canal, dans des dépendances distribuées de part et d'autre du *portego* - une sorte de patio médian. Encore plus en arrière, une étroite cour percée sur un côté abrite le puits d'eau douce, indispensable au bien-être des habitants du palais ; à la Ca' d'Oro, la margelle de ce puits est en marbre rouge, et ciselée comme une pièce d'orfèvrerie. Le premier étage, devenu l'étage noble, abrite les pièces à vivre : les plus belles et les plus spacieuses sont la salle de réception et la salle de musique et de bal. Disposées en profondeur de chaque côté du portego, les différentes pièces y puisent la lumière ; car ce dernier est éclairé, du côté du Grand Canal, par les larges arcades de la loggia et, sur l'arrière, par les ouvertures de la petite cour et de la façade sur rue. Ce sont ces dispositions d'éclairage qui expliquent le regroupement systématique des fenêtres au centre des façades vénitiennes. Elles se maintiennent au cours des siècles, y compris quand les architectes vénitiens adoptent une organisation plus conforme aux principes importés de Florence et de Rome. Au deuxième étage, on retrouve la même disposition, mais les pièces, décorées avec un moindre faste, adoptent des dimensions plus réduites.

Sur la façade de ce magnifique palais, un décor aux multiples couleurs, d'inspiration orientale, se mêlait jadis à la grâce des arcs et arabesques gothiques. Sur les fragments de céramique blanche, bleue et surtout dorée, les rayons du soleil se réfléchissaient, et les eaux du Grand Canal reflétaient ce splendide spectacle. Les Vénitiens, émus d'une telle beauté, ont baptisé le palais « la maison d'or » – la *Ca'* (diminutif de *casa*) *d'Oro.* Aujourd'hui demeure, outre ce nom, l'ossature de la demeure ; résistera-t-elle longtemps au péril des eaux qui menacent Venise ?

Les façades somptueuses des palais du Grand Canal à Venise servent de toile de fond aux cérémonies religieuses (Carpaccio, Miracle de la relique de la Croix, 1494, Venise, Accademia).

Le palais vénitien

Jusqu'au XIIIe siècle, **les demeures des marchands vénitiens,** qui tirent leur fortune du grand commerce méditerranéen, **sont liées le plus souvent à leurs magasins,** c'est-à-dire aux réserves où ils déposent leurs marchandises avant de les redistribuer : ce sont des entrepôts – en italien, *fondachi.*

Par la suite, les coutumes et le mode de vie de l'aristocratie vénitienne évoluent. En même temps que ses entreprises économiques deviennent plus locales – et nécessitent moins l'existence de vastes entrepôts où remiser le produit de campagnes d'approvisionnement saisonnières –, **la recherche du confort et du bien-être, voire du luxe,** est une des nouvelles préoccupations de cette aristocratie.

Dès lors, **l'habitation, cadre de la vie quotidienne, revêt une dimension sociale.** Son décor traduit avec ostentation les nouveaux goûts du propriétaire. Toutefois, l'exiguïté des terrains disponibles et les techniques très onéreuses qu'impose l'installation préalable de pieux dans les limons du sous-sol, afin d'empêcher l'enfoncement des bâtisses, interdisent une organisation à cour centrale aussi vaste que celle qui existe à Florence, plus favorable à l'étalage de l'ostentation.

Un modèle de palais est construit à Florence

LE PALAIS MEDICI-RICCARDI

En 1444, le citoyen le plus influent de la République de Florence, Cosme de Médicis, un homme de 55 ans, se fait construire un palais par l'architecte Michelozzo, son ancien compagnon d'exil. Le chantier dure vingt ans. Le palais, habité par les Médicis pendant un siècle, est vendu au XVIIe siècle à la famille Riccardi qui l'agrandit et lui laisse son nom.

Statues et fontaines agrémentent les jardins des palais florentins, palais Medici-Riccardi, Florence.

La cour du palais Medici-Riccardi, Florence.

Le site choisi est l'une des artères principales de Florence, la *Via Larga* (littéralement « Rue Large » – « Grand-Rue »), véritable fief des Médicis. Depuis la place de la cathédrale Sainte-Marie-de-la-Fleur, elle traverse les quartiers habités par leur clientèle de petits bourgeois commerçants jusqu'au couvent dominicain de Saint-Marc, protégé de Cosme. Le projet, vieux de quinze ans, offre l'occasion au prestigieux architecte de la Renaissance toscane, Brunelleschi, de réaliser des plans et une audacieuse maquette. Cosme leur préfère les propositions plus modestes de son ami Michelozzo, qui vient d'achever la reconstruction du couvent de Saint-Marc, précisément, et la bibliothèque de Saint-Georges-le-Majeur, à Venise, ville où Cosme a séjourné pendant quelques années d'exil.

Le siège du pouvoir

La volonté du chef des Médicis de remplacer l'ancienne demeure familiale par ce nouveau palais illustre une obligation absolue d'asseoir son autorité par des signes visibles. Homme mesuré et habile, Cosme joue un rôle de premier plan en Italie et en Europe sans jamais remplir de responsabilités officielles exces-

sives au sein de la République. Il fait seulement partie des conseillers de la « Seigneurie » – comme on appelle alors l'exécutif de Florence –, et agit davantage par ses largesses, ses prêts et les postes qu'il procure à ses amis fidèles, membres du parti populaire, ou *Populani,* opposé au parti aristocratique des *Ottimati.* Sa meilleure tactique ne consiste-t-elle pas à installer son palais, centre de ralliement, au sein des quartiers qui regroupent le plus de sympathisants ?
Mais la construction du bâtiment correspond aussi, pour les Médicis, à une nécessité économique. Cosme et les siens sont en effet des hommes d'affaires, les principaux négociants en draps et les plus importants banquiers d'Europe, et ils sont prêts à investir considérablement pour ce qui doit être, en quelque sorte, le « siège social » de leur entreprise, à la fois entrepôt, centre administratif et vitrine pour le public.
Le palais dont la construction est confiée à Michelozzo abrite donc les magasins et les bureaux depuis lesquels sont dirigées des succursales réparties dans toute l'Italie (à Venise, Pise, Rome, Naples et Milan) et dans les plus grandes villes d'Europe (ainsi à Genève, Bruges, Londres et Lyon). Là se prennent des décisions influençant les grandes entreprises du temps, contrôlées par les Médicis ; là encore se consentent des prêts financiers considérables, accordés aux papes et aux plus importants souverains.
Sous la protection de gardes en armes, sur tout le rez-de-chaussée et dans plus de la moitié de l'immeuble, une troupe de secrétaires et d'employés se partagent ainsi entre les affaires privées et celles de l'État : Nicolas Machiavel, le pragmatique auteur du *Prince,* un très fameux traité de stratégie politique, fait partie de ces employés.
Enfin, le palais est conçu pour être la résidence familiale des Médicis : Cosme, dit « l'Ancien », fondateur de la dynastie ; son fils Pierre, surnommé « le Goutteux » ; son petit-fils Laurent le Magnifique, personnage le plus significatif de la culture de la Renaissance, vivent là pendant un siècle. Mécènes, par goût et par sentiment d'une nécessité politique, ils jouent un rôle direct dans l'éveil et l'affirmation de nouvelles tendances artistiques, à Florence et dans l'ensemble de l'Italie. Leur palais abrite humanistes et artistes ; Michel-Ange y grandit sous l'autorité admirative et bienveillante de Laurent.

Un modèle de palais urbain

Le monument, immense, trapu, et de forme simple – un quadrilatère –, donne une impression rassurante d'extrême solidité. Sa façade présente des rangées de pierres taillées irrégulièrement, avec de grosses bosses qui s'effacent progressivement de bas en haut ; au sommet du mur, une énorme corniche en surplomb lui confère une puissance plastique impressionnante.
Un axe de symétrie passe du portail d'entrée au jardin et met en évidence l'équilibre de la cour intérieure carrée, dotée d'un portique, ou *cortile.* Neuf arcades retombent directement sur des colonnes minces, y compris aux angles du portique, alors que la colonne d'angle, qui remplit une fonction de support supplémentaire dans l'équilibre du bâtiment, aurait du être logiquement plus épaisse que les autres. Cette disposition n'est pas du tout conforme à la rationalité inspirée de l'Antiquité que prônent les humanistes contemporains, et un Brunelleschi, en particulier, dut certainement la juger fort inopportune ! En ce qui concerne les murs du premier étage surmontant ces arcades, même maladresse : les fenêtres sont posées abruptement sur une frise décorée de camées et sont étonnamment proches des angles de la composition. Heureusement, l'élévation s'allège avec le portique du deuxième étage, qui souligne l'habileté de son concepteur.
Désormais, ce sont de larges escaliers à rampes droites, prenant appui sur les murs de fondation du bâtiment, qui conduisent à l'étage d'habitation et de réception, appelé « étage noble », et à la chapelle, situés au premier étage du palais. Ils constituent le cadre idéal au déroulement des grands cortèges qui accompagnent les illustres visiteurs. *Le Cortège des Rois mages,* fresque peinte sur les parois de la chapelle par l'artiste Benozzo Gozzoli, fixe pour l'éternité les fastes familiers et la grandeur des Médicis, représentés dans la composition.

Portrait en Roi mage de Laurent de Médicis, dit le Magnifique (Benozzo Gozzoli, détail du Cortège des Rois mages à Bethléem avec Laurent le Magnifique en Roi mage, *1459-1462, Florence, chapelle du palais Medici).*

Le palais : une architecture qui fait fortune

Palais florentins... Durant les trente ans qui suivent l'ouverture du chantier Médicis, riches familles et notables élèvent à Florence environ 30 palais s'inspirant de son modèle. La principale nouveauté, dans les palais de cette ville, est apportée par l'architecte et humaniste Leon Battista Alberti, responsable de la construction du palais Rucellai : il introduit entre les fenêtres le motif de colonnes, puis de pilastres, inspiré de l'Antiquité afin d'articuler la façade et d'introduire une distinction entre les étages. Il pense ainsi mieux mettre en valeur la magnificence du bâtiment et le rang de son propriétaire !

... et palais romains. L'élan donné par la grande cité toscane gagne très vite Rome. Là, le célèbre architecte Bramante introduit, pour sa propre demeure, un type de palais comportant seulement un étage avec colonnes pour différencier l'étage noble. Le rez-de-chaussée, constitué de pierres en fort relief (« bossages »), comme au palais Médicis, abrite désormais des boutiques louées par le propriétaire ; ces dernières animent la rue.

Une fabuleuse cité inca
MACHU PICCHU

Au cœur d'une chaîne de montagnes couverte d'un épais tapis végétal, Machu Picchu domine depuis plus de cinq siècles l'étroite et profonde vallée de la rivière Urubamba. Ce cadre naturel exceptionnel a fait de la cité inca le site le plus spectaculaire de l'ancien Pérou.

Érigée vers 1450 par le souverain inca Pachacuti, Machu Picchu a été brutalement abandonnée par ses habitants en 1572, puis oubliée. Elle a été redécouverte en 1911 par l'historien Hiram Bingham, dont les théories sur le site ont longtemps fait autorité.

Une ville dans une nature domptée

Sous la conduite des architectes et des chefs de chantier au service de l'État inca, les ouvriers des carrières, les tailleurs de pierre et les maçons professionnels construisent la nouvelle cité. Ils sont secondés par des manœuvres recrutés parmi les paysans soumis à la corvée, travail forcé au service de l'État. Sur le versant est du Machu Picchu (le « Vieux Pic »), les ouvriers effectuent d'énormes travaux pour adapter la ville au milieu naturel. Ils érigent des murs de soutènement et aménagent de multiples terrasses dans les deux secteurs, agricole et urbain, que comprend la ville. Plusieurs enceintes aux hautes murailles protègent le tout.

Dans la zone agricole, les ouvriers installent en outre des canalisations pour l'irrigation et transportent sur les terrasses les énormes volumes de terre nécessaires aux cultures. Sous le climat tropical, la montagne, transformée en jardin, pourvoit aux besoins alimentaires de la population.

Au-dessus des terrasses agricoles, les bâtisseurs incas érigent le secteur urbain. Celui-ci est formé de deux grands ensembles, couronnés par la place sacrée où se dressent des temples. Une centaine d'escaliers et de multiples ruelles permettent de circuler dans les quartiers étalés sur plusieurs niveaux. Des fontaines fournissent l'eau.

Machu Picchu compte quelque deux cents édifices, le plus souvent en forme de quadrilatère, qui ne possèdent en général qu'un seul étage et aucune séparation intérieure. Les constructions les plus marquantes sont le *Torreon,* ou observatoire astronomique en forme de demi cercle, utilisé pour déterminer les dates importantes du calendrier, et l'*Intihuatana,* ou cadran solaire. La petite ville peut héberger entre 500 et 1 000 personnes, chiffre modeste si on le compare aux 200 000 habitants que comptait sans doute alors Cuzco, la capitale.

Le Torreon, observatoire astronomique en forme de demi-cercle, Machu Picchu.

De grands bâtisseurs

Pour construire la ville, les sujets de l'empereur Pachacuti se sont approvisionnés en pierres dans les montagnes de granit de Machu Picchu. Les ouvriers détachent les blocs à l'aide de coins de bois humidifiés, placés à intervalle régulier en suivant les contours du bloc. En se dilatant, le bois fait éclater la roche. Les pierres gagnent ensuite le chantier sur des traîneaux hissés le long de chemins de terre battue, où elles sont tirées sur des rondins de bois à l'aide de cordes. Sur le chantier, les tailleurs de pierre prennent le relais et les façonnent avec des outils de bronze, des ciseaux et des percuteurs en pierre dure. Extrêmement précis, ils ajustent parfaitement les blocs, donnant ainsi une grande solidité aux murs qui ont résisté aux tremblements de terre. Ils obtiennent le polissage final en frottant le bloc avec du sable. Ce superbe travail est réservé aux édifices les plus importants de Machu Picchu, tels les temples ou l'observatoire astronomique. Pour mettre les matériaux en place, les maçons se servent de plates-formes de terre qu'ils élèvent au même rythme que le mur en construction.

Les édifices modestes, quant à eux, sont faits avec des pierres grossièrement taillées, appareillées de façon moins régulière et liées par un épais mortier d'argile.

Isolée dans les Andes

À la suite de Hiram Bingham, Machu Picchu a longtemps été identifiée à Vilcabamba, la capitale de la résistance inca aux Espagnols. En 1964, la découverte de cette ville, située en

Vue d'ensemble de Machu Picchu, une ville oubliée dans les Andes, Pérou.

L'Intihuatana, construction dont la fonction reste mystérieuse : appareil astronomique ou autel des sacrifices, Machu Picchu.

aval de Machu Picchu, est venue corriger cette erreur. Les interprétations fausses auxquelles s'est livré l'historien américain quant au rôle de la ville se sont perpétuées cependant au-delà de la découverte. Selon Bingham, le site aurait abrité les Vierges du Soleil, ou femmes recluses au service du souverain inca, et aurait été divisé en quartiers spécialisés. Ainsi Bingham énumérait un quartier des prisons, un palais de l'Inca, des logements de prêtres, un quartier de la noblesse, des ateliers... Ces appellations continuent aujourd'hui à désigner les diverses parties du site ; pourtant, chacun sait qu'elles ne recouvrent aucune réalité. Mais si, pour le moment, la destination de la plupart des bâtiments reste inconnue, en revanche le rôle de la ville apparaît plus clairement. Fondée dans cette vallée pour des raisons stratégiques, sa mission était de contrôler les groupes de population occupant cette région sauvage proche de Cuzco, la capitale, et d'éviter leurs incursions. En même temps, Machu Picchu avait une importance économique puisqu'elle fournissait à Cuzco les produits tropicaux et les plumes d'oiseaux dont elle faisait une grande consommation. Environnée de montagnes sacrées, Machu Picchu est aussi un lieu saint.
En ménageant la part du rêve, les questions qui se posent encore au sujet de Machu Picchu ne font qu'accroître le charme fascinant du site.

Un empire éphémère

Le souverain **Pachacuti,** grand conquérant, **fonde l'Empire inca vers 1440.** Celui-ci atteint son apogée vers 1490. Il s'étend alors de la Colombie, au nord, au Chili central, au sud, et comprend l'Équateur, le Pérou, la Bolivie et le nord-ouest de l'Argentine. Sa capitale est Cuzco, dans le sud du Pérou.

En 1532, les Espagnols, sous la conduite du conquistador **Francisco Pizarro,** s'emparent de cet empire qui aura duré un peu moins d'un siècle. Ils mettent l'Inca Atahualpa à mort et s'octroient ses fabuleux trésors.

En 1536, son demi-frère Manco Capac prend la tête de la rébellion contre les envahisseurs. Après avoir vainement assiégé Cuzco, il se retire dans les montagnes et les forêts impénétrables de la région de Vilcabamba, capitale du dernier foyer de résistance. **L' « empire de Vilcabamba** » s'achève avec l'invasion de l'armée espagnole en 1572 et l'exécution du dernier souverain, Tupac Amaru. Machu Picchu, qui fait partie du royaume de Vilcabamba, est soumise et abandonnée par ses habitants à la même date.

Alberti invente la façade Renaissance

SANTA MARIA NOVELLA

Au cours de l'année 1455, un patricien de Florence, Giovanni Rucellai, commande au célèbre humaniste Leon Battista Alberti, pour l'église Santa Maria Novella, les plans d'une façade conforme aux idées du temps. Le chef-d'œuvre qui en résulte marque la naissance de la façade Renaissance.

Commencé vers 1246 par les moines prêcheurs de l'ordre de saint Dominique, le monastère de Santa Maria Novella – situé dans un secteur très défavorisé à l'ouest de Florence – se dote progressivement de cloîtres, de bâtiments fonctionnels et d'une église gothique. À sa périphérie s'établit, au cours de deux siècles, toute une population de commerçants et de marchands. Dans les années 1400, la splendeur de l'ensemble rivalise avec celle de Santa Croce, le vaste couvent franciscain construit à l'est de la ville, au sein des quartiers de teinturiers et de tanneurs. À ce moment, cependant, l'église du monastère demeure dépourvue de façade : le grossier appareil de brique qui forme sa structure constitue tout le décor de son mur d'entrée.

Alberti, l'homme de la situation

Aussi, au début des années 1450, le chef de l'illustre famille florentine des Rucellai, établie dans le quartier depuis plusieurs générations, décide-t-il d'en finir avec cette situation. Giovanni Rucellai offre au monastère une très belle façade : ce don lui permet de s'illustrer dans sa ville, tout en œuvrant utilement au salut de son âme...

Tout naturellement, c'est à Leon Battista Alberti que le patricien s'adresse pour concevoir cette façade. Les raisons de ce choix sont circonstancielles : quelques années plus tôt, en effet, l'éminent architecte a fourni le projet du nouveau palais de la famille Rucellai, dans la *Via della Vigna Nuova.* Habillé à chaque étage de pilastres, ou piliers rectangulaires faisant saillie hors du mur, à la manière antique, le décor du nouvel édifice enthousiasme le Tout-Florence par son classicisme si moderne !

Par ailleurs, Alberti, en matière de façade d'église, n'en est pas à son coup d'essai. Au moment où Rucellai le sollicite, on construit d'après les plans qu'il a livrés, à Rimini, dans le nord de l'Italie, la façade de la nécropole de Sigismond Malatesta, le redoutable seigneur de la ville. Le projet est une adaptation de la forme antique de l'arc de triomphe (celui de l'empereur Auguste à Rimini ; celui de Constantin à Rome) aux besoins spécifiques d'un sanctuaire chrétien. Enfin, Alberti dispose, grâce aux travaux qu'il a menés à Rome sur des monuments antiques, d'un répertoire absolument inédit de formes héritées de la Rome impériale, dont il a dressé le répertoire à l'occasion de la rédaction de son ouvrage sur l'architecture *(De re aedificatoria)* en 1452 : ce sont autant de modèles et références dont il ne manque pas de s'inspirer à l'occasion du projet de façade pour Santa Maria Novella.

Pour toutes ces raisons, l'architecte riminais s'impose comme l'homme de la situation.

Leon Battista Alberti

Leon Battista Alberti (1404-1472) incarne le type même de l'humaniste accompli à la Renaissance.

Né à Gênes d'une famille aristocratique bannie de Florence, il reçoit une **éducation très complète.** Cet intellectuel, qui est aussi un athlète, est le secrétaire successivement d'ecclésiastiques et de pontifes auprès desquels il voyage, poursuit ses recherches et rencontre les grands.

À 43 ans, chancelier du pape Nicolas V, il est chargé de divers travaux d'urbanisme et d'architecture pour la rénovation de Rome. Avec un sens de l'observation qui dénote un état d'esprit fort neuf, il entreprend le relevé systématique des monuments de l'Antiquité, qu'il compare avec l'unique traité d'architecture antique connu, celui de l'architecte du Ier siècle **Vitruve**. Ce travail lui permet d'élaborer **son propre traité d'architecture, le *De re aedificatoria,*** qui connaît très rapidement un succès européen.

Hélas, il s'avère indisponible : il travaille à Rome pour le pape, auprès duquel il fait fonction de chancelier et expert en urbanisme et architecture. Du moins accepte-t-il d'élaborer le programme de la façade, laissant à son disciple Bernardo Rossellino le soin de l'exécuter.

Un décor pour le théâtre urbain

Le mérite de ce maître d'œuvre est de mener à bien le chantier, en cinq ans, sans dénaturer en rien le programme hardi formulé par son prédécesseur, Alberti.

Le rez-de-chaussée s'inspire de la forme d'un arc triomphal romain avec quatre élégantes colonnes de marbre vert, doublées aux extrémités de puissants supports polychromes. Il est percé de trois portes, le portail principal, au centre, se trouvant logé sous une arcade fortement creusée afin de mieux accrocher l'ombre et la lumière venue de la place. Le deuxième niveau est constitué d'un petit étage aveugle – ce qu'on appelle « un attique ». Enfin, le dernier niveau, dans sa partie centrale, revêt la forme d'un temple païen, avec ses quatre supports et son fronton, ou sommet triangulaire, masquant le toit de la nef principale plus élevée. Cette partie de la façade est complétée, sur les côtés, par des consoles renversées et décorées de rosaces : placées dans l'angle des murs, elles masquent aux yeux des passants les disgracieux contreforts des parties hautes de l'édifice.

Seule concession – mais de taille – à la tradition médiévale toscane, le décor des trois étages est constitué par une mosaïque de marbres gris sur blanc constituant, selon l'emplacement, rectangles et carrés, cercles et arcatures, ou motifs secondaires finements dessinés. Dans l'axe du monument, un vitrail, aménagé en rosace, éclaire l'intérieur de l'église et rappelle sa destination aux fidèles comme aux badauds massés sur la place. Pour les philosophes et les esprits éclairés, un disque solaire, symbole divin, logé sous le fronton, définit le caractère sacré du monument. Le motif du cercle, enfin, est repris par les rosaces délicatement ciselées au centre des consoles latérales.

L'inauguration de l'église, en 1470, consacre une étape décisive de l'histoire religieuse : le chef-d'œuvre conjoint d'Alberti et de Rossellino inaugure un type de façade à la structure classique et au sobre décor de marbre, qui se répandra largement dans le monde au cours des deux siècles suivants.

La Visitation, *une des* Scènes de la vie de la Vierge *peintes par Ghirlandaio pour orner le chœur de l'église*.

Vue de la façade de l'église Santa Maria Novella, Florence.

Saint-André de Mantoue

Alberti est aussi l'auteur de l'imposant projet de sanctuaire de Saint-André de Mantoue, dont la construction n'est entreprise qu'après sa mort.

La façade. Comme à Santa Maria Novella de Florence, l'extérieur du mur d'entrée du monument est inspiré du temple païen antique à quatre colonnes et fronton triangulaire.

Un plan original. Surtout, Saint-André de Mantoue constitue le premier exemple d'église dotée d'une seule et large nef. Les besoins de la prédication obligent les fidèles à s'y rassembler. La voûte en berceau, inspirée par celle des thermes antiques, joue le rôle de caisse de résonance ! La nouvelle conception de l'espace intérieur est révolutionnaire et inspirera largement les protagonistes de la Réforme catholique du siècle suivant.

Pie II transforme son village en cité idéale

PIENZA

En 1459, l'humaniste Aeneas Silvius Piccolomini, devenu pape à 53 ans, confie à Bernardo Rossellino la mission de transformer son lieu de naissance, Corsignano, bourgade de montagne située à 50 km de Sienne, en une ville épiscopale digne de sa gloire.

Rossellino, un sculpteur formé dans les meilleurs ateliers de Florence, s'adonne à l'architecture depuis treize ans. En effet, il a assuré la direction des chantiers exemplaires du célèbre humaniste Leon Battista Alberti, expert attitré des papes et des princes : le palais et la façade de l'église de Santa Maria Novella à Florence pour Giovanni Rucellai, et le chœur de la basilique Saint-Pierre de Rome pour le pape Nicolas V, dont la mort, en 1455, a interrompu les travaux qui en étaient juste aux fondations.

Cette collaboration crée une situation qui satisfait pleinement le pontife. Auteur d'un traité d'architecture loué par tous, le *De re aedificatoria,* Alberti vient d'entreprendre l'étude d'un projet d'église pour le marquis de Mantoue, ce qui ne peut l'empêcher d'intervenir comme conseil aux diverses phases du projet et du chantier de Rossellino. D'un autre côté, le commanditaire, le pape Pie II, peut espérer influencer plus aisément un projet auquel il tient énormément si celui-ci est mené par un acolyte plutôt que par le très réputé Alberti lui-même.

Le nouvel Énée

Pie II, l'enfant de Corsignano, est le fils d'aristocrates spoliés et bannis de Sienne. Très marqué par ces événements, il s'est forgé en compensation une personnalité hors du commun. Lettré, il a étudié le droit, la philosophie, et s'est consacré à la rédaction de poèmes, de livres encyclopédiques, de *Commentaires* sur

La cathédrale de Pienza.

La Cité idéale *(peinture anonyme, Urbino, Galleria Nazionale del Marche).*

les événements du temps. Voyageur, il a été l'interlocuteur de l'empereur et du pape et a connu une vie mouvementée qui l'a mené au diaconat à 42 ans, puis au cardinalat. Fin diplomate, rompu aux intrigues et aux négociations, il est élu pape en 1458 et prend le nom de « pieux », satisfaisant pour l'éthique chrétienne comme pour le milieu humaniste qu'il fréquente, puisqu'il rappelle le souvenir du héros de Virgile, Énée.

Tout au long de son pontificat, son amour des lettres, ses bonnes mœurs, son acharnement au travail ne se démentent pas. Comme Virgile, il aime les paysages bucoliques, le calme des grands bois, et cherche à se tenir éloigné des intrigues de cour. Corsignano représente un havre de paix où il peut goûter la solitude champêtre, ou, en compagnie de quelques intimes, se livrer à ses occupations favorites – des causeries savantes en une langue pure ou l'observation des mouvements astronomiques de l'Univers. À Pienza, ouverts sur les contreforts du mont Amiata, les trois portiques superposés du palais Piccolomini sont le théâtre idéal de telles activités.

La première « ville nouvelle »

C'est au début de l'année 1459, alors qu'il fait étape dans sa ville natale au cours d'un voyage qui le mène de Rome à Mantoue, que le pape prend la décision de transformer le bourg en une vaste et idéale cité, et confie cette charge à Bernardo Rossellino.

Pour la première fois depuis l'Antiquité, alors, une véritable « ville nouvelle » est mise en chantier : c'est une cité qui naît de la décision du prince, au lieu de résulter des hasards de l'histoire et de l'évolution sociale.

Tirer parti d'un site exceptionnel, une colline formant un belvédère sur de paisibles paysages de Toscane, et organiser par des remblais considérables le soutènement de palais et d'une cathédrale, sont l'intention du pontife. Sur la place, la cathédrale, encadrée par le palais du pape (palais Piccolomini) et le palais épiscopal, constitue le point fort de la composition. Elle organise la convergence des principales rues, qui jouent le rôle d'axes perspectifs, devant son portail et le palais communal – l'équivalent de notre hôtel de ville – qui lui fait face.

Tandis que les cardinaux de la suite pontificale sont priés de construire chacun, à leurs frais et selon leur goût, leur propre palais, la cathédrale, le palais Piccolomini et le palais communal retiennent bien entendu tous les soins du pape et de son maître d'œuvre, et sont financés par le trésor pontifical. La découverte et l'exploitation d'une matière première semi-précieuse, l'alun, dans l'État pontifical à partir de 1462, alimentent heureusement les finances vaticanes. Les résultats obtenus, « un joyau parmi les bosquets d'oliviers », font oublier les angoisses des devis dépassés et amènent le mécène à s'inspirer de son nom pour fixer fièrement le nouveau patronyme : Pienza.

Le rêve brisé

Pourtant, la mort de Pie II en 1464, à Ancône, juste avant le départ de la croisade contre les infidèles, qu'il avait rêvé d'organiser, sonne le glas de toutes ses entreprises. La ville nouvelle, à peine éclose, cesse brutalement de se développer : elle ne connaîtra jamais, en définitive, la magnificence que le pontife avait souhaitée pour elle.

De nos jours, seul le centre de Pienza, bourg modeste endormi dans la campagne toscane, témoigne des grandes ambitions qu'un pontife nourrit jadis pour elle. La cathédrale, une vaste structure à trois nefs d'égale hauteur inspirée des pays germaniques, présente un étrange mélange, entre le style gothique, qui inspire l'aménagement intérieur, et la façade à fronton triangulaire, imitée d'un temple antique. Le palais Piccolomini lui-même s'inspire du palais Rucellai, récemment conçu par Alberti à Florence ; sa seule originalité réside dans la superposition de trois portiques ouvrant sur le jardin et la vallée, signe de l'amour porté par Pie II aux grands espaces et aux jardins apaisants. Ces bâtiments, cette place, agréables et un peu décevants, sont le résidu d'un rêve qui osa prendre corps.

La cité idéale

Depuis l'Antiquité, les intellectuels essaient de donner au cadre de vie une forme satisfaisante pour l'esprit, tels Hippodamos de Milet au Ve siècle avant notre ère et Vitruve au Ier siècle.

À l'époque médiévale, le triomphe du christianisme incite les bâtisseurs à retenir la « Cité de Dieu », ou « Jérusalem céleste », évoquée dans la Bible, comme principale référence. Mais aucun projet, à l'exception de quelques places fortes créées à des fins militaires et donc bien distinctes de l'idéal des clercs, ne voit le jour pendant cette période.

La Renaissance renoue avec les conceptions antiques, et les auteurs de traités d'architecture considèrent les schémas géométriques rigoureux comme plus satisfaisants pour l'épanouissement des individus. Le petit tableau *La Cité Idéale*, conservé à Urbino, interprète cette pensée. Il représente une place bordée de palais grandioses dont le centre géométrique est occupé par un temple circulaire. En arrière convergent, à l'infini, les alignements impeccables des architectures.

Le palais Piccolomini, Pienza.

1462

Le fabuleux palais des sultans turcs

TOPKAPI

Le palais de Topkapi, résidence du sultan sur la Corne d'Or dans le détroit du Bosphore, Istanbul.

La salle des fêtes dans le harem, partie la plus secrète du palais, Istanbul.

En 1453, le sultan ottoman Mehmed II s'empare de Constantinople, dernier lambeau de l'Empire byzantin, héritier de Rome en Orient : il fait de la ville sa capitale, après l'avoir rebaptisée Istanbul. Neuf ans après la conquête, en 1462, Mehmed fonde un palais situé sur une pointe de terre baignée par la mer de Marmara, le ria de la Corne d'Or et le Bosphore et qui jouit d'une vue magnifique.

Le monument, qui doit son nom de Topkapi, c'est-à-dire « porte du Canon », à l'une de ses portes, est à la fois la résidence du sultan et le siège du gouvernement de l'immense Empire turc – ou ottoman. En activité pendant quatre siècles, il est abandonné en 1853 pour des édifices plus modernes.

Malgré les incendies et les diverses reconstructions qu'il subit, Topkapi conserve tout au long de son histoire la même ordonnance. Les bâtiments, à un ou deux étages, se déploient autour de trois cours entourées de hautes murailles et qui ont chacune une fonction précise. La première, en grande partie détruite aujourd'hui, est connue par les documents et des récits d'époque.

De la porte de l'Auguste...

Tous les sujets de l'Empire ottoman, indépendamment de leur religion, de leur sexe, de leur fortune ou de leur province d'origine, franchissent librement la porte de l'Auguste, jamais fermée, qui donne accès à cette cour. Ils y déposent les pétitions qu'ils adressent au sultan et à ses ministres pour se faire rendre justice. Dans le cadre de ces murs, la seule contrainte que doivent respecter les visiteurs est de garder le silence.

La cour abrite les logements de la garde de la porte de l'Auguste et ceux d'une partie des domestiques, employés dans les parties publiques du palais. Dans un angle se dresse l'ancienne église Sainte-Irène, bâtie par les Byzantins, et que les musulmans transforment en armurerie. La cour est aussi occupée par les locaux dans lesquels s'affairent les artisans qui frappent la monnaie de l'Empire et les orfèvres qui réalisent les commandes du sultan. Ces hommes ne résident pas sur place mais en ville. Une boulangerie, chargée de fournir le pain aux habitants du palais, et un hôpital se dressent aussi en ces lieux.

La première cour est enfin le domaine du bourreau. C'est là, aux abords de la porte ouvrant sur la deuxième cour, que celui-ci décapite d'un coup de hache les grands personnages qui ont eu le malheur de déplaire au sultan. Après avoir exposé la tête de la victime sur un bloc de pierre, le bourreau se lave les mains dans une fontaine, exclusivement réservée à cet usage.

... à la porte du Milieu

La deuxième porte, ou porte du Milieu, encadrée par deux tours, conduit à la deuxième cour, où sont installés les services du gouvernement. Un portier en surveille le passage, interdit au commun des mortels. Seul le sultan entre dans cet espace à cheval. La cour est bordée d'un côté par un large portique et par

une tour, précédant une vaste pièce, la salle du Divan. Là se réunissaient, quatre fois par semaine, le conseil des vizirs, qui sont les ministres du souverain, et des hauts fonctionnaires chargés de régler les affaires de l'Empire et de rendre justice. Ces personnages importants s'asseyaient sur une estrade couverte de coussins : l'estrade a pris le nom de divan, alors que le mot désigne en arabe, à l'origine, un registre ou une administration *(diwan)*. Installé dans le fond de la pièce, derrière une fenêtre grillagée, le souverain assistait aux débats sans être vu par les participants. La salle du Divan, dont le décor étincelle d'or et d'argent, servait aussi pour la réception des ambassadeurs étrangers, que ce déploiement de richesses ne manquait pas d'impressionner.
À la salle du Divan sont accolés les services administratifs et le bureau du grand vizir, sorte de Premier ministre. Un peu plus loin s'étend la Trésorerie intérieure – placée sous le contrôle du grand vizir – qui sert de dépôt aux revenus des provinces ainsi qu'à un trésor constitué de soieries précieuses et de fourrures.
L'autre côté de la cour est occupé par les dix cuisines du palais, surmontées d'immenses cheminées. À la fin du XVIe siècle, ces cuisines employaient 1 150 cuisiniers et auxiliaires et nourrissaient quotidiennement 5 000 personnes. Les jours de fête, elles en restauraient au moins le double.

Au fond de la deuxième cour se dresse la troisième porte, ou porte de la Félicité. Sous son large auvent protecteur se déroulent d'importantes cérémonies. Le sultan y reçoit l'hommage de sa cour lors de son accession au trône et il y exécute les rites précédant le départ de l'armée en campagne, comme la remise de l'étendard.

La demeure de la Félicité

La porte de la Félicité, gardée par des eunuques blancs, ouvre sur la troisième cour, la résidence privée du souverain. C'est la partie la plus secrète de Topkapi. Juste derrière la porte se dresse le pavillon de la salle d'audience dans laquelle le sultan en personne accueille les ambassadeurs étrangers et les hôtes de marque. Au-delà ne circulent que les personnes autorisées : médecins, porteurs de repas, musiciens, professeurs et artisans.
Une grande partie de la demeure du souverain est réservée au harem, domaine des femmes. Il s'agit d'un bâtiment à deux étages, formé de cours et de couloirs obscurs et de nombreuses petites chambres, souvent sans fenêtre. Au rez-de-chaussée se trouvent les appartements de la sultane mère et ceux du sultan avec son vaste salon orné de peintures et de dorures et sa belle salle à manger, décorée de peintures de fleurs et de fruits. Les femmes du sultan, épouses, concubines et esclaves, au nombre de plusieurs centaines, sont placées sous l'autorité de la sultane mère et sous la surveillance des eunuques noirs et de leur chef. Personne, sauf les porteurs de bois, les médecins et bien entendu le sultan, n'entre dans le harem. Personne n'en sort non plus.
Dans la troisième cour se dresse aussi l'école des pages du palais, jeunes esclaves chrétiens, convertis à l'islam, qui seront les futurs hauts fonctionnaires de l'Empire. Ils ne quittent pas la demeure de la Félicité avant la fin de leur éducation.
La résidence du sultan se compose encore d'une belle bibliothèque en marbre blanc et d'une chambre sacrée renfermant les reliques du prophète Mahomet. Elle comporte aussi une salle du trésor, différente de celle de l'État, qui protège les richesses de la famille impériale, ainsi que des jardins et de splendides pavillons invitant le sultan à la détente.
Les bâtiments de Topkapi, qui séparent de manière rigoureuse les affaires officielles de la vie privée, se distinguent beaucoup plus par le luxe extraordinaire du décor intérieur que par leur aspect extérieur.

Réception à la cour du sultan Selim III dans la cour du Divan au palais de Topkapi *(peinture de la fin du XVIIIe siècle, Istanbul, palais de Topkapi).*

Une forteresse de rêve au cœur de la capitale russe

LE KREMLIN

À la fin du XVe et au début du XVIe siècle règne sur la principauté de Moscou un souverain prestigieux qui a le titre de prince, Ivan III (1462-1505). Soucieux de faire de la capitale de son État, détruite au XIIIe siècle par les Mongols et reconstruite à la hâte, une cité moderne capable de rivaliser avec les villes occidentales, il édifie en son centre, pendant les trente-trois dernières années de son règne, une formidable résidence.

Bâtie sur une série de collines à 40 m d'altitude sur la rive gauche de la Moskova, le Kremlin – en russe, *Kreml Moskovski* – domine le reste de la ville et constitue, outre la demeure des princes puis des tsars, le siège de son gouvernement, avant de devenir, au XXe siècle, celui de l'Union soviétique. Esprit curieux décidé à ouvrir la Russie aux nouveautés de son temps, Ivan III décide d'envoyer un ambassadeur dans la partie de l'Europe qui fait montre des plus grandes hardiesses en matière d'architecture : l'Italie. En 1474, avant d'entreprendre quelques travaux que ce soit, il expédie donc dans la péninsule un de ses boyards, ou « nobles de la cour », Tobulzine, avec la charge d'y recruter des architectes de talent.

La Russie moscovite

Au XVe siècle, après deux siècles de domination mongole puis tatare, une principauté se constitue progressivement en un État puissant et indépendant : **la principauté de Moscou.**

Son prince, **Vassili II (1425-1462),** parvient à placer sous sa domination un vaste territoire, en même temps qu'il prononce l'indépendance religieuse de son royaume, de foi chrétienne orthodoxe, vis-à-vis de Byzance aussi bien que de Rome.

Son successeur, **Ivan III (1462-1505),** tout en poursuivant les opérations de conquête, organise judiciairement et fiscalement un État stable, auquel il veut d'emblée donner un rayonnement culturel, notamment par la construction du Kremlin.

Au siècle suivant, **Ivan IV se fait proclamer « tsar »** pour la première fois, en 1547. Il continue à résider au Kremlin, ainsi que ses successeurs, jusqu'à ce que, **en 1712, Pierre le Grand déplace la capitale de l'Empire russe de Moscou à Saint-Pétersbourg.**

Une ville italienne ?

Un certain nombre d'entre eux, repérés sur les chantiers de Bologne, de Milan et du Piémont, acceptent de faire le voyage. Les plus importants, véritables responsables des travaux menés, sont Aristotele Fioraventi et Pier Antonio Solari. Cependant, on ne saurait parler d'un « Kremlin italien ». Certes, l'influence italienne préside à l'élaboration d'un plan (pour la cathédrale de l'Assomption, par exemple, d'une forme carrée insolite en Russie) ou au choix d'un motif décoratif (ainsi pour le palais à Facettes). Mais les Italiens se montrent beaucoup plus soucieux de respecter les traditions de l'art russe que de greffer des bâtiments occidentaux dans cette terre déjà en partie asiatique.

L'or des cathédrales...

Ce respect de l'architecture nationale se traduit d'abord dans la conception des églises qui se dressent à l'intérieur de l'espace de 28 ha, clos par une muraille de 2 km de long, sur lequel s'étend la cité princière : les cathédrales de l'Annonciation (édifiée de 1484 à 1489), de la Dormition de la Vierge (construite de 1475 à 1479) et de l'Archange-Saint-Michel (bâtie après la mort d'Ivan III, entre 1505 et 1508) ; l'église de la Déposition de la robe du Christ (1480-1486). Du corps de ces quatre édifices s'élèvent des tours circulaires couronnées de coupoles en forme de bulbes terminées par une flèche portant la croix orthodoxe et, le plus souvent, entièrement décorées de feuilles d'or. L'ornementation intérieure est également enracinée dans la tradition nationale orthodoxe : dans la cathédrale de l'Annonciation, l'un des peintres les plus fameux de l'histoire artistique de la Russie, Andreï Roublev, a probablement effectué lui-même, en partie, la décoration de l'« iconostase », la cloison couverte d'icônes, ou tableaux saints, qui, dans les églises orthodoxes, sépare l'espace des clercs de celui des fidèles.

... et celui des palais

Des bâtiments civils construits à l'époque d'Ivan III, il est plus difficile de se faire une idée. Nombre d'entre eux, en effet, ont été détruits au fil des incendies et des invasions, ou remplacés,

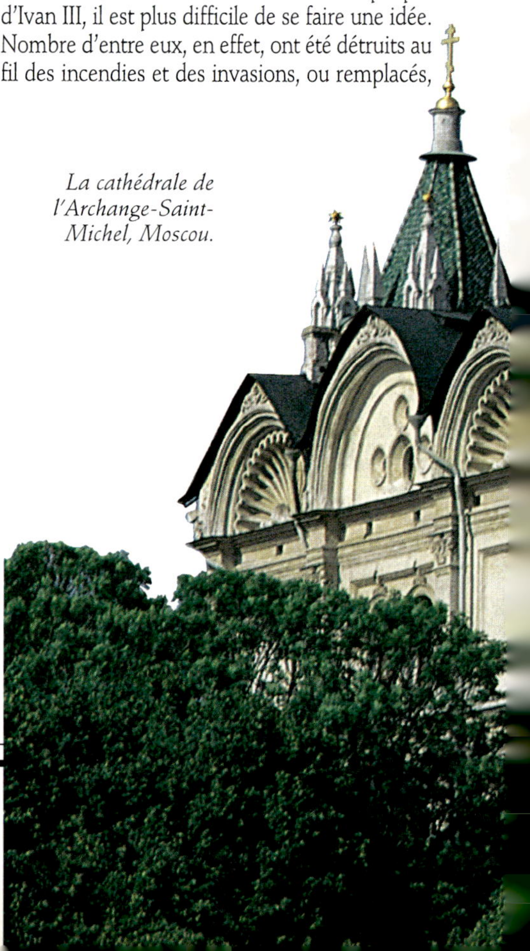

La cathédrale de l'Archange-Saint-Michel, Moscou.

◁ *Vue d'ensemble du Kremlin depuis la Moskova, Moscou.*

pour des raisons de modernité, par d'autres édifices. Les interventions de réaménagement ont duré jusqu'au XIXe et même jusqu'au XXe siècle (le dernier immeuble construit date de 1961). De sorte qu'aujourd'hui, au-dessus de l'enceinte de brique rouge réaménagée au cours du XVIIe siècle, ce sont surtout des monuments modernes, tel le Grand Palais jaune et blanc édifié dans un style néoclassique entre 1838 et 1849, que l'on peut voir des rives de la Moskova.

Du Kremlin du XVe siècle demeurent toutefois deux palais : le palais Moyen, ou palais d'Or, et le palais à Facettes. De ces deux édifices, le second est le plus remarquable. Son nom s'explique par l'ornementation de ses façades extérieures, qui portent un parement de pierres taillées chacune en pointe de diamant, décor dit « en facettes » *(granovitaïa)*, inspiré d'édifices de Ferrare ou même de Florence (palais Pitti). Ce palais, situé à côté de la cathédrale de l'Annonciation, qui était l'église la plus importante du palais, servait de cadre aux grandes cérémonies de la cour moscovite : réceptions fastueuses, investitures, célébration des victoires ou des mariages importants. Toutes ces fêtes se déroulaient dans un décor intérieur ruisselant d'or : dans la grande salle du trône, à laquelle on accédait par un escalier doré couvert d'un tapis rouge, les peintures d'origine, restaurées au XIXe siècle, situent les épisodes religieux ou historiques sur des fonds intégralement dorés à la feuille.

La place Rouge avec, au premier plan, l'église Saint-Basile, Moscou.

Contre le Kremlin, la place Rouge

L'union de l'histoire et de la révolution. De même que, à Pékin, la Cité interdite s'ouvre sur la place Tian'anmen, symbole de la Chine communiste avec le mausolée de Mao, de même, à Moscou, l'enceinte triangulaire du Kremlin s'ouvre, à l'est, sur la place Rouge, haut lieu, s'il en est, de l'histoire de l'Union soviétique.

L'église Saint-Basile. Cette église, dans un premier temps dédiée à l'Intercession de la Vierge, représente, au sein de la place, le legs de l'histoire. Bâtie entre 1555 et 1560 sur l'ordre du tsar Ivan IV, dit le Terrible, elle commémorait la victoire remportée par les armées russes sur le khanat mongol de Khazan en 1552. C'est l'un des monuments les plus fascinants de l'architecture russe ancienne, avec, surgissant d'un unique soubassement, ses neuf tours couronnées par des coupoles de formes extraordinaires, qui semblent sorties tout droit d'un conte oriental.

Le mausolée de Lénine. Inauguré en 1930, le mausolée de Lénine – le fondateur de l'Union soviétique, mort en 1924 – est accolé au mur du Kremlin. Contre ce même mur se trouvent les tombes d'autres grands hommes de l'histoire soviétique, en particulier celle de Joseph Staline, dont le cercueil fut retiré du mausolée de Lénine en 1961.

La folle ornementation d'une façade d'église

LA CHARTREUSE DE PAVIE

Le grand cloître et les cellules des moines, chartreuse de Pavie.

Le 3 mai 1497, le nonce pontifical Bernardino Lopez de Carvajal, en présence de 60 000 fidèles, consacre une église qui a mobilisé les efforts de deux dynasties maîtresses du duché de Milan – les Visconti puis les Sforza – et de plusieurs générations d'architectes et de sculpteurs. La chartreuse de Pavie est enfin terminée.

Le monastère dont l'église alors inaugurée est le centre est destiné à accueillir les moines qui obéissent à la règle de saint Bruno. Comme toutes les maisons du même ordre – plus de 200 en Europe, à la fin du XVe siècle –, elle tire son nom, « chartreuse », de l'établissement fondé par saint Bruno lui-même en 1084, en France, au cœur du massif de la Chartreuse.

Le monastère, maison du silence

À Pavie, les bâtiments, construits progressivement à partir du début du XVe siècle, s'organisent en trois parties, dont chacune abrite une fonction spécifique du monastère. Précédant la clôture, séparation entre les mondes monastique et profane, on trouve, autour d'une cour, une vaste hôtellerie, destinée à l'accueil des pèlerins et des visiteurs, les dépendances indispensables à la vie matérielle de la communauté et une pharmacie.

Autour du petit cloître s'orchestre le grandiose ensemble des locaux de la vie commune, ou cénobitique : l'église, le réfectoire – réservé au repas dominical, seul repas pris en commun – et le chapitre, lieu de réunion pour la communauté.

Enfin, autour du grand cloître, décoré, comme le précédent, de délicates arcades en terre cuite, se développent les lieux de la vie retirée du monde, ou anachorétique. La bibliothèque, les cuisines et l'infirmerie y forment les compléments d'une véritable « cité du silence » constituée de 24 ermitages, ou cellules, qui permettent aux moines de se livrer aux exercices de perfectionnement spirituel, ou ascèse. Les cellules, agrémentées d'un jardin comprenant un puits et d'un balcon à l'étage, comportent un oratoire, un foyer, et des lieux consacrés à l'étude et au repos. Chaque occupant s'adonne ainsi au travail manuel (l'entretien de son jardin), intellectuel, à la prière et au repos. Seul un guichet lui permet de communiquer avec l'extérieur, en cas d'absolue nécessité.

L'église, joyau de la chartreuse

Toutefois, cet univers n'a de sens qu'ordonné autour de l'église dont l'orgueilleuse façade affiche la primauté.

Sous les voûtes gothiques de ce splendide bâtiment, aux dimensions vraiment considérables, résonnent les chants des moines logés dans les superbes stalles en marqueterie du chœur. Leurs longs et nombreux offices, rythmant avec régularité la journée du monastère, se déroulent ainsi à l'abri des troubles profanes qui agitent les fidèles occupant l'hôtellerie du monastère.

Ceux-ci, comme nous le savons par des témoignages nombreux, restent au contraire fascinés par l'extérieur de l'église. Inachevée au moment de l'inauguration, en 1497 – il manque le grand fronton triangulaire qui aurait dû coiffer la partie centrale –, la façade de l'édifice reste en l'état par la suite. Conçue par des artistes célèbres de Lombardie – un père et son fils, les architectes Mantegazza, et le sculpteur Amadeo –, cette façade se caractérise par une structure et un décor également frappants et originaux.

Pour la première fois depuis l'éclosion de la Renaissance, en effet, les auteurs de la façade ont songé à traduire par l'organisation extérieure, que rythment les contreforts, la distribution interne de l'église. La partie médiane, qui abrite le porche, correspond visiblement à la nef ; les parties qui l'encadrent mettent en évidence les bas-côtés et les chapelles latérales.

Sur tout le mur extérieur, le marbre clair est rehaussé d'incrustations aux feux pourpres, verts et noirs. Séparés par une galerie à arcades, deux niveaux complètement différents s'élèvent pourtant harmonieusement. En bas, l'héritage gothique domine. Se superposent à profusion des médaillons, un bestiaire fantastique placé au-dessus des fenêtres et des statues gothiques ; celles-ci, aux visages émaciés et aux vêtements drapés en plis cassés, sont logées dans des niches. Le portail est organisé en arc de triomphe ; il relate, à côté

La façade (inachevée) de la chartreuse de Pavie.

L'église vue du petit cloître, chartreuse de Pavie.

de scènes religieuses, les grandes pages de l'histoire du monument, parmi lesquelles la consécration solennelle du monastère, à la fin du XIVe siècle, et le transfert de la dépouille de son fondateur, protecteur de la religion et des arts, mort de la peste en 1402. En haut, le mur est plus dépouillé, les statues laissent place aux motifs géométriques et aux candélabres inspirés de l'Antiquité, mis à la mode par les hommes de la Renaissance.

Ce morceau de bravoure est bien différent du projet original de la façade, plus sobre, et que nous connaissons par une fresque du XIVe siècle peinte à l'intérieur de l'église. Tel quel, il entraîne l'adhésion de ceux qui le découvrent au moment de son inauguration ou quelques années après. Les Français, en particulier, venus guerroyer dans la région en ce début des guerres d'Italie, sont soulevés d'enthousiasme. La défaite et l'emprisonnement de leur roi François Ier dans la ville, en 1525, n'effacent absolument pas leur fascination pour un style décoratif qui incarne, à leurs yeux, le renouveau artistique. Au cours du siècle, cet engouement incite le souverain lui-même et, à sa suite, les nobles, à attirer sur les chantiers de leurs châteaux des artisans et maîtres maçons lombards, qui précèdent en ce voyage les plus grands artistes italiens. Ainsi, quelques décennies après l'inauguration de la chartreuse, les artistes qui construisent les châteaux de la Loire y puisent l'inspiration de la première Renaissance française. À Chambord, notamment, résidence de chasse de François Ier, les techniques d'incrustation et les jeux de polychromie se nourrissent intimement du décor séduisant de Pavie. C'est le paradoxe de ce monument, cœur d'un monastère où des moines austères vivent dans une ascèse sévère, que d'avoir ainsi contribué à diffuser en Europe la recherche du luxe, le goût d'un art raffiné et précieux.

Rome ressuscite l'église à plan central

LE TEMPIETTO DE BRAMANTE

Au cours de l'année 1502, la construction d'une église est décidée à l'endroit présumé du crucifiement de saint Pierre, premier des apôtres et des papes. Il s'agit du sommet de la colline du Janicule, située à l'ouest de Rome, baptisée de nos jours le Montorio. Le pape Jules II, à son avènement en novembre 1503, confie le projet à Donato Bramante.

L'homme, alors âgé de 56 ans, est l'architecte le plus en vogue de toute sa génération. Il est considéré comme l'héritier des fondateurs de la Renaissance, les célèbres humanistes Brunelleschi et Leon Battista Alberti. À Milan, sur les chantiers des églises de Santa Maria presso San Satiro et de Santa Maria delle Grazie, il s'est illustré en composant des espaces symétriques et homogènes coiffés d'une coupole – des structures à « plan central » –, enjeux des spéculations des cercles érudits depuis au moins un demi-siècle.

Le vaste chantier romain

L'arrivée des troupes françaises en Lombardie, en 1499, l'a obligé à fuir la région pour se réfugier à Rome. Là réside la papauté, après une centaine d'années d'exil en Avignon et ailleurs entre 1376 et 1420. Redevenue capitale de la chrétienté, la ville doit à tout prix retrouver son faste ancien : tel est le projet de tous les papes qui se succèdent, au XVe et au XVIe siècle. Or, au début des années 1500, il reste encore bien des travaux à conduire : les papes ont paré d'abord au plus pressé, engageant des travaux édilitaires de première nécessité, comme l'alimentation en eau sous Sixte IV, ou songeant (Nicolas V) à réorganiser par un plan d'urbanisme une cité devenue au cours des siècles extrêmement disparate.

Jules II, reprenant le flambeau des idées nouvelles au bénéfice de la Ville éternelle, confie donc à Bramante la mission de développer les travaux engagés depuis les règnes précédents. En même temps, il le charge d'un projet particulier : réunir, en un ensemble unique et spectaculaire, au moyen de grandioses terrasses et de portiques, les divers palais et les jardins qui constituent le Vatican. Sous la direction de Bramante, ainsi, s'ouvrent d'immenses chantiers qui attirent des artistes de renom. L'architecte, célébré par l'élite de ses contemporains comme un véritable génie et appuyé en tout par le pontife, trouve encore le temps de mener à bien des projets personnels : le petit cloître Santa Maria della Pace, une merveille de légèreté malgré ses deux étages superposés ; ou encore le programme d'une petite église circulaire ressemblant à un temple antique – le *Tempietto,* ou petit temple, autre nom de San Pietro in Montorio.

Avant Bramante, Léonard de Vinci (1452-1519) avait déjà dessiné des plans d'édifices circulaires (Léonard de Vinci, études d'architecture, Paris, bibliothèque de l'Institut).

Dans cette peinture de Raphaël (1483-1520) datée de 1504, un édifice circulaire du type du Tempietto est représenté au second plan (Raphaël, le Mariage de la Vierge, *Milan, pinacothèque de Brera).*

San Pietro, une église circulaire

San Pietro in Montorio, comme son nom l'indique et comme son emplacement l'exige, est bâti pour commémorer le supplice que le premier pape subit en ce lieu. Cette destination impose, traditionnellement, un plan particulier. En effet, alors que les églises paroissiales ou cathédrales sont généralement en croix latine, c'est-à-dire constituées par un long vaisseau (nef) et des bras courts (transept), celles qui sont dédiées à des martyrs sont le plus souvent en croix grecque, c'est-à-dire constituées de quatre bras égaux qui mettent en valeur la partie centrale de l'édifice, où se trouve, le cas échéant, le tombeau ou une relique du saint. Or, la particularité de San Pietro in Montorio réside dans le fait que l'architecte abandonne désormais toute référence à un plan dessinant une croix. Le petit

Donato Bramante

Donato Bramante **(1444-1514)** est né en Italie du Nord, à Urbino, une cité gouvernée par un prince aux goûts humanistes, Federico de Montefeltre.

Formé dans l'entourage du célèbre peintre et mathématicien **Piero della Francesca,** il côtoie aussi dans sa jeunesse le grand architecte **Leon Battista Alberti.** Il en retient des principes très forts communs aux peintres et aux architectes du temps : **application des mathématiques, retour aux formes antiques, enfin recherche des proportions.**

Architecte à **Milan,** où il fréquente Léonard de Vinci, il s'affirme comme l'un des maîtres incontestés de la Renaissance. Réfugié à **Rome,** à 55 ans, il donne la pleine mesure de son génie en mettant au point quelques formules d'avenir : le cloître à deux étages, l'église à plan central et coupole, enfin le palais urbain abritant des boutiques au rez-de-chaussée. En même temps, il remodèle palais et jardins du **Vatican** et lance le chantier de la nouvelle basilique **Saint-Pierre.**

San Pietro in Montorio, le célèbre Tempietto édifié par l'architecte Bramante, Rome.

sanctuaire, en effet, surmonté d'une coupole, entouré de colonnes et coiffé d'une balustrade, adopte la forme d'un cercle parfait. Mieux, alors que l'édifice se trouve aujourd'hui sur une place quadrangulaire, nous savons par une gravure du début du XVIe siècle que Bramante avait prévu de l'inscrire dans une sorte de cloître ou galerie à colonnes (portique) également circulaire. Ainsi, si le projet initial de Bramante s'était trouvé réalisé, le cercle, figure géométrique parfaite, se serait trouvé représenté deux fois dans l'architecture bâtie au sommet du Janicule.

La concrétisation d'un idéal

L'importance du Tempietto de Bramante, dont la construction fut probablement menée à bien avant 1510, réside dans ce plan circulaire dont aucun édifice moderne, avant cette date, ne fournit d'exemple achevé.

Ce n'est pas pourtant que Bramante ait inventé l'église circulaire. Bien au contraire, la construction du Tempietto est le résultat de plusieurs décennies de réflexions et d'expériences menées par les architectes italiens. Léonard de Vinci (1452-1519), par exemple, le grand génie florentin à la fois peintre, sculpteur et ingénieur, a médité sur des compositions à plan central, et notamment sur des édifices circulaires, lors de son séjour à Milan, entre 1482 et 1499. Or, à cette époque, précisément, Bramante travaille et bâtit dans la ville dominée par les Sforza. Mais à Florence aussi, dès la première moitié du XVe siècle, des architectes ont rêvé de bâtiments à plan central, circulaires ou polygonaux. Ainsi Brunelleschi, l'architecte de la coupole de la cathédrale de Florence, auteur, en 1433, dans cette même ville, d'une église inachevée qui eût dû revêtir un aspect octogonal, la « rotonde » de Santa Maria degli Angeli.

La reconstruction de la première des églises chrétiennes

LA BASILIQUE SAINT-PIERRE

Vue aérienne de la basilique Saint-Pierre de Rome, Vatican, Rome.

La basilique Saint-Pierre est le monument le plus prestigieux de la chrétienté, un édifice dont l'histoire se confond avec celle de la Renaissance : sa construction s'étire sur 120 ans – le temps que règnent vingt papes et qu'interviennent dix architectes.

L'idée de remplacer la vieille basilique construite à l'époque de l'empereur Constantin sur le tombeau de l'apôtre saint Pierre date du milieu du XVe siècle, lors du règne de Nicolas V, premier pape à revenir à Rome après des décennies d'exil pontifical en Avignon. Cinquante années durant, les projets se succèdent : il n'est pas aisé d'arrêter un plan pour ce qui constitue le plus glorieux des monuments du christianisme... Le pape Jules II, après de multiples consultations, arrête son choix sur un architecte célèbre, Donato Bramante. Le 18 avril 1506, la première pierre d'un gigantesque chantier est enfin posée. L'événement est considérable : les chrétiens de l'Europe entière entendent parler du projet et sont sollicités pour le financer, au cours des décennies suivantes. L'affaire des « indulgences », ou promesses de rémission des péchés pour ceux qui accepteront de payer pour financer le chantier de cette construction, est l'occasion du déclenchement de la Réforme, en Allemagne en 1517.

Optimisme et effervescence

Jules II veut faire de Rome, ville qui est demeurée à peu près à l'abandon au XIVe siècle et dans la première moitié du XVe siècle, un

Cette fresque représente le pape Paul III en train de diriger les travaux d'édification de la basilique Saint-Pierre (Giorgio Vasari, Rome, Palazzo della Cancelleria).

foyer de culture sans équivalent en Europe. Pour mener à bien les travaux nécessaires, entrepris, pour certains, par ses prédécesseurs, il attire des artistes venus de toute l'Italie. Bramante, homme cultivé, ambitieux, esprit doué – selon la rumeur – dans l'art de l'intrigue, et qui a prouvé son talent sur les chantiers qu'il a menés à Urbino et à Milan, est la personnalité qui le séduit le plus. Le pape admire le projet qu'il a conçu pour le Tempietto, la petite église consacrée à saint Pierre en train de s'édifier sur la colline du Janicule, et il lui confie le soin de reconstruire la basilique selon des principes identiques : fidélité à un langage architectural qu'on peut appeler classique – c'est-à-dire d'inspiration antique ; et définition d'un plan central, expression symbolique idéale de l'unité de l'Église et de la position du pape...

L'architecte, en 1506, fait abattre les murs entourant l'autel et la Confession – c'est-à-dire le tombeau de saint Pierre : c'est en cet endroit que les travaux commencent. Un dessin, déposé sous la pierre de fondation de 1506, nous permet de connaître exactement le projet : un édifice en croix grecque, c'est-à-dire formé de quatre bras (ou « croisillons ») de taille identique, se croisant au-dessus de la tombe de l'apôtre. La couverture consiste en une immense coupole d'environ 40 m de diamètre à la « croisée », c'est-à-dire au lieu où les bras se croisent, reposant sur quatre piliers, ou « piles », que l'architecte a prévus manifestement trop minces. Les croisillons, quant à eux, doivent être dominés par quatre autres coupoles de dimensions plus modestes. À la rencontre des murs de la croisée et de ceux des croisillons, des tours d'angle viennent compléter l'ensemble.

Sept et huit ans plus tard, en 1513 et 1514, respectivement, le commanditaire, Jules II, et l'architecte, Bramante, disparaissent. À ce moment, les fondations sont achevées, mais on n'a encore mis en place que les piles de la croisée et celles d'une grande arcade. Cette situation permet aux successeurs de Bramante d'envisager avant qu'il ne soit trop tard, des remèdes à la fragilité des piles.

En même temps, on pense à rectifier le plan de sorte que l'église puisse accueillir davantage de personnes. Les plus célèbres artistes de l'époque, parmi lesquels le très fameux Raphaël, s'affrontent sur la question de savoir s'il faut ou non respecter un plan strictement centré pour l'édifice. Pendant que les débats font rage, le chantier piétine. Le sac de Rome, en 1527, lui porte un coup qui manque être décisif : en entrant de force dans la ville et en la ravageant, les lansquenets allemands au service de Charles Quint suscitent la fuite des intellectuels et des artistes. La ville, ruinée et désertée par son élite, mettra vingt ans à retrouver son dynamisme.

Michel-Ange

Personnalité artistique la plus complète et la plus moderne du temps, **Michel-Ange Buonarroti (1475-1564) est un érudit, un savant, un poète, un philosophe, un peintre et un sculpteur.** Sa nature sensuelle, violente et mystique s'exprime avec fougue dans des œuvres exceptionnelles : le tombeau, inachevé, de Jules II, le *David*, les fresques de la voûte de la chapelle Sixtine inspirées de l'Ancien Testament et le *Jugement dernier.*

En architecture, outre Saint-Pierre, il s'illustre par sa composition de **la place du Capitole** à Rome, à l'origine de l'urbanisme moderne, et par sa contribution à **la construction du palais Farnèse,** dans la même ville ; par la **bibliothèque Laurentienne** et son admirable escalier, à Florence ; par **la Sacristie neuve** et, en dessous, le tombeau des Médicis à San Lorenzo, également à Florence.

Vue intérieure de la coupole édifiée par Michel-Ange (et modifiée par Giacomo della Porta) pour Saint-Pierre, Vatican, Rome.

Le triomphe de l'humanisme et de l'Église

En 1547, cependant, les effets catastrophiques du sac commencent à s'estomper. Cette année-là, le très célèbre Michel-Ange est appelé par le pape Paul III, soucieux de réactiver le chantier abandonné. Cet homme âgé de 72 ans et qui s'est formé au temps où les plus grands esprits – Léonard ou Brunelleschi – rêvaient d'édifices à plans idéalement simples et centrés, proclame énergiquement que « s'éloigner de Bramante, c'est s'éloigner du vrai » ! Il revient ainsi à la croix grecque. Trente ans de progrès techniques lui permettent de renforcer les piles principales et le mur. Il peut ainsi désencombrer l'intérieur en supprimant les supports secondaires qui devaient porter les tours.

Désormais, la clarté de l'espace s'affirme nettement : la croisée, consacrée à la Confession et à l'autel, forme un espace bien défini autour duquel circuleront à l'aise pèlerins et processions. Une immense zone de circulation fluide et homogène fait en effet le tour des quatre piles. Contrairement à la tradition chrétienne, l'unique entrée est tournée vers l'est, en direction des lieux où vécut et mourut le Christ. À l'extérieur, l'unité du monument est aussi franchement affirmée par le décor : des pilastres – ou piliers ornementaux aplatis acollés au mur –, de taille colossale, courent du rez-de-chaussée au sommet de l'édifice, enfermant tous les étages, tandis qu'une légère corniche couronne le bâtiment.

La coupole retient particulièrement l'attention de Michel-Ange. Le « tambour », c'est-à-dire le mur qui la supporte, est rythmé par des fenêtres et des colonnes jumelées. Le dôme lui-même est prévu en demi-sphère, strié de nervures et allongé par une « lanterne » ou petit édifice en forme de clocheton. Mais Michel-Ange meurt avant d'avoir pu construire ces éléments de la basilique. Son successeur, Giacomo della Porta, trahit quelque peu son projet : il ajoute au décor du tambour une frise, qui l'alourdit, et modifie le plan du dôme pour lui donner une forme plus élevée, ovale.

La combinaison des inspirations de Michel-Ange et de della Porta ne nuit cependant pas gravement au programme. La coupole reste l'image de l'Univers, création divine. La nouvelle église magnifie l'ordre chrétien. Le plan en croix grecque représente la perfection mathématique, obsession des humanistes, déjà incarnée au Tempietto.

D'autres architectes interviennent par la suite, qui allongent la nef et la dotent d'une façade de style baroque. 109 ans après la première intervention de Bramante, enfin, le 18 novembre 1626, le monument terminé est consacré par le pape Urbain VIII !

Une somptueuse demeure pour la Ville éternelle

LE PALAIS FARNÈSE

Stendhal lui trouve l'allure d'une prison, par son aspect dépouillé et rigoureux. Pourtant, le palais Farnèse, quand la gloire de ses propriétaires est à son apogée, est l'un des édifices les plus ornés de Rome. Sa façade majestueuse et sobre devient rapidement le modèle des palais romains.

Commandité par les Farnèse, il doit être à leur image : celle d'une grande famille d'armes et de robe. Aussi, ce sont les plus grands architectes d'alors qui sont appelés : Antonio da Sangallo le Jeune d'abord, architecte détesté par Michel-Ange, qui lui succède en 1546. Puis, à la mort du grand artiste, Giaccomo Della Porta et Vignole.

L'édifice d'Antonio da Sangallo le Jeune.

La première pierre du palais est posée aux environs de 1513. Le projet prévoit qu'il comportera deux appartements distincts pour les deux fils du cardinal – le très mondain Alessandro Farnèse. Mais, en 1529, la mort d'un des fils suspend les travaux. Sept ans plus tard, Alessandro, devenu le pape Paul III, abandonne le palais au survivant de ses fils, le duc de Castro. Le chantier, cependant, n'est rouvert qu'en 1541. Cinq années passent – l'architecte décède. Il laisse un édifice inachevé, mais dont la construction est suffisamment avancée pour que tous s'accordent à y voir, d'emblée, une des plus grandes réussites de la construction romaine du temps. L'édifice conçu par Sangallo fixe le type romain des palais pour le reste du siècle – un plan quadrangulaire, une façade sévère sans colonnes ni pilastres, dans la plus pure tradition florentine, une cour à l'antique, c'est-à-dire pourvue, à l'inverse, de colonnes et de pilastres superposés et disposés de la sorte : doriques au rez-de-chaussée, ioniques à l'étage, corinthiens au troisième et dernier niveau.
Le vestibule aux dimensions colossales est à trois nefs. Séparé par des colonnes et surmonté d'une voûte creusée de caissons, ou compartiments quadrangulaires creusés dans l'épaisseur de la pierre, il s'inspire de l'antique et frappe par sa qualité monumentale et décorative. Sur la façade, la simplicité des masses, la sobriété du décor, la séparation nette des étages par des lignes ininterrompues (« entablements ») donnent au palais son austère magnificence.

L'ensemble paradoxal de Michel-Ange

La mort d'Antonio da Sangallo en 1546 donne à Michel-Ange l'occasion d'intervenir sur ce chantier majeur. Le vieil architecte (il a alors 71 ans) n'est évidemment pas prêt à exécuter simplement les plans d'autrui. L'entreprise ne l'intéresse que s'il la transforme suffisamment pour y imprimer sa marque. La passation de pouvoir comporte donc le risque d'aboutir à un bâtiment composite, à l'éclectisme choquant. Or, au contraire, le résultat obtenu est admirable. Michel-Ange couvre tout d'abord le bâtiment d'une grandiose corniche. Puis il supprime l'arcade prévue par Sangallo à la fenêtre centrale de l'étage, pour y placer l'écusson aux armes des Farnèse. Dans la cour, l'architecte modifie radicalement le pro-

Les architectes du palais Farnèse

Outre **Michel-Ange,** trois architectes majeurs ont participé aux travaux du prestigieux palais.

Le premier, **Antonio da Sangallo le Jeune (1485-1546),** est le descendant d'une dynastie d'architectes – et, pourrait-on dire, le représentant à Rome d'une véritable « agence » avant la lettre.

Les deux derniers achitectes à intervenir sur le chantier du palais, après Michel-Ange, sont Jacopo Barozzi da Vignola, en français **Vignole (1507-1573),** et son élève **Giaccomo Della Porta (1539-1602).** Ces deux hommes appartiennent à une autre génération que les précédents : avec eux finit la Renaissance et commence le baroque – dont Vignole donnera une première expression dans le style de la Contre-Réforme, notamment à l'église du Gesù. Mais ces architectes ont l'intelligence de comprendre la grandeur du plan proposé par leurs prédécesseurs sur le chantier. Vignole, notamment, auteur d'un magistral traité d'architecture appelé *Règle des cinq ordres* (1562), se montre particulièrement attaché à l'enracinement classique de son art, auquel des architectes comme Sangallo et Michel-Ange ont tant contribué.

jet de son prédécesseur, qui prévoyait des arcades superposées, ouvertes sur l'extérieur sur les deux façades est et ouest. Au premier étage, les arcades sont effectivement maintenues – mais comme un motif purement décoratif puisqu'elles sont aveuglées, c'est-à-dire refermées, et percées en leur centre de sévères fenêtres surmontées de frontons triangulaires. Au second étage, arcades et colonnes disparaissent au profit de formes plus plates et exclusivement verticales – des pilastres. Les fenêtres, cette fois, sont couronnées par des frontons au décor inédit, inventé par Michel-Ange en dehors de tout modèle.

L'intervention de Michel-Ange sur le chantier du palais est aussi décisive que brève. Dès 1549, la mort de Paul III prive le chantier de crédits et provoque le retrait de l'architecte. L'édification reprend en 1555. Michel-Ange est alors retenu par d'autre travaux, aussi ce sont deux autres architectes, Giacomo Della Porta et Vignole (Jacopo da Vignola), qui prennent sa succession. Mais ces artistes, remarquables, ont l'intelligence de s'effacer devant un projet déjà extrêmement complexe, qu'ils se contentent d'exécuter.

La célèbre galerie du palais Farnèse, avec son plafond peint par Annibale Carracci.

Dessin de la sévère façade du palais Farnèse, à Rome.

La cour intérieure du palais Farnèse, à Rome.

Un admirable décor peint

Le palais Farnèse, actuel siège de l'ambassade de France, est célèbre par son architecture. Mais il comporte aussi de très importants décors peints, réalisés un peu avant 1600 par un artiste originaire de Bologne, Annibal Carrache (1560-1609).

Le Camerino. Le premier décor réalisé par Carrache orne une petite pièce, appelée « Camerino » (petite chambre). Les fresques y représentent des épisodes de la mythologie païenne – les histoires d'Hercule et d'Ulysse.

La galerie Farnèse. Exécutées entre 1595 et 1600, des peintures époustouflantes décorent le plafond d'un immense couloir servant jadis de lieu d'exposition aux collections d'œuvres d'art possédées par les Farnèse. Peintes, sans doute, à l'occasion du mariage d'un des ducs Farnèse, elles célèbrent le triomphe de l'amour, à travers l'évocation des amours des dieux de la mythologie. Le décor en trompe-l'œil qui encadre les tableaux est aussi important que ceux-ci. Il prolonge l'architecture par des colonnes, des balustrades, des pans de murs ornés de sculptures, de formidables atlantes – c'est-à-dire des statues d'homme supportant une charge –, des reliefs de bronze et de personnages feints. L'ensemble est exécuté dans des couleurs claires qui lui donnent une tonalité gaie.

Les admirables terrasses d'un château du Val de Loire

CHAMBORD

Le 6 septembre 1519, François Ier, monté sur le trône de France quatre ans plus tôt, à vingt ans, décide la construction d'un somptueux château de plaisance à Chambord, sur les rives du Cosson, affluent de la Loire. Les lieux, qui font partie du domaine royal, sont couverts de forêts où le roi et sa cour se rendent fréquemment pour chasser, lorsqu'ils résident au château de Blois, à une quinzaine de kilomètres de là.

Esprit fin et athlète accompli, François est un souverain ambitieux, qui se veut à la fois chef militaire et mécène. Dès le début de son règne, il entraîne l'armée française en Italie, conquérant le Milanais par l'éclatante victoire de Marignan, en 1515. Le triomphe accroît le prestige du jeune souverain et achève de le convaincre du rôle qu'il doit mener. La guerre, pour quelque temps, fait place à une aimable parade militaire, qui mène le roi à la découverte de chefs-d'œuvre inconcevables au-delà des Alpes. François, aimable homme, sait convaincre les artistes : Léonard de Vinci, vieillissant, accepte de le suivre, pour réaliser ses projets les plus fous. L'illustrissime artiste meurt, en mai 1519, avant d'avoir rien pu construire en France ; mais il a apparemment assez avancé ses projets pour que le roi, l'impulsion donnée, ne renonce cependant pas à les faire réaliser.

La visite de Charles Quint (peinture de Caprarola, villa Farnèse).

De l'Italie à la France

Le premier chantier mené est celui qui transforme la résidence royale de Blois en un palais moderne à l'italienne, en bordant sa façade d'une série de galeries inspirées de celles, appelées « loges », que les architectes Bramante puis Raphaël avaient conçues au palais du Vatican. Après quoi, François ordonne qu'on construise pour lui, à Chambord, un nouveau et magnifique château. Le projet auquel il songe d'abord s'inspire des conceptions de Léonard, qui avait imaginé pour le roi, nous le savons, le plan d'un palais idéal. Une maquette – un *modello,* comme on dit alors – exécutée par un artiste italien séjournant lui aussi en France, Domenico da Cortone, dévoile d'ailleurs l'influence du vieil artiste : un donjon carré, trois étages d'arcades, ou loggias, quatre vestibules symétriques disposés en croix, et, surtout, au centre du château, un extraordinaire escalier à vis composé de deux spirales emboîtées qui tournent sans jamais communiquer – tout cela correspond au langage architectural de Léonard, et traduit parfois à peu près exactement les dessins de l'Italien.

Mais le château effectivement construit s'écarte de ce premier projet pour accorder plus de place à la tradition spécifiquement française. Les tours circulaires aux angles, abritant des logements, rappellent le donjon de Vincennes ; les toits coniques, dits «en poivrière», et l'enceinte quadrangulaire transforment ce monument italien centré sur le donjon et l'escalier en un château au plan moins rigoureux, mais au décor davantage inscrit dans l'histoire nationale.

Un cadre de vie nouveau

Ce château doit être le cadre de vie du plus puissant monarque d'Occident. Pour la première fois apparaît ce que d'aucuns appelleront « le genre de vie à la française ». Desservis par des centaines d'escaliers dissimulés dans les murs, les multiples appartements aux entrées indépendantes préservent l'intimité. Des latrines, reliées à des fosses d'aisances fermées et installées en grand nombre, reflètent un souci d'hygiène et de confort jusqu'alors entièrement ignoré dans les demeures européennes.

Des terrasses de plusieurs centaines de mètres carrés remplacent les toitures : trouvaille admirable en ce lieu destiné à la villégiature de la cour. À une cinquantaine de mètres au-dessus du sol, une forêt de cheminées, de lucarnes, de tourelles d'escaliers et de poivrières forme comme une ville idéale située entre ciel et terre. Depuis ce formidable belvédère, les dames de la cour assistent au départ pour la chasse, ou admirent les exploits des chevaliers qui s'affrontent dans des tournois.

Le roi, maître d'ouvrage

Le jeune roi, unique maître d'ouvrage du chantier prestigieux, choisit les plans, fait exécuter des maquettes, nomme les maîtres maçons chargés de coordonner le travail, qui occupe environ 1 800 ouvriers. En même temps, il décide la création d'un parc d'environ 2 500 ha, clôturé d'un mur de 33 km de long, dont il détermine lui-même les tracés.

Commencé à l'époque de la gloire du roi, quelques années après Marignan, le chantier est interrompu pendant la captivité du souverain en Italie, après la défaite de Pavie, et ne reprend véritablement qu'à son retour, en octobre 1526. À ce moment, les fondations sont achevées et la véritable construction commence. Par ses visites fréquentes, le souverain s'assure de la bonne marche des travaux. Pour encourager les artisans, il n'hésite pas à distribuer conseils et récompenses. Aussi le chantier avance-t-il rapidement. En octobre 1539, Charles Quint, l'ancien concurrent de François au titre d'empereur, est reçu à

Le château de Chambord, le plus grand des châteaux de la Loire, dans le Loir-et-Cher.

Le grand escalier à claire-voie, château de Chambord.

Chambord par un roi soucieux de lui montrer le faste dans lequel il vit. Le château, à ce moment, est à peu près achevé : on s'occupe de couvrir les parties hautes du donjon central. À l'intérieur, les tapisseries et le mobilier précieux, savamment disposés, occultent l'inachèvement relatif de la demeure !

Le décor, après cette date, achève de se mettre en place ; frontons – ou couronnements triangulaires des façades ou des portes –, initiales entrelacées et salamandres (l'animal emblématique du roi) sont les motifs que François sélectionne avec prédilection. Dans les parties hautes du monument, le roi a demandé aux artistes d'incruster des décors d'ardoise – comme il en a vu l'usage à la chartreuse de Pavie au temps de sa captivité.

À la fin du règne, de nouveaux édifices viennent agrandir le château bien aimé. Deux ailes et des tours sont en construction, de part et d'autre du donjon. L'implantation de bâtiments de services (offices) est amorcée autour de la cour. Une enceinte aménagée en promenoir sépare celle-ci des marécages environnants, qui ne seront asséchés que bien plus tard, par Gaston d'Orléans, le frère de Louis XIII. À la mort du roi, en 1547, le chantier du plus extravagant des châteaux de la Loire n'est pas achevé. Il faut attendre le règne de Louis XIV pour voir le château terminé.

→ **Voir aussi** : p. 192-193 (Fontainebleau).

Un élément essentiel : l'escalier

Piétons... et cavaliers. À Chambord, mais aussi dans de nombreux autres châteaux de la Renaissance française, l'escalier est la partie essentielle du complexe architectural. Sa forme d'ensemble varie, mais ses marches sont toujours identiquement basses et larges, car... les escaliers sont empruntés non seulement par les piétons mais aussi par les cavaliers qui ont à cœur de ne point descendre de leur monture avant d'atteindre la porte menant à l'intérieur du château !

De la vis médiévale... Hérité du Moyen Âge, l'escalier à vis, enfermé dans une cage plaquée à l'extérieur des murs, contre la construction qu'il dessert, est toujours en usage. On en retrouve le principe, un peu modifié, dans les résidences royales d'Amboise, de Blois et de Chambord.

... à l'escalier droit italien. L'escalier à rampe droite, lui, est importé d'Italie. Appuyé sur les murs de fondations de la bâtisse, il est utilisé pour la première fois en France au château de Josselin, dans le Morbihan. Il se développe magnifiquement à Chenonceau, à Azay-le-Rideau, à Fontainebleau et au Louvre de Pierre Lescot.

1528

La Renaissance s'installe en Île-de-France

FONTAINEBLEAU

Le 28 avril 1528, le roi de France François Ier, qui a déjà restauré le château de Blois et construit celui de Chambord, décide de remplacer une vieille forteresse et un couvent construits au sud de la Seine, à l'orée de la forêt de Fontainebleau, par un magnifique palais. Il veut offrir à la cour et au gouvernement, à proximité de Paris, un cadre raffiné conçu dans l'esprit des demeures princières italiennes.

C'est une volonté politique. La vallée de la Loire, lieu d'élection de ses prédécesseurs, lui semble une résidence en définitive trop éloignée de la capitale. Le vieux palais du Louvre, longtemps abandonné, est insalubre. Le roi forge alors le projet d'installer une ceinture de résidences à la périphérie de Paris. Fontainebleau est l'un des sites choisis, pour sa forêt de 15 000 ha, formidable réserve de gibier pour le chasseur passionné qu'est François Ier, mais aussi « délicieux désert » propice à la réflexion.

Un rêve italien

Le palais, d'un plan irrégulier relativement complexe, donne pourtant l'idée d'une grande simplicité, grâce à l'emploi d'un matériau presque rustique – un grès local. Les remaniements successifs, conçus au cours des siècles sans parti directeur, en ont accru paradoxalement le charme et le pittoresque.

Le monument est réalisé presque intégralement sous la conduite du maître maçon Gilles Le Breton. Celui-ci aménage d'abord la cour Ovale du vieux château et il construit au sud une nouvelle entrée, appelée la porte Dorée. Dans un ensemble préexistant, et donc d'un style déjà obsolète en 1529, cette porte, ou portail, est un délicieux morceau de style Renaissance avec ses trois baies superposées comme autant de loggias. À côté, l'architecte ouvre la salle de bal dans un bâtiment à deux étages d'arcades et, au nord, il élève un escalier à deux rampes parallèles, derrière un portique débordant – autres naïfs rappels de l'Italie.

À l'ouest, Le Breton dirige aussi, à l'emplacement du couvent, la construction d'une avant-cour, la cour du Cheval-Blanc. Celle-ci était bordée d'arcades qui ont aujourd'hui disparu, et elle était articulée à la cour Ovale par la galerie François Ier, un corridor monté sur un portique long de 64 m. Ces formes – arcades et galeries – sont des variations sur des structures italiennes mal comprises ou mal restituées par le maître maçon français, mais l'infidélité par rapport aux modèles ne semble en rien gêner le roi François Ier, qui meurt, ravi de son château, en 1547.

Henri II, successeur de François, recrute pour continuer le chantier un homme de bien plus grande envergure que Le Breton, l'architecte Philibert Delorme. Celui-ci connaît fort bien les types de l'architecture italienne, mais il choisit à son tour de s'en différencier, pour signer une construction plus confortable et plus chaleureuse. Les voûtes – arquées – sont remplacées par des plafonds – formes horizontales – modulés en caissons, ou renfoncements quadrangulaires, particulièrement dans la salle de bal. Les baies, précédemment munies de contrevents de bois, sont désormais vitrées. Surtout, Delorme conçoit le plan du célèbre escalier en fer à cheval – qui sera construit au siècle suivant.

Par la suite, divers travaux sont encore effectués. La galerie François Ier est unifiée par un revêtement de pierre de taille. Au sud, l'Italien le Primatice, qui intervient à Fontainebleau en tant qu'architecte ou en tant que peintre, alternativement, ajoute deux ailes, également en

La galerie François Ier, œuvre de deux artistes Italiens, Rosso et Primatice, château de Fontainebleau.

La porte Dorée, château de Fontainebleau.

Vue aérienne du château de Fontainebleau, Seine-et-Marne.

pierre, qui transforment le palais en un complexe organisé et en partie symétrique. Celle de ces ailes qui se trouve à l'est est dite « de la Belle Cheminée ». Sa façade fait alterner des pilastres (colonnes plates décoratives, plaquées contre la paroi) et des niches (ou renfoncements) à l'étage, en même temps qu'elle abrite, dans un immense renfoncement, un escalier à deux rampes divergentes plaquées contre le mur – type nouveau en France. Par ces caractères, elle mérite véritablement le qualificatif de « classique » – c'est-à-dire inspiré de la Rome antique ou de sa traduction Renaissance italienne.

Les siècles suivants voient s'agrandir considérablement cet ensemble complexe.

Un décor fastueux pour la monarchie

Autant que la structure architecturale du palais, cependant, c'est sa décoration intérieure qui fait de la résidence préférée de François Ier une demeure d'avant-garde, que lui envient bien vite les princes européens. Formés au sein des grands ateliers italiens et appelés par François Ier puis par Henri II, des artistes majeurs, comme le Florentin Rosso et le Bolonais le Primatice, acceptent en effet de venir travailler sur le chantier et d'initier à un mode décoratif entièrement nouveau des artistes français. Un style homogène – l'école de Fontainebleau, modalité française d'un mouvement pictural européen qu'on appelle « maniérisme » – s'affirme ainsi dans le château. On peut l'admirer aujourd'hui encore dans le grand couloir appelé galerie François Ier. Sur le mur, divisé en deux parties égales, au-dessus de lambris de chêne sculptés avec une grande finesse, sont peints douze vastes tableaux aux coloris raffinés, encadrés d'angelots et de guirlandes (« cuirs ») en poudre de marbre moulée et polie formant relief (« stucs »). Les compositions évoquent les vertus de François Ier et les grands événements du règne par des allégories et des mythologies plus ou moins claires : par exemple un éléphant - animal plein de sagesse – porte les armes royales ; ou bien le souverain est représenté costumé en César, avec autour de lui une foule d'hommes et de femmes, qui symbolisent l'ensemble de la société.

→**Voir aussi :** p. 190-191 (Chambord).

Philibert Delorme : le premier architecte français

Philibert Delorme **(vers 1510-1570)** allie au savoir-faire des maîtres maçons du Moyen Âge **l'érudition d'un humaniste.** Ce Français a séjourné à Rome et y a étudié l'architecture antique.

Nommé surintendant des bâtiments du Roi par Henri II, Delorme a la charge de plusieurs chantiers ; mais il travaille en particulier à **Fontainebleau.** Outre cette direction de chantiers, il mène parallèlement une œuvre de théoricien, rédigeant et publiant un **très important traité d'architecture,** où il aborde les aspects pratiques de l'art de bâtir et définit les modalités de l'ornement moderne.

Soucieux d'exploiter les carrières locales, **il invente une colonne « de style français »** qu'il emploie au palais des Tuileries. **Cet esprit subtil parvient ainsi à dégager l'architecture française de modèles importés jugés trop contraignants,** tout en restant fidèle au classicisme ressuscité par la Renaissance italienne.

Un palais classique à Paris

LE LOUVRE

En août 1546, le roi de France François Ier charge l'architecte Pierre Lescot de reconstruire l'aile occidentale du Louvre. La vieille forteresse, construite par Philippe Auguste, est bâtie sur la rive droite de la Seine, qui est alors l'extrémité orientale de Paris. Lorsque le souverain décide de la réaménager, elle se trouve en fort piètre état : longtemps abandonnée, elle est totalement insalubre et privée de son donjon depuis 1528, date à laquelle François Ier, craignant un soulèvement de la population, en a ordonné le démantèlement.

Âgé et malade, le souverain a perdu sa fougue pour la chasse et les plaisirs galants qu'il prisait à Fontainebleau ou sur les bords de la Loire. Conscient des enjeux que représente la capitale du royaume, il décide d'y résider. La restauration du « Vieux Louvre » est le premier chantier politique de l'histoire de la monarchie ! La mort de François Ier ne remet pas celui-ci en cause ; 120 ans seront nécessaires pour le mener à son terme.

Naissance d'un palais

En 1547, le roi qui succède à François est Henri II. Son entrée solennelle à Paris est célébrée avec faste, et l'architecte Pierre Lescot embellit le parcours triomphal du nouveau maître de la France – à cette occasion, il élève en particulier la célèbre fontaine des Innocents, ornée des sculptures de Jean Goujon. Tout naturellement, Lescot est nommé pour conduire le chantier du Louvre. Il semble bien être l'auteur du schéma ambitieux d'une vaste cour carrée, fermée par d'imposants bâtiments qui seront construits au siècle suivant. Durant les règnes successifs d'Henri II, de François II, de Charles IX et d'Henri III, Pierre Lescot, toujours associé à Jean Goujon, réalise une première tranche déterminante pour la poursuite du projet. Il s'agit d'une construction à deux niveaux, surmontée d'un attique, ou petit étage, orné de bas-reliefs de ce sculpteur, et d'un toit à pans coupés. Le bâtiment est articulé par trois avant-corps enrichis de colonnes cannelées et creusés de niches destinées à recevoir des sta-

La colonnade du Louvre : le pavillon du milieu de la rivière (élévation à la plume et au lavis, de Louis Le Vau, vers 1660-1663, Paris, Archives nationales).

La salle des Caryatides, salle de bal sous Henri II (Paris, Louvre).

Bal à la cour d'Henri III à l'occasion d'un mariage (peinture du XVIe siècle, Paris, musée du Louvre).

tues. Au rez-de-chaussée, il comprend une salle de bal destinée à abriter les fastes de la monarchie : la Salle basse, ou salle des Caryatides – ainsi nommée à cause de la tribune des musiciens dont elle est ornée, qui est soutenue par quatre statues de femme, ou caryatides, également sculptées par Jean Goujon.

Contre cette salle, au sud, se trouve le pavillon du Roi, tandis que les appartements des reines (celui de la reine mère, au rez-de-chaussée, celui de l'épouse du roi régnant, à l'étage) occupent, à l'est, l'aile dite « de la Rivière », perpendiculaire à celle de la Salle basse et construite sans doute aussi par Pierre Lescot avant la mort d'Henri III.

Les architectes du Louvre

Durant 120 ans, des tempéraments différents dirigent le chantier.

Pierre Lescot (?-1578). Fin lettré, le premier architecte du Louvre moderne est marqué par la Grèce que lui révèle le traité de l'architecte antique Vitruve. Son art décoratif, son goût pour le comble brisé et la symétrie en font un précurseur de l'art classique.

Jacques Lemercier (1585-1654). Après un séjour à Rome, ce protégé de Richelieu fusionne modèles italiens et techniques françaises dans ses principales réalisations : outre le Louvre, la ville nouvelle de Richelieu (Indre-et-Loire), le Palais Royal et la chapelle de la Sorbonne.

Louis Le Vau (1612-1670). Son art, empreint d'une conception personnelle de la mise en scène, exprime la synthèse de l'idéal classique et du baroque. Le Vau dirige de nombreux collaborateurs sur tous les chantiers : Vaux-le-Vicomte, île Saint-Louis, Collège des Quatre-Nations (actuel Institut de France), et, naturellement, Versailles...

La réalisation de la Petite Galerie, située à l'ouest du pavillon du Roi et orientée nord-sud, constitue une autre étape, décisive, de ces premiers travaux du « Nouveau Louvre ». Jusqu'alors, le chantier a été mené à l'intérieur du périmètre déterminé par l'enceinte de la forteresse de Philippe Auguste. Désormais, le Louvre sort du Louvre. Il progresse en direction d'un autre château situé plus à l'ouest et dont la construction commence précisément en 1564, le palais des Tuileries, disparu à la fin du XIXe siècle, œuvre commandée à l'architecte Philibert Delorme par Catherine de Médicis – la femme d'Henri II et la mère des trois rois, pour lesquels travaille Pierre Lescot. Trente ans plus tard, sous Henri IV, une fois achevée la Grande Galerie, dite aussi « galerie du Bord-de-l'Eau », longue de 442 m, la réunion des deux palais est effectivement assurée : le Louvre commence à revêtir son aspect définitif – le monument de la royauté devient une réalité !

Une grande occasion manquée

Le grand dessein des souverains successifs et de leurs ministres est d'achever cette vitrine de la monarchie, dont les embellissements accompagnent la montée de l'absolutisme.

Louis XIII et Richelieu, en 1624, chargent Jacques Lemercier de prolonger vers le nord l'aile de Lescot et d'élever entre les parties ancienne et nouvelle le pavillon de l'Horloge (actuel pavillon Sully), afin de marquer monumentalement l'axe allant de la cour Carrée à l'entrée du jardin menant aux Tuileries. L'architecte, qui revient d'un séjour à Rome, réussit à acclimater le langage italien et la manière française. Un étage de caryatides supporte trois frontons imbriqués, que couronne un dôme carré inspiré de la Renaissance française.

Sous Louis XIV et Colbert, en 1661, un incendie rend nécessaire des travaux de réaménagement des parties bâties sous les règnes précédents. Mais, surtout, le règne du Roi-Soleil voit s'achever le chantier de la cour Carrée. Si la réalisation des dernières façades intérieures du quadrilatère ne pose guère de problèmes – le parti à adopter étant dicté par l'aile commencée par Lescot –, un immense débat surgit à propos de l'aspect à donner à la façade principale du palais, celle qui ouvre le Louvre sur la ville, à l'est.

La grande vénération des élites du pays pour l'art italien détermine le roi à inviter, en 1666, le prestigieux architecte romain Bernin, afin de lui en confier la réalisation. Mais le tempérament bouillant de l'Italien, qui ne se déplace qu'accompagné d'un cortège envahissant de disciples, suscite la méfiance. Trois fois, Bernin propose un projet, celui d'une façade où, selon des modalités diverses, abonderaient les courbes et où l'ombre, à la faveur de gigantesques portiques, dessinerait plastiquement la masse du monument. Trois fois, ses propositions sont écartées. La France laisse passer là une occasion unique : aucun autre projet important dans le style baroque ne se présentera plus ! Bernin regagne Rome, dépité ; après quoi, Le Vau édifie avec Charles Le Brun et Claude Perrault (le frère du célèbre conteur) une formidable Colonnade achevée dès 1670. Paradoxalement, les monumentales colonnes, jumelées et fortement espacées, placées très en avant d'un portique rectiligne, assurent à l'ensemble un air de légèreté, tout en laissant jouer l'ombre et la lumière. La formule – ligne courbe en moins – n'est pas sans rappeler des solutions utilisées ailleurs et notamment devant Saint-Pierre de Rome par... Bernin. C'est là la dernière grande réalisation de la royauté au palais du Louvre : en 1678, l'installation définitive de la Cour et du gouvernement à Versailles porte un coup fatal, pour deux siècles, au grand projet de la monarchie française.

Andrea Palladio réinvente la demeure vénitienne

LA VILLA ROTONDA

La villa Rotonda est la plus célèbre des villas de Palladio, cet architecte de Vicence dont la carrière se déroule en marge des courants de la Renaissance italienne. Modèle de la maison de plaisance aristocratique depuis des siècles, elle devient théâtre lyrique pour les caméras de Joseph Losey, qui y filme *Don Juan* en 1979. Les terribles accents du Commandeur, lancés dans la pénombre du salon central, s'amplifient sous les portiques et résonnent aux quatre points cardinaux !

La villa palladienne par excellence, La Rotonda, modèle d'équilibre et d'harmonie (Vicence, Italie).

Cette villa, dont le nom découle de la forme circulaire de son salon central, occupe une place à part dans l'œuvre de Palladio. Construite vers 1566-1569, dans une région vallonnée au sud-est de Vicence, pour un chanoine vénitien à la retraite nommé Paolo Almerico, elle se veut un lieu de réception et de contemplation du paysage. Vendue par les héritiers d'Almerico à la famille Capra, elle est achevée par un disciple de Palladio, Scamozzi, qui achève de bâtir la coupole et fait placer les armes des Capra aux frontons du bâtiment. À la même époque, la villa change de destination : la demeure de plaisance devient le siège d'une exploitation agricole…

Ce fameux trompe-l'œil de Véronèse évoque l'atmosphère luxueuse de la vie dans les villas (la Signora Barbaro Giustiniani (?) et une nourrice à un faux balcon, vers 1561, Maser, villa Barbaro).

Une villa vénitienne ?

Les villas palladiennes sont conçues pour l'aristocratie vénitienne. Le déclin des activités commerciales de la République en Méditerranée incite celle-ci à se tourner vers son arrière-pays : ce qu'elle appelle la «Terre Ferme». Dès les années 1530, une véritable révolution agricole s'accomplit avec l'aide du gouvernement par l'intermédiaire du Bureau des terres incultes. Des administrateurs qualifiés dirigent le drainage et le défrichement des terres. D'habiles financiers réinvestissent dans d'immenses propriétés les capitaux amassés dans le négoce par les grandes familles de la cité.

Palladio atteint sa maturité d'architecte au moment où certains de ses amis humanistes sont en train d'effectuer la reconversion de leur fortune d'origine maritime en biens fonciers. Ils ont besoin d'une résidence principale au cœur des champs et des vignes, afin de diriger l'exploitation et de surveiller la récolte. L'étable et le colombier doivent être à proximité de la demeure principale… Les clients de Palladio sont, à l'image de ses amis Barbaro et Trissino, les représentants d'une noblesse lettrée, qui veut concilier mode de vie aristocratique et vie rurale.

L'architecte est l'homme de la situation. Créatif, il projette des bâtiments adaptés aux fonctions de ces demeures pour lesquelles il n'y a pas de tradition. Cet homme cultivé, qui connaît tout ce qu'on peut savoir alors de l'architecture antique, songe à ressusciter la tradition des « villas » des riches citadins de l'ancien Empire romain. Il veut dessiner des demeures élégantes, où les gentilshommes qui y demeureront pourront recevoir avec faste – bref, où ils pourront mener la même vie, ou presque, qu'il mèneraient en ville. Par ailleurs, Palladio – qui a commencé sa carrière modestement, comme tailleur de pierre, est un homme qui connaît parfaitement les matériaux et les enduits. Cette science lui permet d'utiliser ceux-ci à bon escient et à moindre frais, conformément à l'attente de ses commanditaires – des commerçants reconvertis de fraîche date, fort peu enclins aux dépenses de prestige non rentables.

Palladio couvre ainsi l'arrière-pays de Venise de plus d'une centaine de villas exceptionnelles par leur caractère fonctionnel et leur adaptation au paysage. Ainsi la villa Barbaro à

Vue intérieure de la coupole de la villa Rotonda de Palladio.

Le palladianisme

L'art de Palladio est connu grâce à son traité. Sa diffusion en Angleterre par l'architecte Inigo Jones connaît un retentissement considérable. Pour des hobereaux aux prétentions humanistes et aux goûts citadins, ses villas expriment le classicisme. Chiswick House, à Londres, et Mereworth Castle, dans le Kent, sont deux exemples de l'engouement anglo-saxon pour ce style architectural. Dans la seconde moitié du XVIIIe siècle, le retour aux formes antiques, prôné par l'école néoclassique, consacre l'influence de Palladio dans l'Europe entière et en Amérique du Nord.

Palladio

Andrea di Pietro della Gondola (1508-1580), baptisé Palladio par les humanistes de Vicence, effectue sa carrière exclusivement en Vénétie.

Formé d'abord comme **tailleur de pierre,** il se distingue de la plupart de ses confrères architectes par une connaissance approfondie des matériaux de construction, qu'il met à profit dans son œuvre : des villas, des palais, des bâtiments publics et des églises, à Venise.

Sa **connaissance archéologique de l'architecture antique** nourrit ses créations et lui permet de publier *les Guides illustrés de Rome* et un traité, bientôt célèbre, les *Quatre Livres d'architecture,* dans lequel il décrit ses réalisations. C'est par le biais de ce livre, principalement, que le **« palladianisme » se diffuse, au cours des années et même des siècles suivants, dans toute l'Europe puis aux États-Unis.**

Maser ou La Trissino à Meledo. La Rotonda, œuvre de la fin de carrière, est un cas particulier puisqu'à l'origine elle n'a aucun lien avec une exploitation agricole. C'est la simple demeure d'un lettré ! Il lui faudra toutefois subir quelques transformations pour que le soubassement puisse abriter des cuisines et des communs fonctionnels, à l'usage de la famille Capra.

Un ornement du paysage

La villa semble naître du paysage. Palladio, auteur d'un traité intitulé les *Quatre Livres d'architecture,* l'évoque ainsi dans son ouvrage : « [...] assise sur une colline [...] douce et aisée, [...] entourée d'[...] autres collines [...] très fertiles [...] en excellents fruits et en bons vignobles, [...] de tous côtés de très belles vues, [...] des portiques aux quatre faces ».
Les façades, ornées d'un portique sur chacun des quatre côtés, reprennent dans leurs volées d'escaliers la pente du terrain. Le dôme qui surmonte le volume en forme de croix paraît être le prolongement de l'arrondi de la colline. Le plan central confère une harmonie intime entre le paysage et cette architecture très équilibrée, qui incarne de façon parfaite l'idéal des humanistes de la Renaissance. La villa s'accorde à la nature par la symétrie de sa structure (qui reflète la forme régulière de la butte sur laquelle elle est élevée) et par les matériaux qui la constituent : la brique, le crépi à la chaux et les tuiles – c'est-à-dire des matières d'origine locale. C'est aussi une authentique œuvre d'art, fruit d'une réflexion minutieuse qui a conçu ce lieu idéal pour l'exercice des plus hautes activités de l'esprit : les lettres, les sciences et les arts.
Cette harmonie parfaite, jusqu'à la fusion de l'architecture et de l'environnement, crée aussi la sensation d'une communication intense de l'extérieur avec l'intérieur du bâtiment. Le salon rond central, surmonté d'une coupole très aplatie, est le véritable pivot de la composition. Quatre vastes couloirs le mettent en relation avec les portiques qui peuvent laisser filtrer une lumière rasante, insuffisante pour éclairer son décor de stucs et de fresques mais qui laisse la demeure dans une demi-clarté reposante pour les yeux et permet à ses pièces de toujours conserver une agréable fraîcheur.

Un architecte turc au sommet de son art

LA SELIMIYE À EDIRNE

Tout au long de sa très longue vie, l'architecte Sinan effectue des recherches autour du plan de la mosquée turque, qui a adopté la forme d'un cube surmonté d'une coupole centrale. Ses recherches aboutissent au chef-d'œuvre de l'architecture de cette nation, la Selimiye, ou mosquée du sultan Selim II (1566-1574), à Edirne, construite entre 1568 et 1575.

Sinan, comme les autres architectes turcs, est fasciné par un monument bâti 1 000 ans auparavant à Constantinople – l'Istanbul de son époque –, par les empereurs byzantins : la basilique Sainte-Sophie. L'immense coupole de cette église et le volume qu'elle couvre exercent une véritable fascination sur lui. Comment, dans le cadre de l'architecture musulmane, réaliser un monument aussi simple, aussi puissamment unifié que l'est l'ancienne basilique orthodoxe ? Pour Sinan, cependant, il ne s'agit pas seulement de copier le modèle, mais de faire encore mieux. À l'édifice byzantin, il reproche ses lourds piliers, supports trop lourdement visibles du dôme, et qu'il entend quant à lui fondre dans la construction. Par orgueil personnel ou pour manifester la supériorité de l'islam sur l'art chrétien, il veut aussi bâtir une coupole plus haute encore que celle de Sainte-Sophie : le diamètre du dôme de la Selimiye dépasse effectivement, de quelques centimètres, celui de la calotte de la basilique !

Une réussite parfaite

Bâtie sur une éminence, la mosquée édifiée par l'ambitieux architecte domine l'ensemble de la ville d'Edirne. De somptueux minarets à trois balcons, les plus élevés du monde avec leurs 70,9 m de hauteur, se dressent aux quatre angles de la salle de prière, renforçant la construction couverte par une coupole, tout en s'imposant au regard des habitants de la ville entière. Salle de prière et minarets ne constituent cependant qu'une partie de la mosquée. Celle-ci est constituée de deux rectangles d'égales dimensions (60 m sur 44 m), qui se succèdent. Le premier correspond à la cour, le second à la salle de prière.
Comment, dans cette dernière, passer de la forme rectangulaire du rez-de-chaussée à celle, circulaire, de la coupole ? Le génie de Sinan se manifeste d'abord dans la solution qu'il apporte à ce problème. Une figure géométrique complexe, l'octogone, lui permet de réaliser le glissement d'un élément de la structure à l'autre. La transition se fait sans heurt, grâce à la présence de motifs décoratifs imitant les stalactites, qui dissimulent les lignes de contact.
L'autre invention de Sinan consiste à libérer le volume de la salle des encombrants piliers, qui, à Sainte-Sophie, supportent la coupole. L'architecte y parvient en inserrant, au moins partiellement, les supports du dôme dans la masse des parois, tout en les reliant les uns aux autres par des arcs soutenus par de puissants contreforts extérieurs, afin d'assurer la solidité de l'ensemble. La coupole elle-même culmine à 43,40 m de hauteur. Son diamètre est de 31,28 m (celui de Sainte-Sophie oscille entre 30,90 et 31,80 m). Entre les piliers alternent des surfaces planes et des quadrilatères coiffés de demi-coupoles. Dans ces espaces sont installées des galeries pour les femmes, séparées des hommes pour la prière, et la loge du sultan. Les murs, non porteurs, sont percés de nombreuses fenêtres, ce qui permet à la lumière de baigner la salle.

Pour honorer Dieu

Le sanctuaire du sultan Selim est pourvu, comme toutes les mosquées, des pièces de mobilier et des éléments architecturaux indispensables à la célébration du service divin. Au centre de la salle de prière, sous le dôme, se dresse une estrade en marbre soutenue par des piliers. Cette plate-forme, finement ouvragée, est destinée au *muezzin,* le fonctionnaire chargé d'appeler les fidèles aux cinq prières quotidiennes. Elle ne lui sert qu'une fois par semaine, à l'occasion du service du vendredi, lorsque l'appel à la prière, qui se fait ordinairement depuis le haut des minarets, est répété symboliquement à l'intérieur de la mosquée. Sous l'estrade, Sinan a placé – ce qui est tout à fait exceptionnel – une fontaine. Située sous le centre exact du dôme, celle-ci souligne l'axe vertical imaginaire qui relie la coupole et le sol, c'est-à-dire le Ciel et la Terre.
Dans le mur du fond est ménagée la niche du *mihrab,* qui indique la direction de La Mecque, vers laquelle regardent les musulmans en prière. Cette niche est en marbre finement ouvragé. Le *minbar,* haute chaire de l'*imam,* le religieux qui dirige la prière, est réalisé dans le même matériau. Une fraction des murs qui encadrent le premier monument et une partie du *minbar,* sont ornées de superbes carreaux de faïence fabriqués dans la ville d'Iznik. Le même décor se retrouve sur la galerie réservée au sultan et au-dessus des fenêtres du rez-de-chaussée. Les faïences sont décorées de motifs floraux et de versets du Coran, le livre sacré de l'islam. Les voûtes, les demi-coupoles et le grand dôme sont peints d'inscriptions et de motifs décoratifs d'où sont absentes les représentations d'êtres vivants, bannies des mosquées.
De longues chaînes accrochées au plafond soutiennent les lustres auxquels sont accrochées des myriades de lampes. De riches tapis recouvrent le sol sur lequel les fidèles font la prière.

Décor en faïences de la ville d'Iznik (Istanbul, palais de Topkapi).

Vue intérieure de la mosquée Selimiye, pendant la prière (Edirne, Turquie).

La mosquée du sultan Selim II, œuvre de l'architecte Sinan (Edirne, Turquie).

Sinan

Mimar Sinan (1489-1578 ou 1588) est ce qu'on appelle *un devshirme,* c'est-à-dire **un enfant chrétien enlevé à sa famille,** converti à l'islam et éduqué au palais impérial pour entrer au service des sultans. En l'occurrence, Sinan est élevé à Istanbul, formé comme charpentier et initié à ce titre aux techniques de la construction. Il intègre ensuite le corps des janissaires – les soldats d'élite de l'armée turque – en tant qu'ingénieur. Ce séjour dans l'armée l'oblige à se déplacer jusqu'aux confins de l'Europe et dans toutes les régions du Proche-Orient : il y gagne de s'initier à des formes d'architectures variées.

Sa longévité lui permet de traverser les règnes de quatre sultans. En 1538, il est nommé architecte impérial en chef par **Soliman le Magnifique,** l'un des plus grands souverains turcs. Sinan occupe ce poste pendant cinquante ans, les sultans **Selim II** et **Murat III** l'ayant maintenu dans ses fonctions. Il est responsable de toutes les constructions entreprises par les sultans au cours de ce demi-siècle. Forteresses, ponts, aqueducs, fontaines, mosquées, mausolées, écoles, hôpitaux, caravansérails, bains publics, cuisines, ce sont en tout quelque **477 édifices** de toutes sortes qui sont attribués à Sinan. Parmi ses plus belles œuvres figurent, outre la mosquée de Selim, **la Süleymaniye,** ou mosquée de Soliman le Magnifique, à Istanbul.

Une grandiose façade de la Contre-Réforme

LE GESÙ

En 1568, à Rome, est posée, la première pierre d'une église destinée à accueillir les novices de l'ordre nouvellement fondé : les Jésuites. Cette église est dédiée au Fils de Dieu – elle reçoit donc le nom de « Gesù ». Inaugurée en 1574, effectivement achevée en 1584, elle exprime de façon exemplaire ce qu'on appelle la « Contre-Réforme », ou « Réforme catholique », en matière d'architecture.

En 1565, en effet – trois ans avant l'ouverture du chantier – le concile réuni dans la ville de Trente, en Italie du Nord, s'est enfin séparé au terme de près de vingt années de travaux. Les prélats réunis ont défini avec précision le rôle dévolu aux arts, dans une communauté catholique qui veut, en réponse au protestantisme, s'imposer à elle-même sa réforme.

Le climat de la Contre-Réforme

Des déluges de recommandations s'abattent sur les praticiens de l'art. Un parti de simplicité, pour répondre aux accusations de sophistication et de luxe excessifs formulées par les partisans de la Réforme, ainsi que le

Façade de l'église du Gesù, édifiée pour les Jésuites, à Rome.

Vue intérieure de l'église du Gesù, à Rome.

souci de stimuler la piété figurent parmi les résolutions essentielles. Dans le domaine de l'architecture, des *Instructions,* publiées par l'archevêque de Milan Charles Borromée, interprètent les consignes du concile.

Il faut naturellement des hommes pour imposer la nouvelle stratégie de l'Église. Le catholicisme les trouve au sein de la Compagnie de Jésus – l'ordre des Jésuites, ou des Soldats de Dieu –, fondée en 1534 par l'Espagnol Ignace de Loyola. La nouvelle institution suscite un formidable engouement auprès de la jeunesse aristocratique. Les jeunes gens chrétiens sont attirés à la fois par la discipline quasi militaire de l'ordre, par ses conceptions nouvelles en matière de dévotion et d'éducation, et par son esprit missionnaire militant. Une vaste église, exprimant clairement le nouvel état d'esprit catholique, est donc nécessaire pour accueillir les nombreux postulants du noviciat jésuite de Rome : ce sera le Gesù.

Cette grandiose fresque baroque orne le plafond de la nef de l'église Sant' Ignazio, à Rome (fresque d'Andrea Pozzo, Triomphe de saint Ignace et mission des Jésuites, *1685-1694).*

Une église au plan médité

En 1568, le cardinal Alexandre Farnèse commande donc à l'architecte Vignole d'étudier un projet de construction de l'église. Le choix de l'architecte s'impose de lui-même : successeur de Michel-Ange sur le chantier de Saint-Pierre de Rome, auteur d'un traité d'architecture unanimement célébré, la *Règle des cinq ordres d'architecture,* Vignole a construit peu d'années plus tôt une autre église romaine, Sant'Andrea – un petit sanctuaire ovale très sobre, conçu selon les directives données par le concile de Trente. Par ailleurs, il vient d'achever, pour la famille Farnèse, une imposante villa à Caprarola.

Vignole se met donc à l'ouvrage. Rompant avec le plan centré cher aux grands constructeurs de la Renaissance, il imagine un temple en croix latine, c'est-à-dire avec une branche (nef) beaucoup plus longue que les autres et non divisée par des bas-côtés, et capable ainsi de contenir un nombre très considérable de fidèles. Cela répond à une des préoccupations fondamentales de la Réforme catholique, qui préconise un rapport du chrétien à Dieu non pas direct – par la lecture de la Bible, comme le veulent les protestants – mais passant par la médiation du prêtre. La propagation de la foi s'effectue par la prédication à une communauté de fidèles réunie dans un espace large et unifié : la chaire, d'où est prononcé le prêche, dotée d'un abat-voix et montée sur une caisse de résonance, dirige les accents de l'orateur vers la voûte qui les amplifie.

De part et d'autre de cette nef, des chapelles latérales, aux murs jointifs ouverts par des portes permettant de circuler, reçoivent des autels secondaires et, surtout, des confessionnaux. Là encore, le projet de l'architecte s'inspire du concile de Trente, celui-ci ayant réaffirmé le caractère sacramentel de la confession, contesté par les protestants.

Au dessus des chapelles, des salles – tribunes – conçues comme des loges de théâtre, mais fermées par un grillage, accueillent les jeunes séminaristes, les mettant à l'abri des tentations profanes qu'occasionnerait la foule massée dans la nef... En haut de la nef, le chœur, partie la plus sacrée du sanctuaire, est beaucoup moins développé que dans les églises traditionnelles. Il sert seulement à abriter l'autel, qui doit être placé de façon à être vu le mieux possible par la totalité des fidèles, afin que ceux-ci puissent suivre parfaitement ce qui constitue le moment crucial de la liturgie, la célébration eucharistique.

Le transept, c'est-à-dire les deux bras perpendiculaires à la nef, est également peu développé, et pour la même raison : l'architecture de l'église est d'abord conçue afin d'établir une relation directe entre le prêtre et les fidèles réunis dans la nef. Mais la nécessité de matérialiser symboliquement la forme de la croix explique le maintien de cette allée transversale, dans une forme principalement rectangulaire.

À la croisée du transept et de la nef, enfin, une immense coupole, représentation de l'Univers selon une signification spirituelle et métaphorique connue depuis la Renaissance, remplace la couverture voûtée. Elle diffuse une lumière oblique et zénithale, qui transforme l'atmosphère et met en communication les fidèles avec les Cieux.

L'architecte désavoué

Vignole a parfaitement rempli la mission qui lui incombait : créer une église conforme à l'idéal de la Réforme catholique. Au Gesù se trouve fixé le type de l'église de la Contre-Réforme : un vaisseau unique, des chapelles communicantes et des tribunes, des bras de transepts à peine marqués, un chœur très court et une façade à deux étages surmontée d'un fronton. Ce type se diffusera, avec l'expansion de la Compagnie, à travers l'Europe et le Nouveau Monde, tout en s'adaptant à la réalité locale.

Pourtant, Vignole n'achève pas le Gesù. Le corps de l'église une fois édifié, il faut terminer le monument en plaquant contre le mur extérieur d'entrée une façade. Or, le projet proposé par l'architecte ne convient pas à ses commanditaires. C'est un disciple de Vignole, Giacomo della Porta, qui réalisera finalement la structure que l'on voit aujourd'hui, à deux étages avec des ornements en forme de consoles renversées et un fronton à l'antique, reprise d'un type très répandu en Italie et inspiré lointainement de la façade conçue jadis par Alberti pour l'église Santa Maria Novella de Florence. Plus tard encore, l'intérieur de l'église subit une modification essentielle. À l'origine décoré d'une voûte unifiée par un enduit blanc et des supports de travertin, conformément aux conseils de simplicité édictés au concile de Trente, le Gesù se trouve orné, à partir de 1647, d'une grandiose composition de plafond mêlant la fresque et le stuc par un artiste nommé Giovanni Battista Gaulli, dit Baciccio, ami et disciple du célèbre Bernin. *Le Triomphe du nom de Jésus* met en scène un cortège de personnages qui dépasse le cadre strict de l'architecture pour se dissoudre dans les hauteurs du ciel infini ! Une nouvelle organisation des grands décors de voûtes et de plafonds naît ainsi dans cette église de toutes les innovations : le baroque. Il trouvera de fervents adeptes dans toute l'Europe.

→ **Voir aussi :** p. 174-175 (Santa Maria Novella).

Vignole

Giacomo Barozzi (1507-1573), dit Vignole, du nom du village où il est né, est l'auteur d'un traité d'architecture intitulé *la Règle des cinq ordres d'architecture,* dans lequel il préconise des solutions architecturales simples inspirées librement du passé antique.

Il propose un art essentiellement pratique et rationnel, dont il expérimente les formules dans de nombreuses villas et des palais. Au Gesù, il inaugure **l'austérité de la Contre-Réforme,** plus occupée à enseigner qu'à plaire.

1580-1585

Palladio révolutionne l'architecture du spectacle

LE THÉÂTRE OLYMPIQUE DE VICENCE

Vue générale de la scène du théâtre Olympique construit à Vicence par Andrea Palladio.

Partie centrale de la scène, avec le décor en trompe-l'œil (théâtre Olympique, Vicence).

Au XVIe siècle, il existe dans maintes cités italiennes une société très fermée d'amis lettrés, savants ou artistes, appelée « académie ». Ceux-ci se réunissent régulièrement pour débattre de questions érudites, de thèmes d'études ou pour déclamer leurs œuvres. En 1555, à Vicence, ville de Vénétie, un groupe de vingt et un savants et mathématiciens, quelques nobles éclairés et un artiste, l'architecte Palladio, décident de fonder l'« Académie olympique », afin de cultiver les arts et les sciences.

Dans les années qui suivent sa fondation, renonçant à l'apparat des mises en scène, l'Académie olympique se contente d'organiser des représentations théâtrales en des lieux provisoires. En 1580, un emplacement définitif est cependant réservé à ces spectacles, au cœur de la ville. Palladio, qui par des enquêtes et des relevés effectués durant plus de vingt ans a étudié la forme du théâtre antique, est l'architecte choisi pour la construction du nouveau local. Il pose la première pierre le 28 février 1580. Le théâtre est sa dernière œuvre : Palladio meurt quelques mois plus tard, et son disciple Vincenzo Scamozzi termine le monument selon ses plans. L'inauguration a lieu le 3 mars 1585 avec une représentation de la tragédie de Sophocle, Œdipe-roi.

Le théâtre Olympique de Vicence : le décor de scène est constitué d'allées monumentales qui sont de simples trompe-l'œil.

L'Académie olympique

L'Académie olympique se veut une société de gens vertueux et égaux, gouvernés par un « Prince », renouvelé par élection tous les trois mois ! En fait, elle regroupe des patriciens oisifs, mais savants et férus d'Antiquité, en quête de distractions honorables. Tous érudits et riches, ils sont d'origines diverses : marchands enrichis cultivant les arts, anciens négociants vénitiens installés en Terre Ferme, ou, au contraire, représentants de la vieille aristocratie vicentine cherchant à prendre une revanche intellectuelle sur la trop puissante Venise et, enfin, des artistes – comme Palladio. Ce dernier est accepté et élevé à la dignité de membre parce que sa connaissance des monuments du passé lui permet de faire revivre l'Antiquité. L'humanisme est une forme de noblesse aux yeux des patriciens, qui voient dans la référence aux sources antiques la possibilité de mettre en place des repères et d'affirmer leur supériorité. Palladio peut servir ce projet. Toutefois, l'artiste, en dépit de l'amitié très forte qui le lie à quelques académiciens, reste toujours en situation de déférence par rapport à l'ensemble de ses collègues.

Une mise en scène grandiose

Derrière les murs enduits de crépi discret d'une construction banale, située au fond d'une cour encombrée de statues, s'élève un lieu de représentation exclusivement à l'usage des membres de l'Académie olympique. Le seul souci des membres de l'Académie, lorsqu'ils s'adressent à Palladio, est de recréer aussi exactement que possible le cadre d'une antique *scena* romaine. Il ne s'agit donc pas, pour l'architecte, de faire preuve d'inventivité mais, simplement, de reproduire un modèle. Il est vrai que seul Palladio prétend savoir ce qu'était un théâtre antique : ce qui lui laisse, en fait, une considérable marge de manœuvre…

Cinq années durant – c'est-à-dire bien après la disparition de l'architecte –, des ouvriers travaillent à constituer la salle destinée à assurer la gloire du cercle des académiciens. Les gradins disposés en demi-ellipse rendent la scène visible de tous les spectateurs, quel que soit le point de vue, sans privilégier aucun de ces hommes illustres. Un portique, couronné d'une balustrade en bois portant des statues, est fermé dans sa partie supérieure, à la façon d'une place à l'antique.

Le mur de fond est un véritable arc de triomphe, doté d'une arcade centrale et de deux portes latérales. Sur deux étages, des niches encadrées de colonnes mettent en scène les académiciens : elles sont garnies de statues en stuc représentant ces derniers avec leur nom !

À l'origine, Palladio semble avoir prévu, derrière les trois ouvertures du mur de scène, des perspectives peintes sur des châssis prismatiques pivotants, susceptibles de s'adapter à tous les genres de représentation. Deux ans après sa disparition, les retrouvailles avec l'Antiquité s'organisent avec plus d'évidence et le projet initial est abandonné. Sur des terrains limitrophes ajoutés à la parcelle construite, l'Académie fait définitivement élever par Scamozzi un autre fond de scène profond, en bois et en stuc, étagé selon les lois de la perspective mais excluant toute transformation ultérieure de l'espace scénique. Des perspectives monumentales, inspirées par les créations de célèbres architectes de théâtre de la Renaissance, sont montées. Des rangées de palais aux motifs variés conduisent le regard vers l'arrière-plan et créent l'illusion d'une multiplication de l'espace. Pour la première représentation, celle de la très prestigieuse tragédie *Œdipe-roi,* des rues divergentes sont aménagées en direction des sept portes légendaires de Thèbes, lieu de l'action, ville idéale de la Grèce antique et ville natale d'Hercule, le héros protecteur de l'Académie !

Un théâtre spécifique

Lors de cette représentation inaugurale, des membres de l'Académie se mêlent aux acteurs et se métamorphosent ainsi en héros dans le cadre triomphal qu'ils ont commandé. Toutefois, dès l'ouverture, la scène et le décor, inadaptés à d'autres représentations, s'imposent comme des monuments archéologiques beaucoup plus que comme un décor de théâtre proprement dit. Les académiciens renoncent donc, purement et simplement, à se servir de leur théâtre ! Pendant trois siècles, seule la tragédie de Sophocle est quelquefois jouée en ce lieu. Seuls des privilégiés, comme une délégation japonaise en 1585, sont admis dans cette architecture d'apparat, unique au monde, et qui contribue – d'une autre manière qu'on le pensait à l'origine – à asseoir la glorieuse réputation de la cité de Vicence dans l'Europe entière.

Une toile tendue sous les combles, imitant la voûte céleste parsemée d'étoiles d'or, au-dessus de la scène et des gradins, reconstitue l'atmosphère des jardins académiques de l'Athènes primitive ou celle des théâtres en plein air de l'Italie antique. Son remplacement, au début du XXe siècle (pour des raisons de conservation), par un plafond à caissons au niveau de la scène et un ciel en trompe-l'œil au niveau des gradins, a respecté l'originalité des lieux. Les festivals qui s'y déroulent et les scénographies modernes doivent toujours s'adapter à leur singularité.

Une forteresse dans le Japon médiéval

LE CHÂTEAU DE HIMEJI

Au XVIe siècle, le Japon connaît une période de luttes incessantes. À cette époque, l'introduction des armes à feu oblige les seigneurs soucieux de se défendre à construire des forteresses entourées d'enceintes de pierre.

Reconstitution moderne d'une forteresse médiévale japonaise.

Le château de Himeji, avec ses murs blancs, ses pignons ornementaux et ses toits couverts de tuiles, est exemplaire de l'architecture fortifiée japonaise médiévale.

Des forteresses typiques

La particularité des forteresses construites par les chefs de clans japonais de la première moitié du XIVe siècle jusqu'à la fin du XVIe siècle, c'est-à-dire durant les guerres médiévales, est que ces monuments visent à protéger non seulement le châtelain lui-même et sa famille, mais aussi les habitants de la cité commerçante locale. Pour ces monuments défensifs, le choix de l'implantation est par ailleurs de la plus grande importance : les seigneurs *(daimyô)* choisissent de les édifier au sommet d'une montagne, ou bien ils intègrent au moins des collines à leurs remparts – quitte à édifier de toutes pièces ces collines. Si, en particulier, le lit d'une rivière borde un côté de la forteresse, une falaise artificielle est élevée derrière le fort afin de le protéger sur la totalité de ses faces. Dans les premiers temps de la construction des fortifications, la protection naturelle qu'offre le terrain suffit aux constructeurs ; après quoi ceux-ci prennent la précaution supplémentaire d'édifier des remblais, en terre mêlée de blocs de pierre de grosseur différente. Les murs édifiés sur ces remblais sont solides – souvent jusqu'à 60 cm d'épaisseur – et construits de sorte que les parois, parfaitement lisses, laissent s'écouler convenablement les eaux.

À l'intérieur des remparts, aux nombreuses tours de guet couvertes par des toits de tuiles, la forteresse est généralement divisée en plusieurs bastions entourés de hauts murs et de cours intérieures, véritables labyrinthes propres à dérouter l'adversaire qui aurait réussi à franchir le mur d'enceinte et à multiplier les obstacles devant lui. La ville proprement dite se situe régulièrement à l'extérieur de l'enceinte du château, mais tout contre elle, de sorte que, en cas de danger, artisans et boutiquiers puissent, avec leur famille, se réfugier à l'intérieur de la forteresse. Cependant, à l'intérieur de l'enceinte, la résidence du seigneur consiste en un donjon *(tenshû)*, flanqué souvent d'une ou de plusieurs tours défensives, et juché sur un haut soubassement. À partir du milieu des années 1560, ce donjon revêt une forme type : il est constitué de plusieurs étages, chacun étant construit en retrait par rapport au niveau sous-jacent ; la plate-forme supérieure fait office d'une part de poste d'observation, d'autre part de lieu sacré abritant le sanctuaire dédié au dieu de la Guerre.

Le château du Héron blanc

Le château de Himeji, qui domine la ville, est un des plus beaux châteaux forts ; vu de loin, avec ses murs blancs et ses toits, il ressemble à un immense oiseau battant des ailes – aussi l'appelle-t-on également le château du Héron blanc.

Le grand chef de guerre Hideyoshi, l'un des hommes qui tâcha de placer le Japon tout entier sous son joug, est à l'origine de son édification. Vers 1580, il fait agrandir un fortin existant depuis le milieu du XIVe siècle et le dote d'un donjon à trois étages. Vingt ans plus tard environ, le château passe aux mains d'un autre seigneur, Ikeda Terumasa, qui le complète et qui ajoute, en 1615, cinq nouveaux étages à son donjon.

La plus belle des forteresses médiévales japonaises, le Château de Himeji, dit château du Héron blanc, préfecture d'Hyogo, Japon.

Himeji se dresse sur une colline peu élevée, mais il n'en dégage pas moins, par ses dimensions, une impression de puissance. Ses toits recourbés vers le haut, superposés les uns aux autres, lui confèrent en même temps un aspect de légèreté. Pour atteindre la lourde porte d'entrée, recouverte de lames de fer, il faut longer un chemin bordé de murailles pourvues de meurtrières aux formes variées, les unes rondes, d'autres triangulaires ou rectangulaires.

Le Japon des samouraïs

À partir de **1180,** le Japon entre dans l'âge des samouraïs. **L'empereur perd l'essentiel de son pouvoir** et la puissance politique revient à qui, par sa force militaire et sa richesse, sait s'en emparer.

Dès lors, **les grandes familles ou clans ne cessent de lutter les uns contre les autres** pour imposer leur influence. Cette situation favorise la constitution d'une société guerrière structurée en fonction de liens semblables à ceux de la féodalité en Occident : **une pyramide de fidélités** lie le guerrier de base – le simple samouraï – à un soldat plus puissant, qui a lui-même un seigneur auquel il est tout dévoué, et ainsi de suite jusqu'à ce qu'on remonte aux chefs des clans.

La société qui naît ainsi est durablement militarisée. Son code de valeurs a pour principe essentiel **l'honneur,** et le soldat aime mieux mourir – tomber au combat ou se suicider rituellement – que faillir aux devoirs qu'il a contractés vis-à-vis de son suzerain.

Un samouraï (peinture de Tanyu, 1602-1674, école de Kano).

Le donjon, avec ses larges poutres et ses râteliers pour les armes, affiche sa fonction militaire et est beaucoup plus austère. Le corps d'habitation du maître du château, le *hon-maru,* est situé à son pied. Spacieux et confortable, il est entouré d'une enceinte qui contient aussi des jardins et divers bâtiments servant, notamment, à l'administration. Dans les enceintes périphériques, de nombreux arbres séparent également les bâtiments. Leur fonction n'est pas seulement d'agrément : ils constituent un écran protecteur propre à cacher le mouvement des défenseurs aux assaillants, le cas échéant. Le château, protégé au-delà de son enceinte extérieure par de vastes douves, pouvait contenir en effet entre 10 000 et 15 000 soldats ! Un tel rassemblement de troupes a pu dissuader les assaillants éventuels : Himeji, en effet, n'a jamais eu à subir un siège important au cours de son histoire.

La métamorphose d'une ville d'Iran

ISPAHAN

En 1598, le chah d'Iran Abbas Ier transfère sa capitale à Ispahan, au centre du pays, et lance un programme de travaux, qui, en quelques années, modifie complètement la physionomie de la cité. Des monuments au décor somptueux, dignes de la gloire et de la grandeur du souverain persan, sont alors élevés.

Dôme de la mosquée du Cheikh Lotfollah, Ispahan, Iran.

La ville, blottie au cœur d'une fraîche oasis entourée de montagnes arides et de déserts, doit son développement à sa situation privilégiée. Située sur la route reliant le nord et le sud de l'Iran, elle fait fonction de dernier relais avant la traversée du désert central. Ispahan, qui a déjà joué le rôle de capitale aux XIe et XIIe siècles, s'enorgueillit avant même l'intervention d'Abbas Ier, d'édifices tels que la Grande Mosquée du vendredi, merveille de l'art islamique. Mais elle doit à ce grand souverain de devenir la plus belle ville de Perse.

Autour de la Meydan-e Imam

Abbas établit un plan d'urbanisme grandiose qui organise la cité autour d'une large avenue de trois kilomètres de long et d'une immense place centrale, la Meydan-e Imam (place de l'Imam). C'est autour de cette dernière que s'élèvent les ensembles monumentaux les plus majestueux d'Ispahan. L'esplanade forme un rectangle de 512 m de long sur 159 m de large, bordé d'une double rangée d'arcatures, qui abritent maisons et boutiques. Chaque côté est interrompu, en son centre, par un magnifique portail, éclatant de couleurs, qui précède l'un des groupes d'édifices.

La porte d'Ali, *Ali Qapu,* ornée de faïences multicolores, donne accès aux palais royaux disséminés dans un immense parc ceint d'une muraille. Cette porte est un véritable pavillon. Outre la terrasse, d'où le souverain assiste aux jeux de polo que disputent ses courtisans sur la place, le bâtiment comporte une splendide salle d'audience et de nombreuses pièces distribuées sur plusieurs niveaux. Des dorures et des glaces, dont un grand nombre a disparu, les marqueteries, les faïences et les peintures bien conservées qui revêtent murs et plafonds forment l'écrin somptueux d'une cour habituée à vivre dans un luxe incroyable.

À la porte d'Ali fait face, de l'autre côté de la Meydan-e Imam, le portail de la mosquée d'un saint personnage – le cheikh Lotfollah. De superbes faïences, traitées comme de la mosaïque, couvrent entièrement ce sanctuaire de dimensions modestes.

Sur le troisième côté de l'esplanade se dresse le portail du Bazar, équipé d'une galerie pour les musiciens qui, quotidiennement, jouent à la tombée du jour. Au XVIIe siècle, de fabuleuses richesses circulent dans le Bazar couvert. Les artisans et commerçants y sont répartis par corps de métier. Leurs ateliers et leurs échoppes voisinent avec des bains publics, des mosquées et des caravansérails pour les négociants étrangers et leurs marchandises.

La mosquée du Chah

Le dernier portail de la place appartient à la mosquée du Chah, chef-d'œuvre de l'architecture et de l'art de cette époque. Formé d'une haute baie qui ouvre sur un profond renfoncement, il est encadré par deux minarets, du sommet desquels le muezzin lance l'appel à la prière. Derrière le portail, un passage coudé mène à la cour de la mosquée, qui présente le plan habituel des mosquées iraniennes, en forme de croix.

Cette cour, rectangulaire, pourvue au milieu d'un bassin pour les ablutions, est bordée d'une double rangée d'arcades. Au centre de chaque façade se dresse une haute et large niche, appelée « iwan », qui est surmontée d'une demi-coupole, décorée d'alvéoles et de motifs imitant les stalactites. L'iwan principal, encadré de deux minarets, conduit à une salle de prière. Celle-ci

est coiffée d'une double coupole, intérieure et extérieure, et prolongée par deux salles latérales à colonnes où se rassemblent les fidèles. Dans le mur du fond est aménagé le mihrab, la traditionnelle niche indiquant la direction de La Mecque. Les iwans latéraux conduisent à de plus petites salles de prière.

Une symphonie de couleurs

La mosquée est inégalement décorée, selon que les parties qui la composent sont ou non particulièrement en vue. À l'intérieur, la grande salle de prière est décorée de vives couleurs qui mettent en valeur la perfection de ses lignes architecturales. En revanche, pour les toitures et les murs extérieurs, le matériau de construction (des briques couvertes de pisé, un mélange de boue et de végétaux) reste à nu. Mais les coupoles et les minarets, qui apparaissent de loin, sont ornés de briques cuites vernissées, disposées de manière à former de savantes compositions de motifs sur un fond bleu turquoise. Le portail est l'élément le plus travaillé de toute la mosquée du Chah. Sa décoration est réalisée avec des fragments de carreaux de terre cuite émaillée, qui sont chacun d'une seule couleur. Ces fragments, habilement découpés et assemblés à la façon des mosaïques, forment des dessins multicolores. Cette technique, déjà employée à la mosquée du cheikh Lotfollah, donne des résultats magnifiques, mais elle exige beaucoup de temps. Aussi, dans le reste de la mosquée, les ouvriers ont-ils utilisé des carreaux de faïence sur lesquels était directement reproduit le dessin, avec ses diverses couleurs, ce qui permettait une exécution plus rapide.

Le décor, exubérant, est à la fois géométrique et végétal. Il est complété par des inscriptions extraites du Coran, calligraphiées par les plus grands artistes du temps.

Vue aérienne de la Meydan-e Imam, place de l'Imam, avec la mosquée du Chah, Ispahan, Iran.

La cour de la mosquée du Chah, Ispahan, Iran.

Chah Abbas Ier

Le chah **Abbas Ier, dit le Grand (1587-1629), est le souverain le plus remarquable de la dynastie des Séfévides,** qui gouverne l'Iran de 1501 à 1736. Au moment de son accession au pouvoir, la confusion règne dans tout l'empire. Avec une armée placée directement sous ses ordres, le souverain entreprend **la reconquête des provinces perdues, au nord et à l'ouest.** Puis il rétablit la **suprématie de l'Iran sur le golfe Persique.**

Abbas Ier redresse aussi la situation sur le plan intérieur en appliquant une politique centralisatrice. Il constitue une armée royale recrutée parmi des esclaves chrétiens convertis à l'islam, d'une fidélité à toute épreuve. Les mêmes esclaves dévoués fournissent les cadres administratifs les plus importants de l'empire.

Le monarque **modernise le pays** en améliorant le réseau des communications. **La civilisation persane,** qui rayonne à partir de la ville d'Ispahan, est **extrêmement brillante** sous son règne.

Une admirable église construite à Venise

LA SALUTE

Reconstitution et coupe de l'église de la Salute, Venise.

Après une terrible épidémie de peste, la République de Venise décide, en action de grâce, d'élever à l'entrée du Grand Canal un sanctuaire à la Vierge, qui dominera toute la lagune. La première pierre est posée le 6 septembre 1631. Le chantier retient exclusivement l'attention de l'architecte Baldassare Longhena jusqu'en 1648, mais la consécration de l'église sous le vocable de *Santa Maria della Salute* a lieu cinq ans après sa mort, en 1687.

La construction, sur un sol de limons instables, nécessite durant plus de deux ans l'emploi d'un million et demi de pilotis en chêne, en aulne et en mélèze, de 4 m chacun, portant un radeau de madriers, ou *zatterone,* sur lequel sont assemblés les moellons et le mortier des fondations. Ainsi soutenue, la robuste et somptueuse église défie les eaux changeantes du canal pendant plus de trois siècles, mais la combinaison des attaques sournoises de la pollution et de l'agression de l'eau salée, au XXe siècle, manque lui être fatale. Des organismes internationaux (l'Unesco, le Conseil de l'Europe) et nationaux (le Comité français de sauvegarde de Venise) unissent désormais leurs efforts afin d'assurer son sauvetage et sa restauration.

Un architecte fidèle au passé de la lagune

Baldassare Longhena (1598-1682) est né et mort à Venise. Son activité se déroule exclusivement dans cette grande cité et son arrière-pays. D'abord sculpteur, puis architecte formé par Vincenzo Scamozzi, lui-même disciple du célèbre Palladio, Longhena contribue à modeler puissamment le paysage de la lagune. À la Salute, aux Nouvelles Procuraties, dans les entrepôts de la Douane et dans ses résidences aristocratiques, en particulier les célèbres palais Pesaro et Rezzonico, il adapte son architecture perpétuellement reflétée par les eaux à l'atmosphère lumineuse et maritime des lieux.
Il représente un courant artistique original. À l'écart des milieux romains, il se nourrit de la tradition antique et du classicisme de la Renaissance, deux principes que l'autonomie municipale et le dynamisme de la cité des doges ont fortifiés.

Longhena ne peut cependant ignorer complètement les formules mises au point par les grands ateliers romains, dirigés par d'exceptionnelles personnalités comme le Bernin, Borromini ou Pierre de Cortone. Créateurs du mouvement artistique appelé « baroque », ces derniers introduisent dans l'architecture une tension, un mouvement ou un abondant décor, qui influencent aussi l'art de l'Italie septentrionale. Longhena acclimate subtilement ces tendances à l'architecture vénitienne, tout en respectant sa puissante originalité.
À la même époque, en France, dès 1632, le jeune architecte François Mansart construit sa première coupole en pierre de taille pour la chapelle parisienne des Visitandines de la rue Saint-Antoine. Avec ses deux coques fortement emboîtées, enveloppées dans un unique

dôme surmonté d'une lanterne, cette coupole révolutionne les habitudes architecturales en matière de couverture pour un édifice sacré ! Elle est immédiatement diffusée à travers l'Europe, grâce à des gravures et aux descriptions des voyageurs. La coupole principale de la Salute est faite de la même manière de deux coques : une structure intérieure ovoïde en maçonnerie, et une autre, extérieure, en bois et feuilles de plomb, hémisphérique et plus haute. On peut voir dans cette réalisation une lointaine adaptation du modèle français.

Une mise en scène triomphale

À l'extérieur, sous le lumineux ciel vénitien, le groupe formé par le dôme principal de la basilique de la Salute et le second dôme plus modeste, édifié au-dessus du chœur, concentre les regards sur cette rive du Grand Canal, juste derrière le bâtiment de la *Dogana di mare* (la Douane de mer). Cette vision spectaculaire est pourtant obtenue grâce à une grande sobriété de moyens. La poussée du dôme est reçue par des volutes jumelées qui s'appuient simplement sur les murs des chapelles, mettant en évidence la structure du bâtiment.

Devant l'édifice, effleurant l'eau, un large escalier monte du canal comme une estrade. Il rend plus somptueuse encore la puissante masse grise et ocre de l'église. Le porche de la façade principale de la Salute est organisé comme un arc de triomphe, et les murs extérieurs des deux chapelles qui lui sont contiguës sont creusés de niches ornées de statues, à la manière de la paroi de fond des théâtres romains. Comme ces chapelles et la façade principale elle-même sont en saillie par rapport au corps principal du bâtiment, l'ensemble produit un effet de perspective singulière, qui n'est pas sans évoquer, de nouveau, le théâtre, mais cette fois, un théâtre moderne, le prestigieux théâtre Olympique construit par Palladio à Vicence. Ainsi, la Salute, décidément, est loin d'être seulement un sanctuaire : elle constitue un décor spectaculaire pour les grandes cérémonies que les doges, très vite, choisissent de célébrer en ce lieu.

L'entrée du Grand Canal et la Salute (peinture de Michele Marieschi, Paris, musée du Louvre).

Une pittoresque église baroque

Monument votif, la basilique est dotée, comme c'est la règle dans ce type d'édifice, d'un plan centré de forme octogonale ceint de huit grandes arcades et d'un déambulatoire, ou couloir de circulation. Cette disposition renoue avec la tradition des édifices antiques et byzantins de la Vénétie, représentée par exemple à Saint-Vital de Ravenne. Considérée dans sa verticalité (« élévation »), la basilique est plus surprenante. Des colonnes logées dans les angles de l'octogone se terminent par des statues de prophètes qui retiennent le regard et l'empêchent de s'élever vers la coupole. De même, une lourde couronne de fenêtres groupées par deux pèse sur les arcades et repousse le pouvoir d'attraction de la coupole.

Par ailleurs, le plan octogonal de l'édifice se trouve perturbé par l'existence d'un chœur de forme ovale, que Longhena a accroché au côté de l'octogone faisant face au porche principal, déterminant ainsi une dilatation longitudinale de l'édifice, de la porte d'accès vers sa partie la plus sacrée. Le maître-autel rayonne dans la profondeur de trois arcades disposées comme des décors de théâtre. Des chapelles, escamotées de part et d'autre du chœur, créent une illusion de coulisses. L'impression de simplicité du plan, que le visiteur peut éprouver lorsqu'il vient de pénétrer dans l'église, se trouve ainsi démentie par la révélation progressive d'espaces à peu près totalement cachés. Ces bizarreries, cet effet de surprise, qui relèvent de nouveau du théâtre, font participer pleinement la création de Baldassare Longhena à l'art baroque.

L'entrée du Grand Canal, avec, au premier plan, la Dogana (l'ancienne douane) et, derrière, l'église de la Salute.

→ **Voir aussi :** p. 202-203 (Le théâtre Olympique) ; p. 214-215 (Le Val-de-Grâce).

Le somptueux mausolée de l'épouse du Grand Moghol

LE TAJ MAHAL

Pendant plus de trois siècles, de 1526 à 1858, les Grands Moghols règnent sur l'Inde. Le plus fastueux des souverains de cette période, Chah Djahan (1628-1658), inconsolable de la mort de son épouse Mumtaz Mahal, fait construire à Agra le mausolée du Taj Mahal, chef-d'œuvre d'architecture et témoignage de l'apothéose de la civilisation moghole.

Fleurs sculptées dans le marbre, détail des décorations de la chambre funéraire, Taj Mahal.

Mumtaz Mahal meurt en 1631 en mettant au monde son quatorzième enfant. Dès 1632, Chah Djahan entreprend la construction du mausolée chargé de perpétuer et de matérialiser l'immense amour qu'il lui portait. Il en résulte, à Agra, la réalisation d'un des plus beaux monuments du monde.

Une exceptionnelle harmonie

Il faut longer un canal de 385 m avant d'arriver devant le monument, immense carré de marbre blanc à pans coupés aux angles, allégé par des ouvertures profondes et ogivales sur toutes ses faces. Quatre niches, hautes et profondes, les iwans, font face aux quatre points cardinaux. Des ouvertures plus petites, se superposant sur deux étages, creusent le reste du carré, lui donnant en dépit de sa grandeur une extraordinaire légèreté ; au-dessus du carré s'élève une immense coupole, entourée de quatre petits pavillons à baldaquins, qui contribue aussi à donner à l'ensemble une grande harmonie.

Un reflet dans l'eau...

Le monument est construit sur une plate-forme de 144 m de long, ponctuée aux quatre coins par quatre minarets de 47 m de haut. L'harmonie de l'ensemble atteint déjà la perfection. Mais le Taj Mahal est construit en bordure d'un grand bassin dans lequel il se reflète, et c'est là le génie de ses architectes ou peut-être de Chah Djahan lui-même : la hauteur du monument et de son reflet dans l'eau, du sommet de la coupole réelle au sommet de la coupole reflétée, est identique à la largeur de la plate-forme sur laquelle il repose. En présence de cette parfaite symétrie obtenue

L'un des plus beaux monuments du monde, le mausolée du Taj Mahal, Agra, Inde.

Balustrade de la chambre funéraire du Taj Mahal.

par effet de miroir, on ne peut que ressentir cette émotion si rare que seule donne la contemplation de l'harmonie absolue.

De la salle funéraire au jardin

À l'intérieur, la salle funéraire octogonale contient le catafalque de Mumtaz et celui, jumeau, de son époux, qui fut enseveli là en 1666. Ils sont revêtus de marbre blanc incrusté de fleurs polychromes en pierres précieuses et semi-précieuses d'une extraordinaire délicatesse. La lumière est tamisée, incitation au recueillement, par des cloisons à claustras de marbre. Dans cette salle à peine achevée, en 1643, fut célébré pour la première fois l'anniversaire de la mort de Mumtaz Mahal : en présence des dignitaires et des grands commis de l'État, on récita des prières pour le repos de la défunte souveraine.

Par la suite, avant d'aller rejoindre son épouse, Chah Djahan donna de grandes fêtes avec feux d'artifice dans les magnifiques jardins qui entourent le mausolée. Reflet des jardins du paradis, le parc, où se déploient aujourd'hui de vastes pelouses autour du bassin d'eau, était planté alors d'une profusion d'arbres et de fleurs d'essences diverses. Dans son écrin de murs en grès rouge, il exprimait la grandeur du souverain qui l'avait fait aménager autant que l'amour qu'il portait à sa femme.

L'Inde moghole

Dans une Inde où se mêlent depuis le siècle précédent les religions hindouiste et musulmane, **la dynastie moghole est établie à New Delhi en 1526 par Babur,** un conquérant mongol converti à l'islam, descendant par sa mère de Gengis Khan et par son père de Tamerlan.

Un peu plus d'un quart de siècle plus tard, l'Empire moghol connaît un apogée qui dure jusqu'en 1707. Quatre souverains se succèdent alors de père en fils : **Akbar le Grand (1556-1605), Djahangir (1605-1628), Chah Djahan (1628-1658) et Aurangzeb (1658-1707).** Ils assurent à leur royaume une grande stabilité politique et un extraordinaire épanouissement de la vie sociale et culturelle. S'inspirant à la fois de la tradition propre de l'Inde et de celle de la Perse, les artistes moghols créent à cette époque **un art de cour somptueux et raffiné,** et construisent d'admirables monuments, particulièrement à Lahore et à Agra.

Les mausolées moghols du nord de l'Inde

Le mausolée d'Humayun. Construit par un architecte persan à Delhi entre 1557 et 1565, à la demande de sa veuve Hadji Begum, le mausolée d'Humayun, le deuxième souverain moghol, représente le courant iranien de l'inspiration du nouvel empire. On y dénote déjà la perfection de la composition qui confère aux édifices des règnes suivants leur si grande harmonie. Édifié en grès rouge, surmonté d'une coupole en marbre blanc, le tombeau est situé au centre d'un grand jardin à la persane sur une plate-forme carrée de 95 m de côté bordée d'arcades. La partie centrale est constituée d'une salle octogonale destinée à abriter le cénotaphe ; elle est surmontée d'une coupole de marbre à double coque. La toiture est couronnée par quatre kiosques à baldaquins.

Le mausolée de Salim Tchichti. À Fathpur Sikri, sa capitale, dans l'actuel État d'Uttar Pradesh, Akbar le Grand fit édifier un mausolée pour son fidèle conseiller Salim Tchichti. Le monument se détache sur des portiques de grès rouge. C'est sous le règne de Djahangir que fut achevée cette petite merveille de marbre blanc, que surmonte une plate-forme finement décorée et qu'entourent de chaque côtés des claustras de marbre d'une extrême finesse.

Le mausolée d'Akbar. De son vivant, en 1602, Akbar commence à faire ériger à Sikandra le complexe funéraire qu'il se destine. On y accède par un portail monumental sur lequel se dressent quatre minarets blancs d'une grande finesse. La façade de ce portail est recouverte de mosaïques géométriques aux motifs floraux de couleurs chatoyantes : rouge, orange, jaune et bleu. L'édifice central comporte quatre étages : trois niveaux de galeries en grès rouge et, au-dessus, un portique en marbre. On parvient au sommet par des escaliers donnant sur une plate-forme ouverte sur le ciel. Là, au centre, sur un podium, se dresse le cénotaphe du grand souverain.

Le mausolée de Djahangir. À Lahore, Djahangir a conçu lui-même les plans de son mausolée, achevé après sa mort par sa veuve Nur Jahan. De forme très originale, le mausolée, fait d'un seul étage, revêt l'aspect d'une plate-forme surmontée d'une galerie aux arcades voûtées. Aux quatre coins, des minarets octogonaux sont surmontés de pavillons à baldaquins. Au centre se trouve la crypte où reposait l'empereur, dans son cercueil de marbre blanc.

1645

Le palais des dalaï-lamas

LE POTALA

À mille ans d'intervalle, deux très importants personnages du Tibet, le roi Songtsen Gampo au VIIe siècle et le cinquième dalaï-lama au XVIIe siècle, ont été les créateurs du monument symbole de leur pays. Le Potala est le lieu où les Tibétains se retrouvent spirituellement et où ils peuvent manifester leur identité culturelle.

Le premier Potala

Songtsen Gampo (ou Songzanganbu) naquit en 617 et régna pendant vingt ans ; il sortit l'histoire du Tibet de l'obscurité et établit un empire puissant, depuis le nord de l'Inde jusqu'aux frontières de l'Empire turc. Du Cachemire, sans doute, il fit venir des lettrés qui introduisirent une nouvelle écriture et une grammaire. L'empereur de Chine et le roi du Népal, pour se concilier son amitié, lui donnèrent chacun une de leurs filles en mariage. Sous l'influence de ces épouses et de leur entourage, la religion bouddhiste pénétra au Tibet – elle y deviendra la religion d'État au siècle suivant. Songtsen Gampo choisit le site de Lhassa, « la terre de Dieu », pour implanter sa capitale. Il érigea sur la colline rouge un palais qui ressemblait, dit-on, à un éléphant endormi et qui fut appelé la « Résidence royale blanche ».

Les dalaï-lamas

Le dalaï-lama est le chef de la religion bouddhique tibétaine. Jusqu'à l'invasion chinoise du Tibet et à la fuite de l'actuel dalaï-lama en Inde, il résidait à Lhassa, au palais du Potala.

Réincarnation spirituelle du dieu Avalokitesvara, le dalaï-lama exerce une juridiction spirituelle qui dépasse les frontières du Tibet actuel et s'étend sur la Mongolie, une partie de la Chine occidentale, le Bhoutan, le Ladakh et le Sikkim.

Selon la croyance tibétaine, à la mort de chaque dalaï-lama, l'esprit divin qui est en lui se réincarne après un délai d'au moins 49 jours, dans un enfant qui, généralement, a été marqué de certains signes dès sa naissance. Les lamas, ou moines tibétains, après avoir cherché l'enfant présentant ces signes et au terme d'un certain nombre de vérifications procèdent à l'intronisation de celui qui est désormais leur nouveau chef suprême.

Foule de pèlerins attendant pour entrer dans un temple, à Lhassa.

Le Potala, à la fois palais et monastère, haut lieu de la spiritualité du peuple tibétain, à Lhassa (légende de la page 212).

Le palais du cinquième dalaï

Dix siècles plus tard ou à peu près – en 1642 –, un autre grand souverain décide de rebâtir le palais, qui n'est plus à cette époque qu'un vieux monument, aux dimensions trop réduites pour ses ambitions. Détenteur, pour la première fois dans l'histoire du Tibet, à la fois du pouvoir politique et du pouvoir religieux, le «Grand Cinquième», Ngawang Lobsang Gyatso, au pouvoir à partir de 1642, rêve d'un immense palais destiné à devenir le symbole du Tibet unifié. Les travaux, considérables, durent jusqu'en 1695 ; le Grand Cinquième est mort 13 ans auparavant, mais, conformément à son vœu, sa disparition n'est rendue publique qu'un an après l'achèvement des travaux. Symboliquement, sinon en réalité, Ngawang Lobsang Gyatso est donc bien l'unique bâtisseur du moderne Potala.

La Sainte Demeure d'Avalokitesvara

Le palais, à la fois demeure et lieu de travail du dalaï-lama, est construit sur une colline dominant la cité de Lhassa. Cette position, ainsi que le nom de Potala ont été choisis à dessein. Le dalaï est en effet censé être une réincarnation d'Avalokitesvara, dieu de la Compassion et de la Bonté. Or, celui-ci, à en croire la mythologie bouddhique, habite une montagne sacrée du sud de l'Inde, appelée Potala.

400 m de large, 118 m de haut, 13 étages et 1 000 fenêtres font de la demeure une vision fantastique pour le pèlerin ou le touriste qui s'en approche. Sur les fondations datant en partie de l'époque de Songtsen Gampo et autour d'un noyau également ancien – le « palais rouge », de forme quadrangulaire –, le « palais blanc » dresse sa façade immaculée au-dessous de toits dorés. Les dalaï-lamas travaillaient dans le palais rouge. L'un d'eux, le treizième dalaï, mort en 1933, à une époque où le Tibet était encore indépendant, est enseveli sur le toit du monument. Pour construire sa tombe, il fut utilisé, dit-on, 18 000 onces d'or pur, des dizaines de milliers de pierres précieuses et des centaines de milliers de perles. Les pièces du palais, au nombre d'une centaine, distribuées le long de corridors, construisent un immense labyrinthe. Aux sanctuaires se mêlent des chambres, des pagodes funéraires, des bibliothèques, des terrasses, des galeries, en un ensemble dans lequel un esprit occidental ne décèle aucun ordre logique. Toutes ces pièces sont peintes en rouge vif ou revêtues entièrement de décorations polychromes, constamment entretenues au cours des siècles et qui, en conservant leurs dessins d'origine, brillent de l'éclat du neuf. La plus grande des bibliothèques abrite des dizaines de milliers d'ouvrages, longues bandes parcheminées contenues entre des plaquettes de bois ornées. L'ensemble, avec ses murs monumentaux larges parfois de plusieurs mètres, constitue une forteresse formidable et précieuse.

Cette tanka tibétaine du XIXe siècle représente le Potala et les monuments de la région de Lhassa (Paris, musée Guimet).

Le Jokhang

Ce temple, à l'origine appelé Tsulhakhang, fut construit au VIIe siècle par Songtsen Gampo – sur l'emplacement d'un lac souterrain où certains avaient eu des visions –, peut-être pour fêter l'arrivée de son épouse népalaise, Bhrikuti Devi. La porte d'entrée de l'édifice est d'ailleurs orientée vers le Népal. C'est un des plus anciens temples du Tibet.

Le sanctuaire aux toits d'or. Il comporte quatre étages. Les toits recouverts de tuiles au moment de la construction furent ensuite remplacés par des toits en or. Sur le faîte du toit sont placés des dragons, des cloches dorées et des animaux de métal dans le style des monastères chinois.

L'intérieur. Le sanctuaire est divisé en 20 chapelles dédiées à des divinités bouddhiques. Plus de 250 statues, dit-on, y sont conservées. Beaucoup ne sont visibles que par les moines. Toutefois, les statues de Songtsen Gampo et de ses deux épouses sont accessibles aux pèlerins et touristes. De même qu'une chapelle dédiée à Avalokitesvara et qui contient une superbe statue de ce dieu aux mille bras et aux onze têtes. Dans l'obscurité du sanctuaire, l'or de cette effigie s'illumine d'étranges reflets, sous l'effet des lueurs tremblotantes des lampes des pèlerins, formées d'une mèche qu'alimente du beurre de yack...

L'éphémère triomphe du baroque dans la capitale française

L'ÉGLISE DU VAL-DE-GRÂCE

« À Jésus naissant et à la Vierge-Mère », telle est la dédicace gravée au fronton de l'église du couvent des bénédictines du Val-de-Grâce, rue Saint-Jacques à Paris. Cette magnifique église est l'accomplissement du vœu d'Anne d'Autriche, reine de France : Dieu lui a enfin permis de mettre au monde un fils. Un Dauphin, le futur Louis XIV vient enfin de naître en 1638, après... vingt-trois ans de mariage !

Le 1er avril 1645, le jeune roi Louis XIV, âgé de 7 ans, pose la première pierre du sanctuaire. Il a fallu attendre des circonstances favorables pour ouvrir le chantier. Le roi Louis XIII est mort au début de 1643. La reine, impétueuse Espagnole si longtemps contestée, est devenue régente de la France. Triomphante, conseillée par le ministre Mazarin, successeur du cardinal de Richelieu – un homme qui fut son ennemi personnel et qu'elle a beaucoup haï –, elle prépare le royal avenir de son fils et sa propre gloire.

Un ex-voto

Anne d'Autriche a fait aménager vingt ans plus tôt l'ancien hôtel du Petit-Bourbon, afin de s'y retirer souvent et d'y accueillir les religieuses de l'abbaye du Val-de-Grâce de Notre-Dame-de-la-Crèche, située à Bièvres (dans le département de l'Essonne). À la naissance du Dauphin, elle décide de transformer

Vue intérieure de l'église du Val-de-Grâce, avec son baldaquin nettement inspiré de celui réalisé par le Bernin à Saint-Pierre de Rome.

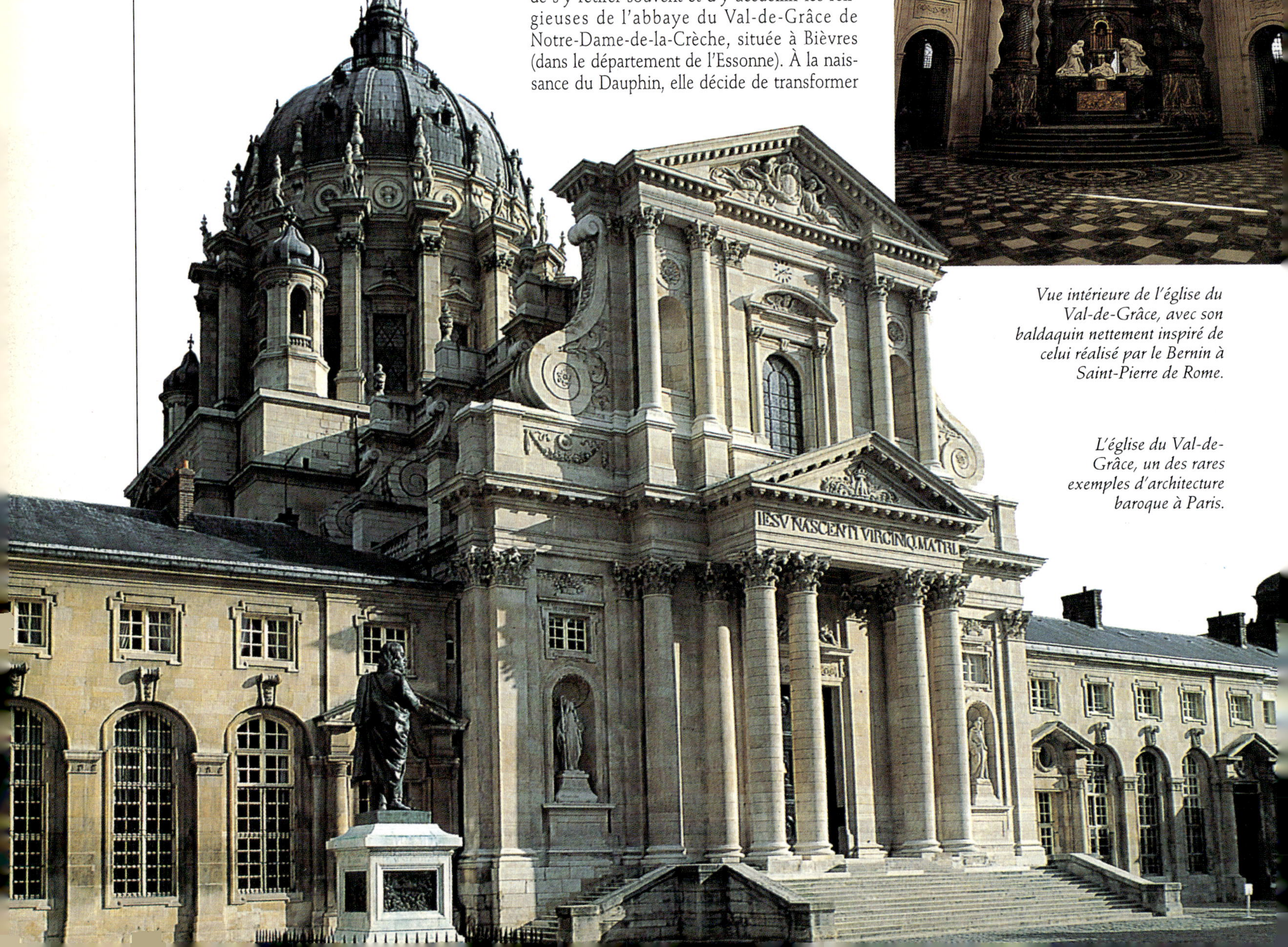

L'église du Val-de-Grâce, un des rares exemples d'architecture baroque à Paris.

le modeste couvent en un somptueux monastère pourvu de la plus belle église de Paris. Cette fondation doit en particulier dépasser en magnificence la chapelle de la Sorbonne, construite par Jacques Lemercier pour abriter le tombeau de Richelieu : la reine, décidément, a la rancune tenace !
Comme au palais-monastère de l'Escurial, que son ancêtre Philippe II a fait ériger, non loin de Madrid, en mausolée des rois d'Espagne et en conservatoire de la foi catholique, Anne prévoit l'église au centre d'une composition qui rappelle les idées-forces de la fondation. À l'est, derrière le chœur, c'est-à-dire en haut de la nef, la chapelle du Saint-Sacrement doit permettre le service, jour et nuit, de l'adoration perpétuelle. Au nord, à gauche du maître-autel, la chapelle de sainte Anne, oratoire personnel de la souveraine, doit mettre en communication l'église avec des bâtiments qui deviendront un palais pour la reine. Enfin, au sud, à droite du maître-autel ou autel principal, la chapelle Saint-Louis, qui abrite le chœur des religieuses, mettra l'église en relation avec le cloître et le couvent. La partie longitudinale de l'église, la nef, pourra servir d'église paroissiale au quartier.

Un chantier exceptionnel

C'est l'illustre François Mansart, alors au faîte de sa carrière, qui dresse les plans du nouveau monastère. L'architecte, qui n'a pas encore 50 ans, s'impose à tous par ses conceptions très personnelles et raffinées à travers des œuvres majeures : à Paris, la façade de l'église des Feuillants, la chapelle du couvent des Visitandines, l'hôtel de la Vrillière (actuelle Banque de France) ; en province, les châteaux de Berny et de Balleroy, enfin, la nouvelle aile du château de Blois pour Gaston d'Orléans, oncle du roi.
Le projet de Mansart répond au magnifique ensemble attendu. L'architecte dirige la construction des fondations et du rez-de-chaussée de l'église – c'est-à-dire qu'il en détermine entièrement le plan. Toutefois, hanté par la recherche de la perfection et fort réticent vis-à-vis des solutions préconisées par ses commanditaires, Mansart est incapable d'arrêter un parti définitif pour l'élévation ; il est donc destitué en 1647 au profit de Lemercier, architecte de la Sorbonne, un homme qui a la réputation d'être d'un caractère moins scrupuleux et plus souple. Interrompus durant les troubles de la Fronde, les travaux ne sont terminés qu'en 1665, sous la direction d'un ancien collaborateur de Mansart, Pierre Le Muet.
La reine, qui meurt en 1666, ne voit ni le décor intérieur terminé, ni le programme iconographique sculpté par Michel Anguier, avec sa dramatique *Nativité* pour le maître-autel, pas plus que le premier baldaquin, inspiré en France par celui de Saint-Pierre de Rome.

Un monument baroque

Le Val-de-Grâce présente un plan central en forme de trèfle, c'est-à-dire composé de trois branches égales formant le sanctuaire et le transept, combiné au reste de l'église. Cette composition nouvelle en France s'inspire d'une formule du célèbre architecte de Venise Palladio, proche des principes de la Renaissance italienne. Au-dessus, la coupole fusionne l'espace et représente le monde céleste. Peinte par Pierre Mignard, c'est une allégorie du *Triomphe de la reine.* Devant l'assemblée des élus, conduite par Saint Louis, la mère de Louis XIV tend la maquette de son église à la Sainte-Trinité. Cette composition illusionniste à la gloire de la fondatrice – formule rare en France – s'apparente aux envolées baroques romaines et germaniques.
À l'extérieur, le dessin du dôme est très ramassé : « une bien petite calotte pour une grosse tête », dit méchamment l'architecte Bernin lors de son voyage à Paris en 1666 ! La composition est resserrée par de puissants contreforts séparant les fenêtres. Chacun d'eux, surmonté d'une volute renversée et d'une statue, donne un caractère surprenant au dôme flanqué de quatre tourelles.
La façade présente deux étages articulés par deux consoles renversées. Son portique, projeté en avant par deux paires de colonnes, est d'une puissante monumentalité.

François Mansart

François Mansart (1598-1666) a une haute conception de son art qui l'amène à **remanier sans cesse ses plans.** Il fréquente les allées du pouvoir, ce qui lui vaut de **grandes commandes et de terribles disgrâces.**

Artiste ingénieux, **il dégage l'architecture française de la tradition italienne** en organisant **des rapports de volumes et de masses simples.** Son œuvre témoigne d'une science de la construction, d'un goût de l'unité et de la sobriété ornementale qui vont engendrer le classicisme.

Vue intérieure de la coupole des Invalides, Paris.

Une place romaine ressuscitée dans sa grandeur antique

LA PIAZZA NAVONA

La fontaine des Quatre-fleuves (ici le Nil), chef-d'œuvre du Bernin, piazza Navona, Rome.

La piazza Navona, célèbre place romaine, avec, au premier plan, la fontaine de Neptune et, derrière, l'église Sainte-Agnès, œuvre de Borromini.

Francesco Borromini

Solitaire et exigeant, **Francesco Borromini** (1559-1667) est un être au tempérament ombrageux et peu équilibré, mais aussi un praticien de grande culture qui apporte **des solutions inédites aux problèmes de l'architecture de son temps.**

Jeune collaborateur de l'architecte Carlo Maderno, dernier architecte de Saint-Pierre de Rome, il passe, à la mort de ce dernier, sous les ordres du **Bernin,** nouvel architecte officiel de la papauté. Grâce à la recommandation du Bernin, il obtient le chantier de **Saint-Yves de la Sapience** pour l'université de Rome.

Mais le disciple se révèle progressivement un concurrent aussi talentueux que jaloux. **Sous le pontificat d'Innocent X, Borromini parvient à éclipser en partie le Bernin.** Il se voit alors confier les prestigieux chantiers de **Saint-Jean de Latran, Sant'Andrea delle Fratte et Sainte-Agnès,** et y renouvelle l'espace par un bouleversement complet des règles classiques.

Après son avènement en 1644, Giambattista Pamphili, élu pape sous le nom d'Innocent X, nourrit un grand projet : il veut faire de la piazza Navona, sur laquelle donne son palais familial, la plus grandiose des places de Rome. En 1646, il charge l'architecte Francesco Borromini – le concurrent du Bernin, qu'avait protégé son prédécesseur Urbain VIII – de reconstruire complètement la demeure. Après quoi, il conçoit le projet d'une nouvelle église, située juste à côté du palais.

L'église est dédiée à sainte Agnès. Cette vierge chrétienne fut, dit-on, exposée là, nue, aux yeux de la foule et protégée miraculeusement des regards obscènes par ses cheveux, qui poussèrent subitement et recouvrirent son corps... La construction, commencée en 1552 par les architectes Girolamo et Carlo Rainaldi, est poursuivie par Borromini lui-même. En 1666, la façade, flanquée de deux tours, en est complètement achevée. À cette date, les trois nouvelles fontaines qui scandent l'axe central de la place ont été achevées : la piazza Navona revêt alors son aspect à peu près définitif.

Un espace urbain autonome

La place occupe l'emplacement de l'ancien cirque de l'empereur Domitien, construit au Ier siècle de notre ère. Du monument ancien, elle conserve la forme en ellipse et les dimensions : 276 m de long sur 54 m de large. Au Moyen Âge, des maisons ont été construites sur les ruines des gradins et du mur de clôture, mais l'espace central est resté dégagé pour fournir un lieu aux manifestations populaires. Il s'agit notamment de jeux (*agones*, « luttes », devenu par déformation *navone*) et, en particulier, de jeux aquatiques : on inondait la place, et de véritables tournois navals s'y déroulaient. Le mérite d'Innocent X est d'avoir exploité les qualités proprement scénographiques de la place, en accord avec le goût d'une époque – le baroque – passionnée d'art théâtral. Afin de rendre à la place son antique grandeur, le pontife commence par y interdire le marché qui s'y tient chaque semaine depuis la fin du XVe siècle – aujourd'hui, c'est seulement à l'époque de Noël que la piazza Navona se retrouve défigurée par les innombrables boutiques de la Foire de l'Épiphanie. Sensible à l'unité spatiale du lieu, Innocent fait ensuite abattre un palais appartenant aux Aldobrandini parce que ce bâtiment, qui s'élève au milieu de la place, en coupe le plan. Le remplacement des premiers architectes de Sainte-Agnès par Borromini s'explique aussi par le souci de ne pas trahir la structure de la place : Girolamo Rainaldi avait eu le malheur de concevoir, pour la nouvelle église, un escalier débordant sur l'espace de l'ancien cirque... Sur tout le pourtour de la place, conformément encore au souci du pontife, maisons et palais forment un décor profondément uni : les façades, toutes de même échelle, sont décorées selon une gamme chromatique unique qui harmonise pierres, crépis et boiseries, et elles sont conçues dans un style architectural qui met à l'unisson leurs arcades, leurs balcons et leurs balustrades. Seuls se détachent de l'ensemble l'église Sainte-Agnès et le palais adjacent : plus imposants de taille et plus riches d'ornements, ils s'imposent comme le foyer central de cette composition cohérente.

Une éblouissante création : Sainte-Agnès

Instruit par le renvoi des Rainaldi, Borromini conçoit pour Sainte-Agnès une façade absolument originale, de forme concave, c'est-à-dire qui recule au lieu d'avancer sur la place. S'il gomme ainsi une partie essentielle de l'édifice, il obtient, en revanche, un formidable effet en créant une relation étroite entre l'espace extérieur et l'intérieur de l'église. La place semble pénétrer au cœur même de l'édifice, pendant que le puissant volume du dôme, marqué d'arêtes dont les effets se prolongent jusqu'au portail, établit plastiquement un contact avec la place.

C'est un formidable élan vital qui dynamise l'ensemble de l'espace, à peine affaibli par les deux tours que les continuateurs de Borromini ont construit – plus tard – plus hautes que ne le prévoyait le génial architecte.

La féerie des fontaines

Dès le commencement des travaux de la place, le pape avait prévu que trois fontaines monumentales remplaceraient celles, modestes, qui existaient depuis la fin du XVIe siècle, au nord, au sud et au centre de l'ensemble. Un concours fut lancé pour la fontaine centrale, auquel le Bernin, en disgrâce, ne fut pas convié à participer. Le sculpteur exécuta pourtant secrètement un projet, dont la maquette *(bozzetto)* fut placée par des mains amies sur le parcours du pape. Séduit, Innocent se serait écrié : « Le seul moyen de l'empêcher d'exécuter ses œuvres est de ne pas les voir » – et la grande fontaine des Quatre-Fleuves fut confiée au talent du Bernin. Le monument met en scène une spectaculaire allégorie du pouvoir de l'Église sur les quatre parties du monde, représentées par de puissants et athlétiques dieux-fleuves : le Danube, le Gange, le Río de la Plata et le Nil. Le geste de ce dernier, qui se cache les yeux sous un bandeau, est une allusion aux sources inconnues du fleuve, mais l'herculéen Río de la Plata, avec sa main levée, semble, quant à lui, véritablement craindre que la façade de l'église Sainte-Agnès ne s'effondre sur lui ! Toutefois, la fontaine est surtout un immense rocher aux formes déchiquetées qui sert de support à un obélisque – déplacé par ordre d'Innocent X des thermes de Caracalla, où il gisait brisé, jusqu'à la piazza Navona. Dans les anfractuosités de ce rocher se mêlent, outre les personnifications des fleuves, les animaux les plus divers (lions, chevaux, poissons, serpents, tatous) tandis que sur ses pentes croissent joyeusement des plantes, parmi lesquelles un palmier. L'ensemble est éclaboussé d'une eau jaillissante et murmurante, qui donne vie à l'allégorie et contribue – comme celle des deux autres fontaines à peine plus modestes –, à l'animation de la place.

Ce tableau du peintre italien Paolo Pannini, illustre les préparatifs de la fête sur la piazza Navona, donnée en 1729 (vers 1691-1768, Paris, musée du Louvre).

Un château qui rend le roi de France jaloux

VAUX-LE-VICOMTE

En août 1656, le surintendant des Finances Nicolas Fouquet, protégé du Premier ministre Mazarin, commande pour sa terre de Vaux-le-Vicomte (sur l'actuelle commune de Maincy, en Seine-et-Marne) la plus somptueuse composition associant un château avec des jardins qu'on ait jamais vue en France. L'architecte Louis Le Vau est chargé du chantier, le peintre Charles Le Brun du décor et des boiseries, et le jardinier André Le Nôtre de l'organisation des parterres, des bosquets, des jeux d'eau et des perspectives.

Les travaux avancent vite. La charpente et la couverture sont exécutées un an plus tard. La décoration et les jardins sont presque achevés pour la splendide réception inaugurale que le surintendant a organisée le 17 août 1661. Partis de Fontainebleau dans la lourde chaleur du plein été, le roi Louis XIV et la Cour découvrent, en arrivant à Vaux, la fraîcheur des jets d'eau et des cascades, les concerts et les ballets de Lulli, Molière, les feux d'artifice de Torelli et les raffinements culinaires de Vatel, servis dans une vaisselle en or massif ! Dix-neuf jours plus tard, Fouquet est arrêté sur ordre royal et condamné, après trois ans d'un procès truqué, à la prison perpétuelle…

Un mécène fastueux

Nicolas Fouquet (1615-1680), nommé surintendant des Finances depuis 1653, aspire à la succession de Mazarin, qui meurt en mars 1661. Le zélé serviteur de l'État qu'est Colbert convoite aussi cette charge et travaille dans l'ombre à la perte de son rival.
Fouquet est un homme brillant, généreux et affable. Il a rétabli l'équilibre des finances royales, compromises depuis la Fronde, en regagnant la confiance des créanciers de l'État, sans hésiter à engager son crédit personnel, ses deniers et ceux de ses amis.
Le libéralisme du système financier lui a permis, comme à ses prédécesseurs, d'amasser une fortune considérable, d'entretenir une clientèle et des amis, dont la fidélité aux heures tragiques de l'arrestation et de la prison donne une juste idée des qualités profondes de l'homme. La Fontaine, Mme de Sévigné et quelques autres, en dépit de sa chute, ont protégé sa gloire pour la postérité !
Les artistes, auxquels Fouquet a distribué des tâches à Vaux-le-Vicomte, sous le grand magistère de Le Brun, sont engagés au service de Louis XIV dont le règne personnel vient précisément de commencer. Le Brun, Le Vau, Le Nôtre, leurs collaborateurs et leurs ateliers vont désormais embellir les châteaux royaux des inventions et du mobilier préparés pour Fouquet. Ils s'inspirent des grilles d'entrée, du décor mythologique et du salon à l'italienne. La manufacture de tapisseries, les statues, les arbustes du parc et même les carpes des bassins sont réquisitionnés.

Le chef-d'œuvre du bon goût

Le château qui provoque la terrible disgrâce et l'arrestation du surintendant annonce plus d'un demi-siècle d'art français.
Il est élevé sur une vaste terrasse, entourée de larges douves et flanquée de deux cours symétriques le long d'un axe principal qui passe par le dôme du grand salon, au centre de la composition.
Le choix de bâtir en pierre de taille, la hauteur du soubassement abritant les services mais accentuant l'étage noble et le grand salon à coupole font penser à l'Italie, aux célèbres villas de Palladio, dans la région de Vicence, voire au fameux palais Barberini du Bernin, à Rome. L'architecte Le Vau n'en demeure pas moins fidèle aux habitudes françaises dans l'articulation des pavillons d'angle et des combles.
Au plan traditionnel présentant des pièces en enfilade, Fouquet a préféré le doublement en profondeur des appartements de réception, rendu possible par l'aménagement d'un vestibule, côté cour, devant le grand salon ovale, en saillie côté jardin. Les escaliers conduisant aux appartements privés sont réduits et rejetés de part et d'autre du vestibule, car ils ne jouent plus aucun rôle dans la composition.
Le grand salon à coupole, portée par des caryatides, resté inachevé, monte de fond en

André Le Nôtre (1613-1700)

Il appartient à une famille de jardiniers ; son père est jardinier ordinaire du roi pour le jardin des Tuileries. Il apprend la peinture et l'architecture. Son nom est lié à **la création, à Vaux-le-Vicomte, du jardin classique à la française,** où il associe harmonieusement les tracés rigoureux et la plénitude des espaces.

La réalisation de ce chef-d'œuvre lui attire de nombreuses commandes royales. À Saint-Germain-en-Laye, à Saint-Cloud, à Meudon et, surtout, à **Versailles,** où il fixe les règles de l'art des jardins, qui seront largement diffusées en Europe au cours du XVIIIe siècle.

Le château de Vaux-le-Vicomte, vu des fameux jardins réalisés par Le Nôtre.

La splendeur du château de Vaux-le-Vicomte valut à son propriétaire, Nicolas Fouquet, la disgrâce du roi Louis XIV.

Portrait de Nicolas Fouquet par Sébastien Bourdon (Versailles, château).

comble et sépare les salles d'apparat du côté du jardin. Ces dernières ont eu le temps de recevoir leurs fastueux panneaux à grotesques et à thèmes mythologiques, qui influenceront les premiers décors de Versailles.

Une composition paysagée exceptionnelle

Reconstitution fidèle effectuée à la fin du siècle dernier par un amateur d'art enrichi dans la raffinerie de sucre familiale, Alfred Sommier, les jardins actuels respectent l'ordonnance d'origine.

Le parc de Vaux-le-Vicomte est le premier ouvrage important de Le Nôtre, qui a alors 43 ans. Toute l'originalité du jardin classique « à la française » – c'est-à-dire géométriquement ordonné – s'y exprime. Avec la collaboration de Le Vau et de Le Brun, à partir d'une allée centrale sur laquelle les effets s'enchaînent à travers parterres en broderie, charmilles et miroirs d'eau, Le Nôtre organise un paysage aux horizons indéfiniment repoussés. Ainsi, le terrain qui descend doucement jusqu'à la vallée de l'Anqueuil, petit ruisseau transformé en canal, remonte ensuite brusquement jusqu'au point le plus élevé, fermant la composition par une statue colossale de l'Hercule Farnèse. En arrière, trois allées partent en oblique, symétriques des trois avenues en patte d'oie qui convergent vers l'entrée, à l'autre extrémité du grand axe perspectif. Désormais, la masse des bois repoussée loin du château cadre le paysage.

Pour la première fois, d'innombrables statues sont disséminées sans aucun ordre. Elles invitent le promeneur à se fondre dans une nature prête à ménager de surprenantes rencontres !

Un portique qui s'avance devant Saint-Pierre

LA COLONNADE DU BERNIN

En 1623, lors de son élection au pontificat, Maffeo Barberini, nouveau pape sous le nom d'Urbain VIII, fait venir Gian Lorenzo Bernini – un jeune sculpteur de vingt-trois ans, depuis longtemps son ami : « Vous avez beaucoup de chance, Cavalier, de voir le cardinal Maffeo Barberini pape, mais nous avons plus de chance encore d'avoir sous notre pontificat le Cavalier Bernin. »

Cette déclaration inaugure vingt et une années de suprématie artistique du Bernin sur Rome. Figure essentielle du baroque, le Bernin est successivement, ou simultanément, le grand sculpteur et le grand architecte de la capitale du monde catholique, à une époque où celle-ci est redevenue la grande et altière cité qu'elle était avant la Réforme. Son art s'exprime en particulier à Saint-Pierre, monument symbolique s'il en est de l'autorité spirituelle retrouvée de la ville. Dans la basilique, entre 1624 et 1638, le Bernin construit le grandiose et très orné baldaquin qui surmonte la confession, ou tombeau de l'apôtre. Au-devant du monument, prolongé d'une longue nef et pourvu d'une façade par les continuateurs de Michel-Ange, il entreprend, à partir de 1656, sous le pontificat d'Alexandre VII (1655-1667), l'aménagement d'une place comme on n'a jamais osé en rêver en Italie.

Les aménagements de la place

Au moment où il commence l'aménagement de la place, la basilique se dresse en arrière de ce qui, sous la dénomination orgueilleuse de « teatro San Pietro », n'est en réalité qu'un terrain vague, à peine embelli par un obélisque – rapporté d'Héliopolis sur ordre du pape Sixte Quint en 1586 –, et par une fontaine, aménagée une vingtaine d'années plus tard, sous le pontificat de Paul V.
Dans cet espace informe, le Bernin imagine d'établir une cour d'honneur, une sorte d'atrium pour la grande église. Plus précisément, il prévoit une structure à deux niveaux. D'une part, une petite place en trapèze précède immédiatement le monument, encadrant son immense façade horizontale ; d'autre part, une place aux dimensions impressionnantes, un vaste ovale de 340 m pour le grand axe et de 240 m pour le petit, est disposée en avant du trapèze et transversalement par rapport à lui.

Une scénographie baroque

La place ainsi conçue répond merveilleusement, du point de vue pratique et symbolique, aux nécessités de la principale église du monde catholique. L'immense esplanade ovale permet d'accueillir la foule des fidèles qui se presse devant la Loge des bénédictions, située au-dessus du portail principal de la basilique, où apparaît le pape, à Pâques, par exemple, et en quelques autres occasions solennelles. De plus, la division en deux espaces incite les pèlerins à s'isoler progressivement de la ville alentour pour se réfugier entièrement dans la piété, tout en prenant la mesure du monument, que la place, dans sa partie ovale, permet d'observer d'assez loin pour en avoir une large vue.
Le pourtour de la place est entièrement circonscrit par une double colonnade, autre invention géniale du Bernin. Cette colonnade symétrique – c'est-à-dire de même forme des deux côtés de la place – représente, selon les propos mêmes du Bernin, l'image des bras maternels ouverts de l'Église qui « étreint les catholiques pour que leur conviction soit encore plus forte, les hérétiques pour qu'ils viennent rejoindre l'Église, et les agnostiques pour qu'ils soient illuminés par la vraie foi ».
Enfin, la configuration du double portique en quatre rangées de colonnes représente un véritable déambulatoire couvert pour les pro-

Le sommet de la colonnade est orné de nombreuses statues, Rome, place Saint-Pierre.

cessions solennelle du Saint-Sacrement. Les piétons et les voitures peuvent ainsi se protéger du soleil ou de la pluie.
Comme au théâtre, l'artiste – qui réalise au cours de sa vie de nombreux décors et scénographies quand il n'est pas entièrement responsable de l'organisation d'une pièce – mêle les effets d'architecture et de sculpture. Au-dessus des portiques, 162 statues de saints, hautes chacune d'environ 3,75 m, forment un cortège qui progresse vers la basilique. Sur les rampes encadrant l'escalier du parvis, saint Pierre et saint Paul les guident vers le couronnement de la façade, où Jésus, Jean-Baptiste et quelques apôtres les attendent.

La puissance évocatrice du Bernin

Pourtant, l'effet produit par la procession des statues est moins puissant que celui que déterminent les colonnades elles-mêmes, avec chacune leurs quatre rangées de colonnes – soit une forêt de 284 colonnes et 88 pilastres de 20 m de haut ! Ces portiques ne constituent surtout pas un mur fermant l'espace, mais ils forment un écran à la transparence changeante, suivant la perception qu'en a le spectateur quand il traverse la place. La plupart du temps, en effet, les quatre rangées de colonnes sont visibles par le visiteur ; mais, lorsque celui-ci se trouve au centre géométrique des deux arcs de cercle décrits par les portiques, en un lieu matérialisé sur le pavement par deux disques qui y sont scellés, il ne voit plus qu'une rangée de colonnes au lieu de quatre, et perçoit ainsi aisément tout l'espace alentour !
Les effets découlent ainsi d'un ensemble d'inventions originales et imprévues. Pourtant, l'ensemble que nous admirons aujourd'hui et que nous jugeons si merveilleusement harmonieux est en réalité inachevé. Dans l'esprit de son créateur, un troisième portique aurait dû fermer la place, entre les deux portiques actuels. Mais les trésoriers de la Curie estimèrent que les dépenses engagées pour la construction de deux portiques étaient amplement suffisantes, et le Bernin dut se plier à leur volonté.

La place Saint-Pierre, devant la basilique Saint-Pierre, et la célèbre colonnade, Rome.

Autoportrait du Bernin (Rome, Galerie Borghèse).

Le Bernin

Fils de sculpteur et d'abord sculpteur lui-même, **Gian Lorenzo Bernini** (1598-1680) vient à l'architecture par la création de **décors** qui sollicitent autant l'ingénieur et l'artiste. Il en retire le goût du grandiose et des effets.

Homme généreux, il s'entoure de disciples et exerce, en raison de son génie, une authentique autorité artistique. Il est adulé des grands et quelquefois haï des autres architectes, qui le jalousent. Sa gloire passe les Alpes, **mais son voyage en France s'achève finalement sur un échec,** avec le rejet de son projet de transformer le Louvre en un palais baroque. Les conceptions du Bernin jouent en revanche **un rôle extrêmement important dans l'évolution de l'art partout en Europe** et particulièrement dans les pays germaniques.

Louis XIV fait bâtir le plus beau des châteaux...

VERSAILLES...

« Au commencement que le roi fut amoureux de Mme de La Vallière et qu'il ne s'en cacha plus, la cour était à Saint-Germain-en-Laye et Versailles au même état ou à peu près où Louis XIII l'avait mis... Le roi y allait une fois ou deux la semaine en très petite compagnie passer une partie de la journée avec Mme de La Vallière... »

C'est en ces termes que le célèbre mémorialiste Saint-Simon décrit les événements de l'année 1661 – celle qui voit naître le projet de faire d'un modeste relais de chasse le somptueux palais du Roi-Soleil. Mais le premier épisode de l'histoire du château de Versailles se résume-t-il à cet intermède sentimental ? Louis XIV, roi de 23 ans, amoureux, maître du plus puissant des États d'Europe – après les traités de Westphalie en 1648 et celui des Pyrénées en 1659 –, est imbu du sentiment de sa grandeur personnelle. L'idée de construire un fastueux palais naît en lui, à la suite du dépit qu'il ressent lorsque le surintendant des Finances Fouquet le reçoit dans son château de Vaux-le-Vicomte, qui n'a pas d'équivalent parmi les demeures royales. L'arrestation de Fouquet, le 5 septembre 1661, suit de quelques semaines la fête somptueuse qui a provoqué l'ire royale. Désormais, le roi ne conçoit plus de se laisser dépasser en magnificence par aucun de ses sujets : le véritable coup d'envoi des travaux est donné à ce moment.

La cour de marbre et le balcon doré, ajouté afin de briser l'austérité de la façade du pavillon de chasse de Louis XIII, Versailles.

Le chétif « château de cartes »

Cette expression, toujours empruntée au duc de Saint-Simon, est une allusion aux couleurs des cartes à jouer, proches de celles du pavillon de chasse construit en 1623-1624 pour Louis XIII, avec les gris, bleu et argent des ardoises et des plombs, et les diverses variantes rouges et blanches des briques et des pierres. Des aménagements menés de 1631 à 1634 améliorent cette résidence. Un corps de logis et deux ailes organisent une cour d'honneur fermée par des arcades. Des pavillons décrochés aux angles ainsi que des fossés donnent au bâtiment une allure militaire. À la même époque, le parc fait l'objet d'embellissements. De jeunes arbres sont plantés ; des allées sont dessinées entre des parterres fleuris ; des bassins sont aménagés, comme le rondeau des Cygnes, à l'emplacement du futur bassin d'Apollon.

Tel quel, cet environnement sert de cadre de vie au jeune roi Louis XIV, lorsque, à l'occasion de parties de chasse, il y retrouve l'ombre de son père Louis XIII, mort quand il avait 5 ans, un père qu'il a peu connu, mais qu'il révère profondément.

Un château de plaisance

En 1660, le jeune Louis XIV fait dresser l'arpentage de son domaine de Versailles. Il poursuit aussi la politique d'acquisition de terres inaugurée par son père et allonge l'enceinte en absorbant quelques seigneuries et villages, dont celui de Trianon. Comme son père, il aime à chasser dans ces lieux encore sauvages et giboyeux ; marié à l'infante d'Espagne, par raison d'État et non par amour, il aime aussi à s'y retirer, comme le dit Saint-Simon, avec la première de la longue série de ses maîtresses en titre. L'année suivante, qui coïncide avec le commencement de son règne personnel et avec l'arrestation de Fouquet, il recrute les prestigieux artistes d'abord embauchés au chantier de Vaux-le-Vicomte : Louis Le Vau, Charles Le Brun et André Le Nôtre.

Le Vau – l'architecte – est chargé de transformer la construction d'origine en un plus convenable château de plaisance. Les murs extérieurs sont rectifiés, les fossés supprimés. Un balcon de fer forgé est installé au premier étage des façades donnant sur les jardins. Deux appartements sont symétriquement logés dans les ailes du bâtiment et desservis chacun par un escalier au départ de la cour d'Honneur : l'appartement du roi, au nord, et

Vue aérienne du château de Versailles avec, au premier plan, la cour d'honneur et, au fond, les jardins à la française de Le Nôtre.

celui de la reine, au midi. Cette disposition va commander désormais toutes les transformations ultérieures.

En 1662, des communs (écuries et cuisines) forment une avant-cour fermée d'une grille entre deux corps de garde, devant laquelle se développe une esplanade circulaire vers laquelle convergent trois avenues disposées en patte d'oie : autour de ces trois voies, une ville nouvelle va bientôt se construire.

La naissance du jardin à la française

Pendant que l'architecte Le Vau travaille, le jardinier Le Nôtre ne reste pas inactif. Le pavillon de Louis XIII a été élevé sur un site de bois, d'étangs, de marécages. Avant de songer à tracer des jardins ou même à établir durablement des habitants, il faut impérativement procéder à des travaux d'assainissement. Les premières opérations consistent donc à combler les marais et les trous d'eau environnant le château. Après quoi, Le Nôtre, poursuivant ses expériences commencées à Vaux, entreprend la création de jardins dont le modèle, dit « à la française », sera répété dans l'Europe entière.

En quelques années, par rapport au château placé au centre de la composition, Le Nôtre dessine le visage définitif du parc et de la forêt. Au nord, un parterre « de broderie » – c'est-à-dire avec des compositions de motifs floraux – descend en pente douce vers un bassin. Au sud, un autre parterre, parfaitement horizontal, s'arrête à une balustrade d'où la vue plonge sur une autre pelouse fleurie, la dénivellation étant rattrapée par des escaliers entre lesquels s'élèvent les murs de l'Orangerie. À l'ouest, utilisant la déclivité du terrain, le maître des jardins ouvre un vigoureux axe de symétrie en traçant jusqu'à l'horizon une grande allée, qui, parfois, cède la place à des rampes.

Au loin, relayant les jeunes bosquets et les charmilles, la masse des bois s'organise peu à peu, formant un écrin à tout ce paysage. Des arbustes venus des pépinières de... Vaux-le-Vicomte sont plantés entre des arbres de haute futaie, transportés d'Artois et de Normandie pour le roi, impatient !

En quelques endroits du parc, l'architecte et le jardinier combinent leurs talents pour le plaisir du roi. Ainsi, au plus loin du château, Le Vau dirige la construction de la Ménagerie, pavillon de repos et établissement scientifique, où sont élevés et étudiés des animaux indigènes et exotiques. Plus près des bâtiments d'habitation, à l'emplacement où se trouve aujourd'hui la chapelle du château, la grotte de Thétys forme un monument dans le goût des jardins italiens du XVIe siècle. C'est un édicule à triple loggia qui abrite les célèbres groupes sculptés, *Apollon servi par les nymphes de Thétys* et les *Chevaux du Soleil,* des sculpteurs Girardon et Regnaudin. Au XVIIe siècle, les parois de la grotte, tapissées de coquillages, de nacre, d'ambre, de corail et de marbre, s'animaient au chant des oiseaux et au bruissement des fontaines, imités par un orgue hydraulique.

Dans ces jardins, sans précédent en France, le roi donne, à quatre ans de distance, les deux premières grandes fêtes qui animent le château de Versailles : en 1664, les « Plaisirs de l'île enchantée », en l'honneur de Louise de La Vallière et, en 1668, le « Grand Divertissement royal », pour l'entrée en scène d'une nouvelle et ambitieuse favorite, la marquise de Montespan. Fêtes somptueuses qui éblouissent les sujets du roi, comme celui-ci le désirait...

Dans la grotte de Thétys, Louis XIV est représenté sous les traits d'Apollon entouré de gracieuses nymphes (Apollon servi par les nymphes de Thétys, *1666, sculptures en marbre de François Girardon, grotte de Thétys, jardins du château de Versailles).*

... Louis XIV fait bâtir le plus beau des châteaux

Jusqu'en 1668, cependant, Versailles demeure un séjour d'occasion, modeste de dimensions et abandonné pendant de longues périodes. L'année du « Grand Divertissement », au contraire, Louis, qui a désormais 30 ans et qui, par le traité d'Aix-la-Chapelle, vient de rattacher une partie de la Flandre à la France, cultive une ambition nouvelle : faire de la maison royale une résidence si grande et si somptueuse que l'Europe entière la lui enviera, tandis qu'il y demeurera la plupart du temps. Le vieux château, dès cette année-là, commence à être enveloppé dans des bâtiments neufs. Les travaux, inachevés à la mort de Le Vau en 1670, se poursuivent après cette date sous la direction de son gendre et collaborateur François d'Orbay.

Le Château Neuf

Du côté de la cour d'Honneur, la vieille et austère demeure de brique et de pierre est embellie : un balcon doré, porté par huit colonnes de marbre est appliqué sur la façade principale et des cordons de plomb doré ornent les toits. Le sol reçoit un dallage de marbre et le lieu est désigné désormais sous le nom de « cour de Marbre ».

Sur l'autre face de cette partie ancienne, une construction entièrement en pierre de taille est élevée sur trois niveaux : le « Château Neuf ». Le rez-de-chaussée est percé de baies logées sous des arcades. Le premier étage, ou étage noble, est le plus important ; animé de groupes de quatre colonnes portant des statues, il présente une vaste terrasse médiane d'inspiration italienne. Au-dessus, un petit étage, ou attique, est couronné d'une balustrade ornée de vases et de trophées, qui cache le toit presque plat.

Lorsque les travaux sont assez avancés, une équipe de peintres intervient pour décorer les appartements royaux, entièrement remodelés et agrandis. Cette équipe est dirigée par un homme, Charles Le Brun, qui est l'unique concepteur du gigantesque programme décoratif du château. Pour les plafond des pièces des appartements, il conçoit un grandiose décor, inspiré de l'Italie, qui représente dieux et déesses (et notamment Apollon, personnification du Soleil, figure emblématique du roi depuis son adolescence) dans un décor de stuc (relief fait à base de poudre de marbre) doré. Dans les escaliers donnant accès à ces parties nouvellement construites, et notamment dans le Grand Degré du roi, ou escalier des Ambassadeurs, au nord – aujourd'hui malheureusement détruit –, il accumule marbres polychromes, bronzes dorés et peintures en trompe-l'œil.

La gloire du Roi-Soleil

Tel quel, le château ne suffit pourtant pas à un roi dont la passion architecturale grandit, à

Vue intérieure de la somptueuse galerie des Glaces.

Le bassin d'Apollon, avec le char d'Apollon, un des nombreux bassins qui agrémentent le parc grâce à un réseau complexe de canalisations.

◁ *La grande façade classique du « Château Neuf » vue depuis le Parterre d'eau.*

Le bassin de Saturne.

Versailles après les grands travaux

Le Grand Trianon. En 1715, la mort de Louis XIV laisse Versailles inachevé en dépit des 80 millions de livres dépensées ! Outre la construction du château proprement dit, le roi a confié à Jules Hardouin-Mansart la construction, dans le parc, à partir de 1687, d'un plus petit édifice, où il aime à se retirer entouré exclusivement de sa famille : le Grand Trianon. Ce bâtiment, dépouillé de son mobilier sous la Révolution, restauré par Napoléon, sert aujourd'hui de lieu de résidence aux chefs d'État étrangers qui séjournent en France.

Le Petit Trianon et l'Opéra. Louis XV, lui, outre les transformations qu'il fait opérer dans les Grands Appartements, est le constructeur du Petit Trianon, élevé par l'architecte Jacques Ange Gabriel à partir de 1764. Le roi fait aussi bâtir l'Opéra royal, œuvre du même architecte, inauguré à l'occasion du mariage du Dauphin et de Marie-Antoinette, le 16 mai 1770.

mesure que sa puissance continue à s'affirmer. Dix ans après le commencement des travaux du Château Neuf, en 1678, Louis, vainqueur, à quarante ans, des Hollandais à qui il vient d'imposer la paix de Nimègue, décide une nouvelle extension du palais – en même temps que le transfert définitif de son gouvernement et de la capitale à Versailles : celui-ci aura lieu effectivement en 1682.

Un nouveau maître d'œuvre, Jules Hardouin Mansart, héritier d'une illustre lignée d'architectes, est chargé des travaux de transformation. Dynamique, doté d'une grande puissance de travail, il sait s'entourer de collaborateurs brillants. Très vite, son rôle devient prépondérant.

Il édifie, au nord et au sud du Château Neuf, deux longues ailes, en retrait par rapport à la façade principale, longues d'environ 600 m et affectées au logement des princes du sang et des courtisans. La terrasse médiane du Château Neuf est remplacée par une galerie bientôt décorée des plus grands miroirs qu'on ait jamais fabriqués – la galerie des Glaces –, ainsi que par deux vastes pièces, les salons de la Guerre et de la Paix. L'équipe de Le Brun, de nouveau, décore d'éblouissantes peintures les parties les plus solennelles du château : fausses perspectives, draperies volantes et décors en trompe-l'œil instaurent le faste baroque dans un château à l'ordonnance rigoureusement classique.

En même temps, Hardouin-Mansart édifie, au-delà de la cour de Marbre, les ailes des secrétaires d'État, qui délimitent l'avant-cour, ou cour Royale, fermée par une grille ornée du monogramme royal et donnant sur la place d'Armes. De ce côté du château, toutes les toitures sont uniformisées en un comble brisé, dit dès lors « à la Mansart », doré et percé de lucarnes. Puis l'architecte construit en contrebas le Grand Commun, destiné à abriter les cuisines, les offices, les logements de la domesticité et des responsables de l'intendance. La vaste composition se trouve complétée par l'édification, sur la place d'Armes, entre les trois avenues convergentes, des Grandes Écuries destinées à abriter 200 chevaux de selle, et des Petites Écuries, réservées aux chevaux de trait et aux carrosses.

Enfin, la chapelle est commencée en 1699, au nord, à l'emplacement de la grotte de Thétys. Elle est le point culminant du culte royal : le roi, agenouillé à la tribune qui fait face à l'autel et vers lequel convergent les regards des courtisans debout dans la nef, devient, durant les offices, l'intercesseur privilégié entre Dieu et son peuple !

Les jardins d'Apollon

Les jardins achèvent d'exprimer la force de la symbolique solaire. Hardouin-Mansart et Le Nôtre collaborent activement à la transformation de 95 ha en parterres de broderie, clos de verdure et de bosquets animés de centaines de statues inspirées de la légende d'Apollon et exécutées sous la direction du célèbre sculpteur Girardon.

Un réseau complexe de réservoirs et de canalisations anime trois groupes de fontaines et de bassins. Le Parterre d'eau s'étend devant le château. Le Parterre du Nord, par l'Allée d'eau, s'ouvre sur le bassin de Neptune. À l'ouest, la perspective du Grand Canal est annoncée par les relais du bassin de Latone au bassin d'Apollon, où le char du dieu étincelle au soleil couchant dans sa parure d'or. Au sud, la nouvelle Orangerie, construite de 1681 à 1686, sert de soutènement aux escaliers des Cent Marches qui mènent au vaste étang de la pièce d'eau des Suisses.

À proximité, dans le grand potager du roi, sous la direction de La Quintinie, ancien maître des requêtes au parlement, sont cultivés fleurs, fruits et légumes indispensables à la vie quotidienne du monarque et de la Cour.

→**Voir aussi :** p. 218-219 (Vaux-le-Vicomte).

1675-1710

Quand le classicisme s'allie avec le baroque

LA CATHÉDRALE SAINT PAUL

Au cœur de Londres s'élève un des édifices les plus vastes et les plus nobles de la chrétienté. Il est haut de 120 m et long de 170 m. Née sur les cendres d'une cité ravagée par un des plus grands incendies que l'histoire ait comptés, la cathédrale Saint Paul est le symbole de la reconstruction de la ville. Celle-ci est réalisée dans un style inédit et révolutionnaire, finalement bien conforme au caractère d'originalité de la nation anglaise.

L'édification de la cathédrale anglicane, financée par le produit d'une taxe sur la houille, commence en 1675 et se termine en 1710. L'ampleur de l'édifice témoigne de la volonté des Londoniens de reconstruire leur ancienne cathédrale, détruite par l'incendie, encore plus grande et encore plus belle.

Le grand incendie

Dans la nuit du 2 septembre 1666, un incendie se déclenche dans la boutique d'un boulanger, à l'est de la cité. Plusieurs jours durant, il se propage dans la ville sans qu'on puisse l'arrêter. Il engloutit sur son passage la cathédrale anglicane et les quartiers alentour, 13 200 maisons et 87 églises.
Les cendres à peine refroidies, le chantier de la reconstruction de la cité sinistrée commence. L'architecte choisi pour mener à bien les travaux est un homme de 33 ans, Christopher Wren. Brillant mathématicien, il est considéré par ses contemporains Newton et Pascal comme un savant éminent, ingénieur passionné par les problèmes difficiles de statique des bâtiments et de construction des voûtes – et qui a fait ses preuves comme architecte en construisant des monuments officiels à Cambridge et à Oxford, deux grandes villes universitaires anglaises. En 1666, il revient tout juste de France, où il s'est initié aux solutions contradictoires des architectures classique (qu'il a pu apprécier à Versailles) et baroque (grâce au Bernin, qu'il a rencontré à Paris).

Des plans constamment remaniés

Wren, en quelques années, rebâtit 51 églises, c'est-à-dire près des deux tiers de celles que l'incendie a détruites. L'éclectisme de l'archi-

Vue intérieure du chœur de la cathédrale Saint Paul, Londres.

◁ *Le chef-d'œuvre de l'architecte Wren, la cathédrale Saint Paul, Londres.*

tecte se traduit dans la variété des plans adoptés et dans les formes également très diverses qu'il choisit de donner aux clochers.
Mais la grande affaire de Wren, pendant cette période – et celle, aussi, de la municipalité londonienne et de tous les habitants de la capitale –, est la reconstruction de Saint Paul. Si un principe est posé d'emblée, celui de conserver le plan en croix latine hérité de l'ancienne cathédrale gothique, l'architecte a, par ailleurs, toute liberté pour concevoir le nouveau monument. Les idées ne lui manquent pas, mais ses projets successifs, tous très originaux, sont jugés excentriques et non conformes à l'esprit anglican, et rejetés tour à tour.
Enfin, après neuf années d'études, commanditaires et architecte finissent par s'entendre : au printemps 1675, la première pierre du chantier est posée. La construction s'échelonne sur 35 ans. Les changements économiques, les révolutions et les conflits internationaux expliquent en partie cette lenteur. Cependant, celle-ci est surtout due à l'architecte lui-même, qui ne cesse d'apporter au plan de profondes modifications en s'inspirant directement des découvertes architecturales contemporaines.
Le projet adopté par la Commission est ainsi radicalement transformé au fil du temps. L'œuvre achevée trouve ses sources à la fois dans la Rome contemporaine et le Paris classique. Ainsi, les façades des bras du transept sont celles d'églises romaines du XVIIe siècle. Sur la façade d'entrée, Wren élimine les deux petites tours du projet initial. Il les remplace par deux flèches, couronnées de coupoles, clairement inspirées de l'édifice de Borromini, l'église Sainte-Agnès, sur la place Navone, à Rome. La pièce maîtresse de l'ensemble, le dôme, émane, quant à lui, de la chapelle parisienne des Invalides, tout juste achevée. Sur le tambour, ou partie du monument supportant directement la coupole, Wren n'appuie qu'une première calotte de pierre. Il élève au-dessus un cône de brique renforcé par un double chaînage de fer, où s'appuient les charpentes d'un second dôme couvert de plomb, qui, à son tour, soutient la lourde lanterne de pierre.

Baroque et néoclassique

Le génie de Wren est de puiser à différentes sources, d'assimiler celles-ci et d'en tirer un style personnel. Monumentale et sereine, la coupole – une forme venue de la Renaissance – a pour pendant les formes tourmentées des deux tours-clochers – de style clairement baroque. L'intérieur révèle une extraordinaire ingéniosité : dans un édifice dont le calme et la monumentalité donnent l'impression d'un profond classicisme, l'architecte multiplie, paradoxalement, des procédés baroques. Dans la nef principale, des baies percées haut dans les murs diffusent une lumière qui semble venir directement de l'extérieur. En réalité, il s'agit d'un éclairage indirect, venu des nefs latérales (ou contre-allées), aussi élevées que l'espace du milieu et qui ouvrent elles-mêmes sur l'extérieur par de vastes fenêtres. Un procédé similaire – le recours à l'illusion, effet typiquement baroque – transforme les éléments qui aident le tambour à soutenir le dôme (des contreforts et des arcs-boutants) en de discrètes niches, que l'on remarque à peine. Ainsi, le style de Wren appartient à la fois au passé (il s'inspire de la Renaissance), au présent (classique et baroque) tout en annonçant le futur. Son dôme prélude notamment aux formes du Panthéon néoclassique de Soufflot, construit de 1754 à 1780.
Le chef-d'œuvre architectural de Wren est complété par le travail d'admirables décorateurs : ainsi, le sculpteur Tijiou, qui cisèle les ferronneries des grilles, et le peintre Thornhill, qui, entre 1716 et 1719, couvre la coupole de grandes compositions en grisaille (c'est-à-dire exclusivement dans une gamme de noirs et de blancs) relatant les miracles de saint Paul. Ainsi achevée, la cathédrale devient un monument symbole de l'Angleterre et le véritable panthéon de ses gloires nationales. Aujourd'hui, les murs de l'église sont couverts des tombeaux de personnages illustres de l'histoire britannique : les peintres Reynolds et Turner reposent dans l'édifice, ainsi que l'amiral Nelson et le duc de Wellington.

Christofer Wren

Christofer Wren (1632-1723), mathématicien, physicien, astronome, réalise ses deux premières œuvres architecturales, de style classique, en 1663 et 1664, respectivement à **Cambridge** (chapelle de Pembroke College) et à **Oxford** (Sheldonian Theatre).

En 1665-1666, il séjourne plusieurs mois à Paris, où il rencontre les architectes classiques Mansart et Le Vau, et le Bernin, sculpteur et peintre baroque.

Revenu en Angleterre, il consacre les trente années suivantes à la reconstruction des églises anglicanes de la capitale, détruites par le feu, et notamment de **Saint Paul,** tout en travaillant à l'édification d'autres monuments publics, à **Chelsea** et à **Greenwich** (hôpitaux) ainsi que pour la monarchie (il construit deux ailes supplémentaires au château de **Hampton Court).**

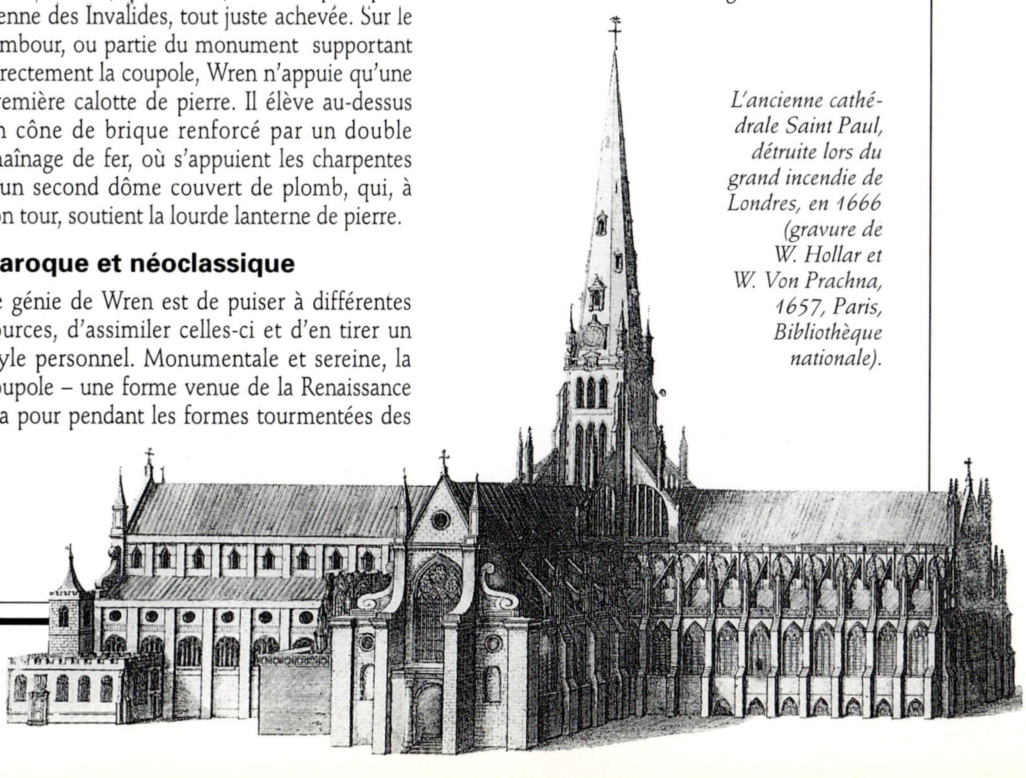

L'ancienne cathédrale Saint Paul, détruite lors du grand incendie de Londres, en 1666 (gravure de W. Hollar et W. Von Prachna, 1657, Paris, Bibliothèque nationale).

Les surenchères baroques des bénédictins d'Autriche

L'ABBAYE DE MELK

Autel baroque de l'église de l'abbaye de Melk, orné d'un saint Michel de Rottmayr.

Le superbe promontoire de Melk, sur le Danube, en amont de Vienne, est occupé au Xᵉ siècle par un château transformé un siècle plus tard en une abbaye fortifiée que l'invasion turque endommage en 1683. Au début du XVIIIᵉ siècle, l'abbé Berthold Dietmayr, dans la tradition des grands moines-bâtisseurs, fait appel au maçon et sculpteur Jacob Prandtauer pour rebâtir complètement l'édifice : ainsi naît un des chefs-d'œuvre de l'art baroque.

Prandtauer (1660-1726) est un constructeur atypique. Contrairement aux architectes de son époque, ce fils d'artisan n'a pas reçu de formation intellectuelle. Il ne s'est pas non plus rendu en Italie et n'a pas fréquenté les maîtres réputés. Le grand œuvre de sa vie est l'abbaye de Melk, dont le chantier le retient de 1702 à sa mort, en 1726 (les travaux sont poursuivis après sa mort, selon ses plans, jusqu'en 1736). Le contexte dans lequel il travaille est très particulier. Au début du XVIIIᵉ siècle, l'Europe centrale, et en particulier l'Autriche actuelle, où se trouve Melk, a conscience d'être l'ultime bastion, à l'est, contre l'islam – en l'occurrence l'Empire turc. Catholique, la région reste fortement animée par l'esprit de la Contre-Réforme. Les abbayes qui s'y sont établies, en grand nombre depuis la fin de la guerre de Trente Ans, ont pour nom (outre Melk) Saint-Florian, Altenburg et Gottweig. Leur situation particulière légitime, aux yeux de leurs abbés, des accommodements avec l'ordre ordinaire des monastères. Tout en respectant les règles fixées aux moines depuis le Moyen Âge, les chefs de ces maisons choisissent de rompre avec l'austérité traditionnelle des abbayes, pour mieux affirmer la puissance de la religion chrétienne. Représentants à la fois de l'empereur et de Dieu, ces hommes, souvent d'origine modeste, entendent rivaliser en faste avec les princes laïques. Tel est le cas, en particulier, de l'abbé de Melk.

Un monastère bâti sur un éperon

Véritable cité vouée à Dieu, l'abbaye de Melk, univers retiré du monde, est protégée par la particularité géographique de son site et par deux bastions, qui, à l'est, en gardent l'entrée. L'ensemble est organisé autour de cours, chacune d'elles étant réservée à une activité spécifique. Les vastes bâtiments, sur une longueur de 320 m, épousent merveilleusement la forme en proue du terrain et convergent à l'ouest vers le point fort de cette architecture, l'église, précédée par un parvis dominant le fleuve. Fermé au sud par la salle de Marbre, au nord par la bibliothèque et, à l'ouest, par une élégante arcade, ce parvis regroupe tous les lieux symboliques de l'abbaye.
Le monastère perpétue le modèle médiéval. La vie monacale se réfugie autour du cloître, au nord de l'église. Cette dernière, dominée par un dôme, constitue le cœur de l'abbaye. Au XVIIIᵉ siècle, sa nef dotée de trois travées s'ouvre plus largement aux fidèles. Sa façade ondulante est encadrée par deux tours à pinacles et à clochers bulbeux, typiques de l'art autrichien.

La métamorphose du monastère en palais baroque

À Melk, Prandtauer, tâche de concilier les impératifs typiques du XVIIIᵉ siècle, en partie contradictoires : le confort, le luxe, l'intimité et le raffinement mais aussi la grandeur.
L'espace consacré aux jardins d'agrément et aux lieux d'apparat, comme dans un palais, joue dans l'abbaye un rôle primordial. Dans l'aile méridionale, le monumental escalier d'honneur, orné de statues, conduit aux appartements de l'abbé et à ceux de l'empereur, desservis par une galerie longue de 196 m. La salle de Marbre, destinée également à accueillir l'empereur et sa Cour,

L'âge d'or des bibliothèques

De grands modèles. À Melk, la bibliothèque constitue une des pièces maîtresses de l'abbaye. La tradition bénédictine, qui accorde une grande part au travail intellectuel dans la vie des moines, explique en partie cette importance. Mais, au XVIIIᵉ siècle, à l'âge dit « des Lumières », apparaissent en d'autres lieux les premières importantes bibliothèques publiques et privées : ainsi celle de l'empereur à Vienne, celles de Coïmbra au Portugal, de Saint-Florian en Autriche, de Saint-Gall en Suisse, la Salle philosophique du couvent de Strahov à Prague ou la Radcliffe Camera d'Oxford.

La salle de lecture moderne. Depuis le XVIᵉ siècle (et pour la première fois à la bibliothèque du palais de l'Escurial, à Madrid), l'habitude médiévale consistant à entreposer les livres sur des pupitres est progressivement abandonnée. Les fonds s'enrichissant, un modèle se généralise, qui s'impose très régulièrement au XVIIIᵉ siècle : une longue et haute salle, largement éclairée, aux murs tapissés de rayons sur deux niveaux, le second étant accessible par une galerie reposant sur des consoles ou sur des colonnes.

Un somptueux décor. Véritables temples du savoir, les bibliothèques de cette époque sont aussi somptueusement décorées que les églises. Les meubles qui supportent les livres sont travaillés par des menuisiers et des sculpteurs sur bois de grand talent, tandis que les murs et les plafonds sont ornés de stucs et de fresques allégoriques célébrant la connaissance.

occupe deux niveaux du bâtiment et parachève somptueusement cet ensemble.

La quête du confort, quant à elle, touche jusqu'aux locaux, plus modestes, réservés aux moines. Pour lutter contre le froid, le portique du cloître, lieu de promenade et de méditation, est fermé. Des cellules individuelles remplacent le dortoir.

L'église, enfin, montre un faste typique du baroque. Son architecture adopte la rigueur et la monumentalité romaines du XVIIe siècle ; pour mieux emporter l'adhésion des fidèles, en revanche, le décor adopte des foisonnements typiques du XVIIIe siècle. La façade de l'édifice, de deux couleurs, est très animée et contraste avec l'austérité des autres bâtiments. Les tribunes, ou pièces ouvertes à l'étage de la nef, évoquent des loges de théâtre ; enfin, le chœur abrite un somptueux autel mural, couvert d'un baldaquin et orné de colonnes de marbre et de statues.

Le principal attrait de Melk provient de l'harmonie qui règne entre l'architecture, les sculptures, les décors polychromes de marbre ou de stuc et les fresques, aux savants trompe-l'œil. L'abondante lumière, dispensée par les nombreuses fenêtres, anime cet univers. Les fresques, aux subtils et chatoyants coloris, sont habitées de personnages pleins de vie. Œuvres du peintre Johan Michael Rottmayr, sur les voûtes et la coupole de l'église, elles illustrent des sujets religieux. Dans la bibliothèque et la salle de Marbre, exécutées par un autre peintre, Paul Troger, elles célèbrent la puissance de la religion et celle du prince, par des allégories mythologiques mettant en scène Hercule. Mais quels que soient leur sujet et leur auteur, les vastes compositions picturales, inspirées par les modèles romains du Gesù ou de l'église Saint-Ignace, semblent nier la voûte pour s'ouvrir vers le ciel, symbole de la remise en cause de l'espace par l'imagination baroque.

L'abbaye de Melk sur les rives du Danube, près de Vienne.

La bibliothèque de l'abbaye de Melk, richement décorée et meublée, est un véritable trésor du savoir.

1715

Quand l'Italie baroque se transporte à Vienne

SAINT-CHARLES-BORROMÉE

En 1713, une épidémie de peste, fléau redoutable et qui touche l'Europe périodiquement depuis des siècles, s'abat sur Vienne. L'empereur Charles VI, monté sur le trône un an auparavant, adresse un vœu à saint Charles Borromée, qui s'illustra lors de la peste de Milan en 1576.

Il supplie le saint de prendre la cité sous sa protection et promet en contrepartie de lui ériger une église. Décision presque banale en ce début du XVIIIe siècle à Vienne : la ville, capitale d'un État puissant qui constitue le rempart oriental de la chrétienté contre les Turcs, est alors le théâtre de grands travaux.
Dès 1715, sitôt enterrées les dernières victimes de l'épidémie, le concours pour l'édification de Saint-Charles-Borromée voit s'affronter les grands noms de l'époque. Il est remporté par Johann Bernhard Fischer von Erlach (1656-1723), le plus célèbre architecte du pays. Les travaux de l'église commencent l'année suivante ; ils seront achevés vingt et un ans plus tard par le fils de l'architecte.

Les églises baroques dans les pays germaniques

Le modèle italien. L'influence de l'Italie, berceau du baroque, est primordiale. Les artistes locaux séjournent en Italie pour se former. Les artistes italiens sont invités dans les cours. Traités et gravures favorisent la diffusion des modèles d'architecture italienne, et notamment romaine. L'église du Gesù, construite à partir de 1568 à Rome, fait tout d'abord école. Mais, progressivement, un baroque plus animé, recourant à la couleur, et plus théâtral s'impose.
Des solutions architecturales originales. Un art local naît ainsi, qui exalte par des moyens particuliers la foi catholique dans ces régions qui ont résisté au protestantisme. Les églises, souvent lieux de pèlerinage, sont vastes. Les façades, jouant avec les courbes, s'encadrent de deux clochers couronnés de bulbes. Les artistes cherchent à créer des plans originaux et privilégient notamment l'ovale.
Le primat du décor. Surtout, le baroque germanique accorde une importance capitale au décor, chargé de frapper l'imagination et la sensibilité des fidèles. Stucateurs, fresquistes, sculpteurs, avec leur art de la couleur, du mouvement et des matériaux, accomplissent une tâche aussi fondamentale que celle des architectes.

◁ *Très théâtrale, la façade de l'église Saint-Charles-Borromée, à Vienne, intègre des éléments d'architecture antique tels le portique classique et les colonnes.*

L'influence italienne

Formé en Italie et dans le cercle des disciples du Bernin, le célèbre artiste baroque, Fischer von Erlach conçoit pour Saint-Charles un projet beaucoup plus original que ceux de ses concurrents pour le concours.
D'une part, il accorde au site une importance considérable, faisant de Saint-Charles le noyau d'un programme de rénovation urbaine au lieu de traiter l'édifice isolément. Érigée en dehors de l'enceinte abritant la cité historique, l'église devient le cœur d'un quartier à créer, signe de la volonté du souverain de métamorphoser la ville. Elle anime, grâce à ses deux tours percées d'arcades ouvertes à la circulation, la place dont elle est le centre.
D'autre part, soucieux d'exprimer dans son architecture la grandeur de l'empereur, Fischer von Erlach introduit dans son église de nombreux motifs inspirés de l'Antiquité. Le portique classique à six colonnes, couronné d'un fronton triangulaire sculpté, est emprunté à celui du Panthéon de Rome. Deux colonnes le flanquent : elles rappellent la colonne Trajane, érigée à Rome en 113 de notre ère, dont la vaste spirale sculptée célèbre les guerres de l'empereur contre les Barbares. Bien sûr, toutes ces références sont ici christianisées ; les bas-reliefs, désormais, n'évoquent plus des faits de guerre, mais, sur les colonnes et le fronton de la façade, ils racontent la vie de saint Charles, illustrant le triomphe de la Foi sur la peste.
Enfin, l'architecte de Saint-Charles retient la leçon du nouveau style baroque qui règne dans la Ville éternelle. Couronnée par un dôme imposant, la façade se déploie comme un décor de théâtre, alliant rigueur et mouvement, jouant sur les effets de contraste et de surprise. Les tours, assez basses, les colonnes et les nombreuses sculptures rompent l'horizontalité de l'ensemble et donnent du dynamisme à la composition. L'intérieur, surtout, avec ses lignes courbes, étonne par sa forme et par l'opposition qu'elle crée avec la façade rectiligne.
À Saint-Charles, en effet, Fischer von Erlach renonce au plan traditionnel en croix et choisit, pour servir de nef, une structure ovale couverte d'une coupole haut placée. Depuis cet espace, disposé dans le sens de la longueur pour ménager une progression de l'entrée vers l'autel, partent des chapelles secondaires qui dessinent avec le chœur une croix aux bras de même longueur (croix grecque), ajoutant à la symétrie de l'édifice.

Vue intérieure de la coupole de Saint-Charles-Borromée : toute l'originalité de l'édifice repose sur l'opposition entre une façade très rectiligne et, notamment, la forme ovale de la coupole.

La création d'un art original

Mais l'Italie est loin de fournir à l'architecte ses seules sources. Les colonnes de Saint-Charles évoquent le minaret des mosquées, rappelant la victoire de l'Empire contre les Turcs. La façade à deux tours couronnées de bulbes est un motif typique en Autriche.
L'église imaginée par Fischer von Erlach veut toucher la sensibilité populaire et émouvoir les âmes par son éclat et la force de ses symboles. La lumière, distribuée avec art et générosité, est un acteur essentiel de cette démarche. Les fresques de la coupole, réalisées par le peintre Rottmayr, célèbre pour sa palette inspirée par celle de Rubens, mettent en scène, sur un fond de nuées, saint Charles intercédant pour écarter la peste et un ange en train de brûler avec sa torche une Bible luthérienne. Le maître-autel est couronné par un groupe sculpté, représentant l'arrivée au ciel du saint porté par des anges, et par une superbe Gloire dont les rayons, émanant du triangle de la Trinité, transpercent un bouillonnement de nuages habités d'angelots. L'illusion est soulignée par des flots de lumière qui tombent de la petite coupole couvrant le chœur et qui jaillissent d'une fenêtre placée derrière la Trinité. L'ensemble repose sur quatre colonnes, synthèse magistrale du baldaquin et de la Gloire de Saint-Pierre de Rome.

Le sanctuaire bavarois de l'architecture rococo

LA RÉSIDENCE DE WÜRZBOURG

La Résidence de Würzbourg vue du côté du parc qui l'agrémente.

Le rococo

Art de virtuosité, de légèreté et d'élégance, le rococo trouve ses sources dans le style « rocaille », mis à la mode, d'abord, dans les salons et les jardins français. Il allie un enchevêtrement de coquillages ou de végétaux, des couleurs vives et des courbes dissymétriques.

Opposé au baroque en ce que ce dernier style, propre au XVIIe siècle, associe toujours une forte monumentalité à la profusion du décor, le rococo accumule des motifs d'une extraordinaire délicatesse en des associations extrêmement abondantes, dont la mode se diffuse progressivement dans l'ensemble de l'Europe.

Dans les pays germaniques, il se développe à grande échelle dans l'architecture civile et religieuse, où des décors illusionnistes mêlant stucs, sculptures et fresques envahissent les surfaces dissimulant largement le cadre architectural.

En 1719, le prince-évêque de Würzbourg, François de Schönborn, abandonne la citadelle médiévale de ses prédécesseurs, isolée sur la rive gauche du Main. Pour bâtir la nouvelle « Résidence » (un palais et son vaste parc), qu'il veut fastueuse et d'un confort moderne, il choisit un site plus accessible sur la rive droite du fleuve, à la lisière de la ville et de la campagne. Comme de nombreux autres princes européens, une ambition l'habite : égaler Versailles, modèle du château royal !

Les bombardements de 1945 ont détruit partiellement la Résidence, épargnant les pièces essentielles. De nos jours, les restaurations restituent ces lieux exceptionnels, patiemment élaborés sous le règne de François de Schönborn et de ses deux successeurs. Les visiteurs, émerveillés, peuvent de nouveau admirer les réalisations d'un art puissamment original, sans équivalent en Europe, alors même que les artistes qui ont travaillé à Würzbourg venaient des plus grands centres européens.

Un chantier d'envergure internationale

Le prince-évêque est issu d'une famille de mécènes, commanditaires des trois plus célèbres résidences de l'époque : Pommersfelden, Bruschal et… Würzbourg. Avant d'arrêter aucun projet, François procède à de nombreuses consultations : il discute avec les constructeurs traditionnellement attachés à sa famille et rencontre le grand architecte de la cour de Vienne, Johann Lukas von Hildebrandt. Finalement, il confie le projet à Johann Balthasar Neumann (1687-1753) – sans doute effectivement le plus grand architecte allemand de cette époque.

Mais celui-ci n'hésite pas à se faire aider par des confrères soit autrichiens, soit originaires d'autres nations : seul maître d'œuvre du palais à partir de 1737, il soumet ses plans à Paris aux architectes français Boffrand et R. de Cotte, puis, en cours de construction, il s'adjoint la collaboration de Hildebrandt, avant de confier la réalisation des décors intérieurs à des artistes soit locaux, soit italiens – comme l'illustre Giambattista Tiepolo.

Versailles, un modèle… surpassé

Le plan choisi pour la Résidence est à la fois monumental (la façade mesure 167 m de long) et respectueux des exigences de confort et de luxe souhaitées par son commanditaire. La cour d'honneur tourne, en signe de pouvoir, ses bâtiments vers la ville – comme le fait la cour de Marbre de Versailles. Le corps central, avec son vestibule, commande la distribution générale des lieux. Il donne accès au grand escalier, pièce maîtresse du château, considéré comme démesuré par Boffrand et maintenu dans les dimensions du projet d'origine par J. B. Neumann. Cet escalier, bâti en près de vingt-cinq années (1725-1750) est le cœur architectural et symbolique de la Résidence – sa principale supériorité, aux yeux de Neumann et de François de Schönborn, sur le château bâti par Louis XIV. Sa cage quelque peu froide et solennelle, largement éclairée, se déploie dans la plus grande salle du palais. Une première volée de marches monte majestueusement entre deux balustrades ornées de statues, puis deux autres en retour conduisent aux lieux d'apparat.

La Salle impériale, précédée d'une antichambre à laquelle on accède par cet escalier, s'avance sur les jardins. Dans les ailes éclairées par quatre cours intérieures, les luxueux appartements, dits « à la française », obéissent aux impératifs conjugués du faste et de l'intimité. La chapelle, inscrite dans un rectangle, rappelle avec ses deux étages la chapelle Palatine de Charlemagne, dont s'inspire magistralement aussi celle de Versailles. Elle offre un jeu complexe de voûtes aux structures ovales – une forme géométrique à peu près ignorée dans le modèle français et très présente –, ainsi qu'un jeu de volutes et de frontons sinueux, dans le palais autrichien. La Résidence se dote de superbes jardins en terrasses. Inspirés de nouveau de ceux que Le Nôtre a dessinés pour Louis XIV, ils sont agrémentés de statues tourmentées, plus baroques que celles qui ornent la résidence française.

L'art de succomber aux charmes du rococo

Le décor intérieur, caractérisé par une vive polychromie et l'usage d'effets relevant largement du théâtre, associe sculptures, décors en stucs et fresques en une exubérance qui dépasse le baroque pour atteindre le rococo. Les fresques de la Salle impériale, serties dans un entrelacs de coquillages et de végétaux, et celles de l'escalier exaltent les grandes heures de la ville de Würzbourg et la figure emblématique de l'empereur Frédéric Barberousse – un ancêtre de François de Schönborn. Le grand peintre Tiepolo y magnifie ainsi allégoriquement le rôle politique du prince-évêque, héritier légitime d'une prestigieuse histoire. Mais, par la richesse, le luxe des vêtements, le chatoiement des coloris, les jeux de la composition, sa grande composition évoque surtout l'atmosphère des somptueuses réceptions du XVIIIe siècle. En se représentant ainsi que son fils et J. B. Neumann dans ces fresques, l'Italien célèbre en même temps les artistes, véritables concepteurs de cet univers fastueux.

→**Voir aussi :** p. 222-225 (Versailles).

Les décors de Tiepolo

Le décor, un art désormais majeur. Giambattista Tiepolo (1696-1770) est un peintre décorateur : ce qualificatif n'a rien de péjoratif, étant donné l'importance qu'occupe l'ornement dans la nouvelle architecture rococo. Il s'illustre en Italie, principalement à Venise, sa ville natale. Mais sa renommée l'entraîne, avec ses deux fils, sur les chantiers de la Résidence Würzbourg et sur ceux du couvent d'Aranjuez et du Palais royal de Madrid.

Une palette claire et chatoyante. Le succès du Vénitien s'explique en partie par la transformation qu'il impose à la gamme traditionnelle des couleurs employées. Tiepolo délaisse en effet le clair-obscur, en vigueur depuis le siècle précédent, pour les tons lumineux et séduisants qui soulignent la joie, le raffinement et la sensualité de son époque.

L'illusion d'échappées célestes. Le génie du peintre italien éclate dans la représentation céleste et l'évocation de scènes historiques, religieuses et mythologiques dans des architectures feintes ou des paysages qui s'ouvrent, en trompe-l'œil, dans un vertigineux infini.

Au-dessus de l'escalier, Tiepolo a réalisé un extraordinaire trompe-l'œil (vers 1572, l'Olympe, Würzbourg).

L'escalier d'honneur, morceau d'architecture grandiose, au cœur de la Résidence de Würzbourg.

Saint-Pétersbourg, fenêtre de la Russie sur l'Europe

LE PALAIS D'HIVER

En 1703, sur les îles marécageuses et boisées du delta de la Neva, s'élèvent les premières bâtisses d'une ville créée après de gigantesques travaux d'assèchement et d'endiguement. Si le site est hostile, il est d'un indéniable intérêt stratégique et symbolique : selon la volonté du tsar Pierre le Grand (1696-1725), la Russie s'ouvre à l'Europe.

Très vite, afin d'assurer la splendeur de la nouvelle capitale, le maître de la Russie prohibe les constructions en bois dans la cité en construction alors que, sur le reste du territoire russe, il fait interdire l'ouverture d'aucun autre chantier en brique et pierre. Pour permettre l'exécution du fastueux projet, des impôts spéciaux sont levés, tandis que des centaines de milliers de serfs sont réquisitionnés pour travailler comme ouvriers. Dans les trente années qui suivent, sous les règnes de Catherine Ire (1725-1727), de Pierre II (1727-1730), d'Anna Ivanovna (1730-1740), du petit Ivan VI (1740-1741) et, surtout, d'Élisabeth (à partir de 1741), les meilleurs artistes européens tracent des perspectives et édifient sur les rives du fleuve des bâtiments de prestige, à l'image des grandes capitales occidentales. En 1754, la tsarine Élisabeth porte ces travaux à leur comble, en ouvrant le chantier d'un nouveau palais d'Hiver, digne d'accueillir le gouvernement et la Cour. Elle commande les plans du bâtiment à Bartolomeo Rastrelli, architecte d'origine italienne, formé à Paris, arrivé en Russie à quinze ans avec son père, sculpteur, et à la centaine de praticiens et d'ingénieurs recrutés en France par Pierre le Grand, père d'Élisabeth.

Le miroir de la nouvelle Russie

Le palais remplit des fonctions essentielles. Résidence principale de la tsarine et de son entourage, il constitue aussi le cadre officiel où sont accueillis les ambassadeurs des pays étrangers et les dignitaires de toute la Russie. Un vestibule et un monumental escalier d'honneur, inspiré par l'escalier des Ambassadeurs de Versailles, desservent à l'étage noble les salons d'apparat et la salle du Trône, dont les dimensions (49 m sur 28) ainsi que le décor sont à la mesure des magnifiques réceptions et des pompeuses audiences impériales. Les pièces les plus prestigieuses de l'édifice donnent, au nord, sur les paysages sublimes de la Neva.

Pour les parties résidentielles, la recherche du confort impose ses lois. Un ingénieux système de distribution d'air chaud complète

L'escalier d'honneur du palais d'Hiver, largement inspiré de l'escalier des Ambassadeurs de Versailles.

Du palais au musée : l'Ermitage

L'actuel musée de l'Ermitage est abrité dans le château élevé par Élisabeth – c'est-à-dire dans le palais d'Hiver. Cette situation est le résultat d'une longue évolution.

Le Petit Ermitage. À son avènement, Catherine II, qui occupe et transforme le palais, y entrepose ses collections de pierres précieuses et de faïences. Un an plus tard (1765), elle achète 225 tableaux à Berlin et procède alors à la construction du Petit Ermitage, puis à celle d'un nouveau bâtiment le long du fleuve, pour abriter ses collections qu'elle accroît, notamment sur les conseils du philosophe Diderot. Les plus grands noms de la peinture s'y côtoient.

Le Nouvel Ermitage. Au XIXe siècle, à l'imitation de ce qui se passe au Louvre, un projet d'ouverture au public voit le jour. Les acquisitions se poursuivent et l'on construit le Nouvel Ermitage. En 1922 naît ainsi le musée de l'Ermitage.

Un des plus riches musées du monde. Pendant la Seconde Guerre mondiale, une partie des collections est déménagée en Sibérie, pour des raisons évidentes de sécurité. Après la guerre, une fois réparés les dégâts provoqués par les bombardements, le palais d'Hiver est réuni au musée : l'ensemble, riche de 2 800 000 chefs-d'œuvre, constitue aujourd'hui une des plus grandes collections publiques du monde.

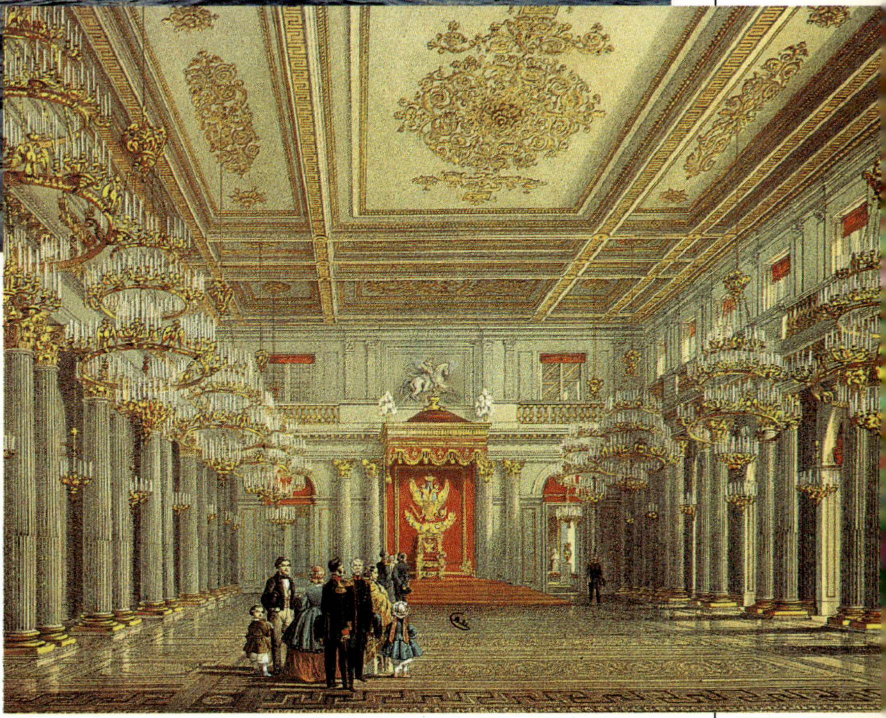

l'utilisation des traditionnels poêles et cheminées. L'aile sud doit abriter les appartements d'Élisabeth, qui veut se réserver le spectacle de la rue et de la ville. Mais la tsarine meurt en 1762, avant l'achèvement des travaux, et c'est son successeur, Pierre III, qui inaugure le somptueux logement – sa femme, quant à elle, est reléguée dans l'aile occidentale. Les grandes fenêtres des bâtiments captent la lumière, si rare dans ces contrées. Des galeries chauffées facilitent la circulation. Le dernier étage est destiné aux membres de la Cour.

Façade du palais d'Hiver, vue des rives de la Neva, Saint-Pétersbourg.

La salle Saint-Georges, dite salle du Trône, au palais d'Hiver de Saint-Pétersbourg (lithographie de Sadownikoff, XIXe siècle).

Rastrelli, homme-orchestre

Le maître d'œuvre du chantier, Rastrelli, ne se limite pas au rôle d'architecte. Décorateur passionné, il supervise la totalité du chantier. Il choisit les matériaux les plus précieux : le marbre de Carrare pour l'escalier d'honneur et les cheminées, des grands miroirs de France, des bois exotiques pour les superbes marqueteries des parquets d'une centaine de salles, dont il dessine les motifs.

Le travail est d'une telle complexité que les artisans exigent sa simplification et consacrent, malgré cela, trois années à cette réalisation. Au bout de deux ans de travail, en particulier, le décor d'une centaine de fenêtres et de portes seulement est réalisé, sur les douze cents ouvertures que compte le palais, tant les ornements prévus par Rastrelli sont variés et complexes à exécuter…

L'Italien s'entoure des meilleurs artisans locaux et artistes étrangers. Renonçant, par souci d'économie, à faire venir Tiepolo, le peintre vénitien célèbre dans l'Europe entière, il commande pourtant dans la cité des doges quatre plafonds décorés et invite des fresquistes moins connus de cette ville, des stucateurs et des artisans doreurs de France et d'Europe du Nord.

L'extérieur offre une synthèse des sources dont Rastrelli s'inspire. Il emprunte à Versailles ses longues façades classiques et symétriques, ses toits plats cachés par des balustrades. Mais il retrouve l'animation et le dynamisme du baroque italien par la variété des façades, le décrochement des corps de bâtiments, la multiplication des colonnes blanches purement décoratives. Pour les encadrements de fenêtres, il puise dans le décor rococo : coquilles, frontons aux formes multiples, sculptures et reliefs rehaussés de couleurs. Il ne néglige pas pour autant la tradition locale grâce aux crépis de couleurs tendres, si caractéristiques du baroque russe, dont il est le meilleur représentant.

Retour au classicisme

Pierre III, qui ne règne qu'une année, est prêt à poursuivre l'œuvre d'Élisabeth et confirme dans ses fonctions l'architecte vieillissant. En revanche, son épouse Catherine II, qui lui succède, déteste la manière de Rastrelli : le constructeur du palais d'Hiver est brutalement remercié, et sa disgrâce sonne le glas du baroque en Russie. Comme dans le reste de l'Europe, le classicisme s'impose alors. Lors du réaménagement des salles, une partie des décors intérieurs, pourtant réalisés en plusieurs années, est détruite…

→**Voir aussi** : p. 222-225 (Versailles).

La saveur du baroque émigré au Brésil

OURO PRETO

La décoration intérieure des églises d'Ouro Preto est d'une richesse exubérante, comme en témoigne ce retable entièrement doré.

« Une page blanche où l'on peut écrire ce que l'on veut », ainsi un jésuite définit-il le Brésil au milieu du XVIe siècle. La découverte, à la fin du siècle suivant, après d'obstinées recherches, des plus fabuleux gisements d'or et de diamants d'Amérique du Sud, longtemps protégés par d'hostiles montagnes, provoque la ruée enfiévrée de nombreux Européens, avides d'aventure et de fortune miraculeuse. Les trois grandes régions minières du pays voient surgir de multiples campements, métamorphosés au XVIIIe siècle en véritables villes aux noms évocateurs de leur opulence (Vila Rica, Diamentina) ou du tragique de leur histoire (Rio da Morte).

La région du Minas Gerais a pour capitale le site découvert en 1698 de Vila Rica, rebaptisé Ouro Preto . Pendant la seconde moitié du XVIIIe siècle s'y érigent la plus ancienne salle de théâtre du continent sud-américain, onze églises et six chapelles, blanches et baroques, des bâtiments publics, des fontaines monumentales, de luxueuses demeures et de riches commerces. Siège de la première révolte brésilienne contre la mainmise portugaise, cette ville de plus de 50 000 habitants connaît un apogée aussi glorieux qu'éphémère. Les gisements s'appauvrissant dès la fin du siècle, Ouro Preto s'assoupit.

Ouro Preto, centre d'innovation

De peur que les moines ne se laissent gagner par la frénésie de l'or, les autorités ecclésiastiques ont interdit la fondation de grands monastères dans le Minas Gerais, alors que de tels établissements sont très fréquents dans les régions de plus ancienne colonisation. Seuls des édifices paroissiaux et des chapelles de confréries et de tertiaires (franciscains et dominicains) peuvent s'y établir.
Paradoxalement, cette situation favorise l'élaboration de formules architecturales nouvelles. Si les premières constructions sont en bois et en adobe, c'est-à-dire en brique crue mélangée à de la paille, Ouro Preto, à l'heure de sa splendeur, choisit la pierre, matériau rare et cher puisqu'il faut l'importer.
Une étonnante personnalité est à l'origine de la révolution de l'architecture brésilienne, timidement ébauchée depuis le milieu du siècle. Antônio Francisco Lisboa (1738-1814), dit « l'Aleijadinho », ou Petit Infirme, fils d'une métisse, élève de son père né et formé au Portugal, est un artiste complet, à la fois architecte, peintre et sculpteur. Travailleur acharné malgré la maladie qui lui déforme les membres, il transforme le baroque importé et conventionnel en un art personnel et novateur qui fait école. Nourri des influences européennes les plus savantes et les plus récentes, il ne renie cependant pas les racines locales. L'église Saint-François, son chef-d'œuvre, est un véritable manifeste architectural.

Une œuvre puissamment homogène

L'Aleijadinho est le maître absolu du chantier. Il en trace les plans ; il sculpte lui-même les motifs en pierre de savon surmontant le portail, les chaires de l'arc triomphal puis, aidé de son atelier, réalise la *talha* (bois sculpté doré ou peint) du maître-autel et le lavabo de la sacristie. Enfin, il élabore les motifs peints du plafond en bois. Ses successeurs respectent scrupuleusement ses esquisses. Rares sont les bâtiments d'une telle unité !
À la traditionnelle église rectangulaire au toit à double pente, couvrant à la fois la nef, le chœur et les corridors desservant de nombreuses annexes, il préfère un édifice allongé qui joue avec les ellipses tout en individualisant chaque espace liturgique. L'arc triomphal en bois, traditionnel, est remplacé par un monumental arc en pierre qui sépare la nef et le chœur. L'artiste emprunte au nord du Portugal ses murs blancs et ses encadrements de portes et de fenêtres en pierre sombre. Mais il refuse le modèle – également portugais – d'une façade principale rectiligne et privilégie le dynamisme des courbes, avec deux tours latérales circulaires en retrait et un fronton audacieusement découpé.

Un sculpteur de génie

Couronnant le portail, des médaillons finement sculptés évoquent la Vierge et saint François, le patron de l'église. Dans la nef, le

décor se limite aux six autels adossés aux murs blancs, accentuant ainsi la luminosité. Le foisonnement ornemental est réservé à l'arc triomphal en pierre et au chœur, dont il souligne magistralement le caractère sacré.
Le maître-autel, avec son baldaquin et son retable, devient une véritable composition architecturale, reliée à la voûte par un groupe sculpté représentant la Trinité et l'Immaculée Conception. L'Aleijadinho en épure la structure et le style en remplaçant les supports torsadés par des piédroits, et l'or par la polychromie. Il gagne ainsi en expressivité.
Les motifs stylisés utilisés dans l'église serviront de modèles aux autres architectes « rococo » : ainsi de la coquille creusée et déchiquetée, ou des fenêtres aux formes chantournées. L'église conçue par le Brésilien marque clairement le passage d'un style à l'autre et la différence d'esprit qui oppose le rococo au baroque.
Dans le baroque, un décor exubérant envahit l'architecture, masquant son éventuelle pauvreté. À l'époque rococo, et particulièrement à Saint-François d'Ouro Preto, les effets sont savamment mesurés et le rôle de chaque espace est souligné par des contrastes. L'influence locale s'exprime dans la vitalité du ciseau du sculpteur et par les costumes exotiques dont il pare sa statuaire.

Façade de l'église São Francisco de Asis, le chef-d'œuvre de l'Aleijadinho à Ouro Preto, au Brésil.

L'église Notre-Dame-du-Carmel à Ouro Prato, Brésil.

Le baroque en Amérique du Sud

En Amérique centrale et latine ou aux Antilles, que le colonisateur soit espagnol, portugais ou français, **le baroque s'impose.** À l'adoption de plans rustiques et simplifiés, inspirés de monuments européens respectant les différences régionales, succède, **dès la seconde moitié du XVIIe siècle, un art original, capable d'égaler les meilleures réalisations du Vieux Continent.**

La diffusion des modèles est favorisée par **les religieux** venus de différents pays, par les ingénieurs, envoyés des monarques, par les traités d'architecture et les gravures, par la présence **d'éminents artistes européens invités** dans ces riches contrées au temps de leur splendeur.

La recherche architecturale se développe surtout dans **l'art religieux :** il faut imposer la puissance du catholicisme aux populations locales. Très vite, les influences indigènes se taisent ou se réfugient dans la vitalité d'**un décor abondant, polychrome et stylisé,** emprunté aux poteries et aux tissus. Cette situation favorise le passage, au XVIIIe siècle, du baroque à un style plus orné, le rococo.

Nicolas Ledoux invente la première cité industrielle

ARC-ET-SENANS

Sous l'Ancien Régime, le sel est précieux : on l'utilise pour le tannage des cuirs, la fabrication de teintures ou de savon et pour la conservation des viandes et poissons. La monarchie confie à des fonctionnaires, les « Fermiers généraux », le monopole de la production du sel et de la collecte de la gabelle, impôt sur le sel, exécré par tout le monde.

La « Ferme générale » encourage le développement des salines de Lorraine et de Franche-Comté, plus faciles à industrialiser et à contrôler que les marais salants. Or, au XVIIIe siècle, le site de Salins, dans le Jura – l'un des lieux de production les plus anciens et traditionnellement les plus rentables –, commence à s'essouffler. Ses installations, qui datent du Moyen Âge, sont inadaptées aux techniques modernes d'extraction et la teneur en sel de ses sources diminue. En 1773, la Ferme générale décide la création d'une nouvelle saline dont elle confie les plans à son architecte, le célèbre Claude Nicolas Ledoux.

Le choix du site

Pour produire le sel, il faut des sources ou des puits salins, du combustible, un vaste espace pour une exploitation moderne. Le val d'Amour, entre Arc-et-Senans, dans le Doubs, sur les bords de la Loue, à la lisière de la forêt de Chaux, répond à ces attentes. Pour capter les eaux de Salins, on construit des canalisations en bois d'une vingtaine de kilomètres. S'inspirant des cités idéales de la Renaissance, Ledoux projette alors de faire de la Saline, dont la première pierre est posée en avril 1775, le cœur d'une ville nouvelle, bâtie selon des principes idéaux, modulés en fonction des impératifs d'un lieu de production industrielle moderne.

Un ensemble industriel moderne

Autour d'une vaste cour, les bâtiments dessinent un demi-cercle de 440 m de diamètre, qui épouse le méandre de la rivière. Le pavillon d'entrée abrite les personnels de garde et l'aumônier, le four banal – c'est-à-dire d'usage collectif, moyennant le paiement d'une taxe –, le lavoir, la prison. Il est encadré par les ateliers des tonneliers et des maréchaux-ferrants, et par les logements des ouvriers. Les jardins destinés à compléter leurs revenus, la cuisine centrale, la salle communautaire et, pour chauffer tout le bâtiment, une grande cheminée (à laquelle l'architecte renonce finalement après un premier essai) constituent les symboles de cette architecture aux ambitions sociales.

Au cœur de la composition, dans les bâtiments des *bernes*, alimentés en eau saline déjà concentrée par une évaporation à froid, s'affairent en permanence des ouvriers des deux sexes, préposés aux chaudières pour l'évaporation à chaud, au séchage, au conditionnement. Le sel destiné au marché local est livré en pains ; pour l'exportation en Suisse, il est égrené dans des tonneaux. La maison du directeur, au centre, incarne tous les pouvoirs : elle est lieu de culte, d'administration, d'apparat avec ses jardins d'agrément, les appartements de la Ferme générale et du directeur, représentant du roi.

La Saline royale de Chaux est un modèle d'architecture fonctionnelle. Son plan facilite la circulation et la surveillance, l'isolement des pavillons évite les incendies. Le mur de clôture et l'entrée, imitant par ailleurs agréablement une grotte, protègent les lieux des convoitises!

Réalité et utopie

« Des colonnes pour une usine », tel est le défi novateur lancé par Ledoux : il veut concilier l'industrie et l'architecture de prestige.

La maison du directeur, située au centre des Salines d'Arc-et-Senans, Doubs.

Élévation de Nicolas Ledoux pour la maison du directeur des Salines d'Arc-et-Senans, Doubs.

Homme de la fin du XVIIIe siècle, il intègre l'architecture au paysage, privilégie les jardins. Recherchant le Beau, il adopte les portiques et les frontons à l'antique – des modèles inspirés de l'architecte italien Palladio. L'harmonie naît du travail des pierres, des effets monumentaux, des jeux de lumière sur les pleins et les vides, des colonnes où alternent des pierres carrées et cylindriques.

Autour de la Saline, lieu de travail et de vie du personnel travaillant à la production du sel, l'architecte imagine une ville satellite pour le personnel employé dans la forêt. Cette ville au plan circulaire, nommée Chaux, est conçue selon un programme urbanistique totalitaire, pour subvenir aux besoins d'un « nouvel homme » idéal, qui doit trouver dans la cité des lieux de subsistance, de travail, de culte, des bâtiments officiels, mais aussi des espaces d'éducation et de loisir.

Ce plan ambitieux, pas plus que les autres projets de ville idéale dans l'histoire, ne voit finalement le jour. Moins rentable que prévu dès l'origine, démodée par des techniques nouvelles quelques années seulement après son ouverture, la Saline vivote pendant tout le XIXe siècle, jusqu'à sa fermeture en 1895. La ville de Chaux ne bénéficie même pas d'un début de construction ; dans la Saline elle-même, les édifices, partiellement construits, sont souvent détournés de leur fonction. Les locaux servent d'entrepôts, la maison du directeur, atteinte par la foudre en 1918, est partiellement dynamitée en 1926. Devenu camp de réfugiés espagnols et caserne provisoire pendant la Seconde Guerre mondiale, le chef-d'œuvre de Ledoux est sauvé de la ruine par de patientes restaurations. Siège de la Fondation Claude-Nicolas-Ledoux, centre international de réflexion sur le futur pour l'architecte et l'architecture, la saline idéale de l'architecte français constitue le premier ensemble de pierre à vocation industrielle inscrit au patrimoine mondial de l'humanité par l'Unesco, en 1983.

Claude Nicolas Ledoux

Adulé par les grands financiers et les aristocrates, dont Mme du Barry, **Claude Nicolas Ledoux (1736-1806)** est pris dans la tourmente révolutionnaire : **emprisonné en 1789, il échappe de peu à la guillotine.** Imprégné des idées du philosophe **Rousseau,** il célèbre la bonté naturelle de l'homme, les vertus du travail et de la nature, une société idéale, dont l'architecture serait le miroir.

Il édifie des hôtels particuliers à Paris et des résidences de campagne. Il s'illustre aussi dans les commandes publiques : outre la Saline, **le théâtre de Besançon, les barrières d'octroi de Paris.**

Maître du **néoclassicisme et du retour à l'Antiquité,** il affectionne la rigueur des formes et des volumes géométriques. À la fois homme du passé et précurseur, il marque son époque et les siècles suivants.

Vue perspective de la ville de Chaux par Nicolas Ledoux (Paris, Bibliothèque nationale).

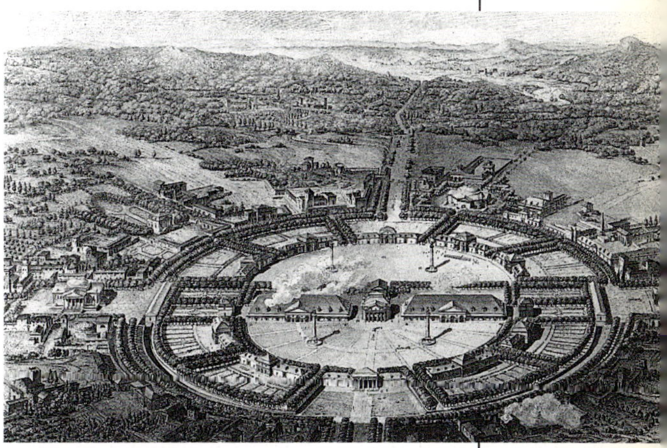

De la Saline de Ledoux aux corons

Après la Saline de Ledoux, l'architecture et l'urbanisme industriels se développent au XIXe siècle.

En France : familistère et pavillons. Les patrons, inspirés par les utopistes, favorisent les structures permettant à la fois la vie familiale et communautaire. Le familistère de Guise, fondé par le fabriquant de poêles Godin, adopte la forme d'un vaste château. C'est une exception : les patrons chrétiens, soucieux de bien loger leurs ouvriers mais craignant les troubles qui pourraient naître de leur regroupement, optent généralement pour une formule d'habitat pavillonnaire – ainsi au Creusot ou à Anzin.

En Belgique, le Grand-Hornu. Incorporé aujourd'hui à la commune de Boussu, l'ensemble du Grand-Hornu, construit dans le deuxième quart du XIXe siècle, autour d'un site houiller du Hainaut, forme un ensemble industriel et résidentiel qui juxtapose les pavillons et le centre de production, en une formule inspirée de la Saline.

Un rêve de classicisme au cœur des États-Unis

LA MAISON-BLANCHE

En 1787, les États-Unis, libérés de l'emprise anglaise lors de la guerre de l'Indépendance, se dotent d'une Constitution moderne et démocratique, qui remplace le monarque par un président élu pour une durée limitée. Pendant le mandat du premier président, George Washington, un projet grandiose naît : regrouper les modestes bureaux de la présidence et le Congrès (l'organe législatif), dans une capitale créée ex nihilo.

En 1792, le secrétaire d'État Thomas Jefferson – un homme passionné d'architecture et qu'enthousiasment les ruines de l'Antiquité romaine, découvertes lors d'un séjour en France – lance un concours pour la construction de l'édifice destiné à abriter la présidence. James Hoban (1758-1831), architecte irlandais, remporte le concours, contre sa volonté : il dirige le chantier de la résidence jusqu'en 1801. Jefferson, devenu à son tour président, le licencie aussitôt : il fait modifier les lieux par l'Anglais Benjamin Latrobe

Le néoclassicisme aux États-Unis

Lors des premiers siècles de la colonisation européenne en Amérique du Nord, les modèles architecturaux qui s'imposent viennent du Vieux Monde. La tradition hispanique prédomine dans le Sud, la tradition anglaise dans le Nord-Est.

Le néoclassicisme est diffusé à la fin de la période coloniale et surtout au cours des premières décennies qui suivent l'indépendance, par des architectes d'origine européenne installés aux États-Unis (comme Peter Harrison) et par Thomas Jefferson lui-même. Ce président bâtisseur, passionné d'architecture, et qui a lui-même proposé un projet (rejeté) pour la Maison-Blanche, est le constructeur de plusieurs monuments d'inspiration néopalladienne, en Virginie : ainsi sa propre demeure, la villa de Monticello, le Capitole et l'université de Richmond.

Le style néoclassique, qui devient pour quelque temps l'architecture officielle des États-Unis, connaît sa première grande illustration au Capitole – le bâtiment qui abrite le Congrès, à Washington.

Le Capitole, à Washington, grandiose exemple d'architecture néoclassique aux États-Unis (le bâtiment abrite le Congrès américain).

◁ *La Maison-Blanche, à Washington, siège de la présidence des États-Unis.*

(1764-1820). Mais, en 1814, le bâtiment à peine achevé est incendié et ce sinistre est l'occasion d'une restauration qui transforme l'édifice d'origine et qui prélude à d'innombrables autres métamorphoses.

Architecture et politique

Le choix du site de la capitale est lourd d'enjeux : les États du Sud, à vocation agricole, très influents, et ceux du Nord, fiers de leur suprématie économique, se disputent la localisation de la cité. Une solution de compromis finit par s'imposer : le district de Columbia, traversé par le Potomac. Le Français Pierre Charles L'Enfant, chargé de concevoir le plan de la ville nouvelle, ordonne les bâtiments autour des deux symboles du nouveau pouvoir : le siège de la présidence – la future Maison-Blanche – et celui du Congrès – le Capitole.

L'aspect que doit revêtir le palais présidentiel fait l'objet d'un débat qui n'est pas seulement esthétique. Certes, la Constitution définit les pouvoirs respectifs de l'exécutif et du législatif. Mais la pratique – chacun le sait – influencera de façon décisive la distribution véritable des forces entre le président et les membres du Congrès. Du point de vue symbolique, un grand palais signifie un pouvoir présidentiel fédéral fort : George Washington entend donc faire triompher un projet majestueux, mais son sens de l'économie le pousse à inciter l'architecte à ne prévoir que de modestes appartements privés. Dans le même temps, le Congrès refuse un président autoritaire. Il accepte donc que l'architecte prévoie de vastes salles destinées à des réceptions honorifiques, mais il interdit que soient planifiés de grands espaces pour y installer des bureaux.

Le destin de la Maison-Blanche est ainsi scellé : le bâtiment est inadapté aux fonctions administratives et politiques que l'histoire, très vite, l'appelle à assumer et il ne peut constituer une demeure privée acceptable pour quelque *First Lady* que ce soit. Pour baptiser l'édifice, des réticences du même type se font jour. Alors que les présidents aiment à parler du « Palais » pour désigner leur résidence, les termes de « Demeure » puis de « Maison » triomphent en dernier lieu – le qualificatif de la couleur s'imposant après l'incendie de 1814, lorsque les murs sauvés reçoivent un badigeon de blanc destiné à masquer les stigmates des flammes. Enfin, la qualité même de la construction se ressent de la rivalité qui oppose le législatif à l'exécutif : le chantier souffre des obstacles financiers que le Congrès se plaît à mettre à son avancement. Drainage insuffisant du site marécageux, matériaux inadaptés, vices de construction… tout se conjugue pour que, les travaux à peine achevés, le bâtiment se dégrade avec une rapidité étonnante.

Vicissitudes d'un monument

Le projet de Hoban a été retenu parce qu'il ménage à la fois la présidence et le Congrès. Le plan reprend, en l'agrandissant considérablement, le modèle du manoir de la fin du XVIIIe siècle prisé par les grands propriétaires de Virginie. L'édifice, formé, au-dessus d'un soubassement, d'un étage noble pour les pièces de réception et d'un second niveau plus petit réservé aux appartements privés, montre d'élégantes proportions. Il est mis en valeur par son décor : une balustrade cachant la naissance du toit ; quatre colonnes à l'antique portant un fronton, au centre de la façade ; des portiques, au nord et au sud, touche classique supplémentaire, ajoutée entre 1824 et 1829, d'après un projet de Jefferson mais bien après la retraite politique de ce président. L'unique innovation de Hoban est l'implantation de salons ovales, espaces de prestige inspirés de modèles français, dans la partie sud du bâtiment.

Typique de l'univers américain, le goût du confort et du fonctionnel est manifeste. Les salons donnent sur les jardins, au sud. L'accès aux pièces est rationnel : Jefferson, par souci démocratique, préfère à l'entrée monumentale du grand vestibule nord une entrée directe des jardins dans le salon Bleu par des *french doors,* ou portes-fenêtres.

Progressivement, à mesure que le pouvoir présidentiel s'impose, la Maison-Blanche est transformée. Les bureaux envahissent la partie inférieure, destinée à l'origine aux communs, ainsi qu'une partie des appartements privés. Des annexes surgissent. Un étage supplémentaire est ajouté. Les projets de reconstruction se multiplient. De nombreux présidents se plaignent des rats, des risques d'effondrement des plafonds et d'incendie, voire de la présence de fantômes, tant le bâtiment craque, et même des maladies pulmonaires qu'on peut y contracter en raison de l'inconfort ! En dépit de restaurations menées en 1902 pour sauver l'édifice, le président Truman, en 1948, entreprend des travaux tellement considérables que le chantier est interdit à la presse ! Malgré toutes ces imperfections, la Maison-Blanche reste un monument symbole de l'histoire et du présent des États-Unis.

Gravure du XIXe siècle représentant la Maison-Blanche (Paris, collection particulière).

Un lieu de spectacle néoclassique et fonctionnel

L'OPÉRA DE DRESDE

Si l'opéra connaît depuis le XVIIe siècle un succès croissant, le XIXe siècle est l'âge d'or de la construction de salles destinées à accueillir ce type de spectacle, en Europe et en Amérique. Inauguré le 12 avril 1841, après quatre ans de travaux, l'Opéra de Dresde est l'œuvre de Gottfried Semper (1803-1879). Mais l'édifice est détruit par le feu. Le même architecte entreprend de le rebâtir en 1871 – son fils Manfred en achèvera la reconstruction après sa mort.

Ce second Opéra est lui-même détruit lors des terribles bombardements de la Seconde Guerre mondiale. Quarante ans de restauration ont permis de le rebâtir à l'identique.

Un sanctuaire de la musique

Au XIXe siècle, une intense vie artistique anime Dresde, la « Florence de l'Elbe ». Depuis le XVIIe siècle, les salles de spectacle se sont multipliées. À partir de 1816, le grand compositeur Carl Maria von Weber y anime le nouvel « opéra allemand ». La ville s'enorgueillit de prestigieuses collections de peintures, des artistes fameux y résident, tels les peintres Caspard David Friedrich ou Julius Schnorr von Carosfeld. Semper y devient directeur de l'école d'architecture en 1834. C'est dans ce contexte qu'il commence à bâtir l'Opéra public, trois ans plus tard. Le monument, inauguré par une représentation du *Torquato Tasso* de Goethe, est aussitôt célébré pour sa rationalité, sa beauté et la qualité de son acoustique. Le futur maître de chapelle de la cour de l'Électeur de Saxe, Richard Wagner, y connaît son premier triomphe public avec la création de *Rienzi,* en octobre 1842. Peu après résonnent dans la salle, pour la première fois au monde, les notes du *Vaisseau fantôme* puis de*Tannhaüser.* Depuis, l'Opéra s'enorgueillit de nombreuses créations mondiales telles que, au début de notre siècle, dans le théâtre rebâti, *Salomé* et *le Chevalier à la rose* de Richard Strauss.

Deux siècles d'héritage maîtrisé

Les premiers théâtres permanents sont érigés au XVIIe et au XVIIIe siècles, en Italie et en France. Les modèles architecturaux créés dans ces années-là sont imités rapidement dans l'Europe entière. Le défi est d'accueillir le plus vaste public possible. L'Opéra de Semper s'inspire du théâtre à l'italienne, créé par Carlo Fontana dans la seconde moitié du XVIIe siècle. Sa salle en fer à cheval, formée de quatre étages de loges et d'une galerie en retrait, rompt avec la tradition des salles à simples gradins répartis sur trois côtés. La visibilité est ainsi bien meilleure. Le parterre, précédemment lieu de parades équestres et de ballets ou réservé à un public debout, est occupé par des fauteuils disposés en arc de cercle. Il faut, en effet, pour des raisons de rentabilité, gagner le plus de place possible. La scène, séparée de la salle par la fosse d'orchestre (alors que traditionnellement l'orchestre se tient sur les côtés ou derrière la scène), est le lieu privilégié vers lequel doivent converger les regards. Les simples tréteaux laissent place à une structure architecturale servie par une machinerie de plus en plus complexe, qui nécessite, en 1871, le rehaussement des combles de l'édifice du début du siècle. L'Opéra est aussi le lieu des mondanités, de la vie galante et frivole, et de l'ostentation. La salle de spectacle obéit à une hiérarchie

Un des vestibules en hémicycle où les spectateurs peuvent déambuler et se rencontrer pendant les représentations.

Néoclassicisme et fonctionnalisme en Allemagne

Le néoclassicisme, avec ses formes sévères héritées de l'Antiquité, rompt avec le rococo foisonnant et séduit finalement le siècle des Lumières qui prône l'équilibre et la raison. Il conquiert l'Europe puis les États-Unis : à la fin du XVIIIe siècle, l'architecture publique monumentale s'inspire, forcément, du temple grec ou du palais renaissant.

Les constructeurs allemands sont formés à Paris. Autour de l'architecte français Jacques Ignace Hittorff, ils se passionnent pour une Antiquité toute nouvelle, polychrome, en même temps qu'ils rêvent de bâtir des édifices parfaitement fonctionnels. Karl Friedrich Schinkel réalise dès 1816, à Berlin, le Corps de garde, le théâtre royal et l'Altesmuseum, en fonction de ces deux ordres de préoccupation. Leo von Klenze se passionne pour les formes et les décors inspirés de la Grèce : la Glyptothèque et la Pinacothèque qu'il bâtit à Munich en sont les témoignages.

Gottfried Semper, quant à lui, s'inspire plus encore de la Renaissance que de l'Antiquité pour les monuments qu'il construit à Dresde, à Vienne et en Suisse. Mais son souci d'une architecture fonctionnelle est le même que celui de ses confrères.

La salle de l'Opéra de Dresde, avec ses quatre étages de loges.

toute aristocratique, qui distingue le parterre, moins coté, des loges. Dans celles-ci, protégées des regards, les spectateurs reçoivent, installent des tables de jeux, dégustent des douceurs, dînent même ! Il existe en outre quelques loges privilégiées. Celle du prince ou de l'empereur, comme en Italie, est située face à la scène, sur deux étages. Deux loges d'honneur réservées aux hôtes de prestige encadrent la scène, selon une tradition qui vient de France. Pour le foyer, invention parisienne de la fin du XVIIIe siècle, appelée à un retentissant succès, Semper utilise les vestibules en hémicycle des étages. Les élégantes délaissent volontiers leurs loges pour s'y faire admirer.

Le décor et la fonctionnalité

En 1837, Semper, conformément au goût prédominant en Europe, choisit d'élever une façade de style néoclassique, sobre et de proportions harmonieuses, avec ses deux niveaux d'arcades disposées sur un volume circulaire. Trente-quatre années plus tard, l'architecte suit l'évolution de la mode, en optant pour des effets plus baroques, avec des pierres à l'épaisseur visible au premier registre, des colonnes jumelées, une loggia centrale en avancée et de nombreuses statues.

D'un bâtiment à l'autre, Semper reste en revanche fidèle à un choix fondamental de sa jeunesse, la richesse et la polychromie du décor, chères aux néoclassiques. L'intérieur est orné de stucs, de mosaïques et de marbres. Les façades sont agrémentées d'allégories, d'une tête de Pan, de masques et du char de Dionysos et Ariane.

Dans les deux Opéras, Semper se préoccupe également de créer une architecture parfaitement adaptée à sa fonction. Au nord et au sud, deux passages couverts pour les voitures protègent les dames et leurs toilettes. Les vastes vestibules et les nombreux escaliers facilitent les déplacements. À l'est, l'entrée d'honneur occupe le centre de la façade en hémicycle, qui épouse la forme de la salle – disposition dont s'inspirera, un siècle plus tard, l'architecte de l'Opéra de la Bastille, à Paris. L'organisation du bâtiment est donc simple et rationnelle, tant pour le public que pour les chanteurs, les musiciens et les metteurs en scène.

Façade de l'Opéra de Dresde. Détruit à deux reprise, l'édifice fut chaque fois reconstruit à l'identique.

Le rêve médiéval d'un architecte anglais

LE PALAIS DE WESTMINSTER

L'incendie des Chambres des lords et des communes le 16 octobre, 1834 (tableau de Turner, 1835, Philadelphie, Museum of Art).

En octobre 1834, tout Londres accourt sur les rives de la Tamise pour assister à un effroyable spectacle que le grand peintre William Turner évoque en deux toiles : l'incendie du palais de Westminster. Celui-ci abritait depuis le XIe siècle le Parlement, haut lieu de la vie politique anglaise. Dès 1835, un concours est ouvert pour la reconstruction des bâtiments.

La contrainte imposée aux candidats est de respecter le style gothique, car il faut absolument sauvegarder le Grand Hall, la crypte et la tour du Trésor épargnés par les flammes, ainsi que le site de la toute proche abbaye de Westminster, datant elle aussi du Moyen Âge. Sir Charles Barry (1795-1860), surtout connu par son sens de la rigueur classique, remporte le concours. Mais on lui adjoint son rival le jeune Augustus Welby Pugin (1812-1852), qui voit dans le gothique l'affirmation du génie anglais. Cette collaboration s'avère conflictuelle. Les travaux ne commencent qu'en 1840 et il faudra vingt ans pour achever l'édifice. Symbole de la ville et de la vie politique, le palais, immortalisé par le peintre impressionniste français Claude Monet, consacre l'avènement, dans l'architecture officielle, du néogothique, jusqu'alors réservé au monde religieux ou aux châteaux.

Loin du pastiche, le souci de la rigueur

En raison de l'ampleur du chantier, les plans de Barry ne peuvent s'inspirer d'aucun palais existant. Il faut en effet deux grandes salles et leurs annexes pour accueillir les quelque 1 500 membres des deux Chambres. Le programme exige des bureaux, des salles d'apparat liées aux exigences du protocole royal (le souverain, accompagné de sa suite, ouvre chaque année, en novembre, la session devant la Chambre des lords en lisant le « discours du trône »), des bibliothèques, des salles de réunion, la résidence du président, soit un millier de pièces !

Le cœur de la composition est le Vestibule central, octogone surmonté d'une tour dont les nombreuses ouvertures permettent l'aération et l'éclairage. De ce vestibule partent les couloirs conduisant aux différentes ailes du bâtiment, qui articulent une succession de cours. Les bibliothèques et les salles de réunion donnent sur la Tamise. Sur l'axe principal, de part et d'autre du Vestibule, on trouve, en enfilade vers le sud, l'antichambre et la Chambre des lords, la Galerie royale et son vestiaire ; vers le nord, l'antichambre et la Chambre des communes (cette dernière reconstruite après les bombardements de la Seconde Guerre mondiale). Le Grand Hall et le cloître, survivances médiévales, brisent l'alignement de la façade qui donne sur l'abbaye.

La forme des pièces obéit au même souci de rigueur. Les couloirs rectilignes favorisent les déplacements. La parfaite symétrie de la façade qui longe le fleuve, l'homogénéité de l'ensemble des façades (celle donnant sur la Tamise mesure 273 m) ainsi que la régularité de la disposition et du modèle des fenêtres donnent une impression de grande maîtrise classique.

Le retour à l'esprit gothique

La tradition gothique est restée vivace en Grande-Bretagne, et elle y est particulièrement à la mode depuis une quinzaine d'années environ quand s'ouvre le chantier du nouveau

Le néogothique

Partout en Europe, à partir de 1815 environ, l'architecture se tourne vers le Moyen Âge, rivalisant à la fois avec la rigueur du néoclassicisme et les constructions industrielles. On restaure les grands édifices religieux. Le néogothique, né en Angleterre, ne tarde guère à incarner également les valeurs nationales, nourries par la vogue du roman historique. Il s'empare de l'architecture civile et religieuse.

Les aspirations romantiques puisent dans ces modèles le sens de l'émotion, de l'audace, du décor et de la diversité. La Grande-Bretagne, avec le palais de Westminster, une grande réussite, avec ses multiples églises et ses châteaux inspire les États-Unis et l'Australie. En France, sous l'influence d'Eugène Viollet-le-Duc, le néogothique se veut moins romantique et plus fonctionnel.

palais de Westminster. Les architectes chargés du chantier lui empruntent donc ses principes fondamentaux. Grâce aux immenses fenêtres, ils réduisent les murs à une délicate dentelle de pierre. Ils retrouvent l'élan vertical avec la tour centrale et les deux tours latérales, rappel des clochers du Moyen Âge. Qui ne connaît celle de l'Horloge, appelée affectueusement « Big Ben » en souvenir de l'entrepreneur, l'imposant Benjamin Hall ? Sa cloche de 13 tonnes rythme la vie de la cité. La massive tour Victoria de 103 m, la différence de hauteur entre les pavillons et les ailes, et les nombreux clochetons réintroduisent le mouvement, la fantaisie et la diversité gothiques.

Le décor imaginé par Pugin donne lieu à des prouesses. Les arcs brisés des fenêtres, les voûtes, avec leur profusion de nervures et le jaillissement des piliers à colonnettes, prouvent un respect profond pour les riches modèles du gothique anglais.

Mais le principal défi à relever est celui du décor des murs des vestibules et des salles principales. Dès 1835, une commission affirme la primauté de la fresque – art qui connut son excellence au Moyen Âge – sur la peinture à l'huile. Enquêtes, voyages d'artistes désireux de s'emparer des différentes et complexes techniques pratiquées sur le continent se succèdent. On organise un concours : les réalisations doivent s'inspirer de l'histoire du pays ou des œuvres des grands écrivains nationaux : Spenser, Shakespeare et Milton. En 1843, la reine Victoria inaugure l'exposition des projets dans le Grand Hall. Le cycle de fresques de la Chambre des lords ouvre, en 1845, des campagnes de travaux qui ne sont achevés qu'au XXe siècle. De nombreux déboires incitent à essayer toutes les techniques possibles. Les résultats sont malgré tout décevants. Beaucoup d'œuvres se dégradent assez rapidement. Si l'on excepte les fresques de Maclise, aux accents romantiques convaincants, l'ensemble, trop académique, ne peut rivaliser avec les réalisations contemporaines du reste de l'Europe. On peut regretter que le mouvement préraphaélite, qui, à la même époque, renouvelle la peinture anglaise, n'ait pas influencé cette extraordinaire aventure, digne de celles du Moyen Âge.

La célèbre tour de l'Horloge, surnommée « Big Ben », Londres.

Le palais de Westminster sur les rives de la Tamise, à Londres. Les dimensions monumentales de l'édifice contribuent à affirmer la puissance de l'Empire britannique.

La naissance de l'architecture de verre

CRYSTAL PALACE

Gravure reconstituant l'intérieur du Crystal Palace (le « palais de verre »), lors de l'Exposition universelle de Londres, en 1851.

« Les créations de l'art et de l'industrie ne sont pas le privilège d'une nation, elles appartiennent au monde entier : l'exposition devra donc être internationale. » À l'instigation du prince Albert, époux de la reine Victoria, qui prononce ces mots, la ville de Londres reprend, en 1849, le projet d'Exposition universelle, cultivé puis abandonné par Paris, quelques années plus tôt. Un concours pour la construction d'un immense pavillon, dans le grand jardin public de Hyde Park, est lancé.

L'année suivante, les résultats du concours sont rendus publics. Sur 333 architectes originaires de 17 pays différents qui ont proposé chacun un projet, un seul, un Français, est distingué : il s'appelle Hector Horeau. Pourtant, l'heureux vainqueur se voit finalement refuser le chantier, parce que, estime le jury, la conception technique de son projet apparaît insuffisante.

C'est le Britannique Joseph Paxton (1803-1865) qui, en dernier lieu, est désigné comme maître d'œuvre du futur grand pavillon d'exposition. L'homme, qui a construit les grandes serres de Chatsworth House dans le Derbyshire, a l'expérience des structures préfabriquées en bois, en fonte et en verre. En six mois, il construit un gigantesque « palais de cristal », inauguré par la reine en mai 1851, qui enthousiasme ses contemporains ! Démonté pièce par pièce après l'Exposition, le palais est remonté dans le parc de Sydenham, dans la banlieue de Londres – où un incendie le détruit en 1936.

Le triomphe de Joseph Paxton

Les commissaires de l'exposition choisissent Paxton, ce collaborateur du duc de Devonshire, pour matérialiser en un temps record leur projet d'un édifice plus grandiose que la plus vaste des cathédrales. Les prix concurrentiels de l'entreprise Fox et Henderson, avec laquelle il a soumissionné, et

Vue extérieure du Crystal Palace lors de l'Exposition universelle de 1851, à Londres (gravure commémorative d'époque).

son expérience professionnelle les rassurent.
L'emploi de la fonte, du verre et le recours à la préfabrication en série de colonnes et de poutrelles sont les signes distinctifs de son système. Il permet la mise au point d'un nouveau type d'espace architectural : la halle, lieu idéal pour exposer et concentrer les réalisations industrielles et les plus récentes inventions du monde entier, afin de susciter confrontations, débats et progrès.
Les dimensions du monument sont les suivantes : 563 m de longueur (soit 1 851 pieds, moyen humoristique de mettre en évidence l'année de la construction !), 33 m de haut dans la partie médiane – moins sur le pourtour, car le palais présente trois niveaux disposés en gradins. Un espace transversal, également élevé de 33 m, est édifié afin de sauvegarder un groupe d'ormes centenaires ! La superficie totale représente quatre fois la surface de la basilique Saint-Pierre de Rome – mesure symbolique dont les Londoniens, anglicans, se montrent très fiers !
La construction du palais de Crystal Palace a nécessité par ailleurs l'utilisation de 3 300 colonnes et de 2 224 poutrelles de fonte, ainsi que 30 000 vitres standards avec 325 km de châssis de bois pour les recevoir, 54 km de gouttières et 13 km de tables d'exposition : des chiffres considérables, que rapportent les commentateurs du projet, ébahis. Pourtant, la vraie particularité de ces matériaux est qu'ils sont préalablement fabriqués en manufactures et seulement assemblés sur place ! L'aménagement de la halle est une autre source d'étonnement pour les visiteurs de l'Exposition. Au centre du palais, une fontaine en cristal de Bohême de 8 m de haut rafraîchit l'air de ses eaux jaillissantes. Elle est alimentée par les eaux de pluie, amenées par les colonnes de fonte creuses, en d'immenses réservoirs aménagés au niveau des fondations. Enfin, les couleurs bleu, rouge et jaune des structures de fonte créent une atmosphère chromatique gaie, que célèbrent tous ceux qui entrent dans le palais.
La grande fête qui se déroule au Crystal Palace – une mise en scène des productions du monde entier, qui est une véritable révélation pour les visiteurs – déguise les enjeux économiques, les profits réalisés par les maîtres des forges, les entrepreneurs du bois et les maîtres verriers, sans négliger les bénéfices qu'attendent les milieux du commerce et de la finance ! Les résultats dépassent les espérances – Joseph Paxton est anobli.

La nouvelle architecture

Avec la préfabrication et le recours à l'architecture métallique, Paxton exprime admirablement une tendance qui anime en son temps la réflexion de quelques créateurs de talent. Depuis le début du XIXe siècle, la fonte est utilisée pour la construction d'usines et de ponts, pour le remplacement des poutres de charpente en bois dans les combles, enfin, pour le montage rapide d'hôpitaux et de maisons envoyés aux colonies.
Dans ce contexte, le Français évincé, Hector Horeau (1801-1872) fait figure de génial pionnier. Dès 1835, pour Paris, il travaille au projet d'immenses espaces couverts, en fer ou en verre, et à la structure la plus légère possible, pouvant servir à tous les usages. Il influence ainsi la genèse des Halles centrales de Paris, construites à partir de 1851 par Victor Baltard, et adapte ses idées, sans résultats, pour le concours du palais de l'Exposition universelle de Londres de 1851. H. Horeau propose en vain des plans pour les expositions universelles suivantes et multiplie les études audacieuses à partir de l'emploi judicieux de la fonte. Ce sont autant de désillusions pour cet architecte malchanceux, qui meurt avant d'avoir pu réaliser ses projets les plus chers : un « chemin de fer sous-marin » entre la France et la Grande-Bretagne – idée véritablement prophétique – ; pour Paris, des rues couvertes et un chauffage urbain ; une mosquée pour « républicaniser les musulmans » et une statue gigantesque de « la France intelligente éclairant le monde » !

L'avenir des palais d'exposition

En dépit de quelques critiques formulées par les experts, le Crystal Palace devient le prototype du palais d'exposition à l'architecture métallique provisoire, qui ne peut donc défigurer le paysage urbain.

Les répliques parisiennes du Crystal Palace. Les expositions suivantes mettent au point des répliques améliorées. En 1867, 1878 et 1889, Paris prend la première place pour ses audacieuses inventions dans la construction de la galerie consacrée aux machines, pavillon annexe de l'exposition sur lequel se concentre désormais l'intérêt des organisateurs.

Les merveilles de 1889. L'Exposition de 1889 marque ainsi l'apothéose de l'architecture métallique avec sa tour de 300 m réalisée par Gustave Eiffel, et son Palais des machines de 429 m de long sur 115 m de large, conçu conjointement par un architecte, Charles Louis Ferdinand Dutert, et un ingénieur, Victor Contamin : une immense halle de verre d'une sobre beauté, portée par 20 fermes, ou arcs de fonte, au profil parabolique. Comme en 1851, les foules s'enthousiasment pour ce palais, puis s'en détournent. Ce chef-d'œuvre est démonté dans l'indifférence générale en 1910. L'âge du béton vient de commencer !

L'intérieur du Crystal Palace (photographie d'époque).

1854-1873

Les colonnes de fonte d'un bâtiment public

LA BIBLIOTHÈQUE NATIONALE

La salle de lecture : la lumière naturelle pénètre par les nombreuses ouvertures ménagées dans les coupoles, Paris, Bibliothèque nationale.

En 1854, Henri Labrouste est nommé architecte de la Bibliothèque impériale. Sa mission est de mener parallèlement les travaux de démolition des anciens locaux et de construction des nouveaux bâtiments, « sans interrompre le service de la bibliothèque et de pourvoir à l'emmagasinage méthodique des collections au fur et à mesure... »

Au moment de sa nomination, Labrouste, ancien lauréat du prix de Rome, a 54 ans. Ses critiques à l'égard de l'enseignement officiel et de l'Académie des beaux-arts l'ont écarté des honneurs et des charges lucratives. Il vient cependant de terminer sa première commande publique, la bibliothèque Sainte-Geneviève, à Paris, dont l'étude a duré 4 ans et le chantier 7 ans. C'est donc un homme expérimenté qui prend en charge l'imposant chantier de la « Bibliothèque impériale », devenue « Bibliothèque nationale » après la chute du second Empire, en 1870. L'architecte n'en prend pas moins son temps : cinq années durant, sans rien commencer à bâtir, il met au point les plans des bâtiments à construire, avec précision. Chantiers et inaugurations se succèdent ensuite, jusqu'en 1873.

L'œuvre de Labrouste à la Bibliothèque nationale

L'augmentation du nombre des livres conservés par la nation, du fait du dépôt légal instauré par François Ier, et celle de la quantité des lecteurs sont les raisons qui conduisent à la décision de rebâtir la Bibliothèque, au début des années 1850. Les deux problèmes auxquels se trouve confronté l'architecte sont donc les suivants : il lui faut d'une part établir une vaste salle de consultation où les livres seront apportés rapidement aux lecteurs depuis les magasins avoisinants et, d'autre part, aménager des réserves où seront réinstallés les 800 000 volumes qui forment le

La salle des périodiques, Paris, Bibliothèque nationale.

fonds de la Bibliothèque à cette époque – et qui se trouvent fort à l'étroit dans les hôtels disparates construits depuis le XVIIe siècle sur le quadrilatère délimité par les rues Richelieu, Colbert, Vivienne et des Petits-Champs, à proximité du Palais-Royal.

Sitôt restauré l'hôtel de Chevry-Tubœuf, occupé par l'administration, Labrouste s'occupe de mener à bien ces deux entreprises. Dès 1859, au sud de la cour d'honneur, il construit la salle de lecture et le magasin central, véritable tour à livres sur cinq niveaux. Pour le confort des lecteurs, il neutralise les bruits de la ville en élevant deux bâtiments logeant les réserves, le long des rues avoisinantes. Enfin, pour recevoir les nouveaux imprimés apportés au titre du dépôt légal, il ferme la cour d'honneur par un bâtiment d'une rigueur classique, en harmonie avec l'ensemble monumental.

La salle de lecture est peut-être la plus belle création architecturale française du XIXe siècle. C'est un vaste espace carré, coiffé de neuf coupoles légères tendues de fine porcelaine blanche, autour d'une ouverture circulaire en verre qui laisse passer la lumière du jour ! Chaque coupole est portée par quatre arcs métalliques reçus par seize fines colonnes de fonte de 10 m de haut. Les arcs portent aussi la toiture, placée un mètre au-dessus, qui protège des bruits extérieurs et des variations climatiques. La subtile maîtrise de l'espace, de l'atmosphère et de la lumière confère à ce monument une exceptionnelle élégance.

Le fonctionnalisme et la bibliothèque publique

Mais la bibliothèque de Labrouste n'est pas seulement un monument esthétiquement admirable ; elle est aussi un édifice fonctionnel destiné à recevoir chaque jour plusieurs centaines de lecteurs. Il s'agit là de quelque chose de tout à fait nouveau : au XIXe siècle, en effet, et pour la première fois dans l'histoire, une bibliothèque n'est plus le lieu de consultation de quelques érudits – lettrés des monastères ou aristocrates curieux –, mais un instrument de travail démocratique, destiné au grand nombre. Ce nouveau type de fréquentation implique des choix techniques précis, répondant à ces nouvelles contraintes.

Labrouste se fixe pour programme d'accueillir 344 lecteurs assis et 70 debout. Il lui faut pour cela une salle bien éclairée, vaste, dégagée en son centre afin de laisser place aux tables sur lesquelles travailleront les lecteurs, et où les risques d'incendie seront réduits au minimum. Les partis qu'il adopte répondent à ces impératifs : la coupole laisse pénétrer la lumière naturelle, les ouvrages les plus consultés sont disposés contre les hauts murs dont les rayonnages, desservis par trois étages de galeries, permettent de ranger 40 000 ouvrages, et le choix du métal pour la structure limite au minimum les risques liés au feu.

Au mérite d'avoir choisi des solutions simples convenant aux exigences d'une bibliothèque moderne, Labrouste ajoute une autre qualité, celle de décorateur. La beauté de sa bibliothèque tient à son ossature de fonte, que l'architecte utilise à des fins ornementales au lieu de chercher à la dissimuler : des fines colonnes aux légères coupoles, tout concourt à donner une impression de dilatation de l'espace. Par ailleurs, pour alléger les murs aveugles, Labrouste commande des peintures qui, en haut des parois, représentent des paysages de verdure et d'oiseaux. Discrète allusion aux frondaisons du jardin académique des origines…

Au fond de la pièce, un espace en forme d'hémicycle, réservé aux bureaux des conservateurs, commande, par une immense paroi vitrée logée sous un arc de décharge soutenu par deux caryatides, l'entrée du magasin central. Dans cette partie essentielle de la bibliothèque, cinq niveaux permettent de contenir 900 000 ouvrages – soit 100 000 de plus qu'il n'est nécessaire lorsque s'ouvre le chantier. Un toit de verre laisse pénétrer une abondante lumière. Le vide central, les planchers formés d'un caillebotis en métal et les escaliers en fonte également ajourée transmettent cet éclairage naturel jusqu'au sous-sol. Par ce moyen, l'air aussi circule librement entre les casiers de livres qu'il protège de cette façon de l'humidité. C'est donc un monde très fonctionnel, étroitement adapté à la destination des lieux qui est ainsi réglé !

1995 : LA « T.G.B. »

À l'aube de l'an 2000, soit un siècle et demi après Labrouste ou à peu près, Paris, de nouveau, construit une bibliothèque que ses concepteurs veulent moderne, révolutionnaire et fonctionnelle, alors que l'ancienne est désormais devenue trop petite.

Des tours et un cloître… Dans le quartier est de Paris, l'architecte Dominique Perrault construit quatre tours, en forme de livres ouverts, consacrées aux magasins - traditionnellement enterrés ou du moins placés sur le plus petit nombre de niveaux possible. Elles encadrent un quadrangle de verdure (l'équivalent d'un « cloître ») autour duquel se déploient des salles de lecture et de documentation, elles-mêmes distribuées sur deux étages.

Des milliers de lecteurs. Dans le projet de François Mitterrand, véritable initiateur du chantier, le nouvel établissement doit recevoir non pas quelques centaines d'érudits, mais des milliers de lecteurs, diplômés de haut vol ou simples curieux. C'est pourquoi la « Bibliothèque de France » est bientôt dénommée dans les médias « Très Grande Bibliothèque ». Le projet, généreux, reçoit un accueil mitigé, pour des raisons matérielles : le coût, sinon de sa construction, du moins de son fonctionnement futur est trés élevé.

Une bibliothèque pour le futur : la Bibliothèque de France (maquette conçue par l'architecte Dominique Perrault).

L'invention du « home » anglais

THE RED HOUSE

En 1858, le peintre, architecte et théoricien William Morris épouse Jane Burden, égérie de la Confrérie préraphaélite – un groupe d'artistes anglais qui milite pour un retour aux valeurs artistiques et morales du Moyen Âge. L'année suivante, le jeune couple demande à un ami, l'architecte Philipp Webb, de lui construire une maison en accord avec ses idéaux esthétiques.

La Red House, la « Maison rouge » – qui doit son nom à la couleur de ses briques et tuiles traditionnelles – naît de cette commande. Construite à Bexley Heath, près de Londres, c'est un cottage d'un nouveau style, compromis entre la ferme traditionnelle anglaise et la « villa gothique » chère aux artistes de ce temps. Telle quelle, elle constitue le manifeste de la nouvelle architecture domestique anglaise.

Le triomphe de la simplicité

La Red House n'est pourtant pas en elle-même une construction d'une extraordinaire originalité. D'une part, sa conception rappelle des exemples précis, comme la maison La Grange (The Grange) bâtie par l'architecte Pugin à Ramsgate. D'autre part, elle s'inspire génériquement des nombreux presbytères construits à cette époque dans le style néogothique. Ainsi le grand toit pittoresque, la tour abritant l'escalier hors du corps principal de l'édifice, la cheminée au conduit également surimposé au mur, les fenêtres à guillotine ou circulaires, tout cela – comme l'appareil de briques, comme les tuiles du toit –, qui témoigne de la volonté d'utiliser des matériaux locaux et ancestraux, est inspiré à Webb par de tels modèles. Le plan seul est plus nouveau, simple mais aussi fortement articulé avec sa forme assymétrique en « L », qui permet de distinguer, dans la demeure, l'espace des communs et la zone privée.

L'architecture Arts and Crafts

La véritable originalité de la Red House consiste dans son décor intérieur raffiné, pesé dans le moindre détail par le propriétaire de la maison et réalisé avec l'aide de ses amis. Habitué, dans son enfance, aux joies simples de la vie à la campagne, proche, depuis ses études, de tous ceux qui, en Angleterre, ont la nostalgie du Moyen Âge, Morris veut faire de sa demeure le refuge idéal d'une beauté simple que la civilisation industrielle est en train de faire disparaître. Dans l'aspect extérieur de la Red House, bien des motifs rappellent l'architecture des XIIIe et XIVe siècles : ainsi le puits dans le jardin, les ouvertures en ogive dans le bas de la façade, et, plus encore, l'oriel – haute baie ouvragée – de l'atelier, inspiré d'un recueil de motifs gothiques rapportés d'Italie par un ami. Mais, surtout, l'intérieur de la maison est décoré de sorte à faire revivre un décor idéalisé. Papiers peints, tentures, carreaux de céramique, vitraux, meubles – tous les éléments, dans chaque pièce, avec l'aide de peintres comme Burne Jones et Rossetti, et grâce au travail de Morris lui-même, sont étudiés pour que soit ressuscitée la beauté poétique de l'âge médiéval.

Le triomphe de l'artisanat

Plus que les thèmes et les motifs du décor – dentelures troubadour ou fresques célébrant les romans de chevalerie – l'attitude même qui consiste à envisager comme un projet global la constitution d'une maison est puis-

De la Red House à la maison Phénix...

La cité-jardin. L'idéal d'une demeure campagnarde et médiévisante, en se démocratisant, trouve son expression dans la formule du « faubourg-jardin » construit par l'architecte Richard Norman Shaw entre 1876 et 1886 à Bedford Park, dans le Middlesex. Les pavillons, distribués dans une nature soigneusement jardinée, mélangent de façon pittoresque les styles anciens de l'architecture anglaise. La même idée, développée et théorisée, inspire à un autre architecte, Ebezener Howard, son projet de cité-jardin, réalisé en 1903 à Letchwork, dans un style inspiré aussi de l'ancienne architecture anglaise.

Les pavillons modernes de Voysey. À la fin du siècle, les revues internationales d'architecture propagent l'image d'une maison individuelle plus moderne, mais aussi fortement inspirée d'une tradition régionale, influencée par les réalisations de l'architecte britannique Charles F. A. Voysey.

Le bonheur préfabriqué. Ainsi parvenu à maturité, le « cottage » anglais, pittoresque mais moderne, part à l'assaut des faubourgs résidentiels d'Europe continentale et d'Amérique. Il en revient en 1945, vidé de son idéal morrisien, dans le modèle préfabriqué et standardisé du procédé Phénix.

Dessin du faubourg-jardin construit par l'architecte R. N. Shaw, à Bedford Park, dans le Middlesex.

Un « cottage gothique » : la Red House, œuvre de l'architecte P. Webb, à Bexley Heath, près de Londres.

Cette œuvre de William Morris est un bon exemple de la mode gothique britannique (Rinceaux fleuris, Walthamstow, William Morris Gallery).

samment moderne. En attachant autant d'importance à la décoration intérieure de la Maison rouge qu'à sa structure, en choisissant avec le même sérieux les carreaux de la salle de bains ou la forme d'une fenêtre, Morris pratique une union des arts sans précédent, qui revient à réhabiliter des domaines de création considérés jusqu'alors comme trivialement artisanaux. Il préfigure ainsi le mouvement Arts and Crafts de la fin du siècle, qui oppose au style et aux objets frelatés créés par l'industrie la beauté et la pureté des œuvres créées à la main. Morris lui-même, après avoir achevé sa maison, fonde d'ailleurs une entreprise pour fabriquer, en s'inspirant des méthodes artisanales médiévales, les éléments d'un mobilier propre à apporter une beauté nouvelle dans le cadre de vie de ses contemporains. Au-delà de l'évolution des styles artistiques, il inaugure ainsi une tendance appelée à devenir très forte en Angleterre, jusqu'à aujourd'hui : le goût d'une demeure amoureusement et simplement décorée, dans un style volontiers traditionnel et artistiquement économique, et celui d'une demeure personnelle située à la campagne ou donnant l'illusion, grâce à un jardinet, d'y être située.

Le « Gothic revival »

Au médiévalisme dilettante de l'époque georgienne va succéder le **néogothique savant et idéologique** de l'ère victorienne.

Le protagoniste du « Gothic revival », anti-pittoresque et archéologique, est l'architecte et théoricien A. W. **Pugin** (1812-1852). Converti au catholicisme, Pugin se fait le pourfendeur du classicisme international et prône la nécessité d'un **style adapté au caractère de chaque nation.** Il a recours au **modèle national du gothique** comme point de départ d'une architecture anglaise, moderne et chrétienne.

John **Ruskin** (1819-1900), le critique d'art le plus influent de l'époque, élargit les idées de Pugin à la culture médiévale dans ses deux essais *les Sept Lampes de l'architecture* (1849) et *Pierres de Venise* (1851-1853). Violemment **opposé à la révolution industrielle,** Ruskin s'érige contre la machine qui asservit l'ouvrier. Sa **réforme des arts appliqués** se fonde sur l'artisanat, qui, seul, ennoblit le travail.

William Morris

Créateur et amoureux de l'art – en même temps que militant socialiste – William Morris (1834-1896) est un **adversaire acharné de la révolution industrielle.**

Tout en dénonçant la laideur des produits mécanisés créés par la civilisation de son temps, il propose, sous l'inspiration du théoricien Ruskin et de paire avec les préraphaélites, **une réforme du cadre de vie fondée sur un retour à l'esthétique médiévale (« Gothic revival »),** avec, pour corollaire, la réhabilitation de l'artisanat.

À cette fin, il fonde en 1861 **une fabrique de papier de tenture,** dont il compose les dessins, et devient également le propriétaire d'une imprimerie, où il publie **des livres illustrés de gravures sur bois.** Son activité influence de façon décisive l'évolution des arts décoratifs en Angleterre.

Une architecture éclectique pour la « fête impériale »

L'OPÉRA GARNIER

Le 5 janvier 1875 est inauguré le nouvel Opéra de Paris. Son constructeur, l'architecte Charles Garnier, descend le grand escalier ruisselant d'ors et de marbres, sous les ovations de la foule. Quatre ans plus tôt, Paris, assiégé, se mourait de faim. L'ouverture de la fastueuse salle de spectacle, dont le chantier avait été commencé en 1862, sous Napoléon III, marque le renouveau des fastes de la vie mondaine parisienne - elle est ressentie, en quelque sorte, comme le symbole du véritable retour à la paix.

L'emplacement choisi pour remplacer l'étroite et médiocre salle de la rue Le Pelletier, où ont lieu les grands spectacles lyriques et dansants du XIXe siècle, est situé dans le cœur du Paris du second Empire. Il occupe un terrain de 10 000 m^2, d'une longueur de 150 m, entre le boulevard des Capucines, la rue de la Chaussée d'Antin, la rue Neuve-des-Mathurins et le passage Sandrié : c'est dans ce lieu que sont installés les banques et les commerces de luxe, à proximité des nouvelles gares qui relient Paris au reste de l'Europe. La place du futur Opéra est tracée dès 1858 et des immeubles s'élèvent pour la délimiter à partir de 1860. Vers le sud, la perspective de ce qui deviendra l'avenue de l'Opéra a été ouverte à partir de 1854 par le préfet Haussmann, pour rejoindre le Louvre, le vieux château monarchique, lié depuis peu au palais des Tuileries, où réside la famille impériale.

Un concours pour l'Opéra

Le chantier prestigieux est l'occasion d'un grand concours d'architecture – l'un des rares qu'ait organisés le second Empire. 171 architectes entrent en lice pour faire triompher leur projet. Parmi eux figurent Eugène Viollet-le-Duc, l'enfant terrible de l'architecture, grand ami du romancier Prosper Mérimée et de l'impératrice Eugénie, et Charles Rohault de Fleury, le très remarquable inventeur des serres en fonte du Jardin des Plantes. Le jury réunit d'éminents architectes, membres de l'Académie des beaux-arts et auteurs d'importants programmes parisiens : Hippolyte Lebas, Félix Duban, Jacques-Ignace Hittorf, etc. Le couple impérial a son favori, qui est éliminé au premier tour. En 1861, au second tour, Charles Garnier est nommé, à l'unanimité du jury, responsable du projet.

Cette victoire est une surprise. Le jeune architecte (1825-1898), issu d'un milieu modeste, est un ancien dessinateur de l'agence de Viollet-le-Duc. Brillant lauréat du prix de Rome, ami du poète romantique Théophile Gautier, il est architecte de la Ville de Paris et

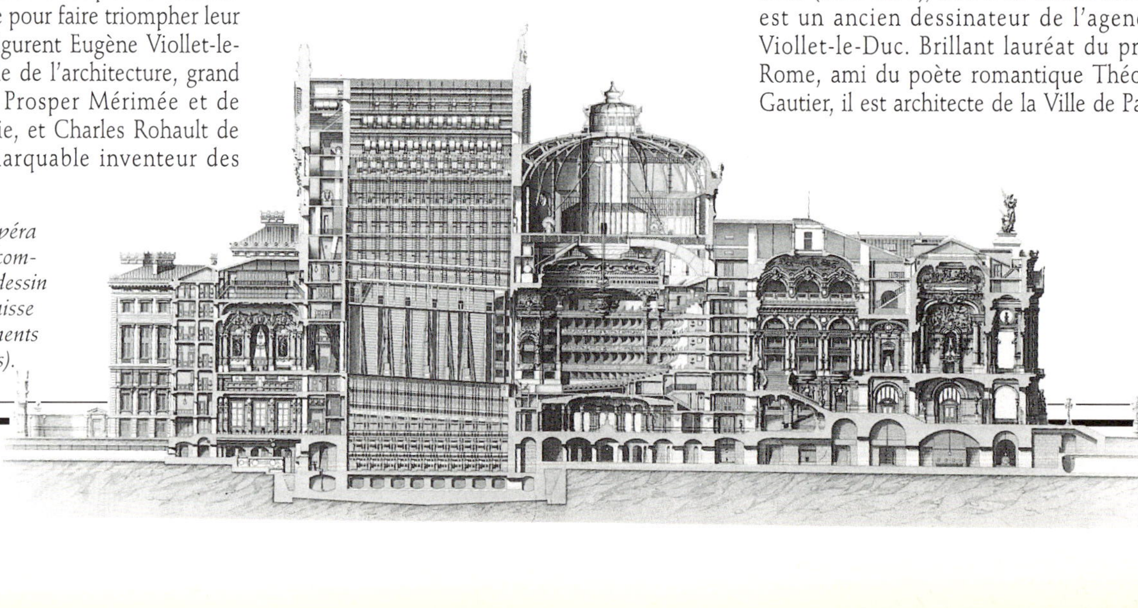

Plan en coupe de l'Opéra Garnier montrant la complexité du bâtiment (dessin de Garnier, Paris, Caisse nationale des Monuments historiques et des sites).

La salle de l'Opéra Garnier, centre de la vie mondaine parisienne (les fresques du plafond, par Chagall, datent des années 1963-1965).

Façade du célèbre l'Opéra Garnier, vue de la place de l'Opéra, Paris.

L'escalier d'honneur de l'opéra, conçu pour le faste des grandes cérémonies mondaines, Paris.

dirige les chantiers du boulevard Sébastopol, récemment percé. Ses plans impressionnent le jury par leur profonde unité.

La « cathédrale mondaine »

Juste définition des lieux, formulée par Théophile Gautier ! La succession des espaces, le luxe et l'abondance des décors saisissent le spectateur, depuis son entrée dans le bâtiment jusqu'à la grande salle.

Au débouché des vestibules, bas comme les coulisses d'un théâtre, le grand escalier, élément essentiel du parcours, met en communication les lieux d'apparat et conduit au foyer et à la salle de spectacle.

Conçu pour mettre en scène la brillante société du second Empire qui fréquente l'Opéra, il occupe plus d'espace que la salle. L'architecte en organise somptueusement le décor afin d'en faire le cadre « du mouvement d'une foule élégante [...] étalant sur les marches [...] l'éclat des soies, des velours, des broderies, des diamants se mêlant aux reflets de ces marbres, de ces onyx, de ces bronzes et de ces dorures. »

Si la salle, avec ses 5 étages de loges en forme de fer à cheval, paraît « mesquine » (Viollet-le-Duc), en dépit de ses ors, de son lustre et de sa coupole, c'est qu'elle est conçue, une fois le rideau levé et les lumières éteintes – grande première dans l'histoire du théâtre – pour ne pas distraire le public de l'écoute de la musique !

Le foyer est le lieu de parade de la bourgeoisie triomphante. Les salons privés des loges perdent leur importance. Les Parisiennes cessent d'y recevoir soupirants et amis, préférant, aux entractes, se promener dans les foyers et les jardins d'hiver, pour y faire étalage de leur luxe et de leurs relations.

Les techniques employées pour réaliser cette architecture de représentation sont révolutionnaires, depuis les assises hydrauliques des fondations jusqu'aux structures métalliques des combles. Garnier imagine même de construire un plateau de scène mobile monté sur vérins, projet auquel il doit renoncer faute de crédits suffisants !

D'un Opéra à l'autre : l'Opéra de la Bastille

Un « grand chantier » du premier septennat. En 1981, l'Opéra parisien de Charles Garnier apparaît trop petit et mal adapté aux contraintes des spectacles modernes. Le président F. Mitterrand fait triompher l'idée de construire un nouvel Opéra « populaire », situé symboliquement place de la Bastille.

Une énorme machine. Le projet d'un architecte canadien peu connu en Europe, Carlos Ott, d'origine uruguayenne, est choisi au terme d'un concours qui réunit 1 650 projets. Le nouveau bâtiment, qui couvre 150 000 m², comporte une grande salle de 2 700 places, un auditorium plus petit, modulable (de 600 à 1 000 places), un studio de 280 places et un amphithéâtre pouvant accueillir 500 personnes, ainsi que des salles de répétition, des loges et des ateliers pour la fabrication des décors.

Une réalisation critiquée. L'architecture extérieure, rapidement contestée, associe le marbre et le verre, en un vaste volume hémisphérique axé sur un escalier d'honneur exceptionnellement utilisé et décoré de motifs carrelés.

Le joyau du paysage urbain

L'Opéra de Garnier constitue l'expression architecturale la plus aboutie du second Empire, un cadre pour la fête impériale et ses acteurs, bourgeois souvent parvenus, dont la IIIe République consacre finalement le succès. La façade se distingue de la grisaille des immeubles serrés alentour par son éclatante polychromie. Une synthèse éclectique du style Renaissance et du style classique met en place, sur un piédestal de 63 marches, des arcades ouvrant sur un monde fascinant.

Néanmoins, l'organisation extérieure du monument est tout à fait fonctionnelle et moderne. La composition en volumes successifs reflète l'enfilade du foyer, de l'escalier, de la salle et de la scène. Le mur pignon, au-dessus de la scène, est construit selon les progrès techniques qui mettent en valeur le lyrique. Les immenses décors sont enroulés sur des cintres. Le nouvel Opéra de Paris s'impose comme une architecture à la fois fonctionnelle et représentative des habitudes sociales.

1869-1883

Le triomphe de l'architecture d'ingénieur

LE PONT DE BROOKLYN

La construction du pont de Brooklyn, qui relie Manhattan à la ville de Brooklyn, marque l'entrée de New York dans la modernité urbaine et architecturale. Pour les Américains, il symbolise le rôle de leur pays comme territoire où doit s'accomplir l'avenir du monde.

La réalisation du pont, entre 1869 et 1883, s'inscrit à la suite du plan de développement urbain de la ville de New York, dessiné à partir de 1833. Face au développement accéléré de la population new-yorkaise, l'idée s'impose que la seule manière d'éviter une asphyxie urbaine est d'englober les agglomérations situées autour de Manhattan dans un seul « Grand New York » et, pour cela, de commencer par construire une série de ponts qui relieront l'île, accessible à ce moment seulement par ferry, au continent. Joindre Manhattan à Brooklyn, ville déjà importante située de l'autre côté de l'East River, apparaît en l'occurrence comme la première nécessité. Mais la « rivière » – en fait un bras de mer – est extrêmement large à cet endroit, et il faut éviter que le futur pont n'empêche la progression vers l'amont des bateaux, dotés à cette époque de très hauts mâts. Les difficultés techniques considérables retardent donc la construction du pont, jusqu'à ce que, en 1867, l'architecte d'origine allemande John A. Roebling propose aux autorités new-yorkaises un projet grandiose et techniquement convaincant.

Un exploit d'ingénieur

Ingénieur de formation, Roebling (1806-1869) a déjà construit, avant 1867, deux ponts suspendus. Le premier à Cincinnati, au-dessus de l'Ohio (1856-1867), le second sur le site grandiose des chutes du Niagara (1851-1855, aujourd'hui disparu). Le projet qu'il conçoit pour franchir l'East River est colossal. Il s'agit du plus grand pont suspendu jamais construit dans le monde : il sera soutenu par des câbles tendus depuis des pylônes culminant à 90 m au-dessus de l'eau, c'est-à-dire plus hauts qu'aucun monument existant (à l'exception des clochers de l'église de la Trinité, à Paris). Sa portée sera de 486,50 m, soit 215 m de plus que le précédent record, réalisé par le Français Chaley Ling en 1834 à Fribourg, en Suisse.
Commencé en 1869, le chantier du pont de Brooklyn marque donc le sommet de la carrière de Roebling. Mais l'architecte n'a guère le temps de savourer sa victoire : il meurt quelques mois seulement après le début des travaux, à la suite d'un accident survenu lors de l'immersion des caissons remplis d'air comprimé devant permettre aux ouvriers de creuser au sec les fondations des piliers du pont jusqu'à la roche mère. Son fils,

Autre exemple célèbre d'architecture métallique réalisé par Eiffel : le viaduc de Garabit, dans le Cantal.

Architectes ? Ou ingénieurs ?

Le mal-aimé de l'architecture. La conception qui prévaut de la Renaissance au XIXe siècle fait de l'architecte un homme universel, maîtrisant sciences et arts. L'intervention des ingénieurs en matière de construction reste confinée, pendant cette période, au domaine militaire.

Les impératifs des matériaux nouveaux. Dans la seconde moitié du XIXe siècle, cependant, l'évolution des techniques et l'utilisation de matériaux nouveaux, tels que le fer et l'acier, donnent aux ingénieurs une large place dans la construction, particulièrement dans le développement des réseaux ferroviaires, en pleine expansion. La civilisation industrielle crée, pour répondre à ses besoins, des écoles qui forment des ingénieurs civils. Ainsi l'École centrale des arts et manufactures, fondée en France en 1829.

L'utile et le beau. Le clivage théorique entre les architectes et les ingénieurs continue à cette époque à prévaloir. La majorité des architectes ne comprend pas que les nouveaux matériaux tels que l'acier et la fonte puissent intéresser les beaux-arts : ils sont considérés comme des moyens, l'idée qu'ils puissent être esthétiques évolue lentement. Une rupture est marquée entre l'idée d'utile et l'idée de beau. Aussi, les ingénieurs s'illustrent dans les constructions purement utilitaires, telles que les usines, halles, navires, grands magasins, etc. Et, s'ils s'occupent des voies ferroviaires, la conception de la gare est laissée aux architectes.

Le pont de Brooklyn et le quartier de Manhattan, New York.

Un édifice remarquable par les solutions techniques qu'il propose : le pont de Brooklyn, symbole de la modernité de New York.

Washington Roebling, prend sa succession. La réussite de l'entreprise tient en grande partie à l'utilisation, pour la première fois, de câbles de suspension en acier tressé. Ces câbles, composés chacun de 19 faisceaux de 280 fils d'acier tenus ensemble par un fil souple, supportent un « tablier » (ou plate-forme) occupé par deux voies réservées aux voitures et charrettes, deux autres, abritées par un treillis métallique, destinées aux tramways et, entre elles, une passerelle surélevée pour piétons, promenade voulue par l'architecte afin que tous, « jeunes et vieux [puissent] profiter les jours de beau temps de la vue et de l'air pur ».

Une entrée monumentale

Les deux piles, ou tours porteuses, qui soutiennent les câbles, à l'entrée du pont de part et d'autre, sont en granite évidé pour laisser passer les fils d'acier, et ouverts de deux arcs de forme gothique servant d'entrée monumentale à l'ouvrage. Dans l'esprit de John Roebling, ces portiques jouent un rôle essentiel. Outre leur fonction, évidente (ils sont les soutiens du pont), ils constituent des points de repère symboliques, l'équivalent de ce qu'étaient autrefois les portes d'une ville. Leur élévation leur permet de jouer parfaitement ce rôle, puisqu'on repère leur haute silhouette fort loin du point où ils se dressent, et le décor gothique adopté par l'architecte souligne la continuité historique avec les anciennes entrées urbaines.

Mais le pont construit par Roebling est aussi un ouvrage profondément moderne. Plus encore que par les portes, quiconque regarde le pont de Brooklyn est frappé par l'harmonie moderne du réseau des câbles qui soutiennent son plateau. Les quatre câbles majeurs, de 40 cm de diamètre, les « suspentes » (ou câbles verticaux), les haubans métalliques formant des diagonales, constituent un treillis au rythme puissant, d'une beauté entièrement nouvelle dans cette seconde moitié du XIXe siècle. Inauguré avec un faste extraordinaire le 24 mai 1883, le pont de Brooklyn devient, très vite, au même titre que la statue de la Liberté, le symbole de la société américaine en plein développement. Au XXe siècle, le pont reste célébré par de nombreux artistes, écrivains ou cinéastes – par exemple, l'auteur dramatique Arthur Miller (*Vu du pont,* 1955).

La demeure fabuleuse du roi Louis II de Bavière

LE CHÂTEAU DE NEUSCHWANSTEIN

Symbole d'un roi misanthrope et mégalomane, Neuschwanstein est le plus beau des châteaux construits par Louis II de Bavière. Un rêve de pierre, qui renvoie au temps des croisades et témoigne de la passion du jeune souverain pour l'œuvre de Wagner.

Un château de carton ? Rêve ou réalité ? Un maquettiste de théâtre a réalisé les premières esquisses de la résidence de Neuschwanstein, refuge romantique d'un roi écrasé par une charge trop lourde.

Un conte de pierre

Vaste construction quadrangulaire plantée sur un éperon rocheux, au milieu de la forêt, Neuschwanstein surveille l'entrée d'une gorge. Semblant tout droit sorti d'un livre de contes pour enfants. C'est le château du Saint Graal, que le roi veut ressusciter, témoignant là de son culte pour Richard Wagner, le célèbre compositeur de *l'Or du Rhin,* de *Parsifal* ou de *Tannhäuser.* Le château domine le paysage environnant du Schwangau, qui signifie « le canton du cygne ». Dans l'esprit du roi, ce « cygne » est celui de Lohengrin, le fils de Parsifal, à qui Wagner a consacré aussi un opéra.

L'édifice, bien que commencé en 1869, est inachevé à la mort du roi, en 1886, ce qui

Linderhof et Herrenchiemsee

Neuschwanstein n'est pas le seul château réalisé par le roi. Deux autres demeures ont été construites sur ordre de Louis II. Linderhof (1874-1878) et Herrenchiemsee (commencés en 1878, les travaux sont interrompus en 1885) .

Rococo et alpin. Perdu dans les contreforts alpins, le petit château de Linderhof est surtout célèbre pour sa grotte, dont l'ouverture est dissimulée par un gros rocher qui s'écarte sur commande. À l'intérieur, elle abrite un lac artificiel sur les eaux duquel nagent des cygnes. Une embarcation dorée, elle-même en forme de cygne, permet au roi de se promener, tandis qu'une machine agite les ondes d'un doux mouvement de vagues.

Une réplique de Versailles. Situé sur une île, non loin de Munich, Herrenchiemsee se veut une reproduction de Versailles. Ni le bassin de Latone ni la galerie des Glaces ne manquent, et de multiples portraits de Louis XIV rappellent la dévotion que nourrissait Louis II pour le souverain français.

Le château de Neuschwanstein, véritable rêve wagnérien du roi Louis II, et le lac Alpsee, en Bavière.

Le château de Linderhof, en Bavière.

s'explique par ses vastes proportions (sa superficie couvre 5 935 m²). 200 personnes travaillent sur le chantier 17 années durant, du printemps à l'automne – les hivers trop rudes obligent à interrompre les travaux. À l'extérieur, le style roman domine, s'alliant aux styles gothique et byzantin. L'architecture puise ses sources dans deux châteaux médiévaux. L'un est français : c'est la forteresse de Pierrefonds, restaurée par Viollet-le-Duc, que le jeune roi a découverte avec enthousiasme lors d'une visite en France. L'autre, allemand, est le château fort de Wartburg,où eurent lieu au XIIIe siècle les joutes poétiques des trouvères allemands que Wagner met en scène dans *Tannhäuser.*

Les premiers projets du château datent de 1867. Cette année-là, le décorateur de théâtre Jank réalise de premiers dessins qui esquissent la silhouette du bâtiment. Après quoi, deux architectes sont successivement chargés du chantier : Riedel et Dollmann. Ils ont pour mission de satisfaire toutes les volontés du roi, qui rêve de bâtir le plus merveilleux des châteaux médiévaux. Tous les éléments qui font le pittoresque de ce genre d'édifice (longs escaliers tournants, tours et tourelles, escarpements, élancement en hauteur, dissymétrie) sont donc utilisés à profusion.

Et un décor de théâtre

Le château est immense. Sur 128 pièces prévues, seulement 15 sont aménagées. De nombreuses portes donnent dans le vide. Elles contribuent, involontairement sans doute, à l'atmosphère enchantée de l'ensemble. Julius Hoffmann, le dernier architecte à intervenir dans le château après 1884, est le principal responsable de la décoration intérieure, où se mêlent et se succèdent une profusion de marbres, de stucs, de mosaïques, de tissus et de boiseries. Sur les murs, des peintures évoquent les chevaliers, les saints et les rois d'antan. Dans la salle du trône, les saints rois de l'histoire de l'Europe (Casimir de Pologne, Étienne de Hongrie, Louis de France, etc.) entourant le Christ ornent les parois. Le sol en mosaïque évoque le monde animal et végétal. Partout, l'or s'allie au marbre et au faux porphyre des colonnes – la nécessité de limiter les dépenses, considérables, conduit parfois en effet à remplacer les matériaux nobles par des imitations. La chambre du roi est une autre pièce maîtresse de l'ensemble. De style gothique, naturellement, elle est extrêmement ornée. Quatre années ont été nécessaires à une équipe de sculpteurs pour réaliser les reliefs des meubles en bois de chêne. Sur les murs, des fresques racontent les amours tragiques de Tristan et Ysolde – encore un thème wagnérien. Mais le couronnement de l'ensemble est la grotte artificielle qui sépare le grand salon du cabinet de travail. Elle est faite de stuc (c'est-à-dire d'un ciment de poudre de marbre sculpté) pris dans la boiserie massive. Véritable féerie artificielle, cette grotte préfigure le parc d'un autre grand château de Louis II, Linderhof. Avec ses stalactites artificielles, elle figure le Venusberg, où, dans Tannhäuser, le chanteur s'abandonne au plaisir. Le cabinet du roi est aussi consacré à la légende de *Tannhäuser.* Partout, dans le château, figure le cygne de Lohengrin. Ainsi, Neuschwanstein est une ode à la gloire de Wagner.

La grotte de Wagner, au château de Linderhof, en Bavière.

Louis II de Bavière , le roi tragique

Adolescent, **Louis II (1845-1886) découvre l'œuvre de Wagner.** Ses thèmes et mythes le fascinent. Au choc musical s'associe un choc théâtral, face à la magie des décors. En Wagner, Louis trouve son idole et son maître spirituel. Aussi, devenu roi de Bavière à l'âge de 19 ans (en 1864), il n'a qu'une seule idée : faire venir le compositeur auprès de lui.

Tout oppose les deux hommes, jusqu'à l'homosexualité du roi face au séducteur incorrigible qu'est Wagner. Pourtant, **une amitié fidèle** les lie pendant plus de 19 ans, même s'ils se voient peu. Dès 1865, en effet, le roi est obligé d'éloigner Wagner de sa cour, scandalisée par ses frasques amoureuses.

Intéressé uniquement par l'art, Louis II n'a que faire de gouverner. En 1866, incapable de prendre parti dans la guerre qui oppose l'Autriche à l'Allemagne, il fuit sa capitale, Munich. L'effet sur le peuple est désastreux. Sa vie familiale est tout aussi navrante : fiancé avec Sophie, la sœur de « Sissi », l'impératrice d'Autriche, Louis s'éprend d'un jeune écuyer, et cette liaison, bientôt publique, aboutit à l'annulation des fiançailles.

Après ce nouvel échec, Louis II ne fait même plus semblant de s'intéresser aux affaires de l'État. **Désertant à peu près totalement Munich, il cherche refuge dans les montagnes, et consacre le reste de sa vie à ériger des rêves chevaleresques de pierres.** Le 13 juin 1886, on retrouve son corps noyé dans le lac du château de Berg, où il avait été interné la veille pour paranoïa.

Une église byzantine pour sauver la France

LE SACRÉ-CŒUR DE MONTMARTRE

En 1871, la France, qui a perdu la guerre contre l'Allemagne, se remet à peine de la « Semaine sanglante » par laquelle s'est achevée cette véritable guerre civile qu'on appelle la Commune. La même année, le pape Pie IX se déclare prisonnier de l'État italien, qui vient de proclamer l'annexion des États pontificaux. Les malheurs du temps seraient-ils le résultat des péchés d'une société viciée ? Les catholiques le pensent et leur influence est si forte en France que l'idée triomphe de bâtir, en manière d'expiation, une gigantesque basilique, au centre de la capitale.

La basilique du Sacré-Cœur de Jésus naît à Montmartre dans ces conditions. Le texte de dédicace de l'église est publié à des millions d'exemplaires en 1871. Sa construction est déclarée d'utilité publique, tandis qu'une souscription populaire s'ouvre dans tout le pays. Le concours pour son érection est ouvert en 1874.

L'invention d'un style : le romano-byzantin

Eugène Viollet-le-Duc, le restaurateur des cathédrales gothiques et théoricien du rationalisme néo médiéval, est le grand absent de cette épreuve : les a priori réactionnaires qui sous-tendent la décision de construire le Sacré-Cœur offensent ce républicain. Mais un de ses plus fidèles lieutenants, Paul Abadie, emporte la commande avec un projet d'église coiffée de coupoles et à plan centré.
Paul Abadie (1812-1884) est, comme son maître, un ardent défenseur du Moyen Âge français. Son souci de redonner vie à un art éteint depuis des siècles le pousse à des interventions sans nuances sur des édifices médiévaux du sud-ouest de la France, au point de les reconstruire carrément lorsqu'ils sont très ruinés par le temps ou de les achever – même s'ils ne l'ont jamais été.
Plus que du gothique, cher à Viollet-le-Duc, Abadie est un amoureux du roman, un style admirablement représenté en Aquitaine. Une hypothèse hardie le conduit à avancer que les églises à coupoles bâties dans cette région selon ce style constituent l'ultime expression de l'architecture byzantine en Occident. Ainsi, l'église Saint-Front-de-Périgueux, qu'Abadie date à tort du XIe siècle, serait la sœur de la basilique Saint-Marc de Venise. Les historiens de l'architecture ne retiennent aujourd'hui plus rien de ces élucubrations, mais l'architecte sut, à l'époque, se montrer si convaincant qu'on lui laissa mener sur le bâtiment des travaux de restauration longs de trente années qui l'amenèrent... à le rebâtir à peu près entièrement selon sa fantaisie.

De Périgueux à Paris

La prédilection d'Abadie pour « sa » basilique de Saint-Front le conduit à proposer, pour Montmartre, une véritable réplique de l'église reconstituée à Périgueux, enrichie d'encore plus d'emprunts faits directement à Saint-Marc et à Sainte-Sophie de Constantinople. Par un singulier raccourci de l'histoire, les styles byzantin, vénitien et roman aquitain se trouvent ainsi réunis pour fournir le modèle... d'une grande basilique parisienne de la fin du XIXe siècle ! Le paradoxe est que cette étrange synthèse apparaît nouvelle et riche de sens à une hiérarchie ecclésiastique lasse d'une longue tradition d'églises néogothiques, et heureuse d'autre part de sembler recueillir, avec l'héritage de Byzance, toute une part de l'histoire des premiers siècles chrétiens.

Un éclectisme assumé

Mais le Sacré-Cœur d'Abadie dépasse la simple combinaison de ces deux styles, il leur ajoute en outre des emprunts aux arts

Le Sacré-Cœur de Montmartre, *peinture de Maurice Utrillo (1934, São Paulo, Museu de Arte).*

Un précédent : la Major à Marseille

Une nouvelle cathédrale pour un grand port. La Restauration redonne à Marseille son diocèse, supprimé sous la Révolution. Pour remplacer son ancienne cathédrale, un monument d'origine romane mais fortement modifié et sans grand caractère, la cité phocéenne, devenue un grand port et la porte de la France vers l'Orient, souhaite un monument prestigieux. Le second Empire accède à ces vœux, Napoléon III instituant de fait une concorde sociale avec une ville traditionnellement antibonapartiste.

Un roman apparent... Léon Vaudoyer (1803-1872), professeur d'architecture de l'École des beaux-arts de Paris, se voit chargé du projet. Ne pouvant importer le modèle gothique alors à la mode, mais qui est le fait des régions septentrionales plus que des côtes méditerranéennes de France, l'architecte se tourne alors vers la tradition romane, bien représentée dans la région.

... et un éclectisme réel. Cependant, comme Abadie plus tard, Vaudoyer croit découvrir des origines byzantines dans l'art roman du Sud. Les plans qu'il propose pour la nouvelle cathédrale, désignée sous le nom de la Major et construite entre 1852 et 1893, sont ainsi, sur le premier foyer chrétien de la Gaule, un résumé synthétique de l'architecture religieuse occidentale et orientale. Ce style romano-byzantin imaginaire, libéré de toute rigueur archéologique, n'hésite pas à piocher – non sans contradictions – dans les répertoires du gothique et de la Renaissance, empruntant à Chartres son déambulatoire et à Florence son célèbre dôme...

gothique et classique. Le dessein de l'élève de Viollet-le-Duc, en fait, est de proposer à la « France très chrétienne » un temple véritablement universel et éternel, synthèse de l'histoire de l'architecture chrétienne depuis les premiers temps de cette foi. Le plan du Sacré-Cœur manifeste clairement ce projet : il est centré et couvert d'un dôme, comme à la Renaissance ; il présente un chœur avec déambulatoire, comme dans les églises romanes ; mais aussi des chapelles rayonnantes, à la manière des cathédrales gothiques. Enfin, l'église est couverte de plusieurs coupoles, comme les sanctuaires de tradition byzantine, et elle emprunte par ailleurs à ces monuments son décor : une façade gardée par des statues équestres, et des mosaïques sur les parois et les voûtes. L'obscurité qui règne à l'intérieur du monument rappelle, elle, la tradition plus ancienne encore des catacombes – ces cimetières et temples secrets, enterrés, des premiers chrétiens ; elle convient, par ailleurs, à ce monument de la pénitence et permet de spectaculaires effets de rupture lorsque, au signal des grandes orgues et grâce à la nouvelle technique de l'électricité, le chœur s'illumine soudain, embrasant la mosaïque du cul-de-four.

Un projet si ambitieux nécessite, naturellement, un budget à sa mesure : les sept millions de francs-or prévus dans le devis se transformant, finalement, en plus de 45 millions ! Le chantier dure cinquante années (la basilique n'est inaugurée qu'en 1919, et sa décoration n'est achevée qu'en 1923) ; il est dirigé successivement par cinq architectes… « Ma folle prétention est que [le Sacré-Cœur] devienne un type » avoue Paul Abadie. La mort subite de l'architecte en 1884 l'empêche de vérifier si cette prétention était justifiée. Pourtant, dans les décennies qui suivent, la IIIe République entonne le credo du romano-byzantin : les basiliques de Lourdes (1883-1901), de Domrémy (1881-1926), de Lisieux (1929-1954), et même, de Batala (en Martinique, dans les années 1920), avouent une forte dette vis-à-vis du Sacré-Cœur. Cependant, détesté par les anticléricaux, qui le surnomment « la mosquée du Saint-Viscère », et célébré par les peintres de la place du Tertre, le blanc édifice devient indissociable du paysage parisien et s'impose, à l'instar de la tour Eiffel, comme un monument emblématique de la capitale française – le symbole, plus précisément, d'un quartier aujourd'hui disparu, le Montmartre populaire des guinguettes et des moulins à vent…

Le Sacré-Cœur, édifié à Paris sur le sommet de la butte Montmartre.

Les folles extravagances du facteur Cheval

LE PALAIS EXTRAORDINAIRE

« Puisque la nature fournit les sculptures, je me ferai architecte et maçon... » En 1879, Ferdinand Cheval, le modeste facteur de Hauterives, petite commune de l'arrondissement de Valence, dans la Drôme, décide de construire de ses mains, dans son jardin, un palais fabuleux.

Enthousiasmé par le nombre et la beauté des galets et des pierres qui parsèment les paysages qu'il traverse durant sa tournée quotidienne de 32 km, il les ramasse et les transporte chez lui. Il utilise ainsi ses poches, des paniers, voire des brouettes, et déverse le butin dans son jardin, travaillant jusqu'à une heure avancée de la nuit. Ayant réuni en 25 ans suffisamment de matériaux, il se procure de la chaux et du ciment (en tout, 4 000 sacs !), creuse les fondations, élève les murs et aménage les terrasses d'un monument exceptionnel, qu'il termine en 1912. Il a alors 77 ans ! Il meurt en 1924, après avoir eu le temps de bâtir pour lui-même une chapelle funéraire, aussi étonnante que son palais, dans le cimetière du village...

Monument surprenant dans la campagne de la Drôme, le Palais idéal, contruit par le facteur Cheval, à Hauterives.

Des sculptures naïves et exotiques, façonnées à partir d'objets ramassés au cours de ses tournées de facteur par le facteur Cheval pendant près de 25 ans.

Ferdinand Cheval, un architecte-sculpteur « naïf »

Né en 1836 à Charmes-sur-l'Herbasse, bourgade voisine de Hauterives, le facteur Cheval, par ailleurs modeste propriétaire terrien, est, socialement parlant, un représentant typique de la petite société rurale de la seconde moitié du XIXe siècle. Son autobiographie, rédigée en 1914, montre en revanche une personnalité dotée d'une imagination délirante, d'une énergie et d'une puissance de travail peu communes. Les inscriptions qui rehaussent son « palais idéal » révèlent un citoyen qui a le culte de la science et des grands hommes, qui croit à la valeur de l'effort et du travail bien fait, générateurs d'une société meilleure et toujours perfectible.
Son service militaire effectué en Afrique du Nord est la grande aventure de sa vie : il lui laisse un goût de l'exotisme qui alimente ses rêveries. Par la suite, et durant le reste de son existence, l'univers de Ferdinand Cheval se limite aux confins de l'Isère et de la Drôme, où se déroule sa tournée de facteur.
Son instruction est celle du certificat d'études primaires. Il la complète de notions disparates en histoire, géographie, zoologie et botanique, puisées dans divers manuels et dans la presse. Cette culture de vulgarisation, jointe au goût inné du personnage pour la beauté de la nature, lui permet d'échapper aux contraintes d'une société qui privilégie la science et la technique.
Comme pour son contemporain, le peintre « naïf » – c'est-à-dire autodidacte et d'inspiration populaire – Henri Rousseau (dit « le Douanier Rousseau », 1844-1910), sa puissance créatrice découle de ses dons minutieux d'observation et de son imagination poétique exceptionnelle. Un paysage lointain, un fait divers, un récit de voyageur sont immédiatement interprétés et transposés dans un univers onirique.

Une « folie » dans un jardin de Hauterives

En Europe, dès le XVIIIe siècle, des « folies », c'est-à-dire des maisons de plaisance ou des constructions extravagantes dispersées au sein de parcs ou de vastes jardins, ont entretenu pour leurs propriétaires l'illusion des voyages et des terres lointaines. Le « grand dessein » qui se concrétise dans l'esprit de Ferdinand Cheval, à l'âge de 43 ans, a la même signification : « Que faire en marchant perpétuellement dans le même décor [...] ? » se demande le facteur. Il prépare ses matériaux pendant des années et, à 68 ans, peut enfin réaliser son rêve d'architecte !
« [...] Les fondations creusées étonnèrent naturellement bien du monde car grandes sont les dimensions. Les voici : la façade est mesure 26 m de longueur ; la façade ouest également 26 m, celle du nord, 14 et celle du sud, 12. La hauteur varie, suivant les endroits, de 8 à 10 m. Chacune des façades n'est pas

plane et unie comme on pourrait le croire, elle offre aux regards étonnés, dans mille petits palais variés, tout un monde bizarre, grotesque et original de plantes et d'animaux, de figures de toutes sortes.

« Entre les façades est et ouest se trouve une galerie de 20 m de long et de 2 m de large, ce qui donne accès à chacune de ses extrémités à un labyrinthe aux sculptures hétéroclites ; dans cette hécatombe [sic], on trouve une foule de variétés que j'ai sculptées et façonnées moi-même, rappelant assez les temps anciens [...] ; dans l'autre, on remarque sept figures d'antiquités [...] »

L'artiste rehausse en outre sa composition par « une mosquée arabe avec ses minarets et son croissant, un temple hindou, un chalet suisse, la Maison Carrée d'Alger [sic], le château au Moyen Âge », une tour supportée par trois géants, et de multiples grottes.

De la grotte au chalet, du château au palais d'Été...

Le palais aux mille facettes du facteur Cheval traduit la vision du monde d'un poète solitaire qui interprète images et faits divers relatés par la presse et les périodiques. Dès la fin du second Empire, *le Petit Journal* et *le Petit Parisien,* transportés par chemin de fer, informent les campagnes les plus retirées. *L'Illustration* et *le Magasin pittoresque*, largement diffusés en province, orchestrent les événements politiques et mondains qui se déroulent à Paris et dans le monde.

En dépit de la dimension fantastique de son œuvre, le petit facteur de Hauterives reste l'homme de son temps, de ce siècle éclectique qui a inventé une nouvelle architecture. À Londres en 1851, à Paris en 1867 et 1878, et dans d'autres villes du monde, lors des grandes Expositions universelles, des palais d'exposition en métal et en verre, aux espaces intérieurs immenses, accueillent les reconstitutions de temples et de villages dont les originaux viennent de toutes les régions du monde. Les spectateurs de ces expositions, l'opinion entière, qui découvrent ces reconstitutions par les images qu'en diffuse la presse, se voient ainsi révéler des modèles architecturaux exotiques dont ils ne soupçonnaient pas l'existence. L'Orient, ses pagodes et ses palais chinois et japonais, le temple d'Angkor et ses fastueuses sculptures sont livrés à un public qui n'a jamais quitté la France et ne la quittera peut-être jamais. En 1889, à l'occasion de la grande exposition qui célèbre le premier centenaire de la Révolution française, l'architecture insolite et moderne, toute d'acier, de la tour de Gustave Eiffel cohabite avec la présentation des constructions coloniales en un rapprochement paradoxal qui vient bouleverser l'imaginaire architectural de l'Occident.

Le palais du facteur Cheval reflète ces bouleversements. Il marque en même temps un tournant de l'histoire de l'architecture. En 1912, lorsque le chantier du maçon improvisé s'achève, le célèbre architecte berlinois Walter Gropius construit l'usine Fagus, tout en acier et en verre. Une ère nouvelle est en train de naître : l'âge de la fantaisie, des éléments exotiques accumulés en une fantastique synthèse ornementale cède le pas devant le triomphe de la fonctionnalité et des impératifs du matériau.

L'exubérant décor du Catalan Gaudí

LA SAGRADA FAMILIA

Le 3 novembre 1883, la confrérie spirituelle de Saint-Joseph, à Barcelone, en Catalogne, confie au jeune architecte Antoni Gaudí y Cornet la construction d'une basilique consacrée à la Sainte Famille – la *Sagrada Familia.* Les terrains, achetés dans les faubourgs septentrionaux de la ville, sont aussi destinés à recevoir des écoles, des ateliers et des salles de réunion.

Antoni Gaudí

Né en **1852** à Reus, près de Tarragone, Antoni Gaudí y Cornet se forme à **Barcelone** à l'École provinciale d'architecture et mène presque **toute sa carrière dans cette ville** jusqu'à sa mort en **1926.**

Ses origines rurales et artisanales – son père est chaudronnier – l'incitent à **se défier de l'écrit** et du discours, qu'il s'agisse de règlements, de calculs ou de théories. Il leur préfère l'observation et l'expérimentation, qu'il passe au moule de sa vive sensibilité.

Ce chrétien fervent – dans une ville où l'athéisme et l'anticléricalisme gagnent du terrain – admire la perfection et la rationalité de la **nature,** qu'il considère comme l'œuvre de Dieu et dont l'architecture, à ses yeux, doit être le prolongement. De telles pensées sont peu à la mode au début du XXe siècle ; aussi l'œuvre de Gaudí ne rencontre-t-elle que **peu d'écho hors de Barcelone** et n'y fait-elle même pas école, après sa mort.

Son défenseur et allié le plus fidèle dans la grande cité catalane est **le comte Güell,** riche industriel aux idées avancées et mécène, pour qui Gaudí réalise ou commence de réaliser un nombre impressionnant de commandes, parmi lesquelles surtout **le parc Güell de Barcelone,** un ensemble de villas, salles de concert, restaurants, écoles, etc., dont les travaux, inachevés, sont menés de 1901 à 1914 – année de la mort de Güell.

Il s'agit pour ces catholiques, groupés sous le patronage du père spirituel de Jésus, de réagir contre les bouleversements sociaux provoqués par l'industrialisation trop rapide, en particulier l'affaiblissement de la famille et le développement de la laïcisation.

Pour sauver Barcelone ?

Après un demi-siècle de guerre et de révolutions, Barcelone est une ville en complète mutation. Ses industries textiles et mécaniques sont en plein essor ainsi que ses activités financières et maritimes, particulièrement avec l'Amérique et Cuba. Sa bourgeoisie s'accroît et s'enrichit, tandis que la classe ouvrière de la ville, qui augmente considérablement en nombre, s'organise sur le plan politique et syndical, et s'éloigne de la religion.

Cette situation inquiète l'élite sociale de la cité. C'est pour tâcher d'y remédier que nombre de ses membres, groupés dans la confrérie de Saint-Joseph, entreprennent la construction d'une nouvelle grande église et la réhabilitation du quartier populaire situé autour d'elle. L'appel à Gaudí, de préférence à d'autres constructeurs, s'explique par l'influence d'un personnage éminent de la bonne société de Barcelone, le comte Eusebio Güell, défenseur fanatique du jeune architecte, et par les convictions catholiques de celui-ci, en conformité avec l'état d'esprit de ses commanditaires. Gaudí n'est d'ailleurs que le deuxième architecte sélectionné pour mener à bien le projet : il succède à Francisco di Paula del Villar, premier responsable du chantier,

Toujours en construction aujourd'hui, la Sagrada Familia, une cathédrale gothique au décor exubérant, mise en œuvre à Barcelone à la fin du XIXe siècle par l'architecte Gaudí.

dont la première pierre a été posée en 1876. Une autre raison intervient peut-être dans le choix de Gaudí. Selon la tradition des bâtisseurs de cathédrales, les statuts de la confrérie fondatrice ne permettent de donner au maître d'œuvre aucune rétribution, les seules ressources, provenant de legs et d'aumônes, permettant à peine de couvrir les frais d'achat des matériaux, etc. Sans doute un architecte célèbre hésiterait-il à se charger d'un si lourd fardeau sans compensation financière… Mais la basilique de la Sainte-Famille constitue la première grande commande de Gaudí. Le manque de ressources explique cependant la lenteur de l'avancement des travaux sur un chantier dont Gaudí lui-même prévoit qu'il s'échelonnera sur plusieurs générations.

Dans la lignée des cathédrales

Cette même lenteur rend compte de la modification progressive ou plutôt de l'accumulation des projets depuis l'édifice néogothique prévu par le premier intervenant du chantier jusqu'à la version à peu près définitive de l'église, dessinée par Gaudí en 1906.

La basilique est en forme de croix latine, c'est-à-dire faite d'une longue nef et de deux bras plus courts ; elle est surmontée en son centre par une tour de 170 m de haut, flanquée elle-même de quatre autres tours – ce qui représente le Christ entouré des quatre évangélistes. Trois immenses façades sont prévues à l'entrée de la nef et de chacun des deux plus petits bras (transept) : les façades de la Gloire (correspondant à l'entrée principale de l'église), de la Nativité (à l'est) et de la Mort (à l'ouest). Chacune de ces façades est trouée de trois portails et encadrée de quatre tours. Sous l'église est creusée une crypte, tandis qu'à l'opposé de la façade de la Gloire le chœur est entouré de sept chapelles.

Une œuvre visionnaire

Des trois façades prévues pour la basilique, Gaudí – mort en 1926 des suites d'un accident de la circulation – n'a le temps d'en construire qu'une, celle de la Nativité. Le langage extrêmement ornementé de cette partie du bâtiment est révélateur du projet global de l'architecte. Prenant comme modèle la nature, œuvre divine, et s'appuyant sur la tradition du bestiaire symbolique médiéval, Gaudí reproduit fidèlement des éléments de la zoologie, de la géologie et de la botanique, qu'il transforme en métaphores à dimension religieuse. Ainsi, autour et au-dessus des portails de l'Espérance, de la Charité et de la Foi, les événements de l'enfance de Jésus semblent jaillir miraculeusement de la paroi. À côté de personnages sculptés d'après des moulages pris sur le vif, des bourgeons, des feuillages et une faune d'escargots, de tortues et d'oiseaux peuplent cet univers. Les anges rappellent le caractère sacré de l'édifice.

La structure de la façade participe aussi du symbolisme du monument. Les quatre flèches qui se détachent sur le ciel représentent les apôtres Matthieu, Thaddée, Simon et Barnabé. Les arcs en briques creuses qui les joignent à mi-hauteur constituent l'ossature de la voûte non encore construite. D'un profil parabolique (ils sont dits « en selle de cheval »), ils présentent des montants inclinés s'appuyant au sommet, qui évitent les arcs-boutants gothiques et témoignent de la force créatrice et de la technique audacieuse de l'architecte : une technique qui se veut entièrement traditionnelle et qui ignore, en conséquence, l'usage des matériaux modernes tels que l'acier ou le béton. La pierre seule est utilisée, mais rehaussée de taches de couleur dues aux morceaux de céramique qui, tel un insolite vitrail posé à même le mur et non sur les fenêtres, habillent l'église de leur vive polychromie. Le bâtiment, inachevé et sans doute condamné à le rester – même si les innombrables plans et dessins exécutés par Gaudí permettent de poursuivre le chantier, encore en activité aujourd'hui –, donne une impression de force et de puissance qui transcende les âges, et crée un trait d'union entre les réalisations de la foi médiévale et les plus grands monuments de l'âge présent.

La très dynamique façade de la maison Battlo, une des œuvres de Gaudí, à Barcelone

Le parc Güell, autre étonnante réalisation de Gaudí, à Barcelone.

Une architecture de fer haute de 300 mètres

LA TOUR EIFFEL

En 1884, une Exposition universelle est décidée à Paris pour célébrer le centenaire de la Révolution de 1789. Quatorze ans après la chute du second Empire et la défaite face à l'Allemagne, les dirigeants de la IIIe République veulent redonner à la France son rang de grande puissance, mobiliser les énergies et relancer les grands travaux. L'ingénieur Gustave Eiffel, par des articles et des conférences, familiarise alors le public avec l'idée d'un monument en fer en forme de tour de 300 mètres de hauteur.

La tour Eiffel en construction (photographie datant de juillet 1888).

Triomphe de l'architecture et de l'esthétique métalliques, la tour Eiffel, identifiée à la ville de Paris, est mondialement connue.

En mai 1886, avec Stephen Sauvestre, un architecte de son entourage qui a mis en forme le projet, il remporte le concours ouvert pour sa construction. La convention portant accord de mise en chantier est signée le 8 janvier 1887. Aussitôt, les passions se déchaînent ! Très vite, une pétition d'artistes dénonce « l'inutile et monstrueuse tour [...], le déshonneur de Paris [...], une noire et gigantesque cheminée d'usine, écrasant [...] tous nos monuments humiliés, [...] l'odieuse colonne de tôle boulonnée... ». Saluée plus plaisamment (« Bergère ») par le poète Apollinaire, elle sera aussi baptisée « tour de Babel », « suppositoire solitaire », « gigantesque clou », « baguette à suspendre les kakémonos » ou « flèche privée de cloches [...] qui sonne [...] les fêtes liturgiques du capital » !

L'ingénieur Gustave Eiffel

Le génie de Gustave Eiffel (1832-1923) n'est pas d'avoir inventé la tour – les ingénieurs de son entourage, Koechlin et Nouguier, en sont les véritables concepteurs –, mais de l'avoir construite en lui laissant son nom ! La personnalité audacieuse d'Eiffel, son sens des affaires et de la gestion expliquent cette paradoxale réussite.

Sorti à 23 ans ingénieur de l'École centrale, Gustave Eiffel a fait ses premières armes en construisant le pont de Bordeaux. À 35 ans, il crée son entreprise, les Forges de Levallois. Spécialisée dans la construction de ponts et de viaducs, la firme atteint rapidement une dimension internationale, se faisant une grande réputation en perfectionnant les procédés de fondations à l'air comprimé et en affinant les modes d'assemblage des poutres en métal afin de diminuer leur prise à la force du vent. Le succès obtenu est dû aux talents de gestionnaire de Gustave Eiffel : s'il n'invente rien lui-même, il sait s'entourer de collaborateurs de haut niveau, issus des promotions des meilleures écoles d'ingénieurs, qui travaillent en équipe et qu'il intéresse financièrement à ses succès. Par ailleurs, ce manager avisé excelle à emporter les plus imposants marchés, au besoin en les suscitant par une habile publicité visant à la fois les foules et les scientifiques !

Les Forges de Levallois ont pour gros clients les compagnies de chemin de fer : les viaducs de la Sioule et du Neuvial en Puy-de-Dôme, celui de Garabit dans le Cantal, sont pour la société d'Eiffel l'occasion de mettre au point des techniques que ses ingénieurs utiliseront ensuite afin de construire la tour. Celle-ci lui assure une célébrité mondiale mais dès, avant 1889, les institutions de génie civil de tous les pays sollicitent Eiffel, dont les ateliers fournissent l'armature de la statue de la Liberté à New York et qui participe aux travaux de toutes les expositions universelles qui ont lieu en France à partir de 1867.

La réalisation du grand projet

En 1889, l'exposition du Centenaire doit avoir pour cadre privilégié le Champ-de-Mars. Installée dans l'axe du pont d'Iéna, la tour doit fournir aux enfilades de monuments construits pour l'occasion une gigantesque porte d'entrée.

Le devis s'élève à 6,5 millions de francs. Une partie – 1,5 million – est couverte par une subvention, et le reste par une société anonyme dont la moitié du capital est fournie par Eiffel lui-même. Les coûts, qui dépasseront, en fait, largement le budget initial, seront couverts par

les bénéfices dès avant la fin de la première année d'exploitation ! Heureusement, car le monument, à l'origine, est prévu pour être démonté après la fin de l'Exposition.
Le chantier est une merveille de précision. Il occupe 250 ouvriers 24 mois durant. Leur rôle consiste à assembler des pièces dessinées, découpées et préassemblées dans l'usine de Levallois par 40 dessinateurs et 150 ouvriers. Les deux tiers des 2 500 000 rivets que comporte la tour sont ainsi posés avant d'être transportés sur place !
Chacune des quatre arêtes des quatre piles est ancrée dans un massif de maçonnerie disposé en fondation, large de 5 mètres sur 10 et profond de 7 mètres. Le premier étage est atteint le 7 décembre 1887. La tour s'élève ensuite au rythme de 10 mètres par mois jusqu'au second étage, puis de 30 mètres jusqu'à la flèche, où un paratonnerre est installé.
Afin d'attirer les foules, des accès aisés sont ménagés par des escaliers et des ascenseurs. Une cabine à deux niveaux mène au premier étage, une autre directement au second étage et une troisième à la plate-forme du sommet. Un périlleux escalier en spirale de 1062 marches dessert aussi le dernier niveau.

L'apothéose du fer

Le 6 mai 1889, jour de l'inauguration de l'Exposition universelle, la tour, éclairée par des compagnies de gaz et des feux de Bengale, resplendit de mille lumières. Un formidable succès populaire s'amorce. À la fin de l'exposition, près de 2 millions d'entrées sont enregistrées ! C'est le triomphe de l'architecture métallique et de la beauté technologique. La tour Eiffel, au même titre que l'autre grande architecture construite pour l'occasion de 1889, le palais des Machines, de l'architecte Charles-Louis-François Dutert et de l'ingénieur Victor Contamin, représente, en 1889, la glorification définitive de la machine.
Devenue le symbole de la modernité, la tour est bientôt annexée par les créateurs et les artistes, qui explorent sa nouvelle dimension plastique : dans les décennies qui suivent sa construction, les peintres Georges Seurat, le Douanier Rousseau, Paul Signac, Robert Delaunay et les cubistes la célèbrent à maintes reprises dans leurs tableaux. Dans le même temps, le public, versatile, se détourne du monument, peut-être subjugué par le « rebiffez-vous contre la ferraille » de Charles Garnier, le prestigieux architecte de l'Opéra de Paris. Remise en question pour l'Exposition universelle de 1900, la tour est finalement conservée et splendidement illuminée à l'électricité !
Gustave Eiffel, toujours avisé, s'était concilié les bonnes grâces des scientifiques en établissant des installations météorologiques et aérodynamiques au sommet de son monument. De même, il eut l'habileté de se réserver l'exploitation commerciale (y compris celle des restaurants), pendant un délai de 20 ans. Actionnaire de la Compagnie transatlantique, il fit vendre des tickets d'entrée de la tour à New York, aux riches Américains qui se préparaient à visiter Paris ! Entraînés par l'exemple des touristes étrangers, les visiteurs français, bientôt, reprirent le chemin de la tour Eiffel.
« [...] Le vent devait la plier, la foudre, la briser ; les variations de température la désarticuler : c'était une catastrophe assurée, prévue, désirée [...] ; la tour, glorieuse et sonore, a résisté aux éléments comme aux hommes... » ironise le sculpteur Duchamp-Villon en 1914.

Vue générale de l'Exposition universelle de 1889, à Paris, avec la toute nouvelle tour Eiffel (Paris, musée Carnavalet).

L'Amérique monte à l'assaut du ciel

LE GUARANTEE TRUST BUILDING

Avec le Guarantee Trust Building à Buffalo, dans l'État de New York, l'architecte américain Louis Henry Sullivan donne sa ligne définitive au « gratte-ciel », une forme d'immeuble très élevée, dont le type avait été expérimenté à partir des années 1870 environ. Il conçoit une façade qui exprime pour la première fois son ossature d'acier intérieure et affirme sa verticalité héroïque.

Le gratte-ciel (en anglais, *skyscraper*) est un avatar de l'immeuble commercial né dans l'Angleterre victorienne des années 1840. À partir de cette date, les grandes firmes – banques, compagnies d'assurances et grands magasins – cherchent à se donner une image de marque, en installant leurs bureaux dans des immeubles modernes, mais aussi fastueux que les anciens palais de la Renaissance. Les plus anciens sièges sociaux d'entreprise adoptent un décor de façade inspiré d'un langage classique italianisant (pilastres ou séries d'arcades), qui dissimule ou non sous un mur en maçonnerie, à la manière de certaines usines construites à la même époque, une structure en fonte invisible, que le feu ne peut attaquer, et qui permet au constructeur de superposer davantage d'étages que par le passé. La multiplication des étages, l'apparition à l'extérieur de la trame métallique d'abord sous-jacente sont les innovations propres aux architectes américains et en particulier à Louis Sullivan, dans les années 1880 et 1890.

L'immeuble de grande hauteur

Les premiers hauts immeubles commerciaux sont élevés aux États-Unis, à Philadelphie et à New York, à partir des années 1860, soit très peu de temps après l'invention de l'ascenseur par l'ingénieur Elisha Otis à la fin des années 1850 – on ne pouvait exiger auparavant des hommes d'affaires qu'ils gravissent à pied un nombre considérable de niveaux. Le premier bâtiment commercial doté d'un appareil semblable est l'Equitable Building, élevé à New York entre 1868 et 1871. Dès lors, dans cette métropole des affaires, une véritable guerre

Un modèle de gratte-ciel, le Guarantee Building, œuvre de l'architecte Sullivan, à Buffalo.

Le Fine Arts Building, à Chicago.

de la hauteur s'engage entre les firmes, qui mettent leur point d'honneur à se faire construire un siège social plus élevé que celui de leurs rivaux. Les grands journaux new-yorkais sont les premiers à participer à cette course : à la suite du *Tribune Building*, haut de 79 m pour 8 étages, le *Herald*, le *Times*, le *News*, etc., se font bâtir de hauts *buildings* dans un même quartier de Manhattan. Leur hauteur est la seule singularité de ces architectures : pour le reste, elles ressemblent à des immeubles français du second Empire, avec un toit mansardé et souvent un beffroi à horloge, déguisement insolite, à la touche romantique, qui sert à dissimuler la lourde machinerie de l'ascenseur.

De New York à Chicago

Le premier architecte qui ait tenté de donner aux immeubles industriels un cachet caractéristique est l'Américain Henri H. Richardson (1836-1886). Le style, fort personnel, de ses architectures puise cependant encore dans le passé européen – en l'occurrence l'architecture de l'âge roman et de la Renaissance. Le magasin en gros Marshall Field, qu'il construit à Chicago (1885-1887), est ainsi rythmé par de hautes arcades inspirées du XVᵉ siècle italien.

À Chicago également – une ville où l'élan immobilier est stimulée par les destructions dues au grand incendie de 1871, un autre architecte, formé à l'origine comme ingénieur, William Le Baron Jenney (1832-1907), accomplit en 1885 un progrès décisif en remplaçant les matériaux traditionnels par une charpente en fer qui porte l'enveloppe extérieure de maçonnerie, dans le Home Insurance Building (aujourd'hui détruit). C'est avec ce monument que naît véritablement le gratte-ciel. Dans l'agence de Le Baron Jenney se forment des architectes qui diffusent par la suite les caractéristiques de cet immeuble élevé où les murs ne sont plus porteurs, mais où une structure métallique permet de superposer presque à l'infini le nombre des étages. Sullivan (1856-1924), l'architecte du Guarantee Trust Building, est au nombre de ces architectes, et l'un des chefs de ce qu'on appelle dès lors l'« école de Chicago ».

Le gratte-ciel : comme un organisme...

Comme avant lui Richardson et Le Baron Jenney, Sullivan a fait le voyage en Europe et se forme, en particulier, à l'École des beaux-arts de Paris. Revenu à Chicago, il s'associe à partir de 1881 avec un architecte danois, Dankmar Adler (1844-1900). Le Guarantee Trust Building, qu'il construit en 1894 – non pas à Chicago mais à Buffalo –, donne au gratte-ciel son aboutissement architectonique et décoratif. Le plan en « U », l'ossature d'acier, le soubassement ouvert, la verticalité affirmée des élévations, les fenêtres circulaires de l'attique, ou dernier étage, de hauteur plus modeste, constituent une grande nouveauté. L'immeuble est divisé de façon tripartite, à la manière d'une colonne classique (socle, fût et couronnement) ou à l'image du corps humain (jambes, tronc et tête). À l'époque où naît la psychanalyse, Sullivan, cet architecte-théoricien, élabore le concept d'*empathy* – projection imaginaire de sa propre conscience sur un être ou une chose – comme expérience architecturale. Le gratte-ciel est pour lui un organisme dans lequel doit être rendue manifeste la pression d'une force vitale : il se tient librement sur son squelette (la charpente métallique), autonome, il a « des muscles solides », il « vit et il respire » – il est, dit Sullivan, un « mâle »...

Une charpente apparente

Plus que ce fonctionnalisme « organique », cependant, c'est la façade même de l'immeuble construit pour le Guarantee Trust qui marque un tournant dans l'histoire du gratte-ciel. Pour la première fois avec ce bâtiment, la charpente métallique, dissimulée dans tous les autres immeubles, devient visible. Elle forme une trame qui domine et articule si rigoureusement tout l'ensemble que toute référence aux styles anciens en devient impossible. Les parois extérieures du bâtiment forment un schéma simple mais harmonieux de vides et de pleins, scandés par d'élégantes verticales. La structure en cage de l'ensemble fait écho à l'organisation interne du building, avec ses cellules correspondant aux différents bureaux. Selon le mot célèbre de l'architecte lui-même, auteur d'un traité sur l'ornement datant de 1892, « la forme suit la fonction », c'est-à-dire qu'elle épouse la structure du monument, commandée par sa destination, au lieu de s'imposer indiscrètement à elle. Toute l'histoire de l'architecture moderne mondiale tient dans ce principe.

Le Jayne Building de Philadelphie

C'est à Philadelphie que l'architecte américain William Johnston construit, entre 1849 et 1851, le Jayne Granite Building, un édifice commercial de sept étages, révolutionnaire par le dessin de sa façade.

Un décor néogothique. Construit à l'alignement de la rue, l'immeuble s'élève entre deux bâtiments mitoyens. Sa façade est composée d'un rez-de-chaussée conventionnel, d'une répétition d'étages identiques animée par des arcades qui encadrent la totalité des travées de baies, et d'un curieux couronnement néogothique. Les fines colonnes en granite qui fusionnent dans des entrelacs gothiques évoquent les dentelures des fenêtres des palais vénitiens. Ces dentelures (remplages) forment en fait la structure porteuse de la façade.

Une structure en hauteur tripartite. Le parti d'élévation du Jayne Building annonce par ailleurs l'architecture du gratte-ciel telle que Sullivan la définira dans les années 1890 : étagement des trois niveaux (rez-de-chaussée, étages identiques et couronnement), ossature porteuse affirmée et dynamique du dessin vertical. L'édifice est aujourd'hui démoli.

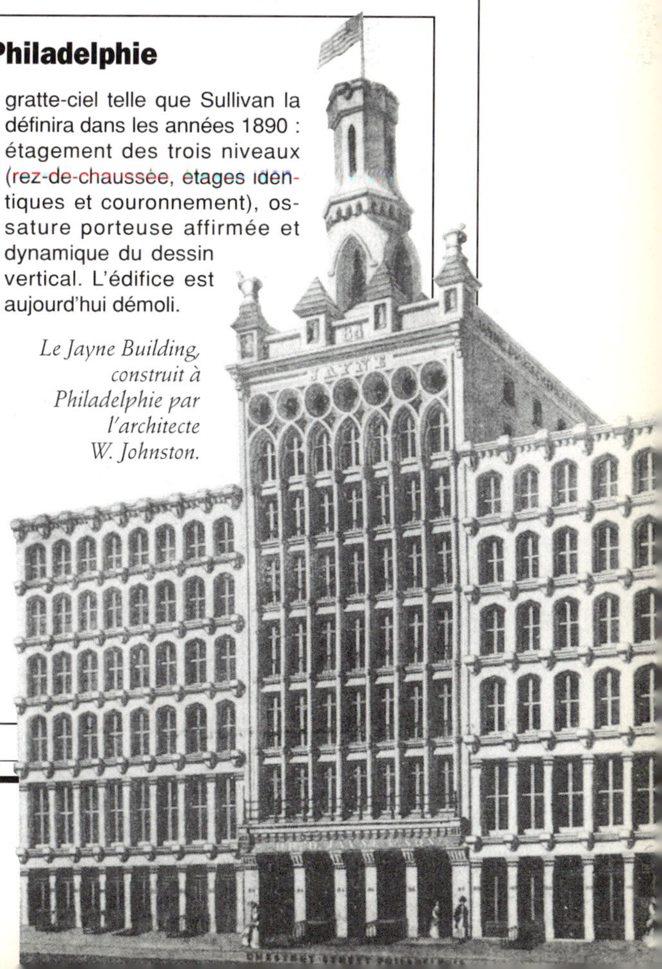

Le Jayne Building, construit à Philadelphie par l'architecte W. Johnston.

Le chef-d'œuvre architectural de l'« Art nouveau »

LE CASTEL BÉRANGER

À l'extrême fin du XIXe siècle, le mouvement artistique baptisé Art nouveau trouve à Paris son plus original représentant en la personne de l'architecte-décorateur Hector Guimard (1867-1942). De cet homme, le paysage urbain de la capitale française a conservé principalement les entrées du métropolitain, édifiées selon ses projets entre 1900 et 1904. Mais la réalisation qui a révélé Guimard à ses contemporains est le Castel Béranger, élevé au 16 rue La Fontaine, dans le XVIe arrondissement de Paris.

Le nom de l'édifice provient du hameau Béranger, impasse qui délimite l'un des côtés de la parcelle. Ce « Castel » est en fait un immeuble de rapport, commandé en 1894 par une riche veuve, Élisabeth Fournier.

De la structure au décor

« D'un point de vue décoratif, mes principes sont peut-être nouveaux, mais ils découlent de ceux déjà utilisés par les Grecs... Je n'ai fait qu'appliquer les théories de Viollet-le-Duc sans être fasciné par le Moyen Âge. »

Ces lignes qu'Hector Guimard adresse à un correspondant, en 1898 – l'année où il achève le Castel Béranger –, montrent la dette qu'il doit à l'œuvre du grand théoricien de la restauration des monuments médiévaux. Sans plagier aucune forme particulière appartenant au passé, qu'il s'agisse du style gothique cher à Viollet-le-Duc ou des ordres classiques, le jeune architecte cherche des solutions adaptées aux temps modernes et qui soient l'équivalent des formules mises au point par les grands constructeurs des millénaires précédents. Cette attitude est précisément celle que préconisait Viollet-le-Duc, sous le nom de « rationalisme ».

Ainsi, les plans des appartements sont dessinés de sorte à procurer dans les pièces où se déroule l'essentiel de la vie domestique le maximum d'espace, d'air et de lumière (quitte à sacrifier les salles de bains, réduites à d'exigus cabinets de toilette). Sur la façade, la forme des ouvertures qui les éclairent est faite pour exprimer, en dépit de toute symétrie, la fonction de ces pièces : ainsi, les salles à manger sont ouvertes par de vastes verrières avançant par rapport à la paroi *(bow-windows)*, et les escaliers signalés par l'échelonnement des

L'Art nouveau

L'Art nouveau, appelé aussi Modern Style, *naît à Bruxelles vers 1892, et il est associé en particulier à un nom, celui de l'architecte belge Victor Horta (1861-1947), constructeur entre 1896 et 1901 de la maison du peuple et du grand magasin Innovation à Bruxelles.*

Mais ce mouvement participe en réalité d'une volonté plus générale de renouvellement de l'architecture et des arts décoratifs, initiée en Angleterre dès le milieu du XIXe siècle avec le mouvement des Arts and Crafts, et dont le Jugendstil allemand, la Sécession viennoise, les architectures d'Antonio Gaudí à Barcelone ou celles des Américains Louis Sullivan et Frank Lloyd Wright, entre autres phénomènes, constituent les diverses émanations nationales.

L'unité de ces différents courants d'idées réside dans la volonté de réunir l'architecte et les artistes dans le principe d'une « œuvre d'art totale », qui ignore enfin la distinction traditionnelle entre arts majeurs et arts mineurs. Le résultat pratique est une réhabilitation immédiate de l'ornement, liée (plus ou moins selon les mouvements) aux forces mêmes de l'architecture. Dans l'Art nouveau bruxellois, Horta souligne ainsi par des lignes les traits majeurs des structures qu'il conçoit. Ces lignes sont souples et comme flexibles – elles s'opposent à la rigueur géométrique des droites constituant le plus habituel décor des bâtiments.

Le nouveau style trouve un écho très favorable à Paris. Le terme même d'Art nouveau provient d'ailleurs de l'enseigne d'une galerie, ouverte en 1895 dans la capitale française, et où sont présentées, sans aucun souci des hiérarchies traditionnelles, aussi bien des œuvres tenant aux arts « majeurs » (des estampes japonaises, des toiles impressionnistes et nabies) que des papiers peints ou des pièces de mobilier.

fenêtres groupées qui les éclairent. La variété des matériaux de construction, polychromes, est également décidée non pas en fonction d'une décision purement esthétique, mais au regard de considérations de prix et de fonction. Il en résulte que la pierre de taille est réservée à la façade sur rue et aux parties recevant de fortes charges, alors que le reste des parois extérieures est en pierre meulière et en brique, matériaux « pauvres » laissés apparents afin de rendre visibles les différents efforts structurels auxquels ils sont adaptés. Le même principe gouverne les aménagements intérieurs : ainsi, le plâtre recouvrant habituellement les plafonds est supprimé. Solives et hourdis constituant les planchers sont donc apparents, comme toutes les membrures métalliques du bâtiment – celles-ci étant mises en valeur par l'ornement.

L'ornementation Art nouveau

C'est d'abord sur la façade que s'exprime cet ornement, à l'abondance et à la forme typiques de l'Art nouveau. Après un premier projet dessiné en 1894 sous l'influence partielle du style néogothique de Viollet-le-Duc, Hector Guimard la remanie à la suite d'une visite, décisive, qu'il fait en 1895 à Victor Horta, chef de file de l'Art nouveau. Reprenant à son compte les lignes nerveuses, flexibles et continues du Bruxellois – les « lignes coup de fouet », traduction très stylisée d'éléments végétaux –, Guimard déclare à propos du florilège de courbes et contre-courbes qui caractérisent le Castel Béranger : « Ce n'est pas la fleur, moi, que j'aime à prendre comme élément de décor, c'est la tige. »

Verrières en vitrail de style Art nouveau, exécutées par Lalique pour les fenêtres du Castel Béranger, à Paris.

◁ *Pour construire le Castel Béranger, Guimard met en œuvre les principes esthétiques de l'Art nouveau.*

Dessin de la façade du Castel Béranger par Hector Guimard (Paris, bibliothèque des Arts décoratifs).

Mais l'importance du décor ne se limite pas au mur d'entrée. Bien au contraire, celui-là joue un rôle si décisif dans l'aspect que Guimard veut donner à son immeuble que l'architecte contrôle lui-même tous les éléments de ce qu'on appelle le « second œuvre » : ferronneries, menuiserie, quincaillerie, revêtements muraux, et jusqu' aux boutons de portes. La décoration figurative apparaît même plus complète et plus diverse que dans les édifices bruxellois de l'Art nouveau. Ainsi, outre la luxuriance des lignes organiques constitutives de ce style, qui restent prédominantes, d'autres motifs apparaissent en certaines parties du bâtiment : des masques, aux balcons, et des hippocampes constituant les ancres de maçonnerie – cette dernière forme étant due sans doute au sculpteur Ringel d'Illzach.

Car Guimard ne travaille pas seul dans le Castel Béranger : mettant en œuvre le principe cardinal de l'Art nouveau, l'unité de l'art, il lui arrive de faire appel à d'autres artistes, ce qui ne l'empêche pas de demeurer le maître absolu du chantier. L'immeuble une fois terminé fait d'ailleurs l'objet d'une campagne médiatique savamment orchestrée, qui célèbre le talent de l'architecte. L'année même de l'achèvement du Castel, un très luxueux ouvrage est publié sur lui ; quelques mois plus tard, l'immeuble est primé au premier concours de façades de la Ville de Paris. Hector Guimard installe son agence au rez-de-chaussée du Castel Béranger, preuve de la valeur qu'il attribue à ce que l'on considère depuis comme son chef-d'œuvre.

Le retour de la pierre et de l'ornement

LA GARE D'ORSAY

À la fin du XIXe siècle, l'engouement des architectes pour les constructions en fer et en fonte nées de la révolution industrielle commence à s'essouffler. « Paris ne doit pas se transformer en usine ; il doit rester un musée » s'exclame Charles Garnier, constructeur de l'Opéra de Paris et principal opposant de la tour de l'ingénieur Eiffel. Dans ce contexte, le projet de construire une gare sur le quai d'Orsay, au cœur de la capitale, dans un quartier chargé d'histoire, anime les débats.

Qui triomphera des tenants d'une construction académique capable de se fondre entre les constructions aristocratiques présentes en ce lieu ou des partisans d'une architecture aux formes et aux matériaux modernes ? L'architecte Victor Laloux impose finalement une solution de compromis, en proposant pour le monument, achevé pour l'Exposition universelle de 1900, une grande bâtisse en pierre et en stuc, avec force sculptures et colonnes, magnifiée par l'introduction de la « fée électricité ».

Le poids du lieu

La décision de construire une nouvelle gare dans la capitale résulte de la volonté de la Compagnie de chemin de fer d'Orléans de déplacer sa tête de ligne de la gare d'Austerlitz au quartier le plus central de Paris. En 1897, cette société acquiert en bord de Seine un terrain, sur le quai d'Orsay, à l'endroit où se dressait, jusqu'à la Commune, le palais de la Cour des comptes, incendié pendant la Semaine sanglante. Soucieuse de prévenir l'opposition des détracteurs au projet, elle prévoit que les trois kilomètres et demi de voies reliant la nouvelle gare à la station d'Austerlitz, le long des quais de la Seine, seront souterrains, et elle fait appel à un architecte de renom, Victor Laloux (1850-1937). Grand prix de Rome d'architecture et professeur à l'École des beaux-arts, Laloux vient d'achever la gare de Tours. À Paris, sa mission est claire : il doit concevoir une enveloppe architecturale ambitieuse en adéquation avec son contexte urbain et l'image de marque de la Compagnie qui commandite le projet. Si les dirigeants de cette dernière ne préconisent pas l'adoption d'un style particulier, ils se montrent néanmoins soucieux de dissimuler

Vue intérieure de la gare d'Orsay.

La gare d'Orsay, vue du quai d'Orsay, à Paris.

l'aspect utilitaire du futur bâtiment et suggèrent pour cela l'emploi d'une « façade décorative en pierre ».

Une façade de palais

Le vœu de la Compagnie d'Orléans devient une profession de foi chez l'architecte : « la pierre seule doit être visible de la gare à construire ». Le style « métallurgique flamboyant » qui a fait le succès des gares au XIXe siècle s'oriente donc vers un monumentalisme classicisant. L'ossature du monument est en métal, comme c'est la règle pour toutes les architectures industrielles du XIXe siècle, mais elle est cachée par une lourde façade de pierre et cantonnée sur les côtés par deux énormes pavillons couverts par des dômes à pans qui font écho à la toiture du pavillon de Flore du Louvre, de l'autre côté de la Seine. Quant au pignon de la gare, qui constitue habituellement la démonstration architecturale la plus spectaculaire de la halle métallique, il est relégué derrière l'hôtel des voyageurs, qui déploie une large façade à grand comble brisé. Seules les deux horloges géantes et les statues allégoriques des grandes villes desservies par le réseau rappellent la véritable fonction de cette gare qui ne veut pas en être une. « La gare est superbe et a l'air d'un palais des Beaux-Arts » note d'ailleurs dans son journal le peintre Édouard Detaille, en la comparant au Grand et au Petit Palais – des monuments exactement contemporains, puisqu'ils sont construits pour l'Exposition de 1900.

Une nouvelle organisation des espaces

Derrière sa façade délibérément réactionnaire, la gare de Laloux est cependant une des plus modernes de son temps. Reprenant à son compte les expériences américaines sur la traction électrique, la Compagnie d'Orléans a choisi d'électrifier la liaison de la nouvelle station à Austerlitz. Elle entend d'autre part la dissimuler sous la terre, et elle ne dispose pour la station que d'un terrain relativement restreint. Ces particularités conduisent Laloux à repenser l'organisation des espaces : les différents lieux ne sont plus juxtaposés, mais superposés. Les voies sont placées en sous-sol, la distribution des billets occupe le rez-de-chaussée, la salle d'attente, le buffet et les bureaux, les étages. La charpente métallique cintrée est conçue sur le principe des fermes articulées expérimentées à la Galerie des machines de l'Exposition de 1889. N'ayant plus désormais à assurer l'absorption des fumées, la halle pourrait être d'une élévation beaucoup plus réduite. Elle reste d'une formidable hauteur, pour des raisons de pure magnificence.

Rome et la Renaissance

L'ampleur de la halle s'explique aussi par les références que l'architecte puise dans les traditions nationale ou antique. La forme de la gare, vaste nef couverte d'un toit bombé, flanquée par quatre pavillons d'angle et entourée de portiques, est empruntée à un projet de basilique exposé par l'architecte renaissant Philibert Delorme dans son traité intitulé les *Nouvelles Inventions pour bien bastir et à petits frais* (1561). Des détails du bâtiment sont inspirés, quant à eux, par le modèle des thermes romains – un type de monument régulièrement étudié dans les écoles des beaux-arts. Ainsi, les voûtes à caissons du vaisseau central sont interrompues par des fenêtres hautes dites « thermales », tandis que la salle des pas perdus, couverte de coupoles, emprunte directement aux thermes de Dioclétien. La formule a du succès : la gare « romaine » d'Orsay fournit, par sa référence aux bains antiques, le modèle des stations ferroviaires américaines construites dans les années suivantes à New York, à Washington et à Philadelphie...

De la gare d'Orsay au musée d'Orsay, une transformation réalisée par l'architecte italienne Gae Aulenti.

De la gare au musée

Retour à Austerlitz. En 1939, la nationalisation des compagnies de chemins de fer porte un coup fatal à la gare d'Orsay, entièrement dépourvue de possibilités d'extension. Le trafic des grandes lignes est reporté à Austerlitz. Vendu en 1961 par la S.N.C.F., le monument, dénigré comme une « pâtisserie fin de siècle », doit laisser place à un moderne Centre des congrès doublé d'un hôtel international.

L'« effet Baltard ». Dix ans plus tard, la démolition des Halles centrales de Baltard suscite une violente polémique, dont bénéficient les bâtiments du XIXe siècle qui subsistent. La gare accède à la dignité de monument historique en 1973. La même année, son hôtel est transformé en salle des ventes, tandis que le chapiteau de la compagnie théâtrale Renaud-Barrault occupe le hall de la gare.

Le grand musée du XIXe siècle. En 1978 est créé l'établissement public chargé de la réalisation d'un musée consacré aux arts de la seconde moitié du XIXe siècle (1848-1914). Le musée est formé d'une partie des collections du Louvre, du musée du Jeu de paume et du musée national d'Art moderne. À l'équipe Colboc-Bardon-Philippon, lauréate du concours pour la réhabilitation de la gare en musée, s'adjoint l'architecte italienne Gae Aulenti, qui réalise l'architecture intérieure. Les travaux débutent en 1983 et le musée est inauguré en 1986.

Un chef-d'œuvre viennois édifié à Bruxelles

LE PALAIS STOCLET

Entre 1905 et 1910, en pleine période du triomphe de l'Art nouveau à Bruxelles, l'architecte viennois Josef Hoffmann construit un bâtiment conçu comme une « œuvre d'art totale », dont l'aspect extérieur, tout au moins, ignore autant qu'il est possible les fioritures d'une ornementation gratuite.

Le palais Stoclet, réalisé pour l'industriel belge Adolf Stoclet et sa femme Suzanne, est un modèle d'architecture fonctionnelle, et, avec ses surfaces planes, ses matériaux à la texture soignée et à la riche polychromie, une des créations les plus brillantes de la Sécession viennoise, construite paradoxalement dans la capitale de Léopold III.

La Sécession viennoise

La Sécession viennoise, dite aussi Sezessionstil, *ou école viennoise, est un mouvement artistique lancé en 1897 conjointement par des peintres – Gustav Klimt (1862-1918) et Koloman Moser (1868-1918) – et par des architectes – Joseph-Maria Olbrich (1867-1908), qui réalise le pavillon d'exposition de la Sécession en 1898, et Josef Hoffmann (1870-1956). Cette jeune génération d'artistes bénéficie du soutien d'un architecte officiel qui a été le maître de certains d'entre eux, Otto Wagner (1841-1928).*

La Sécession a pour vocation de rompre avec l'académisme, dans lequel la jeune génération ne se reconnaît plus. Sa devise, inscrite par Olbrich sur la façade du pavillon de la Sécession, est : « À chaque époque son art, à l'art sa liberté. » Le but du groupe est, par ailleurs, de réunir toutes les disciplines artistiques pour réaliser l'idéal d'une œuvre d'art totale. S'inspirant du mouvement anglais des Arts and Crafts *initié par William Morris dans la seconde moitié du XIXe siècle, ainsi que de l'œuvre de l'architecte-décorateur écossais Charles Rennie Mackintosh (1868-1928), les fondateurs de la Sécession créent, en 1903, les* Wiener Werkstätte *(les « Ateliers viennois »), qui créent, produisent et commercialisent des objets domestiques de luxe.*

Les créations de la Sécession, qu'il s'agisse d'objets ou d'architecture, font appel à des formes et à une ornementation en contraste avec la tendance contemporaine de l'Art nouveau : des lignes droites plutôt que des courbes, des surfaces carrées, un décor plat et géométrisé, faisant souvent appel à des effets chromatiques contrastés et simples, par exemple le noir et blanc.

L'admirable palais d'un financier éclairé

Le financier Adolphe Stoclet et son épouse – la fille du critique d'art parisien Arthur Stevens – font partie de la grande bourgeoisie éclairée de Bruxelles. Appelé à séjourner en Autriche, le couple fait la connaissance de Josef Hoffmann, l'un des fondateurs du mouvement de la Sécession viennoise. Enthousiasmé par les réalisations du jeune architecte, il lui demande d'abord de lui construire une villa dans Vienne. Mais, dès 1904, Adolphe Stoclet est rappelé à Bruxelles. C'est donc en Belgique que l'architecte viennois réalise finalement la demeure dont rêvent les Stoclet.

La culture du financier et de sa femme les amène à considérer l'art comme le sommet du génie humain, et leur fortune leur permet d'agir en mécènes. Hoffmann bénéficie ainsi de crédits illimités. Le couple entend que sa résidence atteigne la perfection, tant dans son architecture que dans sa décoration intérieure – celle-ci devant par ailleurs être à la hauteur des admirables collections d'art « primitif » – c'est-à-dire archaïque et exotique – qu'il réunit sa vie durant. En raison de son ampleur, de son luxe et du soin apporté à sa réalisation, en raison de la précieuse collection d'œuvres qu'il recèle, cet hôtel particulier est immédiatement qualifié de palais.

Contrastes et contrepoints

Le terrain choisi domine une forêt et borde l'avenue de Tervueren, large artère plantée d'arbres, à la périphérie méridionale de Bruxelles. L'emplacement autorise une vie paisible et presque campagnarde, et il n'est en même temps pas trop éloigné du centre de la capitale. Les premiers projets remontent à novembre 1905, et le permis de construire est demandé au printemps 1906. En 1908, la construction du gros œuvre est presque terminée, mais, la décoration demandant un temps considérable, l'ensemble n'est véritablement achevé qu'en 1911.

L'édifice est constitué d'un long corps de bâtiment massif aligné sur l'avenue. L'horizontalité dominante de sa forme est contrebalancée par un élément vertical majeur, une tour-belvédère dominant l'escalier. Cette tour est coiffée d'un dôme en métal doré à motif de fleurs. Réplique en miniature de la coupole qui ornait, en 1898, le pavillon de la Sécession construit à Vienne en 1898 par Joseph Maria Olbrich, il est soutenu par quatre Hercules hiératiques signés du sculpteur Franz Metzner.

Édifié de manière traditionnelle en briques porteuses, l'édifice n'est pas conçu pour mettre en valeur les forces structurelles de son architecture. Au contraire, Josef Hoffmann insiste sur l'effet de surface, obtenu en façade par un parement en dalles de pierre blanche, et accentué par l'insertion, aux arêtes et sur le pourtour de toutes les ouvertures, de profilés en métal doré sculptés de motifs géométriques. Réminiscence des moulures classiques, ces profilés font l'effet visuel de cadres maintenant les grandes toiles tendues que seraient les façades. Ce « travail des surfaces en forme de plaques », pour reprendre la formule de l'architecte Otto Wagner, qui fut le maître de Hoffmann, estompe la lourde masse de la bâtisse.

Le bâtiment est empreint d'une symétrie toute classique. Le jardin est, ainsi, conçu en fonction d'un axe central, comme la façade, avec sur un élément saillant de part et d'autre

Projet d'aménagement du salon de musique du palais Stoclet (dessin de Hoffmann).

Le palais Stoclet, œuvre de l'architecte Josef Hoffmann, à Bruxelles.

de la porte d'entrée, deux bow-windows ouvrant sur le grand hall central scandé par des piliers revêtus de marbre.

Un décor intérieur minutieusement pensé

Parmi les nombreuses pièces, l'architecte a prévu un salon de musique, conformément au vœu de ses commanditaires, qui aiment faire découvrir à quelques amis choisis des artistes doués et peu connus. La salle de bains, tout en marbre et précédée d'une terrasse pour la gymnastique, est également remarquable. Elle puise son inspiration à la fois dans la tradition des thermes romains antiques et dans la mode nouvelle de l'hygiénisme. La salle à manger d'apparat fait l'objet d'un soin tout particulier. Venu exprès de Vienne à Bruxelles, comme Hoffmann lui-même, le peintre Gustav Klimt y réalise trois frises en mosaïque représentant l'une une danseuse *(Attente),* l'autre un couple d'amoureux *(Réalisation)* tandis que la troisième est une composition abstraite à base de motifs végétaux stylisés. À partir de ces frises, Hoffmann intervient de nouveau pour concevoir le mobilier et le reste de la décoration. Les objets domestiques, jusque dans les plus petits détails, sont imaginés et produits dans les « Ateliers viennois » constitués par la Sécession – les *Wiener Werkstätte.* Le palais Stoclet est l'exemple voulu et réalisé d'une œuvre d'art totale. À ce titre, il constitue une étape marquante dans l'histoire de l'architecture, de la peinture et des arts décoratifs. Ses qualités exceptionnelles sont étroitement liées au fastueux style de vie de propriétaires cultivés, représentants exceptionnellement éclairés de la vie artistique, mondaine et cosmopolite de ce qu'on a nommé « la Belle Époque ».

L'apogée de l'architecture industrielle

LA TURBINENFABRIK AEG

Dans les premières années du XXe siècle, Peter Behrens, un peintre venu à l'architecture, est appelé par la firme berlinoise AEG comme « conseiller artistique » pour dessiner ses produits et ses édifices industriels. La fabrique de turbines qu'il achève pour cette compagnie, en 1909, marque l'apothéose de l'architecture industrielle.

Dans les dernières décennies du siècle précédent, le Reich de Guillaume II fonde sa « renaissance » sur la création d'une industrie puissante. L'*Allgemeine Elektrizitäts Gesellschaft* (la Compagnie générale d'électricité), fondée en 1883 par l'ingénieur Emil Rathenau, est alors devenue, en l'espace de quelques années, le plus grand combinat industriel d'Europe. L'« empire Rathenau » marque des trois lettres AEG toute la production électrique à travers le monde, de l'ampoule domestique à la centrale génératrice...

Le triomphe des « arts appliqués »

Pour parvenir à cette prééminence, la qualité et le bon marché des produits sont les meilleurs outils des industriels. Mais certains patrons prennent rapidement conscience que, de plus, la conquête des marchés étrangers peut être considérablement facilitée si les produits sortis de leurs usines revêtent une apparence attractive et originale. À leurs yeux, la prospérité future de l'économie allemande passe aussi par le renouveau national des arts appliqués et la collaboration des artistes et industriels pour concevoir les objets manufacturés. Les dirigeants de l'Allemagne partagent entièrement ces vues. Les plus grandes personnalités artistiques du moment sont ainsi incitées à travailler à la renaissance nationale des arts appliqués. Le gouvernement prussien envoie l'architecte Muthesius en Angleterre, afin d'étudier l'architecture domestique et le « design » du mouvement des *Arts and Crafts.* Le grand-duc de Saxe confie quant à lui au Belge Van de Velde la direction d'une école des Arts et Métiers à Weimar, et le grand-duc de Hesse charge l'Autrichien Olbrich de bâtir une colonie d'artistes à Darmstadt. Conséquence directe de cette initiative, Peter Behrens (1868-1940), un peintre appartenant au mouvement dit « de la Sécession munichoise », se voit confier une chaire d'enseignement dans cette dernière cité. Il y réalise sa propre habitation, allant jusqu'à dessiner tout le décor intérieur, des meubles aux poignées de portes !

L'union du beau et de l'utile

Ce grand mouvement de réforme des arts appliqués trouve son aboutissement dans la fondation, en 1907, du *Werkbund,* une société où artistes et industriels tentent de coordonner leurs efforts dans la rénovation de la production industrielle. Parmi les membres fondateurs figurent Muthesius, Olbrich et Behrens. La même année 1907, Peter Behrens quitte ses fonctions de directeur de l'école des Arts appli-

L'esthétique du Werkbund

Créé à Munich en 1907, le Deutscher Werkbund *réunit jusqu'au début de la Première Guerre mondiale des artistes, des intellectuels et des industriels allemands qui revendiquent la collaboration étroite entre l'art, l'artisanat et l'industrie.*
Le Werkbund *prolonge donc le mouvement anglais des* Arts and Crafts, *qui réclamait que l'on recherche la beauté dans la conception des objets du décor quotidien, mais il s'en différencie par une raison majeure : loin de prôner un retour aux techniques et aux produits artisanaux, il oriente entièrement sa réflexion dans le cadre de la civilisation industrielle du XXe siècle, où l'objet ne peut qu'être produit en série.*
Cette querelle entre tenants du travail manuel et partisans de la production industrielle standardisée ne sera résolue qu'après guerre, lorsque les théoriciens du Bauhaus *– une branche dissidente du* Werkbund *– élimineront formellement la distinction entre artistes et artisans pour prôner la synthèse des arts.*

qués de Düsseldorf et devient « conseiller artistique » de la firme AEG. Ce choix est à mettre au bénéfice du fils d'Emil Rathenau, Walter, un esprit subtil, philosophe et ingénieur à la fois, et proche des milieux avant-gardistes.

Behrens se voit ainsi chargé de l'élaboration de tout ce qui touche de près ou de loin aux 56 filiales de la Compagnie électrique, du papier à en-tête aux affiches publicitaires, des ventilateurs aux lampes à arc, des centrales électriques aux cités ouvrières. Dès 1908, il réalise le pavillon de l'A E G pour l'Exposition de construction navale de Berlin. Ce temple octogonal emprunte, par-delà la chapelle Palatine d'Aix-la-Chapelle, à l'église byzantine San Vitale de Ravenne.

Une nouvelle esthétique et de nouvelles règles : l'architecture industrielle (usine Fagus à Alfeld, par Walter Gropius et Adolf Meyer).

La Turbinenfabrik AEG, architecture industrielle réalisée par l'architectePeter Behrens, à Berlin.

Un temple à l'industrie

Ces références à une architecture fort ancienne (en l'occurrence paléochrétienne) se retrouvent dans la halle de fabrication de turbines *(Turbinenfabrik)* pour navires, que Behrens achève en 1909 à Berlin-Moabit. Porté par un treillis métallique, un mince revêtement de ciment forme un lourd fronton et de puissants refends horizontaux aux angles, qui suggèrent la tectonique du temple antique. De même, en avant des grandes verrières penchées vers l'intérieur de la halle, des piliers d'acier évoquent la solennité de la colonnade classique.

Le monumentalisme de la *Turbinenfabrik* fait référence à la grandeur du classicisme romantique de Karl Friedrich Schinckel (1781-1841), que Behrens admire. Ces réminiscences assurent au vaisseau d'acier et de verre une majesté qui vient tempérer la rudesse qu'eût pu avoir une architecture strictement fonctionnelle. Car Behrens, s'il partage avec les patrons de l'A E G la foi dans les vertus sociales du machinisme, craint que cette même force ne conduise à l'aliénation de l'homme moderne. Par le sentiment de beauté qu'elle inspire, au contraire, l'usine qu'il conçoit « agira de manière vitale à l'encontre de la monotonie du travail mécanique ».

→**Voir aussi :** p. 250-251 (The Red House) ; p.286-287 (Le Bauhaus).

Les pionniers français de l'architecture industrielle

Prisonniers de la hiérarchie des genres que continue à défendre l'enseignement académique des écoles des Beaux-Arts, les architectes du XIXe siècle abandonnent aux ingénieurs l'architecture de l'industrie, un domaine jugé ingrat à cause de ses nombreuses contraintes techniques. Il faut attendre la seconde révolution industrielle, à la fin des années 1800, pour que l'usine devienne enfin un objet d'investigation architecturale.

La chocolaterie Meunier. Jules Saulnier (1817-1881) construit, à partir de 1870, le moulin de la chocolaterie Meunier à Noisiel, en Seine-et-Marne. Premier ouvrage à charpente métallique connu dans le monde, ce bâtiment montre des façades ornées avec un luxe décoratif tout à fait insolite dans ce type de construction.

Des centrales dans la capitale. Paul Friesé (1851-1917) réussit quant à lui l'exploit de bâtir des centrales électriques au cœur de Paris. Appelant le verre, l'acier et la brique, il crée entre 1880 et 1910 une architecture triomphaliste inspirée par le rationalisme néo-médiéval.

Une utopie industrielle. Enfin, Tony Garnier (1869-1948) utilise son séjour comme pensionnaire de la villa Médicis, à Rome, à célébrer le mariage entre la ville et l'industrie : il complète en effet la longue liste des utopies urbaines par le projet d'une « Cité industrielle » (1901-1904) entièrement en béton armé...

La fin de l'ornement en architecture

LA MAISON STEINER

« Je suis arrivé à la conclusion suivante, dont j'ai fait don au monde : l'évolution de la culture va dans le sens de l'expulsion de l'ornement hors de l'objet d'usage. » Ces mots de l'architecte autrichien Adolf Loos, écrits dans un article publié en 1908 et intitulé, de façon significative, *Ornement et crime,* révèlent bien le projet de la maison Steiner bâtie à Vienne en 1910 : rompre définitivement avec tout décor, l'idée même d'ornement étant inadaptée à la société moderne.

La maison Tzara, à Paris.

Fils d'un tailleur de pierre, né à Brno, dans l'actuelle République tchèque, en 1870, Loos a 40 ans lorsqu'il construit la maison Steiner. L'architecte, qui n'a cessé par le passé de proclamer ses divergences avec le mouvement artistique dominant à Vienne, la Sécession, réagit désormais avec violence contre les excès ornementaux de l'Art nouveau – la tendance à la mode dans toute l'Europe – en proposant un édifice aux volumes les plus épurés qui soient.

Parmi l'intelligentsia viennoise

Des positions si extrêmes mécontentent évidemment beaucoup de monde et empêchent Adolf Loos d'obtenir de grandes commandes officielles. Mais l'architecte est apprécié d'une élite d'intellectuels, en Autriche et dans le monde. Parmi ses proches, on compte le poète et journaliste Peter Altenberg, le compositeur Arnold Schönberg et le jeune peintre Oskar Kokoschka.

Hugo Steiner, homme d'affaires et homme de culture, et Adolf Loos sont amis depuis 1900. Pour la famille de Steiner, Loos décore en 1904 et 1906 deux magasins. Hugo lui-même et sa femme Lilly, qui est peintre et graphiste, font réaménager leur appartement par Loos en 1900. Par la suite, Hugo Steiner devient le directeur parisien d'une maison de couture viennoise pour laquelle Loos réaménage un magasin à Paris en 1926. Entre-temps, en 1910, Hugo et Lilly Steiner commandent à Loos le projet d'une maison à Vienne, où ils pourront réunir leurs amis artistes, écrivains et musiciens.

Un nouveau langage architectural

La commande est courageuse, car elle intervient très peu de temps après l'achèvement d'un autre édifice – un immeuble – que Loos a construit également à Vienne, sur la Michaelerplatz, et dont les façades sans ornement ont provoqué un retentissant scandale. Aussi, à peine achevée, la maison, dont les journaux reproduisent complaisamment l'image, devient-elle la cible de jets de pierres. C'est l'une des premières architectures privées autrichiennes réalisées avec une structure en béton armé. Cependant, sa célébrité ne vient pas de cette performance technique, mais du parti pris de ses façades, qui révèle un refus de tout faste gratuit.

La structure du bâtiment est, déjà, insolite. Le règlement de voirie de Hietzing, le quartier de Vienne dans lequel s'élève la maison, limite la façade sur rue à un rez-de-chaussée et à un toit mansardé. Aussi Loos imagine-t-il de construire une toiture courbe en tôle, prolongée en toit-terrasse. Cette solution originale lui permet d'utiliser au mieux toute la surface disponible.

Le goût de Loos pour la simplicité, la symétrie et les proportions harmonieuses explique l'austérité des murs extérieurs, blancs, dépourvus de toute mouluration ornementale et percés de fenêtres horizontales. Découpée en volumes rectangulaires d'une symétrie parfaite, la façade arrière de la maison a pu être qualifiée de « cubiste » tant y triomphe la ligne droite. Adolf Loos, lui, pré-

Loos, précurseur du purisme

Les écrits théoriques de Loos et des réalisations comme l'immeuble de la Michaelerplatz ou la maison Steiner mettent en valeur le rôle nouveau joué par le béton armé et la nécessité de définir une esthétique nouvelle qui s'accorde avec ce matériau. Ces recherches influencent le « purisme », un mouvement initié entre 1918 et 1925 par le Français Le Corbusier.

La réduction à l'essentiel. À la fois peintre et architecte, Le Corbusier (de son véritable nom Charles Édouard Jeanneret) entend refuser tout accident et toute anecdote dans les formes qu'il conçoit, pour ne garder que l'essentiel, l'« invariant » des formes, lié, en architecture, aux contraintes du matériau.

Le cubisme et le classicisme. Influencé par le cubisme et proclamant en même temps son attachement à la tradition classique, Le Corbusier conçoit cette épure géométrique dans le sens d'une structure géométrique rigoureuse, le bâtiment construit devant s'appuyer sur une ossature de béton formant un entrecroisement de verticales et d'horizontales.

L'« Esprit nouveau ». Ces idées sont proches de celles d'Adolf Loos, dont Le Corbusier lui-même fait traduire et publier les écrits dans la revue qu'il fonde en 1920 sous le titre révélateur de *l'Esprit nouveau.*

La maison Steiner, construite par Adolf Loos, en 1910, à Vienne.

Étude de Loos pour la maison Steiner (Berlin, Kunstbibliothek).

fère la définir comme « classique », le premier principe de cette tradition dont il se réclame étant, à ses yeux, la concision.

Le combat contre l'« œuvre d'art totale »

La maison ainsi conçue est d'une sobriété sévère, qui contraste radicalement avec toute une génération de constructions qui, depuis les années 1860 environ, tâchent de faire cohabiter architecture et ornement – ce dernier envahissant jusqu'aux plus humbles détails de l'édifice. Pour se moquer de telles entreprises, menées par les artistes d'avant-garde au nom de l'idéal d'une « œuvre d'art totale », Loos a inventé dès 1900 cette anecdote, narrée dans un article sous le titre ironique de *Histoire d'un pauvre riche* : un bourgeois fortuné fait décorer son appartement par un architecte à la mode, qui en dessine les moindres détails, et même le tiroir pour les allumettes. Visitant l'appartement achevé, l'architecte, parvenu dans le salon, regarde avec colère les chaussons que son client porte aux pieds. Le client lui fait alors observer que ces chaussons ont eux aussi été dessinés par lui. Furieux, l'architecte explique alors qu'il les a conçus en harmonie avec le décor de la chambre à coucher, mais qu'en aucun cas ils ne doivent être portés dans le salon ! Cette anecdote résume la position d'Adolf Loos vis-à-vis d'architectes comme Josef Hoffmann – le constructeur du palais Stoclet à Bruxelles et l'un des chefs de la Sécession viennoise. Loos admet que le travail de l'architecte, dans la conception d'une maison, englobe la décoration fixe : les banquettes, les bibliothèques, les lambris, le plafonnage, les cheminées. Mais il affirme avec force que le choix des meubles et des objets doit être laissé à l'appréciation du client. Ainsi, le salon de la maison Steiner comporte un plafond avec des poutres apparentes, un revêtement en bois de chêne, une cheminée en pierre et de vastes baies vitrées. Mais l'intervention de l'architecte se borne à ces éléments, et ce sont les propriétaires eux-mêmes qui sont invités à choisir le mobilier et les accessoires.

La conviction profonde de Loos est que la grande affaire de l'architecte n'est pas le décor de l'édifice, mais la mise en place des volumes. Ainsi, dans la maison Steiner, la disposition des pièces est-elle tout à fait différente de leur disposition traditionnelle. Le salon, immense et haut de plafond, occupe, par exemple, la moitié du rez-de-chaussée. Il atteint ainsi des proportions « princières », sans rapport avec les dimensions habituelles d'une pièce de réception bourgeoise. En cela, la maison annonce le principe de *Raumplan* (« plan-volume ») qu'Adolf Loos formulera et expérimentera deux ans après l'achèvement du bâtiment, et qui consiste à jouer sur le dégagement des espaces ou sur leur disposition en demi-niveaux, de manière à différencier les pièces d'habitation et à créer une promenade architecturale à l'intérieur de la maison.

Le triomphe du béton armé

LE THÉÂTRE DES CHAMPS-ÉLYSÉES

Dans l'hiver 1912-1913, la saison inaugurale du nouveau théâtre d'art lyrique des Champs-Élysées, à Paris, défraie la chronique. La présentation du *Sacre du Printemps* d'Igor Stravinsky est accueillie dans une tempête d'indignation. L'architecture même du théâtre, construit selon la technique nouvelle du béton armé, suscite les avis les plus opposés. À la polémique sur la nudité froide de la façade s'ajoute l'imbroglio concernant la paternité de l'édifice – le plus révolutionnaire qui ait vu le jour dans la deuxième décennie du XXe siècle.

Aux environs de 1900, le critique musical Gabriel Astruc, figure du Tout-Paris de la Belle Époque, souhaite doter la capitale d'un « palais philharmonique » à la fois moderne et approprié aux mœurs contemporaines. En 1904, la chance lui est donnée de réaliser ce rêve : il se voit confier la responsabilité de la création du nouveau théâtre musical. Astruc fait alors appel à son ami l'architecte Henri Fivaz (1856-1933), pour proposer les plans d'un monument qui s'élèverait sur les Champs-Élysées.

Du béton au béton armé

Le béton (du latin bitumen, *« bitume ») est une invention française qui date du début du XIXe siècle. Sous la dénomination de « ciment hydraulique artificiel », sa formule est publiée en 1818 par l'ingénieur Vicat. Associé avec du sable ou du gravier, le nouveau matériau permet d'obtenir, en y additionnant de l'eau, un mortier qui durcit à l'air et dans l'eau.*

Dès 1852, ce matériau, coulé dans des coffrages, est utilisé par l'architecte François Coignet pour la construction de sa maison, à Saint-Denis. Sept ans plus tard, en 1865, un progrès décisif est accompli, de façon presque fortuite : cette année-là, le jardinier Joseph Monier a l'idée de plonger dans le ciment hydraulique un treillis en fil de fer pour consolider ses jardinières. Deux ans après, il dépose un brevet sur la constitution du « béton armé ».

À la fin du siècle – à partir des années 1890 –, le nouveau procédé est utilisé à grande échelle pour construire, d'abord, des bâtiments industriels, puis, progressivement, des édifices de piété ou de prestige, comme l'église Saint-Jean-de-Montmartre, à Paris, à partir de 1896 ou comme le Théâtre des Champs-Élysées.

La valse des responsables

Les projets imaginés par Fivaz, puis, après l'échec de celui-ci, par son successeur Roger Bouvard (1875-1961), sont d'un académisme fait pour ne pas effrayer les autorités. Mais l'avenue des Champs-Élysées, artère magnifique qui descend de l'arc de triomphe de l'Étoile vers la Concorde, est regardée comme sacrée. Par pusillanimité, la Ville de Paris refuse finalement d'y concéder le moindre terrain. Le projet est un moment gelé, puis on lui trouve un nouveau site, sur l'avenue Montaigne, toute proche. Une nouvelle révolution dans le projet intervient en 1908 avec le remplacement d'Astruc par Gabriel Thomas. À ce financier, amateur d'art, revient le mérite de réunir trois grandes figures, le peintre Maurice Denis, le sculpteur Antoine Bourdelle et l'architecte Henry Van de Velde (1863-1957), pour concevoir le programme et en mener à bien l'exécution.

Tenant d'un style Art nouveau épuré, Van de Velde – architecte belge qui accomplit sa carrière principalement en Allemagne – s'intéresse depuis de longues années à la rénovation des théâtres. Officiellement chargé, seulement, de la décoration, il reprend, en réalité, totalement les plans du théâtre. La charpente en fer initialement prévue est remplacée par une construction en béton, plus économique. Seule la façade reste en pierre, sur une demande expresse de Bourdelle.

Le trio initial formé par l'architecte et les décorateurs est bientôt dérangé par l'intervention d'un quatrième comparse, Auguste Perret (1874-1954). Nommé entrepreneur des travaux, Perret affirme aussitôt « inconstructible » le programme de Van de Velde et présente un contre-projet caractérisé notamment par une façade très novatrice en béton armé. Dès lors, le Belge et le Français s'affrontent en proposant différents projets de façade, tandis que, pris entre les deux hommes, Bourdelle passe finalement du côté de Perret. De la démission de Van de Velde à sa réintégration dans l'équipe des fondateurs en tant qu'« architecte conseil », les péripéties d'une lutte pénible se succèdent, jusqu'à ce que soit adoptée définitivement, en juillet 1911, une maquette du futur théâtre, signée Perret mais bien proche, en réalité, d'un des projets... de Van de Velde !

Moderne et classique

Auguste Perret, « architecte-constructeur » du théâtre, n'est pas l'inventeur du béton armé ni le premier à utiliser ce matériau dans une finalité esthétique. Mais il innove en affirmant nettement que le béton peut servir à la construction d'un monument véritablement classique, c'est-à-dire qu'il perpétue l'esprit de l'architecture antique ou de l'architecture du XVIIe siècle français, avec des moyens techniques nouveaux et propres au XXe siècle.

La cage de béton de l'architecture du théâtre joue un rôle semblable à celui du squelette chez l'animal. Sa « chair » est un remplissage de briques recouvertes d'une fine peau de marbre. Mais, dans l'endroit le plus notable du bâtiment, sa façade, le matériau de cette ossature n'hésite pas à se montrer. Des lignes sobres, déterminant un réseau d'horizontales et de verticales entre lesquelles s'enchassent les bas-reliefs de Bourdelle, déterminent un cadre décoratif solennel et classique, à l'opposé des surcharges ornementales des théâtres construits lors du siècle précédent - à commencer par l'Opéra Garnier. Ce parti pris, combiné avec le choix de montrer un matériau que les architectes, jusque-là, ont osé laisser visible seulement dans des bâtiments industriels, surprend profondément le public. Toute l'ambiguïté du théâtre tient dans ce style architectural, mélange de modernité par sa technique de construction et d'attachement quasi académique à un langage puisé dans le passé.

Le décor : une réaction contre l'esprit du temps

Le programme sculpté et peint, à l'intérieur comme à l'extérieur du théâtre, participe du même attachement à la modernité, d'une part, au classicisme, d'autre part. Les sculptures de Bourdelle, sur la façade et dans la partie interne de l'édifice, adoptent un style figuratif largement inspiré de l'Antiquité grecque pour traiter de thèmes mythologiques (Apollon en méditation ; les Muses accourant vers Apollon, à l'extérieur) et allégoriques (la Musique, la Danse, etc.) tout aussi traditionnels. Autour de Maurice Denis, des artistes fort remarquables, mais appartenant à une génération qui a participé à des avant-gardes déjà dépassées en 1912, participent à la décoration picturale, également traitée dans un style figuratif et consacrée à des sujets mythologiques. Ces artistes se nomment Édouard Vuillard, Jacqueline Marval, Ker-Xavier Roussel, Henri Lebasque. Au moment où des peintres comme Picasso et Braque inventent le vocabulaire cubiste, le programme ornemental du Théâtre des Champs-Élysées affirme ainsi hautement la foi dans le bien-fondé de la perspective, de l'imitation de la réalité et de la force suggestive de la couleur. Il préfigure, tout autant que l'architecture même du théâtre, le « retour à l'ordre » qui caractérisera les années de l'après Première Guerre mondiale.

Vue intérieure du Théâtre des Champs-Élysées : les fresques de Maurice Denis et la verrière.

Simplicité et classicisme sont les bases esthétiques de cette façade du Théâtre des Champs-Élysées ornée de bas-reliefs du sculpteur Bourdelle, avenue Montaigne, à Paris.

Une « maison à gradins » pour lutter contre la tuberculose

L'IMMEUBLE DE LA RUE VAVIN

« La maison de rapport, tout à fait curieuse, construite par MM. Sauvage et Sarazin, qui l'appellent "maison à gradins", annonce-t-elle une révolution dans l'art de bâtir ? Les architectes semblent, en tout cas, avoir trouvé une formule permettant de créer économiquement des immeubles de neuf ou dix étages, remplis d'air et de lumière, et disposés de telle sorte qu'ils prolongent les heures de soleil dans les rues où ils s'élèvent. »

Ces quelques lignes du journal *l'Illustration,* en 1914, disent assez le projet de l'immeuble construit rue Vavin, à Paris, par les deux architectes cités. Au début du XXe siècle, la tuberculose tue chaque année environ 12 000 Parisiens. Les médecins savent déjà que le bacille de Koch, responsable de la maladie, est détruit par la lumière solaire. Mais celle-ci fait défaut à la plupart des logements urbains. Certains quartiers insalubres et surpeuplés de la capitale française offrent une très forte probabilité à leurs habitants d'y contracter la tuberculose en dix ans.

Une architecture hygiéniste

Pour lutter contre cette intolérable situation, les autorités mettent en place le premier programme national de construction d'habitations à bon marché (les H.B.M., qui deviendront plus tard les H.L.M.), des immeubles destinés à des résidents aux revenus modestes, et qui correspondent à des normes convenables en matière d'équipements sanitaires, d'aération, d'ensoleillement et de surface.
Les premiers chantiers sont ouverts, fort lentement, à partir de 1890 : l'architecte Henri Sauvage y participe. L'expérience qu'il acquiert en ce domaine le conduit à concevoir un type d'architecture fort nouvelle, parfaitement qualifiée par le terme d'« hygiéniste » : l'immeuble à gradins. Il s'agit d'un édifice en forme de pyramide, dont les étages, en retrait les uns par rapport aux autres, comportent chacun une terrasse afin de faire bénéficier les appartements d'un maximum d'air et de soleil. La conception des immeubles à gradins date de 1909 ; Sauvage dépose pour cette « invention » un brevet – fait rarissime en architecture –, en 1912, avec son associé Charles Sarazin.
L'idée de faire breveter la maison à gradins montre l'attention que l'architecte porte à la rentabilité de la forme architecturale qu'il a mise au point : désormais, il sera impossible à quiconque de construire un immeuble de ce type sans payer des *royalties* aux deux Français. La crainte de ne pas exploiter autant que dans un immeuble de type classique la surface disponible (puisque les étages, à mesure qu'ils sont plus élevés, sont d'une superficie moindre) dissuadera-t-elle les investisseurs, à une époque où le mètre carré, dans les grandes villes, est de plus en plus cher ? Sauvage et Sarazin plaident que l'affectation du volume central de l'immeuble à des activités commerciales sera un bon moyen de rentabiliser l'opération, que sa forme en gradins permet de prévoir un nombre d'étages plus important que d'ordinaire que la pente déterminée par les degrés successifs supprime en grande partie les ombres portées sur les immeubles en vis-à-vis et donc ne risque pas d'obscurcir la rue.

Du peuple à la grande bourgeoisie

Ces arguments ne convainquent pas les sociétés privées qui, à l'époque, financent la construction des H.B.M. Le premier immeuble à gradins, construit au 26 de la rue Vavin, dans le VIe arrondissement de Paris, n'est pas destiné aux ouvriers, mais à des personnes issues de la bourgeoisie progressiste. Même ainsi, l'équilibre financier de l'opération reste délicat – au point que les commanditaires et futurs occupants de l'immeuble décident de se regrouper en une « Société des maisons à gradins », qui inaugure une idée nouvelle : la copropriété.
Le premier projet de l'immeuble Vavin est intitulé « la Maison à gradins sportive ». Ne s'agit-il pas en effet de promouvoir un nouveau mode de vie où l'air, le soleil, les équipements sanitaires permettront, en pleine ville, de continuer à cultiver son corps ? Aussi, à ce stade de la conception de l'immeuble, Sauvage prévoit-il d'équiper les appartements, distribués sur huit étages, de salles d'escrime et de jeux, au même titre que de bibliothèques ou d'ateliers d'artiste. La nécessité d'atteindre un meilleur équilibre financier combinée avec celle de respecter une réglementation d'urbanisme extrêmement conservatrice amèneront l'architecte et son associé à s'en tenir à un projet moins ambitieux.
Tel qu'il est finalement édifié en 1912 et 1913, l'immeuble de la rue Vavin est construit avec une structure porteuse en béton armé, qui supporte le porte-à-faux de chaque étage sur le précédent. Les appartements, répartis en définitive sur six étages seulement, ne comportent plus de salles d'escrime ou de bibliothèque, mais intègrent des chambres de domestiques. Cette dernière spécificité s'explique par une double préoccupation : contrôler la moralité des gens de maison et annexer, le cas échéant, leurs chambres si, comme l'évolution des mœurs le laisse supposer au tournant du siècle, le train de vie bourgeois se passe dans le futur d'une domesticité dispendieuse.

Cette rue à gradins ou cet hôtel géant (Giant Hôtel), qui ne virent jamais le jour, sont des projets futuristes d'Henri Sauvage (dessins de Sauvage, Paris, Institut français d'architecture).

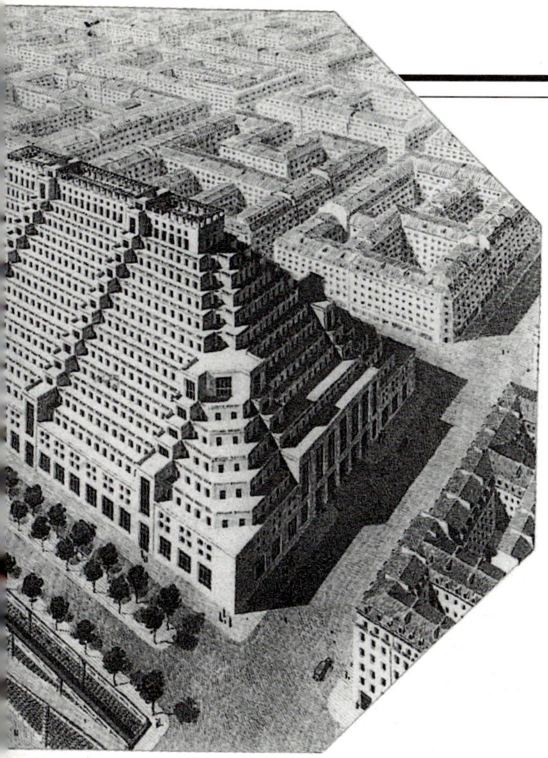

Henri Sauvage

Henri Sauvage (1873-1932) devient célèbre en 1900 avec l'achèvement de la villa qu'il a construite à Nancy pour l'industriel Louis Majorelle. Associé avec l'architecte Charles Sarazin de 1902 à 1916, il réalise **des immeubles de logements ouvriers** (à Paris, dans le XVIIIe et le XIIIe arrondissement), des villas, des hôtels de voyageurs et autres opérations immobilières, pour lesquels il ouvre des agences à Biarritz, à Madrid et à Monterrey (Mexique).

Inventé en 1909, breveté en 1912, **le système de construction en gradins** conçu par les deux architectes reçoit en fait peu d'application dans le domaine pour lequel il avait été conçu, les habitations populaires. Sauvage n'en reste pas moins attaché à l'idée de bâtir des immeubles d'habitat collectif, ce qu'il fait notamment à Paris jusqu'au milieu des années 1920.

Dès 1913, par ailleurs, l'architecte travaille sur **le principe de construction rapide,** qui l'amène à déposer plusieurs brevets. Sa volonté de planifier les chantiers régit la reconstruction des grands magasins de la Samaritaine (1925-1930) et l'édification des magasins Decré à Nantes (1931).

Les appartements sont livrés sans aucun des éléments obligés du décor traditionnel d'une demeure bourgeoise : plus de corniches et autres moulurations, dont le goût du temps commence à se lasser. Les façades, tant sur la rue que sur la cour, sont recouvertes d'un carrelage aux rectangles de même taille que ceux des couloirs du métropolitain, dont la blancheur même, antiseptique, rappelle les préoccupations hygiénistes de Sauvage, et qui exclut tout décor sculpté. Enfin, le vaste volume prévu pour des commerces au centre de l'immeuble restant inutilisé, Henri Sauvage – qui habite personnellement l'immeuble – y installe son agence en 1919.

Le 26 rue Vavin est immédiatement célèbre, moins pour ses qualités hygiénistes intrinsèques que pour son originalité esthétique. Mais la formule ne parvient pas à s'imposer comme un véritable modèle. Dans les quinze années qui suivent l'achèvement de l'immeuble, Sauvage multiplie les dessins de pyramides plus ou moins gigantesques, destinées cette fois à loger des ouvriers ; il conçoit des rues, des avenues, des quartiers entiers bordés de ces immeubles à gradins – pour ne construire (à Paris également) qu'un seul immeuble du même type, pour un public également bourgeois. Aussi son système de construction en gradins reste-t-il dans l'histoire de l'architecture avant tout comme une utopie, aussi savamment médiatisée que les visions urbaines de Le Corbusier.

L'immeuble à gradins de la rue Vavin, une architecture hygiéniste conçue par Henri Sauvage, à Paris.

L'expressionnisme au service de la relativité !

LA TOUR EINSTEIN

En 1919, une fondation, soutenue par le gouvernement de Prusse, décide de construire un laboratoire de recherches spectro-analytiques visant à établir les preuves de la théorie de la relativité d'Einstein. L'édifice doit être construit au sommet d'une petite colline de Neubabelsberg, près de Potsdam. Sa structure technique est composée d'une tour-observatoire, captant la lumière cosmique (d'où son nom de « tour Einstein »), et d'un laboratoire souterrain, destiné à l'analyse des spectres lumineux.

L'observatoire astronomique, achevé 3 ans plus tard, est édifié d'après les plans combinés de membres de l'équipe du physicien et d'un très jeune architecte allemand, Erich Mendelsohn. Le résultat se révèle admirable et d'une nouveauté époustouflante. « C'est organique ! », s'écrie Albert Einstein en découvrant le bâtiment. Le futur lauréat du prix Nobel de physique 1921 n'est pas le seul à s'enthousiasmer : l'édifice qui vient d'être achevé s'impose rapidement comme le chef-d'œuvre d'un mouvement qui, en architecture, se veut l'équivalent du mouvement expressionniste, en peinture.

Les dessins imaginaires

L'assistant d'Albert Einstein, Erwin Findlay Freundlich, exécute une première série d'esquisses. Peu sûr de ses dons artistiques en matière d'architecture, il suggère qu'on fasse appel à un jeune architecte qui expose en ce moment même dans une galerie de Berlin de curieux dessins imaginaires : Erich Mendelsohn (1887-1953). En cette époque d'après-guerre, où l'argent manque et où les commandes sont rares, l'occasion est inespérée pour cet architecte avant-gardiste, auquel on n'a jamais confié aucun projet.
Avec la réalisation de la tour Einstein, Mendelsohn concrétise 4 années de songe architectural passées dans les tranchées du front russe. L'exposition à la galerie berlinoise de Paul Cassirer, « Architecture en acier et en béton », présente une partie des 1 500 esquisses réalisées à cette époque. Ces architectures fantastiques rappellent que Mendelsohn fréquentait avant la guerre les peintres expressionnistes. Sur les murs de la galerie sont alignées des séries de bâtiments industriels, de gares, de studios de cinéma ou de gratte-ciel – architecture qui

Le Goetheanum, théâtre conçu par Rudolf Steiner, répond à des préceptes théosophiques (près de Bâle, Suisse).

L'utopie expressionniste

En 1918, le traité de Versailles abandonne l'Allemagne au désastre économique de la défaite. Faute de commandes, les architectes allemands d'avant-garde ne peuvent construire et s'adonnent délibérément à des projets visionnaires et utopistes. Surmontant leur isolement, ils se regroupent dès 1918 en organisations avec comme objectif commun de créer une architecture nouvelle pour construire un monde meilleur. Le Conseil de Travail pour l'art et le Groupe de novembre ont une importante activité de propagande intellectuelle où s'entrecroisent action sociale, pacifisme, écologie, socialisme anarchique, théosophie et illuminisme de tout genre…
Tous les projets imaginaires de ces architectes aspirent à une totalité organique inspirée par la nature. Les formes minérale, amorphe, biomorphique et anthropomorphique servent de point de départ à un langage architectural expressif. Le thème de la transparence guide l'architecture de verre des projets de Taut, de Finsterlin, de Luckhardt ou de Gropius et, le thème du mouvement, les formes dynamiques ou labiles de Kiesler, de Scharoun et de Mendelsohn lui-même.

fascine Mendelsohn –, mais aussi de nombreuses variations sur son thème privilégié : les observatoires astrophysiques. Décidément, Mendelsohn apparaît comme l'homme de la situation !

L'observatoire Einstein, une architecture entièrement nouvelle, proche de l'expressionnisme, conçue par l'architecte Erich Mendelsohn près de Postdam.

Une architecture qui exprime les rêves et les émotions

Commencés en 1919, les travaux de la tour Einstein sont achevés en 1921 et l'inauguration a lieu en 1924. Si le programme est entièrement fixé à l'avance, une totale liberté d'invention est laissée à l'architecte pour l'enveloppe architecturale. Soucieux de traduire dans le bâtiment les nouvelles théories d'Einstein, Mendelsohn réfléchit sur la possibilité de transcrire le facteur espace-temps qui détermine la quatrième dimension. Certes, les peintres cubistes l'ont précédé dans l'intention de briser la perspective traditionnelle héritée de la Renaissance, en décomposant l'objet en points de vue simultanés sur l'espace de la toile. Mais la démarche très intellectuelle des cubistes ne séduit guère Mendelsohn. Il trouve sa voie dans des formes qui exaltent l'idée du mouvement et qui sont censées, par ailleurs, traduire les émotions et les rêves du créateur. C'est en cela que Mendelsohn peut être considéré comme un architecte « expressionniste ».

Comme un corps en mouvement…

Bien décidé à en finir avec la troisième dimension – celle de la surface plate, à laquelle il reproche son inertie –, Mendelsohn brise l'enveloppe statique du bâtiment conçu comme une boîte et travaille à sa déconstruction géométrique. Le bâtiment est ainsi réduit à un magma, à une masse informe mais unitaire. Pour donner vie à cette masse, l'architecte s'imprègne des formes vivantes de la nature, qu'il traduit dans un langage architectural expressif. La tour Einstein semble comme animée d'un puissant mouvement intérieur, exprimé par les convulsions plastiques de l'enveloppe de ciment. Ces protubérances et ces retraits sur les façades rappellent le jeu du vent sur les dunes de sable, que Mendelsohn a étudié.

Mais, par-delà cette poétique de la dune mouvante, l'architecte conçoit son édifice comme un corps en mouvement. Le traitement de la façade principale évoque la structure d'une cage thoracique avec le dessin symétrique des côtes. « Les objets ne sont pas dans l'espace mais spatialement étendus », écrit Albert Einstein. L'observatoire de Mendelsohn est lui aussi « spatialement étendu ». Il n'a pas de forme définie mais est saisi dans un moment dynamique de sa construction. Le facteur temps est intrinsèque à cette architecture en formation qui semble s'agiter furieusement dans l'espace.

Des pavillons éphémères pour inventer un style

LE TRIOMPHE DES « ARTS DÉCO »

Le 28 avril 1925, Gaston Doumergue, président de la République française, entouré de 4 000 personnes, inaugure l'Exposition internationale des arts décoratifs et industriels modernes qui, jusqu'en octobre, occupe, notamment, l'esplanade des Invalides, à Paris.

« La Sirène », diadème en bronze, opale, or et émeraudes, de R. Lalique (Paris, musée des Arts décoratifs).

La manifestation se veut la vitrine d'un style nouveau qui s'accorde avec le climat de joie de vivre, d'optimisme retrouvé propre aux « années folles ». Des artistes, mais aussi des industriels et des artisans sont appelés à y collaborer pour créer ensemble un décor aussi luxueux qu' éphémère : dans des constructions (ou « pavillons ») appelées à ne durer que le temps de l'exposition, la peinture, la sculpture, le mobilier, la mode, l'orfèvrerie sont regroupés. Les architectes des pavillons offrent à ces arts des écrins qui marquent profondément les contemporains.

Des pavillons reconstituant le cadre des œuvres

L'idée d'une exposition des arts appliqués à l'industrie remonte à 1910. Face au « grand péril » que font courir les arts décoratifs étrangers aux productions nationales, d'aucuns jugent qu'il est nécessaire de rénover, en France, les formes et le décor des objets quotidiens. Votée à la Chambre en 1912, cette exposition salutaire prévue pour 1915 est remise pour cause de guerre. Elle est sur le point d'avoir lieu en 1922, puis en 1924 – et elle est finalement ouverte en 1925.

Cette manifestation internationale s'étend au cœur de Paris sur 28 hectares, de part et d'autre des quais de la Seine : sur l'esplanade des Invalides, sur le pont Alexandre III et dans les environs du Grand et du Petit Palais. Renonçant au mode de présentation des Expositions universelles précédentes, les organisateurs ont souhaité placer chaque produit dans un cadre architectural reproduisant la réalité du quotidien. Meubles, tentures, luminaires, céramique, bijoux prennent donc place non dans de grandes halles, mais dans des édifices reconstituant les intérieurs auxquels ils sont destinés. Une centaine de pavillons isolés recréent ainsi les espaces d'une ambassade, d'un musée, d'une villa, d'un hôtel particulier, d'un studio ou de la cabine d'un transatlantique...

Les « modernes » contre les « contemporains »

L'Exposition a une vocation principalement commerciale. C'est-à-dire qu'elle compte, outre les représentants des délégations étrangères et les ateliers d'art, associations d'artistes et d'artisans, des pavillons dont les instigateurs sont des manufactures, des industries de décoration et, même, des grands magasins. La seule contrainte formulée par le règlement est la suivante : l'Exposition n'admet dans son enceinte que « les œuvres d'une inspiration nouvelle et d'une rare originalité réelle [...] Sont rigoureusement exclues les copies, les imitations et contrefaçons des styles anciens ».

À chacun sa définition de la « modernité ». L'Exposition de 1925 est dominée par le conflit de deux tendances : l'une, qui se dit elle-même « moderne », se veut sobre à l'extrême ; l'autre, qui accepte le qualificatif de « contemporaine », accorde au contraire une large part à l'ornement.

Ce conflit n'apparaît nulle part mieux que dans l'architecture des pavillons. Alors que les promoteurs de l'Exposition ont pour vocation d'imposer un art luxueux et riche en ornement, les créateurs de la tendance « moderne » refusent, terme à terme, ces principes. Ainsi, l'architecte Auguste Perret, commentant l'Exposition dans la revue *l'Amour de l'art,* s'en prend-il à son projet même : « L'art décoratif est à supprimer. Je voudrais savoir qui a accolé ces deux mots : art et décoratif. C'est une monstruosité ! Là où il y a de l'art véritable, il n'est pas besoin de décoration... »

Plusieurs des pavillons construits illustrent admirablement ces propos. Ainsi, le pavillon de l'U.R.S.S., édifié par le Soviétique Constantin Melnikov : ce bâtiment de verre et de bois, peint en rouge et en blanc, agence autour d'un pylône, de façon extrêmement originale, des espaces en forme de triangle. Ainsi encore le pavillon du journal *l'Esprit nouveau* du Français Le Corbusier, un bloc rectangulaire largement ouvert par des baies

Vue générale de l'Exposition internationale des arts décoratifs, à Paris.

Le pavillon « la Maîtrise » des Galeries Lafayette (Paris, Exposition des arts décoratifs).

vitrées, composé exclusivement d'éléments standardisés, y compris à l'intérieur, où le mobilier habituel est remplacé par des casiers destinés à être produits en série. Sur le moment, ces œuvres, incomprises, ne suscitent que des sarcasmes.
Beaucoup plus proches, au contraire, de l'esprit des organisateurs de l'Exposition, les architectes « contemporains » s'appuient sur le passé et renouent avec la tradition nationale, du classicisme au style Louis-Philippe du XIXe siècle. Ce « goût français », qui a pour caractéristiques la clarté, l'ordre et la mesure, est mis au goût du jour grâce à l'adoption de formes géométriques inspirées d'un néocubisme édulcoré. Les pavillons de cette tendance présentent des volumes à la fois simples et monumentaux. Ainsi, le pavillon Ruhlmann, ou « hôtel d'un riche collectionneur », construit par Pierre Patout, est une libre interprétation cubique de l'hôtel de Salm, un hôtel particulier néoclassique du quai d'Orsay, bâti en 1783. Le « musée d'Art contemporain » de Louis Süe s'inscrit dans la même tendance : il adopte l'aspect d'un temple à coupole circulaire pour présenter les créations de la Compagnie des arts français de Süe & Mare.

Ordre, luxe et ornement

Les grands magasins parisiens qui, depuis quelques années, ont confié à des artistes décorateurs la direction de leurs ateliers de production de meubles, tissus et objets en série, sont présents à l'Exposition. Leurs pavillons sont les véritables monuments Arts déco de la manifestation : « Pomone » du Bon Marché, « Studium » des magasins du Louvre, « la Maîtrise » des Galeries Lafayette, « Primavera » des magasins du Printemps, etc., sont conçus en toute liberté par des architectes qui bénéficient d'un soutien sans partage de leurs commanditaires et qu'assistent les artistes et les artisans les plus en vue du Paris de ces années. Ces pavillons témoignent d'un goût pour l'ornement géométrisé d'inspiration coloniale et néocubiste, pour les plans et les couvertures insolites orientalisantes et pour les matériaux précieux et polychromes : le marbre, la céramique, le fer forgé, etc. Les objets et les accessoires, notamment vestimentaires, qu'on présente dans ces pavillons, sont riches en formes géométriques et en couleurs vives, insolites jusqu'alors.
Comme la femme libre à la silhouette masculine (la « garçonne »), comme le jazz et la vitesse, le style Arts déco est désormais inséparable de l'art de vivre de la société cosmopolite des années folles. Cinémas, théâtres, music-halls, cafés et grands magasins s'emparent de sa profusion décorative. Il trouve ses quartiers d'été dans les casinos et les villas de la côte basque et de la Côte d'Azur. Après quoi il s'épure dans les lignes aérodynamiques du « style paquebot ». Il inspire alors le design des grands transatlantiques, *Île-de-France* (1930) et *Normandie* (1934), avant de s'éteindre, aux États-Unis, au cours des années 40.

Gropius reconstruit son école d'architecture à Dessau

L'IMMEUBLE DU BAUHAUS

Le 4 décembre 1926, en présence d'un millier d'invités venus d'Allemagne et de l'étranger, l'architecte Walter Gropius, constructeur des bâtiments, les peintres Wassily Kandinsky, Nina Kandinsky, Paul Klee et d'autres dirigeants du Bauhaus inaugurent leurs nouveaux locaux.

Chassés de Weimar l'année précédente par une municipalité de droite qui leur était hostile, les responsables de cette école d'un genre nouveau ont élu domicile à Dessau, une commune socialiste disposée à fournir aux membres du Bauhaus d'importantes commandes de travail. Gropius peut édifier librement un nouveau bâtiment pour l'école.

École ouverte à toutes les disciplines artistiques, le Bauhaus accueillit de nombreux élèves dont certains devinrent célèbres tel le peintre Oskar Schemmer, auteur de ce tableau (Die Treppe im Bauhaus, *1932, New York, Museum of Modern Art).*

La « maison de la construction »

Gropius est, depuis 1919, le fondateur et le directeur du Bauhaus, un terme qui signifie « la maison de la construction ». Plus qu'une école, cette structure révolutionnaire se veut, selon les termes mêmes de Gropius, une « communauté de travail ». Répartis en ateliers spécialisés, artistes et artisans y initient les jeunes gens à la pratique d'un art – de la reliure à l'architecture – et au travail sur les matériaux – le bois, le métal, le verre, la pierre… –, sans que soient observées les distinctions hiérarchiques traditionnelles entre les « beaux-arts » (peinture, sculpture, architecture) et les arts appliqués, et sans que jamais un cours magistral ne se substitue à l'expérience directe de la création.

Un édifice-manifeste

Les locaux conçus par Gropius constituent un véritable manifeste des principes qui animent le créateur du Bauhaus. Rejetant tout vain ornement, mais jouant sur des formes simples qui manifestent clairement la fonction de chaque partie du bâtiment, ainsi que sur un usage averti des matériaux modernes (le béton, le métal et le verre), le nouveau bâtiment du Bauhaus a la valeur d'un programme. L'édifice est formé de trois modules principaux : un pour les ateliers, vitré sur quatre étages ; un pour les salles d'enseignement ; un, de cinq étages, pour le logement des étudiants. Ces différents modules, ou ailes, sont reliés les uns aux autres par deux passages perpendiculaires : l'un, surélevé, abrite dans sa partie supérieure les bureaux de l'administration ; l'autre, destiné à la vie communautaire, comprend une salle des fêtes, un théâtre, une cantine, etc. L'ensemble forme un monde autonome, véritable ville en réduction, puisqu'il réunit en un même lieu les espaces de travail, de logement, de restauration et de loisirs.

Une œuvre d'art totale

Le projet fondamental du Bauhaus est de regrouper toutes les disciplines pour réaliser une « œuvre d'art totale » – un rêve que Gropius partage avec un certain nombre d'artistes et de théoriciens depuis le milieu du XIXe siècle. Aussi tous les ateliers du Bauhaus participent-ils à l'aménagement des locaux. Par exemple, l'atelier de fabrication de mobilier, dirigé par Marcel Breuer (1902-1981), produit des chaises et des fauteuils en tubes d'acier nickelé, innovation qui sera produite en série par une firme berlinoise à partir de 1926, ainsi que des tables simples et pratiques, d'un esprit tout aussi nouveau. De même, l'atelier du métal, dirigé par Lazlo Moholy-Nagy, conçoit des lampes murales à mécanisme d'extension, réalisées en fer et en laiton, également révolutionnaires. De cette façon se trouve affirmé un plan global de

Le Bauhaus

Cette école d'architecture et d'arts appliqués est la plus importante du siècle, malgré sa courte existence (1919-1933). Y enseignent des artistes parmi les plus remarquables du temps : Wassili Kandinsky, Laszlo Moholy-Nagy, Paul Klee, Walter Peterhans etc. Aussi le « style Bauhaus » reste-t-il aujourd'hui un modèle, notamment pour le design, qui y a vu le jour.
Révolutionnaire, l'école l'est dans son fonctionnement. L'enseignement proprement dit y compte moins que la pratique et l'expérimentation dans l'un des sept ateliers où l'on travaille le métal, la pierre, le bois, les tissus, la terre cuite, les couleurs – l'architecture étant avant tout la résultante de cette formation. L'autre caractéristique du Bauhaus consiste dans l'affirmation d'une solidarité étroite entre l'art et la technique. L'art, à l'époque industrielle – pensent les fondateurs du Bauhaus –, ne peut plus être conçu selon des procédés de fabrication manuels, et son unicité doit cesser d'être un critère de valeur. La différenciation entre l'artisan et l'artiste tombe, dès lors, d'elle-même : toutes les disciplines doivent collaborer pour créer une œuvre d'art totale et moderne. L'artiste est un artisan supérieur.
Ces principes, appuyés sur une foi inébranlable dans les vertus de la société industrielle, et qui sont mis en application dans l'élaboration des locaux du Bauhaus, ne survivront guère à la crise économique de 1929, mais un New Bauhaus verra le jour en 1937 à Chicago.

contrôle de l'environnement qui prend en compte non seulement le cadre architectural, mais aussi les objets fonctionnels de la vie quotidienne : le « design », c'est-à-dire l'invention d'objets qui soient à la fois agréables à voir et destinés à être produits en série, naît avec cette expérience.

L'invention du mur-rideau

Le bâtiment de Dessau est également remarquable par une autre innovation : la structure de l'édifice est en béton armé, avec des planchers en hourdis à armature, un remplissage en maçonnerie de brique et, surtout, de vastes surfaces de verre. Ce sont ces surfaces qui constituent la grande originalité des façades des bâtiments, ou du moins de l'aile des ateliers.

Mobilier et décoration conçus au Bauhaus par Walter Gropius.

Vue extérieure de la prestigieuse école allemande du Bauhaus, dont les bâtiments furent construits à Dessau par Walter Gropius.

En effet, au lieu de comporter des fenêtres ou de vastes baies, comme c'est le cas dans le reste des locaux, les ateliers sont éclairés par un gigantesque mur de verre plaqué sur la structure de béton. Ce « mur-rideau », comme il convient de l'appeler, fait de cette partie des locaux un énorme parallélépipède vitré, brillant la nuit et transparent le jour, d'une formidable nouveauté. Gropius lui-même reprend l'idée de la façade de verre dans le projet (non réalisé) d'un théâtre total qu'il étudie en 1927 – l'année qui suit l'inauguration du Bauhaus de Dessau –, mais c'est à l'architecte Ludwig Mies van der Rohe (1886-1969) qu'il revient d'avoir inventé la formule. Dès 1921, en effet, cet ancien condisciple de Gropius dans l'agence de Pieter Berhens (le constructeur des usines AEG à Berlin) avait proposé l'idée d'un « gratte-ciel de verre », immeuble très haut à ossature de métal et enveloppe vitrée dévoilant entièrement la structure interne et reflétant le paysage et le ciel. Mais le projet ne fut jamais réalisé…

→**Voir aussi :** p. 274-275 (La Turbinenfabrik AEG)

« Toujours plus haut, toujours plus vite »

L'EMPIRE STATE BUILDING

Le 1er mai 1931, le président Hoover tourne la clef qui commande l'illumination du plus haut bâtiment du monde. Environ un an seulement après le début des travaux, l'Empire State Building est inauguré. Celui que l'on surnomme bientôt « le Monarque » est appelé à un règne sans partage de quarante ans.

Dominant la ville de New York du haut de ses 381 mètres, l'Empire State Building, réalisé par les architectes de l'agence Shreve, Lamb et Harmon, a demandé l'incroyable investissement de 41 millions de dollars. En pleine dépression économique, après le krach financier de Wall Street, il incarne le symbole de la vitalité américaine et de sa foi sans réserve dans les valeurs du capitalisme. Son sommet a même été conçu pour servir d'embarcadère à dirigeables.

La verticalité médiévale

Le succès du gratte-ciel en Amérique n'est pas la conséquence d'un manque d'espace. Le territoire est immense. Les villes sont constituées d'un quadrillage de rues tracées au cordeau qui délimitent des parcelles de terrain identiques. Cette trame égalitaire qui ignore l'idée de centre permet une expansion horizontale de la ville illimitée. Pourtant, dès leur apparition, les gratte-ciel se sont entassés dans des centres bientôt congestionnés. Leur accumulation, à New York, à Chicago ou à Boston, rappelle la structure de la ville commerçante du Moyen Âge, regroupée derrière ses remparts protecteurs. Chacun veut être là où les autres sont. La spéculation foncière artificielle est la conséquence de la compétition des « trusts », les grandes firmes capitalistes américaines. La course à la hauteur que mènent entre eux les gratte-ciel renoue avec celle des *torri gentilizie,*

Metropolis

Plus que les monuments eux-mêmes, c'est la silhouette générale de la ville de New York et son mouvement oscillographique qui frappent l'imaginaire des contemporains. Artistes, architectes, écrivains et cinéastes propagent **l'image onirique du *skyline,*** cette ligne de rencontre du ciel et de la terre de la Babylone moderne. Avec ***King Kong* (1933)**, le réalisateur Merian Cooper, du haut de l'Empire State, fait ainsi délicieusement trembler l'Amérique, tandis que Fritz Lang interroge les consciences dans l'univers mécanisé de son ***Metropolis* (1926).**

La métropole américaine inquiète, en effet, autant qu'elle fascine. La solitude de l'homme dans la cité sourdement hostile est exprimée dans les tableaux mélancoliques de l'Américain **Edward Hopper.** La hauteur chimérique des gratte-ciel de Manhattan inspire le peintre français **Fernand Léger,** alors qu'il se promène, un soir de 1931, dans le quartier des affaires déserté : « Wall Street ne dort pas… Wall Street est mort […] Ce ne sont pas les plus grandes banques du monde ! Non, ce sont les orgueilleux tombeaux des familles des grands milliardaires. Là reposeront les Morgan, les Rockefeller, les Carnegie. Comme de nouveaux pharaons, ils ont édifié leurs pyramides. Ils seront enterrés debout comme des demi-dieux. »

L'Empire State Building, dominant le quartier de Manhattan, à New York.

Vue sur New York prise du sommet du Chrysler Building, plus grand que la tour Eiffel, mais vite détrôné de son record mondial de hauteur par l'Empire State Building.

ces tours aussi orgueilleuses qu'inutiles que faisaient construire les riches familles des cités-États de l'Italie médiévale à côté de leurs palais urbains. « New York est le San Gimignano d'aujourd'hui », observe un visiteur allemand en 1904, évoquant la célèbre « cité aux mille tours » de Toscane.

Le « monarque » de New York

L'aspect des premiers gratte-ciel construits à Chicago dans les années 70 manifeste bien cette dépendance par rapport aux modèles du palazzo italien et de l'architecture gothique. Une dépendance hautement symbolique, car, si le « business », dans l'Amérique contemporaine, est la condition d'une réussite sociale et politique, de même, dans l'Italie de la fin du Moyen Âge, la puissance était concentrée entre les mains de quelques grandes familles qui se consacraient aux affaires.

Du *palazzo* l'Empire State retient la silhouette générale d'une tour-campanile coiffant un soubassement massif ; au gothique il emprunte l'idée d'une flèche coiffant l'édifice, ainsi que les motifs du décor de surface, des nervures verticales encadrant les fenêtres et formant des travées qui accentuent la verticalité de l'édifice et son élégance. À ces deux éléments constitutifs de la forme de l'Empire State s'ajoute l'étagement en gradins de la tour, imposé par le règlement d'urbanisme de la ville de New York. Ces retraits successifs, qui évoquent la forme pyramidale des ziggourats, ont pour objet de pallier l'obscurité (qui sans cela aurait été insupportable) de rues transformées en couloirs à courants d'air. Ce mélange des styles architecturaux, bien dans l'esprit du *melting pot* américain, serait incomplet s'il n'associait, dans le décor du couronnement et du hall d'entrée, la modernité édulcorée du style Arts déco.

Dix-sept projets successifs seront nécessaires pour convaincre la puissante société de l'Empire State Building C°. Situé en plein cœur de Manhattan, sur la 5e avenue, le gratte-ciel engloutit 60 000 tonnes d'acier, 10 millions de briques et 7 000 m^3 de pierres ! La construction est planifiée à la minute près. Les livraisons s'effectuent la nuit, afin de ne pas gêner l'activité fébrile du quartier d'affaires. Menés au rythme de quatre étages et demi par semaine, les travaux sont achevés en treize mois et demi. Avec ses 102 étages desservis par 67 ascenseurs, l'Empire State peut alors accueillir 25 000 employés.

Le Chrysler Building

Achevé en 1930 à New York par William Van Allen (1883-1954), le Chrysler Building, haut de 324 mètres, ravit à la tour Eiffel le titre de bâtiment le plus élevé du monde. Gloire éphémère que vient interrompre, quatre mois après son achèvement, l'édification de l'Empire State Building.

Un monstre « Arts déco ». Avec ses 77 étages qui offrent une surface de 93 000 $mètres^2$, le Chrysler accueille une population journalière de 10 000 employés. Expression la plus spectaculaire du style Arts déco, cette tour à gradins coiffée d'une flèche emprunte également à l'imaginaire gothique.

La plus fabuleuse des publicités. L'architecte a concentré tout l'effet décoratif dans les 27 tonnes d'acier inoxydable de la flèche où le design des accessoires symboles de la marque Chrysler s'intègre au monument. Ainsi, des demi-cercles, profilant la flèche en un pinacle télescopique, rappellent le dessin rayonnant des enjoliveurs de roues, tandis qu'aux angles des gargouilles à tête d'aigle évoquent les bouchons des radiateurs ! Ce « skypicker » (pique-ciel) publicitaire connut une grande renommée et fit pour l'image de marque de la firme automobile plus que toute autre réclame.

Un exemple d'architecture monumentale à la française : l'hôtel de ville de Villeurbanne.

L'inauguration d'un véritable palais souterrain

LE MÉTRO DE MOSCOU

Mené à un rythme extrêmement rapide à partir du début de 1933, le chantier du métropolitain de Moscou devient un symbole de la modernité de la nouvelle capitale de l'Union soviétique. La première ligne est ouverte le 15 mai 1935, révélant aux voyageurs et aux observateurs étrangers le faste inouï de certaines stations.

Treize années après la révolution d'Octobre, la crise des transports, surchargés jusqu'à l'intolérable, est une réalité quotidienne qu'il faut enrayer. Le projet d'un train souterrain s'impose comme la seule solution efficace : aujourd'hui encore, le métro moscovite est l'un des plus grands du monde. Ses 8 lignes, qui correspondent à 200 km de voie, déposent quotidiennement dans 139 stations plus de 6 millions de voyageurs.

Le « paradis socialiste »

Symbole d'une société tournée vers l'avenir – la foi optimiste en la machine est une des idées majeures des années 20 –, le métro de la capitale soviétique devient le grand projet du pouvoir socialiste. Outre son incontestable utilité, il permet au régime de se doter d'une vitrine idéale, qui présente une image à la fois moderne et solennelle de l'U.R.S.S. De façon symptomatique, les ouvriers recrutés pour mener à bien le chantier sont membres de l'Union de la Jeunesse. Venus des professions les plus variées, ils assimilent sur le tas leur qualification dans le bâtiment et forment le contingent affecté aux terrassements et aux bétonnages. Lors de l'inauguration, c'est avec emphase que Kaganovic, le premier responsable du métro – qui d'ailleurs portera son nom jusqu'en 1955 – indique que le réseau a été réalisé exclusivement avec des matériaux et des travailleurs soviétiques.

L'invention d'un « style soviétique »

La nation née de la révolution de 1917 veut se doter de son propre style architectural. À la fin des années 20 commence la critique du constructivisme – un mouvement russe, pourtant – et du fonctionnalisme, deux styles auxquels les idéologues soviétiques reprochent d'être des sous-produits du capitalisme. Le verre et l'acier, matériaux dont l'usage est préconisé par les architectes de ces deux tendances sont, par voie de conséquence, *a priori* rejetés. Ils sont de toute manière introuvables dans l'U.R.S.S. du début des années 30. Le mot d'ordre pour les bâtiments construits alors est la monumentalité. On demande aux architectes des œuvres impressionnantes, pour donner la mesure du pays qui a pris la tête de la future révolution mondiale. Le résultat est un retour en force de l'académisme et, en particulier, d'un vocabulaire architectural néoclassique, associé traditionnellement à une symbolique du pouvoir : des colonnes, des frontons, une importante statuaire, des éléments ornementaux, telles des balustres, etc. Ces parti pris sont systématiquement à l'honneur dans le décor des stations du métro moscovite. Véritable palais souterrain, le moderne moyen de transport des prolétaires doit être aussi luxueux que possible. Certaines stations sont spacieuses et ornées comme les salles de bal d'un château des temps anciens.

Un « Versailles » pour le peuple?

Élément de prestige essentiel, la taille des stations est aussi un moyen de supprimer chez l'usager le sentiment d'enfermement. Les architectes chargés du projet ont d'autre part le souci méritoire de lutter contre la monoto-

La véritable avant-garde architecturale soviétique

Les monuments qui ont été construits au début de l'histoire de la Russie soviétique ne constituent certainement pas, du point de vue de l'histoire de l'architecture, des réalisations mémorables en terme de qualité ou d'innovation. Pourtant, avec le mouvement dit des « constructivistes », l'Union soviétique a eu, brièvement, son avant-garde architecturale.

Une éphémère avant-garde. Le constructivisme russe a une existence brève : entre 1920 et 1930. En effet, il est rapidement évincé par les préoccupations de la monumentalité néoclassique, qui triomphent à l'ère stalinienne. Pourtant, il réunit toutes les conditions pour la réalisation d'un style architectural conforme aux idéaux nés de la révolution de 1917. L'idéal marxiste exalte le rôle du travail et de la technique ? Le constructivisme, lui, glorifie la machine et la justification de chaque élément par une fonction (« fonctionnalisme »), en même temps qu'il rejette toute surcharge ornementale au profit d'un vocabulaire ornemental caractérisé par une extrême sobriété – des surfaces nues et des angles droits, des formes cubiques pour les bâtiments.

Les doctrinaires contre les créateurs. Les projets des jeunes architectes soviétiques sont nombreux mais les réalisations rares. Parmi les édifices effectivement construits, on peut mentionner le Palais de l'Industrie de Kharkov, les clubs culturels de Melnikov – édifiés par Golossov et les frères Vesnine –, enfin, le siège de la *Pravda*, à Moscou, par Golossov. Pour le reste, les architectes se heurtent d'abord à l'extrême pauvreté économique du pays, puis, à partir des années 30, à la résistance de l'appareil communiste lui-même. Celui-ci les accuse de véhiculer une « idéologie étrangère », non conforme aux aspirations et aux besoins des prolétaires soviétiques.

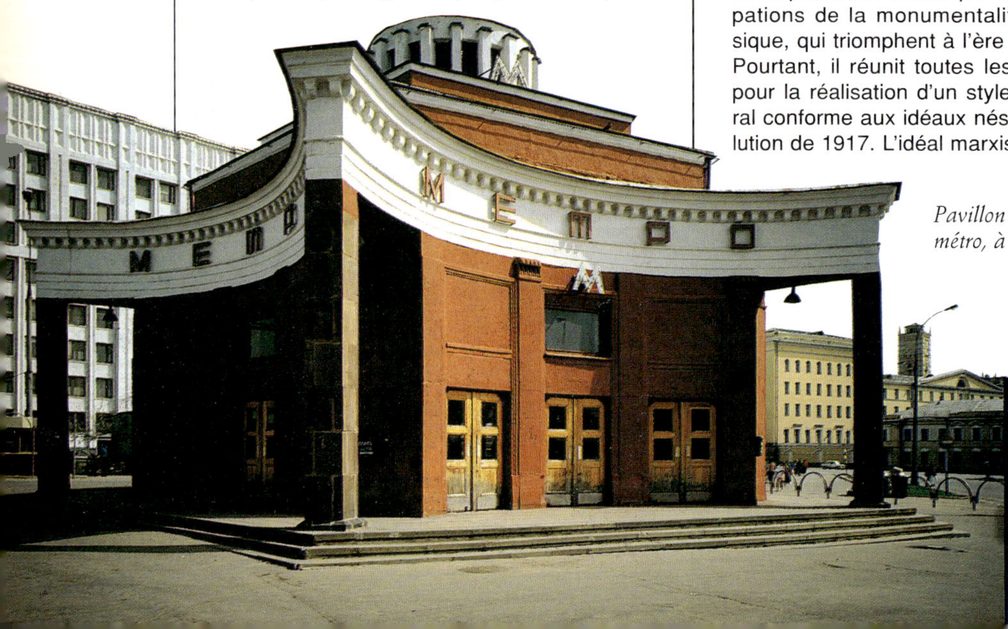

Pavillon d'accès au métro, à Moscou.

nie d'un tunnel ponctué de stations toutes semblables. Les gares se différencient donc les unes des autres, sinon par leur forme en profondeur – celle-ci est inévitablement liée à la configuration en tunnel et aux dimensions des trains –, du moins par leur décor. Les parties en surface doivent avoir un rapport direct avec celles qui se trouvent en sous-sol, et cela par le biais d'associations plastiques ou thématiques. Rien n'est laissé au hasard, intérieur et extérieur s'enrichissant, au long des quarante années de la réalisation du réseau, de décors originaux et truculents. Les premières stations, face à la surcharge ornementale de celles réalisées après la Seconde Guerre mondiale, paraissent même puristes. Chaque gare est identifiable par l'illustration d'un thème à la gloire de la société nouvelle. Ainsi, la station *Place-Serdlov,* à proximité des théâtres moscovites, est couverte de bas-reliefs sur l'histoire du théâtre. La station *Place-de-la-Révolution* s'orne, dans ses niches et ses voûtes, de 80 sculptures en bronze, représentant des héros de la révolution d'Octobre. La station *Komsomolskaïa* est décorée de 8 grands panneaux de mosaïque à la « gloire du peuple soviétique et de sa lutte pour l'indépendance ». Son pendant folklorique est réalisé dans la station de la *Russie-Blanche,* avec des scènes quotidiennes du peuple en costumes. Ces décors sont effectués selon les multiples pratiques artistiques possibles – la mosaïque, la peinture, la sculpture, le vitrail, les éléments du mobilier souterrain, etc. –, de sorte que l'abolition de toute hiérarchie entre les arts manifeste clairement les idéaux du nouvel univers soviétique, en ce lieu voulu fonctionnel mais paradisiaque.

Des stations monumentales, décorées comme des palais et ornées de bas-reliefs à la gloire du socialisme, telle est la conception du métro de Moscou.

Un des plus importants du monde, le métro de Moscou, construit dans les années 30, n'obéit pas à l'esthétique du fonctionnalisme (couloir du métro, à Moscou).

Le chef-d'œuvre d'un architecte de 69 ans

LA MAISON SUR LA CASCADE

En 1936, Edgar J. Kaufmann, directeur d'un grand magasin de Pittsburgh, en Pennsylvanie, demande à un architecte américain presque inconnu, Frank Lloyd Wright (1867-1959), de lui construire une résidence secondaire. Le site choisi est celui de Bear Run, à 100 km de la ville. Vallonné et boisé, il surplombe une petite rivière et une cascade et inspire le nom de « Falling Water », ou « Maison sur la cascade », pour baptiser la villa.

L'architecte, âgé de 69 ans, a vécu une longue traversée du désert. Après un apprentissage exaltant au sein de l'agence de Dankmar Adler et de Louis Sullivan – initiateurs de l'architecture des gratte-ciel à ossature métallique et parois de verre de l'école de Chicago –, il connaît ensuite une carrière difficile, luttant sans grand succès pour faire triompher ses idées dans une atmosphère artistique conservatrice. Ignoré par les représentants de l'architecture officielle, soutenu seulement par quelques mécènes, il doit se cantonner longtemps dans la construction de maisons individuelles, qu'il veut adapter, plus qu'elles ne le sont d'ordinaire, aux paysages et au genre de vie américains. La publication de ses dessins d'habitations à Berlin, en 1910, le fait connaître des élites de l'architecture moderne en Europe, mais ne suscite aucun écho dans son pays. Enfin, au milieu des années 1930, la construction de la Maison sur la cascade, reconnue aussitôt comme une extraordinaire réussite, vaut à l'architecte une célébrité tardive.

L'enracinement américain

L'isolement de Wright résulte de son genre de vie individualiste, de son anticonformisme et de ses positions tranchées dans le débat engagé sur l'architecture depuis les années 1880. Sa formation, entièrement américaine, est celle d'un technicien, commis d'architecte. La plupart de ses confrères, au contraire, ont reçu un enseignement académique. Formés le plus souvent à Paris, au sein de la section américaine de l'École des beaux-arts ou dans le cadre d'ateliers privés, ils ont hérité des traditions architecturales de l'art européen. Or, Frank Lloyd Wright considère que, quels que soient les styles pris comme références (du gothique au classicisme), les idées modernistes venues d'Europe sont inadaptées à l'Amérique. Lui-même, tout en étant influencé par la plastique extrême-orientale (en particulier par l'architecture japonaise), entend inscrire ses créations dans un contexte spécifiquement américain, en s'inspirant de motifs propres aux arts précolombiens ou rappelant la vie des pionniers et des Indiens.

La Maison sur la cascade : la villa construite par Wright est célèbre pour sa parfaite intégration dans l'environnement (Bear Run, États-Unis).

L'aventure de la maison

Mais, surtout, Wright entend repenser complètement la maison : dans son agencement général et la forme et la disposition des pièces, ainsi que le rapport établi entre son architecture et l'environnement, qu'il faut respecter et en fonction duquel la construction doit s'adapter. Il s'ensuit chez lui un rejet définitif des volumes clos, des cubes compacts et de la symétrie, au profit de la continuité spatiale et de l'asymétrie dynamique. De ce point de vue, la Maison sur la cascade est la synthèse de longues années de recherches. Sa grande originalité découle d'une audacieuse technique et de la situation de la maison au sein d'un paysage de forêt et d'eau, baigné de lumière. Une large et haute cheminée en grosses pierres rustiques, solidement fixée au soubassement rocheux, sert de pivot à l'ensemble du bâtiment. Trois longues terrasses en béton, bordées de parapets lisses, s'y accrochent. Disposées à la façon des ailes d'un moulin, elles sont en porte-à-faux, s'avancent dans le vide et surplombent la cascade. Elles se fondent si bien dans le paysage que la maison semble faire partie intégrante du relief et de la nature du sol, comme un être vivant mi-végétal, mi-minéral qui puiserait ses principes vitaux au creux du ruisseau. Des fenêtres verticales sont placées aux angles de la partie centrale.

La maison nouvelle de Frank Lloyd Wright

Véritable inventeur d'une maison pensée en des termes entièrement nouveaux, Frank Lloyd Wright évoque ainsi, à la fin de sa vie, ses conceptions en ce domaine :

« Pour construire la maison nouvelle, commencer par éliminer le grenier, et par là même la lucarne. Éliminer les faux espaces inutiles sous les combles. Ensuite, éliminer le sous-sol malsain, [...] Au lieu des maigres cheminées en briques qui se hérissent partout et font songer au Jugement dernier, [...] une cheminée. Une seule, bien large et ample, ou deux tout au plus. Ces dernières très discrètes sur des toits en pente douce, ou peut-être plats. En dessous, le grand âtre dans la maison devenait à présent un endroit où l'on pouvait faire un vrai feu. Un âtre authentique, c'était extraordinaire à l'époque [...] Dans la maison nouvelle, le mur cessait de faire obstacle à la lumière, à l'air et à la beauté de l'extérieur [...] Mais il devait aussi faire pénétrer le monde extérieur dans la maison et permettre à l'intérieur de la maison d'aller dehors... »

Frank Lloyd Wright, Autobiographie.

Vue intérieure de la Robie House, une autre villa entièrement conçue par Wright (Oak Park, États-Unis).

Elles en gomment les arêtes et les contours par leur transparence et instaurent une continuité spatiale et visuelle entre l'intérieur et l'extérieur. À l'intérieur, l'espace est totalement unifié par la suppression de toute cloison. Seules, des étagères vitrées isolent la cuisine sans créer de rupture. La Maison sur la cascade, un chef-d'œuvre, illustre un modèle spatial appelé à un grand succès dans le monde entier.

Frank Lloyd Wright

Né en 1867, dans le Wisconsin, Frank Lloyd Wright, d'origine anglo-galloise, **se forme entièrement aux États-Unis.**

Après deux années d'études comme ingénieur, il entre dans l'agence de D. Adler et Louis Sullivan, à Chicago. Intéressé par le XIXe siècle (les vues du Français Viollet-le-Duc et de l'Anglais Ruskin) et par la plastique extrême-orientale, beaucoup plus que par l'héritage classique, et par ailleurs amoureux passionné de la nature, il se fait l'adepte d'**une architecture « organique » qui respecte le paysage et s'intègre pleinement à elle,** dans ses « maisons de la prairie », dissymétriques et basses, fluides comme des maisons japonaises – dont la Maison sur la cascade fournit l'exemple le plus achevé.

Après la Seconde Guerre mondiale, l'architecte réalise de grands projets dans plusieurs villes des États-Unis, avec des **formes et des structures faites pour rompre la monotonie du paysage urbain,** comme le tracé triangulaire de la synagogue d'Elkins Park, en Pennsylvanie, ou, surtout, la spirale du musée Guggenheim, à New York, achevée en 1959 – l'année même de la mort de Frank Lloyd Wright.

Une nouvelle Exposition internationale à Paris

LE TEMPS DU RETOUR À L'ORDRE

Le 24 mai 1937, le président de la République française, Albert Lebrun, inaugure l'« Exposition internationale des Arts et Techniques », qui se tient notamment sur la colline de Chaillot, en face du Champ-de-Mars. Comme ce fut le cas à plusieurs reprises depuis le milieu du XIXe siècle, une manifestation réunissant architectes et artistes de plusieurs nations « donne le ton » des tendances contemporaines.

En l'occurrence, et selon des modalités nouvelles, c'est un style classique et monumental qui prévaut, révélateur de ce qu'on a pu appeler « le retour à l'ordre ».

L'Exposition de la dernière chance

Le contexte n'est pas favorable. Dix ans après le déclenchement de la grande dépression aux États-Unis, la prospérité économique n'est pas revenue. Aux pays qui demeurent attachés à la tradition démocratique et libérale s'opposent les régimes totalitaires, qu'ils soient communistes (l'U.R.S.S.) ou fascistes (l'Italie mussolinienne et l'Allemagne nazie). Cependant, dans la France du Front populaire, pèse le remords de n'être pas intervenu dans le grand conflit civil du temps, la guerre d'Espagne. Léon Blum, président du Conseil, est soucieux : l'Exposition, qu'il a appelée de ses vœux, lui apparaît comme un moyen de donner du travail aux artisans et aux artistes, durement touchés par la crise, et en même temps comme la dernière chance de sauvegarder un climat de paix en Europe.

Le face-à-face des totalitarismes

D'emblée, pourtant, la manifestation parisienne donne l'image d'une confrontation. De part et d'autre, au pied la colline de Chaillot, encadrant les vastes plans d'eau agrémentés de fontaines qui mènent vers le palais du Trocadéro, deux tours gigantesques se font face, se lançant un défi lourd de menaces : à gauche (pour qui regarde depuis le pont Alexandre-III), le pavillon de la Russie soviétique, qui est l'œuvre de l'architecte Boris Iofan (c'est un bâtiment entièrement couvert de plaques de marbre, long de 160 m et précédé d'une tour rectangulaire faite de pans en décrochement, haute de 33 m et surmontée par un couple musclé de kolkhoziens brandissant le marteau et la faucille); à droite, le pavillon de l'Allemagne nazie, conçu par l'architecte officiel du IIIe Reich, Albert Speer, qui répond terme à terme à cet édifice (fait d'une ossature d'acier recouverte de pierres, son long corps de bâtiment a également pour entrée monumentale une tour, haute quant à elle de 54 mètres et surmontée du symbole du nouveau régime, l'aigle).

Le triomphe de la colonnade

Ces deux bâtiments sont les seuls, avec ceux du Japon, de l'Italie (deux autres dictatures) et de la Belgique, a être achevés avant le début de l'Exposition. Grèves à répétition et climat social détestable se conjuguent empêchant que les autres constructions ne soient prêtes à temps. Lors de la fermeture, en novembre, le pavillon du Mexique n'est pas encore terminé. Celui de l'Espagne républicaine, construit par José Luis Sert, l'est fort tardivement, à temps cependant pour présenter Guernica, le chef-d'œuvre de Picasso.

Le plus important groupe d'édifices réalisé par les démocraties est naturellement celui construit par les Français eux-mêmes. Il s'agit d'un ensemble de musées qui clôt la perspective de la colline de Chaillot, remplaçant l'effroyable palais du Trocadéro (un édifice baroque, pastiche de l'art hispano-mauresque, construit par l'architecte Davioud à l'occasion de l'Exposition universelle de 1878) par deux monuments réunis par une colonnade en arrière d'un vide central ménageant une terrasse : le palais de Tokyo, destiné à abriter les collections d'art moderne de la Ville de Paris et de l'État, et le musée des Travaux publics. Ce dernier, confié à Auguste Perret, ne sera inauguré, partiellement, qu'en 1939 et restera inachevé en 1952, à la mort de l'architecte.

Carlu, Boileau et Azéma sont les constructeurs chargés de l'aménagement du palais de Tokyo, qui se veut la vitrine officielle de l'art français contemporain. On cherchera en vain dans le bâtiment qu'ils conçoivent une grande différence d'esprit avec l'architecture des dictatures. Comme l'Allemagne, comme l'Union soviétique, comme l'Italie de Mussolini, la IIIe République à l'agonie cherche un nouveau

Vue aérienne de la colline de Chaillot, à Paris.

Eupalinos ou l'architecte

Dès 1923, l'écrivain et théoricien français Paul Valéry se fait le chantre d'un retour à l'idéal classique, dans un essai esthétique célèbre : Eupalinos ou l'architecte.

L'auteur y exalte le rôle de l'architecte, véritable démiurge, ainsi que les vertus d'harmonie, de proportion, de géométrie, etc., du classicisme. Il va jusqu'à composer un « Cantique des colonnes », *où il célèbre les « douces colonnes », « froides et dorées », qui s'élèvent jusqu'à « port[er] les cieux ». Des strophes extraites de cet ouvrage sont inscrites en lettres d'or sur les frontons du palais de Chaillot.*

L'Exposition internationale de 1937, à Paris, avec à gauche le pavillon soviétique et à droite le pavillon allemand, face-à-face prémonitoire des tragiques années à venir (vue panoramique prise de la tour Eiffel).

Le palais de Tokyo et le musée d'Art moderne de la Ville de Paris.

souffle en imaginant les créations les plus monumentales, les plus grandiloquentes qui se puissent imaginer. L'ensemble architectural de Chaillot renoue avec la mémoire classique, peut-être pour représenter la force des institutions, face à l'agressivité des jeunes totalitarismes. Le résultat formel est très proche, dans l'un et l'autre cas.

En l'occurrence, Chaillot représente le triomphe de la colonnade. Situées de part et d'autre d'un axe perpendiculaire à la Seine, les ailes du palais de Tokyo s'articulent, sur l'ancien emplacement des bras du Trocadéro, autour d'un vaste portique – le palais de Chaillot proprement dit – dont les hautes colonnes s'ouvrent sur un jardin minéral à la française. La cour de marbre avec grand escalier, miroir d'eau et grand canal sert de cadre à la sculpture monumentale des prix de Rome modernisants. Nymphes couchées, muses inspirées et autres figures mythologiques sont pétrifiées dans des formes athlétiques qui marquent le retour en force de la tradition gréco-romaine.

L'architecture mussolinienne

Mussolini, autant que Hitler – ou que Staline – a le souci de bâtir une architecture de prestige. Mais il entend asseoir celle-ci sur la tradition romaine. Le style fasciste, qui triomphe à partir de la fin des années 1920, résulte de l'association de l'antique et du moderne.

Les réalisations. Le Forum mussolinien, vaste ensemble sportif construit entre 1927 et 1932 par E. Del Debbio, la Cité universitaire, par M. Piacentini, en 1935, et le Palais de la civilisation italienne, en 1939, de l'architecte La Padula sont les principales réalisations ou les grands projets liés à ce style, à Rome.

Le triomphe de la Rome antique. Ces réalisations marquent le triomphe d'un classicisme sévère et monumental : partout abondent portiques et colonnades, des avenues ménagent de vastes perspectives, tandis que des statues montrent de jeunes éphèbes ou des jeunes filles au corps parfait.

Une nouvelle Chancellerie pour le IIIe Reich

L'UTOPIE DU « GROSS-BERLIN »

Entre 1933 et 1940, le IIIe Reich cherche son style. L'élite nazie ne se contente pas de vitupérer les créations des avant-gardes européennes, qu'elle condamne comme « dégénérées » et « cosmopolites ». Elle appelle à la création d'œuvres enracinées dans la tradition germanique et qui reflètent les idéaux du nouveau régime.

Hitler lui-même est un passionné d'architecture. Dès son arrivée au pouvoir, en 1933, il conçoit le projet de remodeler les villes allemandes et, surtout, de transformer Berlin en une gigantesque et moderne métropole, une capitale à la mesure de l'État qu'il veut construire de l'Oural à l'Atlantique. Albert Speer, architecte officiel du Reich, est l'homme chargé d'assouvir cette volonté de puissance et de domination mégalomaniaques. Son projet d'un « Grand Berlin » *(Gross-Berlin)*, rebaptisé Germania, commence à prendre corps en 1939 avec l'inauguration du bâtiment de la Nouvelle Chancellerie.

La propagande nationale-socialiste

Dès les premières années du IIIe Reich, les nazis lancent une offensive contre le modernisme artistique et, en l'occurrence, contre les plus récentes créations architecturales allemandes. Centre artistique de la défunte République de Weimar, l'école d'art et d'architecture du Bauhaus à Dessau est fermée par la force. Les architectes avant-gardistes n'ont d'autre solution que l'exil. Le parti national-socialiste organise une gigantesque propagande. Des expositions popu-

Une architecture à la mesure des ambitions hitlériennes : la Chancellerie du Reich construite à Berlin par l'architecte Speer (terminée en 1939, détruite en 1945).

laires vantent les valeurs morales de l'architecture traditionnelle allemande (*Heimatstil,* ou « style de la patrie ») et prônent le retour au travail manuel, contre la standardisation inhumaine de la civilisation industrielle. Une politique de grands travaux (autostrades et canaux) tente de résorber le chômage. À la création d'une police du bâtiment succède l'instauration d'un nouveau système d'enseignement où le futur architecte, d'origine aryenne, doit être dévoué au nouvel État.

Plus concrètement, dans l'organisation politique du territoire du Reich, c'est-à-dire d'une Allemagne désormais fortement unitaire, certaines villes reçoivent une fonction spéciale : Berlin doit être la ville du gouvernement, Munich, la cité de l'art, Nuremberg, le centre du parti et des grands meetings, Leipzig, la ville de la justice, etc. Le Führer souhaite mettre en place le plus rapidement possible les monuments qui témoigneront de la révolution nationale-socialiste en marche.

Le Zeppelinfeld, œuvre de Speer, à Nuremberg.

L'architecte officiel du Reich

Paul Ludwig Troost (1878-1934) est le premier architecte officiel du Reich. Il propose au parti une esthétique inspirée de l'architecture allemande du XIXe siècle (telle que l'ont pratiquée par exemple Schinckel en Prusse et Klenze en Bavière), c'est-à-dire à la fois classique et nationale. Après la mort de Troost, ces principes continuent à prévaloir. Le nouvel architecte promu par le Führer, Albert Speer (1905-1981), est un homme d'une trentaine d'années. Dernier d'une dynastie d'architectes réputés, il s'est fait favorablement connaître de Hitler en organisant, à Nuremberg, en septembre 1935, la grande esplanade Zeppelin destinée à accueillir le congrès du parti nazi. Inspirées de l'autel de Pergame, les tribunes du *Zeppelinfeld,* rythmées de drapeaux et de tentures rouges portant la croix gammée nazie, et le « Dôme de lumières » ont produit sur les foules l'effet de saisissement recherché par le Führer. La chorégraphie de la manifestation, orchestrée par le même homme, les images mêmes du congrès, filmées aussi sous la direction de Speer, tout cela a comblé les vœux du dictateur. Après quoi, Speer a confirmé ce succès en réalisant le très remarqué pavillon de l'Allemagne à l'Exposition internationale de Paris, en 1937 – un modèle de l'architecture classique et monumentale souhaitée par les responsables nazis.

« Germania », ou le Grand Berlin

Le 30 janvier de la même année 1937, Speer, déjà architecte officiel et ministre de l'Équipement, a été nommé « inspecteur général des bâtiments de la capitale du Reich ». C'est à ce titre qu'il commence à élaborer le projet du *Gross-Berlin.* Dans la proposition finale acceptée par le Führer, Speer prévoit cinq boulevards circulaires, complétés par des routes secondaires orientées nord-sud ou est-ouest, sur une distance atteignant cinquante kilomètres. Au centre, entre la gare du Midi et celle du Nord, cet ensemble doit être complété par une avenue monumentale longue de cinq kilomètres et ornée d'un arc de triomphe, sorte de « super Champs-Élysées », selon la propre expression de Hitler. La Grande Place, apogée triomphal de ce boulevard et épicentre idéologique du Reich, sera dominée par les masses colossales de monuments prestigieux et de grande taille : la Grande Halle, d'une capacité d'accueil de cent cinquante mille personnes, dominée par une gigantesque coupole destinée à devenir la huitième merveille du monde ; et des bâtiments consacrés à l'administration du futur Empire allemand – en particulier, la nouvelle Chancellerie.

La nouvelle Chancellerie

Mis à part l'élargissement partiel d'un des axes de Berlin, la seule réalisation, dans ce vaste projet, est la construction de la nouvelle Chancellerie. Le bâtiment est prioritaire pour des raisons pratiques et symboliques : en février 1933, le parti nazi a véritablement imposé sa puissance après l'incendie de l'ancienne Chancellerie *(Reichstag),* résultat, en grande partie, d'une provocation.

Speer satisfait aux exigences de grandeur du Führer. Sur un site de 16 ha, le palais occupe un volume de 360 000 m^3 et comprend 420 pièces. Avec ses longues façades épurées, il rivalise avec les projets grandioses des architectes visionnaires de la Révolution française (notamment Étienne Louis Boullée, dont Speer admire profondément l'œuvre) tout en respectant dans le dessin des façades les proportions baroques. La galerie de Marbre de 146 m de longueur qui conduit au bureau de Hitler constitue la relecture monumentale de la galerie des Glaces de Versailles et de la salle de bal du château de Fontainebleau. Près de 8 000 artistes, artisans et ouvriers collaborent pendant un an au plus grand chantier du Reich.

Après 1939, le déclenchement du conflit détourne Speer de poursuivre ses projets. Nommé secrétaire d'État à l'Armement en 1942, l'architecte s'occupe des réseaux de communication et des lignes de fortification du mur de l'Atlantique. Arrêté et jugé par les alliés à la fin de la guerre, il est condamné à 20 ans de réclusion et enfermé à la prison de Spandau jusqu'en 1966. Il meurt à Londres en 1981.

Entre-temps, la nouvelle Chancellerie a servi de carrière de pierre de construction aux Soviétiques. Du sublime monument voulu par Hitler et son architecte, il ne restait que des ruines moins d'une dizaine d'années après son inauguration.

→ **Voir aussi :** p. 286-287 (Le Bauhaus) ; p. 294-295 (Le temps du retour à l'ordre).

Un nautile géant sur la Ve Avenue

LE MUSÉE GUGGENHEIM

En octobre 1959, la mort de Frank Lloyd Wright, cinq mois avant l'inauguration du musée Guggenheim qu'il a construit sur la prestigieuse Ve Avenue, ne parvient pas à tempérer la violente controverse qui agite le Tout-New York artistique. Ce singulier édifice en forme de coquillage spiralé est considéré par ses détracteurs comme le dernier affront de l'architecte à la ville.

Wright n'aime pas New York. Il déteste d'ailleurs toutes les villes, symboles, à ses yeux, de l'aliénation que la civilisation industrielle fait subir aux hommes. Entouré de quelques disciples qui l'admirent pour sa puissance imaginative, il vit retiré dans le désert de l'Arizona, dans une communauté qu'il a fondée à Taliesin West.

Un musée pour l'art abstrait

C'est là qu'il reçoit, en juin 1943, le courrier d'une certaine Hilla Rebay qui lui propose d'élaborer les plans d'un musée d'art contemporain à bâtir à New York. « Je veux un temple de l'esprit, un monument », écrit H. Rebay. Artiste allemande émigrée aux États-Unis, Hilla Rebay, de son vrai nom baronne Hildegard Rebay von Ehrenwiesen, gère depuis les années 1930 la collection privée du milliardaire et amateur d'art américain Solomon Guggenheim (1861-1949). Ce magnat des mines de cuivre et d'argent a mis sa fortune au service de l'art et des artistes. Sur les conseils avisés de Rebay, il cherche à promouvoir la peinture contemporaine en réunissant une collection d'œuvres caractéristiques de l'art abstrait, baptisé à l'époque « non objectif ». Philanthrope et mécène, Guggenheim n'a pas hésité à acheter plus de 200 œuvres de Rudolf Bauer, le compagnon de Hilla Rebay, tout en lui permettant de conserver ces pièces dans son atelier. En outre, à la veille de la Seconde Guerre mondiale, la collection Guggenheim est riche de plus de 700 toiles et dessins d'artistes européens, tels Picasso, Léger, Mondrian,

La lumière naturelle pénètre dans l'atrium du bâtiment par une large verrière en forme de dôme

Un musée en forme de coquillage, la fondation Solomon R. Guggenheim, à New York.

Les visiteurs, conduits au sommet du musée par un ascenseur, redescendent par la pente douce de la rampe en spirale le long de laquelle sont exposées les œuvres de la collection.

Malevitch, Gleizes, etc. Elle réunit par ailleurs le plus grand nombre d'œuvres de Kandinsky rassemblées dans le monde.

« Mobilis in mobile »

La conseillère de Solomon Guggenheim a choisi Frank Lloyd Wright (1867-1959) pour construire le futur musée, car elle est enthousiasmée par les propositions formulées par l'architecte dans ses essais théoriques. Wright est l'inventeur de l'« architecture organique » : contre la conception traditionnelle qui fait de l'architecture une boîte constituée d'angles et de lignes droites, simplement posée sur le sol, il prône des formes libres et sinueuses, pour créer un ensemble harmonieusement intégré à l'environnement naturel. En l'occurrence, pour le musée Guggenheim, Wright propose une spirale logarythmique, forme dynamique déjà expérimentée à plusieurs reprises dans son œuvre. En 1946, la maquette qu'il présente est faite d'une spirale ascendante, qui s'évase au fur et à mesure qu'elle s'élève vers le ciel. Un ascenseur doit conduire les visiteurs jusqu'au sommet du musée ; après quoi ceux-ci descendront une rampe hélicoïdale où les œuvres seront accrochées sur le mur légèrement incliné en arrière, comme posées sur un immense pupitre continu. Un plafond translucide affectant à l'extérieur la forme d'un dôme diffusera la lumière naturelle dans le vaste atrium de ce musée cinétique.

« Mon panthéon »

Solomon Guggenheim meurt en 1949 et le projet du musée est confié à un directoire. Conservateur, ce dernier ne dissimule pas son hostilité quant au parti architectural choisi. Hella Rebay est remerciée, tandis que Wright s'engage dans une périlleuse croisade pour l'idéal organique. Après plusieurs années de tergiversations, les travaux commencent enfin, en 1956. Le projet de Wright est préservé dans ses principes essentiels, même si, par souci d'économie, le placage de marbre poli des murs extérieurs, qui devait évoquer la pureté nacrée du coquillage, est remplacé par un enduit blanc sur le béton. Autre changement, plus symbolique : l'intitulé du musée est modifié. Le musée de l'Art non objectif devient le musée Solomon R. Guggenheim. Wright ne verra pas l'achèvement de ce qu'il appelait « mon panthéon ». Cet édifice introverti, replié sur lui-même et sans lien direct avec la Ve Avenue dont il brise volontairement la froide perspective, doit être considéré comme le manifeste polémique de l'architecte contre l'absurdité de la métropole américaine. New York, la nouvelle Babylone en perdition dont les gratte-ciel Art déco ont des formes de ziggourats, a trouvé sa « merveille », une nouvelle tour de Babel civilisatrice, qui donne au centre de la ville-nécropole sa seule raison d'exister.

Le thème de la spirale chez Wright

Depuis ses débuts, **Frank Lloyd Wright** n'a de cesse de développer le concept d'une **architecture spatialement continue** autour de formes géométriques variées. À partir des années 1920, il travaille sur le thème d'une **rampe en spirale,** extérieure ou intérieure aux bâtiments.

Rampe d'accès extérieure. Cette rampe fait sa première apparition dans le projet gigantesque du centre touristique de Sugar Loaf Mountain, dans le Maryland (1925) : il s'agit d'un plan incliné circulaire, destiné à permettre aux automobiles d'accéder à un planétarium situé au sommet de la montagne. L'idée de la rampe en spirale accessible à la circulation automobile est reprise pour les projets d'un centre civique et d'un parking à Pittsburgh (1948). Le rêve de Wright se concrétise modestement, quelques années plus tard, dans la rampe d'accès piétonne de la maison à plan hélicoïdal de son fils, David, à Phoenix, dans l'Arizona (1950).

La première rampe interne. Lors de la transformation du magasin Morris, à San Francisco (1948), Wright introduit la rampe en spirale dans l'espace intérieur. Cette rampe, qui conduit du rez-de-chaussée au niveau supérieur, annonce le parti architectural du musée Guggenheim à New York. Si, à San Francisco, la spirale s'intègre dans le volume carré intérieur du magasin, à New York, elle dicte la forme même du musée.

Le rêve des « grands ensembles »

LA CITÉ RADIEUSE

À Marseille, l'architecte français Le Corbusier construit entre 1945 et 1952 un grand immeuble de béton coloré, long de 130 m et haut de 56 m. Méchamment surnommée par les gens du lieu la « maison du fada » ou, pire, la « cage à lapins », la Cité radieuse, de son nom officiel, est l'une des constructions de logements les plus célèbres de la seconde partie du siècle.

Dans la grande tradition des théoriciens utopistes, qui, depuis la Renaissance, rêvent de bâtir une ville convenant idéalement aux besoins des hommes, Le Corbusier entend, grâce à la Cité radieuse, fournir le modèle d'une habitation nouvelle, adaptée aux goûts de l'individu comme aux nécessités de la vie collective, dans la civilisation industrielle.

Une œuvre longuement méditée

Tous les éléments qui composent la Cité ont leur origine dans l'œuvre théorique ou dans les bâtiments précédemment conçus par l'architecte. Celui-ci se veut démocratique : son bâtiment n'est pas un logement social, au sens où on l'entend aujourd'hui – c'est-à-dire destiné à des habitants aux revenus modestes – mais il doit être le lieu de résidence de personnes appartenant à des classes sociales diverses. La vie contemporaine, note Le Corbusier, intègre plus étroitement que jamais l'individu dans une existence collective. La Cité idéale est composée d'un unique bâtiment – d'où son autre nom, d'« unité d'habitation » –, forme symbolique de la cohérence sociale et en même temps la plus propre à fournir aux résidents les services collectifs utiles. L'intimité des gens, la possibilité de se détendre dans un cadre de verdure sont aussi essentielles; l'immeuble conçu par l'architecte est fait aussi pour répondre à ces besoins.
L'étude de quelques bâtiments ou structures d'habitation publique permet à Le Corbusier de préciser, dans les 25 années qui précèdent la construction de la Cité radieuse, le concept de l'unité d'habitation. Certains modèles qui l'inspirent sont très anciens : ainsi le monastère-ermitage de la Certosa (Chartreuse), près de Florence. Les moines y vivaient dans des appartements à rez-de-chaussée et à étages, pourvus chacun d'un jardin et strictement séparés les uns des autres. Ils avaient cependant la possibilité de se retrouver soit dans le cloître, pour la promenade, soit dans l'église. D'autres sources d'inspiration de l'architecte sont plus récentes : par exemple les « maisons communes » des *kolkhozes* et *sovkhozes* soviétiques ou l'architecture des paquebots transatlantiques, tel le *Normandie,* sur lequel Le Corbusier a voyagé pour se rendre aux États-Unis avant la Seconde Guerre mondiale.

Le « casier à bouteilles »

L'unité comprend 330 logements (1 200 à 1 500 habitants), qui constituent chacun de véritables petits pavillons de 2 étages, bénéficiant d'une double orientation et pourvus chacun d'une terrasse. Ces pavillons sont disposés en quinconce dans la structure d'ensemble du bâtiment, autour de 6 rues intérieures, desservant chacune 3 niveaux d'appartements, selon la formule dite du « casier à bouteilles ». Admirablement isolés phoniquement les uns des autres, pourvus chacun de leur propre système d'air conditionné, ils sont livrés avec une cuisine tout équipée, ce qui constitue une grande nouveauté en France.
L'immeuble abrite tous les services capables de faciliter la vie des résidents : des parkings permettent de garer sur place les automobiles ; des magasins, groupés le long d'une rue intérieure aux septième et huitième étages du bloc, épargnent aux ménagères la peine de sortir faire leurs courses ; une buanderie est à la disposition des habitants. Le Corbusier a prévu aussi sur le toit-terrasse, situé 18 étages au-dessus du sol, une crèche avec son jardinet et sa pataugeoire, des espaces de loisirs, des terrains de sports, etc.

Ville sur pilotis, jardins suspendus et jeux de lumière

La réalisation de l'immeuble associe matériaux modernes et matériaux traditionnels. L'ossature d'ensemble est en béton, propre à résister à l'air marin, et, en cette période d'après-guerre, d'un approvisionnement relativement aisé. L'acier et le bois sont utilisés pour les appartements.
La grande spécificité du bâtiment, cependant, est sa construction à plusieurs mètres au-dessus du sol, sur une forêt de 40 solides pilotis. Cette solution inédite répond au souci de Le Corbusier de respecter la nature et, plus précisément, d'établir un rapport entre l'environ-

Le béton, utopie ou réalité moderne : vue intérieure du palais du Parlement, œuvre de Le Corbusier, à Chandigarh, en Inde.

> **Le Corbusier**
>
> De son vrai nom **Charles Édouard Jeanneret-Gris, Le Corbusier (1887-1965) est un théoricien,** auteur de traités (*Vers une architecture,* 1923 ; *la Charte d'Athènes,* 1943), et l'inventeur d'un système de proportions inspiré du nombre d'or (le Modulor, 1943).
>
> C'est aussi **un grand bâtisseur,** l'urbaniste de Chandigarh, en Inde, et l'architecte des unités d'habitation de Marseille et de Nantes, de l'église de Ronchamp et du couvent de la Tourette, près de Lyon.

Un grand ensemble d'habitation construit à Marseille, par l'architecte suisse Le Corbusier : la Cité radieuse.

Loin du bruit et de la circulation, largement ouvert à la lumière, le toit de la Cité accueille un jardin d'enfant.

nement et l'immeuble. Le même souci de mettre en valeur le paysage conduit l'architecte à remplacer, sur la façade, la fenêtre traditionnelle par un mur entièrement en verre. Il prévoit également, pour chaque appartement, un vaste balcon qui prolonge le séjour à l'extérieur, et conçoit sur le toit de l'immeuble, d'où l'on jouit d'un admirable panorama, des promenades et des terrains de sport ou de détente. L'orientation de l'immeuble est d'ailleurs prévue en fonction d'une vie saine, « naturiste ». Aussi, le bloc de béton est disposé nord-sud, de sorte que ses deux façades principales (sur lesquelles, à la fois, donnent tous les appartements) se trouvent dans l'axe du parcours journalier du soleil, de la lumière qui règle les journées.

→ **Voir aussi :** p. 302-303 (Brasilia).

La ville radieuse, une utopie?

Les fonctions urbaines. Lorsque Le Corbusier réfléchit à la ville idéale, il y distingue 4 fonctions : habiter, travailler, se récréer le corps et l'esprit, et, enfin, circuler. La rue disparaît pour laisser place à un réseau de voies qui relient les différents « zonages » de la cité à l'extérieur.

De l'ordre et de l'hygiène. L'architecte projette en effet un découpage fonctionnel de la ville : quartier des affaires, quartiers industriel, politique, résidentiel. La circulation est hiérarchisée. Si les voies sont établies sur des dalles aériennes, le sol est réservé aux piétons. Les constructions, développées en hauteur, sont sur pilotis, également dans le but de libérer des espaces pour des parcs et des terrains de sport. Les zones résidentielles se composent d'un ensemble d'unités d'habitation conçues sur un modèle proche de la Cité radieuse, réalisée plus tard mais imaginée très tôt dans la carrière de l'architecte.

Une capitale jaillie du désert

BRASILIA

À 1 100 m d'altitude, à plus de 2 000 km de la côte, sur un plateau semi-désertique, surgit, solitaire, la capitale brésilienne. Pivot du nouveau développement économique et social à l'intérieur des terres, elle est construite en un temps record, quatre ans, et inaugurée en 1960.

L'édification de Brasília correspond à un rêve ancien. Depuis le deuxième quart du XIXe siècle, les hommes d'État brésiliens projettent de déplacer leur capitale de Rio de Janeiro vers l'intérieur des terres. La cité fédérale, dont ils appellent de leurs vœux la naissance, devra être le symbole de l'indépendance, de la puissance nouvelle de leur pays.

Un projet qui remonte à 1825

En 1822 est proclamée l'indépendance du Brésil. Trois ans plus tard, les dirigeants décident – pour des motivations à la fois économiques et politiques – de déplacer leur capitale dans le centre du gigantesque pays. Ils veulent amorcer une dynamique qui, à terme, compensera le déséquilibre entre le littoral surpeuplé et l'immensité des terres intérieures quasi inviolées. De plus, ils souhaitent se démarquer par rapport à une longue tradition de politique coloniale, qui a conduit les Portugais à multiplier les ports le long des côtes pour embarquer les richesses vers l'Europe. En 1891, le projet de déplacement de la capitale est inscrit dans le texte de la Constitution. En 1956, enfin – soixante-cinq années plus tard –, le président Kubitschek décide de donner effet à la mesure. Le site de la ville nouvelle est fixé sur un haut plateau occupant le versant méridional du bassin amazonien. La responsabilité de sa conception et de son édification est confiée à deux architectes brésiliens : Oscar Niemeyer, âgé alors de 49 ans – un ami personnel du président –, et Lucio Costa – né en 1902 –, sélectionné au terme d'un concours.

Une croix gigantesque

La responsabilité de déterminer le plan urbain revient à Costa. Celui-ci adopte la forme simple d'une croix, qui rappelle à la fois la tradition antique (le *cardo* et le *decumanus,* c'est-à-dire les deux voies se croisant à angle droit des villes romaines) et la symbolique chrétienne. Mais c'est aussi une aspiration à l'ordre, une conception où rien n'est laissé au hasard, censée rendre tous les habitants égaux. Deux grands axes délimitent donc l'espace. Il y a d'une part, une voie nord-sud, avenue résidentielle et de circulation. Longue de 10 km, elle est bordée de part et d'autre par 30 quartiers d'habitation, composés d'immeubles en béton de 6 étages chacun, regroupés quatre par quatre, et toujours pourvus de terrains de sport, d'une église, d'écoles, etc. D'autre part, un axe est-ouest, compose l'artère politique et monumentale de la ville, longue de 6 km. Les équipements publics s'y échelonnent : ministères, immeubles d'affaires, bâtiments destinés à la culture et aux loisirs, un parc des exposition, et la cathédrale. Le palais du gouvernement, dit de l'Aurore, celui de la Cour suprême et celui du Congrès (Chambre des députés et Sénat) s'y trouvent également, distribués autour d'une place triangulaire, la place des Trois-Pouvoirs (l'exécutif, le législatif et l'administratif). Ils dominent un lac artificiel,

Un précédent : Chandigarh, en Inde

Spécialisation des quartiers. La ville indienne, conçue entre 1951 et 1956 par Le Corbusier, inachevée, présente le découpage fonctionnel qui sera celui de Brasília avec, au nord, les bâtiments publics, au centre, la zone d'affaires et, près de la gare, les activités industrielles.

Un vocabulaire architectural typique. Les voies de circulation sont hiérarchisées. Les bâtiments les plus importants, dont les silhouettes se reflètent sur des plans d'eau, ont chacun une forme et un traitement original. Mais des constantes demeurent : la construction des immeubles sur pilotis, l'utilisation de brise-soleil, le parti des toits-terrasses.

Structures en béton et immenses verrières transparentes : la cathédrale de Brasilia, œuvre de l'architecte Niemeyer.

Le théâtre de Brasília.

La place des Trois-Pouvoirs (ici le Congrès), à Brasília.

baptisé Paranoá. L'ensemble des monuments est regroupé au sein d'un vaste périmètre, où abondent les espaces verts.

Des formes modernes, symboles du pouvoir

La réalisation des bâtiments officiels est confiée à Niemeyer. Au plan simple de Costa, celui-ci répond par des bâtiments de forme élémentaire, mais originale. Ainsi, les coupoles inversées du Sénat et de la Chambre des députés (la première à l'endroit et l'autre à l'envers) ou, encore, la couronne de piliers incurvés de la cathédrale. L'influence de l'architecte français Le Corbusier est évidente dans bien des monuments. Elle se remarque dans l'utilisation des pilotis, qui permettent, sans interruption, de voir la plaine à perte de vue, dans les façades tout en verre, dans les brise-soleil, dans les terrasses-jardins en guise de toits.

La ville est entièrement conçue en béton, matériau que Le Corbusier a utilisé fréquemment et dont le faible prix de revient constitue un atout essentiel dans ce pays au revenu national médiocre. Mais l'architecte ajoute à la neutralité du béton une note de régionalisme en recourant, en particulier, à des carreaux de faïence bleue pour orner les monuments. Il use aussi d'un matériau plus coûteux, le marbre, pour la longue plate-forme qui, à la pointe du triangle formé par la place des Trois-Pouvoirs, supporte les bâtiments du Sénat et de la Chambre des députés. La pureté des matériaux, la simplicité des formes architecturales se combinent magnifiquement pour symboliser l'énergie d'un pays tourné vers son avenir.

Vivre à Brasília

L'ambition de ceux qui ont conçu Brasília était de faire de la ville non seulement la capitale gouvernementale du Brésil mais également sa métropole économique et sociale. L'avènement d'une dictature militaire, en 1964, a freiné brutalement le premier élan. Maîtres d'ouvrage et architectes se sont dispersés – Niemeyer est parti travailler en Europe. Beaucoup plus lentement que cela n'était prévu, la cité a développé des fonctions autres que gouvernementales. Elle n'en constitue pas moins, aujourd'hui, le grand pôle d'attraction du Brésil central. Au point qu'elle compte plus de un million d'habitants, alors qu'elle était conçue pour abriter 140 000 personnes. Est-ce un signe de sa réussite ? Non, car une partie importante de sa population se concentre dans des cités satellites composées de simples bidonvilles. Dans le contexte d'une expansion démographique anarchique, les quartiers résidentiels du centre sont devenus trop coûteux pour les revenus modestes.

La fascination qui se dégage de cette œuvre titanesque ne fait pas oublier non plus qu'une ville sans passé, sans possibilité de sorties - elle est plantée au milieu d'un désert qui présente peu d'attraits – rend la vie quotidienne monotone et artificielle. Défi de l'homme face à une nature difficile, symbole conceptuel d'une nouvelle vie urbaine, Brasilia n'a atteint qu'en apparence le but qui lui était assigné. Son centre s'impose par son austère magnificence, comme l'emblème d'un Brésil futur et meilleur ; mais sa banlieue rappelle cruellement les difficultés du présent, la misère d'un pays qui a manqué le défi de son plein développement.

→ **Voir aussi :** p. 300-301 (La Cité radieuse).

L'ultime chef-d'œuvre du « style international »

LES HALLES OLYMPIQUES DE TOKYO

Il arrive que des édifices, par leur situation, leur qualité architecturale ou leur modernité technique, s'imposent comme les symboles d'une nation à un âge donné. La tour Eiffel en France, l'Opéra de Sydney en Australie, l'Empire State Building aux États-Unis sont dans ce cas. Depuis les jeux Olympiques de 1964, les halles construites par Kenzo Tange à Yoyogi, près de Tokyo, font partie de cette famille de monuments emblématiques : elles incarnent le Japon de la démocratie et de la prospérité retrouvée après des années de reconstruction.

La candidature du Japon pour les jeux Olympiques de 1964 a pour but de montrer au monde le nouveau visage du pays et, notamment, son avancement technique et industriel près de vingt ans après l'anéantissement de ses villes par les bombardements traditionnels et atomiques. Les architectures nécessaires au déroulement de la manifestation doivent donc être les plus belles et les plus novatrices qui se puissent imaginer.

L'alliance de la tradition et de la modernité

Dès 1961, plusieurs constructeurs japonais sont sollicités pour concevoir les équipements des jeux. Parmi eux, Kenzo Tange reçoit la plus importante commande : un ensemble de deux stades, ou halles couvertes, sur le site de Yoyogi. Né en 1913, Tange est l'un des plus célèbres architectes de la reconstruction du pays et l'auteur, notamment, du très renommé Centre de la paix d'Hiroshima. Influencé par les grands maîtres du « style international » – le courant avant-gardiste de l'architecture, de Mies van der Rohe à Frank Lloyd Wright en passant par Le Corbusier –, ce professeur de l'université de Tokyo et spécialiste de l'urbanisme est par ailleurs très fortement attaché à la tradition architecturale de sa patrie. Il veut associer les techniques nouvelles liées à l'utilisation de matériaux modernes comme le béton armé et l'acier au respect d'une forme pure – dont la beauté s'exprime, par exemple, dans le temple médiéval d'Ise.

Une ellipse couverte d'un voile de métal

La création des deux halles de Yoyogi apporte à Tange l'opportunité de mettre en œuvre ces principes. La commande est claire : le plus grand des deux stades est destiné à accueillir 15 000 spectateurs et il doit abriter deux piscines convertibles, l'une en patinoire, l'autre en piste de judo ; le plus petit aura une capacité de 4 000 places et sera destiné à recevoir les compétitions de basket-ball.
Devant réaliser deux édifices séparés, Tange prend le parti d'établir entre eux une unité en choisissant pour l'un et pour l'autre des solutions architecturales comparables, et de les relier par un corps de bâtiment commun. Les deux stades sont donc disposés de part et d'autre d'une aile basse servant de passage pour aller de l'un à l'autre. Cette partie du bâtiment, terminée à ses extrémités par des piscines couvertes destinées à l'entraînement,

Vue aérienne des halles olympiques de Tokyo-Yoyogi, au Japon, réalisées par l'architecte japonais Tange.

Un exemple du « style international », l'aéroport de Dulles, à Washington, par l'architecte Saarinen.

Le « style international »

Les halles de Tokyo-Yoyogi, si élégantes et originales soient-elles, ne sont pas sans parenté avec d'autres grandes architectures de l'époque. En l'occurrence, elles s'inspirent assez directement d'un édifice construit par Le Corbusier à l'Exposition internationale de Bruxelles en 1958 : le pavillon Philips ; et elles évoquent le stade de hockey de l'université Yale, aux États-Unis, datant également de 1958 et bâti par l'architecte Eero Saarinen.
Cette constatation n'est pas surprenante : l'uniformisation des programmes de construction que traitent les architectes du monde entier entraîne alors l'internationalisation des formes qu'ils utilisent. D'ailleurs, les architectures modernistes édifiées dans les métropoles des pays développés depuis les années 1920 jusqu'au milieu des années 1970 montrent de si grandes parentés qu'on a inventé pour les qualifier la dénomination de « style international ».
Les initiateurs et principaux représentants de cette tendance, caractérisée par une esthétique abstraite et agressive, sont des architectes comme Le Corbusier, Ludwig Mies van der Rohe, Walter Gropius ou Alvar Aalto ; puis, après la Seconde Guerre mondiale, l'Américain Eero Saarinen, le Brésilien Oscar Niemeyer ou le Japonais Kenzo Tange.

est dominée par un toit-terrasse où les spectateurs peuvent se promener. À l'intérieur se répartissent entre plusieurs niveaux une grande galerie, des locaux administratifs, un restaurant et divers services.

Les stades eux-mêmes adoptent la forme simple d'une ellipse, dessinée par une seule spirale dans le cas du petit stade et par deux dans le cas du grand. Tous deux sont couverts par un toit gigantesque, qui semble flotter dans l'air comme une toile de tente, sur une armature constituée par d'énormes câbles supendus à des pylônes : un seul pylône pour le bâtiment le plus petit ; deux pour le stade le plus grand – deux véritables tours entre lesquelles les principaux filins tendus forment comme un pont suspendu.

L'alliance de la technique et de l'esthétique

L'ensemble est construit en béton armé, en acier – matériaux indispensables aux défis techniques contenus dans le projet de ces stades grandioses ; mais l'usage abondant du verre, notamment pour déterminer une ouverture zénithale, permet d'éviter le sentiment d'oppression que les spectateurs pourraient éprouver dans un espace fermé de grandes dimensions. Les matériaux de revêtement, par exemple la céramique bleue des bassins de natation, le bois brun chaud de la piste de basket-ball, le dallage en ardoises grèges, les marbres de parement gris et blanc, composent une sobre harmonie de textures et de couleurs qui soulignent et valorisent les courbes et les formes abstraites émanant de la structure. Le souci d'esthétique passe enfin par l'intégration d'œuvres d'art à l'architecture. Ainsi, des sculptures, réalisées exprès pour le bâtiment, prennent place dans les foyers ; le hall du grand gymnase est paré de céramiques ; une sculpture murale en relief orne le hall du petit gymnase ; et une peinture au pochoir décore le salon d'accueil.

Le toit métallique des halles olympiques est soutenu par des câbles d'acier tendus entre deux pylones colossaux.

Le Skydome de Toronto

Les grands stades seraient-ils devenus les cathédrales d'aujourd'hui? Ces immenses bâtiments, destinés à rassembler des dizaines de milliers de personnes réunies par la passion du sport, inspirent aux architectes contemporains quelques-unes de leurs plus belles réalisations.

Un gigantesque toit mobile. Couvrant une surface de 3,25 hectares, haut comme un immeuble de 30 étages, le Skydome, au centre de Toronto, capitale de l'Ontario (Canada), est inauguré en 1989. Ce stade géant dispose d'un toit ouvrant : une masse de 11 000 tonnes, formée de quatre pans dont trois mobiles, à structure d'acier couverte d'une membrane en plastique, qui se déploie ou se ferme en 20 minutes.

Une technologie sophistiquée. L'équipement peut ainsi servir à ciel ouvert ou sous la pluie et l'hiver comme l'été. La nuit, un dispositif de 9 000 ampoules éclaire le terrain. Un gigantesque écran vidéo permet aux spectateurs de voir, grossies, les images détaillées des matchs. Les tribunes, étagées sur quatre niveaux, sont capables d'accueillir 50 000 personnes.

Blanches voiles de béton
L'OPÉRA DE SYDNEY

Dominant l'une des plus belles baies du monde, l'Opéra de Sydney dresse fièrement ses voiles. Il semble prêt à appareiller pour accompagner les nombreux voiliers qui évoluent tout autour. Inauguré en 1972, ce bâtiment symbole de l'Australie est le résultat d'un des projets les plus ambitieux que notre siècle ait comptés.

C'est en 1956 que le concours pour un bâtiment de spectacle polyvalent est ouvert. Parmi les 234 projets, celui de Jørn Utzon, un architecte danois peu connu, a la préférence.

Une structure en coquilles entrelacées

Le projet est original : l'édifice repose sur une grande terrasse artificielle, s'avançant dans la baie de la ville, sur la pointe de Bennelong. L'architecte fait un usage dramatique du site en donnant à son bâtiment une allure de bateau (côté mer) ou de fleur s'épanouissant (côté terre). La corrélation du théâtre et de son environnement est dans la tradition directe des grands maîtres du XXe siècle, inventeurs de l'architecture dite « organique », le Finlandais Alvar Aalto (1898-1976) [qui fut le professeur de Utzon] ou l'Américain Frank Lloyd Wright (1867-1959). La structure est faite de deux toits imbriqués, formés chacun par des coquilles triangulaires en béton. Certaines s'élancent jusqu'à 60 m de haut. L'ensemble des toitures est recouvert de plus d'un million de céramiques imitant la porcelaine chinoise de l'époque Ming.

De l'enthousiasme initial…

Outre les problèmes liés à la composition géologique de la péninsule rocheuse, le site présentait un obstacle de poids : les infiltrations d'eau. Ce problème est résolu par l'emploi des techniques les plus avancées en sol instable. La seconde difficulté relevait de l'emplacement même de l'édifice : il serait vu de toute part. Cela signifie que les parties postérieures du théâtre, qui abritent les infrastructures techniques, devaient être aussi harmonieuses et soignées que la façade de l'édifice. L'architecte résout cette contrainte en noyant tous les espaces de grandeur variable en un système logique de coquilles associées par paires, abritant, par exemple, les deux cages de scène dans les deux coquilles les plus hautes. La réalisation des coquilles elles-mêmes pose de nombreuses difficultés techniques, étant donné l'ampleur des voiles de béton qu'elle utilise. Après plus d'une année d'études – avec l'ingénieur britannique Ove Arup, spécialiste de la construction dans ce matériau –, la solution est apportée par un système de coffrages modulaires, qui traite chaque fragment de paroi comme la partie d'une sphère de 150 m de diamètre.

… à la rupture

Le jury, séduit par tant d'audace, adopte le projet d'Utzon avec enthousiasme, sans prendre en considération ces difficultés d'ordre pratique. Pourtant, l'emploi des techniques de pointe finit par augmenter le coût du projet dans des proportions considérables, qui aboutissent au renvoi de l'architecte avant la fin des travaux. Sans l'intervention d'Ove Arup (dont l'agence interviendra plus tard en qualité de conseil pour la réalisation du Centre Georges-Pompidou, à Paris), le projet

L'architecture organique

Face au fonctionnalisme inspiré du Bauhaus, l'architecture organique reflète, en principe, le souci de certains architectes de lier les structures et les formes de leur art à celles même de la vie et de la nature.
En pratique, les architectes de ce mouvement se sont surtout penchés sur le rapprochement de l'œuvre bâtie et de son environnement naturel. Ainsi, ils attachent une grande importance à l'adaptation du plan de l'édifice à la nature et à la forme du terrain.
Frank Lloyd Wright est le principal représentant de l'architecture organique – il est d'ailleurs le premier à utiliser le terme « organique » en 1908 : sa célèbre maison sur la cascade est l'exemple le plus spectaculaire des créations inspirées de ce courant d'idées. L'Américain et ses élèves préconisent notamment l'intégration du bâtiment à son environnement, par l'ensevelissement d'une partie de la construction – un principe qui est mis en application dans la maison de Cave Creek en Arizona, construite par Paolo Soleri.
En France, c'est sans doute l'architecture dite « mimétique » réalisée à Avoriaz (1965) qui s'en rapproche le plus. Alvar Aalto, constructeur de multiples immeubles et équipements en Finlande et ailleurs, de 1929 à sa mort, s'inscrit également dans cette tradition.

Le Metropolitan Opera de New York, réalisé par Wallace K. Harrisson.

n'aurait peut-être pas vu le jour. Son coût final atteint 650 millions de francs (plus de dix fois le budget initial) et suscite une formidable polémique dans tout le pays. La somme est, il est vrai, colossale, mais la renommée de l'Australie se trouve considérablement agrandie par le monument, dont l'image diffusée partout dans le monde devient un véritable emblème de ce pays.

L'Opéra, conçu comme un immense navire, toutes voiles dehors, dans la baie de Sydney.

Détail des coques du toit de l'Opéra de Sydney.

Le Metropolitan Opera

Une situation nouvelle. Avant le XXe siècle, les inflexions nouvelles de la musique lyrique décidaient parfois de l'architecture d'un opéra. Aujourd'hui, les œuvres contemporaines à l'affiche se font rares, et les constructeurs utilisent le vocabulaire de l'architecture contemporaine sans inventer un langage architectural spécifique à l'opéra. Enfin, ils cherchent à intégrer leur édifice dans un tissu urbain, souvent historique, avec pour priorité de ne pas défigurer celui-ci. Le Metropolitan Opera de New York est, avec l'Opéra de Sydney, une des rares réussites en ce domaine.

Un opéra dans un centre de spectacles. Partie intégrante du Lincoln Center (1962-1968), un grand centre artistique comportant un théâtre philharmonique, un théâtre et une école, le Metropolitan Opera (réalisé par l'architecte américain Wallace K. Harrisson), construit dans les années 1960, a un plan traditionnel. En revanche, l'idée d'intégrer le monument dans un complexe comprenant déjà d'autres lieux de spectacle est originale : l'opéra n'a plus ici le rôle de temple, de centre artistique souverain qui lui était conféré par les siècles précédents.

Un lieu de prestige ressemblant à une usine

LE CENTRE GEORGES-POMPIDOU

Raffinerie, machine à culture ? Le Centre Georges-Pompidou, inauguré le 31 janvier 1977, n'a pas d'équivalent. Il devient rapidement le symbole du renouveau culturel parisien. Son architecture reflète son principe résolument moderne. Un centre pluridisciplinaire voué à la pensée et à l'art contemporains, où aucune discipline de l'art n'est exclue, et qui est ouvert au public le plus large.

En plan et en façade, le Centre reste neutre par rapport aux activités qu'il abrite. C'est un parti pris de ses concepteurs. Ces derniers veulent créer un bâtiment opposé aux réalisations classiques qui veulent faire correspondre la forme et la fonction. À l'inverse, l'image adoptée – une structure de verre et de métal ressemblant à une usine – est contemporaine, et montre clairement l'originalité du projet.

La volonté obstinée d'un homme

À l'origine, le projet est dû à un homme, Georges Pompidou. En 1962, le Premier ministre du général de Gaulle dit son ambition de « doter la capitale d'un ensemble architectural et urbain qui marque notre époque ». Pour cet ensemble, il trouve même un emplacement – celui qui sera effectivement choisi pour la construction : le plateau Beaubourg, un terrain vague du IVe arrondissement, laissé libre par la destruction d'un îlot d'immeubles insalubres.

En décembre 1969, devenu président de la République, l'ancien normalien, agrégé de lettres, passe à l'action. Il précise les finalités du centre, qui devra comprendre « non seulement un vaste musée de peinture et de sculpture, mais aussi des installations spéciales pour la musique, le disque, et, éventuellement, le cinéma et la recherche théâtrale auxquels s'ajouterait une bibliothèque ». Et il fixe les modalités qui décideront de l'architecture du futur bâtiment : un concours international, dont il désignera le jury, international lui aussi, recevra les projets.

Un monument exceptionnel

Deux ans plus tard, après l'examen de près de 700 projets présentés anonymement, les noms des lauréats sont proclamés : il s'agit de deux étrangers, l'Italien Renzo Piano (33 ans) et l'Anglais Richard Rogers (37 ans).

Une esthétique industrielle au service de l'art (détail de la façade du Centre Georges-Pompidou, côté rue Beaubourg).

La forme proposée par les deux jeunes architectes est audacieuse : le centre n'a pas l'allure d'un monument voué à la culture, mais davantage celle d'une usine. C'est un parallélépipède de verre et de métal, dont la transparence n'est interrompue que par des tubes de couleurs vives, contenant, outre différents tuyaux, fils et canalisations, les escaliers mécaniques qui assurent, en façade, l'essentiel de la circulation entre les étages. Le paradoxe est complété par le fait que cette architecture moderniste doit s'inscrire dans un des plus anciens quartiers historiques de Paris, c'est-à-dire qu'il se trouve en totale rupture avec son environnement...

Aussi la publication du projet provoque-t-elle des critiques nombreuses : Piano et Rogers sont traités de « hippies de l'architecture », le Centre de « monstre pompidosaure ». Après la mort du président, le 2 avril 1974, le projet manque s'interrompre définitivement. Pourtant, le bâtiment est finalement inauguré, sous le nom de Centre national d'art et de culture Georges-Pompidou, moins de six années après sa mise en chantier.

Et, dans les années qui suivent, il s'impose dans la vie culturelle et dans le paysage urbain de la capitale, comme un monument à la personnalité très forte, et l'un des symboles du Paris contemporain.

Une « flexibilité » contestée

Dès 1973, les multiples fonctions du Centre sont précisées. Celui-ci doit abriter un département des arts plastiques comprenant le musée national d'Art moderne et le Centre national d'art contemporain ; un Centre de création industrielle (C.C.I.), destiné à l'étude de l'environnement de la société industrielle contemporaine ; un Institut de recherche et de coordination acoustique-musique (I.R.C.A.M.) ; enfin, une Bibliothèque publique d'information (B.P.I.), ouverte sans condition d'accès – plus des salles de cinéma, des auditoriums, etc.

Beaubourg : un monument en péril?

Les difficultés de la construction... L'articulation de l'ossature métallique qui constitue la vraie structure du Centre représente une opération délicate. Les poutres en acier la composant sont longues de 50 m et pèsent près de 75 tonnes. Construites en Allemagne, elles sont acheminées la nuit, par convoi, au centre de Paris pour ne pas perturber la vie citadine. Une fois sur place, la plus grande grue d'Europe les met en place immédiatement. Il est en effet impossible d'entreposer de si grandes pièces en plein Paris !

...et celles de l'entretien. En 1994 – dix-sept ans après son inauguration –, un rapport constate que le bâtiment est dans un état déplorable et préconise d'importants travaux. « Notre-Dame-des-Tuyaux » accumule les rides et les points de rouille : il pleut dans les ascenseurs et dans les bureaux ; les Escalators ne cessent de tomber en panne ; la moquette s'en va par plaques, la peinture s'écaille et les sanitaires ne sont plus guère utilisables. La structure de l'édifice, cependant, n'est pas en cause. Mais le Centre vieillit trois fois plus vite qu'il ne devrait parce qu'il reçoit trois fois plus de visiteurs que prévu : 25 000 par jour au lieu de 7 000.

Cette pluralité des fonctions à l'intérieur d'une même structure est rendue possible grâce à l'emploi d'une ossature métallique qui, en libérant les murs de leur rôle porteur, les réduit à une fonction de séparation de l'espace. Les utilisateurs des cinq étages du bâtiment disposent donc chacun d'une surface rectangulaire de 70 m de long sur 50 m de large, à l'intérieur de laquelle ils peuvent déplacer, multiplier ou supprimer les cloisons. Tout, en effet, dans cet espace, est déplaçable – jusqu'aux blocs sanitaires ! Et la circulation des visiteurs dans les Escalators et ascenseurs de la façade longue du bâtiment accroît encore la souplesse de ces superficies intérieures et les possibilités de transformation.

Pourtant, dans les années qui suivent l'inauguration, les difficultés posées par cette même ossature – et par le principe de flexibilité qu'elle sous-tend et qui gouverne tout le Centre – se trouvent soulevées de façon aiguë. En partie par attachement à des institutions de type spécialisé, en partie parce qu'ils se trouvent confrontés à de réels problèmes, les conservateurs du Centre, rapidement, disent leur déplaisir : les différents départements souffrent d'un incontestable manque d'espace, et voudraient s'exclure les uns les autres ; et le principe de la transparence se révèle mal adapté aux contraintes d'arts plastiques qui, soit manquent de cimaises, soit, en multipliant les murs, privent les œuvres de l'éclairage indispensable.

La première décennie d'exercice n'est pas finie qu'il faut procéder à des réaménagements substantiels et repenser la gestion d'une institution chroniquement déficitaire. Même le succès du Centre en nombre de visiteurs apparaît à beaucoup comme un véritable trompe-l'œil : soit que ceux qui entrent dans le bâtiment le visitent comme un monument, allant par les escaliers extérieurs jusqu'à la terrasse, d'où ils jouissent du panorama sans visiter les secteurs internes du Centre ; soit qu'ils se rendent dans un département particulier sans jamais varier leur parcours pour aller directement, par exemple, de la Bibliothèque au Musée…

Vue intérieure du Centre Georges-Pompidou pendant l'exposition Manifeste, en 1991.

Le Centre Georges-Pompidou, à Paris.

Quand l'esthétique et la technologie se marient

LA BANQUE DE HONGKONG

Considérée comme la « plus belle banque du monde », la Hongkong & Shanghai Bank est vraisemblablement celle qui a coûté le plus cher (près de cinq milliards de francs). Norman Foster, son architecte, a révolutionné l'image sclérosée de l'immeuble de bureaux et offert à Hongkong le symbole capitaliste de son indépendance, retrouvée après un siècle et demi de domination britannique.

Le territoire de Hongkong possède la plus forte densité de population et la plus importante concentration de gratte-ciel au monde. Bâtie sur une île du littoral sud de la Chine, cette métropole s'identifie à ses lointaines cousines occidentales par son urbanisme monotone et ses immeubles de bureaux au style aussi international que banal.

Le « monument » de Hongkong

Institution financière la plus puissante d'Asie, la Hongkong and Shanghai Banking Corporation figure au palmarès des 20 plus grandes banques mondiales. Son importance est telle que l'ancien édifice de 1935, démoli en 1981, est l'emblème de la cité sur les billets de banque. La Banque de Hongkong occupe depuis les années 1870 une place stratégique dans la ville, à 500 mètres du front de mer, dans l'axe du débarcadère principal pour le continent chinois. Elle clôt Statue Square, seul espace véritablement public de Hongkong, bordé de bâtiments anciens. En ne se fixant aucune limite budgétaire, le président de la Banque de Hongkong a permis à Norman Foster d'apporter une solution technique, architecturale et urbaine au problème de la reconstruction de ce qui constitue le « monument » de Hongkong. Un monument hautement symbolique qui exorcise les craintes des financiers chinois sur le futur statut de la colonie anglaise, car, en 1997, date d'échéance de la concession chinoise, la prospère enclave

Vue intérieure de l'atrium de l'immeuble de la Lloyds, à Londres.

L'immeuble de la Lloyds, à Londres.

La centrale de la Lloyd's à Londres

L'ancienne capitale de l'Empire britannique n'a pas souhaité se laisser distancer par son comptoir asiatique dans l'innovation architecturale. La reconstruction contemporaine de la centrale d'assurances de la Lloyd's est la riposte londonienne au défi chinois de la Banque de Hongkong. Cette joute architecturale se double d'un duel singulier qui oppose les deux champions anglais du « high tech » (la haute technologie), Norman Foster, à Hongkong, et son ami et ancien associé, Richard Rogers, à Londres.

Un symbole financier. Centre mondial de l'assurance, la Lloyd's occupe le cœur de la City, le quartier financier de Londres. Le volume des affaires ne cessant d'augmenter, le bâtiment actuel est le quatrième construit par la Lloyd's depuis le début du siècle. Son architecte, Richard Rogers, s'est rendu célèbre dans les années 1970 avec la construction du Centre Georges-Pompidou à Paris (en collaboration avec Renzo Piano). Le nouvel immeuble répond à trois impératifs imposés par la Lloyd's : permettre des extensions pour les cinquante prochaines années; favoriser un éclairage maximal; intégrer au mieux l'immeuble dans le quartier sensible et prestigieux de la City de Londres.

Complexité apparente, simplicité réelle. Rogers isole un noyau central, qu'il nomme « espace servi », flanqué de six tours satellites qui constituent l'« espace servant ». L'espace servi, identifiable par son atrium central, est similaire à celui de la banque de Hongkong. C'est la partie habitée de l'immeuble. Il abrite la « salle des signatures », où travaillent simultanément 10 000 agents en liaison permanente avec 30 000 autres employés situés dans les bureaux des étages supérieurs. Tous les équipements de services et de circulation (toilettes, cuisines, couloirs, escaliers et ascenseurs, etc.) sont rejetés dans les tours opaques, à l'extérieur. Ces tours servantes sont destinées à être remplacées dès que les nouveautés technologiques l'exigeront. Comme à Beaubourg, l'architecte tire des éléments techniques rejetés à l'extérieur un parti expressif. Rien n'est dissimulé, tout est exprimé.

cessera d'être britannique et chacun s'interroge sur le degré de liberté et d'autonomie commerciale que voudront bien lui accorder les dirigeants de Pékin.

Art et technologie

Trois postulats déterminent la conception de la nouvelle banque : la transparence, la flexibilité et la résistance aux intempéries. Renonçant à la forme traditionnelle d'une tour de bureaux rectangulaire avec des étages identiques, Foster conçoit un édifice original composé d'une juxtaposition de trois blocs semblables, de profil, à des dalles levées de différentes hauteurs. La construction adoptée est celle d'une structure en acier suspendue à de grands mâts dégageant l'espace intérieur. Les locaux techniques, les services et les escaliers sont groupés dans des tours extérieures. L'espace interne ainsi créé atteint la flexibilité recherchée : planchers, plafonds, escaliers mécaniques peuvent être ajoutés ou supprimés. La structure métallique, diaphane, d'un poids total de 30 000 tonnes, est revêtue de parois vitrées, cohérentes dans cette recherche de transparence maximale. Foster invite l'employé ou le visiteur à une promenade architecturale sans précédent. L'ensemble du rez-de-chaussée de l'immeuble est un espace ouvert qui prolonge Statue Square. De là, des escaliers mécaniques mènent au hall de la banque, structuré par un atrium qui s'élève à 52 m de hauteur. Des capteurs solaires renvoient la lumière dans ce qui constitue l'épine dorsale invisible du bâtiment. Les bureaux des étages sont largement ouverts sur ce puits de lumière et occupent parfois la surface d'un niveau entier. Des escaliers mécaniques, des ascenseurs transparents, des passerelles aériennes et des terrasses suspendues concourent à dynamiser la grande variété de l'espace. Le goût de Foster pour une « hypermodernité » se cristallise dans la plate-forme d'hélicoptère au sommet de la construction, qui ouvre l'édifice à tout un continent. Sa passion pour les techniques avant-gardistes le conduit à travailler avec les spécialistes du monde entier à la mise au point de chaque élément, de chaque système. Cet édifice, mettant en œuvre les techniques les plus avancées, regroupe tout ce que les innovations militaires, aéronautiques et spatiales ont apporté à l'architecture en matière de structure, d'isolation, de système de conditionnement, d'éclairage, etc. Foster veut réconcilier l'art et la technique, rappelant que les anciens Grecs n'avaient qu'un mot (tekhnê) pour désigner les deux disciplines.

Le siège de la Hongkong & Shanghai Bank : un gratte-ciel d'une grande élégance.

Le réaménagement d'un musée prestigieux

LE GRAND LOUVRE

Dans l'ensemble composite que constitue le palais du Louvre, huit siècles d'architecture se succèdent. Entre 1984 et 1994, en effet, le réaménagement du palais-musée, autour d'un monument à la forme éternelle mais au matériau moderne – la pyramide de verre de l'architecte sino-américain Ieoh Ming Pei –, affirme hautement la signature des constructeurs du XXe siècle. La polémique engendrée par la pyramide ne peut faire oublier l'ampleur d'un projet à la mesure d'une ville dans la ville.

Depuis 1793, le palais de la monarchie d'Ancien Régime est devenu musée. À l'approche du bicentenaire de l'institution, et pour marquer brillamment le commencement de son premier septennat, le président de la République française, François Mitterrand, conçoit le projet d'un agrandissement considérable du musée, permettant un redéploiement complet des collections. Le chantier du « Grand Louvre » est lancé en 1984. Il est confié à l'architecte Pei. Trois objectifs majeurs doivent être suivis : le respect du palais, le renouvellement de la présentation des œuvres et surtout l'amélioration des conditions d'accueil du public.

Un musée vieillissant

Replié sur lui-même, inadapté à sa nouvelle fonction, le Louvre de la fin des années 70 a en effet grand besoin de faire peau neuve.
Ce palais, converti en musée sans que jamais des travaux majeurs d'adaptation soient intervenus, se prête fort mal aux nécessités de la muséographie moderne. Les infrastructures invisibles nécessaires au fonctionnement normal de ce type d'institution, qui occupent normalement 50% de l'espace, couvrent alors moins de 10% de la surface du château. Les entrées existantes, en particulier, sont inadaptées au nombre extrêmement important de personnes qui visitent le Louvre. Le musée s'étend, avant le début des travaux, sur la partie méridionale du palais, l'aile septentrionale donnant sur la rue de Rivoli (dite aile Richelieu) étant occupée depuis plus de cent ans par le ministère des Finances. Les collections sont à l'étroit dans ces bâtiments étirés en longueur et souvent morcelés en de multiples pièces exiguës. De nombreuses œuvres de très grande qualité sont ainsi condamnées à l'enfer des réserves, tandis que le public se perd dans un dédale de salles qui séparent sans logique des ensembles esthétiquement cohérents. Le Louvre, malgré l'excellence des pièces qu'il conserve, commence à ne plus être à la hauteur de sa réputation.

Un musée vaste et centralisé

Si le diagnostic du malade est clair, les remèdes ne le sont pas moins : il faut agrandir la surface disponible pour accueillir le public, conserver et présenter correctement les collections ; et il convient de créer pour tout l'établissement un accès principal situé en son centre, afin d'éviter la coûteuse démultiplication des services qu'entraîne l'existence d'entrées multiples, tout en permettant aux visiteurs d'accéder rapidement au département du musée dans lequel ils veulent se rendre.
L'impératif d'accroître les surfaces disponibles est résolu par l'annexion de l'aile Richelieu au musée, qui devient ainsi le seul occupant du château. À l'interminable aile Sud succède un musée en U, ramassé autour de la cour Napoléon. L'aile Sully constitue son centre ; elle est flanquée de part et d'autre par les ailes Richelieu et Denon. L'ensemble est ainsi équilibré. Les collections, qui bénéficient de 83% de surface d'exposition en plus de ce dont elles disposaient avant 1981, sont redistribuées de façon cohérente, et leur présentation s'enrichit de dizaines d'œuvres qui n'étaient presque jamais sorties des réserves depuis leur acquisition.
Le problème posé par l'établissement de l'entrée centrale est beaucoup plus délicat. Étant donné la nouvelle géographie du musée, cet accès ne peut se trouver qu'en deux lieux : l'aile Sully ou la cour Napoléon. Comme il est exclu de toucher aux parties historiques du monument, la cour est, en fait, le seul emplacement possible. Précisément, la profondeur du sol, à cet endroit, est de 9 m avant d'atteindre le niveau de la Seine. Il est donc envisageable de superposer deux étages en sous-sol. Pei, sans tergiverser davantage, adopte le principe d'une « gare de départ » souterraine, située dans cette cour, c'est-à-dire d'un hall très vaste marqué en surface par un signal puissant, mais qui ménage en même temps la vue perspective sur l'ensemble du château : ce sera la pyramide de verre.

La cour Marly, dans l'aile Richelieu, réaménagée en 1993 par les architectes Pei et Wilmotte.

Symbole du nouveau « Grand Louvre », la pyramide de l'architecte Pei dans la cour Napoléon.

Dans la galerie souterraine du Carrousel, la pyramide inversée, rappel de la pyramide de la cour Napoléon.

La « bataille de la pyramide »

La redécouverte d'un espace. Le creusement des espaces que domine la pyramide est l'occasion de découvertes archéologiques importantes concernant le soubassement du Louvre médiéval et les quartiers alentours. Leur création en même temps que l'annexion de l'aile Richelieu est menée de pair avec une vaste opération de nettoyage et de restauration : ainsi, 112 800 m² de façades sont réhabilitées, et 68 000 m² de toitures refaites à neuf – en plomb, à la manière ancienne. Tous ces aménagements ne peuvent donner lieu à une polémique sérieuse. La forme du monument construit au-dessus du hall central et la destination d'une partie des espaces soulèvent, à l'inverse, un tollé de protestations, de l'annonce de la décision de construction, en 1984, à l'inauguration de la pyramide, en 1989, et à l'ouverture même du « Grand Louvre », en 1993.

Joyau ou verrue? L'édifice a la forme d'une pointe de diamant, de 20 m de haut et de 33 m de côté. Il se compose de 603 losanges et de 60 triangles de verres réfléchissants, de 1,20 m de côté, sertis sur une armature de câbles et de tubulures. Sa réalisation demande l'utilisation des techniques constructives modernes les plus sophistiquées alliées à des techniques anciennes. Sur ce « joyau », promet l'architecte, « on verra le reflet mouvant des nuages et des étoiles ». Les détracteurs du projet n'y voient qu'une verrue qui défigurera l'un des centres les plus nobles et les plus prestigieux de la capitale.

Les marchands du Temple. À l'intérieur, pierre de Bourgogne et béton dominent. Le traitement monumental et austère est dans la continuité du palais. Ce n'est pas cet aspect qui provoque les critiques, mais l'aménagement à des fins commerciales d'une partie des galeries. Outre les espaces d'accueil du public (l'entrée, les auditoriums, etc.) et de conservation proprement dite (laboratoires, documentation, réserves, ateliers de restauration...), la pyramide couvre tout un ensemble de services « satellite », à fins de rentabilité économique évidente : des librairies, des restaurants et des magasins, etc. Ces espaces ont, au mieux, le mérite d'introduire la ville dans le musée – au pire, ils risquent de se substituer, dans l'esprit des visiteurs les moins avertis, à l'espace muséal lui-même.

Le prix à payer ? Complexe machine, le Grand Louvre est en fait plébiscité par le public, tandis que les experts, après son inauguration, hésitent à le critiquer avec la même virulence. L'introduction du commerce dans un grand édifice culturel est peut-être le prix dont il faut payer la possibilité même qu'existe un tel musée ; et la pyramide, tout naturellement et fort naturellement, s'est imposée dans le paysage de Paris.

1989

Une église pour le XXIe siècle

LA CATHÉDRALE D'ÉVRY

En 1989, vingt ans après la naissance de la ville nouvelle d'Évry, dans l'Essonne, au sud-est de Paris, cinq ans après l'implantation d'un nouvel évêché, l'évêque du lieu lance le projet de construction d'une cathédrale. Celui-ci suscite immédiatement, au sein du clergé et de la communauté catholique, un débat passionné concernant l'utilité, le style et le coût du monument.

Une mobilisation générale renoue avec la tradition médiévale des chantiers des cathédrales. Sur un coût estimé à 60 millions de francs pour la cathédrale et à 18 millions de francs pour le Centre d'art sacré, plus de 85 % du financement est réuni dès la fin de 1993. De Rome, le pape Jean-Paul II soutient la construction de l'église. Le gouvernement français, quant à lui, malgré les contraintes de la loi de Séparation de l'Église et de l'État de 1905, accepte de prendre en charge une partie des dépenses du chantier, à la faveur de la création, auprès du futur sanctuaire, d'un Centre consacré à l'art sacré contemporain.

Maquette de la cathédrale d'Évry.

Les bâtisseurs de cathédrales

Bénéficiant d'une vaste couverture médiatique, encouragée par de nombreuses personnalités et par un comité de parrainage prestigieux réunissant des dirigeants de sociétés, des responsables politiques et économiques, l'élite du clergé français et du monde des arts et des lettres, le chantier de la nouvelle cathédrale connaît bientôt une célébrité internationale. Au message du pape (« une cathédrale témoigne de l'unité du Peuple de Dieu »), diffusé dans les milieux pratiquants, le public répond avec un enthousiasme dont l'ampleur étonne ceux-là même qui avaient espéré être soutenus. Des dons de catholiques, mais aussi de fidèles d'autres confessions chrétiennes, affluent de tous les horizons géographiques : Grande-Bretagne, Allemagne, Grèce, Roumanie, Maroc, États-Unis, Brésil...
Si la création du Centre d'art est cofinancée par l'État, la Région (l'Île-de-France) et l'Établissement public de la ville nouvelle d'Évry, la construction de la cathédrale proprement dite est, quant à elle, entièrement supportée par des mécènes et des fonds privés. Un tel élan de solidarité s'explique par la rareté de telles entreprises sur le vieux continent dans la seconde moitié du XXe siècle.
Dès le commencement de la campagne, l'architecte suisse Mario Botta, âgé de 36 ans, est pressenti pour mener à bien le projet. Lauréat de nombreux prix en Europe et aux États-Unis, membre de plusieurs instances internationales, professeur et maître d'œuvre en Italie et en Suisse, il s'est fait connaître en France à partir de 1984 en construisant le théâtre André-Malraux de Chambéry (en Savoie) et la maison du livre, de l'image et du son de Villeurbanne (dans le département du Rhône). Ces bâtiments affirment avec force son attachement pour les formes géométriques et les matériaux simples, des partis auxquels adhèrent pleinement les commanditaires du projet de la cathédrale d'Évry.

Le retour de l'art religieux monumental

La proposition de l'architecte tranche avec l'architecture religieuse traditionnelle : ni tours, ni ogives, mais un cylindre de béton tronqué, habillé de briques, coiffé d'un toit triangulaire de verre et de cuivre, et couronné de 80 arbres.
Ce schéma rompt également avec la tradition des églises construites en France depuis les années 60, formes symboliques élémentaires ou simples salles de réunion destinées à rassembler les croyants.
Botta s'inscrit dans la lignée des sanctuaires circulaires qui ont provoqué la surprise la plus remarquable de la fin du siècle. Ces derniers ne se réfèrent plus à la croix, mais ils évoquent une couronne – la couronne du Christ-Roi ou celle, d'épines, du Christ-Martyr. Construits en verre et en béton, de tels sanctuaires dressent leurs silhouettes imposantes, presque triomphalistes, au-dessus de la mêlée profane. La cathédrale de Brasília construite par Oscar Niemeyer en est l'exemple le plus célèbre, mais d'autres monuments, comme la

Notre-Dame-de-la-Paix, en Côte d'Ivoire

Une nouvelle église, pour une cité nouvelle. Au cœur de Yamoussoukro, choisie comme capitale en 1983, le président de la Côte d'Ivoire Félix Houphouët-Boigny a commandé en 1985 à l'architecte Pierre Fakhoury la construction d'une basilique.

Un plan traditionnel. Notre-Dame-de-la-Paix, inaugurée en 1989, renoue avec la tradition des grands sanctuaires de la chrétienté : un plan en forme de croix, une coupole et d'immenses vitraux retraçant l'histoire de l'Église.

Le rappel de Saint-Pierre de Rome. Le jeune et ardent catholicisme africain s'exprime à travers ce monument immédiatement identifiable. Comme à Saint-Pierre de Rome, une double colonnade accueille les fidèles à la façon des deux bras ouverts de l'Église.

La cathédrale d'Évry (en cours de réalisation), œuvre de l'architecte Mario Botta.

La basilique Notre-Dame-de-la-Paix, à Yamoussoukro, en Côte d'Ivoire.

basilique de l'Annonciation de Nazareth, la cathédrale catholique de Liverpool ou Notre-Dame de Guadalupe à Mexico ont familiarisé des milliers de fidèles à cette formule.

La cathédrale de la Résurrection

La Grand-Place d'Évry, dite « place des Droits-de-l'Homme », bordée sur deux côtés par l'Hôtel de Ville et la chambre de commerce, sert de cadre au monument. Elle l'inscrit au cœur d'une ville de 100 000 habitants et d'une agglomération de 300 000 personnes. Un vaste parvis, fermé par un ensemble d'immeubles et d'arbres, favorise le recueillement, avant l'entrée dans le sanctuaire.

Depuis le 31 mars 1991, dimanche de Pâques choisi pour la pose de la première pierre, le sanctuaire est baptisé « cathédrale de la Résurrection ». En 1994, ses 5 cloches sont déjà bénies et son gros œuvre achevé. L'inauguration est prévue pour Pâques 1995.

La structure du monument est faite d'un double cylindre tronqué au diamètre extérieur de 37 m, couvert de briques orangées dont certaines, à l'intérieur de l'édifice, sont simplement agrafées afin de concourir, par leur vibration, à l'acoustique du lieu. Le diamètre intérieur, de 29 m, permet d'accueillir 1 200 fidèles. L'intervalle des 2 cylindres, éclairé d'ouvertures rectangulaires, ménage les circulations et loge le Centre d'art sacré, à la triple mission documentaire, pédagogique et créatrice. Au sommet, la couronne de tilleuls argentés, visible des verrières éclairant la nef, n'empêche pas le campanile et la croix d'acier d'annoncer aux chrétiens le caractère sacré du lieu.

L'évolution des cités européennes

DEMAIN LA VILLE

« Il n'est pas possible de préfigurer avec certitude ce que sera l'image de la cité future, étant donné qu'un catéchisme de l'urbain n'existe pas. » Ainsi parlait, en 1893, le grand architecte viennois Otto Wagner. Aujourd'hui, entre la préservation forcenée du patrimoine des villes et la nécessité de les moderniser, entre la volonté de mettre les banlieues en valeur et celle de ramener les habitants au centre-ville, nul ne sait davantage prédire ce que sera l'aspect des concentrations urbaines où vivront les générations qui vont nous succéder.

Des années 1950 aux années 1970, des opérations immobilières brutales ont défiguré de nombreuses villes européennes : la destruction du quartier des Halles à Paris en est un des exemples les plus navrants. Les épisodes les moins acceptables de ce laisser-faire ou de ces interventions de modernisation brutale appartiennent désormais au passé, excepté à Bruxelles, où le saccage se poursuit. Petit à petit, architectes, urbanistes et responsables politiques découvrent, sous l'effet d'un engouement nouveau des opinions pour leur patrimoine, la valeur ajoutée que procurent la préservation des vieux quartiers et celle, plus généralement, d'une structure urbaine traditionnelle où places, rues, passages, chacun individualisé et chargé d'histoire, fournissent les repères qui permettent une véritable intimité du citadin et de sa ville.

Les centres-villes : un patrimoine sans habitant ?

Mais ce souci récent de protéger l'aspect des paysages urbains anciens ne va pas lui-même sans poser des problèmes. Depuis les années 1960 (depuis 1962, en France, grâce au ministre de la Culture d'alors, l'écrivain André Malraux), une politique de protection et de mise en valeur des centres historiques des villes est à l'œuvre dans la plupart des pays européens. Désormais, le « classement » de bâtiments ou de quartiers entiers, ou des procédures administratives similaires, permet d'empêcher les destructions sauvages d'édifices, de financer des travaux de restauration et de contrôler l'aspect des nouvelles constructions à l'intérieur ou autour d'un site historique. Plus récemment – depuis les années 1970 –, la transformation fréquente d'une partie de ces quartiers en secteurs piétonniers a rendu la rue aux flâneurs, c'est-à-dire à ceux qui prennent le temps de connaître et d'apprécier leur ville.

Certainement utiles, de telles réalisations ont néanmoins des inconvénients. Leur coût élevé entraîne la disparition des logements modestes et des petits commerces au profit d'impersonnels bureaux de prestige, magasins et appartements de luxe. Dans les villes françaises, ainsi qu'en Allemagne, nombre de quartiers réhabilités sont ainsi vidés de leurs anciens habitants et perdent leur originalité. Le traitement « patrimonial » des centres urbains tend à les figer en de véritables musées.

Or, une ville n'existe que par ses habitants.

Pour une renaissance des banlieues

La politique de la protection des centres a eu pour contrepartie un étrange laxisme en matière d'urbanisation des quartiers périphériques et des banlieues, et cela dans tous les pays d'Europe. Si certains pays ont tâché de limiter la croissance sauvage de leurs métropoles par la création de « villes nouvelles » (ainsi la France), cette politique a fait long feu, et les habitants mêmes de ces cités nées ex nihilo ne manifestent guère d'attachement à des villes qui constituent à leurs yeux des dortoirs plus ou moins pratiques et en tout cas provisoires.

L'essentiel de la croissance s'est fait à proximité immédiate des grandes cités, dans des quartiers ghettos constitués par des blocs de béton séparés par des terrains vagues baptisés espaces verts ou servant de parkings. Dans ces lieux, le dynamitage de quelques « cages à lapin », accompli ici et là depuis quelques années, est un remède tout à fait dérisoire face à l'ampleur du mal. La laideur et l'uniformité des grands ensembles ne sont rien face au manque chronique d'équipements – centres commerciaux, stations de métro ou de train rapide, cinémas, équipements sportifs dignes de ce nom – et surtout d'entreprises fournissant des emplois.

Améliorer les réseaux de transports en commun, mieux canaliser la circulation automobile, remédier à la désastreuse séparation qui existe entre les zones d'activités (désertes hors des heures ouvrables) et les zones résidentielles (où règne souvent l'insécurité) nécessitent une planification à long terme de l'extension des grandes villes. Cela est d'autant plus important que la banlieue, en tant que forme d'urbanisation polyvalente, polycentrique et sans limites, constituera la plus grande part des métropoles de demain.

Projet de réaménagement de la célèbre Potsdamer Platz à Berlin par l'architecte Renzo Piano.

Le projet futuriste de l'architecte Jean Nouvel, la fameuse Tour sans Fins, prévue à la Défense, verra-t-il le jour ?

Les quartiers neufs

Préserver les centres sans en expulser les habitants, réhabiliter les banlieues et les lier davantage à la ville ne sont que deux solutions au problème urbain. La ville est un organisme vivant et, pour des raisons précises, elle doit accueillir en son sein des quartiers nouveaux bâtis en quelques années.

Berlin : la Potsdamer Platz. La Potsdamer Platz était avant la guerre l'un des grands carrefours de Berlin. Après avoir été traversée par le Mur, elle est aujourd'hui à reconstruire intégralement. Pour lier les immeubles traditionnels du Berlin d'avant-guerre, largement préservés dans l'ancienne partie orientale, aux hauts édifices récents de la partie ouest, l'architecte italien Renzo Piano, lauréat du concours pour la reconstruction d'une partie de la place, prévoit de mêler des tours monumentales mais de hauteur moyenne, qui rappellent Berlin-Ouest, et des immeubles alignés sur rues, comme dans la partie voisine de Berlin-Est. Le projet est centré autour d'une place et bordé d'un vaste plan d'eau. Chacun des immeubles abrite des bureaux de prestige, des logements et des commerces. Ainsi, ce nouveau quartier, bien que très huppé, restera vivant à toute heure du jour et de la nuit.

Londres : les Docklands. Le réaménagement des immenses surfaces occupées par les anciens docks qui bordent la Tamise, entrepris au début des années 1980, en majorité par des opérateurs privés, devrait s'achever au début du XXIe siècle. Si d'anciens entrepôts sont transformés en appartements luxueux, les logements ont la portion congrue face aux bureaux de prestige des multinationales, attirées par la proximité de la City. Conséquence directe du capitalisme sauvage qui, ici, a fait office de doctrine d'urbanisme, les moyens de transport, à la charge de l'État, ont été sous-dimensionnés. Les pouvoirs publics en ont tardivement pris conscience et réalisent aujourd'hui à grands frais les réseaux qui auraient dû être prévus d'entrée de jeu. En revanche, l'aéroport privé, imprudemment implanté en plein centre de l'opération, provoque des nuisances croissantes qui pénalisent la qualité de la vie.

Paris : la Défense. En France, le quartier d'affaires construit à l'ouest de la capitale dans le secteur de la Défense, à partir des années 1950, continue de s'accroître et de s'orner. Faisant un pendant lointain à l'Arc de triomphe, la Grande Arche, construite par l'architecte Spreckelsen, ouvre la perspective sur les gratte-ciel. Projetée depuis longtemps mais tardant à être construite, la Tour sans Fins de l'architecte Jean Nouvel devrait s'estomper aux regards à mesure qu'elle s'élèvera, à la faveur de l'utilisation de matériaux de plus en plus transparents.

Un gratte-ciel imposant réalisé par l'architecte Kenzo Tange à Tokyo : le New City Hall.

INDEX DES PERSONNES

Crédits photographiques

Page 12 h : Dagli Orti G. 12 m : Held S. 13 : Gerster - Rapho. 14 b : Held S. 14-15 : Travert Y. - Diaf. 15 : Petit A. - Top. 16 : Lénars C. - Explorer. 16-17 : Gerster - Rapho. 17 : Dagli Orti G. 18 b : Stierlin H. 18-19 : Sitton H. - Fotogram-Stone. 19 b : Brun J. - Explorer. 19 h : Gerster - Rapho. 20 h : Dagli Orti G. 20-21 : Dagli Orti G. 21 h : Dagli Orti G. 22 h : Loirat L.Y. - Explorer. 22 m : Dagli Orti G. 23 : Coll. Larousse. 24 b : Petit A. - Top. 24 m : Held S. 26 h : Held S. 26-27 : Bridgeman Art Library, Londres - Giraudon. 27 h : Held S. 28 m : Tétrel P. 28-29 : Held S. 29 b : Dagli Orti G. 30 : Sioen G. - Rapho. 31 b : Boulat P. - Cosmos. 31 h : Pratt-Pries - Diaf. 32 h : Dagli Orti G. 32-33 : Goldman - Rapho. 33 : Gerster G. - Rapho. 34 : Dagli Orti G. 35 : Dagli Orti G. 36 b : Michaud R.et S. - Rapho. 36-37 : Held S. 37 b : Loirat L.Y. - Explorer. 38 : Held S. 39 : Bowman C. - Scope. 40-41 : Loirat L.Y. - Explorer. 41 b : Held S. 42 h : Lewandowski H. - Réunion des Musées Nationaux, Paris. 43 b : Thierry D. - Diaf. 43 h : Lessing E. - Magnum. 44-45 : Held S. 45 b : Held S. 45 h : Held S. 46-47 : Ducange J. - Top. 47 b : Held S. 47 m : Held S. 48 : Bildarchiv Preussischer Kulturbesitz. 49 b : Liepe J. - Bildarchiv Preussischer Kulturbesitz. 49 h : Sioen G. - Top. 50-51 : Tovy A. - Explorer. 51 b : Lénars C. - Explorer. 51 h : Held S. 52 h : Bridgeman - Giraudon. 52-53 : Lessing E. - Magnum. 53 b : Held S. 54 h : Ribieras - Explorer. 54 m : Held S. 54-55 : Held S. 56 b : Boegly L. - Archipress. 56-57 : Lauros - Giraudon. 57 m : Ross K. - Rapho. 58 b : Mazin R. 59 b : Guillard J - Scope. 59 h : Sierpinski J. - Scope. 60 h : Koch P. - Rapho. 60-61 : Mazin R. 61 : Simon G. - Scope. 62 h : Dagli Orti G. 62-63 : Fotogram-Stone. 63 b : Dagli Orti G. 63 h : Stierlin H. 64 h : Phoenix Art Museum. 65 g : Chirol S. 65 hd : Pragen J. - Fotogram-Stone. 66 h : Stierlin H. 67 b : Lechenet F. - Altitude. 67 h : Stierlin H. 68-69 : Sappa C. - Rapho. 69 h : Garcin J.P. - Diaf. 69 m : Lauros - Giraudon. 70 bg : Chirol S. 70-71 : Stierlin H. 71 b : Manceau M. - Top. 72 b : Stierlin H. 72-73 : Rossi G. A. - Altitude. 73 h : Stierlin H. 74 bg : Stierlin H. 74-75 : Stierlin H. 75 b : Stierlin H. 75 h : Stierlin H. 76 : Scala. 77 b : Scala. 77 hd : Scala. 78 b : Nou J.L. - Explorer. 78-79 : Held S. 79 h : Scala. 80 bg : Held S. 80-81 : Geopress - Explorer. 82 g : Travert Y. - Diaf. 82-83 : Frances S. - Explorer. 83 h : Held S. 84 g : Stierlin H. 84-85 : Thomas A. - Explorer. 85 h : Parra-Bordas - Diaf. 86 d : Regent B. - Diaf. 86 g : Ogawa - Artephot. 86-87 : Held S. 88-89 : Ferrero J.P. - Explorer. 89 b : Dagli Orti G. 89 h : Parinet A. - Explorer. 90-91 : Joyce A. - Scope. 91 b : Gabanou J. - Diaf. 91 h : Zeno T. - Explorer. 92 b : Held S. 92 g : Held S. 93 : Held S. 94-95 : Michaud R. - Rapho. 95 b : Courau J.P. - Explorer. 95 h : Wysocki P. - Explorer. 96 : Giraudon. 97 : Dagli Orti G. 98 m : Held S. 98-99 : Mattes R. - Explorer. 99 b : Thibaut N. - Explorer. 100 h : Gerster G. - Rapho. 100-101 : Held S. 101 : Ball D. - Diaf. 102 h : Stierlin H. 102-103 : Stierlin H. 103 : Dagli Orti G. 104 : Le Coz M. - Explorer. 105 b : Dagli Orti G. 105 h : Michaud R. et S. - Rapho. 106 b : Fotogram-Stone. 106-107 : Martel O. - Top. 107 : Martel O. - Top. 108 : Thomas A. - Explorer. 109 b : Courau J.P. - Explorer. 109 h : Held S. 110 b : Lénars C. - Explorer. 110-111 : Duchene J.P. - Diaf. 111 : Barbier B. - Diaf. 112 : Held S. 113 b : Lénars C. 113 h : Held S. 114-115 : Held S. 115 b : Grandadam S. - Explorer. 115 h : Lénars C. 116 : Frerck R. - Fotogram-Stone. 117 b : Stierlin H. 117 h : Held S. 118 h : Nou J.L. - Explorer. 118-119 : Lénars C. 120 : Held S. 121 b : Lauros - Giraudon. 121 h : Phillipart de Foy G. - Explorer. 122 d : Veiller H. - Explorer. 122-123 : Barbier B. - Diaf. 123 : Barbier B. - Diaf. 124 : Pujebet P. - Explorer. 125 b : Held S. 125 h : Lessing E. - Magnum. 126-127 : Chirol S. 127 h : Chirol S. 128 : Reichel J.N. - Top. 129 b : Jalain F. - Explorer. 129 h : Gaâl A. - Chirol S. 130 : Lénars C. - Explorer. 131 b : Boisvieux C. - Explorer. 131 h : Sioen G. - Rapho. 132 h : Dagli Orti G. 133 : Rozencurajg R. - Diaf. 138 b : Chirol S. 138-139 : Guillard J. - Scope. 139 : Bibliothèque royale Albert Ier , Bruxelles. 140 b : Chirol S. 140 h : Bibliothèque nationale, Paris. 141 : Chirol S. 142 : Bibliothèque nationale, Paris. 143 b : Held S. 143 h : Sappa C. - Rapho. 144 : Sasoon S. - Explorer. 145 b : Hendrickx I - Explorer. 145 h : Gerster - Rapho. 146 : Guillard J. - Scope. 147 : Berne E. - Fotogram-Stone. 148 : Mazin R. 149 b : Giraudon. 149 h : Musée de l'Œuvre de Strasbourg. 150 : Giraudon. 151 b : Sudres J-D. - Scope. 151hg - Arthus-Bertrand Y. - Altitude. 152 mg : Held S. 152-153 : Held S. 153 : Wassman B. - Rapho. 154 b : Tetrel P. - Explorer. 154-155 : Arthus-Bertrand Y. - Altitude. 155 m : Reperant D. - Explorer. 156 h : Bertinetti M. - Rapho. 156-156 : Bridgeman Art Library, Londres - Giraudon. 157 : Kersting - Artephot. 158 b : Dagli Orti G. 158 h : Mazin R. 159 : Giraudon. 160 b : Chirol S. 160-161 : Barde J.L. - Scope. 161 : Nacivet J.P. - Explorer. 162 b : Dagli Orti G. 162 h : Scala. 163 : Chirol S. 164 b : Layma Y. - Explorer. 164-165 : Koch P. - Rapho. 165 : Koch P. - Rapho. 166 b : Yamashita M. - Rapho. 166 h : Scala. 166-167 : Mazin R. 168 bg : Gaâl A. - Chirol S. 168 md : Lauros - Giraudon. 169 : Giraudon. 170 bg : Dagli Orti G. 170 hd : Scala. 171 : Dagli Orti G. 172 b : Stierlin H. 172-173 : Ducange J. - Top. 173 d : Stierlin H. 174-175 : Scala. 175 : Scala. 176 b : Scala. 176-177 : Scala. 177 b : Scala. 178 g : Sioen G. - Rapho. 178-179 : Rossi G. A. - Altitude. 179 b : Dagli Orti G. 180 h : Koch P. - Rapho. 180-181 : Mazin R. 181 : Bertinetti M. - Rapho. 182 : Scala. 183 b : Scala. 183 h : Dagli Orti G. 184 : Scala. 184 h : Scala. 185 : Dagli Orti G. 186 bd : Scala. 186 hg : Gerster G. - Rapho. 187 : Scala. 190 : Dagli Orti G. 191 b : Mazin R. 191 h : Chirol S. 192 b : Chirol S. 192-193 : Crapet P. - Fotogram-Stone. 193 : Chirol S. 194 b : Archives Nationales - Giraudon. 194-195 : Mazin R. 195 h : Dagli Orti G. 196 b : Scala. 196-197 : Scala. 197 h : Chirol S. 198 b : Levassort M. 199 bd : Dagli Orti G. 199 hg : Levassort M. 200 b : Scala. 200 h : Scala. 201 : Scala. 202 h : Scala. 202-203 : Chirol S. 203 : Scala. 204 m : Lénars C. 204-205 : Tovy A. - Explorer. 205 b : Dagli Orti G. 206 h : Loirat L.Y. - Explorer. 206-207 : Silverstone M. - Magnum. 207 h : Barbey B. - Magnum. 208 h : Archives Larousse - Giraudon. 208-209 : Lauros - Giraudon. 209 h : Held S. 210 mg : Michaud R.et S. - Rapho. 210-211 : Sutherland D. - Fotogram-Stone. 211 h : Held S. 212 b : Osmon d : Fotogram-Stone. 212-213 : Kubota H. - Magnum. 213 b : Dagli Orti G. 214 b : Mazin R. 214 h : Mazin R. 215 b : Mazin R. 216 bg : Studd S. - Fotogram-Stone. 216 h : Kord R. - Explorer. 217 b : Dagli Orti G. 218-219 : Mazin R. 219 b : Dagli Orti G. 219 h : Mazin R. 220 : Scala. 221 h : Scala. 221 m : Dagli Orti G. 222-223 : Mazin R. 223 b : Mazin R. 223 h : Arthus-Bertrand Y. - Altitude. 224 b : Mazin R. 224 h : Renault P. - Explorer. 225 b : Mazin R. 225 h : Mazin R. 226 b : Armand D. - Fotogram-Stone. 226-227 : Dagli Orti G. 227 b : Giraudon. 228 : Dagli Orti G. 229 b : Serraillier - Rapho. 229 h : Schneiders T. - Artephot. 230 : Held S. 231 : Pratt-Pries - Diaf. 232 : Mazin R. - Top. 233 b : Pratt-Pries - Diaf. 233 md : Lessing E. - Magnum. 234 m : Sioen G. - Rapho. 234-235 : Held S. 235 b : Dagli Orti G. 236 m : Pinheira J.C. - Top. 236-237 : Cordier S. - Explorer. 237 : Held S. 238-239 : Lauros - Giraudon. 239 bd : Lauros - Giraudon. 239 h : Chirol S. 240 bd : Ball D. - Diaf. 240-241 : Tovy A. - Explorer. 241 b : Dagli Orti G. 242 bg : Moati J. - Explorer. 242-243 : Pratt-Pries - Diaf. 243 : Volz H. - Explorer. 244 : Philadelphia Museum of Art. 245 b : Kord R. - Explorer. 245 md : Nacivet J.P. - Explorer. 246 b : Bibliothèque nationale, Paris. 246-247 : Evans M. - Explorer. 247 : Bibliothèque nationale, Paris. 248 b : 248-249 : 249 b : Denance M. - Archipress. 250 : Evans M. - Explorer. 251 hg : Harding R. 251 m : William Morris Gallery , Londres. 252 b : Arch.Phot.Paris / SPADEM. 252-253 : Mazin R. 253 bg : Mazin R. 253 h : Couturier S. - Archipress. 254 b : Couturier S. - Archipress. 254-255 : Sioen G. - Rapho. 255 md : Ortner J. - Fotogram-Stone. 256 : Pratt-Pries - Diaf. 257 b : Carbonare M. - Explorer. 257 h : Ball D. - Diaf. 258 : Dagli Orti G. 259 b : De Hogues B. - Fotogram-Stone. 259 h : Mazin R. 260 bd : Lessing E. - Magnum. 260 hg - Lessing E. - Magnum. 260-261 : Gabanou J. - Diaf. 262-263 : Boegly L. - Archipress. 263 hd : Pratt-Pries - Diaf. 263 m : Boegly L. - Archipress. 264 m : Roger-Viollet. 264-265 : Cherfils P. - Fotogram-Stone. 265 : Dagli Orti G. 266 : Granger Collection, New York. 267 bd : Granger Collection, New York. 267 hg : Couturier S. - Archipress. 268-268 : Dagli Orti G. 269 hd : Couturier S. - Archipress. 269 hg : Couturier S. - Archipress. 270 m : Roger-Viollet. 270-271 : Roger-Viollet. 271 : Couturier S. - Archipress. 272-273 : Lessing E. - Magnum. 273 b : Loze F. - Archipress. 273 md :Lessing E. - Magnum. 274-275 : Hoppe D.E. - AKG, Berlin. 275 : Bohr E. - AKG, Berlin. 276 : Couturier S. - Archipress. 277 b : Bildarchiv Preussischer Kulturbesitz. 277 h : Harald A.Jahn - Viennaslide. 279 b : Manez et Favret - Archipress. 279 h : Rieger B. - Archipress. 280 md :Centre d'Archives - Institut Francais d'Architecture. 280-281 : Centre d'Archives - Institut Francais d'Architecture. 281 : Centre d'Archives - Institut Francais d'Architecture. 282 bd :Boegly L. - Archipress. 282 m : Boegly L. - Archipress. 282-283 : Couturier S. - Archipress. 284 h : Sully Jaumes L. - Musée des Arts décoratifs, Paris. 284-285 : Roger-Viollet. 285 : Roger-Viollet. 286 : AKG, Berlin. 287 b : AKG, Berlin. 287 h : AKG, Berlin. 288-289 : Seaward P. - Fotogram-Stone. 289 b : Couturier S. - Archipress. 289 h : Seaward P. - Fotogram-Stone. 290 : Loze F. - Archipress. 291 bd : Held S. 291 hd : Loze F. - Archipress. 292 b : Loiseau M. - Archipress. 292-293 : Ghigo Roli - Cosmos. 293 : Bryant R. - Archipress. 294 : Huser M. - Fotogram-Stone. 295 b : Levassort M. 295 h : Roger-Viollet. 296 mg : Roger-Viollet. 296-297 : Roger-Viollet. 297 : AKG, Berlin. 298 bg : Couturier S. - Archipress. 298 hd : Bouchart F.X. - Archipress. 298-299 : Armand D. - Fotogram-Stone. 300 bg : Burri R. - Magnum. 300-301 : Burri R. - Magnum. 301 : Kalvar R. - Magnum. 302 b : Moch Michel - Archipress. 302-303 : Held S. 303 hd : Held S. 304 bg : Martin Gambier O. - Archipress. 304-305 : Murai O. 305 : Boutin G. - Explorer. 306 b : Bildagentur Schuster/ Scholz - Explorer. 306-307 : Held S. 307 : Held S. 308 : Levassort M. 309 b : Cariou T. - Fotogram-Stone. 309 mg : Denance M. - Archipress. 310 bd : Gill J. - Fotogram-Stone. 310 mg : Gill J. - Fotogram-Stone. 311 : Bryant R. - Archipress. 312 bg : Couturier S. - Archipress. 312-313 : Mazin R. 313 : Boegly L. - Archipress. 314 hg : D'ANNA M. 314-315 : Levassort M. 315 : Archipress. 316 : Martin Gambier O. - Archipress. 316-317 : Archipress. 317 : Couturier S. - Archipress.

Couverture : Frerck R. -Fotogram-Stone ; Mazin R. - Top ; Sutherland D. - Fotogram-Stone ; Mazin R. - Top.

D.R. : 218-219 ; 219 h ; 251 m ; 286 ; 287 h ; 292 b ; 292-293 ; 293 ; 298 bg ; 298 hd ; 298-299 ; 302 b ; 302-303 ; 303 hd ; 304 bg ; 304-305 ; 305 ; 308 ; 309 mg ; 309 b ; 310 mg ; 310 bd ; 311 ; 312 bg ; 312-313 ; 313 ; 314 hg ; 314-315 ; 316 ; 315 ; 316-317 ; 317.

IMPRIMERIE G.E.A. - MILAN (Italie).
Dépôt Légal: Octobre 1994 - N° Série Editeur 18230
IMPRIMÉ EN ITALIE *(Printed in Italy)* - 505303 - Octobre 1994